RECUEIL COMPLET

DES

TRAVAUX PRÉPARATOIRES

DU

CODE CIVIL.

IMPRIMERIE D'HIPPOLYTE TILLIARD,
RUE SAINT-HYACINTHE-SAINT-MICHEL, N° 30.

RECUEIL COMPLET

DES

TRAVAUX PRÉPARATOIRES

DU

CODE CIVIL,

COMPRENANT SANS MORCELLEMENT ; 1° LE TEXTE DES DIVERS PROJETS ;
2° CELUI DES OBSERVATIONS DU TRIBUNAL DE CASSATION ET DES TRIBUNAUX
D'APPEL ; 3° TOUTES LES DISCUSSIONS PUISÉES LITTÉRALEMENT TANT DANS LES
PROCÈS-VERBAUX DU CONSEIL-D'ÉTAT QUE DANS CEUX DU TRIBUNAT, ET
4° LES EXPOSÉS DE MOTIFS, RAPPORTS, OPINIONS ET DISCOURS TELS QU'ILS
ONT ÉTÉ PRONONCÉS AU CORPS LÉGISLATIF ET AU TRIBUNAT ;

PAR P. A. FENET,

AVOCAT A LA COUR ROYALE DE PARIS.

TOME QUINZIÈME.

PARIS,

VIDECOQ, LIBRAIRE, PLACE DU PANTHÉON, 6,
PRÈS L'ÉCOLE DE DROIT.

1836.

DISCUSSIONS,

MOTIFS,

RAPPORTS ET DISCOURS.

TOME DIXIÈME ET DERNIER.

DISCUSSIONS,
MOTIFS,
RAPPORTS ET DISCOURS

TOME DIXIÈME ET DERNIER.

RECUEIL COMPLET

DES

TRAVAUX PRÉPARATOIRES

DU

CODE CIVIL.

DISCUSSIONS,

MOTIFS, RAPPORTS ET DISCOURS.

LIVRE TROISIÈME.

DES DIFFÉRENTES MANIÈRES DONT ON ACQUIERT LA PROPRIÉTÉ.

TITRE QUATORZIÈME.

Du Cautionnement.

DISCUSSION DU CONSEIL D'ÉTAT.

(Procès-verbal de la séance du 16 frimaire an XII. — 8 décembre 1803.)

M. Bigot-Préameneu présente le titre V du livre III. Il est ainsi conçu :

DU CAUTIONNEMENT.

CHAPITRE Ier.

De la Nature et de l'Étendue du cautionnement.

2011   Art. 1er. « Celui qui se rend caution d'une obligation « s'oblige envers le créancier à lui payer, au défaut du dé- « biteur, ce que celui-ci lui doit. »

2012   Art. 2. « Le cautionnement ne peut exister que sur une « obligation valable.

« On peut néanmoins cautionner une obligation, encore « qu'elle pût être annulée par une exception purement per- « sonnelle à l'obligé, par exemple dans le cas de minorité. »

2013   Art. 3. « Le cautionnement ne peut excéder ce qui est dû « par le débiteur, ni être contracté sous des conditions plus « onéreuses.

« Il peut être contracté pour une partie de la dette seule- « ment, et sous des conditions moins onéreuses.

« Le cautionnement qui excède la dette, ou qui est con- « tracté sous des conditions plus onéreuses, n'est point nul, « mais seulement réductible à la mesure de l'obligation prin- « cipale. »

2014   Art. 4. « On peut se rendre caution sans ordre de celui « pour lequel on s'oblige, et même à son insu.

« On peut aussi se rendre caution, non seulement du dé- « biteur principal, mais encore de celui qui l'a cautionné. »

2015   Art. 5. « Le cautionnement ne se présume point : il doit « être exprès, et on ne peut pas l'étendre au-delà des limites « dans lesquelles il a été contracté. »

2016   Art. 6. « Le cautionnement indéfini d'une obligation prin- « cipale s'étend à tous les accessoires de la dette, même aux « frais. »

2017   Art. 7. « Les engagemens des cautions passent à leurs hé- « ritiers, à l'exception de la contrainte par corps, si l'enga- « gement était tel que la caution y fût obligée. »

Art. 8. « Le débiteur qui est obligé à fournir une caution doit en présenter une qui ait la capacité de contracter, qui ait un bien suffisant pour répondre de l'objet de l'obliga-« tion, et qui ait son domicile dans le département où elle « doit être donnée. »

Art. 9. « La solvabilité d'une caution ne s'estime qu'eu « égard à ses propriétés foncières, excepté en matière de « commerce ou lorsque la dette est modique.

« On n'a point égard aux immeubles litigieux, ou dont la « discussion deviendrait trop difficile par l'éloignement de « leur situation. »

Art. 10. « Lorsque le débiteur a volontairement donné une « caution, sans y être tenu par la loi ni par une condamna-« tion, le créancier qui a reçu une caution dont il s'est con-« tenté ne peut plus en demander d'autre, quand même « elle deviendrait insolvable. »

CHAPITRE II.

De l'Effet du cautionnement.

SECTION Ire. — *De l'Effet du cautionnement entre le créancier et la caution.*

Art. 11. « La caution n'est obligée envers le créancier à le « payer qu'à défaut du débiteur, qui doit être préalablement « discuté dans ses biens, à moins que la caution n'ait re-« noncé au bénéfice de discussion, ou à moins qu'elle ne se « soit obligée solidairement avec le débiteur ; auquel cas « l'effet de son engagement se règle par les mêmes principes « qui ont été ci-dessus établis pour les dettes solidaires. »

Art. 12. « Le créancier n'est obligé de discuter le débiteur « principal que lorsque la caution le requiert. »

Art. 13. « La caution qui requiert la discussion doit indi-« quer au créancier les biens du débiteur principal ; et avan-« cer les deniers suffisans pour faire la discussion. »

Art. 14. « Le créancier ne peut être obligé de discuter ni

« les biens du débiteur principal situés hors de l'arrondisse-
« ment du tribunal d'appel du lieu où le paiement doit être
« fait, ni des biens litigieux, ni ceux hypothéqués à la dette
« qui ne sont plus en la possession du débiteur. »

2024 Art. 15. « Le créancier qui a négligé de discuter les biens
« qui lui ont été indiqués n'en a pas moins le droit de pour-
« suivre la caution.

« Néanmoins si le créancier avait accepté les deniers pour
« la discussion des biens indiqués, il serait responsable de
« l'insolvabilité survenue par le défaut de poursuite. »

2025 Art. 16. « Lorsque plusieurs personnes se sont rendues
« cautions d'un même débiteur pour une même dette, elles
« sont obligées chacune à toute la dette. »

2026 Art. 17. « Néanmoins chacune d'elles peut, à moins qu'elle
« n'ait renoncé au bénéfice de division, exiger que le créan-
« cier divise préalablement son action, et la réduise à la part
« et portion de chaque caution.

« Lorsque dans le temps où une des cautions a fait pro-
« noncer la division, il y en avait d'insolvables, cette caution
« est tenue proportionnellement de ces insolvabilités ; mais
« elle ne peut plus être recherchée à raison des insolvabilités
« survenues depuis la division. »

2027 Art. 18. « Si le créancier a divisé lui-même et volontaire-
« ment son action, il ne peut revenir contre cette division,
« quoiqu'il y eût, même antérieurement au temps où il l'a
« ainsi consentie, des cautions insolvables. »

SECTION II. — *De l'Effet du cautionnement entre le débiteur et la caution.*

2028 Art. 19. « La caution qui a payé a son recours contre le
« débiteur principal, soit que le cautionnement ait été donné
« au su ou à l'insu du débiteur.

« Ce recours a lieu tant pour le principal que pour les in-
« térêts et les frais ; néanmoins la caution n'a de recours que

« pour les frais par elle faits depuis qu'elle a dénoncé au dé-
« biteur principal les poursuites dirigées contre elle.

« Elle a aussi recours pour les dommages et intérêts, s'il
« y a lieu. »

Art. 20. « La caution a, pour le recours, les mêmes ac-
« tions et le même privilége de subrogation que la loi accorde
« au codébiteur solidaire. »

Art. 21. « Lorsqu'il y avait plusieurs débiteurs principaux
« solidaires d'une même dette, la caution qui les a tous cau-
« tionnés a contre chacun d'eux le recours pour la répétition
« du total de ce qu'elle a payé. »

Art. 22. « La caution qui a payé une première fois n'a
« point de recours contre le débiteur principal qui a payé
« une seconde fois lorsqu'elle ne l'a point averti du paie-
« ment par elle fait; sauf son action en répétition contre le
« créancier.

« Lorsque la caution aura payé sans être poursuivie et sans
« avoir averti le débiteur principal, elle n'aura point de re-
« cours dans le cas où au moment du paiement le débiteur
« aurait eu des moyens de libération. »

Art. 23. « La caution, même avant d'avoir payé, peut
« agir contre le débiteur pour être par lui indemnisée :

« 1°. Lorsqu'elle est poursuivie en justice pour le paiement;

« 2°. Lorsque le débiteur a fait faillite, ou est en déconfi-
« ture;

« 3°. Lorsque le débiteur s'est obligé de lui rapporter sa
« décharge dans un certain temps;

« 4°. Lorsque la dette est devenue exigible par l'échéance
« du terme sous lequel elle avait été contractée;

« 5°. Au bout de dix années, quoique l'obligation prin-
« cipale soit de nature à durer plus long-temps, à moins que
« l'obligation principale, telle qu'une tutelle, ne soit pas de
« nature à pouvoir être éteinte avant un temps déterminé. »

SECTION III. — *De l'Effet du cautionnement entre les cofidé-jusseurs.*

2033 Art. 24. « Lorsque plusieurs personnes ont cautionné un
« même débiteur pour une même dette, la caution qui a ac-
« quitté la dette a recours contre les autres cautions, cha-
« cune pour sa part et portion.

« Mais ce recours n'a lieu que lorsque la caution a payé
« en conséquence de poursuites dirigées contre elle. »

CHAPITRE III.

De l'Extinction du cautionnement.

2034 Art. 25. « L'obligation qui résulte du cautionnement s'é-
« teint par les mêmes causes que les autres obligations. »

2035 Art. 26. « La confusion qui s'opère dans la personne du
« débiteur principal ou de sa caution, lorsqu'ils deviennent
« héritiers l'un de l'autre, n'éteint point l'action du créan-
« cier contre celui qui s'est rendu caution de la caution. »

2036 Art. 27. « La caution peut opposer au créancier toutes les
« exceptions qui appartiennent au débiteur principal, et qui
« sont inhérentes à la dette.

« Mais elle ne peut opposer les exceptions qui sont pure-
« ment personnelles au débiteur. »

2037 Art. 28. « La caution est déchargée, lorsque la subrogation
« aux droits, hypothèques et priviléges du créancier ne peut
« plus, par le fait de ce créancier, s'opérer en faveur de la
« caution. »

2038 Art. 29. « L'acceptation volontaire que le créancier a faite
« d'un immeuble ou d'un effet quelconque en paiement de
« la dette principale décharge la caution, encore que le
« créancier vienne ensuite à en être évincé. »

2039 Art. 30. « La simple prorogation de terme, accordée par
« le créancier au débiteur principal, ne décharge point la

« caution, qui peut, en ce cas, poursuivre le débiteur pour
« le forcer au paiement. »

CHAPITRE IV.

De la Caution légale et de la caution judiciaire.

Art. 31. « Toutes les fois qu'une personne est obligée, par
« la loi ou par une condamnation, à fournir une caution, la
« caution offerte doit remplir les conditions prescrites par les
« articles 8 et 9 du présent titre.

« Lorsqu'il s'agit d'un cautionnement judiciaire, la caution
« doit en outre être susceptible de contrainte par corps. »

Art. 32. « Celui qui ne peut pas trouver une caution est
« reçu à donner à sa place un gage en nantissement suffisant. »

Art. 33. « La caution judiciaire ne peut point demander
« la discussion du principal débiteur. »

Art. 34. « Celui qui a simplement cautionné la caution ju-
« diciaire ne peut demander la discussion du principal dé-
« biteur et de la caution. »

M. Bigot-Préameneu fait lecture du chapitre Ier, *de la Nature et de l'Étendue du cautionnement.*

Les articles 1 et 2 sont adoptés.

L'article 3 est discuté.

M. Jollivet pense qu'il serait cependant possible de stipuler la contrainte par corps contre la caution, quoiqu'elle n'eût pas été stipulée contre le débiteur.

MM. Maleville, Bigot-Préameneu, Treilhard et Muraire, répondent que le cautionnement n'est qu'un accessoire de l'obligation principale; que la condition de la caution ne peut donc être plus dure que celle du débiteur.

L'article est adopté.

Les articles 4, 5, 6 et 7 sont adoptés.

L'article 8 est discuté.

M. Jollivet dit que cet article restreint beaucoup trop les

facilités que doit avoir le débiteur pour la présentation de la caution. Il serait possible, en effet, qu'il ne pût en trouver dans le département, et qu'au-delà, à une distance très-rapprochée, il eût un ami qui consentît à le cautionner.

M. Treilhard observe que cet article ne concerne pas le cas où le créancier indique la caution qu'il désire, mais celui où la présentation en est confiée au débiteur. Alors il faut que le créancier ne puisse être forcé d'accepter une caution dont la poursuite deviendrait trop embarrassante.

M. Bérenger répond que si le créancier attache quelque intérêt à avoir une caution domiciliée dans le département il peut le stipuler; mais que la loi ne doit pas ajouter au contrat pour aggraver la condition du débiteur.

M. Bigot-Préameneu dit que si le débiteur ne croit pas pouvoir fournir une caution domiciliée dans le département, il se ménagera, par la stipulation, une plus grande latitude. Mais hors ce cas, il convient de fixer des limites, et dès lors il est impossible d'avoir égard à la possibilité que peut avoir le débiteur de présenter une caution domiciliée à une distance même peu éloignée du territoire fixé.

M. Jollivet demande que du moins la caution puisse être prise parmi les citoyens domiciliés dans le ressort du tribunal d'appel, car la contestation serait portée devant ce tribunal.

L'article est adopté avec cet amendement.

L'article 9 est adopté.

L'article 10 est discuté.

M. Regnaud (de Saint-Jean-d'Angely) attaque le principe de l'article. Il demande qu'on adopte la doctrine de Pothier, qui distingue le cas où le débiteur s'est chargé d'une manière indéterminée de fournir une caution, de celui où il s'est obligé sous le cautionnement d'une personne déterminée. Pothier ne le décharge que dans le dernier cas de l'obligation de présenter une caution nouvelle, lorsque celle qu'il a donnée devient insolvable.

M. Treilhard répond que l'obligation de fournir caution

est également remplie dans les deux cas. Le créancier avait le droit de discuter la caution conventionnelle et de la refuser : il devait, s'il l'acceptait, prendre ses sûretés sur les biens de cette caution. S'il s'en est contenté, et qu'elle devienne insolvable, il ne peut plus imputer qu'à lui-même le préjudice qu'il éprouve.

M. Regnaud (de Saint-Jean-d'Angely) réplique que ce raisonnement ne s'applique qu'aux cautions hypothécaires ; mais pour les dettes modiques on se contente d'une caution dont on estime la solvabilité par sa consistance personnelle.

M. Treilhard dit que si l'on réduit la proposition aux dettes modiques, elle perd beaucoup de son intérêt, et ne porte plus que sur quelques cas particuliers. Alors il suffit de l'article 8 qui fixe les caractères des cautions exigées pour les obligations importantes. Si la caution présentée n'était pas propriétaire d'immeubles, le créancier a eu tort de l'accepter. Si elle avait des immeubles, il a eu tort de ne pas former d'inscription.

M. Bérenger dit que l'article 10 porte atteinte à la substance du contrat.

Tout ce qu'on a dit pour le soutenir est vrai, lorsqu'il s'agit d'une caution hypothécaire ou déterminée ; mais la question se présente dans d'autres circonstances.

Les articles 8 et 9 sont pour le cas où la caution est forcée. Ils règlent la manière de remplir l'intention des contractans qui ont voulu que le créancier eût une caution suffisante : hors les engagemens de commerce et les obligations modiques, ils ne mesurent la solvabilité de la caution que sur les immeubles dont elle est propriétaire : il est très-difficile au débiteur de trouver une caution qui réunisse tous les caractères prescrits par ces articles : le créancier, pour le faciliter et pour prévenir une contestation, a pu se relâcher un peu de ses droits ; et cependant l'article 10 tourne contre lui la complaisance qu'il a eue pour son débiteur.

M. Berlier dit que nonobstant l'estime due à l'opinion de

Pothier, opinion d'ailleurs fort souvent gênée par les textes qu'il voulait concilier, il peut y avoir ici une distinction à faire, mais qui s'applique à un cas beaucoup plus restreint.

Si MM. *Regnaud* et *Bérenger* se bornaient à demander que l'obligation de fournir une nouvelle caution, en cas d'insolvabilité de la première, eût lieu lorsque cette première caution refusée par le créancier n'aurait été admise que par le juge, cela serait juste, et ce n'est point dans une telle espèce qu'on saurait avec succès opposer à la partie le fait du juge comme le sien propre; en effet, il n'y a là rien de libre, et conséquemment nul argument à tirer de la volonté qui est la base des contrats.

Mais quand cette volonté s'est exprimée d'une manière formelle et libre surtout, pourquoi, inscrite dans l'acte postérieur, n'aurait-elle pas le même effet que celle consignée dans l'acte primitif? S'il y a ici différence dans les temps, il n'y en a point dans la chose. Quand on promet de donner une caution, il est sous-entendu, sans doute, qu'elle sera solvable; mais il est formellement établi que le créancier sera juge de cette solvabilité, puisqu'il peut recevoir la caution ou la contester.

Qu'importe donc, lorsqu'il l'accepte sans contrainte et sans réserve, que ce soit dans l'acte primitif ou dans un acte postérieur? Cet acte-ci est-il autre chose que le complément du premier?

L'obligation indéfinie de fournir une caution est, dit-on, toute autre chose que le contrat qui se forme sur l'indication précise d'un tel pour caution. Que cela établisse une différence jusqu'à l'indication précise de la caution et l'acceptation qui en est faite, soit; mais à cette seconde époque, la condition des parties ne devient-elle pas absolument la même qu'elle eût été dans l'acte primitif? Pourquoi donc aggraver la condition du débiteur par une distinction subtile? Quoi qu'on en dise, l'acceptation libre et sans réserve de la caution promise a tout consommé sur ce point, et la loi ne doit point vouloir plus que les parties n'ont voulu elles-mêmes.

Le Consul Cambacérès dit que M. *Berlier* ne s'est pas placé dans toutes les hypothèses qui peuvent se présenter. Par exemple, le propriétaire d'une usine l'afferme, à la charge que le fermier lui fournira une caution qui réponde des dégradations et des frais d'entretien. Pour s'épargner une discussion, il accepte celle qui lui est présentée.

Cependant, si ensuite elle devient insolvable et qu'il ne puisse en exiger une autre, il demeure sans garantie, et la convention est éludée. Ainsi, si la loi se renferme dans la distinction proposée par M. *Berlier*, le propriétaire, pour obtenir réellement les sûretés qu'il aura stipulées, sera forcé de discuter fictivement la caution, et d'en laisser ordonner la réception. C'est là une de ces subtilités que la loi doit éviter.

Pourquoi la convention ne pourrait-elle avoir dans ce cas le même effet que le jugement? L'article 10, même avec la distinction qu'on a faite, ne peut être admis que lorsqu'il s'agit d'un prêt en argent. Dans tout autre cas, et surtout lorsqu'il s'agit d'une caution et d'une entreprise, comme serait la construction d'un canal pour lequel on fournit des fonds d'avance, le cautionnement se lie à la nature de la convention; or, l'article 10 en empêcherait l'effet.

M. Regnaud (de Saint-Jean-d'Angely) dit que souvent on n'accorde que sous caution la disposition des marchandises entreposées; cependant, si l'article 10 était adopté, les agens du fisc ne pourraient exiger une caution nouvelle lorsque la première serait devenue insolvable.

On ne saurait objecter que la solvabilité de la caution ne pourra jamais être douteuse, parce qu'elle sera estimée eu égard à ses propriétés foncières : l'article 9 n'établit cette règle que pour le juge dans le cas où la validité de la caution est contestée; mais pour les autres cas, l'article 8 répute solvable la caution qui a un bien suffisant.

M. Tronchet dit que la difficulté qu'on rencontre vient de la différence qui existe entre la rédaction de la commission et celle de la section. L'exception que la commission avait proposée ne se référait qu'à la caution déterminée, et, en effet alors, si le créancier revient sur ses pas, il change la condition du débiteur qui ne peut plus retrouver la même personne. Il faudrait donc réduire l'article au seul cas de la caution déterminée.

M. Portalis dit que, dans la vérité, lorsqu'on stipule une caution indéterminée, on entend stipuler une garantie qui soit suffisante pendant toute la durée de l'obligation. Ainsi, quoique le créancier se contente de celle qui lui est offerte, le débiteur cependant n'est point affranchi de l'engagement général de donner une garantie. Au contraire, dans le cas de la caution déterminée, la garantie est déterminée elle-même.

Toute caution peut devenir insolvable ; mais au risque de qui court le danger de l'insolvabilité? Ce ne peut être contre celui qui a entendu s'assurer une garantie, et au profit du débiteur. Le créancier, en effet, ne l'a exigée qu'à son profit, et parce qu'il ne voulait point suivre la foi de ce débiteur. Ainsi l'obligation de fournir une garantie subsiste pour lui lorsque la caution qui a été acceptée devient insolvable.

M. Bigot-Préameneu dit qu'il y a aussi des considérations qui militent en faveur du débiteur. Il n'est pas toujours facile de trouver des cautions, surtout lorsque leur solvabilité n'est estimée que d'après les propriétés foncières qu'elles possèdent. Il paraît donc juste, lorsque le débiteur est parvenu à trouver une telle caution, de ne point le soumettre ultérieurement à l'obligation d'en fournir une nouvelle. Il a satisfait à son engagement en présentant une caution que le créancier a trouvée suffisante ; l'acceptation que ce dernier en a faite met la solvabilité à ses risques et périls.

M. Portalis répond qu'il ne serait pas juste, au contraire, de tourner contre le créancier l'indulgence avec laquelle il a traité le débiteur, en ne discutant pas avec assez de sévérité la caution qui lui était présentée. C'était à celui-ci à choisir la caution la plus sûre. Au reste, si la solvabilité ne devait être estimée, dans tous les cas, que d'après ses propriétés foncières, il faudrait décider qu'on n'admettra que des cautions hypothécaires.

M. TREILHARD dit qu'il y a cette différence entre la caution déterminée et la caution indéterminée, que lorsque le créancier a exigé la première, c'est par l'effet de son choix particulier, et alors il s'est interdit toute discussion. Au contraire, lorsqu'il n'a exigé qu'une caution indéterminée, il en a déféré le choix au débiteur, et s'en est réservé la discussion. Si donc il avait usé, comme il le devait, de cette faculté de discuter la caution, il n'aurait pas mis le débiteur dans l'embarras; ainsi l'on ne peut pas dire qu'il soit moins exempt de faute que le débiteur. Celui-ci a rempli son obligation en présentant une caution qui a été acceptée; car, à moins qu'il n'y ait une stipulation particulière, on ne peut pas soutenir que l'intention des contractans ait été qu'il serait fourni plusieurs cautions successives.

M. TRONCHET dit que ces raisonnemens détruiraient la distinction faite par la section. On pourrait, en effet, dire également que le débiteur a satisfait à son obligation quand la caution qu'il a présentée a été jugée solvable. Mais si cette application n'est pas exacte au cas où le débiteur est obligé ou par la loi ou par un jugement à donner caution, elle ne peut l'être dans le cas où la caution a été stipulée; car les conventions sont aussi des lois que les parties se font à elles-mêmes. L'esprit d'une semblable convention est que la caution sera telle qu'elle donne une garantie au débiteur jusqu'à l'exécution effective de l'obligation.

M. TREILHARD répond que quand la caution est légale il est dans l'intention de la loi qu'elle fournisse au créancier sa sûreté pendant toute la durée de l'engagement; mais que quand elle est conventionnelle, l'intention des contractans a eu tout son effet aussitôt que le débiteur en a présenté une que le créancier a jugée valable, et qu'il a acceptée. Cette acceptation a rendu déterminée la caution indéterminée qui avait été stipulée.

L'article de la section est rejeté, et le Conseil adopte l'article 27 du titre VI, chapitre IV du projet de Code civil, ainsi conçu :

« Lorsque la caution qui a été reçue est devenue depuis « insolvable, celui qui l'a offerte est obligé d'en donner une « autre.

« Cette règle reçoit exception lorsque la caution n'a été « donnée qu'en vertu d'une convention par laquelle le débi-« teur s'était obligé de donner une telle personne pour cau-« tion. »

(Procès-verbal de la séance du 23 frimaire an XII. — 15 décembre 1803.)

On reprend la discussion du titre V du livre III, *du Cautionnement*.

M. BIGOT-PRÉAMENEU fait lecture du chapitre II, *de l'Effet du cautionnement*.

La section Ire, *de l'Effet du cautionnement entre le créancier et la caution*, est soumise à la discussion.

Les articles 11, 12 et 13 sont adoptés.

L'article 14 est discuté.

LE CONSUL CAMBACÉRÈS demande pourquoi le créancier ne serait pas obligé de discuter les biens que le débiteur peut avoir hors de l'arrondissement du tribunal d'appel.

M. BIGOT-PRÉAMENEU répond qu'il a toujours été reçu que le créancier n'est pas tenu de discuter les biens situés à une si grande distance que la discussion en devienne et trop dispendieuse et trop embarrassante.

L'article est adopté.

L'article 15 est discuté.

M. Lacuée dit que cet article paraît détruire l'effet de l'article 13. Ce dernier article assure à la caution le bénéfice de la discussion, pourvu qu'elle indique les biens du débiteur et qu'elle avance les frais : l'article 15 semble ensuite l'en priver, quoiqu'elle ait satisfait à ces deux conditions, car il permet au créancier de ne pas discuter le débiteur et de poursuivre cependant la caution.

M. Muraire observe à M. Lacuée que la seconde partie de l'article 15 réduit sa première disposition au créancier qui a été seulement requis de discuter le débiteur principal, mais auquel la caution n'a pas avancé les frais de la discussion.

M. Bigot-Préameneu dit qu'en effet la caution ne peut renvoyer le créancier à discuter le débiteur principal qu'en remplissant la double condition d'indiquer les biens et d'avancer les frais : alors seulement toute poursuite contre la caution est interdite au créancier jusqu'après la discussion ; et s'il laisse tomber le débiteur principal dans un état d'insolvabilité, il porte seul la peine de sa négligence.

M. Defermon dit que l'objection de M. Lacuée ne parait pas résolue : le créancier à qui la caution indique les biens du débiteur principal et fait l'avance des frais ne peut plus revenir sur elle qu'en cas d'insuffisance des biens indiqués. Ce principe est d'abord reconnu par l'article 11, et cependant, d'après l'article 15, le créancier pourrait négliger la discussion du débiteur principal et exercer son recours contre la caution pour la totalité de la dette.

M. Bigot-Préameneu répond qu'il n'y a pas de contradiction entre les dispositions. Le créancier auquel on a indiqué des biens et fait les avances nécessaires peut ne pas poursuivre le débiteur principal ; mais si depuis qu'il a été mis en état de le discuter ce débiteur devient insolvable, le créancier ne conserve de recours contre la caution que pour la portion de la dette que les biens indiqués n'eussent pu acquitter.

Le Premier Consul dit que l'article devrait exprimer plus

clairement que l'insolvabilité du débiteur retombe sur la caution, lorsqu'elle s'est bornée à indiquer les biens du débiteur sans avancer les frais.

M. Treilhard dit que l'article est rédigé dans ce sens.

Le Consul Cambacérès dit qu'on peut s'en tenir dans cette matière à un principe beaucoup plus simple. La caution qui n'a pas renoncé au bénéfice de discussion doit ne pouvoir éteindre l'action du créancier qu'en payant la dette : sa garantie sera dans la subrogation de celui qu'elle paie. Aucune autre circonstance que le paiement ne peut enlever au créancier ses droits contre la caution.

M. Bigot-Préameneu observe que le cautionnement est un office d'ami et gratuit; s'il était intéressé il changerait de nature et deviendrait une société : il ne serait donc pas juste de rendre la condition de la caution trop difficile ; personne ne voudrait plus cautionner. Quand la caution indique les biens du débiteur et qu'elle avance les frais de discussion, le créancier ne souffre aucun préjudice.

M. Tronchet dit que l'article 15 est inutile s'il ne tend qu'à établir le principe que, lorsque la caution s'est bornée à indiquer les biens du débiteur, elle demeure responsable de son insolvabilité ; que si en outre elle avance les frais de discussion, la responsabilité tombe sur le créancier. Ce principe était déjà consacré par l'article 13, qui règle évidemment les deux cas.

Mais il a voulu prévoir le cas où le créancier, quoique mis en état de discuter le débiteur principal, est cependant demeuré dans l'inaction, et où le débiteur est devenu insolvable. On suppose qu'alors sa négligence doit tourner contre lui-même, et que la caution ne peut plus être poursuivie. Cette règle pose sur un faux principe, car la caution doit aussi répondre de l'insolvabilité du débiteur ; elle pouvait également la prévenir, puisqu'elle avait une action contre le débiteur pour l'obliger à se libérer.

Le Consul Cambacérès dit que si l'article 15 était adopté,

il faudrait du moins fixer le temps pendant lequel le créancier serait responsable de l'insolvabilité du débiteur principal.

Mais cet article pose en effet sur un faux principe, ou du moins sur un principe controversé. Les auteurs se partagent sur la question de savoir si, dans le cas prévu, ce sera sur le créancier ou sur la caution que tombera l'insolvabilité du débiteur; et cependant la section pose en principe que c'est au créancier qu'elle doit nuire.

M. Treilhard dit qu'il est facile d'entendre et de justifier la proposition de la section.

Elle autorise la caution à requérir la discussion des biens du débiteur principal, mais à la charge de les indiquer et d'avancer les frais. Quand le créancier accepte ces avances il se charge des suites, et l'insolvabilité subséquente du débiteur est à sa charge.

Mais il peut arriver que la caution ne remette pas les frais : alors le créancier conserve tous ses droits contre elle; c'est ce qu'il était inutile d'exprimer.

Il peut arriver aussi que le créancier, après avoir reçu, demeure dans l'inaction, et que le débiteur solvable au moment où la discussion a été requise et que la caution a rempli les conditions prescrites devienne ensuite insolvable: cependant la caution, qui s'est cru en sûreté parce qu'elle a satisfait à ce qui était exigé d'elle pour s'affranchir de toute responsabilité, s'en repose sur le créancier et reste tranquille : il est juste que, dans ces circonstances, elle ne porte pas le poids d'un événement qui n'a eu lieu que par la faute du créancier : sa garantie doit se borner à la portion de la dette dont les biens qu'elle avait indiqués ne pouvaient pas répondre.

Le Premier Consul dit que ce raisonnement serait sans réplique si le créancier avait spontanément accepté; mais il serait injuste de le rendre indéfiniment garant : car si la caution, prévoyant l'insolvabilité du débiteur principal, se presse de requérir la discussion, indique les biens, et, sur le refus que fait le créancier de recevoir l'avance des frais, les consigne, le créancier devra-t-il être victime de cette sorte de fraude ? Il paraîtrait donc convenable de rendre la caution responsable de l'insolvabilité du débiteur pendant les trois mois qui suivront la réquisition de la discussion, l'indication des biens et le paiement des avances.

Le Consul Cambacérès dit qu'il admet cette modification ; que cependant elle ne lève point la difficulté principale ; car l'article discuté reste toujours en contradiction avec l'article 1er, qui oblige la caution de payer au défaut du débiteur.

On répondra que le bénéfice de discussion adoucit cette règle générale ; mais cet adoucissement ne consiste qu'à renvoyer d'abord le créancier vers le débiteur principal : il n'éteint pas son action contre la caution. Si l'on veut étendre plus loin l'effet du bénéfice de discussion, il faut changer la définition du cautionnement, et dire qu'il consiste à indiquer les biens du débiteur principal, et à faire l'avance des frais de poursuite : or, ce n'est certainement pas là ce que l'on se propose. Ainsi la disposition de l'article en discussion ne peut pas avoir lieu de plein droit contre le créancier qui ne consent point à réduire à ces termes l'engagement de la caution.

M. Treilhard dit que l'article suppose ce consentement ; car il ne change la condition du créancier que lorsque celui-ci, par son fait, change le droit commun. Il lui est permis en effet, ou de se charger lui-même des poursuites contre le débiteur, ou d'en charger la caution. Le mot *accepter*, qu'emploie l'article, indique assez que sa disposition est dans l'hypothèse d'une convention nouvelle entre le créancier et la caution : celle-ci a donc le droit de se reposer entièrement sur l'exactitude du créancier. Cependant, si, vingt-quatre heures après que le créancier a reçu les avances, le bien du débiteur lui échappait, l'événement ne devrait pas porter sur lui, car l'insolvabilité de ce débiteur ne viendrait pas de son fait. M. *Treilhard* admet donc l'article avec l'amendement proposé par le premier Consul.

Le Premier Consul demande si le créancier peut être contraint d'accepter l'avance des frais.

MM. Tronchet et Réal répondent qu'il ne peut pas s'en exempter.

Le Premier Consul dit qu'alors le système de M. *Treilhard* ne peut pas subsister.

M. Tronchet dit que l'enchaînement des idées sur ce sujet est infiniment simple : la caution doit payer pour le débiteur; telle est la règle générale. Le bénéfice de discussion lui donne seulement la faculté de prouver que le débiteur peut payer. La condition de cette faculté est d'indiquer les biens et d'avancer les frais de discussion : alors le créancier ne peut se dispenser de prendre sur lui les poursuites. Néanmoins la caution n'est pas déchargée : si les biens du débiteur ne suffisent pas à l'acquittement de la dette, elle est forcée de compléter le paiement. Ainsi le bénéfice de discussion ne fait que suspendre l'action du créancier contre la caution.

Cependant le créancier, lorsqu'il a reçu l'avance des frais, devient son mandataire : de là résulte, non qu'elle soit affranchie de plein droit, mais que, si son mandataire néglige de remplir son mandat, il doit répondre des suites de son inexactitude ; et alors la caution se trouve dégagée envers lui, comme créancier, jusqu'à concurrence de ce qu'il a pu recouvrer de la dette.

Le Premier Consul dit que néanmoins la question n'est pas résolue; car il reste toujours que le créancier n'a pas le droit de refuser l'avance des frais que lui offre la caution : quand il les reçoit, point de doute que les événemens ne doivent tomber sur lui; mais il ne serait pas juste de le rendre également responsable dans le cas où, préférant la sûreté que lui présente la caution, et sachant que bientôt le débiteur principal deviendra insolvable, il ne retire pas les deniers consignés. Il paraît donc convenable de ne faire commencer la responsabilité du créancier qu'après un délai.

M. TREILHARD dit que l'article n'est point rédigé dans l'hypothèse où il y a contestation entre la caution et le créancier, et par suite consignation de deniers ; il n'est que pour le cas où le créancier a reçu les avances. Or il ne les accepte pas quand il les laisse entre les mains du receveur des consignations.

Il est certain, au surplus, que si l'insolvabilité du débiteur survient assez promptement pour que le créancier n'ait pas eu le temps de diriger contre lui les poursuites, ce créancier n'en doit pas être responsable. Il est donc juste et nécessaire de donner un délai.

M. TRONCHET dit que les doutes naissent du mot *accepter*. Le résultat d'offres valablement faites est absolument le même que celui d'une acceptation volontaire. Il faudrait donc dans la rédaction éviter le mot *accepter*, et s'exprimer ainsi : *lorsque le débiteur a indiqué des biens suffisans et fourni les frais de poursuite*. Cette locution comprendrait également et le cas où il y a acceptation et celui où il y a consignation par suite du refus d'accepter ; on pourrait ajouter que si le créancier, pendant un délai qu'on déterminerait, néglige de poursuivre le débiteur principal, les événemens sont à ses risques.

LE PREMIER CONSUL dit qu'il paraît convenable de distinguer : quand le créancier accepte les deniers, il consent à se charger des poursuites, et dès lors tous les événemens postérieurs doivent être à sa charge ; mais quand il les refuse et qu'ils sont ensuite consignés, on pourrait ne faire commencer sa responsabilité que trois mois après.

M. TREILHARD fait une autre observation. Il dit que l'acceptation du créancier forme un engagement dont l'objet est de le charger des poursuites à l'effet de retirer tout ce que peuvent fournir les biens indiqués ; mais si une partie de ces biens échappe au paiement de la dette sans la faute du créancier, la caution ne doit être libérée que jusqu'à due concurrence. La rédaction ne paraît pas rendre assez clairement cette idée.

L'amendement du premier Consul est adopté, et l'article renvoyé à la section.

Les articles 16 et 17 sont adoptés.

L'article 18 est discuté.

M. DEFERMON demande que la modification adoptée pour l'article 15 soit étendue à l'article 18, attendu que le créancier a pu ignorer l'insolvabilité des cautions, si elle est survenue dans un temps très-rapproché de celui où il a divisé son action.

M. MURAIRE répond qu'il n'y a pas parité de raisons, parce que, dans le cas de l'article 18, la division est en entier du fait du créancier.

M. BIGOT-PRÉAMENEU ajoute que les cautions ont pu compter sur le bénéfice de la division, qu'elles sont donc déchargées quand la division s'opère et que les événemens postérieurs ne peuvent plus les concerner; au lieu que dans le cas de l'article 15 la caution n'est pas libérée de plein droit par cela seul qu'elle a indiqué les biens et fait l'avance des poursuites. On ne peut donc lui accorder cette faveur qu'après un délai.

M. DEFERMON observe que, suivant l'article 16, chaque caution répond de la totalité de la dette. Si donc l'une d'elles, se voyant poursuivie par le créancier, demande la division de l'action, le tribunal pourra la prononcer par la considération que toutes les cautions sont solvables. Ainsi, lorsque peu après l'une d'elles cesse de l'être, il n'est pas juste de décharger des suites de cet événement la caution qui a obtenu la division pour en charger le créancier qui n'avait pas la faculté de le prévenir.

M. TREILHARD dit qu'il ne faut point séparer l'article 16 de l'article 17, qui prévoit et résout cette objection.

L'article est adopté.

La section II, *de l'Effet du cautionnement entre le débiteur et la caution*, est soumise à la discussion.

Les articles 19, 20, 21, 22 et 23 qui la composent sont adoptés.

La section III, *de l'Effet du cautionnement entre les cofidéjusseurs*, est soumise à la discussion.

L'article 24 qui la compose est discuté.

M. Jollivet observe que l'article pourrait, à raison de sa généralité, être appliqué à la caution qui aurait déjà payé; qu'il est donc nécessaire d'exprimer que le recours n'aura point lieu contre elle.

L'article est adopté avec cet amendement.

M. Bigot-Préameneu fait lecture du chapitre III, *de l'Extinction du cautionnement*.

Les articles 25, 26, 27, 28, 29 et 30 qui le composent sont adoptés.

M. Bigot-Préameneu fait lecture du chapitre IV, *de la Caution légale et de la Caution judiciaire*.

Les articles 31, 32, 33 et 34 qui le composent sont adoptés.

(Procès-verbal de la séance du 30 frimaire an XII. — 22 décembre 1803.)

M. Bigot-Préameneu présente le titre V du projet de Code civil, rédigé conformément aux amendemens adoptés dans les séances des 16 et 23 frimaire.

Le Conseil l'adopte en ces termes :

TITRE V.

DU CAUTIONNEMENT.

CHAPITRE Ier.

De la Nature et de l'Étendue du cautionnement.

Art. 1, 2, 3, 4, 5, 6 et 7 (*conformes à ceux du procès-verbal du 16 frimaire an XII*).

Art. 8. « Le débiteur qui est obligé à fournir une caution doit en présenter une qui ait la capacité de contracter, qui ait un bien suffisant pour répondre de l'objet de l'obliga-« tion, et qui ait son domicile dans le ressort du tribunal « d'appel où elle doit être donnée. »

Art. 9 (*tel qu'il est au procès-verbal ci-dessus daté*).

Art. 10. « Lorsque la caution reçue par le créancier volon-« tairement ou en justice est ensuite devenue insolvable, il « doit en être donné une autre.

« Cette règle reçoit exception dans le cas seulement où la « caution n'a été donnée qu'en vertu d'une convention par la-« quelle le créancier a exigé une telle personne pour caution. »

CHAPITRE II.

De l'Effet du cautionnement.

SECTION Ire. — *De l'Effet du cautionnement entre le créancier et la caution.*

Art. 11 et 12 (*tels qu'ils sont au procès-verbal ci-dessus daté*).

Art. 13. « La caution qui requiert la discussion doit indi-« quer au créancier les biens du débiteur principal, et avan-« cer les deniers suffisans pour faire la discussion.

« Ne doivent être indiqués par la caution des biens du dé-« biteur principal situés hors de l'arrondissement du tribu-« nal d'appel où le paiement doit être fait, ni des biens liti-« gieux, ni ceux hypothéqués à la dette, qui ne sont plus en « la possession du débiteur. »

Art. 14. « Toutes les fois que la caution a fait l'indication « de biens autorisée par l'article précédent, et qu'elle a fourni « les deniers suffisans pour la discussion, le créancier est, « jusqu'à concurrence des biens indiqués, responsable, vis-« à-vis de la caution, de l'insolvabilité du débiteur principal, « survenue par le défaut de poursuites. »

Art. 15, 16 et 17 (*les mêmes que les articles* 16, 17 *et* 18 *du procès-verbal énoncé*).

SECTION II. — *De l'Effet du cautionnement entre le débiteur et la caution.*

1018 à 1031   Art. 18, 19, 20, 21 et 22 (*les mêmes que les articles* 19, 20, 21, 22 *et* 23 *dudit procès-verbal*).

SECTION III. — *De l'Effet du cautionnement entre les cofidéjusseurs.*

2023   Art. 23. « Lorsque plusieurs personnes ont cautionné un
« même débiteur pour une même dette, la caution qui a ac-
« quitté la dette a recours contre les autres cautions, cha-
« cune pour sa part et portion.
« Mais ce recours n'a lieu que lorsque la caution a payé
« dans l'un des cas énoncés en l'article précédent. »

CHAPITRE III.

De l'Extinction du cautionnement.

1034 à 1039   Art. 24, 25, 26, 27, 28 et 29 (*les mêmes que les articles* 25, 26, 27, 28, 29 *et* 30 *du procès-verbal ci-dessus daté*).

CHAPITRE IV.

De la Caution légale et de la Caution judiciaire.

2040 à 2043   Art. 30, 31, 32 et 33 (*les mêmes que les articles* 31, 32, 33 *et* 34 *du procès-verbal déjà énoncé*).

Le Consul ordonne que le titre ci-dessus sera communiqué officieusement, par le secrétaire-général du Conseil d'État, à la section de législation du Tribunat, conformément à l'arrêté du 18 germinal an X.

COMMUNICATION OFFICIEUSE

A LA SECTION DE LÉGISLATION DU TRIBUNAT.

Le projet fut transmis à la section le 6 nivose an XII

(28 décembre 1803), et l'examen en fut fait le 27 nivose (18 janvier 1804) et les jours suivans.

OBSERVATIONS DE LA SECTION.

La section entend un rapport sur le projet de loi relatif au cautionnement.

La discussion de ce projet a donné lieu aux observations suivantes.

Sur l'article 1ᵉʳ on remarque que la rédaction présente un sens limitatif, tandis que la disposition doit être générale. Elle doit embrasser toute espèce d'obligation, et d'après l'article il semble que la loi s'applique au seul cas où l'on s'oblige à payer une somme en argent. 2011

La section adopte une nouvelle rédaction ainsi conçue :

« Celui qui se rend caution d'une obligation se soumet en« vers le créancier à satisfaire à cette obligation si le débiteur « n'y satisfait pas lui-même. »

Art. 3, troisième paragraphe. Au lieu de *n'est point nul ; mais seulement réductible*, dire *n'est point nul ; il est seulement réductible*. Ce changement est nécessaire à cause de la négation liée au verbe *être* dans le premier membre de la phrase. La proposition étant affirmative dans le second membre, exige la répétition du même verbe. 2013

Art. 6. Il est dit dans le projet : *le cautionnement indéfini d'une obligation principale s'étend à tous les accessoires de la dette, même aux frais.* 2016

Cette expression *même aux frais* appelle un développement. L'intention de la loi n'est pas sans doute que la caution soit passible de tous les frais indistinctement que son débiteur laissera faire contre lui, quoiqu'elle n'ait point été prévenue de l'existence des poursuites. Si elle eût été informée, elle eût peut-être évité une grande partie des frais, et peut-être même dès l'origine de la contestation elle eût fait rejeter la demande du créancier

La section a pensé que la disposition suivante levera l'incertitude que celle du projet pourrait faire naître. Au moyen d'une distinction clairement établie entre les frais postérieurs à la dénonciation et ceux antérieurs, la caution ne sera jamais punie de l'ignorance où on l'aura laissée.

Nouvelle rédaction de l'article 6.

« Le cautionnement indéfini d'une obligation principale « s'étend à tous les accessoires de la dette, même aux frais « de la première demande et à tous ceux postérieurs à la dé- « nonciation qui en est faite à la caution. »

2018 Art. 8. Supprimer les mots *qui est* pour éviter la trop fréquente répétition du mot *qui*. Dans le même article, au lieu de *et qui ait son domicile*, dire *et dont le domicile soit*, même raison.

2022 Art. 12. On lit dans le projet *le créancier n'est obligé de discuter le débiteur principal que lorsque la caution le requiert.*

La section est d'avis qu'il convient d'ajouter ces mots *sur les premières poursuites dirigées contre elle.* Si en effet différentes poursuites ont eu lieu contre la caution, sans qu'elle ait requis la discussion des biens du débiteur, elle est censée avoir renoncé à la faculté que la loi lui donne. Le créancier ne doit pas être le jouet du caprice de la caution, il doit pouvoir achever la route dans laquelle le silence de la caution l'a laissé s'avancer.

2023 Art. 13, deuxième paragraphe. Au lieu de *ne doivent être indiqués par la caution des biens du débiteur principal*, etc., dire *elle ne peut indiquer ni des biens du débiteur principal*, etc. Cette construction a paru plus satisfaisante.

2024 Art. 14. Au lieu de *vis-à-vis*, substituer *à l'égard*.

2025 Sur l'article 15 s'est élevée cette question : l'ancien droit sur le bénéfice de division doit-il être maintenu? Ne conviendrait-il pas au contraire d'établir la division *ipso jure*, dans les cas des articles 15 et 16? Ceux qui adoptent la dernière proposition observent que lorsqu'il ne résulte pas de l'acte que les cautions ont entendu s'obliger solidairement, il semble qu'elles ne devraient pas être traitées avec moins de faveur que les obligés eux-mêmes. Chaque obligé est censé ne s'être engagé que pour sa part, si le contraire n'est prouvé. Ne doit-il pas en être de même à l'égard de chaque caution? Le projet admet la caution au bénéfice de division lorsqu'elle n'a pas renoncé à ce bénéfice; seulement il exige que la caution la demande. Il serait plus simple que la division eût lieu de plein droit, toutes les fois qu'il n'y aurait pas de renonciation. Si la caution peut obtenir ce bénéfice dans un temps, on ne voit pas pourquoi elle ne l'aurait point dans un autre; ou au contraire, s'il répugne que la division ait lieu de plein droit parce que chaque caution s'est obligée pour le tout, cette raison devrait également empêcher qu'en aucun temps le bénéfice de division dût être accordé.

Disposition à mettre à la place des articles 15 et 16.

« Lorsque plusieurs personnes se sont rendues cautions du « même débiteur pour la même dette, si elles ne se sont pas « obligées solidairement, chacune d'elles n'est tenue que de « sa part et portion de la dette, sans être garante de l'insol-« vabilité ni de l'incapacité des autres cautions. »

Ceux qui préfèrent l'ancien droit répondent que le bénéfice de division est accordé par la loi par voie d'exception; la loi romaine le porte ainsi, et de tout temps le droit français s'y est conformé. On ne peut comparer les cofidéjusseurs aux coobligés. Lorsque ceux-ci s'engagent par la même obligation, et que la solidarité n'est pas expressément stipulée, il y a au moins doute s'ils ont entendu s'obliger chacun pour le tout. Ce doute doit être interprété en leur faveur. En conséquence la loi décide qu'ils ne sont obligés chacun que pour leur part et portion; mais comme il est de la nature du cautionnement que chaque fidéjusseur s'oblige pour toute la dette, ce qui est conforme à la définition même du cautionnement, il résulte de là que chacun d'eux a consenti que le créancier, si le débiteur ne satisfait pas à son obligation, s'adressât à l'un ou à l'autre, à sa volonté, pour y satisfaire de même que s'il n'y avait qu'un seul fidéjusseur. En un mot le bénéfice de division n'est qu'une grâce. Il n'a existé chez les Romains que depuis la constitution d'Adrien, comme il en est fait mention dans les Institutes. La faveur des cautions l'a fait adopter, et si l'on y substituait la division de plein droit, on y ferait presque toujours renoncer les cautions, et les transactions seraient beaucoup plus difficiles.

La question ayant été mise aux voix, il y a eu partage.

Art. 19. La section pense que la rédaction du projet doit être changée ainsi qu'il suit :

« La caution qui a payé la dette est subrogée à tous les « droits qu'avait le créancier contre le débiteur. »

D'après la rédaction du projet, il semblerait qu'il y a parité de situation entre la caution et le codébiteur solidaire, ce qui n'est pas exact. La caution doit pouvoir demander au débiteur la totalité de la dette. Le coobligé solidaire doit déduire sa part de ce qu'il peut demander à son coobligé.

Art. 21, paragraphe deuxième.

1°. Après les mots *elle n'aura point de recours*, ajouter *contre le débiteur*.

2°. Au lieu de *le débiteur*, dire *ce débiteur*.

3°. Au lieu de *moyens de libération*, dire *moyens pour faire déclarer la dette éteinte*.

4°. Terminer ce même paragraphe en ajoutant *sauf son action en répétition contre le créancier, s'il y a lieu*.

Ces divers changemens ont pour but non seulement de rendre la rédaction plus claire, mais encore d'empêcher que la caution ne soit privée de son action en répétition, dans les cas où il serait juste qu'elle l'eût. Sans l'addition qu'on propose de placer à la fin du deuxième paragraphe, la loi paraîtrait lui refuser ce recours, puisqu'elle l'accorde en termes formels dans le cas prévu par le paragraphe premier, et que dès lors on argumenterait *a contrario* d'après le silence gardé au deuxième paragraphe.

DU CAUTIONNEMENT. 31

Art. 22, paragraphe commençant ainsi : *5°. Au bout de dix années, quoique l'obligation principale soit de nature à durer plus long-temps*, etc. Changer cette rédaction et dire : *Au bout de dix années, lorsque l'obligation principale n'a point de terme fixe d'échéance.* La section pense que la nouvelle rédaction rend mieux l'idée du législateur et le cas qu'il s'agit d'exprimer.

Art. 23..... Art. 25. Erreur dans le numérotage ; on ne voit point l'article 24.

RÉDACTION DÉFINITIVE DU CONSEIL D'ÉTAT.

(Procès-verbal de la séance du 7 pluviose an XII. — 28 janvier 1804.)

M. BIGOT-PRÉAMENEU, d'après la conférence tenue avec le Tribunat, présente la rédaction définitive du titre V du livre III, *du Cautionnement*.

LE CONSEIL l'adopte en ces termes :

DU CAUTIONNEMENT.

CHAPITRE Ier.

De la Nature et de l'Étendue du cautionnement.

Art. 1er. « Celui qui se rend caution d'une obligation se
« soumet envers le créancier à satisfaire à cette obligation si
« le débiteur n'y satisfait pas lui-même. »

Art. 2. « Le cautionnement ne peut exister que sur une
« obligation valable.

« On peut néanmoins cautionner une obligation, encore
« qu'elle pût être annulée par une exception purement per-
« sonnelle à l'obligé ; par exemple dans le cas de minorité. »

Art. 3. « Le cautionnement ne peut excéder ce qui est dû
« par le débiteur, ni être contracté sous des conditions plus
« onéreuses.

« Il peut être contracté pour une partie de la dette seule-
« ment, et sous des conditions moins onéreuses.

« Le cautionnement qui excède la dette, ou qui est con-
« tracté sous des conditions plus onéreuses, n'est point nul :
« il est seulement réductible à la mesure de l'obligation
« principale. »

2014 Art. 4. « On peut se rendre caution sans ordre de celui
« pour lequel on s'oblige, et même à son même insu.

« On peut aussi se rendre caution, non seulement du dé-
« biteur principal, mais encore de celui qui l'a cautionné. »

2015 Art. 5. « Le cautionnement ne se présume point; il doit
« être exprès, et on ne peut pas l'étendre au-delà des limites
« dans lesquelles il a été contracté. »

2016 Art. 6. « Le cautionnement indéfini d'une obligation prin-
« cipale s'étend à tous les accessoires de la dette, même aux
« frais de la première demande, et à tous ceux postérieurs
« à la dénonciation qui en est faite à la caution. »

2017 Art. 7. « Les engagemens des cautions passent à leurs hé-
« ritiers, à l'exception de la contrainte par corps, si l'enga-
« gement était tel que la caution y fût obligée. »

2018 Art. 8. « Le débiteur obligé à fournir une caution doit
« en présenter une qui ait la capacité de contracter, qui ait
« un bien suffisant pour répondre de l'objet de l'obligation,
« et dont le domicile soit dans le ressort du tribunal d'appel
« où elle doit être donnée. »

2019 Art. 9. « La solvabilité d'une caution ne s'estime qu'eu
« égard à ses propriétés foncières, excepté en matière de
« commerce, ou lorsque la dette est modique.

« On n'a point égard aux immeubles litigieux, ou dont la
« discussion deviendrait trop difficile par l'éloignement de
« leur situation. »

2020 Art. 10. « Lorsque la caution reçue par le créancier volon-
« tairement ou en justice est ensuite devenue insolvable, il
« doit en être donné une autre.

« Cette règle reçoit exception dans le cas seulement où la

« caution n'a été donnée qu'en vertu d'une convention par
« laquelle le créancier a exigé une telle personne pour cau-
« tion. »

CHAPITRE II.
De l'Effet du cautionnement.

SECTION 1re. — *De l'Effet du cautionnement entre le créancier et la caution.*

Art. 11. « La caution n'est obligée envers le créancier à le
« payer qu'à défaut du débiteur, qui doit être préalablement
« discuté dans ses biens, à moins que la caution n'ait renoncé
« au bénéfice de discussion, ou à moins qu'elle ne se soit
« obligée solidairement avec le débiteur ; auquel cas l'effet
« de son engagement se règle par les principes qui ont été
« établis pour les dettes solidaires. »

Art. 12. « Le créancier n'est obligé de discuter le débiteur
« principal que lorsque la caution le requiert, sur les pre-
« mières poursuites dirigées contre elle. »

Art. 13. « La caution qui requiert la discussion doit indi-
« quer au créancier les biens du débiteur principal, et
« avancer les deniers suffisans pour faire la discussion.

« Elle ne doit indiquer ni des biens du débiteur principal
« situés hors de l'arrondissement du tribunal d'appel du lieu
« où le paiement doit être fait, ni des biens litigieux, ni
« ceux hypothéqués à la dette qui ne sont plus en la posses-
« sion du débiteur. »

Art. 14. « Toutes les fois que la caution a fait l'indication
« de biens autorisée par l'article précédent, et qu'elle a
« fourni les deniers suffisans pour la discussion, le créan-
« cier est, jusqu'à concurrence des biens indiqués, respon-
« sable, à l'égard de la caution, de l'insolvabilité du débi-
« teur principal survenue par le défaut de poursuites. »

Art. 15. « Lorsque plusieurs personnes se sont rendues
« cautions d'un même débiteur pour une même dette, elles
« sont obligées chacune à toute la dette. »

Art. 16. « Néanmoins chacune d'elles peut, à moins qu'elle
« n'ait renoncé au bénéfice de division, exiger que le créan-
« cier divise préalablement son action, et la réduise à la part
« et portion de chaque caution.

« Lorsque, dans le temps où une des cautions a fait pro-
« noncer la division, il y en avait d'insolvables, cette cau-
« tion est tenue proportionnellement de ces insolvabilités ;
« mais elle ne peut plus être recherchée à raison des insol-
« vabilités survenues depuis la division. »

Art. 17. « Si le créancier a divisé lui-même et volontaire-
« ment son action, il ne peut revenir contre cette division,
« quoiqu'il y eût, même antérieurement au temps où il l'a
« ainsi consentie, des cautions insolvables. »

SECTION II. — *De l'Effet du cautionnement entre le débiteur et la caution.*

Art. 18. « La caution qui a payé a son recours contre le
« débiteur principal, soit que le cautionnement ait été donné
« au su ou à l'insu du débiteur.

« Ce recours a lieu tant pour le principal que pour les inté-
« rêts et les frais ; néanmoins la caution n'a de recours que
« pour les frais par elle faits depuis qu'elle a dénoncé au dé-
« biteur principal les poursuites dirigées contre elle.

« Elle a aussi recours pour les dommages et intérêts, s'il y
« a lieu. »

Art. 19. « La caution qui a payé la dette est subrogée à
« tous les droits qu'avait le créancier contre le débiteur. »

Art. 20. « Lorsqu'il y avait plusieurs débiteurs principaux
« solidaires d'une même dette, la caution qui les a tous cau-
« tionnés a contre chacun d'eux le recours pour la répétition
« du total de ce qu'elle a payé. »

Art. 21. « La caution qui a payé une première fois n'a
« point de recours contre le débiteur principal qui a payé une
« seconde fois, lorsqu'elle ne l'a point averti du paiement

« par elle fait ; sauf son action en répétition contre le créan-
« cier.

« Lorsque la caution aura payé sans être poursuivie et sans
« avoir averti le débiteur principal, elle n'aura point de re-
« cours contre lui dans le cas où, au moment du paiement, ce
« débiteur aurait eu des moyens pour faire déclarer la dette
« éteinte ; sauf son action en répétition contre le créancier. »

Art. 22. « La caution, même avant d'avoir payé, peut agir
« contre le débiteur pour être par lui indemnisée,

« 1°. Lorsqu'elle est poursuivie en justice pour le paiement ;

« 2°. Lorsque le débiteur a fait faillite, ou est en décon-
« fiture ;

« 3°. Lorsque le débiteur s'est obligé de lui rapporter sa
« décharge dans un certain temps ;

« 4°. Lorsque la dette est devenue exigible par l'échéance
« du terme sous lequel elle avait été contractée ;

« 5°. Au bout de dix années, lorsque l'obligation princi-
« pale n'a point de terme fixe d'échéance, à moins que l'o-
« bligation principale, telle qu'une tutelle, ne soit pas de
« nature à pouvoir être éteinte avant un temps déterminé. »

SECTION III. — *De l'Effet du cautionnement entre les cofidé-*
jusseurs.

Art. 23. « Lorsque plusieurs personnes ont cautionné un
« même débiteur pour une même dette, la caution qui a
« acquitté la dette a recours contre les autres cautions,
« chacune pour sa part et portion ;

« Mais ce recours n'a lieu que lorsque la caution a payé
« dans l'un des cas énoncés en l'article précédent. »

CHAPITRE III.

De l'Extinction du cautionnement.

Art. 24. « L'obligation qui résulte du cautionnement s'é-
« teint par les mêmes causes que les autres obligations. »

3.

2035 Art. 25. « La confusion qui s'opère dans la personne du débiteur principal et de sa caution, lorsqu'ils deviennent héritiers l'un de l'autre, n'éteint point l'action du créancier contre celui qui s'est rendu caution de la caution. »

2036 Art. 26. « La caution peut opposer au créancier toutes les exceptions qui appartiennent au débiteur principal, et qui sont inhérentes à la dette ;

« Mais elle ne peut opposer les exceptions qui sont purement personnelles au débiteur. »

2037 Art. 27. « La caution est déchargée lorsque la subrogation aux droits, hypothèques et priviléges du créancier ne peut plus, par le fait de ce créancier, s'opérer en faveur de la caution. »

2038 Art. 28. « L'acceptation volontaire que le créancier a faite d'un immeuble ou d'un effet quelconque en paiement de la dette principale décharge la caution, encore que le créancier vienne à en être évincé. »

2039 Art. 29. « La simple prorogation de terme accordée par le créancier au débiteur principal ne décharge point la caution, qui peut en ce cas poursuivre le débiteur pour le forcer au paiement. »

CHAPITRE IV.

De la Caution légale et de la Caution judiciaire.

2040 Art. 30. « Toutes les fois qu'une personne est obligée par la loi ou par une condamnation à fournir une caution, la caution offerte doit remplir les conditions prescrites par les articles 8 et 9 du présent titre.

« Lorsqu'il s'agit d'un cautionnement judiciaire, la caution doit en outre être susceptible de contrainte par corps. »

2041 Art. 31. « Celui qui ne peut pas trouver une caution est reçu à donner à sa place un gage en nantissement suffisant. »

2042 Art. 32. « La caution judiciaire ne peut point demander la discussion du débiteur principal. »

Art. 33. « Celui qui a simplement cautionné la caution 2043
« judiciaire ne peut demander la discussion du débiteur
« principal et de la caution. »

M. Treilhard fut nommé, avec MM. Lacuée et Jollivet, pour présenter au Corps législatif, dans sa séance du 13 pluviose an XII (3 février 1804), le titre V du livre III du projet de Code civil, intitulé *du Cautionnement*, et pour en soutenir la discussion dans celle du 24 du même mois de pluviose (14 février).

PRÉSENTATION AU CORPS LÉGISLATIF,

ET EXPOSÉ DES MOTIFS, PAR M. TREILHARD.

Législateurs, les hommes ne traitent ensemble que dans l'espoir légitime que leurs engagemens respectifs seront exécutés; et toute transaction serait bientôt suspendue si une confiance mutuelle ne rapprochait pas les citoyens pour leur commun intérêt.

Celui qui ne nous inspire pas cette confiance sera-t-il donc absolument exclu de l'avantage de contracter avec nous?

Non, législateurs, la garantie qu'il ne nous offre pas, nous pouvons la recevoir d'un autre qui, le connaissant mieux peut-être, ou par tout autre motif, consent à s'engager pour lui.

Déjà vous voyez quelle grande influence peut avoir sur la vie civile l'usage du cautionnement; et ce titre n'est pas le moins important du Code.

Pour établir des règles sur cette matière, il faut se pénétrer avant tout et de la nature et de l'objet d'un cautionnement : les difficultés les plus graves en apparence s'aplanissent bientôt pour celui qui sait remonter au principe des choses ; c'est par cette marche qu'on parvient à les bien connaître : et savoir bien, je ne crains pas de le dire, est encore plus utile que de savoir beaucoup.

2011 Le cautionnement a pour objet d'assurer l'exécution d'un engagement : il faut donc que le fidéjusseur ou la caution remplisse cet engagement au défaut du principal obligé, et il est juste aussi que la caution qui l'a rempli soit subrogée aux droits du créancier.

Toutes les règles de ce titre découlent de ce premier aperçu.

2012 Un cautionnement est l'accessoire d'une obligation principale : il ne peut donc pas exister de cautionnement quand il n'existe pas une première obligation à laquelle le cautionnement se rattache.

Une obligation contractée contre la défense de la loi, surprise par le dol, arrachée par la violence, entachée enfin de quelque vice de cette nature, est absolument nulle ; l'acte qui la cautionne tombe par conséquent avec elle.

Mais si l'obligation principale, valable en elle-même, ne se trouvait caduque que par une exception personnelle au principal obligé, la restitution de celui-ci ne détruirait pas l'essence de l'obligation, et le cautionnement devrait produire son effet.

2013 J'ai dit que le cautionnement était l'accessoire d'une obligation ; il ne peut donc pas l'excéder : il est contre la nature des choses que l'accessoire soit plus étendu que le principal. Comment peut-on cautionner 3,000 francs quand il n'en est dû que 2,000 ? Comment la caution serait-elle contraignable par corps quand le débiteur principal lui-même n'est pas soumis à cette exécution rigoureuse ?

Mais le cautionnement, quand il excède l'obligation principale, est-il absolument nul ou seulement réductible aux termes de cette obligation ? Cette question fut autrefois controversée : les deux partis s'appuyaient également sur des textes et sur des autorités. Le règne des subtilités est passé ; et comme il est bien évident que celui qui voulut s'engager à plus que l'obligation principale fut dans l'intention de garantir au moins cette obligation, nous avons pensé que le cautionnement excessif n'était pas nul, et qu'il était seulement réductible. Il ne faut pas créer des nullités sans un motif réel : c'est bien assez de voir les nullités partout où elles existent en effet.

Si on ne peut pas dans un cautionnement s'engager au-delà des termes de l'obligation principale, on peut, sans contredit, ne pas s'obliger à cautionner la totalité de cette obligation, ou ne la cautionner que sous des conditions plus douces.

L'engagement de la caution est volontaire, il doit être par conséquent renfermé dans les limites qu'elle a posées ; si elle s'était engagée indéfiniment, son engagement embrasserait toute l'obligation principale avec ses accessoires. Il n'était pas dans son intention d'y apposer des restrictions, puisqu'elle n'y en a pas apposé en effet.

L'objet du cautionnement est d'assurer l'exécution d'une obligation ; il faut donc que celui qui se présente pour caution soit capable de contracter, qu'il ait des biens dont la discussion ne soit pas trop pénible. 2018-2019

A quoi servirait l'engagement d'un homme qui ne pourrait pas s'engager? Quel fruit tirerait-on d'une caution qu'il faudrait aller chercher et discuter à des distances infinies ? La facilité de poursuivre un débiteur fait partie de sa solvabilité, et une discussion qu'il faudrait suivre de loin serait presque toujours plus ruineuse qu'utile. Nous avons donc établi pour règle que la caution devait présenter des biens dans le ressort du tribunal d'appel où elle doit être donnée.

La caution doit être solvable, non d'une solvabilité fugitive, telle que celle qu'offrirait une fortune mobilière, ni d'une solvabilité incertaine, telle que celle qui ne serait fondée que sur des biens litigieux ; mais d'une solvabilité constante et assurée par des propriétés foncières et libres.

2020 On a demandé si celui qui devait une caution, et qui en avait présenté une qu'on avait acceptée, était tenu d'en donner une autre lorsque la première devenait insolvable.

D'un côté on a prétendu que le débiteur n'ayant promis qu'une caution, ayant satisfait à son engagement, puisque le créancier avait accepté comme bonne celle qui lui était offerte, ne pouvait plus être inquiété pour une insolvabilité survenue depuis, et dont il n'était pas le garant : mais on a considéré d'un autre côté qu'un créancier n'exigeait une caution que pour s'assurer invinciblement de l'exécution d'un acte ; qu'il était dans son intention d'avoir une caution qui fût toujours solvable et qui offrît une garantie réelle jusqu'à l'exécution effective de l'obligation. Cette opinion s'accorde mieux avec la nature et l'objet du cautionnement ; et nous en avons tiré cette conséquence, que si la caution devenait insolvable, le débiteur était tenu d'en fournir une autre.

chap. 2. Après avoir considéré le cautionnement dans sa nature et dans son objet, on a dû le considérer dans ses effets. Une caution a des rapports et des engagemens avec le créancier, avec le débiteur, avec les autres cautions s'il en existe plusieurs pour la même obligation ; ces coféjusseurs, le débiteur, le créancier, contractent aussi des engagemens envers la caution.

2021-2022 Voyons d'abord l'effet du cautionnement entre le créancier et le fidéjusseur : son objet étant d'assurer l'exécution d'une obligation principale, il faut que la caution exécute lorsque le débiteur manque à son engagement.

Il ne peut s'élever ici que deux questions : le créancier s'adressera-t-il au fidéjusseur avant d'avoir discuté le débiteur principal ? Une caution poursuivie pour la totalité pourra-t-elle exiger que le créancier divise ses poursuites quand il existera plusieurs fidéjusseurs ?

Dans l'ancien droit romain le créancier pouvait contraindre les cautions sans avoir préalablement discuté le principal débiteur : c'était une rigueur bien grande contre des personnes qui souvent ne s'étaient obligées que par un sentiment de bienfaisance et de générosité. Justinien crut devoir apporter des adoucissemens à ce droit, et il introduisit, en faveur des cautions, l'exception qu'on a appelée *de discussion*: son effet est d'obliger le créancier à discuter le débiteur principal avant de l'admettre à la poursuite des fidéjusseurs.

Cette exception reçue parmi nous est toute en faveur des cautions, et de là il résulte, 1° qu'une caution peut y renoncer; 2° que les poursuites du créancier contre la caution sont valables si celle-ci ne réclame pas le bénéfice de la discussion ; 3° que la caution doit réclamer ce bénéfice dans le principe ; toute exception étant couverte par une défense au fond.

Suffira-t-il à la caution de dire vaguement qu'elle demande la discussion préalable du débiteur principal ; et le créancier ne pourrait-il pas lui répondre qu'il ne connaît pas les propriétés du débiteur ? Il faut donc que la caution indique les biens dont elle réclame la discussion : c'est son premier devoir ; elle doit indiquer, non pas des biens litigieux déjà absorbés par les charges, car le créancier ne trouverait dans cette indication qu'une source de procès, mais des biens libres et qui présentent une garantie du paiement.

Elle doit indiquer des biens qui ne soient pas dans un trop grand éloignement : nous en avons déjà dit la raison ; le créancier a voulu des gages, et des gages à sa portée.

Enfin, en indiquant ces biens, la caution doit aussi fournir des biens suffisans pour poursuivre la discussion : le créancier n'avait exigé un fidéjusseur que pour s'assurer davantage un paiement facile, et lorsque le fidéjusseur réclame une discussion préalable du débiteur, c'est à ses risques et à ses frais que cette discussion doit être faite : quel avantage tirerait donc le créancier de la caution, si, pour faire une discussion réclamée par elle, on était obligé d'avancer des sommes excédant peut-être la créance ?

Mais si la caution doit faire l'indication des biens et avancer les frais, c'est ensuite au créancier à poursuivre. Là commence son obligation : il est de toute justice qu'il supporte la peine de sa négligence ; c'est donc sur lui que retomberont les suites d'une insolvabilité du débiteur, survenue par le défaut des poursuites qu'il était obligé de faire. On a dû pourvoir à la sûreté du créancier ; il faut aussi veiller à l'intérêt de la caution, et ne pas la rendre victime d'une inertie dont elle n'est pas coupable.

J'ai annoncé une seconde difficulté, celle de savoir si une caution poursuivie pour la totalité de la dette peut demander que le créancier divise son action entre tous les fidéjusseurs.

L'exception de la *division* est puisée dans le droit romain, et elle a été admise parmi nous.

Les cautions, sans contredit, sont tenues de toute la dette ; il suit bien de là que si parmi plusieurs cautions une seule se trouvait solvable, elle supporterait la totalité de la charge. Mais si plusieurs cautions sont en état de payer, pourquoi le créancier ne demanderait-il pas sa part à chacune ? Il a voulu assurer son paiement, il ne court aucun risque quand plusieurs des cautions sont solvables ; la division de l'action ne porte dans ce cas aucun préjudice, et on a pu l'admettre sans blesser l'objet du cautionnement.

L'intérêt du créancier exige seulement que la part des cautions insolvables *au moment où la division est prononcée* soit supportée par les autres, et nous en avons fait une disposition précise.

Au reste, la division étant un bénéfice introduit en faveur de la caution, il est hors de doute qu'elle peut y renoncer ; comme il est aussi hors de doute que le créancier peut de son côté diviser volontairement son action, et renoncer au droit de poursuivre une de ses cautions pour la totalité.

Il faut actuellement examiner le cautionnement dans ses effets entre la caution et le débiteur.

La caution paie à défaut de paiement de la part du débiteur. Le premier effet de ce paiement a dû être la subrogation de la caution à tous les droits du créancier. C'est un troisième bénéfice que la loi accorde au fidéjusseur : il n'a pas besoin de requérir cette subrogation ; elle est prononcée par la loi, parce qu'elle résulte du seul fait du paiement ; et nous avons écarté les vaines subtilités par lesquelles on se croyait obligé de substituer à une subrogation qui n'était pas expressément donnée une action prétendue de mandat. L'action du créancier passe dans la main de la caution, et le recours de celle-ci contre le débiteur embrasse le principal, les intérêts, les frais légitimes, ceux du moins qui ont été faits par la caution depuis la dénonciation des poursuites.

Si le fidéjusseur avait cautionné plusieurs débiteurs solidaires, il aurait le droit de répéter la totalité de ce qui fut payé contre chacun d'eux, parce qu'en effet chacun d'eux était débiteur de la totalité. 2030

Nous supposons qu'une caution a payé valablement, qu'elle n'a pas payé à l'insu du débiteur et au préjudice d'une défense péremptoire qu'il aurait pu opposer. 2028

Enfin, si le débiteur, dans l'ignorance d'un paiement fait par la caution, payait lui-même une seconde fois son créancier, cette caution n'aurait pas de recours contre le débiteur, à qui en effet elle ne pourrait adresser aucun reproche. 2031

Il ne me reste qu'une observation à faire sur les effets du cautionnement entre le débiteur et la caution. 2032

On ne peut pas refuser à celle-ci le droit de prendre des sûretés contre le débiteur ; ainsi elle peut agir pour être indemnisée lorsqu'elle est poursuivie par le créancier, lorsque le débiteur est en faillite, quoiqu'elle ne soit pas encore poursuivie ; elle le peut également quand le débiteur est en demeure de rapporter la décharge promise à une époque déterminée, ou lorsque le terme de la dette est échu. Le créancier peut bien oublier sa créance et ne pas exercer de poursuites ; ce n'est pas pour la caution un motif de sommeiller aussi, et elle a dans tous ces cas une action pour poursuivre le débiteur, afin de le forcer d'éteindre son obligation. Nous avons même pensé qu'il était de toute justice, lorsque le temps de la durée du cautionnement n'était pas réglé, ou lorsque le cautionnement n'était pas donné pour une obligation principale qui, par sa nature, devait avoir un cours déterminé, tel, par exemple, qu'une tutelle; nous avons, dis-je, pensé qu'il fallait fixer une époque à laquelle la caution pourrait forcer le débiteur à lui procurer sa décharge. Le principe de cette disposition existe dans la loi romaine. Elle n'avait pas à la vérité indiqué le moment où le fidéjusseur pouvait exercer cette action; ce temps était laissé à l'arbitrage du juge : nous l'avons fixé, et au bout de dix années la caution pourra commencer ses poursuites.

2033 Nous voici parvenus à l'effet du cautionnement entre les cautions.

La caution qui paie est subrogée aux droits du créancier; la caution peut donc exercer contre les cofidéjusseurs, chacun pour leur part, les droits que le créancier exercerait lui-même s'il n'était pas payé. Il est sans doute inutile de répéter qu'on suppose un paiement valable de la part de la caution; si elle avait payé sans libérer le débiteur, ou lorsque le débiteur ne devait plus rien, elle devrait supporter seule la peine de son imprudence.

ch. 3. Je crois avoir suffisamment développé les divers effets du cautionnement entre le créancier, le débiteur, la caution, et les cautions entre elles : il nous reste à examiner comment s'éteignent les cautionnemens.

2034 Celui qui cautionne s'oblige; et les mêmes causes qui éteignent les autres obligations doivent aussi éteindre la sienne.

L'orateur qui vous a présenté le projet de loi sur les obligations conventionnelles en général a épuisé sur cette partie tout ce qu'on pouvait dire, et je me donnerai bien de garde de traiter ce sujet après lui. Je dois donc me borner à ce qui peut être particulier au cautionnement.

La caution peut repousser le créancier par toutes les exceptions inhérentes à la dette qui appartiennent au débiteur principal; elle n'a pas le droit d'opposer une exception qui serait purement personnelle à ce débiteur : mais elle peut s'emparer de toute défense qui ferait tomber l'obligation, telle que celles du dol, de la violence, d'un paiement déjà effectué, de la chose jugée, et de toutes autres défenses de cette nature.

Nous avons vu que le paiement fait au créancier devait opérer une subrogation de droit au profit de la caution : le créancier n'est donc plus recevable à la poursuivre quand, par son fait, il s'est mis dans l'impossibilité d'opérer cette subrogation.

Enfin, si le créancier a volontairement accepté un immeuble ou toute autre chose en paiement, la caution est déchargée, même quand le créancier se trouverait dans la suite évincé de la chose qu'il aurait reçue. L'obligation primitive avait été éteinte par l'acceptation du créancier, l'accessoire du cautionnement avait cessé avec elle : si le créancier a ensuite une action résultant de l'éviction qu'il souffre, cette action est toute différente de la première, et ce n'est pas elle que la caution avait garantie.

Tels sont, citoyens législateurs, les motifs qui ont déterminé les divers articles du titre *du Cautionnement :* je l'annonçais en commençant, toute la théorie de cette loi est fondée sur cette idée bien simple, qu'un cautionnement est l'accessoire d'une obligation première, et que la caution, à défaut du principal obligé, doit payer le créancier, dont elle exerce ensuite les droits contre le débiteur ou contre les cofidéjusseurs.

Ma tâche serait finie si je ne devais dire encore un mot de deux espèces de cautions dont il est parlé dans le dernier chapitre de ce titre ; c'est la caution légale et la caution judiciaire. Elles sont ainsi appelées parce qu'elles sont fournies, la première en vertu d'une loi qui l'a exigée, la seconde en vertu d'un jugement.

Toutes les règles que nous avons établies sur la capacité de contracter, et sur la solvabilité des cautions, s'appliquent avec plus de force aux cautions légales et judiciaires. La caution judiciaire doit même être susceptible de la contrainte par corps, et la discussion de l'obligé principal ne peut jamais être réclamée par elle : il faut des liens plus forts et de plus grandes sûretés pour les obligations qui se contractent avec la justice; et si cette rigueur peut quelquefois être un obstacle à ce qu'on trouve des cautions, le débiteur a du moins la ressource de pouvoir donner un gage en nantissement. La justice est alors satisfaite, puisqu'elle obtient une garantie entière.

Législateurs, le développement des motifs d'une loi sur un acte obscur de la vie civile est nécessairement fort aride ; il ne vous présente pas ce grand intérêt qui s'attache à tout ce qui touche l'état des personnes : mais rien de ce qui contribue à maintenir l'ordre et l'union parmi les citoyens ne peut vous être indifférent : en donnant des règles sur les contrats les plus habituels, vous travaillez pour le bonheur et pour la tranquillité de tous les jours; le fléau de l'incertitude, en cette matière se ferait sentir à tous les instans. Les dispositions que nous vous avons présentées découlent naturellement d'un principe qui ne fut jamais désavoué ; elles ne peuvent donc laisser dans vos esprits aucun doute sur le bon effet qu'elles doivent produire.

COMMUNICATION OFFICIELLE AU TRIBUNAT.

Le projet et l'exposé des motifs furent transmis au Tribunat le 14 pluviose an XII (4 février 1804), et M. Chabot (de l'Allier) en fit le rapport à l'assemblée générale le 21 pluviose (11 février). Dans cette même séance M. Goupil-Préfeln prononça un discours contre le projet, et M. Chabot (de l'Allier) y répondit dans la séance du 23 pluviose (13 février).

RAPPORT FAIT PAR LE TRIBUN CHABOT (de l'Allier).

Tribuns, toutes les obligations conventionnelles sont soumises à des règles générales, parce qu'elles ont toutes en effet un but qui leur est commun : elles portent toutes ou sur une chose à donner, ou sur une chose à faire, ou sur une chose à ne pas faire.

Mais, outre ce but général, chaque espèce d'obligation a un but particulier, un objet distinct et des effets différens.

Il faut donc qu'indépendamment des règles communes à tous les contrats, elle ait encore ses règles particulières qui dérivent de sa nature, s'appliquent d'une manière précise à son objet, et dirigent tous les effets qui lui sont propres.

Déjà, tribuns, vous avez considéré les obligations conventionnelles en général, et vous connaissez les règles qui leur sont communes.

Vous avez maintenant à vous occuper des diverses espèces de conventions, et des règles particulières à chacune d'elles.

On vous parlera successivement de la vente, de l'échange, du louage, du contrat de société, du prêt, du dépôt et du séquestre, du mandat et des contrats aléatoires.

J'appelle aujourd'hui votre attention sur le *cautionnement* : c'est la matière du projet de loi soumis à votre examen, et qui est destiné à former le titre V du troisième livre du Code civil.

Le cautionnement est un contrat par lequel on s'engage à exécuter une obligation que d'autres personnes ont souscrite, si les personnes obligées ne l'exécutent pas elles-mêmes.

Ce contrat est d'un usage très-fréquent et très-utile dans la société.

Les autres obligations conventionnelles ont souvent besoin de son intervention : il les facilite et les multiplie, en assurant leur exécution.

La garantie qu'il procure établit la confiance, qui est la base de toutes les transactions civiles.

La sécurité qu'il inspire appelle la circulation des capitaux et les progrès de l'industrie.

Par son moyen une famille malheureuse trouve des ressources, un négociant honnête échappe à la ruine qui le menaçait, et l'absent doit à son ami la conservation de ses propriétés.

Le contrat de cautionnement présente donc un grand intérêt par l'appui qu'il donne aux autres conventions, et par son caractère de bienfaisance.

Sous ce double rapport, il doit fixer particulièrement l'attention du législateur, et mérite d'occuper une place dans le Code civil.

Le projet de loi établit, 1° la nature et l'étendue du cautionnement ; 2° quels en sont les effets ; 3° comment il s'éteint. Je suivrai le même ordre dans le rapport que votre section de législation m'a chargé de vous présenter.

Le cautionnement ayant pour objet d'assurer l'exécution d'une obligation, il en résulte d'abord qu'il ne peut exister que sur une obligation qui est valable.

Il ne peut être dans l'intention du législateur de faire assurer l'exécution d'un engagement qu'il ne reconnaît pas comme valable.

Ainsi les obligations contraires aux bonnes mœurs et aux lois ne peuvent être cautionnées, parce qu'elles sont nulles, et ne produisent jamais d'effet.

Quant aux obligations contractées par erreur, par violence ou par dol, quoiqu'elles ne soient pas nulles de plein droit, néanmoins, comme elles donnent lieu à l'action en nullité ou en rescision, l'effet de cette action est le même pour le cautionnement que pour l'obligation principale.

Mais le cautionnement subsiste lorsqu'il s'agit d'une obligation qui ne peut être annulée que par une exception purement personnelle à l'obligé.

Telle est celle contractée par un mineur, même non émancipé : elle n'est pas nulle, puisque le mineur a le droit de l'exécuter et de la faire exécuter sans que la personne avec laquelle il a traité puisse lui opposer son incapacité.

Le mineur peut cependant se faire restituer contre cette obligation pour cause de simple lésion.

Mais cette exception lui est purement personnelle : elle ne peut servir qu'à lui, et ne profite pas à la caution, qui a dû prévoir l'événement, et a pu volontairement s'y exposer.

Le cautionnement n'est qu'un accessoire de l'obligation principale, il ne peut donc être ni plus étendu ni plus onéreux que cette obligation. Il est évident que tout ce qui excéderait l'obligation cautionnée ne serait plus un cautionnement. 2013

Cependant on ne doit pas dire, avec les jurisconsultes romains, que le cautionnement est entièrement nul lorsqu'il excède l'obligation principale. Il est bien plus équitable et plus conforme à l'intention des parties de le réduire à la mesure de l'obligation.

L'obligation du fidéjusseur peut être moins onéreuse et moins étendue que celle du débiteur : il peut ne s'engager que pour une partie de la dette, ou pour le principal seulement, ou à des conditions plus favorables que celles auxquelles s'est soumis le principal obligé : tout dépend à cet égard de la convention.

Ainsi, lorsque le cautionnement est limité, on ne peut l'étendre au-delà des termes dans lesquels il a été contracté. Le fidéjusseur, s'étant engagé volontairement, a été le maître d'apposer des restrictions à son engagement, et la convention doit être exécutée telle qu'elle a été stipulée.

xv. 4

2016   « Mais lorsque les termes du cautionnement sont généraux et indéfinis, le fidéjusseur est censé s'être engagé à l'exécution de toutes les obligations auxquelles peut se trouver soumis le débiteur.

Il est tenu non seulement du principal de la dette, mais encore des intérêts, des dommages et intérêts et de tous les accessoires, même des frais des poursuites exercées contre le débiteur, à compter de la dénonciation qui lui en a été faite.

Le cautionnement étant indéfini embrasse toutes les obligations qui naissent du contrat cautionné.

2017   Comme les autres contrats, le cautionnement oblige les héritiers de celui qui l'a souscrit; néanmoins, si la caution s'était obligée à la contrainte par corps, ses héritiers n'y seraient pas soumis. C'est une règle générale que les héritiers ne sont obligés par corps à l'exécution d'aucun des engagemens contractés par ceux auxquels ils succèdent.

2015   Le cautionnement ne se présume pas : il doit être exprès.

Une invitation de prêter de l'argent ou de fournir des marchandises à un tiers que l'on recommande, et dont on certifie même la solvabilité, n'est pas un cautionnement.

2018-2019-2040   Il y a trois espèces de cautions : celles que la loi oblige à donner, comme pour la jouissance d'un usufruit, celles qu'un jugement condamne à fournir, et celles qu'on donne volontairement.

La loi n'a pas besoin de veiller aux qualités que doit avoir la caution conventionnelle; elle en laisse le soin au créancier, qui pourvoit à sa sûreté ainsi qu'il lui plaît.

A l'égard des cautions légales et judiciaires, le projet de loi exige trois choses : capacité de contracter, solvabilité, et facilité pour les poursuites.

Les mineurs, les interdits, les femmes mariées non autorisées par leurs maris ou par justice, ne peuvent être reçus cautions légales ou judiciaires, parce qu'ils n'ont pas la capacité de contracter.

La solvabilité de la caution ne doit pas être fugitive et incertaine; elle doit porter sur des propriétés foncières, et ces propriétés doivent être suffisantes pour répondre de l'objet de l'obligation principale.

Seulement en matière de commerce, ou lorsque la dette est modique, le cautionnement en immeubles n'est point exigé, si le crédit, la réputation, et la solvabilité notoire de la caution qui est présentée, donnent une garantie suffisante.

Pour la facilité des poursuites, le projet de loi veut, 1° que la caution ait son domicile dans le ressort du tribunal d'appel où elle doit être donnée; 2° que ses immeubles, qui doivent répondre de l'objet du cautionnement, ne soient pas litigieux, ou d'une discussion trop difficile par l'éloignement de leur situation.

Vous approuverez, tribuns, ces précautions prises pour les intérêts du créancier, et sans lesquelles le cautionnement n'atteindrait presque jamais son objet.

Mais il fallait aussi venir au secours du débiteur, qui, obligé par la loi, ou condamné par un jugement, à fournir une caution, ne pourrait en trouver une qui eût les qualités requises; il est admis à donner en nantissement un gage suffisant.

Suivant le droit romain (a), lorsque la caution acceptée par le créancier était devenue insolvable, le débiteur n'était pas tenu d'en donner une autre, et le créancier se trouvait ainsi privé de toute sûreté à l'égard d'un débiteur qui ne présentait aucune garantie personnelle.

Il a paru plus juste, et il est aussi plus conforme à l'objet du cautionnement, et même à l'intention des parties, d'obliger en ce cas le débiteur à fournir une autre caution.

C'est sur la foi du cautionnement que le créancier a traité avec le débiteur; la nature de l'obligation serait donc entièrement changée si la caution qui manque n'était pas rem-

---

(a) Loi 3, *in fin.*, ff. *de Fidejuss.*

placée par une autre, puisque le cautionnement était la condition expresse de l'obligation, et que le créancier, qui n'avait pas voulu traiter avec le débiteur seul, se trouverait cependant réduit à l'avoir seul pour débiteur.

Il n'est qu'un seul cas où il ne doit pas avoir le droit d'exiger une autre caution ; c'est lorsqu'il a lui-même indiqué et nominativement exigé, par une convention expresse, la caution qui est devenue insolvable. Alors il est seul responsable du choix qu'il a fait, et le débiteur qu'il n'avait obligé qu'à lui donner cette caution ne peut être tenu de lui en fournir une autre.

Dans ce cas, la caution étant déterminée, la garantie du débiteur est déterminée elle-même ; au lieu qu'en stipulant une caution indéterminée, on entend stipuler une garantie qui soit suffisante pendant toute la durée de l'obligation.

Après avoir établi la nature et l'étendue du cautionnement, le projet de loi en règle les effets, soit entre le créancier et la caution, soit entre la caution et le débiteur, soit entre les cofidéjusseurs.

Voyons d'abord comment ils sont réglés entre le créancier et la caution.

Dans la rigueur du droit, la caution pourrait être poursuivie par le créancier dès l'instant où le débiteur serait en retard de payer, puisqu'elle s'est engagée à exécuter l'obligation principale, dans le cas où le débiteur ne l'exécuterait pas lui-même.

Mais pourquoi le créancier serait-il dispensé de toute poursuite contre un débiteur qui présenterait des moyens de solvabilité, et qu'il lui serait facile de contraindre à l'exécution ?

Le principal obligé n'est pas libéré par le cautionnement : c'est avec lui d'abord que le créancier a traité. Pourquoi ne serait-il pas discuté le premier ?

N'est-il pas présumable d'ailleurs, à moins qu'il n'y ait stipulation contraire, que la caution n'a eu l'intention de s'obliger à payer que dans le cas seulement où le débiteur ne serait pas en état de payer lui-même ; et cette obligation ne suffit-elle pas pour la sûreté du créancier ?

Ne faut-il pas enfin traiter avec quelque faveur le cautionnement qui est un acte de bienfaisance, pourvu qu'en définitive le créancier trouve sûreté entière ?

Tels sont les motifs qui ont fait accorder à la caution conventionnelle, lorsqu'elle est poursuivie, le droit de requérir que le débiteur soit préalablement discuté dans ses biens par le créancier.

C'est ce qu'on appelle le bénéfice de discussion.

Il n'était pas connu dans l'ancienne législation romaine, et ne fut établi que par Justinien ; mais on l'avait admis dans toute la France, et il était équitable de le maintenir.

Le créancier ne peut s'en plaindre dans aucun cas, puisqu'il a été le maître de n'accepter la caution qu'à la condition qu'elle renoncerait au bénéfice de discussion, ou qu'elle s'obligerait solidairement avec le débiteur, et qu'alors il a le droit de la poursuivre immédiatement comme un débiteur solidaire : mais s'il a accepté la caution d'une manière pure et simple, il a volontairement consenti à discuter le principal débiteur : *Volenti non fit injuria.*

Cependant, quelque favorable que soit le bénéfice de discussion, il est restreint, pour les intérêts du créancier, dans de justes limites.

Et d'abord le créancier n'est tenu de discuter le débiteur principal que lorsque la caution le requiert expressément, et il faut même qu'elle le requière sur les premières poursuites exercées contre elle : elle y serait non recevable si elle avait défendu au fond : c'est une exception dilatoire qui doit être proposée *a limine litis.* Il serait trop pénible pour le créancier que la caution qui l'aurait fatigué par de longues chicanes pût encore éloigner le paiement de la dette en demandant la discussion du débiteur.

Le projet de loi veut en outre que la discussion réclamée 2023 soit de nature à être courte et facile, qu'elle n'expose pas le créancier à des retards considérables ou à des contestations pénibles, et qu'enfin le créancier ne soit pas tenu d'en avancer les frais. Il oblige en conséquence la caution à indiquer les biens du débiteur qui peuvent être discutés, et à remettre des deniers suffisans pour les frais de la discussion, et il exige encore que la caution n'indique,

Ni des biens situés hors l'arrondissement du tribunal d'appel du lieu où le paiement doit être fait, parce que l'éloignement en rendrait la discussion trop difficile;

Ni des biens litigieux, le créancier ne pouvant être obligé à soutenir des procès qui peuvent être longs et incertains, lorsqu'il a dû compter sur l'exécution que lui avait promise la caution;

Ni des biens hypothéqués à la dette, qui ne seraient plus en la possession du débiteur, parce qu'il pourrait encore y avoir lieu à une longue discussion avec les détenteurs de ces biens et avec les créanciers.

Quelques personnes ont trouvé ces conditions trop dures pour la caution; mais la faculté de demander la discussion est déjà un bénéfice assez considérable accordé au fidéjusseur, et il ne faut pas aussi qu'il soit trop onéreux pour le créancier : ce serait rendre presque illusoire le cautionnement.

Puisqu'on force le créancier à une discussion qui retarde l'exécution du contrat, puisqu'on ne lui permet pas de suivre immédiatement cette exécution contre le fidéjusseur qui l'a cependant expressément garantie, il est juste au moins que le fidéjusseur à qui cette discussion profite, en faveur de qui elle est faite, en avance les frais, et en supporte les risques, et qu'il n'indique que des biens dont la discussion puisse être facile et prompte.

2024. Mais aussi, lorsque la caution a fait les indications prescrites, et qu'elle a remis les fonds nécessaires, si le créancier néglige la discussion, il est seul responsable de l'insolvabilité du débiteur, survenue à défaut de poursuites.

Le bénéfice de discussion n'est pas accordé aux cautions légales et judiciaires, parce qu'elles ne peuvent faire aucune restriction aux cautionnemens qui sont exigés par la loi, et que d'ailleurs tout est de rigueur dans cette matière, soit à cause de la nature de la dette, soit à cause de l'autorité de la justice.

Par les mêmes motifs, celui qui a cautionné la caution judiciaire ne peut demander la discussion ni du principal débiteur ni de la caution.

Les cautions conventionnelles jouissent encore d'une autre faveur.

Lorsqu'il y a plusieurs personnes qui ont cautionné le même débiteur pour la même dette, quoiqu'elles soient réellement obligées chacune à toute la dette, puisque chacune d'elles a cautionné la dette entière, elles peuvent cependant exiger que le créancier divise son action, et la réduise contre chacune d'elles à sa part et portion seulement.

C'est ce qu'on appelle le bénéfice de division, qui fut introduit dans le droit romain par l'empereur Adrien, et qui était, comme le bénéfice de discussion, admis dans toute la France.

Mais la division ne peut être demandée qu'après que l'action a été formée par le créancier ; et, jusqu'à ce qu'elle soit demandée, toutes les cautions restent responsables des insolvabilités de chacune d'elles.

Quel préjudice peut donc éprouver le créancier lorsqu'on le force à diviser son action contre les cautions qui sont solvables, et qui répondent de l'insolvabilité des autres ? Il est évident qu'il n'a rien à perdre.

Il a pû d'ailleurs, dans l'acte de cautionnement, faire renoncer les cautions à ce bénéfice de division, comme à celui de la discussion.

Je passe aux effets du cautionnement entre la caution et le débiteur.

56 — DISCUSSIONS, MOTIFS, etc.

Ce contrat est de la part de la caution envers le débiteur un acte de bienfaisance.

2028-2029-2031 Le débiteur doit donc indemnité entière à la caution, lors même que le cautionnement a été donné à son insu.

Cette indemnité a lieu de la part du débiteur, soit en acquittant lui-même sa dette, soit en faisant donner décharge à la caution par le créancier, soit en restituant à la caution tout ce quelle a légitimement payé en son acquit.

Ainsi, lorsque la caution a payé, même volontairement et sans poursuite, elle a de droit un recours contre le créancier; elle est subrogée entièrement aux droits du créancier.

Mais elle ne peut nuire à ceux du débiteur.

Si elle payait avant que l'obligation fût échue, elle ne pourrait exercer son recours qu'à l'échéance.

Si elle payait au-delà de ce qui était dû, elle ne pourrait répéter l'excédant de la dette.

Si elle payait sans en avoir averti le débiteur, et que celui-ci payât une seconde fois, elle n'aurait d'action en restitution que contre le créancier.

Enfin, si elle avait payé sans avoir été poursuivie et sans avoir averti le débiteur, elle n'aurait pas de recours contre lui, s'il avait, au moment du paiement, des moyens de faire déclarer la dette éteinte.

2032 Lors même que la caution n'a pas payé la dette, elle peut agir contre le débiteur pour être indemnisée,

1°. Si elle est poursuivie en justice pour le paiement, parce qu'elle ne s'est pas obligée envers le débiteur à payer pour lui, ni à supporter des frais, ni à fournir les fonds nécessaires pour la discussion ;

2°. Si le débiteur est en faillite, ou se trouve dans l'état de ruine qu'en terme de droit on appelle *déconfiture*, parce qu'alors la dette est devenue exigible ;

3°. Si le débiteur s'est obligé de rapporter dans un certain temps la décharge du cautionnement, et que ce temps soit expiré, parce que c'est une condition de l'engagement contracté par la caution, et que cette condition doit être exécutée ;

4°. Si la dette est devenue exigible par l'échéance du terme, quoique le créancier n'exerce pas encore de poursuites, parce que la caution a intérêt de prévenir ces poursuites, et que le débiteur peut devenir insolvable ;

5°. Après dix années, lorsque l'obligation principale n'a pas un terme fixe d'échéance, parce qu'il ne faut pas que la caution reste perpétuellement engagée.

Néanmoins, dans ce dernier cas, si l'obligation était de nature à ne pouvoir être éteinte avant un temps déterminé, la caution ne pourrait, avant l'expiration de ce temps, quelque long qu'il fût, demander la décharge, parce qu'elle a connu ou dû connaître la nature et la durée de l'obligation qu'elle cautionnait.

La personne qui s'est rendue caution d'un tuteur ne peut lui demander décharge tant que la tutelle dure : elle a dû savoir que l'obligation qui résulte de l'administration de la tutelle ne peut finir qu'avec la tutelle elle-même.

Suivant la loi romaine, l'un des cofidéjusseurs qui avait payé la dette n'avait pas de recours contre les autres s'il ne s'était fait subroger expressément aux droits du créancier. Cette loi avait pour motif que plusieurs personnes qui se rendaient cautions du même débiteur ne contractaient entre elles aucune obligation, et que chacune d'elles ne se proposait que l'affaire du débiteur et non celle de ses cofidéjusseurs.

Mais celui des fidéjusseurs qui paie la dette fait réellement l'affaire de ses cofidéjusseurs, en même-temps qu'il fait la sienne et celle du débiteur, puisqu'en payant il libère les cofidéjusseurs comme il se libère lui-même de la dette qui leur était commune à tous ; il est donc équitable, puisqu'ils profitent tous du paiement, que chacun d'eux en supporte sa part.

Aussi la loi romaine n'était pas suivie en France, et le projet de loi ne l'a point adoptée. Il dispose au contraire expressément que celui des cofidéjusseurs qui a acquitté la dette a recours contre les autres, chacun pour sa part et portion.

Néanmoins ce fidéjusseur ne peut exercer le recours s'il a payé sans avoir été poursuivi en justice par le créancier, ou sans que le débiteur fût en faillite ou en déconfiture, ou avant l'expiration du terme auquel le débiteur s'était obligé de lui rapporter décharge, ou avant l'échéance de l'obligation, ou avant l'expiration de dix années, lorsque l'obligation n'avait pas de terme fixe d'échéance, ou avant l'expiration du temps déterminé pendant lequel cette obligation était de nature à ne pouvoir s'éteindre.

2034 Il ne reste plus qu'à examiner comment s'éteint le cautionnement.

En général, il s'éteint par les mêmes causes que les autres obligations, et ces causes vous sont déjà connues, tribuns; il serait inutile de les rappeler.

Les moyens qui libèrent le débiteur libèrent aussi la caution. Lorsque le débiteur est libéré l'obligation principale n'existe plus, et le cautionnement qui en est l'accessoire ne pourrait subsister.

2036 Les moyens qui détruisent l'obligation principale, s'ils résultent de la nature même du contrat, détruisent aussi le cautionnement; mais s'ils se trouvent attachés à la personne même du débiteur, ils ne peuvent servir qu'à lui, et la caution n'est pas reçue à les opposer.

D'après cette distinction, le fidéjusseur profite de l'action en nullité ou en rescision contre l'obligation principale qui aurait été contractée par erreur, dol ou violence. Ces vices sont attachés au contrat lui-même, puisqu'il ne peut exister de contrat sans le consentement de la personne qui s'oblige, et qu'il n'y a pas de consentement valable s'il n'a été donné que par erreur, ou extorqué par violence, ou surpris par dol ; le cautionnement ne peut donc exister si l'obligation principale est annulée ou rescindée.

Mais si l'exception était purement personnelle au débiteur, comme le bénéfice de restitution pour cause de minorité, on a déjà vu que la caution ne pourrait l'opposer, parce qu'au moment où elle s'est engagée, elle a pu prévoir que le débiteur se ferait restituer ; que, si elle n'a pas souscrit son cautionnement pour n'avoir lieu seulement que dans le cas où la restitution ne serait pas demandée, elle s'est volontairement exposée à en courir les risques, et qu'alors même il est évident que c'est précisément pour faire valoir l'obligation et pour se garantir de la restitution que le créancier a exigé un cautionnement.

Quand le créancier s'est mis hors d'état de faire à la caution la subrogation de ses droits et hypothèques, la caution est déchargée. Alors elle n'aurait plus un recours aussi assuré contre le débiteur, et il est juste que le créancier, s'il veut la contraindre à lui payer la dette, lui confère tous ses droits contre le principal obligé. 2037

Elle est encore déchargée du cautionnement lorsque le créancier a accepté en paiement un immeuble ou un effet quelconque, quand même il éprouverait éviction : en ce cas l'obligation principale se trouve éteinte par la novation. 2038

Mais une simple prorogation de terme accordée par le créancier au débiteur ne décharge point la caution : cette prorogation peut être utile à la caution elle-même, et ne l'empêche pas d'ailleurs de contraindre le débiteur principal ou à payer ou à la faire décharger de son engagement. 2039

Telles sont, tribuns, les règles qui vous sont proposées pour l'organisation particulière du contrat de cautionnement.

Elles sont toutes également déduites de la nature même de ce contrat : elles en déterminent tous les effets de la manière la plus conforme à son objet : elles assurent au créancier toute la garantie qu'il a voulu se procurer : elles accordent à la caution toute la faveur qui peut se concilier avec les intérêts du créancier : elles tarissent une source féconde de procès, en fixant tous les points sur lesquels il y avait une si grande variété dans la jurisprudence ; enfin elles substituent à des lois incohérentes et obscures une législation simple et facile.

Ainsi le contrat de cautionnement, dégagé de toutes les incertitudes et de toutes les difficultés qui en embarrassaient constamment l'action et les effets, donnera une plus forte garantie, inspirera plus de confiance, et aura conséquemment une influence encore plus heureuse sur les transactions civiles.

Votre section de législation vous propose, tribuns, de voter l'adoption du projet de loi.

OPINION ÉMISE AU TRIBUNAT PAR LE TRIBUN GOUPIL-PRÉFELN, CONTRE LE PROJET.

2023. Tribuns, je ne viens pas combattre le projet de loi relatif au cautionnement sous le rapport des principes généraux qui le constituent : je n'attaque que son article 13. Il est ainsi conçu :

« La caution qui requiert la discussion doit indiquer au « créancier les biens du débiteur principal, *et avancer les* « *deniers suffisans pour faire la discussion.*

« Elle ne doit indiquer ni des biens du débiteur principal « situés hors de l'arrondissement du tribunal d'appel du « lieu où le paiement doit être fait, ni des biens litigieux, *ni* « *ceux hypothéqués à la dette qui ne sont plus en la possession* « *du débiteur.* »

Ainsi la caution simple, poursuivie par le créancier, et qui le requerra de discuter préalablement le débiteur principal dans ses biens non litigieux, et situés dans le ressort du tribunal d'appel, sera tenue de faire les avances des frais auxquels cette poursuite du créancier devra donner lieu.

J'examinerai par la suite quels pourront être les moyens

de régler le montant de ces avances ; en quelles mains devront être déposés les fonds que la caution devra garnir ; comment on parviendra à reconnaître si les premières avances ont été employées utilement à l'effet de contraindre la caution à déposer un supplément de fonds.

Je sais que tous ces points appartiennent au Code judiciaire ; je pense même que la disposition proposée, et dont l'effet serait d'assujétir les cautions à avancer le montant des frais auxquels la poursuite du créancier donnera lieu, ne devrait pas, si elle pouvait être admise, trouver sa place dans le Code civil, et qu'elle serait aussi du domaine du Code judiciaire.

Elle est présentée au titre *du Cautionnement*, destiné à devenir le titre V du troisième livre du Code civil ; et puisqu'elle se trouve là, c'est là que je la combats.

Il faut sans doute de fortes raisons pour placer dans notre législation une exception unique, dont l'effet sera d'imposer à une personne l'obligation de faire l'avance des frais d'une instance dans laquelle elle ne sera pas même partie, et d'autoriser celle qui plaide à puiser dans la bourse de celle qui ne plaide pas, jusqu'à concurrence des frais auxquels l'action donnera lieu.

Je cherche en vain les motifs qui ont pu faire admettre cette exception exorbitante du droit commun, et surtout pourquoi celui qui cautionne est l'objet de cette défaveur.

Le co-créancier n'est point assujéti à faire les *avances* de sa portion des frais que fait son cocréancier pour obtenir des condamnations contre leur débiteur commun.

Le codébiteur poursuivi n'a point d'action contre ses codébiteurs pour les contraindre à lui *avancer* les frais qu'il fait pour justifier leur libération commune.

Un défendeur qui a un garant ne peut exiger de celui qui lui doit garantie les *avances* des frais qu'exige sa défense.

Dans tous ces cas les recours s'exercent, s'il y a lieu, mais seulement après le jugement définitif.

Ne perdez pas de vue, tribuns, que les dispositions du projet ne s'appliquent qu'aux cautions simples et non solidaires.

La caution solidaire est, à l'égard du créancier, un véritable débiteur principal; les règles relatives à cette solidarité se trouvent à la quatrième section du troisième chapitre du titre *des Obligations conventionnelles*, que le Corps législatif a décrété le 17 de ce mois, et l'on n'y voit point de disposition qui assujétisse la caution solidaire à avancer les frais de la poursuite du créancier, quand il la dirige contre le débiteur.

Le cautionnement simple est ordinairement un acte de bienfaisance par lequel un ami, un bon parent, un bon voisin, viennent au secours de leur voisin, de leur parent, de leur ami, et obtiennent ainsi pour lui les délais dont il a besoin pour acquitter des engagemens existans, ou lui procurent les moyens de consommer une négociation avantageuse avec un tiers qui ne connaît pas assez la solvabilité de celui avec lequel il traite.

Le cautionnement n'est pas moins utile au créancier qu'au débiteur : s'il facilite les opérations de celui-ci, il est la garantie de celui-là; et si la caution est notoirement solvable, il équivaut au nantissement.

Le projet de loi nous dit qu'elles sont de droit commun les obligations de la caution simple, c'est-à-dire de celle qui n'a pas renoncé au bénéfice de discussion, ou qui ne s'est pas obligée solidairement avec le débiteur.

« La caution, porte l'article 11, n'est obligée envers le « créancier à le payer qu'à défaut du débiteur, qui doit être « préalablement discuté dans ses biens, etc. »

Je n'attaque point les dispositions de l'article 13, qui veulent que la caution ne puisse indiquer des biens du débiteur qui soient litigieux, ni qui soient situés hors du ressort du tribunal d'appel du lieu où le paiement doit être fait.

Le créancier est suffisamment protégé par ces deux dispositions, puisqu'il ne sera pas tenu d'attendre la fin des procès qui retarderaient ses poursuites et son paiement, ni de se transporter à des distances éloignées.

Il est hors de doute que, si la loi n'assujétissait pas la caution à faire au créancier les avances des frais nécessaires pour discuter préalablement le débiteur, la stipulation consentie par la caution pourrait y suppléer; comme la caution pourrait en être dispensée par le créancier, quand même la loi l'y assujétirait de droit commun.

Mais il ne faut pas conclure, de ce que les parties pourront s'accorder et régler leurs conventions à cet égard, qu'il soit indifférent que le droit commun établisse, pour les cas où les parties n'auront point arrêté de convention à ce sujet, un droit trop rigoureux, exorbitant, et en opposition avec les principes qui ont dirigé la rédaction du projet de loi.

Ne sera-t-il pas de droit commun que la caution non solidaire, et qui n'aura pas renoncé au bénéfice de discussion, ne sera obligée envers le créancier de le payer qu'à défaut du débiteur, que ce créancier sera tenu de discuter préalablement dans ceux des biens du débiteur qu'elle sera autorisée à indiquer?

Si l'on m'objecte que c'est la caution qui, poursuivie immédiatement par le créancier, l'aura requis de diriger d'abord son action contre le débiteur principal, en lui indiquant des biens de celui-ci situés dans le ressort du tribunal d'appel du lieu où le paiement doit être fait, et qui soient suffisans et non litigieux : je réponds que la caution usera du droit que la loi lui donne, et que c'est pour jouir de ce droit qu'elle ne se sera pas obligée solidairement, et qu'elle n'aura pas renoncé au bénéfice de discussion.

Assujétir la caution non pas seulement à payer en définitive, s'il y a lieu, mais à faire les avances des frais qu'exigera la discussion, c'est lui accorder d'une part le bénéfice de discussion, et de l'autre le lui retirer aussitôt, du moins implicitement : car, je le demande, doit-on considérer comme partie poursuivante, ou le créancier qui ne sera au procès que pour y donner son nom, ou la caution qui, sans être partie, sera obligée néanmoins d'avancer chaque jour les frais qu'exigera la poursuite, et n'en aura cependant ni la direction ni le choix des conseils et des défenseurs?

Ce serait réduire la caution simple au sort de la caution solidaire et étendre son obligation au-delà de ses termes.

Le législateur doit établir le droit commun pour les cas les plus ordinaires; et le plus ordinairement les conventions entre les créanciers et les cautions simples ne porteront aucune stipulation relative aux avances des frais que le créancier devra faire contre le débiteur, s'il est obligé de le discuter. Un notaire instruit, attentif et prudent avertira sans doute de l'étendue de ses engagemens celui qui cautionnera sans solidarité, mais tous les cautionnemens ne sont pas consentis par des actes publics, ils peuvent résulter d'actes sous seing privé : et quoique personne ne puisse se soustraire à ses engagemens sous prétexte de son ignorance de la disposition de la loi, cependant la loi doit garantir de toute surprise et même de toute erreur celui qui s'engage; et je crois avoir démontré que le droit commun, dans le cas du silence des contractans, ne doit pas être plus rigoureux à l'égard des cautions simples qu'il ne l'est à l'égard des codébiteurs et des garans.

Le cautionnement doit être spécialement protégé par la loi : c'est un bon office; il facilite les transactions; il établit la confiance; il augmente le crédit; il est utile à l'État, puisqu'il favorise la circulation en multipliant les négociations.

L'intérêt du créancier de bonne foi est sans doute le premier de tous : la loi ne doit altérer ni affaiblir aucun des moyens de poursuite ou d'exécution qu'il peut employer contre ses débiteurs et contre leurs cautions. L'engagement des cautions simples est aussi une obligation qui doit avoir tout son effet, mais seulement après que la discussion du débiteur principal a été épuisée dans les cas déterminés par la loi, c'est-à-dire quand le débiteur a des biens non litigieux et situés dans le ressort du tribunal d'appel du lieu où le paiement doit être fait, et quand ces biens sont indiqués par la caution. L'obligation de discuter, quand il y a lieu, est à la charge du créancier, et, comme tout demandeur, il doit être assujéti à faire les avances des frais qu'exige la poursuite de son action, sauf son recours.

S'il en était autrement, toutes les fois que le débiteur ne s'acquitterait pas au terme convenu, le créancier, quelque notoire que fût la solvabilité du débiteur, ne manquerait pas de poursuivre immédiatement la caution non solidaire, pour, à l'aide de cette ruse, l'assujétir à faire les avances des frais de la discussion.

On a dit que dans quelques lieux la jurisprudence était conforme à ce que le projet propose. Je réponds que le Code civil n'est pas fait pour quelques localités, mais pour toute l'étendue de la République. J'ajoute que le plus souvent, dans les lieux même où cette jurisprudence était établie, son application était illusoire, ou plutôt qu'on négligeait même de la réclamer.

En effet, où se fera le dépôt du montant des avances auxquelles la caution sera assujétie? Aux mains du créancier? Il n'est pas besoin de développer tous les inconvéniens qui pourraient en résulter. Au bureau des consignations ou au greffe? Il faudra accorder des remises qui aggraveront le sort de la caution.

La caution peut, dit-on, éviter tous ces inconvéniens en payant la dette, et elle exercera son recours contre le débiteur.

Il est aisé de répondre à cette objection.

Celui qui a cautionné sans solidarité et sans renoncer au bénéfice de discussion a pu sans imprudence se dispenser de soigner l'échéance de la dette. Il a su que le débiteur avait des biens dans lesquels le créancier serait tenu de le discuter préalablement, s'il ne payait pas à l'échéance.

En un mot, l'engagement de la caution simple se réduit à garantir au profit du créancier le paiement de la dette, après que celui-ci aura inutilement discuté le débiteur dans ceux de ses biens dont la loi autorise l'indication.

La disposition que je combats donnera lieu à un grand nombre de procès, tant pour la fixation (sur laquelle il est présumable que le créancier et la caution ne s'accorderont pas) du montant de la somme que la caution devra garnir, que du supplément que le créancier lui demandera quand il prétendra que les fonds qui ont été déposés sont consommés.

Dans tous les cas, le garnissement, qui ne pourra être exigé que jusqu'à concurrence de la taxe rigoureuse des dépens, ne fera pas autant de profit au créancier qu'il lui occasionera d'incidens et de frais en pure perte.

Je combats avec plus de confiance encore la dernière disposition du même article 13 du projet. Il porte que la caution *ne pourra pas indiquer les biens hypothéqués à la dette, s'ils ne sont plus en la possession du débiteur.*

Et qu'importe qu'ils se trouvent dans la possession de telle personne que ce soit, si, comme le projet le suppose, ils n'ont pas cessé d'être *hypothéqués à la dette*, et s'ils le sont encore?

Sans cette hypothèque, la caution n'aurait pas consenti l'obligation à laquelle elle s'est soumise; et, de caution simple, elle ne peut devenir caution solidaire, ou, ce qui équivaut, elle ne peut être privée du bénéfice de discussion par un acte qui est le fait d'autrui, qu'elle n'a pu ni prévenir ni empêcher, et qui ne change rien au sort ni aux droits d'aucun des intéressés.

En effet, le créancier hypothécaire, ni la caution qui ne s'est obligée qu'en considération de l'hypothèque, ne peuvent mettre obstacle à l'aliénation de l'immeuble hypothéqué. Cette aliénation ne les préjudicie point, s'ils ont pris les précautions convenables pour conserver leur hypothèque.

Remarquez, tribuns, que, d'après cette rédaction, *s'ils*

(les biens hypothéqués à la dette) *ne sont plus dans la possession du débiteur*, il ne serait pas nécessaire qu'il y eût acte translatif de propriété, et qu'il suffirait que le débiteur en eût perdu la simple possession, pour que le cautionnement non solidaire fût transformé en cautionnement solidaire, et peut-être par l'effet d'une collusion entre le débiteur et le nouveau possesseur.

Remarquez encore que le débiteur pourrait seulement échanger l'immeuble hypothéqué à la dette : cet immeuble ne serait plus dans la possession du débiteur, il ne pourrait plus être indiqué au créancier par la caution poursuivie, et, dans ce cas, la caution non solidaire serait encore privée du bénéfice de la discussion.

On a prétendu justifier cette disposition, d'abord parce que l'aliénation pourrait donner lieu à un état d'ordre auquel le créancier ne peut être obligé de figurer, et enfin parce que le créancier, la caution et le débiteur, étant déjà en instance, il y aurait de l'inconvénient à amener en cause l'acquéreur, qui serait une quatrième partie dont la défense compliquerait l'affaire principale.

La solution de ces objections se présente d'elle-même.

Le créancier hypothécaire ne peut empêcher que, dans le cas d'une expropriation forcée, il y ait un état d'ordre, qui aurait également lieu quand le débiteur serait encore possesseur du bien hypothéqué à la dette. Tout ce qui l'intéresse, c'est d'être employé dans cet état à un rang utile. L'aliénation ne lui porte aucun préjudice, si son hypothèque a conservé sa date et son privilége.

Quant à la seconde objection : si la caution a renvoyé le créancier discuter le débiteur dans ceux de ses biens que la loi l'autorise à indiquer, elle n'est plus en cause, et l'instance n'est liée qu'entre le créancier et le débiteur; la circonstance de l'aliénation est indifférente. L'acquéreur viendra-t-il justifier sa qualité, et même la transcription de son titre? Il prouvera en même temps l'existence de l'hypothèque; car cette transcription n'aura pu, sous la responsabilité du conservateur, être faite qu'à la charge des hypothèques inscrites.

Je ne veux rien préjuger sur le régime hypothécaire qui sera consacré dans nos lois : mais, quel qu'il soit, on peut être assuré qu'il présentera les moyens, et qu'il prescrira les formes pour établir et conserver les hypothèques.

L'action hypothécaire est foncière par sa nature, et, pour l'exercer, il n'importe quel est le propriétaire actuel de l'immeuble hypothéqué.

Vous trouverez peut-être, mes collègues, qu'il y a de ma part de la témérité à combattre à la fois, et le projet de loi, et l'opinion de la majorité de votre section de législation, opinion qu'elle vient de vous faire manifester par son rapporteur.

Les noms recommandables des sages qui ont rédigé ce projet de loi et de ceux qui l'ont discuté auraient peut-être dû me faire abandonner le projet que j'avais formé de le combattre.

Je me suis dit plus d'une fois qu'on pourrait m'accuser de tenir avec opiniâtreté à une première opinion; mais il n'est pas au pouvoir de celui qui est de bonne foi de renoncer à ce qu'il croit intimement juste et bon.

Je vote le rejet du projet de loi.

RÉPONSE FAITE PAR LE TRIBUN CHABOT (de l'Allier),
A L'OPINION DU TRIBUN GOUPIL-PRÉFELN.

2023 Tribuns, l'article 13 du projet de loi sur le *cautionnement* a été combattu par deux motifs.

On a dit 1° que la caution qui forçait le créancier à discuter le débiteur dans ses biens ne devait pas être tenue d'avancer les fonds nécessaires pour cette discussion; 2° qu'elle devait être autorisée à requérir la discussion des biens hypothéqués à la dette, quoiqu'ils ne fussent plus en la possession du débiteur.

Je répondrai en peu de mots aux moyens sur lesquels on a essayé d'établir cette double critique.

Le cautionnement a pour objet d'assurer l'exécution de l'obligation principale ; mais pour que l'obligation principale soit exécutée *comme elle doit l'être*, il faut que la dette soit acquittée *à son échéance ;* la caution est donc tenue, non pas seulement de payer la dette lorsque le débiteur n'y satisfait pas lui-même, mais encore de la payer à l'échéance du terme fixé par l'obligation : autrement elle ne serait pas effectivement obligée à l'exécution de tout ce qui a été promis par le débiteur.

Il en résulte qu'à l'instant de l'échéance du terme, si le débiteur ne paie pas, le créancier devrait avoir le droit de contraindre la caution au paiement.

Telle était la disposition du droit romain : elle était conforme à la nature et à l'esprit du cautionnement.

Cependant le projet de loi admet l'exception introduite par l'empereur Justinien : il autorise la caution à requérir que le créancier discute le débiteur dans ses biens, et, pendant que dure cette discussion, la caution ne peut être poursuivie.

Elle obtient donc un délai que n'a pas le débiteur, et se trouve ainsi dégagée de l'une des obligations principales du contrat cautionné, le *paiement à l'échéance du terme ;* c'est là, sans doute, une faveur très-considérable.

Aussi ce privilége accordé à la caution fut appelé par l'empereur Justinien, *bénéfice de discussion*, et il conserve la même dénomination dans le projet de loi.

C'est un bénéfice ! il doit donc être restreint dans de justes limites, et la loi qui l'accorde peut y mettre telles conditions qu'elle juge convenables.

C'est une dérogation au droit que devrait avoir le créancier de réclamer l'exécution au moment de l'échéance, tant contre la caution que contre le débiteur. Veillons du moins à ce que la dérogation ne soit pas plus onéreuse au créancier que l'équité ne le permet.

Tels furent les motifs qui firent adopter généralement dans l'ancienne jurisprudence que la caution avancerait les fonds nécessaires pour la discussion, et ne pourrait demander qu'une discussion qui fût de nature à être prompte et facile.

Le projet de loi n'introduit pas, à cet égard, un droit nouveau.

En faveur de qui est faite la discussion des biens du débiteur ? Ce n'est pas en faveur du créancier, puisqu'elle éloigne le paiement de la dette, et qu'elle le force à des poursuites désagréables, lorsqu'il pourrait, à l'instant même, contraindre la caution au paiement.

La discussion n'est donc faite que pour le fidéjusseur, puisqu'elle n'a d'autre objet que de l'exempter du paiement : elle ne profite qu'à lui, puisqu'elle lui procure sa décharge, ou au moins un délai. N'est-il donc pas juste qu'il avance les fonds nécessaires pour une discussion qui n'est admise que pour ses propres intérêts ? Et ne serait-il pas beaucoup trop dur pour le créancier, à qui elle porte un double préjudice par le retard qu'elle lui fait éprouver, et par les embarras qu'elle lui cause, qu'il fût encore forcé à faire l'avance des sommes nécessaires pour la soutenir ?

Cette réflexion seule répond pleinement à toutes les observations qui ont été présentées en faveur de la caution.

Il y aura lieu, a-t-on dit, à des contestations sans nombre entre les créanciers et la caution pour la fixation et la remise des sommes nécessaires pour la discussion.

Mais, en proposant l'objection, on a fait en même temps la réponse : Il sera pourvu à cet objet dans le *Code judiciaire*.

Ici le principe est établi : c'était sa place. Le mode de discussion se trouvera où il doit être, au Code *de la procédure*.

Sera-t-il si difficile d'ordonner que la caution remettra la somme qu'elle croira suffisante, et qu'à l'instant où le créancier justifiera en avoir fait l'emploi, la caution sera tenue de remettre d'autres fonds pour continuer les poursuites, ou de payer la dette?

Si la caution craint que la discussion ne soit pas faite dans ses intérêts, elle aura le droit d'y intervenir.

La seconde objection faite contre l'article 13 se détruit par les mêmes motifs que la première : elle est également en opposition avec la nature et l'objet du cautionnement.

La discussion qu'il est permis à la caution de demander ne doit être ni longue ni difficile : l'équité le veut ainsi ; les auteurs n'ont cessé de le réclamer ; et les tribunaux l'ont décidé constamment.

Ne serait-ce donc pas exposer le créancier à une discussion longue et difficile, que de le forcer à discuter des biens qui ne seraient plus dans la possession du débiteur? N'aurait-il pas des contestations sans nombre à soutenir et avec les nouveaux détenteurs de ces biens, et avec les créanciers? Des demandes en désistement, des expropriations forcées, des instances d'ordre, ne sont-ce pas là des procès? Et pourquoi forcerait-on le créancier à en subir toutes les longueurs et tous les désagrémens pour les intérêts de la caution? Ce serait lui faire acheter bien cher le bénéfice du cautionnement.

Il peut y avoir, a-t-on dit encore, une connivence entre le créancier et le débiteur.

Mais la caution n'est-elle pas subrogée à tous les droits du créancier, et n'est-elle pas déchargée lorsque cette subrogation ne peut avoir lieu par le fait du créancier?

Le contrat de cautionnement est un acte très-utile dans la société ; et le moyen le plus sûr d'en multiplier l'usage, c'est de l'organiser de manière à ce qu'il inspire une grande confiance au créancier, sans l'exposer à des contestations longues et pénibles.

Telles sont, tribuns, les raisons qui avaient déterminé

votre section de législation à ne pas accueillir les observations qu'un de nos collègues est venu répéter à cette tribune. La section persiste dans la proposition qu'elle vous a faite, par mon organe, de voter l'adoption du projet de loi.

Le Tribunat vota l'adoption du projet dans la même séance du 23 pluviose an XII (13 février 1804), et MM. Chabot, Lahary et Duvidal furent chargés de porter ce vœu au Corps législatif.

DISCUSSION DEVANT LE CORPS LÉGISLATIF.

DISCOURS PRONONCÉ PAR LE TRIBUN LAHARY.

(Séance du 24 pluviose an XII. — 14 février 1804.)

Législateurs, les divers rapports des hommes en société sont l'origine ou la cause de tous les engagemens qui se forment entre eux.

De là résulte une vérité fondamentale que le législateur ne doit jamais perdre de vue :

C'est que l'éternelle sagesse n'a établi ces rapports nécessaires entre les hommes, et ne les a ainsi placés dans la dépendance les uns des autres, que pour leur inspirer une bienveillance réciproque, pour les unir plus étroitement par les liens de la fraternité, et pour les rappeler sans cesse à cette loi primitive qui leur défend de se haïr et de se nuire, qui leur prescrit de s'aimer et de se secourir mutuellement: loi précieuse et conservatrice, qui rapproche par le besoin l'homme de son semblable; qui concilie parfaitement ses droits et ses devoirs; qui fait sortir l'intérêt général de la combinaison même des intérêts privés; qui, en un mot, fonde sur les grands principes de la morale universelle et le bonheur individuel, et le maintien de l'ordre social!

DU CAUTIONNEMENT. 73

Ainsi, plus les lois civiles seront en concordance avec cette loi primitive, et plus infailliblement elles atteindront ce double but de leur institution.

C'est en effet de ce droit naturel, gravé dans nos âmes, que découlent, comme de leur source, ces éternelles notions de justice et d'équité qui font la base essentielle de toutes les conventions, de toutes les obligations, de tous les engagemens.

Si donc les règles destinées à les régir n'étaient pas en parfaite harmonie avec lui, si elles contrariaient ce droit ou le blessaient essentiellement, elles ne seraient dès lors ni vraies, ni justes, ni conformes aux principes dont elles doivent émaner.

Très-heureusement, législateurs (et nous pouvons le proclamer avec orgueil du haut de cette tribune), très-heureusement nos nouvelles lois offrent le plus rare modèle de cette précieuse harmonie ; et l'on ne peut pas, comme autrefois, leur reprocher de s'être un seul instant écartées de ce principe régulateur.

Vous en trouverez, législateurs, une nouvelle preuve dans le projet qui doit se discuter aujourd'hui devant vous.

Tous les engagemens, de quelque nature qu'ils soient, sont volontaires ou forcés. Les uns naissent du consentement mutuel des parties contractantes ; les autres résultent ou de la loi elle-même, ou d'un fait personnel permis ou réprouvé.

Ceux-là sont obligatoires par la force de la convention ; ceux-ci le deviennent ou par la seule autorité de la loi, ou par les règles non moins sacrées de l'équité.

Les premiers font la matière du titre II du livre III du Code civil, intitulé *des Contrats ou des Obligations conventionnelles en général.*

Les derniers sont rangés dans la classe *des Engagemens qui se forment sans convention ;* et ils font le sujet du titre III du même livre.

Après avoir fixé les règles générales et particulières sur ces divers genres d'obligations, il était indispensable, pour compléter notre droit sur cette matière, de s'occuper de leurs accessoires et de leurs suites.

Tel a été le but du titre IV, relatif à la *Contrainte par corps en matière civile;* et tel est aussi l'objet du titre V, intitulé *du Cautionnement,* dont le Tribunat a voté l'adoption, et qu'il m'a chargé de vous soumettre.

L'orateur du gouvernement, en présentant ce projet, vous a dit, législateurs, « que le développement des motifs d'une « loi sur un acte obscur de la vie civile *est nécessairement fort* « *aride.* » Si ce développement lui a paru tel malgré son extrême clarté et sa rare précision, comment pourrais-je me flatter moi-même de répandre quelque intérêt sur un sujet qu'il me faut traiter après lui? Mais ce qui m'encourage dans la difficile tâche qui m'est imposée, c'est que le même orateur vous a observé que *ce projet de loi n'était pas le moins important du Code.* Or, législateurs, son importance suffit seule pour le recommander à votre attention, et pour me faire espérer que vous m'écouterez avec indulgence.

Le projet qui vous est soumis est divisé en quatre chapitres.

Le premier traite de la nature et de l'étendue du cautionnement.

Le second s'occupe de ses effets,

Soit entre le créancier et la caution,

Soit entre la caution et le débiteur,

Soit enfin entre les cofidéjusseurs; ce qui a nécessité la subdivision de ce chapitre en trois sections.

Le troisième chapitre a pour objet l'extinction du cautionnement.

Enfin, le chapitre quatrième règle ce qui concerne la caution légale et la caution judiciaire.

De la Nature et de l'Étendue du cautionnement.

Je crois utile d'ouvrir ma discussion par deux observations

préliminaires qui frappent et sur l'ensemble du projet de loi, et sur quelques-uns de ses détails.

Et d'abord j'observe que les règles qu'on y a établies sont puisées dans cette raison écrite qui fournit les plus purs élémens et les notions les plus exactes, surtout en matière de contrats; qu'on y a consacré tous les principes admis sur le cautionnement, soit par le droit romain, soit par notre ancienne jurisprudence ; qu'enfin tous les articles dont ce projet se compose sont absolument conformes à ce qui se pratiquait parmi nous, si l'on en excepte quelques légères innovations que je ferai remarquer à mesure qu'elles se présenteront.

J'observe, en second lieu, que bien que le cautionnement soit l'accessoire de l'obligation à laquelle il se rattache, il en est cependant très-distinct, et qu'il en diffère même essentiellement sous quelques rapports.

En effet, s'agit-il d'apprécier la validité, l'étendue, la durée, l'extinction du cautionnement? alors il se règle par les mêmes principes qui régissent l'obligation principale.

S'agit-il d'en déterminer la nature et les effets à l'égard du créancier, du débiteur et des cofidéjusseurs? alors le cautionnement se détache en quelque sorte de l'obligation principale, et il est soumis à des règles toutes particulières.

Ainsi, par exemple, lorsque plusieurs débiteurs, sans stipuler la solidarité, s'obligent au paiement d'une somme, soit que l'un d'eux en ait seul profité, soit qu'ils l'aient tous également partagée, l'obligation se divise de plein droit entre eux, et ils ne sont tenus chacun que de sa part et portion.

Au contraire, lorsque plusieurs fidéjusseurs s'obligent au paiement d'une même dette sans stipuler le bénéfice de division, leur obligation ne peut être scindée, et chacun d'eux est nécessairement tenu, par l'essence même de l'engagement, de la totalité de la dette.

Mais, dira-t-on, pourquoi cette distinction entre les codébiteurs non solidaires et les simples cofidéjusseurs? Pourquoi? la raison en est sensible :

C'est que les codébiteurs ne sont censés s'être engagés que pour la partie de la dette qui les concerne individuellement, et que les cofidéjusseurs sont réputés s'être obligés pour le tout, si, dans l'un et l'autre cas, l'acte ne contient pas de stipulation contraire ;

C'est que le cautionnement ayant pour but d'assurer l'exécution de l'obligation principale doit nécessairement la garantir tout entière ;

C'est, en un mot, que l'engagement du fidéjusseur n'est divisible que lorsqu'il exige qu'il soit divisé, ou que le créancier juge à propos de diviser lui-même son action.

Et la preuve que la loi regarde l'obligation des cofidéjusseurs comme indivisible, c'est qu'elle a établi en leur faveur le bénéfice de division ; ce qui certes aurait été bien inutile ou bien superflu si cette division eût dû s'opérer de plein droit.

Ainsi ce serait une erreur d'argumenter ici d'un cas à l'autre, de comparer les cofidéjusseurs à de simples coobligés, et de confondre deux obligations, qui, étant de diverse nature, doivent, sous certains rapports, produire des effets tout différens.

Le projet de loi a donc rendu hommage aux véritables principes en distinguant l'obligation principale de l'obligation accessoire, et en décidant, dans l'article 15, que, « lorsque plusieurs personnes se sont rendues cautions d'un « même débiteur pour une même dette, elles sont obligées « chacune à toute la dette. »

J'ai cru, législateurs, ne pouvoir me dispenser d'insister sur ce point, parce qu'il a été fait de graves objections à cet égard, et qu'il était de mon devoir d'y répondre pour justifier cet article du projet.

Je n'ai jeté qu'un léger coup d'œil sur le système général du projet de loi ; je vais maintenant le considérer dans ses détails.

Vous ne vous attendez pas, sans doute, législateurs, que

j'analyse tous les articles dont ce projet se compose ; car il en est de si clairs et de si précis, qu'ils ne sont susceptibles d'aucun commentaire. Il en est encore qui sont d'une vérité et d'une justice si évidentes, qu'ils portent en eux-mêmes le motif de leur propre décision, et que je ne pourrais les développer sans les copier littéralement.

Je me bornerai donc, pour ne vous point fatiguer par d'inutiles répétitions, à l'examen de ses dispositions les plus importantes. Je ferai même d'autant plus d'efforts pour abréger cet examen, qu'il me serait impossible de rien ajouter de nouveau à tout ce qui a été dit dans l'exposé des motifs et dans le rapport fait au Tribunat.

Le projet définit d'abord ce que c'est que l'engagement du fidéjusseur :

« Celui, dit l'article 1er, qui se rend caution d'une obli« gation, se soumet envers le créancier à satisfaire à cette obli« gation si le débiteur n'y satisfait pas lui-même. »

Il est peu de définitions qu'on puisse comparer à celle-là. Il n'en est pas du moins de plus précise, de plus exacte, ni de plus complète, j'oserai même dire de plus féconde ; car elle tient lieu de principe, et presque tous les articles du projet en dérivent comme autant de conséquences nécessaires.

Il suit en effet de cette définition que le cautionnement ayant pour objet de garantir l'obligation principale, il n'est et ne peut être que l'accessoire de cette obligation ; que par conséquent l'on doit, comme je l'ai déjà observé, les juger l'un et l'autre par les mêmes principes dans tout ce qui est relatif à leur existence, à leur validité, à leur étendue, à leur durée, à leur extinction, parce que ce sont là autant de caractères qui leur sont communs.

Voici donc comment les rédacteurs du projet de loi ont raisonné et dû raisonner à cet égard pour établir les règles de ce genre de contrat.

S'il n'existe pas d'obligation, il est de toute évidence qu'il ne peut exister de cautionnement, puisqu'il est impossible de concevoir seul et isolé un acte qui suppose nécessairement une première obligation à laquelle il doit servir de garantie.

2013 Si l'obligation a pour objet une somme déterminée, le cautionnement peut bien n'être contracté que pour une partie de cette somme; mais il ne peut aucunement l'excéder, parce qu'il impliquerait contradiction que l'engagement accessoire fût plus considérable que l'engagement principal.

Si pourtant le cautionnement excède le montant de l'obligation, sera-t-il nul? Non ; il sera seulement réductible à la mesure de l'obligation principale. Or rien n'est plus raisonnable que cette disposition ; car celui qui a promis le plus a nécessairement promis le moins, et la réduction qui s'opère en ce cas, loin de lui nuire, est toute dans son intérêt.

Si l'obligation a un terme fixe d'échéance, le cautionnement ne peut être prorogé au-delà de ce terme. Comment, en effet, le fidéjusseur pourrait-il rester obligé quand l'engagement qui le lie se trouve expiré? Ne serait-ce pas étendre son engagement au-delà des bornes dans lesquelles il a voulu lui-même le circonscrire?

2034 Si l'obligation est anéantie par quelqu'une des causes qui la font cesser, le cautionnement cesse aussi et disparaît avec elle. Alors il n'y a plus d'obligation; donc il ne peut y avoir de cautionnement.

2012-2036 Enfin, si l'obligation est prohibée par la loi ou contraire aux bonnes mœurs ou à l'ordre public, le cautionnement ne peut pas plus subsister que l'obligation elle-même, parce qu'étant nulle de *plein droit* elle entraîne nécessairement la nullité du cautionnement.

J'ai dit qu'une telle obligation est *nulle de plein droit*, et c'est ce qu'il faut bien distinguer ; car, si l'obligation, valable en elle-même, n'était susceptible d'être rescindée que par une exception personnelle au débiteur, comme dans le cas de la minorité, le cautionnement n'en devrait pas moins avoir tout son effet.

J'ajoute que, si la nullité de l'obligation n'était que relative, comme dans le cas de l'erreur, de la violence ou du dol, elle ne ferait pas tomber le cautionnement *ipso facto* et sans l'appui de l'action en rescision. Et pourquoi subsisterait-il indépendamment de cette nullité? parce qu'il dépendrait du débiteur d'opposer l'exception qui en résulte ou d'y renoncer ; parce que l'erreur, le dol et la violence peuvent se couvrir, se remettre et se prescrire ; parce que cette prescription ou cette remise suffirait seule pour valider ce qui n'est pas frappé d'une nullité absolue; parce qu'enfin l'obligation ainsi validée prendrait tous les caractères d'une obligation légale, et validerait elle-même le cautionnement, en le purgeant du vice originaire dont il était entaché.

Quand est-ce donc que le cautionnement est absolument nul, et que, par l'effet de cette nullité, il tombe et s'évanouit avec l'obligation principale? Je l'ai dit, et je crois utile de le répéter ; c'est uniquement lorsque cette obligation est prohibée par la loi ou contraire aux bonnes mœurs ou à l'ordre public.

Telle est au reste la disposition des articles 15, 17, 31 et 33 (au titre *des Contrats ou des Obligations conventionnelles en général*).

Le cautionnement étant un contrat de bienfaisance, et ayant pour objet la garantie de la dette, il doit être permis de se rendre caution sans ordre et même à l'insu de celui pour qui l'on s'oblige; car d'un côté il n'est pas présumable qu'il puisse refuser l'avantage gratuit qu'on veut lui procurer ; et de l'autre il ne peut empêcher que le créancier ne prenne ses sûretés, indépendamment de son consentement, quand il ne les lui a pas données lui-même.

Il peut arriver que le créancier ne trouve pas une première caution suffisamment solvable, et qu'il en exige une autre pour répondre de sa solvabilité. Le projet a donc dû permettre aussi ce double cautionnement.

2015 2016 L'engagement du fidéjusseur ne peut avoir plus d'étendue que celle qu'il a voulu lui donner. Il faut donc le restreindre dans ses justes limites. S'il est borné au capital de l'obligation principale, il n'embrasse ni les intérêts ni les frais. Il en est autrement si le cautionnement est indéfini. En ce cas, il comprend non seulement la totalité de la dette, mais encore tous ses accessoires, même les frais de la première demande et tous ceux postérieurs à la dénonciation qui en aura été faite au fidéjusseur.

2018-2019 Le cautionnement serait illusoire si le fidéjusseur n'avait ni la capacité de contracter, ni une solvabilité suffisante pour répondre de l'exécution de l'obligation. Le projet a donc dû prescrire impérieusement ces deux conditions. Il a dû exiger aussi que les immeubles sur lesquels s'appuie la solvabilité du fidéjusseur ne fussent ni litigieux ni situés à une trop grande distance du lieu où doit se faire la discussion; car, dans ces deux cas, les poursuites deviennent infiniment difficiles, toujours onéreuses et quelquefois inutiles.

2020 Enfin l'article 10 du premier chapitre veut que, lorsque la première caution est devenue insolvable, il en soit donné une autre. Il n'apporte une exception à cette règle que dans le cas où le créancier a désigné lui-même la personne qu'il préférait pour caution.

C'est ici une innovation à la disposition du droit romain et à l'usage consacré par la jurisprudence.

Mais cette innovation est fondée en justice et en raison, puisque le créancier n'a contracté avec le débiteur que sous la garantie du cautionnement. Il n'en est pas de même lorsque le créancier a fait une loi au débiteur de lui donner pour caution une personne de son choix; il est dès lors censé s'en être contenté et n'en avoir pas voulu d'autre. Or, il est tout aussi juste en ce cas que l'insolvabilité survenue retombe à sa charge.

Après avoir déterminé la nature et l'étendue du caution- ch. 2.
nement, le projet règle dans le second chapitre les effets
qu'il doit produire entre le créancier et la caution, entre la
caution et le débiteur, et entre le créancier et les cofidéjusseurs.

C'est ici que le cautionnement, considéré sous d'autres
rapports, va être soumis à d'autres règles.

De l'Effet du cautionnement entre le créancier et la caution.

On sait que, par l'ancien droit romain, le créancier pou- 2021
vait contraindre la caution à lui payer la dette sans être
obligé de faire aucune poursuite contre le débiteur. Cette
rigueur était aussi excessive que contraire à la nature et à
l'objet même du cautionnement, qui ne soumet le fidéjusseur au paiement de la dette que dans le cas où le débiteur
ne peut lui-même y satisfaire. Il était donc juste de la faire
cesser, et de venir au secours de ceux qui, en s'obligeant pour
autrui, n'avaient point entendu que cet acte de bienfaisance
pût leur devenir nuisible. Tel fut le but que se proposa l'empereur Justinien en introduisant en leur faveur le bénéfice
de discussion. La jurisprudence avait adopté ce droit nouveau. Ce droit était fondé sur la faveur due au cautionnement; le projet de loi a donc dû aussi le consacrer.

Ce bénéfice, au reste, étant moins un droit rigoureux
qu'une exception purement facultative, le fidéjusseur est
libre de la faire valoir ou d'y renoncer.

Il peut faire cette renonciation soit par une clause expresse, soit en s'engageant solidairement avec le débiteur;
et en ce dernier cas son engagement se règlera par les mêmes
principes que la loi a établis pour les dettes solidaires.

Mais, dans le cas où il n'y aura ni renonciation ni solidarité de sa part, il aura le droit d'exiger que le créancier
discute préalablement la solvabilité du débiteur.

Le bénéfice de division étant une exception personnelle à 2022 la caution, il en résulte évidemment que le créancier ne doit poursuivre le débiteur principal que lorsqu'elle le requiert. Mais quand doit-elle le requérir? Sera-ce en tout état de cause? Non ; cette réquisition devra être faite sur les premières poursuites dirigées contre elle.

1013   Il ne suffit pas que le fidéjusseur requière la discussion ; il doit encore *indiquer au créancier les biens du débiteur principal et avancer les deniers suffisans pour faire la discussion* ; mais il ne doit indiquer ni des biens situés hors l'arrondissement du tribunal d'appel du lieu où le paiement doit être fait, *ni des biens litigieux*, *ni ceux hypothéqués à la dette qui ne sont plus en la possession du débiteur*.

Telle est la disposition littérale de l'article 13.

Cet article a été combattu par un de nos collègues, qui a cru y voir une double injustice, en ce qu'il soumet le créancier à faire l'avance des frais de la discussion, et en ce qu'il ne lui permet pas d'indiquer au créancier *les biens du débiteur hypothéqués au paiement de la dette*, quand ils sont possédés par des tiers.

Je n'ai ni le temps ni la faculté d'analyser ici l'opinion qu'il a émise à cet égard. D'ailleurs cette opinion a déjà été si victorieusement réfutée, que je puis me dispenser de la réfuter une seconde fois.

J'observerai seulement que l'obligation imposée au fidéjusseur par cet article, d'avancer *les frais suffisans* pour poursuivre le débiteur n'est point une innovation ; que cela se pratiquait déjà parmi nous, et que d'ailleurs cette obligation résulte de la nature même du cautionnement.

Au surplus, si la discussion est toute à l'avantage du fidéjusseur, s'il ne la requiert que pour éviter d'acquitter lui-même une dette qu'il a garantie ou qu'on n'aurait pas consentie sans son cautionnement, n'est-il pas juste qu'il en avance les frais?

Quant à l'objection prise de la prohibition faite au fidéjusseur d'indiquer les biens hypothéqués à la dette qui sont possédés par des tiers, elle ne paraît ni plus solide ni mieux fondée.

Je conviens que l'hypothèque affectant le fonds, elle suit nécessairement l'immeuble qui en est grevé, en quelque main qu'il passe et quel qu'en soit le possesseur.

Je conviens encore que, si les biens qui y sont soumis, quoique aliénés, étaient indiqués au créancier, il pourrait exercer l'action hypothécaire contre le tiers détenteur, et obtenir par elle ou le paiement de la dette ou l'expropriation, et que par conséquent la prohibition de les indiquer peut lui soustraire ce gage de sa créance.

Mais il n'en est pas moins vrai qu'il faudrait, pour recourir sur ce gage, plaider non seulement contre le débiteur, mais encore contre l'acquéreur de l'immeuble hypothéqué; qu'un tel procès entraînerait des retards et des longueurs, et qu'il finirait peut-être par rendre le cautionnement plus onéreux qu'utile.

Or ce n'est sûrement pas ce qu'ont entendu, ce qu'ont voulu, soit le créancier quand il a exigé un cautionnement sûr et solide, soit le fidéjusseur quand il s'est soumis à lui garantir le prompt et facile remboursement de sa créance.

On s'est beaucoup appesanti sur les inconvéniens du mode d'exécution de la disposition relative aux *avances à faire* au créancier.

Il présente sans doute quelques difficultés; mais comme cette matière est étrangère au Code civil, et qu'elle doit être réglée par le Code judiciaire, il serait prématuré de la discuter ici. D'ailleurs la sagesse du gouvernement, qui a surmonté tant et de si grands obstacles, saura bien faire disparaître aussi ceux qu'on paraît tant redouter.

Je croirais abuser de votre attention, législateurs, si j'insistais plus long-temps sur des objections qui n'ont fait aucune impression sur l'esprit des membres du Tribunat, et qui n'auront sûrement pas plus de succès auprès de vous.

Lorsque le fidéjusseur aura satisfait à la double obligation qui lui est imposée par l'article 13, et que le débiteur sera devenu insolvable par le défaut de poursuites de la part du créancier, sur qui retomberont les suites de cette insolvabilité? Ce sera sur le créancier ; et cela est d'autant plus juste, qu'ayant négligé de le poursuivre, il aura à s'imputer d'avoir occasioné cette insolvabilité, ou du moins de ne l'avoir pas prévenue par les diligences qu'il devait faire?

2025-2026 D'après l'article 15, dont j'ai déjà rappelé la disposition, si plusieurs personnes se rendent caution pour une même dette, *chacune d'elles répond de la totalité de cette dette.*

Dans l'ancien droit romain, les cofidéjusseurs qui s'étaient engagés pour un seul et même débiteur étaient solidairement responsables de la dette. Mais l'empereur Adrien jugea à propos de modifier cette solidarité en leur accordant le bénéfice de division, c'est-à-dire la faculté de répartir entre eux la dette, pour n'en payer chacun que sa part et portion.

Le projet de loi admet encore cette exception en faveur des cautions : ainsi chacune d'elles, à moins qu'elle n'y ait renoncé, pourra exiger que le créancier divise préalablement son action et la réduise à la part et portion de chaque caution. Si cependant il y avait précédemment des cautions insolvables, cette caution serait tenue proportionnellement de ces insolvabilités ; mais elle ne pourrait être recherchée pour celles qui seraient survenues postérieurement.

2027 Par la même raison, si le créancier a jugé à propos de diviser lui-même son action, il ne pourra revenir contre cette division, et toutes les insolvabilités antérieures devront tomber à sa charge ; ce qui paraît d'autant plus raisonnable, que, pouvant antérieurement en rejeter le poids sur les cofidéjusseurs, et n'ayant pas usé de cette faculté, il est censé y avoir formellement renoncé.

De l'Effet du cautionnement entre la caution et le débiteur.

Ici le projet distingue trois hypothèses : 1° le cas où la caution aura payé sur les poursuites dirigées contre elle ;

2° celui où elle aurait payé sans avertir le débiteur ou sans être poursuivie ; 3° celui où des circonstances impérieuses la forceraient à agir contre le débiteur, même avant d'avoir payé.

Dans le premier cas, soit que le cautionnement ait été donné au su ou à l'insu du débiteur, la caution qui a payé a son recours contre le débiteur principal, et ce recours a lieu tant pour le principal que pour les intérêts et les frais, depuis qu'elle a dénoncé au débiteur les poursuites dirigées contre elle, et enfin pour les dommages et intérêts, s'il y a lieu. 2028-2029

Qui ne voit que ce recours est d'une justice évidente ? Comment en effet ne pas accorder à la caution le droit de répéter contre le débiteur tout ce qu'elle a été contrainte de payer à sa décharge ?

Mais il est tout aussi juste de le lui refuser lorsqu'elle a bénévolement payé sans être poursuivie et sans avoir averti le débiteur principal ; car ce débiteur pouvait avoir des exceptions à faire valoir, des compensations à opposer, en un mot des moyens quelconques de faire déclarer la dette éteinte ; et il lui a été impossible de les proposer, si la caution lui a laissé ignorer les poursuites dirigées contre elle. 2031

Il était juste encore de refuser ce recours à la caution, dans le cas où, ignorant un premier paiement par elle fait, le débiteur aurait payé une seconde fois. Mais dans l'un et l'autre cas, le projet a dû réserver et réserve en effet au fidéjusseur l'action en répétition contre le créancier.

Le projet donne aussi à la caution, même avant d'avoir payé, la faculté d'agir contre le débiteur principal, pour être par lui indemnisée, 2032

1°. Lorsque la caution est poursuivie en justice pour le paiement ;

2°. Lorsque le débiteur a fait faillite ou est en déconfiture ;

3°. Lorsque le débiteur s'est obligé de rapporter sa décharge ;

4°. Lorsque la dette est devenue exigible par l'échéance du terme sous lequel elle avait été contractée ;

5°. Enfin, au bout de dix années, lorsque l'obligation n'a point un terme fixe d'échéance, à moins que l'obligation principale ne soit pas de nature à pouvoir être éteinte avant un temps déterminé.

Tel serait, par exemple, le cautionnement contracté en faveur d'un tuteur. Celui qui dans ce cas consent à être caution doit connaître la nature et l'étendue des obligations qu'il contracte. Il a dû savoir que l'engagement qui résulte de l'administration de la tutelle ne peut finir même avec elle, mais uniquement lorsque le tuteur s'est libéré.

S'il y a plusieurs débiteurs principaux, solidaires d'une même dette, le projet veut que le fidéjusseur, qui les a tous cautionnés, ait contre chacun d'eux le recours pour la répétition du total de ce qu'il a payé.

Cette disposition, qui n'aggrave nullement le sort des différens débiteurs, est fondée sur la justice due à la caution. Elle a acquitté ce que chacun d'eux s'était obligé de payer. La loi pourrait-elle lui refuser le droit de choisir celui contre lequel elle voudra diriger sa demande ?

Par une de ces subtilités qu'on regrette de trouver si souvent dans les lois romaines, elles décidaient que la caution ne pouvait, sans une subrogation expresse, ou sans que le juge l'eût prononcée, répéter de ses cofidéjusseurs ce qu'elle avait payé à leur décharge.

Le projet de loi est beaucoup plus sage ; il veut, dans l'article 23, que, lorsque plusieurs personnes ont cautionné un même débiteur, la caution qui a acquitté la dette puisse avoir recours contre les autres cautions, chacune pour sa part et portion, pourvu toutefois qu'elle n'ait payé que dans l'un des cas énoncés en l'article 22, c'est-à-dire quand elle y aura été contrainte.

Je viens maintenant au chapitre III, qui détermine les causes qui éteignent le cautionnement.

De l'Extinction du cautionnement.

Et d'abord le projet décharge la caution dans tous les cas où l'obligation principale est éteinte. 2034

Comment, en effet, la caution pourrait-elle être engagée lorsqu'il n'y a plus d'obligation qui puisse être l'objet du cautionnement?

Le projet ne regarde pas la confusion qui s'opère dans la personne du débiteur principal ou de la caution comme une cause d'extinction du cautionnement. Il déclare au contraire que, lorsque le débiteur principal et la caution deviennent héritiers l'un de l'autre, l'action du créancier subsiste contre celui qui s'est rendu caution de la caution. 2035

L'article 27 permet à la caution d'opposer au créancier toutes les exceptions qui appartiennent au débiteur principal, mais pourvu qu'elles soient inhérentes à la dette, comme celles qui résultent de l'erreur, du dol et de la violence. 2036

Quant à celles qui sont personnelles au débiteur, elles sont absolument étrangères à la caution, et conséquemment il ne lui est pas permis d'en faire usage.

Le fidéjusseur doit sans doute s'interdire tout ce qui pourrait compromettre la garantie de l'obligation qu'il a cautionnée. Mais, de son côté, le créancier ne doit-il pas s'interdire aussi tout ce qui tendrait à ravir au fidéjusseur les moyens d'être indemnisé du cautionnement qu'il a fourni? C'est pour maintenir entre eux ce devoir de réciprocité que le projet décharge le fidéjusseur de son obligation, lorsque la subrogation aux droits, hypothèques et priviléges du créancier ne peut plus par le fait de ce créancier s'opérer en sa faveur. 2037

L'acceptation que le créancier aurait faite d'un immeuble en paiement de la dette décharge également la caution, encore que le créancier vienne à être évincé. La caution n'a garanti que la première obligation, et, comme je l'ai dit, on 2038 ne peut étendre le cautionnement au-delà de l'objet pour lequel il a été contracté.

2039   Mais la simple prorogation de terme accordée par le créancier au débiteur principal ne décharge point la caution.

Cette disposition, qui déroge à la loi romaine, paraît au premier coup-d'œil un peu rigoureuse contre la caution, surtout si l'on réfléchit que le débiteur peut devenir insolvable pendant la prorogation du terme, et que cette insolvabilité retomberait sur la caution, sans même qu'elle eût consenti à cette prorogation.

Mais si l'on considère que le même article a sagement réservé à la caution le droit de poursuivre, en ce cas, le débiteur pour le forcer au paiement, et qu'il lui a ainsi fourni le moyen d'empêcher que cette prorogation ne lui devienne funeste, on sera forcé d'avouer qu'il n'a rien que de conforme à la raison, à la justice et à la morale.

Je n'ai qu'un mot à dire sur la caution légale et judiciaire, dont il est traité dans le chapitre IV.

De la Caution légale et de la Caution judiciaire.

2040   Ici le projet marque les différences qui existent entre les effets du cautionnement légal ou judiciaire et ceux du cautionnement conventionnel.

Il veut que toutes les fois qu'une personne est obligée par la loi ou par une condamnation à fournir une caution, cette caution remplisse les conditions prescrites par les articles 8 et 9 du présent titre.

La caution en effet serait inutilement offerte si elle n'était capable de s'engager, si ses biens n'étaient pas libres et suffisans; en un mot, si elle ne présentait toutes les garanties et toutes les sûretés que la loi est en droit d'exiger.

Le projet veut encore que la caution soit susceptible de la
2041   contrainte par corps; mais si le débiteur n'en peut trouver une qui veuille s'y soumettre, il l'autorise à donner à sa place un gage en nantissement suffisant.

Enfin il veut que la caution judiciaire et celle qui l'a cautionnée ne puissent demander ni la discussion du principal débiteur, ni celle de la caution.

2042-2043

Ces dispositions paraîtraient sans doute trop rigoureuses si elles s'appliquaient aux cautions conventionnelles ; mais elles ne concernent que les cautions légales et judiciaires. Or, ces sortes de cautions contractent avec la loi ou avec ses ministres ; et dès lors elles doivent présenter la plus forte comme la plus sûre de toutes les responsabilités.

Ici se termine ma tâche, législateurs. Puissé-je l'avoir dignement remplie !

Le Tribunat a voté l'adoption du projet de loi qui vous est soumis.

Il a reconnu qu'il était infiniment difficile de faire une bonne loi sur le cautionnement, et que néanmoins les rédacteurs de ce projet avaient très-heureusement surmonté cette grande difficulté.

Il a reconnu que ce projet a parfaitement réglé les droits des créanciers, des débiteurs et des fidéjusseurs ; qu'il a sagement tracé leurs devoirs réciproques ; qu'il a merveilleusement concilié leurs divers intérêts.

Enfin, il a reconnu que toutes les règles qui y sont tracées sont autant d'émanations de ces principes d'éternelle raison avec lesquels elles doivent se raccorder pour être justes.

C'est, n'en doutons pas, législateurs, c'est par cet heureux accord et cette précieuse harmonie qui se font remarquer dans nos nouvelles lois ; c'est par les soins qu'a pris le gouvernement de les bien coordonner avec les principes dont elles ne sont que les conséquences ; c'est surtout par cette morale universelle qui y est répandue et qui sert de base à leurs dispositions ; c'est, dis-je, par tous ces caractères éminens qui le distinguent, que notre Code civil s'élève majestueusement au milieu des ruines de toutes les législations, et qu'il offrira bientôt à l'Europe étonnée un des plus beaux monumens qu'ait produit le dix-neuvième siècle, un des plus grands bienfaits qu'il ait pu léguer aux races futures.

Heureux le peuple, lorsque son gouvernement et ses magistrats sacrifient de concert leurs travaux et leurs veilles pour lui donner de telles lois! Plus heureux les législateurs qui les ont promulguées, puisqu'elles leur assurent les bénédictions de leurs contemporains et la reconnaissance de la postérité!

Le Tribunat vous propose, législateurs, l'adoption du projet de loi *du Cautionnement*.

Le Corps législatif a rendu le même jour, sur ce titre, un décret d'adoption, dont la promulgation s'est faite le 4 ventose an XII (24 février 1804).

TITRE QUINZIÈME.

Des Transactions.

DISCUSSION DU CONSEIL D'ÉTAT.

(Procès-verbal de la séance du 15 ventose an XII. — 6 mars 1804.)

M. Berlier, pour M. *Bigot-Préameneu*, présente le titre des *Transactions*.

Il est ainsi conçu :

DES TRANSACTIONS.

Art. 1er. « La transaction est un contrat par lequel les parties terminent une contestation née, ou préviennent une contestation à naître.

« Ce contrat doit être rédigé par écrit. »

Art. 2. « Pour transiger, il faut avoir la capacité de disposer des objets compris dans la transaction.

« Le tuteur ne peut transiger pour le mineur ou l'interdit, que conformément à l'article 161 au titre *de la Minorité, de la Tutelle et de l'Émancipation*; et il ne peut transiger avec le mineur devenu majeur, sur le compte de tutelle, que conformément à l'article 166 au même titre. »

Art. 3. « On peut transiger sur l'intérêt civil qui résulte d'un délit.

« La transaction n'empêche pas la poursuite du ministère public. »

Art. 4. « On peut ajouter à une transaction la stipulation d'une peine contre celui qui manquera de l'exécuter. »

Art. 5. « Les transactions ne règlent que les différens qui s'y trouvent nettement compris, soit que les parties aient manifesté leur intention par des expressions spéciales ou

« générales, soit que l'on reconnaisse cette intention par une « suite nécessaire de ce qui est exprimé. »

2048 Art. 6. « La renonciation faite dans une transaction à tous « droits, actions et prétentions, ne doit s'entendre que de « ce qui est relatif à l'objet du différent qui y a donné lieu. »

2050 Art. 7. « Si celui qui avait transigé sur un droit qu'il avait « de son chef acquiert ensuite un droit semblable du chef « d'une autre personne, il n'est point, quant au droit nou- « vellement acquis, lié par la transaction antérieure. »

2051 Art. 8. « La transaction faite avec l'un des intéressés ne lie « point les autres intéressés, et ne peut être opposée par eux. »

2052 Art. 9. « Les transactions ont entre les parties l'autorité de « la chose jugée. »

2053 Art. 10. « Il y a lieu à rescision lorsqu'il y a erreur dans « la personne ou sur l'objet de la contestation.

2052 « La transaction ne pourrait être attaquée pour cause d'er- « reur dans la nature du droit litigieux, ni pour cause de « lésion.

« Elle peut l'être dans tous les cas où il y a dol. »

2054 Art. 11. « Il y a lieu à l'action en rescision contre une « transaction lorsqu'elle a été faite en exécution d'un titre « nul, à moins que les parties n'aient expressément traité « sur la nullité. »

2055 Art. 12. « La transaction faite sur des pièces fausses est « entièrement nulle. »

2056 Art. 13. « Pour que la transaction sur un procès déjà ter- « miné, même à l'insu des parties, par un jugement, soit « valable, il faut que ce jugement soit susceptible d'être at- « taqué par appel. »

2057 Art. 14. « Lorsque les parties ont transigé généralement « sur toutes les affaires qu'elles pouvaient avoir ensemble, « les titres qui leur étaient alors inconnus et qui auraient été « postérieurement découverts, ne sont point une cause de « rescision.

« Mais la transaction serait nulle si elle n'avait qu'un objet

« sur lequel il serait constaté par des titres nouvellement dé-
« couverts que l'une des parties n'avait aucun droit. »

Art. 15. « L'erreur de calcul dans une transaction doit être 2058
« réparée.

« Mais la transaction sur un compte litigieux ne peut être
« attaquée pour cause de découverte d'erreurs ou inexacti-
« tudes dans les articles du compte. »

Art. 16. « Il n'y a point lieu à la garantie des objets aux- ap. 2058
« quels chaque partie prétendait avoir des droits, dont elle
« s'est désistée en faveur de l'autre, lors même que ce désis-
« tement aurait été consenti moyennant une somme.

« Néanmoins, si une partie est évincée par un tiers, avant
« qu'elle ait, de sa part, exécuté la transaction, elle ne peut
« pas y être contrainte, à moins que le cas de l'éviction n'ait
« été prévu. »

Art. 17. « On ne peut préjudicier par une transaction à une Ib.
« caution qui n'y est pas appelée : cette caution peut se pré-
« valoir des dispositions de la transaction qui seraient à la
« décharge du débiteur principal. »

L'article 1er est adopté. 2044

L'article 2 est discuté. 2045

M. Regnaud (de Saint-Jean-d'Angely) demande qu'on ajoute à cet article les dispositions du règlement qui a été fait sur la manière dont les communes peuvent transiger.

L'article est adopté avec cet amendement.

Les articles 3 et 4 sont adoptés. 2046-2047

L'article 5 est discuté. 2049-2048

Le Consul Cambacérès demande quel sens la section entend attacher au mot *nettement*.

M. Tronchet dit que le but de l'article est de réduire l'effet de la transaction à l'objet en litige, parce que la convention n'est réellement transaction que dans ce point; mais que la rédaction pourrait rendre cette idée avec plus de clarté, et que cette observation s'applique également à l'article 6.

Les articles 5 et 6 sont adoptés sauf rédaction.

Les articles 7 et 8 sont adoptés.

Les articles 9 et 10 sont discutés.

M. Berlier observe que plusieurs membres de la section ont pensé que la rédaction de ces deux articles serait meilleure et s'adapterait mieux à l'ordre naturel des idées, si on leur substituait les deux articles qui suivent :

Art. 9. « Les transactions ont entre les parties l'autorité de
« la chose jugée.
« Elles ne peuvent être attaquées pour cause d'erreur dans
« la nature du droit litigieux, ni pour cause de lésion. »

Art. 10. « Néanmoins une transaction peut être rescindée
« lorsqu'il y a erreur dans la personne ou sur l'objet de la
« contestation.
« Elle peut l'être dans tous les cas où il y a dol ou violence. »

M. Tronchet demande qu'à la fin de la première partie de l'article 9 on ajoute ces mots *en dernier ressort*.

M. Berlier dit que l'addition proposée lui semble inutile ; *l'autorité de la chose jugée* ne s'est jamais appliquée qu'aux jugemens non susceptibles d'appel.

Mais tel jugement qui n'était pas rendu *en dernier ressort* en acquérait la force quand la partie condamnée ne se pourvoyait pas en temps utile : cette règle ne sera certainement point changée, et l'on peut sans inconvénient s'en tenir aux expressions consacrées par l'usage, et qui sont peut-être plus exactes.

La rédaction de M. *Berlier* est adoptée avec l'amendement de M. *Tronchet*.

L'article 11 est adopté.

L'article 12 est discuté.

M. Jollivet demande que la nullité prononcée par l'article n'ait lieu que dans le cas où les pièces ont été reconnues fausses depuis la transaction.

L'article est adopté avec cet amendement.

L'article 13 est discuté.

Le Consul Cambacérès dit que la disposition qui déclare valable la transaction sur un procès jugé, même lorsque le jugement n'aura pas été connu des parties, pourra sembler étrange.

M. Muraire observe que l'effet de la disposition est limité au cas où le jugement serait sujet à appel; et qu'en effet, tant qu'il y a matière à appel, le procès n'est pas éteint.

Le Consul Cambacérès dit que néanmoins la partie qui, ayant gagné en première instance, aurait cependant renoncé à ses droits par une transaction, ne se présenterait plus sur l'appel qu'avec une extrême défaveur.

M. Berlier dit que l'article dont il s'agit est en parfaite concordance avec les dispositions du droit romain, qui, dans la section, ont obtenu la préférence sur l'opinion contraire d'Argou, exprimée en ses *Institutions au droit français*.

Il n'est pas vraisemblable, en effet, que la transaction eût eu lieu si la partie qui s'oblige à donner plus ou consent à recevoir moins eût connu le titre irréfragable qui rendait sa condition meilleure.

D'un autre côté, quand le procès est terminé, il n'y a réellement plus matière à transaction; de sorte que celle qui est intervenue après un jugement en dernier ressort, et sans que rien indique qu'on en ait eu connaissance, doit être considérée comme le pur effet d'une erreur, et, à ce titre, ne saurait subsister.

M. *Berlier* propose en conséquence la rédaction suivante :
« La transaction sur un procès terminé par un jugement passé
« en force de chose jugée, dont les parties ou l'une d'elles
« n'avaient point connaissance, est nulle.

« Si le jugement ignoré des parties était susceptible d'ap-
« pel, la transaction serait valable. »

Cette rédaction est adoptée.

2057   L'article 14 est discuté.

Le Consul Cambacérès trouve la disposition de cet article trop absolue. Il peut arriver qu'un titre qui n'aura pas été connu des parties change entièrement leur situation.

Le Premier Consul demande si l'on peut revenir contre un jugement en dernier ressort, quand on découvre des pièces nouvelles qui changent le droit des parties.

M. Tronchet répond qu'il y a ouverture à requête civile.

Le Premier Consul dit que cette jurisprudence semble devoir être également appliquée aux transactions.

M. Maleville dit que l'article en discussion est littéralement calqué sur la disposition des lois romaines qui sont à cet égard observées dans toute la France : une transaction n'est point rescindée sous prétexte de la découverte de quelque titre plus avantageux à l'un des contractans, à moins que l'autre partie n'eût soustrait ce titre, ou que l'on n'eût transigé sur pièces fausses : telle est l'autorité que les lois ont voulu accorder à cet acte, l'un des plus favorables à la société et à l'ordre public.

Le Premier Consul dit qu'alors les transactions ont donc un caractère plus sacré que les jugemens.

M. Tronchet répond que ce principe est notoire, qu'il est fondé sur ce que, dans les transactions, les parties se jugent elles-mêmes.

M. Berlier dit qu'à la vérité la voie de la requête civile contre un jugement en dernier ressort peut résulter de la découverte faite postérieurement de titres qui eussent pu donner lieu à un jugement différent, s'ils eussent été connus; mais que cette ouverture n'est cependant admise que lorsque les pièces décisives ont été retenues par la partie adverse, ou celées par son fait.

Veut-on retracer ici cette exception? L'opinant n'y voit d'autre inconvénient que d'insérer en l'article un amendement, peut-être inutile, car la partie qui retient des pièces se rend coupable de dol ; et l'article qui admet la rescision pour cause de dol paraît avoir suffisamment pourvu à ce cas.

L'article est adopté en ajoutant à la première partie les mots, *à moins que ces titres n'aient été retenus par le fait de l'une des parties.*

L'article 15 est discuté.

M. Tronchet dit que la seconde partie de cet article blesse le principe généralement reçu, qu'on est admis dans tous les cas à revenir contre des erreurs de calcul.

L'article est adopté en retranchant la seconde partie.

L'article 16 est discuté.

Le Premier Consul dit que cet article lui paraît injuste; qu'il lui semble que, dans le cas prévu, la transaction doit être nulle, à moins qu'il n'y ait renonciation pure et simple de la part de la partie évincée.

M. Berlier dit qu'en effet cette disposition, quoiqu'elle ne soit point nouvelle, mais copiée du droit romain, paraît blesser la justice dans la première partie.

Quant à la seconde partie, elle est inutile; car, soit dans le cas dont elle s'occupe, soit dans tout autre, on peut prévoir l'éviction et se départir des droits qui en sont la suite.

L'article est supprimé.

L'article 17 est discuté.

M. Berlier pense que cet article peut être retranché comme inutile.

Dans plusieurs titres du Code, et notamment dans ceux *des Obligations conventionnelles en général* et *du Cautionnement,* il a été suffisamment exprimé que le débiteur principal pouvait alléger et non aggraver par de nouveaux pactes la condition de sa caution. Cette règle recevra son application dans cette espèce comme dans toutes les autres.

L'article est supprimé.

M. Berlier présente ensuite le titre qui vient d'être discuté, rédigé conformément aux amendements adoptés.

Le Conseil l'adopte en ces termes :

DES TRANSACTIONS.

2044 Art. 1er (*le même que celui qui est rapporté en tête de ce procès-verbal*).

2045 Art. 2. « Pour transiger il faut avoir la capacité de dis-
« poser des objets compris dans la transaction.

« Le tuteur ne peut transiger pour le mineur ou l'interdit
« que conformément à l'article 161 au titre *de la Minorité,*
« *de la Tutelle et de l'Émancipation;* et il ne peut transiger
« avec le mineur devenu majeur, sur le compte de tutelle,
« que conformément à l'article 166 au même titre.

« Les communes et établissemens publics ne peuvent trans-
« iger qu'avec l'autorisation expresse du gouvernement. »

2046-2047 Art. 3 et 4 (*les mêmes que ceux rapportés en tête de ce procès-verbal*).

2048 Art. 5. « Les transactions se renferment dans leur objet :
« la renonciation qui y est faite à tous droits, actions et pré-
« tentions, ne s'entend que de ce qui est relatif au différend
« qui y a donné lieu. »

2049 Art. 6. « Les transactions ne règlent que les différends qui
« s'y trouvent compris, soit que les parties aient manifesté
« leur intention par des expressions spéciales ou générales,
« soit que l'on reconnaisse cette intention par une suite né-
« cessaire de ce qui est exprimé. »

2050-2051 Art. 7 et 8 (*conformes à ceux rapportés en tête du même procès-verbal*).

2052 Art. 9. « Les transactions ont entre les parties l'autorité
« de la chose jugée en dernier ressort.

« Elles ne peuvent être attaquées pour cause d'erreur
« dans la nature du droit litigieux, ni pour cause de lésion. »

2053 Art. 10. « Néanmoins une transaction peut être rescindée
« lorsqu'il y a erreur dans la personne ou sur l'objet de la
« contestation.

« Elle peut l'être dans tous les cas où il y a dol ou vio-
« lence. »

Art. 11. « Il y a également lieu à l'action en rescision
« contre une transaction lorsqu'elle a été faite en exécution
« d'un titre nul, à moins que les parties n'aient expressé-
« ment traité sur la nullité. »

Art. 12. « La transaction faite sur pièces qui depuis ont
« été reconnues fausses est entièrement nulle. »

Art. 13. « La transaction sur un procès terminé par un
« jugement passé en force de chose jugée dont les parties ou
« l'une d'elles n'avaient point connaissance, est nulle.

« Si le jugement ignoré des parties était susceptible d'ap-
« pel, la transaction sera valable. »

Art. 14. « Lorsque les parties ont transigé généralement
« sur toutes les affaires qu'elles pouvaient avoir ensemble,
« les titres qui leur étaient alors inconnus, et qui auraient
« été postérieurement découverts, ne sont point une cause
« de rescision, à moins qu'ils n'aient été retenus par le fait
« de l'une des parties.

« Mais la transaction serait nulle si elle n'avait qu'un objet
« sur lequel il serait constaté par des titres nouvellement
« découverts que l'une des parties n'avait aucun droit. »

Art. 15. « L'erreur de calcul dans une transaction doit
« être réparée. »

Le Premier Consul ordonne que le titre ci-dessus sera communiqué officiellement par le secrétaire-général du Conseil d'État à la section de législation du Tribunat, conformément à l'arrêté du 18 germinal an X.

COMMUNICATION OFFICIEUSE

A LA SECTION DE LÉGISLATION DU TRIBUNAT.

Le projet fut transmis au Tribunat le 17 ventose an XII

(8 mars 1804), et la section a procédé à son examen le 22 ventose (13 mars).

OBSERVATIONS DE LA SECTION.

La section de législation examine le projet de loi relatif aux transactions.

Le résultat de son examen consiste en ce qui suit :

2054 Art. 2, deuxième paragraphe. Au lieu de *l'article* 161, lisez *l'article* 461.

Mêmes article et paragraphe. Au lieu de *l'article* 166, lisez *l'article* 466.

2052 Art. 9, deuxième paragraphe. Ce paragraphe est ainsi conçu :

Elles (les transactions) *ne peuvent être attaquées pour cause d'erreur dans la nature du droit litigieux, ni pour cause de lésion.*

La section propose de substituer à ces mots, *pour cause d'erreur dans la nature du droit litigieux*, ceux-ci, *pour cause d'erreur de droit*.

L'expression du projet a paru trop abstraite et susceptible d'interprétation propre à faire naître des difficultés sérieuses sur l'étendue et les limites de son application. L'expression qu'on propose de substituer a été trouvée plus satisfaisante, en ce qu'elle est généralement usitée, et que l'ancienneté de l'usage a fixé les idées sur son véritable sens.

RÉDACTION DÉFINITIVE DU CONSEIL D'ÉTAT.

(Procès-verbal de la séance du 22 ventose an XII. — 13 mars 1804.)

M. BIGOT-PRÉAMENEU, d'après la conférence tenue avec le Tribunat, présente la rédaction définitive du titre *des Transactions.*

Le Conseil l'adopte en ces termes :

DES TRANSACTIONS.

Art. 1ᵉʳ. « La transaction est un contrat par lequel les 2044
« parties terminent une contestation née ou préviennent une
« contestation à naître.

« Ce contrat doit être rédigé par écrit. »

Art. 2. « Pour transiger il faut avoir la capacité de dis- 2045
« poser des objets compris dans la transaction.

« Le tuteur ne peut transiger pour le mineur ou l'interdit
« que conformément à l'article 461 au titre *de la Minorité*,
« *de la Tutelle et de l'Émancipation;* et il ne peut transiger
« avec le mineur devenu majeur, sur le compte de tutelle,
« que conformément à l'article 466 au même titre.

« Les communes et établissemens publics ne peuvent trans-
« iger qu'avec l'autorisation expresse du gouvernement. »

Art. 3. « On peut transiger sur l'intérêt civil qui résulte 2046
« d'un délit.

« La transaction n'empêche pas la poursuite du ministère
« public. »

Art. 4. « On peut ajouter à une transaction la stipulation 2047
« d'une peine contre celui qui manquera de l'exécuter. »

Art. 5. « Les transactions se renferment dans leur objet : 2048
« la renonciation qui y est faite à tous droits, actions et pré-
« tentions, ne s'entend que de ce qui est relatif au différend
« qui y a donné lieu. »

Art. 6. « Les transactions ne règlent que les différends qui 2049
« s'y trouvent compris, soit que les parties aient manifesté
« leur intention par des expressions spéciales ou générales,
« soit que l'on reconnaisse cette intention par une suite né-
« cessaire de ce qui est exprimé. »

Art. 7. « Si celui qui avait transigé sur un droit qu'il avait 2050
« de son chef acquiert ensuite un droit semblable du chef
« d'une autre personne, il n'est point, quant au droit nou-
« vellement acquis, lié par la transaction antérieure. »

2051 Art. 8. « La transaction faite par l'un des intéressés ne lie
« point les autres intéressés et ne peut être opposée par eux. »

2052 Art. 9. « Les transactions ont entre les parties l'autorité
« de la chose jugée en dernier ressort.

« Elles ne peuvent être attaquées pour cause d'erreur de
« droit ni pour cause de lésion. »

2053 Art. 10. « Néanmoins une transaction peut être rescindée
« lorsqu'il y a erreur dans la personne ou sur l'objet de la
« contestation.

« Elle peut l'être dans tous les cas où il y a dol ou vio-
« lence. »

2054 Art. 11. « Il y a également lieu à l'action en rescision
« contre une transaction lorsqu'elle a été faite en exécution
« d'un titre nul, à moins que les parties n'aient expressé-
« ment traité sur la nullité. »

2055 Art. 12. « La transaction faite sur pièces qui depuis ont
« été reconnues fausses est entièrement nulle. »

2056 Art. 13. « La transaction sur un procès terminé par un
« jugement passé en force de chose jugée, dont les parties ou
« l'une d'elles n'avaient point connaissance, est nulle.

« Si le jugement ignoré des parties était susceptible d'ap-
« pel, la transaction sera valable. »

2057 Art. 14. « Lorsque les parties ont transigé généralement
« sur toutes les affaires qu'elles pouvaient avoir ensemble,
« les titres qui leur étaient alors inconnus et qui auraient été
« postérieurement découverts, ne sont point une cause de
« rescision, à moins qu'ils n'aient été retenus par le fait de
« l'une des parties;

« Mais la transaction serait nulle si elle n'avait qu'un objet
« sur lequel il serait constaté par des titres nouvellement
« découverts que l'une des parties n'avait aucun droit. »

2058 Art. 15. « L'erreur de calcul dans une transaction doit être
« réparée. »

M. Bigot-Préameneu fut nommé, avec MM. Boulay et Dupuy, pour présenter au Corps législatif, dans sa séance du 24 ventose an XII (15 mars 1804), le titre *des Transactions*, et pour en soutenir la discussion dans sa séance du 29 du même mois de ventose (20 mars).

PRÉSENTATION AU CORPS LÉGISLATIF,

ET EXPOSÉ DES MOTIFS, PAR M. BIGOT-PRÉAMENEU.

Législateurs, de tous les moyens de mettre fin aux différends que font naître entre les hommes leurs rapports variés et multipliés à l'infini, le plus heureux dans tous ses effets est la transaction, ce contrat par lequel sont terminées les contestations existantes, ou par lequel on prévient les contestations à naître.

Chaque partie se dégage alors de toute prévention. Elle balance de bonne foi et avec le désir de la conciliation l'avantage qui résulterait d'un jugement favorable et la perte qu'entraînerait une condamnation; elle sacrifie une partie de l'avantage qu'elle pourrait espérer, pour ne pas éprouver toute la perte qui est à craindre; et lors même que l'une d'elles se désiste entièrement de sa prétention, elle se détermine par le grand intérêt de rétablir l'union et de se garantir des longueurs, des frais et des inquiétudes d'un procès.

Un droit douteux et la certitude que les parties ont entendu balancer et régler leurs intérêts, tels sont les caractères qui distinguent et qui constituent la nature de ce contrat.

Il n'y aurait pas de transaction si elle n'avait pas pour objet un droit douteux. On a souvent, en donnant à des actes d'une autre nature, ou même à des actes défendus, le nom de transactions, cherché à leur en attribuer la force et l'irrévocabilité; mais il sera toujours facile aux juges de vérifier si l'objet de l'acte était susceptible de doute. Il n'y avait point pour une pareille vérification de règle générale à établir.

2045. La capacité nécessaire pour transiger est relative à l'objet de la transaction. Ainsi le mineur émancipé pourra transiger sur les objets d'administration qui lui sont confiés et sur ceux dont il a la disposition.

Une transaction excède les bornes de la gestion d'un tuteur; cependant on ne peut se dissimuler qu'il ne soit avantageux pour un mineur même que ce moyen de terminer ou de prévenir les procès ne lui soit pas absolument interdit; et si la vente de ses biens peut, lorsqu'il y a des motifs suffisans, être faite avec l'autorisation du conseil de famille et de la justice, ces formalités mettront également à l'abri ses intérêts dans les transactions. Plusieurs coutumes avaient, en prenant ces précautions, donné aux tuteurs la faculté de transiger. Lorsqu'au titre *de la Minorité* on en a fait le droit commun, on a de plus assujéti les tuteurs à prendre l'avis de trois jurisconsultes ; ils en obtiendront des lumières qui leur sont nécessaires et qui doivent aussi éclairer la famille dans ses délibérations.

Quant aux transactions que le mineur devenu majeur consentirait à faire avec son tuteur sur son compte de tutelle, on a aussi maintenu et perfectionné l'ancienne règle, en statuant, au même titre *de la Minorité*, que tout traité qui pourra intervenir entre le tuteur et le mineur devenu majeur sera nul, s'il n'a été précédé de la reddition d'un compte détaillé et de la remise des pièces justificatives, le tout constaté par un récépissé ayant au moins dix jours de date avant le traité.

2046. Un délit peut-il être l'objet d'une transaction?

On trouve dans les lois romaines plusieurs textes relatifs à cette question. On y distingue à cet égard les délits privés et les crimes publics.

A l'égard des délits privés, *quæ non ad publicam lesionem*, *sed ad rem familiarem respiciunt*, tels que le larcin ou l'injure, il y avait toute liberté de transiger. *Leg.* 7 et 27, ff. *de Pact.*

On pouvait aussi transiger sur les crimes publics lorsqu'ils emportaient peine capitale. Il n'y avait d'exception que pour l'adultère. Cette faculté de transiger sur de pareils crimes était fondée sur le motif qu'on ne peut pas interdire à chacun les moyens de sauver sa vie.

Quant aux crimes publics contre lesquels la peine n'était pas capitale, il n'était pas permis de transiger.

Les accusateurs étaient obligés de poursuivre la punition de ces crimes : il n'y avait point de partie publique.

Le crime de faux était-il excepté? ou doit-on entendre par ces mots *citra falsi accusationem*, employés dans la loi XVIII, au Cod. *de Trans.*, que tout pacte sur les crimes publics non capitaux était regardé comme une imposture qui pouvait devenir le sujet d'une nouvelle accusation? C'est une question sur laquelle l'obscurité de cette loi et la diversité d'opinions des auteurs laissent encore du doute.

Cette législation sur la poursuite des crimes et sur la faculté de la défense de transiger était très-défectueuse.

En France le délit a toujours été distingué des dommages et intérêts qui peuvent en résulter.

Dans tous les délits publics ou privés, contre lesquels s'arme la vengeance publique, elle ne dépend point de l'action des particuliers; un pareil intérêt, qui est celui de la société entière, est confié à des officiers publics.

La vengeance publique étant ainsi assurée, et celui auquel le délit a porté préjudice ne pouvant pas traiter sur le délit même, mais seulement sur son indemnité, cette indemnité a toujours été considérée comme un intérêt privé sur lequel il est permis de transiger.

Mais celui qui exerce la vengeance publique peut-il présenter comme aveu d'un délit l'acte par lequel on a transigé sur l'indemnité qui en résulte?

On avait mis dans le projet de l'ordonnance de 1670 un

article qui portait défense à toute personne de transiger sur des crimes de nature à provoquer une peine afflictive ou infamante, et dans ce cas, une amende de 500 livres eût été prononcée tant contre la partie civile que contre l'accusé, qui eût été tenu pour convaincu.

Cet article fut retranché comme trop rigoureux, et comme n'étant point nécessaire dans nos mœurs, où l'intérêt social qui exige que les crimes soient punis, est indépendant de toutes conventions particulières. On a dû encore considérer que celui même qui est innocent peut faire un sacrifice pécuniaire pour éviter l'humiliation d'une procédure dans laquelle il serait obligé de se justifier, et on a dû en conclure que la transaction n'étant pas faite sur le délit même avec celui qui est chargé de le poursuivre, on ne doit pas en induire un aveu. C'est aussi par ce motif que toute transaction entre ceux qui remplissent le ministère public et les prévenus serait elle-même un délit.

On a établi comme règle générale dans le projet de loi, que l'on peut transiger sur l'intérêt civil qui résulte d'un délit, mais que la transaction n'empêche pas la poursuite du ministère public.

Cette règle s'applique au crime de faux comme à tous les délits. Lorsque celui contre lequel on veut se prévaloir d'une pièce fausse, et qui en opposait la fausseté, cesse d'user de cette exception, et transige, on ne peut pas induire de cette transaction qu'il n'y ait plus de corps de délit, et que non seulement les dommages et intérêts, mais encore la poursuite du même délit pour l'intérêt public, soient subordonnés à la volonté des parties. Si la transaction ne fait pas preuve contre le prévenu, elle ne doit aussi, en aucun cas, lier les mains au ministère public qui ne pourrait pas lui-même transiger.

2047. Quoique la transaction ait pour but de régler définitivement la contestation qui en est l'objet, cependant il est permis, comme dans toute autre convention, de stipuler une peine en cas d'inexécution. Si pour faire subir cette peine il s'élève un nouveau débat, c'est une contestation différente de celle réglée par la transaction.

La transaction termine les contestations qui y donnent lieu: mais le plus souvent elle ne porte pas l'énumération de tous les objets sur lesquels on a entendu transiger; le plus souvent encore elle contient des expressions générales qui peuvent faire douter si tel objet y est compris. 2045 2049

On a rappelé à cet égard les règles les plus propres à guider les juges.

La première est que les transactions ne doivent avoir d'effet qu'à l'égard des contestations qui en ont été l'objet : *iniquum est perimi pacto id de quo cogitatum non est*. Leg. 9, in fine *de Transact*.

Quant aux clauses générales qui sont le plus souvent employées, voici comment on doit les entendre :

Si dans une transaction sur un différend il y a renonciation à tous droits, actions et prétentions, cette renonciation ne doit pas être étendue à tout ce qui n'est point relatif au différend.

Pour connaître si plusieurs différends sont terminés par la même transaction, il faut ou que les parties aient manifesté leur intention par des expressions spéciales ou générales, ou que l'on reconnaisse cette intention par une suite nécessaire de ce qui est exprimé.

Il peut arriver que celui qui aurait transigé sur un droit douteux ait ensuite, du chef d'une autre personne, un droit pareil; quoique l'un et l'autre de ces droits soient d'une nature semblable et présentent le même doute, cependant on ne peut pas dire que celui qui n'était point encore acquis dans le temps de la transaction en ait été l'objet. Il y a même raison de transiger; mais il n'y a point de lien de droit qui puisse, à l'égard du droit nouvellement échu, être opposé. C'est la décision de la loi 9, au Cod. *de Transact.*, où on l'applique à l'espèce d'un mineur qui a transigé avec son 2050 tuteur sur la part qu'il avait de son chef dans la succession de son père, et qui devient ensuite héritier de son frère pour l'autre part.

2051. On tirerait aussi de ce qu'il y a parité de raison pour transiger une fausse conséquence, si l'on en induisait que la transaction faite seulement avec l'un de ceux qui ont le même intérêt doive avoir son effet à l'égard des autres. Il est d'ailleurs de règle générale que les obligations n'ont de force qu'entre ceux qui les ont contractées, et que si celui qui n'a point été partie dans un acte ne peut pas s'en prévaloir, cet acte ne doit pas aussi lui être opposé.

2052. Les transactions se font sur une contestation née ou à naître, et les parties ont entendu y balancer et régler leurs intérêts. C'est donc en quelque sorte un jugement que les parties ont prononcé entre elles ; et lorsqu'elles-mêmes se sont rendu justice, elles ne doivent plus être admises à s'en plaindre. S'il en était autrement, les transactions ne seraient elles-mêmes qu'une nouvelle cause de procès. C'est l'irrévocabilité de ce contrat qui le met au rang de ceux qui sont les plus utiles à la paix des familles et à la société en général. Aussi, l'une des plus anciennes règles de droit est que les transactions ont entre les parties une force pareille à l'autorité de la chose jugée. *Non minorem auctoritatem transactionum quam rerum judicatarum esse recta ratione placuit.* Leg. 20, Cod. *de Trans.*

Les transactions comme les jugemens ne peuvent donc point être attaquées à raison des dispositions par lesquelles les parties ont terminé leur différend ; il suffit qu'il soit certain que les parties ont consenti à traiter sous ces conditions.

Ce serait donc en vain qu'une partie voudrait réclamer contre une transaction, sous prétexte qu'il y aurait une erreur de droit. En général les erreurs de droit ne s'excusent point ; et dans les jugemens auxquels on assimile les transactions, de pareilles erreurs n'ont jamais été mises au nombre des motifs suffisans pour les attaquer.

Mais c'est surtout sous le prétexte de la lésion que les tentatives, pour revenir contre les transactions, ont été le plus multipliées. Cependant il n'y a point de contrat à l'égard duquel l'action en lésion soit moins admissible. Il n'est point en effet dans la classe des contrats commutatifs ordinaires, dans lesquels les droits ou les obligations des parties sont possibles à reconnaître et à balancer par la nature même du contrat. Dans la transaction tout était incertain avant que la volonté des parties l'eût réglé. Le droit était douteux, et on ne peut pas déterminer à quel point il était convenable à chacune des parties de réduire sa prétention ou même de s'en désister.

Lorsqu'en France on a négligé de se conformer à ces principes, on a vu revivre des procès sans nombre qu'aucune transaction ne pouvait plus amortir. Il fallut, dans le seizième siècle (avril 1560), qu'une ordonnance fût rendue pour confirmer toutes les transactions qui auraient été passées entre majeurs, sans dol ni violence; et pour interdire, sous de grandes peines, aux juges d'avoir égard à l'action en rescision pour cause de lésion d'outre-moitié ou même de lésion plus grande, aux officiers des chancelleries de délivrer les lettres alors nécessaires pour intenter cette action, et à toutes personnes d'en faire la demande.

Il n'y a ni consentement ni même de contrat lorsqu'il y a erreur dans la personne. Telle serait la transaction que l'on croirait faire avec celui qui aurait qualité pour élever des prétentions sur le droit douteux, tandis qu'il n'aurait aucune qualité, et que ce droit lui serait étranger. 2053

Il n'y a point de consentement s'il a été surpris par dol ou extorqué par violence. Ce sont les principes communs à toutes les obligations.

Lorsqu'un titre est nul, il ne peut en résulter aucune action pour son exécution : ainsi, lors même que dans ce titre il y aurait des dispositions obscures, elles ne pourraient faire naître de contestation douteuse, puisque celui contre 2054 qui on voudrait exercer l'action aurait dans la nullité un moyen certain d'en être déchargé. Il faut donc, pour que, dans ce cas, la transaction soit valable, que les parties aient expressément traité sur la nullité.

2055. Il a toujours été de règle qu'une transaction faite sur le fondement de pièces alors regardées comme vraies, et qui ont ensuite été reconnues fausses, est nulle. Celui qui voudrait en profiter serait coupable d'un délit, lors même que dans le temps du contrat il aurait ignoré que la pièce était fausse, s'il voulait encore en tirer avantage lorsque sa fausseté serait constatée.

Mais on avait dans la loi romaine tiré de ce principe une conséquence qu'il serait difficile d'accorder avec la nature des transactions et avec l'équité. On suppose dans cette loi que dans une transaction il peut se trouver plusieurs chefs qui soient indépendans, et auxquels la pièce fausse ne soit pas commune. On y décide que la transaction conserve sa force pour les chefs auxquels la pièce fausse ne s'applique pas.

Cette décision n'est point admise dans le projet de loi. On ne doit voir dans une transaction que des parties corrélatives; et lors même que les divers points sur lesquels on a traité sont indépendans quant à leur objet, il n'en est pas moins incertain, s'ils ont été indépendans quant à la volonté de contracter, et si les parties eussent traité séparément sur l'un des points.

On eût moins risqué de s'écarter de l'équité en décidant que celui contre lequel on se serait servi de la pièce fausse aurait l'option ou de demander la nullité du contrat en entier, ou d'exiger qu'il fût maintenu quant aux objets étrangers à la pièce fausse; mais la règle générale que tout est corrélatif dans une transaction est celle qui résulte de la nature de ce contrat; et ce qui n'y serait pas conforme ne peut être exigé par celui même contre lequel on s'est servi de la pièce fausse.

2056. La transaction qui aurait été faite sur un procès terminé par un jugement passé en force de chose jugée, dont les parties ou l'une d'elles n'avaient point connaissance, doit être nulle, puisque le droit n'était plus douteux lorsque les parties ont transigé.

Si le jugement était ignoré des parties, le fait qu'il n'existait plus ni procès ni doute n'en serait pas moins certain. Il y aurait eu erreur sur l'objet même de la transaction.

Si le jugement n'était ignoré que de l'une des parties, il y aurait une seconde cause de rescision, celle résultant du dol de la partie qui savait qu'elle était irrévocablement condamnée.

Il en serait autrement si le jugement ignoré des parties était susceptible d'appel. On peut à la vérité présumer que si la partie qui aurait obtenu ce succès l'eût connu, elle eût cherché à en tirer avantage dans la transaction; mais il suffit que le jugement rendu fût alors susceptible d'appel pour qu'il y eût encore du doute ; et lorsque la base principale de la transaction reste, on ne saurait l'anéantir sur une simple présomption.

On ne fait point mention dans la loi du pourvoi en cassation, qu'elle autorise, en certains cas, contre les jugemens qui ne sont pas susceptibles d'appel. Le pourvoi en cassation n'empêche pas qu'il n'y ait un droit acquis, un droit dont l'exécution n'est pas suspendue ; mais si les moyens de cassation présentaient eux-mêmes une question douteuse, cette contestation pourrait, comme toute autre, être l'objet d'une transaction.

La transaction sur un procès précédemment jugé est nulle, parce qu'il n'y avait pas de question douteuse qui pût en être l'objet. Le motif est le même pour déclarer nulle la transaction ayant un objet sur lequel il serait constaté, par des titres nouvellement découverts, que l'une des parties n'avait aucun droit. Il eût pu arriver que la partie à laquelle les titres sont favorables eût été condamnée par un jugement sans appel avant que ces titres fussent découverts, et sans que son

2057

adversaire fût coupable de les avoir retenus ; mais ce n'est pas sur cette espèce d'incertitude que les parties ont traité, et on peut encore moins intervertir le véritable objet de la transaction lorsque l'effet de cette intervention serait d'enrichir aux dépens de l'une des parties celle qui n'avait même pas un droit douteux.

Il en serait autrement si, les parties ayant transigé généralement sur toutes les affaires qu'elles pouvaient avoir ensemble, des titres alors inconnus eussent été postérieurement découverts.

On doit alors décider, d'après la règle de corrélation entre toutes les clauses de la transaction, que les parties n'ont souscrit aux autres dispositions que sous la condition qu'elles ne pourraient élever l'une contre l'autre de nouvelle contestation sur aucune de leurs affaires antérieures. Cette condition emporte la renonciation à tout usage des titres qui pourraient être postérieurement découverts.

2058. Si, dans les opérations arithmétiques sur les conventions, qui sont le résultat de la transaction, il y avait erreur, cette erreur serait évidemment contre la volonté réciproque des parties.

Mais on ne pourrait pas également regarder comme certaine cette volonté s'il s'agissait d'erreurs de calcul faites par les parties dans l'exposition des prétentions sur lesquelles on a transigé. Ainsi la transaction sur un compte litigieux ne pourrait être attaquée pour cause de découverte d'erreurs ou d'inexactitude dans les articles du compte.

Telles sont, législateurs, les règles générales sur les transactions, et les observations dont ces règles ont paru susceptibles.

COMMUNICATION OFFICIELLE AU TRIBUNAT.

Le projet fut communiqué officiellement au Tribunat

le 25 ventose an XII (16 mars 1804), et M. Albisson en a fait le rapport à l'assemblée générale le 28 ventose (19 mars).

RAPPORT FAIT PAR LE TRIBUN ALBISSON.

Tribuns, je viens, au nom de votre section de législation, vous porter son suffrage sur le projet de loi relatif aux *transactions*, que vous lui avez renvoyé dans votre séance du 24 de ce mois, pour vous en faire le rapport aujourd'hui.

Les transactions sur procès (car, dans le projet dont il s'agit, c'est dans ce sens particulier que doit s'entendre le mot de *transaction*, employé quelquefois dans une acception plus générale), ces transactions, dont le caractère particulier est de mettre fin aux procès ou de les prévenir, méritent particulièrement à ce titre la faveur de la loi, dont le but final doit être d'entretenir la paix parmi les citoyens.

En effet, si les jugemens terminent les contestations civiles, si la prescription les absorbe, ce n'est pas le plus souvent sans laisser des regrets à la partie vaincue ou repoussée, sans jeter entre les contendans des germes d'animosité dont, tôt ou tard, les développemens pourront leur être également funestes. La loi leur prête et leur doit prêter toute sa force, parce qu'il importe à la société que la sollicitude et les dangers des procès aient un terme (a); mais elle ne peut rien sur les ressentimens particuliers que peut faire naître l'application, même la plus juste et la plus impartiale, de son autorité.

Il n'en est pas ainsi des transactions : par elles les procès sont terminés ou avortés; mais ce sont les parties elles-mêmes qui, éclairées sur leurs droits respectifs, se rendent volontairement la justice qu'elles jugent leur être due, ou se déterminent, par lassitude ou par générosité, soit à se départir en tout ou en partie de leurs prétentions, soit à se re-

---

(a) *Finis sollicitudinis ac periculi litium.* Cicer. pro Cæcina.

lâcher de leurs droits, et à s'affranchir par des sacrifices offerts et acceptés librement des peines et des inquiétudes auxquelles une plus longue lutte les eût laissées exposées.

Aussi l'effet ordinaire de ces rapprochemens est d'étouffer l'esprit de dissension, si fatal au repos de la société, de réunir des familles long-temps divisées, de renouer d'anciennes amitiés; et plus ce spectacle touchant pourrait se renouveler, plus son influence serait sensible sur les agrémens et les douceurs de la société.

Il importait donc au complément de notre nouveau Code civil que les règles particulières aux transactions vinssent s'y placer à la suite de celles qui doivent fixer nos droits et nos obligations dans toutes les circonstances de la vie, dans toutes les positions où peuvent nous mettre les chances si variables de la fortune, la nécessité de pourvoir à nos besoins et le légitime emploi de nos moyens, la multiplicité de nos relations domestiques et sociales, les diverses nuances de la possession et de la propriété, la bienveillance ou la confiance de nos concitoyens, et les dispositions de la loi.

Cette importance était d'autant plus grande, que l'uniformité de nos lois civiles ne faisant plus du peuple français qu'une même et grande famille, et leur lecture n'exigeant plus la connaissance d'une langue morte, et des divers idiomes dont on retrouve des traces jusque dans les rédactions les plus récentes des coutumes, chacun pourra les consulter sans être trop obligé de s'en rapporter à la raison d'un autre, et se rendre justice lui-même, s'il est assez sensé pour se défier de ses passions et de celles d'autrui.

Que dès lors, ni les contrariétés, ni les différences des lois ci-devant locales, ni l'obscurité de la loi vivante, n'empêchant plus de s'entendre, d'un bout de la France à l'autre, les rapprochemens des parties auront bien moins à craindre les divers obstacles jusqu'ici suscités par les seules distances; et les transactions deviendront plus fréquentes, du moins entre les parties qui seront de bonne foi, et assez calmes, assez raisonnables pour n'estimer au besoin, dans un ministère étranger, que les lumières et la probité.

Je viens au projet, dont presque toutes les dispositions sont implicitement renfermées dans la définition que présente l'article 1er.

« La transaction est *un contrat par lequel les parties termi-*
« *nent une contestation née, ou préviennent une contestation à*
« *naître.* »

C'est un *contrat* : elle doit donc réunir les conditions essentielles pour la validité des conventions prescrites par la loi générale des contrats.

Ces conditions sont la capacité de contracter, le consentement des parties contractantes, un objet certain qui fasse la matière de l'engagement, une cause licite dans l'obligation (a).

La seule condition que le projet ajoute, et qui devait l'être par rapport à la nature particulière de la transaction, c'est *qu'elle soit rédigée par écrit ;* ce qui est infiniment sage ; car la transaction devant terminer un procès, c'eût été risquer d'en faire naître un nouveau, que d'en laisser dépendre l'effet de la solution d'un problème sur l'admissibilité ou les résultats d'une épreuve testimoniale.

Je vais à présent suivre la marche du projet article par article; et, dans l'application que vous pourrez faire de chacun à quelqu'une des règles fondamentales établies dans la loi générale des contrats, vous aurez une nouvelle occasion d'applaudir à l'esprit d'ensemble et d'unité qui a dirigé le législateur dans la rédaction du grand ouvrage à la perfection duquel vous avez coopéré avec tant de suite et de zèle.

« Pour transiger, dit l'article 2, il faut avoir la capa-
« cité de disposer des objets compris dans la transaction. »

Mais le mineur est incapable de contracter, et son intérêt peut exiger qu'il termine ou prévienne un procès ; ce qu'il

---

(a) Loi sur *les contrats*, art. 8—1108.

S.

ne peut faire que par le ministère de son tuteur ; d'autre part, le tuteur est comptable de son administration au mineur devenu majeur, et il ne peut cesser de l'être qu'après avoir rendu son compte en forme légale. Cependant l'espèce d'empire ou d'ascendant que lui a donné la tutelle sur l'esprit de son mineur pourrait, même après l'expiration de son pouvoir, lui donner les moyens d'abuser de sa confiance par quelque traité dommageable, consenti à l'aveugle et sans connaissance des résultats de son administration. La loi sur les tutelles a pourvu à l'un et à l'autre cas, et le projet y renvoie sagement (a).

Les communes et les établissemens publics sont essentiellement sous la tutelle et la surveillance du gouvernement : ils ne peuvent acquérir ni aliéner sans son autorisation. Il ne doit donc leur être permis de transiger qu'avec son autorisation expresse, et le projet l'exige textuellement.

2046. Le sujet d'une transaction est une contestation née ou à naître entre les parties : mais une contestation entre des citoyens, à l'occasion d'un délit commis par l'un d'eux, n'oblige l'auteur du délit, envers celui qui en souffre un dommage, qu'à la réparation de ce dommage, qui forme ce qu'on appelle son *intérêt civil*; et cette obligation, déjà résultant du droit naturel, est déclarée par la loi sur les *engagemens qui se forment sans convention* (b).

Cependant tout délit blesse plus ou moins l'ordre public, et sa poursuite ne doit pas dépendre de la volonté des simples citoyens. Il ne peut donc, sous ce rapport, faire la matière d'une transaction ; aussi la loi en réserve-t-elle la poursuite au ministère public, quelque accord qui puisse intervenir entre les parties sur leur *intérêt civil* respectif.

2047. La transaction, comme les autres contrats en général, est susceptible de la stipulation d'une peine contre celui qui

---

(a) Art. 467 et 472.
(b) Art. 1382.

manquera de l'exécuter. Cette stipulation a ses règles particulières relativement à son exécution ; et ces règles sont expliquées avec soin dans la section VI, chapitre III de la loi sur *les Contrats* (a).

La transaction est, suivant sa définition, un contrat *qui* 2048h2u5 *termine une contestation née.*

Cette contestation roule donc sur un ou plusieurs objets connus et déterminés dès le commencement ou dans le cours du litige ; et ce sont ces objets, et non d'autres, sur lesquels les parties entendent mettre fin au litige. Une renonciation générale à tous droits, actions et prétentions, ne doit et ne peut donc s'entendre que de ce qui est relatif au différend que les parties veulent terminer ; et telle est la disposition de l'article 5 du projet.

L'article 6 ne fait que la développer en des termes plus précis, en statuant que « les transactions ne règlent que les « différends qui s'y trouvent compris, soit que les parties « aient manifesté leur intention par des expressions spéciales « ou générales, soit que l'on reconnaisse cette intention par « une suite nécessaire de ce qui est exprimé (b). »

L'article 7 n'en est encore qu'une conséquence. « Si « celui, y est-il dit, qui a transigé sur un droit qu'il avait « de son chef acquiert ensuite un droit semblable du chef « d'une autre personne, il n'est point, quant au droit nou- « vellement acquis, lié par la transaction antérieure. » Il est évident en effet que le droit nouvellement acquis étant, quoique semblable, différent de celui sur lequel il a transigé, il ne peut être lié par un acte qui a précédé l'acquisition du nouveau droit. Le droit romain en fournit un exemple dans la personne du majeur qui, ayant transigé avec son tuteur sur le compte de sa portion des biens de son père, succéderait ensuite à son frère, à qui le même tuteur devrait rendre

---

(a) Art. 1226 et suivans.
(b) *Iniquum est perimi pacto id de quo cogitatum non decutur.* Leg. 9, *in fine*, ff. *de Transact.*

compte de sa portion dans les mêmes biens, en décidant que le droit nouvellement acquis n'était nullement altéré par la première transaction (a).

2051. L'article 8 établit en termes très-généraux une règle susceptible de diverses applications ; il est ainsi conçu : « La « transaction faite avec l'un des intéressés ne lie point les « autres intéressés, et ne peut être opposée par eux. » Ce qui est généralement vrai (b), une telle transaction étant étrangère aux autres intéressés ; mais, dans le cas où il s'agirait d'intéressés tels que des codébiteurs ou des cautions solidaires, l'application de cette règle serait sujette à des limitations et à des modifications expliquées dans la loi générale sur les contrats (c), à laquelle il faudrait avoir recours.

2052. Jusqu'ici le projet, après avoir défini la transaction, n'a rien laissé à désirer sur les conséquences résultant de sa nature et de son objet. L'article 9 consacre son effet entre les parties en lui donnant la force et l'autorité de la chose jugée en dernier ressort, et la mettant à l'abri de toute attaque sous prétexte d'erreur de droit et de lésion.

2053-2054. Mais il est d'autres causes qui peuvent la vicier ; et ce sont toutes celles qui excluent le consentement, sans lequel nulle convention ne peut subsister.

Ainsi l'erreur dans la personne ou sur l'objet de la contestation, le dol ou la violence, qui vicient tous les contrats, donnent ouverture à l'action en rescision.

Ainsi une transaction faite en exécution d'un titre nul, à moins que sa nullité étant connue elle n'ait été expressément l'objet du traité, peut également être rescindée.

Telles sont en effet les dispositions des articles 10 et 11.

2055. Mais il est d'autres cas où elle est entièrement nulle, ou tout au moins sujette à rescision ; et ce sont ceux qui peuvent

---

(a) Leg. ead. in princip.
(b) Leg. 1, Cod. de Transact. Leg. 3, ff. eod.
(c) Art. 1210, 1211, 1255, 1257 et 1298.

faire anéantir un jugement en dernier ressort, auquel l'article 9 assimile la transaction.

Telle est, d'après la disposition de l'article 12, la transaction faite sur pièces qui ont été depuis reconnues fausses. Dol d'une part, erreur de l'autre : un accord qui n'aurait pas d'autres élémens ne saurait subsister ; aussi le projet le déclare-t-il entièrement nul.

L'article 24 suppose le cas où des parties qui ont eu diverses affaires, voulant enfin en sortir, *transigent généralement sur toutes celles qu'elles pouvaient avoir*, et viennent ensuite, les unes ou les autres, à découvrir des titres qui leur étaient inconnus lors de la transaction.

Cette transaction pourra-t-elle être attaquée sur ce fondement ?

Le projet distingue : ou ces titres nouvellement découverts avaient été retenus par le fait de l'une des parties, ou non.

Au premier cas, la découverte de ces titres est une juste cause de rescision, fondée d'une part sur le dol de celui qui a retenu les titres, et de l'autre sur l'erreur invincible de celui à qui ils ont été cachés.

Au second cas, l'erreur étant commune, l'acte par lequel les parties ont entendu faire cesser ou prévenir toutes les contestations que pouvaient occasioner entre eux ou leurs héritiers les diverses affaires qu'elles avaient eues ou pu avoir doit subsister.

Il en serait autrement si la transaction n'avait eu qu'un objet sur lequel il serait constaté, par des titres nouvellement découverts, que l'une des parties n'avait aucun droit.

Alors l'accord serait nul, parce que ce serait une convention sans cause ; ce dernier cas, si différent de celui de l'article 14, écartant comme inutile la question de savoir si les titres nouvellement découverts avaient été retenus ou non par le fait de l'une des parties.

La transaction serait également nulle si elle était intervenue sur un jugement passé en force de chose jugée, dont les parties ou l'une d'elles n'avaient point connaissance; mais elle serait valable si le jugement ignoré des parties était susceptible d'appel.

Au premier cas, la transaction doit être nulle, soit que l'ignorance du jugement eût été commune entre les parties, parce que toute contestation entre elles ayant cessé à leur insu, elles auraient erré l'une et l'autre sur l'existence de la contestation, soit que l'une des parties eût connaissance du jugement, parce que ce serait de sa part un dol que la loi doit punir.

Au second cas, la faculté de l'appel faisant revivre la contestation, aucun doute que la transaction ne fût valable, soit que les parties ou l'une d'elles eussent connu ou ignoré le jugement susceptible d'appel.

Reste l'erreur de calcul intervenue dans une transaction, que l'article 15 déclare devoir être réparée.

Il est constant en effet que l'erreur de calcul est toujours réparable, et ne peut être couverte que par un jugement en dernier ressort ou une transaction sur cette erreur (a).

Tel est, citoyens mes collègues, le projet de loi sur les transactions. Mais comment prononcer ce mot dans cette tribune sans que la pensée se reporte avec une vive satisfaction sur l'achèvement très-prochain de notre Code civil, qui est lui-même la plus grande, la plus utile, la plus solennelle transaction dont aucune nation ait jamais donné le spectacle à la terre?

Parcourons les fastes de notre histoire; qu'y verrons-nous? Un peuple immense, connu successivement sous le nom de Gaulois ou de Français, mais constamment divisé de législation civile depuis vingt siècles.

La Gaule, qui fut notre berceau, était partagée en trois grands peuples, portant parmi eux le nom commun de *Celtes*, et de *Gaulois* chez les Romains; et ces peuples, dit César,

---

(a) Leg. unica. Cod. de Errore calculi.

différaient entre eux non seulement de langue, mais encore de lois et d'institutions (a).

Les Germains, nos seconds ancêtres, avaient peu de lois civiles; la simplicité et la bonté de leurs mœurs leur en tenaient lieu; mais le peu qu'ils en avaient différait d'un canton à l'autre. Tacite, après avoir décrit tout ce qu'on savait en général de leur origine et de leurs mœurs communes, note les différences d'institutions qui distinguaient chacun de ces peuples (b).

Les Romains, mêlés parmi eux tous, et qui finirent par donner leur nom aux Gaulois, se gouvernaient aussi par leur législation propre : et c'était, dit Montesquieu, un caractère particulier de toutes ces lois, qu'elles ne furent point attachées à un certain territoire. Après le mélange de tous ces peuples, chacun continua d'être jugé par sa loi : « Et bien « loin, ajoute-t-il, qu'on songeât dans ces temps-là à rendre « uniformes les lois des peuples conquérans, on ne pensa « pas même à se faire législateur des peuples vaincus (c). »

Le règne brillant de Charlemagne, qui les réunit sous sa domination, bien loin d'y remédier, consacra au contraire ce bizarre régime. Ses *Capitulaires* attestent qu'il laissa à chacun le droit d'être jugé par sa loi, et de plus la liberté de choisir la loi sous laquelle il voulait vivre. On lui a attribué la pensée de rendre les lois uniformes : cette pensée était en effet digne de lui, mais aurait-il pu l'exécuter?

Ses malheureux et faibles successeurs ne firent qu'empirer le mal, l'introduction des fiefs l'acheva; et le désordre était au comble, lorsque saint Louis pensa sérieusement à y apporter quelque remède. Ce fut dans cette vue qu'il fit traduire, ou, pour mieux dire, incorporer le droit romain dans l'ouvrage qui nous est parvenu sous le titre d'*Établissemens,*

(a) *Hi omnes lingua, legibus, institutis, inter se different.* DE BELLO GALL.

(b) *Hæc in commune omnium origine ac moribus accepimus : nunc singularum gentium instituta, ritusque, quatenus differant, expediam.* DE MORIBUS GERMANOR.

(c) *Esprit des Lois*, liv. 28, chap. II.

dans lequel ce qui parut de plus sensé dans quelques-unes des principales coutumes de cette époque fut fondu avec ce qu'on peut y amalgamer de décisions tirées des *Décrétales*, du *Code* et des *Pandectes*.

Depuis cette époque, le dépôt entier des lois romaines, conservé dans quelques provinces où elles ont été depuis religieusement observées, attendait en silence le moment où la raison, lasse de gémir sous la tyrannie des préjugés, de l'habitude et des passions intéressées à la perpétuer, viendrait y chercher un fil propre à le guider dans le labyrinthe de notre législation civile.

Mais aussi, depuis cette époque, l'autorité n'avait pas fait un pas pour débrouiller le chaos de ce qu'on appelait le droit coutumier. Le flambeau de la jurisprudence française, notre savant Charles Dumoulin, l'avait vainement provoquée sur la nécessité urgente de faire cesser la discordance des coutumes, toutes disparates, défectueuses ou ambiguës, quelques-unes d'une iniquité ou d'une ineptie révoltante (a); l'autorité n'y avait répondu que par quelques réformations partielles et locales.

Plus de cent ans après, Lamoignon, indigné des contradictions choquantes que présentaient souvent les arrêts des différens parlemens, et de la divergence des lois et des usages qui en étaient la cause, conçut le noble projet de ramener la jurisprudence à des maximes uniformes et certaines sur des questions misérablement controversées.

Auzanet et Fourcroi, deux des plus célèbres avocats de Paris, l'aidèrent dans cet ouvrage, connu depuis sous le titre d'*Arrêtés du premier président de Lamoignon*, et digne de suppléer ou de remplacer la loi dans le silence du législateur, honneur qu'il n'a partagé qu'avec celui de Pierre Pithou, sur les *libertés de l'Église gallicane*.

Il fallait que la nation elle-même, travaillée depuis deux

(a) *Oratio de concordia et unione consuetudinum Franciæ.*

mille ans par tout ce que peut avoir d'exaspérant et de ruineux un assemblage monstrueux et colossal de lois civiles qui se heurtaient et se contrariaient dans presque tous les points d'où dépendent la sûreté et la validité des actes les plus importans et les plus ordinaires de la vie, se fit justice elle-même de la longue incurie de son gouvernement; et, dès la première assemblée où elle a pu se voir véritablement représentée, elle a proclamé la résolution de faire cesser le scandale de sa législation civile par la rédaction d'un *Code de lois civiles communes à toute la France*.

Les événemens ultérieurs ont arrêté ce premier essor; et, pendant les dix ans qui se sont écoulés depuis, le seul qui a montré assez de courage pour braver les contrariétés, et à qui nous devons le premier type d'un Code civil uniforme, est encore celui à qui la nation reconnaissante a déféré depuis la seconde place dans sa magistrature suprême.

Enfin le 18 brumaire est arrivé, et avec lui tous les moyens de restauration dont l'emploi était devenu pour la République un besoin si pressant.

Dès ce moment, une des premières sollicitudes du héros conciliateur qu'elle a mis à sa tête a été ce Code civil si long-temps désiré, si vainement attendu, et qui doit enfin guérir la France de cette lèpre invétérée qui l'avait défigurée jusqu'ici.

Les détails relatifs à l'historique des progrès et de l'heureuse issue de cette grande entreprise sont connus.

Le premier projet et les observations du tribunal de cassation et des tribunaux d'appel auxquels il fut adressé sont entre les mains de tout le monde.

Les séances du Conseil d'État dans lesquelles furent discutés ce projet et les observations des tribunaux ont été livrées à l'impression.

On y verra la part que votre section de législation a prise pendant deux années entières à sa perfection dans les communications officieuses que le gouvernement lui a faites, et dans ses discussions fraternelles avec les membres du Conseil d'État chargés d'en soumettre le résultat à l'assemblé entière de ce conseil éminent. On y verra chaque disposition épluchée une par une, et la lumière jaillir de ce conflit d'opinions qui peut seul diriger dans la recherche de la vérité, lorsqu'il n'est animé que par le désir du bien et alimenté que par le savoir et l'expérience. On y verra par quelle réunion de lumières, par quel concours de toutes les autorités, par quel ensemble, quelle suite, quelle constance et continuité de travaux, cette belle transaction entre tant de lois disparates ou contraires a été préparée et conduite heureusement à sa conclusion.

On aura plus d'une fois l'occasion d'y reconnaître l'étendue du génie, la rectitude du jugement et la perspicacité du premier magistrat de la nation; et l'on saura enfin à qui pouvoir décerner sans flatterie la devise *nec pluribus impar*.

La publication successive de ce grand ouvrage en a déjà fait sentir l'utilité et bénir les promoteurs et les coopérateurs. La sagesse de ses principes a même attiré l'attention des puissances voisines; et un grand prince en a depuis peu ordonné l'adaptation aux lois de son empire (a).

Notre postérité surtout en sentira le prix.

La malveillance essaiera peut-être de l'affaiblir. La malveillance! toujours active dans ses projets de déprécier le gouvernement, au sein même de la sécurité et du calme dont elle sait bien néanmoins ne devoir la jouissance qu'à sa protection vigilante et à son impassible justice.

Qu'y faire? Le temple d'Éphèse eut son Érostrate. Mais celui qui vient d'être élevé à la justice n'a désormais rien à craindre des attentats des méchants ni des fureurs des partis. La nation, dont il va faire le bonheur, saura bien l'en garantir.

Je vous invite, mes collègues, au nom de votre section de

(a) *Moniteur* du 25 pluviose an XII, n° 143, article Russie.

législation, à voter l'adoption du projet de loi relatif aux transactions.

Le Tribunat émit, dans la même séance, un vœu d'adoption, qu'il fit porter au Corps législatif par MM. Albisson, Gillet et Sedillez. M. Gillet a prononcé le discours dans la séance du 29 ventose an XII (20 mars 1804).

DISCUSSION DEVANT LE CORPS LÉGISLATIF.

DISCOURS PRONONCÉ PAR LE TRIBUN GILLET.

Législateurs, le principal objet que la loi se propose, en donnant aux citoyens des règles sur leurs intérêts respectifs, c'est de maintenir entre eux, par une juste connaissance de leurs droits, la paix et l'harmonie.

Quand cette harmonie est troublée, il est pour la rétablir trois moyens ouverts aux parties :

La voie judiciaire, qui soumet leurs débats à l'autorité publique : moyen certain, mais rigoureux, qui n'est nécessaire que parce qu'il est le supplément et la garantie de tous les autres ;

La voie du compromis ou de l'arbitrage, qui leur donne des juges amiables et de leur choix : moyen moins hostile, qui substitue la balance approximative de l'équité à la balance exacte de la justice;

Enfin la voie des transactions, qui les rend elles-mêmes leurs propres arbitres, et qui résout leurs différends par les dispositions qu'elles trouvent bon d'arrêter ensemble.

De ces trois moyens, les deux premiers appartiennent au Code judiciaire ; le troisième, qui est une branche de la famille nombreuse des contrats, appartient au Code civil.

Ce qui donne à cette sorte de traité un caractère distinctif et particulier, c'est qu'il a tout à la fois l'autorité d'une convention et celle d'un jugement, et qu'il participe de la nature de l'un et de l'autre.

Examinons quels principes sont attachés à chacun de ces deux élémens, et de leur combinaison nous verrons naître, par des conséquences évidentes et directes, toutes les dispositions de la loi.

2045   Toute convention s'arrête aux seuls objets qui sont dans le commerce ; ainsi les droits de la nature, les droits de la société ne peuvent pas devenir une matière à transaction : c'est pour cela que le projet annonce que, pour transiger, il faut avoir la capacité de disposer des objets compris dans la transaction ; ce qui suppose nécessairement que ces objets sont disponibles.

2046   Par ce seul raisonnement on aperçoit d'abord comment il se fait qu'on peut bien traiter des intérêts civils résultant d'un délit, et que cependant on ne peut pas traiter de la peine.

2045   Toute convention suppose la faculté de consentir : c'est pour cela que la transaction ne peut pas être entièrement consommée par ceux qui n'ont qu'une volonté subordonnée ; tels que les tuteurs pour les mineurs, les administrateurs publics pour les établissemens qu'ils dirigent.

2047   Toute convention peut être garantie par des peines que les parties stipulent. La transaction est susceptible aussi des clauses pénales.

2048 à 2050   Toute convention doit s'exécuter de bonne foi ; et lorsqu'il s'agit de l'interpréter, c'est l'intention des parties contractantes qu'il faut consulter, plutôt que de s'arrêter au sens littéral des termes. De même la transaction, quelle qu'elle soit, se renferme toujours dans son objet et ne règle que les différends qui y sont compris, soit que les parties aient manifesté leur intention par des expressions spéciales, soit qu'elles l'aient annoncée par des expressions générales; principe que les Romains exprimaient très-bien par cette courte sentence : *Iniquum est perimi pacto id de quo cogitatum non docetur*. Les articles 5, 6 et 7 ne sont que des corollaires de cette pensée.

Toute convention n'a d'effet qu'entre les parties contrac- 2051 tantes : de même la transaction faite avec l'un des intéressés ne lie point les autres et ne peut être opposée par eux. Dans ce mot *intéressés* la loi ne comprend pas les cautions, dont la décharge et les droits se règlent comme il est dit au titre *des Cautionnemens*.

Toute convention exige un consentement effectif : ainsi le 2053-2058 dol, la violence, l'erreur de fait, qui touchent à la personne ou à l'objet, font rescinder la transaction comme les autres contrats. L'erreur de calcul, qui est aussi une sorte d'erreur de fait, n'opère pas la rescision, mais elle doit être elle-même réparée.

Toute convention a une cause ; celle de la transaction est 2055 la crainte des procès, *propter timorem litis*. Ainsi, lorsque le procès est terminé par un jugement passé en force de chose jugée, il ne peut plus y avoir de transaction, parce qu'il ne peut plus y avoir de doute.

Il faut en dire autant si la transaction n'est que l'exécu- 2054 tion d'une pièce nulle. La convention manque de cause, à moins que les difficultés élevées sur la nullité même n'en aient été l'objet.

Enfin la cause manque également si, les parties ayant 2057 transigé sur un seul objet avec la confiance qu'elles y avaient des droits respectifs, il arrive néanmoins que des titres ultérieurement découverts leur fassent connaître que l'une d'elles n'y avait aucun droit. Cette absence totale de la matière du litige fait disparaître en même temps toute matière à transaction.

Il en serait autrement si les pièces inconnues, nouvellement découvertes, étaient produites après un traité plus étendu, où les parties auraient transigé généralement de toutes les affaires qu'elles pouvaient avoir. Comme il serait alors évident que leur consentement aurait embrassé la masse entière de leurs intérêts, le néant de quelqu'un de ces intérêts ne serait pas pour cela l'anéantissement des motifs qu'elles auraient eus de transiger; et la généralité de leur prévoyance deviendrait pour leur convention une cause légitime.

Voilà les points par lesquels la transaction se confond avec les contrats.

2052. Voici maintenant ceux par lesquels elle rentre dans les conditions propres aux jugemens.

Elle a pour sujet un différend éclos ou qui peut éclore, et elle est le prononcé qui le termine : elle devient pour les droits litigieux la mesure définitive qui les règle, et la déclaration résumée des opinions de ceux qui avaient le pouvoir de décider sur eux. C'est ce que le projet exprime très-bien en disant qu'elle a l'autorité de la chose jugée en dernier ressort.

2053. Ainsi les jugemens définitifs sont annulés lorsqu'il y a eu falsification de pièces ou rétention malicieuse de celles qui pouvaient éclairer la décision : les mêmes circonstances doivent donc faire annuler la transaction.

2054. Quant à l'erreur de droit, quoiqu'elle puisse être en certains cas un motif de casser les jugemens, elle n'en est pas un de rescinder les transactions. C'est que les jugemens sont la voix de la puissance publique; et partant ce que la puissance publique a dicté est ce qu'ils doivent exprimer. Au lieu que les transactions sont l'ouvrage de la volonté individuelle, et leur règle principale, c'est que les volontés s'y soient rapprochées dans une détermination commune. L'objet de la justice est d'imposer silence aux passions, et c'est pour cela que sa mesure doit être exacte. Le but des transactions est de rapprocher les sentimens, et c'est pour cela que leur mesure est flexible.

Il suffit de méditer ces divers caractères, essentiels à la

transaction, pour y trouver la solution de plusieurs questions retracées dans le droit romain, et qui ont exercé depuis la sagacité des écrivains. L'art principal du législateur est de découvrir d'abord à la raison ce petit nombre de principes clairs et féconds d'où découlent toutes les dispositions comme par une pente naturelle, et de laisser ensuite à la jurisprudence la recherche des cas particuliers.

Cet art a été rigoureusement observé dans la rédaction du Code civil; aussi, lorsqu'on vient à considérer ce qu'est ce Code et d'où il a été puisé, l'esprit s'étonne comment cette masse prodigieuse, qui composait l'ancienne doctrine, a pu être réduite à un si petit nombre de titres, dont plusieurs eux-mêmes sont si courts : c'est qu'on y a laissé le moins de place possible aux applications de détail, pour y présenter avec plus de clarté les idées principales. Ainsi résumée, la science offrira un texte plus facile; l'élève y verra mieux ce qu'il doit étudier, le magistrat ce qu'il doit méditer et approfondir, le citoyen ce qu'il doit connaître.

Le vœu du Tribunat est pour l'adoption du projet.

Le décret du Corps législatif fut rendu le même jour, et la promulgation de la loi a eu lieu le 9 germinal an XII (30 mars 1804).

TITRE SEIZIÈME.

De la Contrainte par corps en matière civile.

DISCUSSION DU CONSEIL D'ÉTAT.

(Procès-verbal de la séance du 16 frimaire an XII.— 8 décembre 1803.)

M. Portalis présente le titre IV du livre III.
Il est ainsi conçu :

DE LA CONTRAINTE PAR CORPS.

2059 Art. 1er. « La contrainte par corps a lieu, en matière ci-
« vile, contre les agens du gouvernement, pour la répéti-
« tion des deniers publics et nationaux, et contre toutes
« personnes pour le stellionat.

« Il y a stellionat lorsqu'on vend un immeuble qu'on a
« précédemment vendu, ou dont on n'est pas propriétaire ;

« Lorsqu'on présente comme libres des biens hypothéqués
« ou que l'on déclare des hypothèques moindres que celles
« dont ces biens sont chargés. »

2060 Art. 2. « La contrainte a lieu pareillement :

« 1°. Pour dépôt nécessaire ;

« 2°. En cas de réintégrande, pour le délaissement, or-
« donné par justice, d'un fonds dont le propriétaire a été
« dépouillé par voies de fait, pour la restitution des fruits
« perçus pendant l'indue possession, et le paiement des
« dommages et intérêts adjugés au propriétaire ;

« 3°. Pour répétition de deniers consignés entre les mains
« de personnes publiques établies à cet effet ;

« 4°. Pour la représentation des choses déposées aux sé-
« questres, commissaires et autres gardiens ;

« 5°. Contre les cautions judiciaires ;

DE LA CONTRAINTE PAR CORPS.

« 6°. Contre tous officiers publics, pour la représentation
« de leurs minutes, quand elle est ordonnée ;

« 7°. Contre les avoués et huissiers, pour la restitution des
« titres à eux confiés, et des deniers par eux reçus pour leurs
« cliens, par suite de leurs fonctions. »

Art. 3. « Ceux qui, par un jugement rendu au pétitoire,
« et passé en force de chose jugée, ont été condamnés à
« désemparer un fonds, et qui refusent d'obéir, peuvent,
« par un second jugement, être contraints par corps, quin-
« zaine après la signification du premier jugement à personne
« ou domicile.

« Si le fonds ou l'héritage est éloigné de plus de cinq my-
« riamètres du domicile de la partie condamnée, il sera
« ajouté au délai de quinzaine un jour par cinq myria-
« mètres. »

Art. 4. « La contrainte par corps ne peut être ordonnée
« contre les fermiers pour le paiement des fermages des biens
« ruraux, si elle n'a été stipulée formellement dans l'acte de
« bail ; néanmoins ils peuvent être contraints par corps, faute
« par eux de représenter, à la fin du bail, le cheptel de bé-
« tail, les semences et les instrumens aratoires qui leur ont
« été confiés, à moins qu'ils ne justifient que le déficit de
« ces objets ne procède point de leur fait. »

Art. 5. « Hors les cas déterminés par les articles précé-
« dens, ou qui pourraient l'être à l'avenir par une loi for-
« melle, il est défendu à tous juges de prononcer la contrainte
« par corps, à tous huissiers de l'exécuter, à tous notaires et
« greffiers de recevoir des actes dans lesquels elle serait sti-
« pulée, et à tous Français de consentir pareils actes, encore
« qu'ils eussent été passés en pays étrangers : le tout à peine
« de nullité, dépens, dommages et intérêts. »

Art. 6. « Dans les cas même ci-dessus énoncés, la con-
« trainte par corps, en matière civile, ne peut être pronon-
« cée contre les mineurs. »

Art. 7. « Elle ne peut être prononcée contre les septuagé-

« naires, les femmes et les filles, que dans les cas de stel-
« lionat.

« Il suffit que la soixante-dixième année soit commencée
« pour jouir de la faveur des septuagénaires.

« La contrainte par corps pour cause de stellionat n'a lieu,
« pendant mariage, contre les femmes mariées, que lors-
« qu'elles sont séparées de bien, ou lorsqu'elles ont des biens
« dont elles se sont réservé la libre administration, et à raison
« des engagemens qui concernent ces biens.

« Les femmes qui, étant en communauté, se seraient
« obligées conjointement ou solidairement avec leurs maris,
« ne pourront être réputées stellionataires à raison de ces
« contrats. »

Art. 8. « Il n'est point dérogé aux lois particulières qui
« autorisent la contrainte par corps dans les matières de
« commerce. »

Art. 9. « La contrainte par corps, dans les cas même où
« elle est autorisée par la loi, ne peut être appliquée qu'en
« vertu d'un jugement. »

Art. 10. « L'appel ne suspend pas la contrainte par corps
« prononcée par un jugement provisoirement exécutoire, en
« donnant caution. »

Art. 11. « L'exercice de la contrainte par corps n'empêche
« ni ne suspend les poursuites et les exécutions sur les biens. »

L'article 1ᵉʳ est discuté.

M. JOLLIVET pense que la première disposition doit être étendue au-delà des agens du gouvernement, parce qu'ils ne sont pas les seuls qui manient les deniers publics; la manutention des revenus des communes et des établissemens publics est confiée à d'autres agens.

M. PORTALIS dit que la contrainte par corps n'a jamais eu lieu contre ces derniers.

M. DEFERMON craint que le projet proposé n'affaiblisse l'usage reçu. Aujourd'hui tous détenteurs de deniers appartenant à l'État, à quelques titres qu'ils les retiennent, même les fournisseurs qui se trouvent reliquataires faute d'avoir justifié de l'emploi des avances qu'ils ont reçues, sont contraignables par corps, parce qu'ils sont sous la main de l'administration, et que toute contrainte décernée par elle s'exécute par corps. Mais l'administration perd cet avantage, et les deniers publics sont exposés à la dilapidation, si, par une énonciation trop précise, l'application de la contrainte par corps est restreinte à une classe déterminée de comptables, et si l'on décide, comme le veut l'article 9, qu'elle ne pourra être prononcée que par un jugement.

M. TREILHARD convient que l'article restreindrait l'usage de la contrainte par corps, et ne permettrait plus de l'exercer que contre les détenteurs de deniers publics; mais il n'empêcherait pas l'administration de la prononcer, car la règle serait générale et aurait ses effets, par quelque autorité compétente que le jugement fût prononcé.

M. DEFERMON observe que l'article 9 ne présente pas cette idée. On pourrait, par une loi particulière, organiser la contrainte par corps, et cette loi leverait les difficultés que l'article en discussion présente.

M. PORTALIS dit que tout ce qui tient à l'administration est susceptible de règles particulières. On peut rédiger la disposition de manière qu'elle ne paraisse pas déroger à ce principe; on peut en borner textuellement les effets aux matières purement civiles.

M. BERLIER dit qu'il y aurait de l'inconvénient, soit à déclarer contraignables par corps tous les débiteurs de deniers publics, soit à ne rien dire sur ce point dans la loi qu'on discute.

La première disposition est évidemment contraire à la justice et à la politique; car, prise à la lettre, elle atteindrait et les fermiers de biens nationaux et mêmes tous les contribuables: or cette effrayante latitude ne saurait être accueillie.

A l'égard du renvoi de cette matière à une loi spéciale,

l'opinant observe qu'outre qu'on perdrait par ce renvoi le fruit de la discussion actuelle, il est utile peut-être de poser dans le Code civil les limites dans lesquelles l'administration publique doit être renfermée pour l'exercice de son privilége.

L'article qu'on discute a été attaqué comme insuffisant; ce reproche doit cesser si l'on étend ses dispositions à tous les *comptables* envers la république, expression générale qui embrasse les fournisseurs auxquels il a été fait des avances, et ne menace point les autres classes de la société.

M. Jollivet propose de généraliser l'article, et de dire : « La contrainte par corps a lieu contre tous manutention- « naires, détenteurs et dépositaires de deniers publics, pour « raison de leur gestion. »

M. Defermon dit que cette rédaction produirait beaucoup d'incertitudes. L'énumération de ceux auxquels les qualités qu'elle énonce conviennent serait très-longue ; il serait très-difficile de discerner positivement quelles personnes doivent y être comprises.

M. Bigot-Préameneu observe que l'on est embarrassé parce qu'on veut donner une garantie contre l'abus de la contrainte par corps, sans cependant en trop restreindre l'usage; mais que la garantie la plus sûre est la disposition qui porte qu'elle n'aura lieu qu'en vertu de la loi.

M. Treilhard dit que l'inquiétude qu'on a manifestée pour les intérêts de l'administration prend sa source dans l'article 9; qu'il est facile de la dissiper en rédigeant ainsi cet article : « La contrainte par corps ne peut être prononcée « que par un jugement ou par une décision de l'autorité « compétente. »

M. Portalis propose d'ajouter «contre tous rétentionnaires « de deniers publics. »

M. Regnaud (de Saint-Jean-d'Angely) observe que cette disposition générale a déjà été proposée et abandonnée. Elle paraîtrait en effet avoir une étendue telle, qu'on prétendrait qu'elle est applicable à celui qui doit à la république ses impositions, le prix d'une ferme, ou des arrérages de rente.

M. Defermon dit que ces sortes de débiteurs ne sont pas du nombre de ceux qu'on appelle rétentionnaires de deniers publics.

Il demande la suppression de ces mots *agens du gouvernement*.

M. Regnaud (de Saint-Jean-d'Angely) dit que la contrainte par corps ne doit être établie que contre les comptables.

M. Treilhard propose, pour comprendre tous ceux qui y sont soumis, de dire *contre tous dépositaires et comptables de deniers nationaux*.

M. Bérenger observe que la disposition ne s'étendrait pas aux receveurs des hospices.

M. Portalis répond que l'intention de la section n'a pas été de les y comprendre.

M. Bigot-Préameneu dit qu'autrefois ils étaient soumis à la contrainte par corps.

M. Regnaud (de Saint-Jean-d'Angely) dit que les receveurs des communes y sont également soumis.

M. Portalis dit que si l'on veut envelopper tous ces agens dans l'effet de l'article, il suffit de dire : *tous dépositaires et comptables de deniers publics et nationaux*.

Cette rédaction est adoptée.

Le Consul Cambacérès demande si les deux cas énoncés dans l'article sont les seuls où il y ait stellionat.

M. Portalis dit que le stellionat n'est qu'un genre de fraude, et que cette considération l'avait déterminé à repousser la définition particulière qu'en présente l'article.

M. Treilhard dit que le véritable stellionat consiste à vendre ce qu'on n'a pas, ou à vendre comme libre ce qu'on ne possède pas librement.

Le Consul Cambacérès dit qu'il préférerait cette rédaction. Elle ne bornerait pas le stellionat à la vente des immeubles, tandis que ce genre de fraude peut se rencontrer aussi dans la vente d'une universalité de meubles.

M. Berlier dit qu'il est bien difficile d'appliquer l'idée du stellionat *aux meubles*, du moins sous le rapport de l'action qu'on discute ; car la contrainte par corps est établie par l'article en faveur de celui qui a acquis un immeuble dont la délivrance ne peut lui être faite.

En vente de meubles, au contraire, la tradition se fait de la main à la main, et nulle action ne reste à celui qui est nanti du meuble à lui vendu. Il y a bien, dans ce cas, un délit de la part du vendeur; il y a bien une partie lésée, mais c'est la personne qui était propriétaire du meuble, et non l'acheteur.

La définition donnée par l'article est donc exacte, et ne fait d'ailleurs nul obstacle à la poursuite du délit collatéral que l'opinant a distingué d'avec le stellionat.

M. Portalis dit qu'en droit une universalité de meubles est considérée comme un immeuble.

M. Maleville propose de se servir du mot générique *chose;* car, dit-il, on peut vendre deux fois non seulement des immeubles et une universalité de meubles, mais encore des marchandises, des vins, des diamans dont la valeur excède quelquefois celle des immeubles.

M. Bérenger dit que la double vente d'un meuble est une escroquerie que le *Code de police correctionnelle* punit de l'emprisonnement.

M. Tronchet dit que c'est parce que le mot *stellionat* ne présente qu'une idée vague, et que la contrainte par corps est sévère, qu'on a défini le stellionat, et qu'on a cru devoir ne l'admettre qu'à l'égard des ventes d'immeubles. On peut cependant l'admettre aussi pour les ventes d'universalité de meubles; mais alors il faudra déterminer avec précision ce qu'on entend par cette expression, *universalité de meubles;* autrement, on pourrait l'appliquer hors de son véritable sens, et alors la contrainte par corps aurait lieu pour des ventes de choses d'une trop faible valeur. Lorsqu'un pauvre aurait vendu la totalité du mobilier modique qui garnit sa chambre, on prétendrait peut-être qu'il y a vente d'une universalité de meubles.

M. PORTALIS pense qu'en effet il faudrait fixer une somme au-dessous de laquelle la vente de meubles ne pourrait jamais être considérée comme la vente d'une universalité.

M. BÉRENGER dit que la valeur de la chose ne change pas la nature du délit; que dans aucune circonstance l'escroquerie ne mérite de faveur; que d'ailleurs on n'est plus au temps où les meubles seuls étaient réputés des biens de quelque valeur : aujourd'hui les meubles, bien plus que les immeubles, sont des objets de commerce.

M. TRONCHET dit qu'il ne s'agit pas ici du commerce, puisqu'il a des règles qui lui sont particulières.

M. BÉGOUEN observe que ces règles sont expressément maintenues par l'article 8.

M. DEFERMON dit que, dans les usages du commerce, il n'y a point de stellionat lorsque les mêmes marchandises sont vendues à deux acquéreurs différens.

M. REGNAUD (de Saint-Jean-d'Angely) ajoute qu'en effet il est dans la nature du commerce de vendre, ou plutôt de s'engager à fournir des marchandises qu'on n'a pas actuellement en son pouvoir. Si on ne peut les livrer, la vente se résout en dommages-intérêts, hors le cas de fraude. Mais s'il y avait fraude, il y aurait lieu à une poursuite criminelle. Il ne faut pas changer les usages qui excluent le stellionat pour vente de meubles ou marchandises.

LE CONSUL CAMBACÉRÈS partage cette opinion ; mais il pense qu'on doit rappeler dans la loi les cas de fraude, et déclarer qu'ils demeurent soumis à la peine prononcée par la loi du 22 juillet 1791, afin qu'on n'infère pas du silence du Code civil qu'il a entendu abroger cette loi. On ne saurait prendre trop de précautions pour prévenir les doutes dans cette matière du stellionat, qui comporte des distinctions extrêmement subtiles ; car, par exemple, on peut présenter aussi comme une escroquerie la double vente d'un immeuble.

L'article est adopté avec les deux amendemens, dont un tend à déclarer que la loi du 22 juillet n'est pas abrogée ; l'autre, que l'article n'est pas applicable aux affaires du commerce.

M. Bégouen présente une nouvelle observation sur l'article qui vient d'être adopté.

Il dit qu'il peut exister sur un immeuble des hypothèques provenant d'inscriptions faites par un tiers, et que le propriétaire ignore de bonne foi ; que, dans ce cas, il serait injuste de le soumettre à la peine du stellionat pour ne les avoir pas déclarées.

M. Treilhard dit que jamais un propriétaire ne peut ignorer les inscriptions qui existent sur ses biens. Il sait d'abord s'il est des personnes qui aient le droit d'en former ; ensuite il a la facilité de consulter les registres hypothécaires.

On objectera que l'acquéreur peut également faire cette vérification ; qu'ainsi il est inutile d'attacher une peine aussi sévère que la contrainte par corps à la fausse déclaration du vendeur.

Mais cette mesure n'en est pas moins nécessaire, parce qu'il est possible qu'entre la vérification que fait l'acquéreur et l'instant où la vente se consomme, il survienne des inscriptions quelquefois même frauduleusement ménagées par le vendeur. C'est par cette raison qu'on a intérêt d'exiger de lui une déclaration qui, le soumettant à la contrainte par corps, l'oblige d'être vrai. Il doit savoir au surplus si son bien est libre ou affecté d'hypothèques.

M. Berlier dit qu'en toute matière la bonne foi prouvée fait disparaître le délit ; qu'au surplus, si la règle qu'on attaque existait autrefois, il y aura bien moins lieu de la rejeter si le nouveau système hypothécaire est maintenu ; car dans ce système, l'hypothèque ne résultant pas de la seule existence d'un titre authentique, mais de son inscription sur un registre tenu dans le lieu de la situation des fonds, cette inscription facile à vérifier rendrait une fausse déclaration moins excusable.

Au surplus, si cette facilité doit, dans l'hypothèse donnée, exister pour l'acheteur lui-même, cette circonstance ne rédime point le vendeur de l'obligation de faire une déclaration exacte, ni de la peine attachée à la fausse déclaration; or, cette peine est ici celle du stellionat.

M. Ségur objecte que l'immeuble peut être situé à une si grande distance du vendeur, qu'il lui soit impossible de savoir exactement s'il est survenu des inscriptions.

M. Portalis dit qu'il y a une réponse à cette objection : le stellionat suppose toujours de la fraude; ainsi, quand il n'y a qu'erreur et bonne foi, il n'y a pas de stellionat.

Le Consul Cambacérès dit que quand le vendeur a des doutes, il peut refuser la déclaration que l'acquéreur exige pour payer, et consentir à ne recevoir le prix qu'après la délivrance du certificat du conservateur.

Mais si, se prétendant pressé de toucher, il demande un à-compte; qu'on le lui accorde sur la déclaration qu'il fait que son bien n'est engagé que pour une certaine somme, de manière qu'il reste une latitude suffisante pour répondre de l'à-compte; que cependant l'immeuble se trouve chargé d'une hypothèque beaucoup plus forte et qui en absorbe la valeur, il y a de la part du vendeur dol et escroquerie, et alors il est juste qu'il devienne sujet à la contrainte par corps.

M. Réal dit que l'article ne prévoit pas tous les cas où il y a stellionat. Il ne parle pas de celui où le vendeur, par une obligation nouvelle, créerait une hypothèque dans l'intervalle de la signature de l'acte de vente à la transcription.

M. Tronchet répond que l'article a été rédigé d'une manière générale, afin de ne rien préjuger sur le régime hypothécaire, qui n'est pas encore fixé. Mais comme dans tous les systèmes, il y aura toujours un intervalle où il sera possible au vendeur d'engager frauduleusement la chose vendue, on a pensé que le remède contre ces fraudes serait d'autoriser l'acquéreur à exiger du vendeur une déclaration qui soumette celui-ci à la contrainte par corps.

M. Treilhard dit que l'usage introduira naturellement une clause qui donnera à l'acquéreur un délai pour faire transcrire, et fera durer jusque là la responsabilité du vendeur.

Le Conseil maintient l'article 1er.

L'article 2 est discuté.

M. Jollivet observe que cet article n'admet la contrainte par corps contre les cautions que lorsqu'elles sont judiciaires, et que l'article 5 défend de la prononcer et de l'exécuter hors les cas formellement exprimés par la loi ; que ces dispositions semblent changer l'usage établi en matière d'administration; que, pour le maintenir, il conviendrait d'expliquer que la contrainte par corps a lieu contre les cautions des comptables de deniers publics, lorsqu'elle a été stipulée.

Le Consul Cambacérès dit qu'elle existe de droit contre ces sortes de cautions.

M. Jollivet dit que dans l'usage elle n'a lieu que par l'effet d'une stipulation.

Le Consul Cambacérès dit qu'il croit se rappeler que la loi qui avait aboli la contrainte par corps avait cependant reçu une exception pour les individus comptables envers le trésor public, et que la loi qui l'a rétablie a confirmé cette disposition.

M. Maleville demande que la loi prononce que la contrainte par corps a lieu de plein droit contre les cautions des comptables ; on ne doit pas les distinguer des débiteurs principaux.

M. Bérenger dit qu'il existe deux sortes de cautions. Les unes ont pour objet des entreprises où elles sont les parties principales et les véritables entrepreneurs ; celles-là sont solidaires entre elles. Les autres sont cautions de comptables proprement dits : elles ne cautionnent qu'une somme déterminée, elles ne sont pas associées avec le comptable ; un intérêt convenu est le seul bénéfice qu'elles tirent de leur engagement.

La loi doit se régler sur ces distinctions.

Elle ne peut admettre la solidarité des cautions dans tous les cas, sans convertir en cautionnemens indéfinis les cautionnemens pour une somme déterminée. D'un autre côté, si elle n'admettait pas la contrainte par corps contre les cautions, lorsqu'elle est stipulée, elle priverait le trésor public de la facilité de se ménager ses sûretés.

La proposition de M. *Jollivet* paraît donc devoir être adoptée pour le cas où les cautions sont associées à l'entreprise.

M. TREILHARD pense qu'il est inutile de distinguer entre les cautions ; car, en donnant à l'administration le droit de stipuler la contrainte par corps des cautions en général, on doit lui laisser appliquer cette mesure aux cas qui lui paraîtront l'exiger. Il faut qu'elle soit autorisée à la prendre contre toute caution d'un contraignable.

LE CONSUL CAMBACÉRÈS croit, comme M. *Bérenger*, que les cautions simples ne doivent pas être soumises à la contrainte par corps ; que les cautions associées doivent seules être contraignables.

M. TREILHARD dit que quoique les entreprises soient sous le nom d'un individu sans consistance, derrière lui se trouvent des personnes solvables qui sont les véritables parties avec lesquelles le gouvernement traite ; mais qu'il peut cependant y avoir encore d'autres associés qui lui soient inconnus.

LE CONSUL CAMBACÉRÈS fait lecture de la loi du 30 mars 1793, de l'article 2 de la loi du 24 ventose an V, et de l'article 3 de la loi du 15 germinal an VI, qu'il a précédemment rappelées.

M. TREILHARD observe que des cautions ne sont point débiteurs directs.

Le Consul Cambacérès répond qu'elles le sont quand elles se trouvent associées. Elles sont donc sujettes à la contrainte par corps de plein droit, et indépendamment de toute stipulation. De là résulte pour le gouvernement une sûreté plus grande que celle que lui donnerait la faculté de stipuler la contrainte par corps, car il est possible que dans un traité on oublie d'user de cette précaution.

M. Bérenger dit que le service ne peut être fait que par ceux qui se présentent : la latitude du choix est donc circonscrite ; et cependant il faut se déterminer, parce qu'il est indispensable que le service soit fait. Il est donc possible que le gouvernement soit trompé ; ainsi il lui faut des sûretés qui suppléent à l'impossibilité de faire un choix tel qu'il ne lui reste aucune inquiétude. On peut cependant lui contester le droit de considérer toutes les cautions comme ses débiteurs directs ; mais il aura toutes les sûretés qu'il soit possible d'établir, si, en distinguant entre les cautions, on l'autorise de stipuler la contrainte par corps de celles qui sont associées aux entreprises.

L'inconvénient du projet est qu'il n'admet pas de semblables stipulations.

M. Réal dit que les cautionnemens donnent au gouvernement une garantie plus réelle que les cautions ; qu'en laissant subsister l'usage de la stipulation de la contrainte par corps contre les cautions, elles deviennent plus difficiles à trouver, et par une suite nécessaire les cautionnemens sont plus fréquens.

M. Portalis observe que l'article 2 ne concerne que les cas où la contrainte par corps a lieu sans stipulation ; que les cas où elle pourrait avoir lieu par l'effet d'une stipulation sont l'objet d'un autre article, auquel on pourrait renvoyer cette discussion, ne fût-ce que pour établir plus d'ordre dans la rédaction.

M. Bérenger dit que les cautionnemens ne peuvent jamais présenter une sûreté suffisante, puisque jamais ils ne peuvent être égaux aux avances ; car s'ils l'étaient, les avances deviendraient inutiles.

M. Maleville observe que, quand il a dit que la condition des cautions doit être la même que celle du débiteur principal, il n'a pas entendu parler de celles qui donnent pour garantie leurs immeubles, mais de celles qui s'obligent personnellement et solidairement. Il n'y a pas de doute qu'elles ne deviennent débiteurs directs.

M. Defermon dit que plus on avance dans cette discussion, et plus on sent l'embarras qu'il y a de mêler avec les principes destinés à guider les tribunaux ceux qui sont la règle de l'administration : il faudrait entrer dans des détails et dans des distinctions très-difficiles à saisir et qui se multiplient à l'infini. Il vaut donc mieux laisser à l'administration ses usages ; elle n'a de sûreté que lorsqu'elle peut suivre les indications que les circonstances lui présentent, pour discerner quels sont les véritables obligés par des règles qui lui sont particulières et qui ne conviennent pas aux tribunaux : il serait dangereux de la priver de ces moyens. Par exemple, un principal débiteur a été cautionné en immeubles; le gage a été présenté pour une valeur de 100,000 francs; il se trouve cependant qu'il n'en a produit que 40,000 ; la caution prétend qu'en l'abandonnant elle est déchargée : alors le trésor public se trouverait exposé à des pertes, s'il ne lui était plus permis de décerner une contrainte contre cette caution, à l'effet de l'obliger à parfaire la somme pour laquelle elle s'est réellement engagée. Si, malgré ces facilités, il est si souvent dupe, que serait-ce si elles lui étaient ôtées ?

On doit donc ajouter à ces mots, *cautions judiciaires*, ceux-ci, *et en matière d'administration*.

M. Portalis dit qu'il serait préférable de ne pas parler de l'administration dans le Code civil, et d'étendre au contraire à elle la réserve faite par l'article 8 à l'égard du commerce.

Cette proposition est adoptée.

M. Réal propose de comprendre les notaires dans le numéro 7 de l'article, parce que, pour des liquidations et pour d'autres actes, les parties sont forcées de leur confier leurs titres.

L'article est adopté avec cet amendement.

L'article 3 est adopté.

L'article 4 est discuté.

M. Jollivet demande que la contrainte par corps ait également lieu, faute par le fermier de rendre les engrais. Il est en effet des pays où la première année on lui fournit des engrais, à la charge de les rendre à l'expiration du bail. Or, quand il manque à cet engagement, il prive souvent le fermier qui lui succède de moyens d'exploitation indispensables.

L'article est adopté avec cet amendement.

L'article 5 est discuté.

Le Consul Cambacérès propose d'ajouter *en matière civile*, pour que la rédaction soit conforme à ce qui a été arrêté sur l'article 1er.

L'article est adopté avec cet amendement.

L'article 6 est discuté.

M. Bigot-Préameneu propose, au nom de la section, d'interdire la contrainte par corps pour toute dette au-dessous de 300 francs.

M. Jollivet dit que, si l'on doit fixer un *maximum*, il faut du moins ne pas l'appliquer aux fermages.

M. Berlier dit que cette modification ne saurait être retranchée de la loi sans consacrer une dureté que repoussaient nos anciennes ordonnances.

Et pourquoi cesserait-elle relativement aux *fermages*, et lorsque dans un bail on se sera indéfiniment soumis à la contrainte par corps? La loi qui pourrait défendre une telle stipulation, et qui la défend même dans le dernier état des choses, ne peut-elle en limiter l'effet? N'a-t-on pas remarqué que plusieurs tribunaux d'appel se sont opposés au rétablissement de la contrainte par corps qui serait stipulée dans les baux? et si des considérations supérieures auxquelles l'opinant s'est rendu avec peine ont fait admettre cette stipulation rigoureuse, faut-il la rendre odieuse par son excès?

On a dit ailleurs qu'il était difficile de *maximer* les intérêts pécuniaires, et qu'une somme de 300 francs, modique pour un tel, pouvait être très-considérable pour tel autre; mais cet argument n'a-t-il pas contre lui plusieurs textes de notre législation? Et qu'est-ce que les lois de compétence établies à raison des sommes? Au reste, cette difficulté se réduit à un point fort simple : ne serait-ce pas un scandale public que de voir traîner un homme en prison pour une dette civile de 50 francs ou de 100 francs? Et s'il devait s'élever contre une telle rigueur un murmure respectable, parce qu'il serait fondé sur un sentiment louable de compassion, le législateur ne serait-il pas indiscret en y donnant lieu?

Le Consul Cambacérès dit qu'en général la disposition aurait souvent l'inconvénient de faire naître un procès sur le montant de la dette. Ce serait dans beaucoup de cas le moyen de défense du débiteur.

M. Portalis dit qu'on peut prévenir ces contestations en disant que la contrainte par corps ne sera pas prononcée pour une somme au-dessous de 300 francs.

Le Consul Cambacérès demande s'il sera néanmoins permis de la stipuler pour un prix de ferme de 50 francs.

M. Treilhard répond que cette stipulation ne serait pas interdite, parce qu'un fermage de 50 francs produit pour la durée d'un bail de neuf ans une somme plus forte que 300 francs; mais qu'il serait trop rigoureux de traîner un citoyen dans les prisons pour une dette modique.

Le Consul Cambacérès répond que la position du propriétaire deviendrait très-fâcheuse s'il lui fallait attendre l'expiration du bail pour toucher un revenu sur lequel il a dû compter chaque année ; qu'il faudrait du moins l'autoriser à faire prononcer la résiliation du bail, faute de paiement d'une année de fermage.

Le Conseil adopte en principe que la contrainte par corps ne pourra avoir lieu pour une somme au-dessous de 300 francs.

L'article 6 est adopté sauf rédaction.

L'article 7 est discuté.

M. Regnaud (de Saint-Jean d'Angely) demande que la femme mariée demeure soumise à la contrainte par corps pour le stellionat qu'elle a commis avant son mariage.

L'article est adopté avec cet amendement.

Le Consul Cambacérès demande si l'effet de cet article sera de remettre en liberté l'individu qui, antérieurement arrêté pour dettes, arrive dans la prison à sa soixante-dixième année.

M. Portalis répond que la section propose l'article dans ce sens.

L'article 8 est adopté.

L'article 9 est discuté.

M. Jollivet demande que la contrainte par corps puisse être exercée en vertu du titre seul, lorsqu'il est authentique, et sans qu'il soit besoin de jugement. Le contrat, dit-il, doit être exécuté. Il serait extraordinaire d'obliger un créancier à perdre du temps et à faire des frais pour remplir une formalité inutile. Un titre authentique suffit lorsqu'il porte une stipulation autorisée par la loi. C'est en vertu de ce principe qu'il est exécuté sur les meubles ; pourquoi, par la même raison, ne serait-il pas exécuté sur la personne ?

M. Berlier dit qu'il regarderait la faculté de stipuler la contrainte par corps dans un bail comme très-dangereuse, si, le jour même où la dette est échue, le propriétaire pouvait faire emprisonner son fermier sans l'intervention de la justice.

L'opinant avoue qu'il le pouvait autrefois quand le bail était authentique et portait son exécution parée; mais le tempérament apporté par l'article est juste, et tend à garantir le fermier d'une action brusque et rapide, sans ôter au propriétaire l'emploi de ce moyen extrême, auquel on aura bien rarement recours, parce que le fermier menacé paiera dans l'intervalle.

M. Réal ajoute que, si l'intervention du juge est toujours nécessaire pour déposséder le propriétaire d'un immeuble, elle doit l'être, à plus forte raison, pour se saisir de la personne.

M. Bérenger observe que l'article est rédigé de manière qu'on l'appliquerait aux actes de l'administration.

M. Muraire dit qu'on ferait cesser cette équivoque en transportant l'article 9 avant l'article 8, qui doit contenir une réserve à l'égard des actes du commerce et de l'administration.

M. Regnaud (de Saint-Jean-d'Angely) combat l'opinion de M. *Berlier*.

Il pense qu'il y a plus de raisons pour être sévère que de motifs pour être indulgent. Les fermiers se jouent aujourd'hui de leurs engagemens : rien n'est plus difficile que de leur arracher le prix de leur ferme. L'indulgence ne serait pas même une faveur pour eux, puisqu'en dernier résultat elle les exposerait à supporter des frais dont ils ne seraient pas chargés si on leur eût donné moins de facilités pour éluder le paiement. Leur mauvaise foi d'ailleurs est telle, que, dès le commencement des poursuites, ils soustrairaient à la fois le gage du propriétaire et leur personne à toute exécution ultérieure. Ils seront au contraire exacts à payer s'ils sont bien avertis que tout retard les expose à perdre leur liberté.

M. Berlier dit que les frais seront peu de chose si l'on simplifie comme il convient cette espèce de procédure; qu'au surplus le paiement, arrivant après les premières poursuites, rendra souvent le jugement inutile ; mais que la nécessité de ce jugement a l'avantage certain d'avertir le fermier sans nuire aux sûretés du créancier, qui peut dans l'intervalle se pourvoir sur les biens.

Le Consul Cambacérès demande si le débiteur sera soumis également à la contrainte par corps pour le recouvrement des frais de poursuite et pour les intérêts.

M. Réal pense que la contrainte par corps doit s'étendre jusque là.

M. Portalis dit que la section avait distingué : en cas de réintégrande dans une possession dont le propriétaire a été dépouillé avec violence, le débiteur ne mérite aucun ménagement; la contrainte par corps doit donc être exécutée contre lui pour tout ce dont il est redevable : mais dans les autres cas la sévérité de cette garantie donnée au débiteur doit être adoucie par l'humanité. En conséquence il était dans l'intention de la section de la réduire au paiement de la somme principale. Ainsi, si l'on veut l'étendre aux engagemens accessoires, il sera nécessaire de s'en expliquer.

M. Tronchet dit qu'il ne serait pas d'avis d'accorder la contrainte par corps pour la répétition des intérêts et des frais. La dette principale est seule privilégiée : autrement il serait trop facile de ruiner les fermiers; on laisserait accumuler les fermages pour en former un capital qui produirait des intérêts considérables, et l'on exigerait d'eux capital et intérêts avec une égale sévérité. Un propriétaire ne doit pas attendre si long-temps pour demander ses fermages.

M. Regnaud (de Saint-Jean-d'Angely) observe que d'un côté on veut assujétir le propriétaire à des formalités qui le constitueront inutilement en frais, et que de l'autre cependant on lui refuse le moyen de recouvrer ses avances.

On pourrait du moins, puisqu'on persiste à vouloir que le fermier soit averti, épargner les frais au propriétaire en le dispensant de prendre un jugement, et en ne l'obligeant qu'à faire un commandement à son débiteur. Le visa du juge de paix et les autres formalités qui doivent, aux termes de la loi actuelle, précéder l'exécution de la contrainte par corps, suffisent pour empêcher que le fermier ne soit surpris par une exécution trop précipitée.

Le Consul Cambacérès dit que les fermiers ne sont pas dans cet état d'indigence où on les représente; qu'au surplus la loi sur la contrainte par corps est si facilement éludée dans l'état actuel des choses, que, si l'on augmente encore les difficultés, elle n'offrira plus qu'une garantie illusoire à celui qui voudra la stipuler. La contrainte par corps est organisée; on peut revoir la loi pour examiner si les formalités établies sont telles qu'elles empêchent d'exécuter trop brusquement la contrainte par corps. Mais si l'on se bornait à dire d'une manière vague qu'il faut un jugement, on jeterait le créancier dans des frais et dans des retards sans mesure, et il ne lui serait plus possible d'obtenir son paiement.

Il faut lui maintenir la sûreté qu'il a voulu prendre sur la personne de son fermier. Il faut, sans néanmoins l'exposer à perdre, empêcher qu'il n'en abuse par un premier mouvement d'humeur; mais ce cas sera toujours rare, et d'ailleurs les juges viendraient au secours du fermier en lui accordant un délai. C'est dans cet esprit qu'il convient de revoir la loi du 15 germinal an 6.

M. Berlier dit que la loi de l'an 6, faite uniquement, s'il s'en souvient bien, dans l'intérêt du commerce, ne doit pas avoir grand trait à la question qu'on discute.

La proposition de donner un délai suffisant après un premier commandement a quelque chose de plus satisfaisant: cependant l'opinant doute que, même en donnant à cette idée l'organisation dont elle serait susceptible, cela pût suffire; car le fermier peut prétendre qu'il a payé, ou qu'il doit moins de 300 fr. : en ce cas, la contrainte ira-t-elle toujours de plein droit? Voilà donc un cas (et il pourra souvent être invoqué) où l'intervention du juge sera utile, même quand il y aura un titre authentique.

A l'égard de tous les autres cas où la contrainte par corps

peut avoir lieu, il suffit d'en lire la nomenclature pour se convaincre que le juge seul peut en faire l'application; prenons pour exemple le dépôt : un dépôt sera presque toujours établi par un acte authentique; en conclura-t-on que le dépositaire peut être contraint par la seule exhibition de cet acte? Si cette conclusion n'est point juste pour ce cas, elle ne l'est guère plus pour celui qu'on discute, et l'article qui veut un jugement est bon pour tous les cas.

M. Bégouen dit que l'effet de la loi du 15 germinal an 6 est absolument nul. Elle donne un délai de dix jours après le commandement; elle établit des formalités très-minutieuses, qu'on ne peut cependant violer sans perdre le bénéfice de sa poursuite : avec tant de facilités les débiteurs de mauvaise foi parviennent toujours à se soustraire à la contrainte par corps.

M. Treilhard demande le renvoi à la section. Il dit que, si la nécessité d'obtenir un jugement est un obstacle pour le créancier, il est à craindre aussi, si on l'en dispense, qu'il ne fasse exécuter la contrainte par corps contre un débiteur qui ne pourrait à l'instant représenter sa quittance, ou qui aurait à opposer un compte d'où résulterait sa libération.

L'article est renvoyé à la section.

Les articles 10 et 11 sont adoptés.

(Procès-verbal de la séance du 30 frimaire an XII. — 22 décembre 1803.)

M. Bigot-Préameneu présente les titres IV et V du livre III du projet de Code civil, rédigés conformément aux amendemens adoptés dans les séances des 16 et 23 frimaire.

Le Conseil les adopte en ces termes :

TITRE IV.

DE LA CONTRAINTE PAR CORPS EN MATIÈRE CIVILE.

Art. 1er. « La contrainte par corps a lieu, en matière ci-
« vile, pour le stellionat.

« Il y a stellionat lorsqu'on vend un immeuble qu'on a
« précédemment vendu, ou dont on n'est pas propriétaire ;
« Lorsqu'on présente comme libres des biens hypothé-
« qués, ou que l'on déclare des hypothèques moindres que
« celles dont ces biens sont chargés. »

Art. 2. « La contrainte par corps a lieu pareillement :
« 1°. Pour dépôt nécessaire ;
« 2°. En cas de réintégrande, pour le délaissement, ordonné
« par justice, d'un fonds dont le propriétaire a été dépouillé
« par voies de fait, pour la restitution des fruits qui en ont
« été perçus pendant l'indue possession, et le paiement des
« dommages et intérêts adjugés au propriétaire ;
« 3°. Pour répétition de deniers consignés entre les mains
« de personnes publiques établies à cet effet ;
« 4°. Pour la représentation des choses déposées aux sé-
« questres, commissaires et autres gardiens ;
« 5°. Contre les cautions judiciaires et contre les cautions
« des contraignables par corps, lorsqu'elles se sont soumises
« à cette contrainte ;
« 6°. Contre tous officiers publics, pour la représentation
« de leurs minutes quand elle est ordonnée ;
« 7°. Contre les notaires, les avoués et les huissiers, pour
« la restitution des titres à eux confiés, et des deniers par
« eux reçus pour leurs cliens, par suite de leurs fonctions. »

Art. 3, 4 et 5 (*tels qu'ils sont au proc. verb. du 16 frimaire*).

Art. 6. « Dans les cas même ci-dessus énoncés, la con-
« trainte par corps ne peut être prononcée contre les mi-
« neurs. »

Art. 7. « Elle ne peut être prononcée pour une somme
« moindre de 300 francs. »

Art. 8. « Elle ne peut être prononcée contre les septuagé-
« naires, les femmes et les filles, que dans les cas de stel-
« lionat.

« Il suffit que la soixante-dixième année soit commencée
« pour jouir de la faveur des septuagénaires.

« La contrainte par corps pour cause de stellionat pendant
« le mariage n'a lieu contre les femmes mariées que lors-
« qu'elles sont séparées de biens, ou lorsqu'elles ont des
« biens dont elles se sont réservé la libre administration, et
« à raison des engagemens qui concernent ces biens.

« Les femmes qui, étant en communauté, se seraient obli-
« gées conjointement ou solidairement avec leurs maris, ne
« pourront être réputées stellionataires à raison de ces con-
« trats. »

2067 à 2069 Art. 9, 10 et 11 (*tels que sont les mêmes articles au procès-verbal du 16 frimaire*).

2070 Art. 12. « Il n'est point dérogé aux lois particulières qui
« autorisent la contrainte par corps dans les matières de com-
« merce, ni aux lois de police correctionnelle, ni à celles qui
« concernent l'administration des deniers publics. »

COMMUNICATION OFFICIEUSE

A LA SECTION DE LÉGISLATION DU TRIBUNAT.

Le projet fut transmis le 1ᵉʳ nivose an XII (23 décembre 1803) à la section de législation du Tribunat, qui l'examina le 18 du même mois de nivose (9 janvier 1804).

TEXTE DES OBSERVATIONS.

La séance s'ouvre par le rapport fait par un membre, au nom d'une commission, sur le titre IV du livre III du projet de Code civil intitulé *de la Contrainte par corps en matière civile*.

2059 Art. 1ᵉʳ. La section propose de substituer au paragraphe 2 la rédaction suivante :

« Il y a stellionat lorsqu'on vend ou qu'on hypothèque un
« immeuble qu'on a précédemment vendu, ou dont on sait

« n'être pas propriétaire. » Le reste de l'article devant subsister.

Suivant le projet, il n'y aurait stellionat que lorsqu'on vend un immeuble qu'on aurait précédemment vendu. Cependant il y a aussi stellionat lorsqu'on hypothèque un immeuble qu'on aurait déjà aliéné. Le troisième paragraphe s'explique à la vérité relativement à l'hypothèque, mais c'est dans une hypothèse différente, et ce paragraphe ne devra pas moins être conservé.

Ensuite le projet de loi fait dépendre le stellionat d'un fait seulement, en disant *dont on n'est pas propriétaire*. Mais le délit consiste principalement dans l'intention. C'est seulement alors qu'il y a dol. On peut avoir vendu un objet dont on se croyait propriétaire, quoiqu'on ne le fût pas réellement. Il est donc convenable de dire *ou dont on sait n'être pas propriétaire*.

Art. 4. La section propose de dire « néanmoins les fermiers « et les colons partiaires peuvent être contraints par corps, « faute par eux de représenter à la fin de leurs engagemens « le cheptel de bétail, etc. » Le reste de l'article devant subsister.

Il est une espèce de cultivateurs connus sous différentes dénominations, mais principalement sous celle de *métayers*. Ils cultivent à moitié fruits, mais ils reçoivent différens objets qu'ils doivent rendre à la fin de leurs engagemens, tels que des bestiaux qu'ils prennent à cheptel ou pour un prix, des instrumens aratoires, etc. Il a paru à propos de leur imposer comme aux fermiers la contrainte par corps relativement aux objets dont ils se constituent les dépositaires.

Art. 5. La section propose de supprimer ces mots *à tous huissiers de l'exécuter*.

Suivant l'article 9, qui doit subsister, la contrainte par corps, dans tous les cas, ne peut être appliquée qu'en vertu d'un jugement. D'après cette précaution, il devient inutile de laisser subsister dans l'article 5 les termes dont on propose la suppression. D'ailleurs il en résulterait que l'huissier pourrait entrer dans l'examen de la validité du jugement qui aurait appliqué la contrainte par corps, ce qui serait peu convenable, et même indécent à l'égard des juges.

Art. 8. Pour plus de régularité on propose de dire au deuxième paragraphe *pour jouir de la faculté accordée aux septuagénaires*, au lieu de *pour jouir de la faveur des septuagénaires*; de plus, on propose au paragraphe 4 de supprimer ces mots *étant en communauté*.

Que la femme soit ou non en communauté, et sous quelque régime qu'elle soit mariée, la disposition de ce paragraphe doit toujours avoir lieu, par cela seul qu'elle aurait été obligée conjointement et solidairement avec le mari. Cette circonstance fait regarder la femme comme ayant agi par l'impulsion du mari.

RÉDACTION DÉFINITIVE DU CONSEIL D'ÉTAT.

(*Procès-verbal de la séance du 7 pluviose an XII. — 28 janvier 1804.*)

M. PORTALIS, d'après la conférence tenue avec le Tribunat, présente la rédaction définitive du titre IV du livre III, *de la Contrainte par corps en matière civile*.

LE CONSEIL l'adopte en ces termes :

DE LA CONTRAINTE PAR CORPS EN MATIÈRE CIVILE.

Art. 1er. « La contrainte par corps a lieu en matière civile
« pour le stellionat.
   « Il y a stellionat
   « Lorsqu'on vend ou qu'on hypothèque un immeuble dont
« on sait n'être pas propriétaire ;
   « Lorsqu'on présente comme libres des biens hypothéqués,
« ou que l'on déclare des hypothèques moindres que celles
« dont ces biens sont chargés. »

DE LA CONTRAINTE PAR CORPS.   155

Art. 2. « La contrainte par corps a lieu pareillement, 2060
« 1°. Pour dépôt nécessaire ;

« 2°. En cas de réintégrande, pour le délaissement, or-
« donné par justice, d'un fonds dont le propriétaire a été
« dépouillé par voie de fait; pour la restitution des fruits qui
« en ont été perçus pendant l'indue possession, et pour le
« paiement des dommages et intérêts adjugés au propriétaire ;

« 3°. Pour répétition de deniers consignés entre les mains
« de personnes publiques établies à cet effet;

« 4°. Pour la représentation des choses déposées aux sé-
« questres, commissaires et autres gardiens ;

« 5°. Contre les cautions judiciaires et contre les cautions
« des contraignables par corps, lorsqu'elles se sont soumises
« à cette contrainte ;

« 6°. Contre tous officiers publics, pour la représentation
« de leurs minutes, quand elle est ordonnée ;

« 7°. Contre les notaires, les avoués et les huissiers, pour
« la restitution des titres à eux confiés, et des deniers par
« eux reçus pour leurs cliens, par suite de leurs fonctions. »

Art. 3. « Ceux qui, par un jugement rendu au pétitoire, 2061
« et passé en force de chose jugée, ont été condamnés à dés-
« emparer un fonds, et qui refusent d'obéir, peuvent, par
« un second jugement, être contraints par corps, quinzaine
« après la signification du premier jugement à personne ou
« domicile.

« Si le fonds ou l'héritage est éloigné de plus de cinq my-
« riamètres du domicile de la partie condamnée, il sera
« ajouté au délai de quinzaine un jour par cinq myriamètres. »

Art. 4. « La contrainte par corps ne peut être ordonnée 2062
« contre les fermiers pour le paiement des fermages des biens
« ruraux, si elle n'a été stipulée formellement dans l'acte de
« bail. Néanmoins les fermiers et les colons partiaires peu-
« vent être contraints par corps, faute par eux de représenter,
« à la fin du bail, le cheptel de bétail, les semences et les
« instrumens aratoires qui leur ont été confiés ; à moins

« qu'ils ne justifient que le déficit de ces objets ne procède
« point de leur fait. »

2063 Art. 5. « Hors les cas déterminés par les articles précédens,
« ou qui pourraient l'être à l'avenir par une loi formelle, il
« est défendu à tous juges de prononcer la contrainte par
« corps, à tous notaires et greffiers de recevoir des actes dans
« lesquels elle serait stipulée, et à tous Français de consentir
« pareils actes, encore qu'ils eussent été passés en pays étran-
« gers : le tout à peine de nullité, dépens, dommages et in-
« térêts. »

2064 Art. 6. « Dans les cas même ci-dessus énoncés, la con-
« trainte par corps ne peut être prononcée contre les mineurs. »

2065 Art. 7. « Elle ne peut être prononcée pour une somme
« moindre de 300 francs. »

2066 Art. 8. « Elle ne peut être prononcée contre les septuagé-
« naires, les femmes et les filles, que dans les cas de stel-
« lionat.

« Il suffit que la soixante-dixième année soit commencée
« pour jouir de la faveur accordée aux septuagénaires.

« La contrainte par corps pour cause de stellionat pendant
« le mariage n'a lieu contre les femmes mariées que lors-
« qu'elles sont séparées de biens, ou lorsqu'elles ont des biens
« dont elles se sont réservé la libre administration, et à rai-
« son des engagemens qui concernent ces biens.

« Les femmes qui, étant en communauté, se seraient obli-
« gées conjointement et solidairement avec leur mari, ne
« pourront être réputées stellionataires à raison de ces con-
« trats. »

2067 Art. 9. « La contrainte par corps, dans les cas même où
« elle est autorisée par la loi, ne peut être appliquée qu'en
« vertu d'un jugement. »

2068 Art. 10. « L'appel ne suspend pas la contrainte par corps
« prononcée par un jugement provisoirement exécutoire en
« donnant caution. »

2069 Art. 11. « L'exercice de la contrainte par corps n'empêche

« ni ne suspend les poursuites et les exécutions sur les biens. »

Art. 12. « Il n'est point dérogé aux lois particulières qui « autorisent la contrainte par corps dans les matières de com- « merce, ni aux lois de police correctionnelle, ni à celles qui « concernent l'administration des deniers publics. »

M. Bigot-Préameneu fut nommé, avec MM. Begouen et Fleurieu, pour présenter au Corps législatif, dans sa séance du 12 pluviose an XII (2 février 1804), le titre IV du livre III du projet de Code civil, *de la Contrainte par corps en matière civile*, et pour en soutenir la discussion dans celle du 23 du même mois de pluviose (13 février).

PRÉSENTATION AU CORPS LÉGISLATIF,

ET EXPOSÉ DES MOTIFS, PAR M. BIGOT-PRÉAMENEU.

Législateurs, les règles établies dans le Code civil sur la contrainte par corps sont conformes aux sentimens généreux et humains qui sont propres au caractère français : elles sont conformes au respect que toute nation policée doit à la dignité de l'homme et à sa liberté individuelle.

Montesquieu était pénétré de ces sentimens, lorsque au sujet de la contrainte par corps il s'exprimait ainsi :

« Dans les affaires qui dérivent des contrats civils ordi- « naires, la loi ne doit pas donner la contrainte par corps, « parce qu'elle fait plus de cas de la liberté d'un citoyen que « de l'aisance d'un autre ; mais dans les conventions qui dé- « rivent du commerce, la loi doit faire plus de cas de l'ai- « sance publique que de la liberté d'un citoyen. »

Un système contraire à cette doctrine a toujours été suivi à Rome.

Vivant au milieu des combats, les Romains ne voyaient, même dans les affaires civiles, que des exécutions militaires. Les créanciers traitaient leurs débiteurs comme des vaincus qu'ils pouvaient réduire à l'esclavage, charger de fers, ou même dépouiller de la vie.

On ne se rappelle point sans surprise et sans indignation les traitemens cruels que les débiteurs souffrirent à Rome au commencement et même dans les plus beaux temps de cette république.

Le créancier donnait à son débiteur, après que celui-ci avait avoué la dette, ou qu'il avait été condamné à la payer, un délai de trente jours. Si à l'expiration de ce délai la dette n'était pas acquittée, le débiteur était saisi au corps et conduit devant le préteur : s'il était dans l'impuissance de payer, ou si personne ne se rendait sa caution, le préteur le livrait entre les mains de son créancier, qui avait le droit de le tenir dans les fers jusqu'à ce qu'il eût payé. Le débiteur qui se trouvait insolvable à l'égard de plusieurs créanciers pouvait, après quelques formalités, être mis à mort ou vendu à des étrangers.

A ces coutumes barbares succéda l'usage encore très-inhumain d'emprisonner les débiteurs et de les réduire à une espèce d'esclavage, sous le nom de *nexi*, pour indiquer qu'ils étaient dans les liens de la servitude jusqu'au paiement de leurs dettes.

Ces lois éprouvèrent ensuite des changemens qui adoucirent le sort des débiteurs, et il leur fut enfin permis par la loi *Julia* d'assurer la liberté de leur personne en faisant une cession entière de leurs biens à leurs créanciers.

Mais ces lois ne sont jamais parvenues à un degré de modération tel qu'il fût défendu à un créancier de stipuler la contrainte par corps, à moins qu'il n'y fût autorisé par une loi spéciale.

La contrainte par corps pour dette avait autrefois lieu en France lorsqu'il y en avait une clause expresse ; mais cette clause était en quelque sorte une formule des actes des notaires. On disait communément alors : *Nullum sine corpore pignus.*

L'ordonnance rendue à Moulins, en 1566, fut encore plus rigoureuse envers les débiteurs, puisque, dans le cas même où la contrainte par corps n'avait pas été stipulée, il fut statué que cette mesure serait employée contre quiconque serait condamné pour dette, quelle que fût la cause de cette dette, si elle n'était pas acquittée dans les quatre mois du jour de la condamnation signifiée.

Le chancelier de Lhôpital avait espéré que par une loi aussi sévère on ferait cesser tous les subterfuges que les condamnés emploient pour ne pas payer, et qu'on préviendrait la multiplicité des jugemens par la crainte que les débiteurs auraient d'en subir l'exécution : mais cette loi ne pouvait convenir long-temps aux mœurs douces et bienfaisantes des Français, et les magistrats philosophes qui, en 1667, rédigèrent un code judiciaire, firent adopter, relativement à la contrainte par corps, le système dans lequel on balance le respect dû à la liberté individuelle avec le respect dû à la foi des contrats.

L'exagération des idées dans des temps de troubles et l'oubli des principes sur la liberté civile avaient fait adopter l'opinion que chez un peuple libre il ne doit point exister de loi qui autorise la contrainte par corps, et elle fut abolie. C'était donner un champ libre à la mauvaise foi dans un temps où le besoin de la comprimer était le plus pressant. Aussitôt que les orages révolutionnaires furent un peu calmés, le rétablissement des anciennes lois sur la contrainte par corps fut réclamé avec force par l'opinion publique : ces lois furent remises en vigueur avec quelques modifications par les décrets des 24 ventose an V et 15 germinal an VI.

On a déclaré dans le décret de l'an VI, ainsi qu'on le fait encore dans le présent Code, comme règle fondamentale, que la contrainte par corps ne peut être prononcée si elle n'est autorisé par une loi formelle.

Ce qui intéresse la liberté des personnes est ce qui tient le plus essentiellement au droit public; cela ne doit pas dépendre de la volonté des parties, ni même être laissé à l'arbitrage des juges : c'est seulement à la volonté générale exprimée par la loi que peut être subordonnée la liberté individuelle, parce qu'alors chacun est sûr d'être à l'abri des passions, et qu'un aussi grand sacrifice ne sera exigé que dans le cas où à l'intérêt particulier du créancier se trouvera jointe une considération assez puissante d'intérêt public.

Il vous sera facile, législateurs, de reconnaître les motifs du petit nombre d'exceptions faites à la règle générale qui, en matière civile, interdit la contrainte par corps.

Dans ces exceptions, la loi recherche si la cause de la dette n'est pas telle que le débiteur soit indigne de toute protection, et si, lorsque son immoralité ne l'expose pas à des poursuites criminelles, l'ordre social n'exige pas qu'elle soit réprimée par la privation de sa liberté jusqu'à ce qu'il ait réparé sa faute en payant sa dette. C'est alors le premier degré des peines nécessaires pour maintenir l'ordre public.

Le *stellionat* a toujours été au nombre des causes qui ont fait prononcer la contrainte par corps.

Mais l'expression même de *stellionat* n'a jamais été suffisamment déterminée. Dans le droit romain on regardait comme stellionataire, non seulement celui qui rendait, cédait, engageait à l'un ce qu'il avait déjà vendu, cédé ou engagé à un autre, ou celui qui donnait en paiement ce qui ne lui appartenait pas, mais encore celui qui avait soustrait ou altéré des effets déjà engagés, ceux entre lesquels il y avait eu collusion au préjudice des tiers, ceux qui faisaient de fausses déclarations dans les actes, et en général tous ceux qui s'étaient rendus coupables de fraude.

Dans le droit français on a donné le plus communément

le nom de stellionat à la déclaration frauduleuse que fait dans un contrat celui qui vend un bien immeuble comme lui appartenant, lorsqu'il sait qu'il n'en a pas la propriété, ou celui qui engage comme franc et quitte de toute charge un bien déjà hypothéqué. Mais aucune règle fixe n'avait été à cet égard établie. Des personnes ont été condamnées comme stellionataires pour avoir donné en gage une chose au lieu d'une autre ayant plus de valeur, d'autres personnes pour avoir passé des actes simulés.

La contrainte par corps étant considérée comme une sorte de peine, il était nécessaire de spécifier la faute qui la ferait encourir. Le stellionat a été réduit au cas qui avait été le plus généralement reconnu comme distinguant ce genre de fraude. Il y a stellionat lorsqu'on vend ou qu'on hypothèque un immeuble dont on sait n'être pas propriétaire, et encore lorsqu'on vend comme libres des biens hypothéqués, ou que l'on déclare des hypothèques moindres que celles dont ces biens sont chargés.

Il est possible que le stellionat soit accompagné de circonstances qui caractérisent un vol punissable suivant la loi criminelle; il est possible aussi que, par des circonstances atténuantes, cette fraude ne soit pas au nombre des délits contre lesquels s'arme la vengeance publique; mais dans tous les cas la loi présume une faute assez grave pour que la personne envers laquelle on doit la réparer ait le droit de contrainte par corps.

Celui qui s'est volontairement établi dépositaire, et qui viole le dépôt, manque à un des devoirs les plus sacrés de l'honneur : mais il ne s'agit alors que de l'intérêt privé du déposant; celui-ci doit s'imputer d'avoir mal placé sa confiance; il n'y a pas d'intérêt général pour lui donner le droit de contrainte par corps.

Mais lorsque l'hôte ou le voiturier ont la garde des effets du voyageur; lorsque dans un tumulte, dans un naufrage, dans un incendie, on dépose à la hâte ce qu'il est possible de sauver; dans ces cas et dans tous ceux de dépôt nécessaire, on doit avoir pour garantie, contre celui qui en est chargé, la contrainte par corps.

C'est sur la foi publique que les effets du voyageur sont mis à la garde de l'hôte ou du voiturier : lorsqu'ils exercent cet état, ils se constituent responsables de la violation de la foi publique.

C'est au nom de l'humanité, c'est sur la foi due à l'infortune, que le dépôt se fait et est reçu en cas d'incendie, tumulte ou naufrage : la société entière est intéressée à ce que les victimes d'aussi grands malheurs ne soient pas privées de la ressource qui peut leur rester dans le dépôt de leurs effets.

A plus forte raison la contrainte par corps doit-elle être ordonnée pour la restitution de tout ce qui, ayant été mis sous la main de la justice, est confié par elle à ceux qui se constituent ou qu'elle établit ses dépositaires.

D'une part, ce n'est plus alors le dépositaire seul qui répond, c'est la justice elle-même; et l'ordre public veut que tous les moyens, celui même de la contrainte par corps, soient employés pour que la foi qu'elle doit inspirer ne soit pas violée.

D'une autre part, celui dont les biens sont sous la garde de la personne commise par la justice est dans le cas du dépôt nécessaire. Ce n'est point un acte de confiance; par cette raison seule ce dépositaire devrait être assujéti à la contrainte par corps.

Elle a donc dû être admise contre les personnes publiques établies pour recevoir les deniers consignés, contre les séquestres, les commissaires et autres gardiens.

On doit assimiler à ces dépositaires la caution judiciaire qui s'oblige également non seulement envers le créancier, mais encore envers la justice.

Quant aux cautions des contraignables par corps, dès lors

que par des motifs d'intérêt public l'obligation principale est assujétie à cette exécution rigoureuse, le même intérêt général doit autoriser l'obligation accessoire de la caution.

Lorsqu'il est ordonné à des officiers publics de représenter leurs minutes, s'ils s'y refusent, ils arrêtent le cours de la justice, ils enfreignent un des devoirs sous la condition desquels ils ont été admis à remplir leurs fonctions, ils violent la foi publique ; ils doivent être contraints par corps.

Il en est ainsi des notaires, des avoués et des huissiers, pour la restitution des titres qui leur sont confiés, et des deniers qu'ils reçoivent de cliens par suite de leurs fonctions. On ne peut employer ces officiers publics sans être dans la nécessité de leur confier les titres et l'argent nécessaires pour agir. Ministres secondaires de la justice, ils doivent être mis dans la classe de ceux qui sont ses dépositaires ; et, s'ils manquent ainsi à la confiance publique, ils sont assujétis à la contrainte par corps.

Elle est encore autorisée en cas de réintégrande pour le délaissement ordonné par justice d'un fonds dont le propriétaire a été dépouillé par voie de fait, ainsi que pour la restitution des fruits perçus pendant l'indue possession, et pour le paiement des dommages et intérêts adjugés au propriétaire.

Dans ce cas il y a une faute très-grave, celle de s'être emparé par voie de fait du fonds d'autrui. Un pareil trouble à la propriété ne serait point suffisamment réprimé par une action civile ordinaire ; et c'est pour servir de garantie à la paix publique que la contrainte par corps est décernée contre ceux qui se sont rendus coupables de ces voies de fait. La restitution des fruits et le paiement des dommages et intérêts sont la suite de la même faute, et doivent conséquemment assujétir à la même peine.

Dans le cas même où le fonds n'aurait pas été usurpé par voie de fait, si un jugement rendu au pétitoire et passé en force de chose jugée condamne le possesseur à désemparer ce fonds, et s'il refuse d'obéir, il peut être condamné par corps par un second jugement dans lequel on lui accorde encore un délai.

Si enfin il ne désempare pas ce fonds, ce n'est point une simple désobéissance à la justice, c'est une sorte de rébellion caractérisée par la sommation d'exécuter le premier jugement, par la signification d'un second jugement qui le constitue en état de résistance ouverte, et enfin par le délai qui lui est encore donné pour venir à résipiscence. L'ordre social exige que l'autorité de la chose jugée soit respectée, que force reste à la justice, et qu'il y ait enfin un terme à l'opiniâtreté des plaideurs. Il faut donc que celui qui est victime de cette coupable résistance puisse alors mettre à exécution la contrainte par corps.

On doit observer combien la loi prend de précautions pour n'autoriser cette mesure que quand elle est devenue absolument nécessaire.

Il faut que le jugement ait été rendu au pétitoire; il faut qu'il soit passé en force de chose jugée; il faut, dans le cas de la réintégrande, comme dans celui du simple délaissement, qu'il soit question d'un fonds, parce que la possession de celui qui est condamné à le délaisser est certaine : mais lorsqu'il s'agit d'une somme ou d'une chose mobilière, il n'est pas également possible de prouver qu'elle soit encore dans les mains de celui qui s'en est emparé, ni qu'il soit en état d'acquitter sa dette; l'intérêt public n'est plus le même : cette dette est mise au rang des dettes civiles ordinaires, à moins que, par les circonstances, il n'y ait un délit caractérisé.

2062. Les fermages des biens ruraux sont destinés à la nourriture du propriétaire, et sont représentatifs des fruits que le fermier recueille. Si ce fermier en dispose sans acquitter le fermage, cette infidélité est mise par la loi romaine au nombre des larcins. (L. 3, § *Locavi*. ff. *de Furt.*)

Malgré ces motifs, la loi n'autorise point la contrainte

par corps contre le fermier, à moins qu'elle n'ait été stipulée formellement dans l'acte de bail.

Mais la loi permet cette stipulation, parce que c'est une sorte de dépôt qui, par sa nature et son objet, constitue le fermier dans une faute qui, si elle n'est pas, comme dans la loi romaine, mise au nombre des délits, est celle qui en approche le plus ; parce que les propriétaires, qui la plupart sont éloignés, n'ont presque jamais aucun moyen de se garantir de pareille infidélité ; parce qu'enfin, si la soumission à la contrainte est rigoureuse, il peut aussi être utile au fermier le plus honnête de donner cette espèce de garantie au propriétaire, qui ne lui confierait pas son héritage sans exiger des cautionnemens que ce fermier ne pourrait pas fournir.

L'intérêt général de l'agriculture veut encore que les fermiers et les colons partiaires puissent être contraints par corps faute par eux de représenter à la fin du bail le cheptel de bétail, les semences et les instrumens aratoires qui leur ont été confiés. Ils ne peuvent s'excuser à l'égard de ceux de ces objets qu'ils ne remettraient pas, qu'en justifiant que, s'ils manquent, ce n'est point par leur fait.

L'ordonnance de 1667, sur la procédure civile, avait, relativement aux causes qui peuvent motiver la contrainte par corps, consacré en grande partie la doctrine qui vient d'être exposée : mais elle avait, à l'égard des dépens, maintenu toute la sévérité de la loi de 1566, en statuant que la contrainte par corps pourrait être prononcée pour les dépens adjugés, après quatre mois écoulés depuis la signification du jugement, et qu'il en serait de même pour la restitution des fruits et pour les dommages et intérêts, lorsque, pour ces divers objets, il s'agirait d'une somme excédant 200 livres.

Cette disposition n'a point été adoptée.

Il est vrai en général que les dépens sont la peine du téméraire plaideur : mais il est également certain qu'un grand nombre de contestations ont pour cause des doutes qui s'élèvent de bonne foi dans l'esprit des plaideurs ; et c'est aux tribunaux que la loi elle-même leur indique de s'adresser. Cette considération avait sans doute déterminé les auteurs des lois de 1566 et 1667 à ne pas statuer d'une manière absolue que la contrainte par corps serait prononcée pour les dépens, la restitution des fruits et les dommages et intérêts, et à laisser ce pouvoir à la discrétion des juges.

Les principes que j'ai exposés ne peuvent se concilier avec l'autorisation de la contrainte par corps dans des cas qui ne sont point spécifiés par la loi ; et quoique le caractère des juges mérite toute confiance, leur autorité ne saurait suppléer celle de la loi, qui seule peut prononcer sur la liberté individuelle.

Les prérogatives des Français relativement à leur liberté sont les mêmes, quoiqu'ils se trouvent en pays étranger ; mais, à l'égard des étrangers, les divers moyens que l'on doit employer contre eux pour les contraindre à remplir leurs obligations font partie des lois commerciales et du Code de procédure civile.

2063. Vous venez d'entendre, législateurs, les motifs du petit nombre d'exceptions à la règle générale qui défend, sous peine de nullité, des dépens et des dommages et intérêts, à tous juges de prononcer la contrainte par corps en matière civile, à tous notaires et greffiers de recevoir des actes dans lesquels elle serait stipulée, et à tous Français de consentir pareils actes, lors même qu'ils eussent été passés en pays étrangers, si ce n'est dans les cas déterminés par cette même loi et dans ceux qui pourraient l'être à l'avenir par une loi formelle.

2064. Ces exceptions sont elles-mêmes modifiées, et elles ne reçoivent leur application ni dans les cas où ceux qui seraient ainsi contraignables peuvent invoquer les priviléges personnels que la loi leur accorde sous d'autres rapports, ni dans les cas où cette rigueur a paru excessive.

Si on voulait exercer la contrainte par corps pour l'accomplissement d'une obligation contractée par un mineur, il opposerait la loi qui le met à l'abri de toute lésion par suite de ses engagemens personnels. Il n'est point de lésion plus grave que la privation de la liberté. La loi lui fait supporter la peine de ses délits ; mais nul, en matière civile, ne peut le priver du privilége de la minorité.

La rigueur de la contrainte par corps serait excessive si elle était prononcée pour une somme moindre de 300 livres. L'impossibilité d'obtenir ce paiement par les voies ordinaires suppose l'indigence du débiteur, et fait présumer que la contrainte par corps ne procurerait pas le paiement. On présume encore qu'en général une somme aussi modique n'a pas assez d'influence sur la fortune du créancier pour lui sacrifier la liberté du débiteur.

La rigueur de la contrainte par corps serait encore excessive si elle était prononcée contre les septuagénaires.

A l'âge de soixante-dix ans, l'homme, parvenu à la dernière période de la vie, est courbé sous le poids des infirmités ; la privation des soins et des secours de sa famille est une peine qui peut devenir mortelle. L'humanité s'oppose à ce que, pour l'intérêt personnel du créancier, la vie de son débiteur soit exposée.

La contrainte par corps a toujours aussi paru trop rigoureuse contre les femmes et les filles. Ceux qui contractent avec elles connaissent la faiblesse de leur sexe, combien leurs travaux sont en général peu lucratifs. Les bonnes mœurs sont même intéressées à ce qu'on ne les mette pas dans une aussi grande dépendance de leurs créanciers. C'est ce dernier motif qui, dans la loi romaine, avait déterminé la même exception.

Ainsi les septuagénaires, les femmes et les filles, ont été par ce motif mis à l'abri de la contrainte par corps dans tous les cas, si ce n'est un seul, celui du stellionat. Quand on se rappelle combien cette faute est énorme, ni la vieillesse ni le sexe ne peuvent servir d'excuse.

Et même encore a-t-on fait à cet égard une distinction entre les femmes mariées qui seraient séparées de biens ou qui auraient des biens dont elles se seraient réservé l'administration, et celles qui, étant en communauté, se seraient obligées conjointement ou solidairement avec leur mari.

Celles qui sont séparées de biens et celles qui ont des biens dont elles se sont réservé l'administration sont soumises à la contrainte par corps pour stellionat à raison des engagemens qui concernent ces biens.

Le stellionat est alors la faute personnelle de la femme, sans qu'elle puisse la rejeter sur son mari, sous prétexte de l'autorisation qui lui aurait été donnée. Cette prérogative du mari ne saurait être un motif pour le rendre responsable de la mauvaise foi de sa femme relativement à des biens qu'il n'a jamais administrés, sur lesquels la loi ne lui donne pas de surveillance. Il faudrait, pour soutenir que le mari est responsable du stellionat, pouvoir dire que, dans le cas où la femme séparée vendrait un bien qu'elle saurait ne pas lui appartenir, le mari qui n'aurait pas reçu le prix et qui n'en aurait pas profité, serait tenu de rendre ce prix, et pourrait y être contraint par corps. Quelque ascendant qu'on suppose aux maris sur leurs femmes, ce ne peut pas être un motif pour les présumer coupables dans l'exercice d'une prérogative qui ne leur donne aucun droit pécuniaire. S'il en était autrement, aucun mari ne voudrait courir des risques personnels par une autorisation. Les femmes auraient recours à la justice, qui pourrait encore moins que le mari connaître leurs engagemens antérieurs. Il n'est pas douteux que la femme qui, coupable de stellionat, aurait surpris la religion du juge, pût être contrainte par corps; elle n'en doit pas être dispensée par le motif que c'est d'abord à son mari qu'elle a dû demander l'autorisation.

La loi voit d'un autre œil la femme qui est en communauté. Lorsque dans ce cas elle s'oblige conjointement et solidairement avec son mari, c'est le mari qui, comme chef de la communauté et comme administrateur général des biens, est présumé avoir la connaissance de tout ce qui est relatif au contrat : c'est alors que la femme est présumée ne jouer qu'un rôle secondaire et subordonné. La loi, ne voulant atteindre que celui du mari ou de la femme qui doit être présumé coupable, décide qu'en cas de communauté les femmes ne peuvent être réputées stellionataires à raison des contrats dans lesquels elles se sont obligées conjointement ou solidairement avec leurs maris.

C'est ainsi qu'un édit du mois de juillet 1680 avait interprété l'article 8 du titre XXXIV de l'ordonnance de 1667 *sur la procédure civile.*

Enfin la loi donne à ceux mêmes qu'elle assujétit à la contrainte par corps une garantie que les créanciers ne pourront en abuser, et en même temps un délai pour satisfaire à leur dette. La contrainte par corps ne pourra être appliquée qu'en vertu d'un jugement. 2067

Il avait été réglé par la même ordonnance de 1667 (titre XXXIV, article 12) que, si une partie appelait de la sentence, si elle s'opposait à l'exécution de l'arrêt ou du jugement portant condamnation par corps, la contrainte serait sursise jusqu'à ce que l'appel ou l'opposition eussent été terminés; mais que, si, avant l'appel ou l'opposition signifiée, les huissiers ou sergens s'étaient saisis de sa personne, il ne serait point sursis à la contrainte. 2068

On vous propose une disposition qui a paru plus simple et plus conforme aux règles ordinaires de la procédure.

L'appel ne suspendra point la contrainte par corps prononcée par un jugement provisoirement exécutoire en donnant caution.

Ainsi l'exécution du jugement ne dépendra point de la célérité qu'aura mise le créancier à poursuivre le débiteur ou de celle qu'aura mise le débiteur à se rendre appelant ou opposant; ce qui n'est pas fondé en raison : mais cette exécution dépendra de l'objet et des circonstances de l'affaire, et ce seront les juges eux-mêmes qui, d'après les règles prescrites par le Code de procédure, déclareront dans leur jugement s'il est ou s'il n'est pas provisoirement exécutoire.

La loi présentée procure d'ailleurs au condamné par corps une garantie qu'il n'avait pas lorsque, conformément à la loi de 1667, il avait été arrêté : c'est celle d'une caution qui lui répondra des dommages et intérêts, s'il est définitivement jugé que la contrainte par corps a été exercée contre lui sans que les faits fussent fondés ou sans qu'elle eût été autorisée par la loi.

2070. Les dispositions du présent titre n'ayant pour objet la contrainte par corps qu'en matière civile, elles ne dérogent ni aux lois particulières qui l'autorisent dans les matières de commerce, ni aux lois de police correctionnelle, ni à celles qui concernent l'administration des deniers publics.

COMMUNICATION OFFICIELLE AU TRIBUNAT.

Le Corps législatif transmit le projet et l'exposé des motifs au Tribunat le 13 pluviose an XII (3 février 1804), et M. Gary en a fait le rapport à l'assemblée générale dans sa séance du 20 pluviose (10 février).

RAPPORT FAIT PAR LE TRIBUN GARY.

Tribuns, votre section de législation m'a chargé de vous présenter ses vues sur le projet de loi du titre IV, livre III du Code civil, relatif *à la Contrainte par corps en matière civile*.

De toutes les parties de la législation civile, c'est celle qui touche de plus près à la liberté individuelle ; et sous ce rapport elle mérite de fixer plus particulièrement votre attention.

Il est peut-être utile, toutes les fois qu'une loi nouvelle est proposée, de rappeler l'état actuel de la législation. Dans cette comparaison de ce qui a existé jusqu'à nos jours avec ce qu'on propose, se forment des idées plus exactes sur le mérite des projets de lois.

L'orateur du gouvernement a retracé dans ses motifs les dispositions des lois romaines. Sans entamer ici une discussion plus curieuse qu'utile sur la prétendue faculté accordée aux créanciers de mettre à mort leur débiteur, il est du moins certain que la sévérité de ces lois fut extrême, qu'elle donna lieu à des troubles qui mirent souvent l'état en danger. Les décemvirs poussèrent le mépris de l'humanité jusqu'à déterminer, par une disposition précise, le poids des chaînes dont le créancier pouvait charger son débiteur.

C'est à cet excès de rigueur qu'on doit attribuer tant de dispositions, dans les lois les plus récentes des Romains, qui établissent à l'envi les maximes les plus favorables à la libération : c'est qu'en travaillant à la libération des débiteurs on travaillait pour la liberté des hommes.

La sévérité des anciennes lois romaines passa dans les premières lois de la monarchie. Toutes les dettes civiles produisaient la contrainte par corps. Une ordonnance de 1304 défendit de la prononcer dans les cas où elle n'aurait pas été stipulée. Comme si les progrès de la liberté civile devaient en tout temps suivre ceux de la liberté politique, cette ordonnance fut l'ouvrage de ce prince à qui sans doute la postérité a des fautes à reprocher, mais qui les expia peut-être par sa courageuse résistance au plus fougueux des pontifes, par l'introduction du tiers-état dans l'assemblée des états-généraux, et par l'institution de ces grands tribunaux encore présens à notre souvenir par de grands services et par quelques erreurs.

La loi de Philippe-le-Bel fut observée jusqu'à l'ordonnance de Moulins, où l'on s'étonne de voir la contrainte par corps rétablie, après un certain délai pour toutes les dettes civiles indistinctement, par un magistrat qui honora son siècle et son pays par sa vertu, sa sagesse et sa modération au milieu des troubles qui agitaient alors la France.

L'article 48 de cette ordonnance découvre les abus qui avaient excité la sévérité du chancelier de Lhôpital. Il voulait mettre un frein aux subterfuges des débiteurs, et à la multiplicité des instances qu'ils formaient pour se soustraire à l'exécution des jugemens de condamnation : mais une bonne loi sur la procédure eût atteint ce but, et la liberté des hommes eût été respectée.

C'est ce que fit Louis XIV dans son ordonnance de 1667. Après avoir fait les règlemens nécessaires pour assurer une prompte et sage administration de la justice, il abrogea l'usage des contraintes par corps après les quatre mois pour dettes purement civiles; il n'en autorisa la stipulation que dans les baux à ferme des terres et héritages situés à la campagne, et il légitima cette stipulation, et la supposa toujours écrite dans les lettres de change et dans les engagemens entre marchands pour faits de leurs marchandises; il la conserva, même sans stipulation, dans les cas de stellionat, de réintégrande, de dépôt nécessaire, de consignation faite par jugement ou entre les mains de personnes publiques, de représentation des biens par les commissaires, séquestres ou gardiens; contre les tuteurs et curateurs, après les quatre mois du jugement définitif portant condamnation des sommes par eux dues à cause de leur administration; enfin contre les plaideurs condamnés pour les dépens de l'instance, restitution de fruits et dommages et intérêts, s'ils se portaient au moins à 200 livres. Les femmes mariées ou non mariées, ainsi que les septuagénaires, furent exceptées, sauf dans certains cas, de ces dispositions rigoureuses.

L'ordonnance de 1667 conserva son empire jusqu'au 9 mars 1793. A une époque voisine de celle où tous les principes devaient être méconnus et tous les droits violés, un décret solennel prononça la mise en liberté de tous les débiteurs pour dettes et l'abolition de la contrainte par corps.

Quelques jours après on établit une exception reconnue nécessaire contre les dépositaires et comptables des deniers publics.

A peine, après de longs et terribles orages, l'ordre public commença à retrouver ses bases antiques, qu'on sentit le besoin de lui rendre l'une de celles qui étaient les plus propres à l'affermir par le respect qu'elle assurait aux engagemens.

Dans les motifs de la loi du 24 ventose an V les deux Conseils paraissent ne s'être occupés que des intérêts du commerce. Cependant cette loi, en abrogeant le décret du 9 mars 1793, rétablit la contrainte par corps dans tous les cas où la stipulation en était autorisée par les lois antérieures.

Cette disposition générale fut modifiée par une loi du 15 germinal an 6, qui régla en même temps le mode d'exécution de la contrainte par corps.

C'est dans cet état de choses, tribuns, que le projet de loi vous est présenté.

Une première question s'est élevée : c'est celle de savoir si c'est ici le lieu de s'occuper de la contrainte par corps, et si cette matière n'appartient pas plutôt au Code judiciaire qu'au Code civil. Cette question a été aussitôt résolue que proposée. Il faut distinguer les dispositions qui déterminent les cas dans lesquels la contrainte par corps peut être stipulée ou ordonnée, de celles qui règlent les formes de son exécution.

Les premières dispositions appartiennent naturellement à la partie du Code civil qui traite des conventions. C'est en effet dans cette partie de la législation que les citoyens doivent connaître les conditions qu'ils peuvent s'imposer, les sûretés qu'il leur est permis de prendre, celles même que la loi, dans certains cas, supplée en leur faveur.

Quant au mode d'exécution des jugemens emportant contrainte par corps, cela rentre tout-à-fait dans le domaine de l'ordre judiciaire, et le projet de loi ne s'en occupe pas : nous n'en parlerons donc que pour émettre le vœu que le nouveau Code judiciaire fasse disparaître ces formalités infinies, ces gênes multipliées, par lesquelles la loi du 15 germinal an 6 embarrasse la marche des créanciers, et donne tant de facilité aux débiteurs de mauvaise foi de se soustraire à l'exécution de leurs engagemens. Quelque respectable que soit le motif qui détermine le législateur à adoucir une voie aussi rigoureuse, il ne faut pas qu'il retire d'une main ce qu'il paraît offrir de l'autre.

2059 à 2061. Il ne s'agit donc, dans le projet de loi soumis à votre examen, que d'établir les principes d'après lesquels la contrainte par corps peut être stipulée par les parties ou suppléée par la loi.

C'est ici, s'il m'est permis de parler ainsi, une lutte entre la propriété et la liberté. Jusqu'à quel point le maintien de l'une peut-il exiger le sacrifice de l'autre ? On pourrait même, en remontant à l'origine des droits et des conventions, se demander s'il doit être permis à un homme de garantir la propriété d'un autre par l'aliénation de sa personne et de sa liberté.

Il en serait, mes collègues, de l'examen de cette question comme de beaucoup de discussions de cette nature, qui, nous reportant inutilement dans un ordre de choses aussi inconnu qu'éloigné, n'ajoutent rien à l'évidence de vérités dont personne ne doute, et que, dans l'état actuel de la civilisation, il est plus simple et plus sage d'établir, par le bien qu'elles ont fait aux hommes, par l'unanimité des siècles et par l'assentiment de tous les peuples.

L'une de ces vérités est que la loi préfère la liberté d'un citoyen à la fortune d'un autre. Ainsi, lorsqu'il ne s'agit que de l'intérêt individuel du créancier, la loi ne permet pas au débiteur d'aliéner sa liberté.

Mais une vérité non moins certaine, c'est que, lorsque l'intérêt public se lie à l'intérêt du créancier, ou que la conduite du débiteur qui ne satisfait pas à ses engagemens prend le caractère d'un délit ou d'une faute grave, la loi doit autoriser ou régler elle-même tout ce qui peut donner une nouvelle force à l'obligation et en assurer l'exécution.

Ainsi la contrainte par corps a lieu en matière de commerce, parce qu'outre que le créancier s'est plus attaché à la personne du débiteur qu'à ses biens, il faut que les affaires de ce genre soient promptement terminées pour que d'autres affaires recommencent aussitôt, et que de cette succession rapide d'affaires naisse la prospérité publique. Là l'inobservation d'un seul engagement peut entraîner la violation d'une foule d'autres, et ruiner ainsi le crédit de toute une place ou de tout un pays : il importe donc, pour le maintien de la foi publique et pour l'intérêt de tous, que la loi s'arme de toute sa puissance pour faire respecter de pareils engagemens.

Ainsi les dépositaires ou comptables des deniers publics doivent être contraints par corps à la remises des sommes qui leur ont été versées. Outre que l'intérêt public, la sûreté, la défense du pays peuvent souvent dépendre de la fidélité de cette remise, il y a une sorte de délit de la part du rétentionnaire, qui appelle à juste titre la répression et la sévérité de la loi.

Je n'ai parlé de ce qui se passe en matière de commerce et d'administration de la fortune publique que pour rendre plus évidente la nécessité, dans certains cas, du principe de la contrainte par corps ; car le projet de loi, n'ayant trait qu'aux dettes purement civiles, se contente de déclarer qu'il ne déroge point aux lois qui concernent le commerce et l'administration des deniers publics, non plus qu'à celles de la police correctionnelle, où la privation de la liberté est autant une peine qu'une voie de droit.

Le projet de loi établit deux sortes de contraintes par corps, la contrainte conventionnelle et la contrainte légale, ou celle qui est prononcée par la loi indépendamment des conventions des parties ; et partout vous verrez que c'est ou l'intérêt public qui se lie à celui du créancier, ou la conduite coupable du débiteur qui le soumet à cette rigueur.

La contrainte par corps conventionnelle peut avoir lieu dans deux genres de contrats.

1°. Dans ceux que l'on fait avec les cautions des contraignables par corps. Il doit être en effet permis de prendre contre la caution les mêmes sûretés qu'on a prises ou que la loi donne contre les débiteurs. C'est le cas d'appliquer ce vieil adage, que *l'accessoire suit la nature du principal.*

2062   2°. La contrainte par corps peut être stipulée dans les baux à ferme pour le paiement des fermages des biens ruraux. Cette disposition est conforme à celle de l'ordonnance de 1667. Elle est aussi juste que favorable à l'intérêt public. Le propriétaire se confie plus à la personne qu'aux biens du fermier, en général peu fortuné. Il est à craindre que si on refusait au propriétaire une action sur la personne du fermier, il ne se déterminât difficilement à donner ses biens à ferme, et l'agriculture en souffrirait. Car autant l'administration du possesseur qui est en état d'exploiter par lui-même est préférable à celle du fermier, autant celle-ci doit être préférée à la régie, presque toujours infidèle ou négligente, à laquelle le propriétaire ou peu entendu, ou éloigné, est tenu de s'abandonner. D'ailleurs ce qui doit légitimer la stipulation d'une voie aussi rigoureuse, c'est la conduite odieuse du fermier qui dissipe ou la portion des fruits qu'il doit remettre au propriétaire ou le prix qui la représente ; conduite que les lois romaines taxaient de vol, et réprimaient en conséquence.

2059 à 2061   Quant à la contrainte par corps légale, ou celle suppléée par la loi, sans qu'il y ait convention entre les parties, le projet l'établit dans trois cas :

1°. En haine de la conduite du débiteur ;

2°. Pour assurer l'exécution des jugemens ;

3°. Pour maintenir la foi des contrats passés avec les agens de la loi.

2059   1°. La contrainte par corps est prononcée contre le débiteur stellionataire, c'est-à-dire contre celui qui a vendu ou hypothéqué un immeuble dont il savait n'être pas propriétaire, ou qui a présenté comme libres des biens hypothéqués, ou qui a déclaré des hypothèques moindres que celles dont ces biens sont chargés. Comme il s'agit ici d'une sorte de délit, et d'une voie de rigueur établie pour la plus grande sûreté du créancier, on ne peut qu'applaudir à l'idée qu'ont eue les auteurs du projet de définir le stellionat; et la définition qu'ils en donnent résout tous les doutes et fixe toutes les idées. Il n'y a de stellionat qu'en matière d'immeubles. Ce n'est pas que la vente d'un objet mobilier à plusieurs personnes ne soit réprimée par la loi ; mais cela rentre dans la police correctionnelle. Il n'y a de stellionat que lorsque celui qui a vendu ou hypothéqué l'immeuble savait ne pas en être propriétaire; car, s'il a cru l'être, il est exempt de reproches : où il y a bonne foi, il n'y a point de délit. Sa bonne foi même le sauverait de la contrainte par corps, si, ayant présenté ses biens comme libres d'hypothèques, ou si, en ayant moins déclaré qu'il n'en existait, il parvenait à établir quelque cause légitime de son ignorance ou de son erreur.

La contrainte par corps a lieu pour dépôt nécessaire, et en haine de la conduite du dépositaire qui abuse de la nécessité où s'est trouvé le créancier de se confier à lui. S'il s'agit d'un dépôt volontaire, ce cas rentre dans la classe des obligations ordinaires; c'est au créancier de s'imputer d'avoir fait un mauvais choix. Mais son choix est forcé dans les circonstances qui, aux termes des lois précédemment rendues, caractérisent le dépôt nécessaire; et alors la loi, ayant égard à sa position et à la nécessité ou à la fatalité de ces circonstances, lui offre un double secours. Elle lui accorde la preuve testimoniale du dépôt, comme cela est déjà décrété, s'il n'a pu s'en procurer la preuve écrite : elle lui donne ici, dans la contrainte par corps, une nouvelle garantie qui supplée à celle que, par un choix plus libre, il eût pu lui-même se procurer.

Enfin la contrainte par corps a lieu sans stipulation contre les fermiers et colons partiaires qui ne représentent point, à la fin du bail, le cheptel de bétail, les semences et les instrumens aratoires qui leur ont été confiés, à moins qu'ils ne justifient que le déficit de ces objets ne procède point de leur fait : il y a, dans ce cas, infidélité de la part des fermiers et colons partiaires. Il y aurait rarement d'autres moyens de les atteindre ; et cependant l'agriculture souffrirait de l'absence du bétail, des semences, et des instrumens aratoires. Ici un motif d'intérêt public vient à l'appui d'une disposition qui serait déjà suffisamment légitimée par la conduite coupable des débiteurs.

2°. L'ordre public et le repos de la société dépendent essentiellement de l'exécution des jugemens. Toute désobéissance à l'autorité de la justice est un délit public contre lequel elle doit déployer toute sa sévérité. Les contrats faits avec elle, participant à la solennité et à l'autorité des jugemens, doivent obtenir le même respect.

Ainsi la contrainte par corps doit avoir lieu contre celui qui est condamné à remettre un héritage au possesseur ou au propriétaire. Il y a pourtant cette différence que, lorsque c'est le possesseur qui a été troublé ou dépossédé par une voie de fait, le jugement qui le réintègre, avant même que la question de la propriété soit décidée au fond, doit porter la contrainte par corps, tant pour le délaissement que pour la restitution des fruits perçus pendant l'indue possession, et pour le paiement des dommages et intérêts ; tandis que, s'il y a un jugement, rendu au pétitoire, qui condamne à désemparer le fonds, ce n'est qu'en cas de désobéissance à ce premier jugement et après un délai déterminé, que la contrainte par corps peut être prononcée, et sans qu'il soit question de fruits ni de dommages et intérêts. Les motifs de cette différence sont sensibles. Dans le premier cas, il y a eu une voie de fait qui excite la juste animadversion des lois, et qui appelle une répression plus sévère et une plus prompte réparation.

Ainsi des officiers publics sont contraints par corps à représenter leurs minutes quand cela est ordonné, parce qu'il importe à la justice d'obtenir par tous les moyens qui sont en son pouvoir les lumières qu'elle croit nécessaires pour éclairer et asseoir ses décisions.

Enfin tous ceux qui ont contracté avec elle, les cautions judiciaires, les séquestres, commissaires et gardiens, sont tenus par la même voie de remplir leurs engagemens.

3°. La loi prononce la contrainte par corps contre ceux de ses agens qu'elle a revêtus d'un caractère public, et à qui le bien général de la société l'a déterminée à conférer l'exercice exclusif de certaines fonctions. Tels sont les notaires, les avoués, les huissiers, les officiers publics établis pour recevoir les deniers consignés. Il faut que la foi publique soit gardée. Puisque la loi a cru devoir gêner mon choix ou le circonscrire dans une certaine classe d'hommes, il est juste qu'elle m'offre tous ses moyens et toutes ses garanties.

Dans les dispositions que je viens de parcourir, et qui règlent le cas où la contrainte légale peut ou doit avoir lieu, on ne retrouve pas, tribuns, celle de l'ordonnance de 1667, qui prononçait cette contrainte pour les dépens, restitutions de fruits, dommages et intérêts, après les quatre mois du jugement, ni celle qui la décernait contre les tuteurs et curateurs, après le même délai.

Votre section de législation a approuvé le silence du projet de loi sur ces dispositions.

La première offrait une garantie et prononçait une peine contre les plaideurs de mauvaise foi ; mais c'était un moyen d'oppression et une peine non méritée contre ceux qu'une erreur innocente et la bonne foi avaient conduits dans les tribunaux.

La seconde disposition aggravait le poids d'une charge déjà trop pesante. C'est assez que le tuteur réponde sur ses biens d'une administration que la loi lui impose malgré lui, ou qu'il a acceptée par affection pour le mineur. Il ne faut pas que le terme d'un office de piété soit une rigueur extrême, et que le mineur, qui a déjà sa garantie dans les biens, puisse encore attenter à la liberté de celui qui lui a servi de père, et à qui il ne doit le plus souvent qu'attachement et reconnaissance.

2063 Vous avez vu dans quels cas la contrainte par corps peut être stipulée par les parties ou prononcée par les tribunaux. Hors ces cas, la loi civile défend toute atteinte à la liberté des citoyens, et par là elle la sauve tout entière; car celui qui ne perd sa liberté que dans les cas prévus et déterminés par la loi de son pays est plus libre que celui qui en abuse là où la loi n'en règle pas l'usage.

C'est une disposition digne de figurer dans la législation d'un peuple libre et éclairé, que celle qui défend à tout Français de consentir des actes emportant contrainte par corps, encore que ce soit en pays étranger. La loi de son pays l'accompagne partout; partout elle lui rappelle le sentiment de sa dignité comme homme et comme Français; elle frappe de nullité tous les actes par lesquels il pourrait aliéner ou gêner sa liberté.

2065 Dans les circonstances même où la loi autorise à stipuler ou à prononcer la contrainte par corps, la justice et l'humanité commandaient des exceptions, soit dans le cas d'une dette modique, soit en faveur de l'âge et du sexe.

Le débiteur qui ne paie pas une dette modique est présumé dans un tel état d'indigence que la privation de sa liberté ne pourrait qu'achever sa misère, sans profit et sans espérance pour le créancier. La contrainte par corps n'aura jamais lieu pour une somme moindre de 300 francs.

2064-2066 L'âge du débiteur fixe aussi l'attention du législateur. Il embrasse, dans sa sollicitude et dans sa bienveillance, les deux extrémités de la vie.

Le mineur n'est, dans aucun cas, soumis à la contrainte par corps.

La loi restitue toujours le mineur quand il est lésé, et de

toutes les lésions la plus grande, comme la plus évidente, est la perte de la liberté.

Le septuagénaire, ou celui qui a commencé sa soixante-dixième année, est aussi exempt de la contrainte. L'humanité et la morale applaudissent à ce respect pour la vieillesse, à ces égards et à cet intérêt accordés à la faiblesse et aux infirmités de l'âge. Il y a pourtant un cas dans lequel le septuagénaire est soumis à la contrainte : c'est lorsqu'il y a eu de sa part stellionat. Le délit qu'il a commis le rend indigne de la faveur qui lui était réservée : c'est avec raison que la loi reprend alors contre lui toute sa sévérité.

Les femmes enfin, mariées ou non mariées, sont affranchies de la contrainte par corps. Les secours dus par la force à la faiblesse, la facilité d'abuser de leur inexpérience dans les affaires, et même l'intérêt des mœurs, avaient fait introduire cette disposition dans la législation romaine ; et les lois françaises ne pouvaient que l'adopter. On la retrouve dans l'ordonnance de 1667. Elle est confirmée et expliquée par une déclaration du mois de juillet 1680 ; et le projet de loi la conserve. Un seul cas est excepté, c'est celui du stellionat. En effet, comme je l'ai déjà observé, toutes les règles, comme tous les bienfaits, cessent dans les cas de dol et de mauvaise foi.

Mais il fallait définir dans quel cas les femmes mariées devaient être réputées stellionataires. La dépendance dans laquelle elles sont placées par la nature et par la loi, la condition qui leur est imposée de procéder avec l'autorisation de leurs maris, permettent-elles de les charger et de les punir d'une faute qui semble n'être plus la leur dès qu'elle est partagée? La disposition du projet de loi s'appuie sur une distinction aussi naturelle que facile à saisir. Ou la femme paraît dans l'acte comme partie principale, comme lorsqu'elle est séparée de biens, ou même lorsque, n'étant pas séparée, elle traite des biens dont elle s'est réservé la libre administration : alors le stellionat, s'il y en a, est réputé de son fait.

Vainement, pour en faire tomber le reproche sur son mari, dirait-on qu'elle n'a agi qu'autorisée par lui. Cette autorisation a sans doute été nécessaire pour lever l'incapacité légale dont la femme était frappée ; mais le mari, n'ayant ni la jouissance ni l'administration des biens qui ont fait l'objet du contrat, peut n'avoir été à portée d'en connaître ni les titres ni les charges. La femme a tous les droits du propriétaire ; c'est à elle d'en remplir les devoirs. Paraissant dans l'acte comme partie principale, elle répond personnellement à la loi de ce qu'elle dit et de ce qu'elle fait.

Mais si la femme mariée ne traite pas des biens dont ou la séparation prononcée, ou une clause expresse de son contrat de mariage, lui livrent la libre administration, elle n'est plus regardée que comme partie accessoire ; elle n'intervient que pour garantir et confirmer les engagemens contractés par son mari, qui, comme administrateur des biens, et comme chef de la société, parle et agit en son nom, et doit être seul responsable du stellionat. Le projet de loi déclare *que les femmes qui étant en communauté se seraient obligées conjointement ou solidairement avec leurs maris, ne pourront être réputées stellionataires à raison de ces contrats.*

Si de ces mots *étant en communauté* on voulait conclure que toute femme *non commune* qui s'engagerait conjointement ou solidairement avec son mari pourrait être réputée stellionataire à raison de ces engagemens, on repousserait une pareille induction par les termes de la disposition précédente, qui a été déjà expliquée, et qui ne permet de regarder les femmes comme stellionataires que lorsqu'elles ont traité de biens dont elles avaient, ou comme séparées, ou comme autorisées par leur contrat de mariage, la libre administration, et seulement *à raison des engagemens qui concernent ces biens.*

1067. Après avoir ainsi modifié les principes de la contrainte par corps, le projet de loi établit une règle aussi tutélaire que conforme à l'ordre public, en statuant que cette contrainte, dans les cas même où elle est autorisée par la loi, ne peut être appliquée qu'en vertu d'un jugement. C'est une amélioration qui a obtenu l'assentiment unanime de votre section. Les baux passés par acte public qui contient la stipulation de la contrainte par corps pouvaient s'exécuter sans l'intervention des tribunaux, et cependant le fermier pouvait avoir à opposer ou des quittances, ou des compensations, ou d'autres moyens de libération. Des injustices et des désordres pouvaient naître d'un pareil état de choses. Le principe général établi par le projet de loi est destiné à les prévenir. Il interpose sagement entre les parties l'action des tribunaux. C'est d'une bonne police que, dans une matière aussi grave, elles ne puissent se faire justice elles-mêmes. D'ailleurs la liberté des citoyens est un bien trop précieux pour la livrer à des interprétations erronées ou de mauvaise foi ; le sacrifice n'en est dû qu'à la loi et à une décision expresse de ses organes. L'humanité enfin applaudit à une disposition qui, en prolongeant les délais pour l'exécution des engagemens, est aussi utile au débiteur qu'elle peut l'être au créancier lui-même.

Vous avez remarqué, mes collègues, que le projet de loi prescrit la nécessité d'un jugement, c'est-à-dire d'une décision contradictoire, rendue en présence du débiteur, ou après qu'il a été légalement appelé. Et qu'il me soit permis de comparer cet ordre de choses avec ce qui se passe chez un peuple dont la législation, sans doute mal connue, nous a été longtemps présentée comme un modèle de respect pour la liberté civile. D'après les lois anglaises, toute dette civile, de quelque nature qu'elle soit, si elle n'est pas au-dessous de dix livres sterlings, produit la contrainte par corps sur la seule déclaration qu'en fait le créancier devant un officier public : celui-ci, sur cette simple déclaration, ordonne l'emprisonnement du débiteur, dont on ne reçoit même pas la déclaration contraire, et qui, après avoir été jeté dans les fers, y est retenu, s'il ne trouve pas de caution, pendant six mois, et quelquefois pendant une année, avant qu'il puisse connaître le titre qu'on lui oppose, ou être admis à établir qu'il s'est acquitté. Son unique ressource, après une détention sans cause, est d'intenter à grands frais une nouvelle action pour obtenir des dommages et intérêts ; encore même ne lui sont-ils accordés qu'autant qu'il est en état de prouver *l'intention malicieuse* de son oppresseur, comme si la preuve n'en était pas dans la détention elle-même! comme si la réparation du dommage souffert par le fait d'autrui pouvait être un objet de doute et de discussion!

Indépendamment de cet emprisonnement sur la simple déclaration du créancier, les lois anglaises en autorisent un autre qu'elles appellent *en exécution*, parce qu'il n'a lieu qu'en exécution d'un jugement contradictoire : mais toute dette civile, quelque modique qu'elle soit, soumet à cet emprisonnement. Ce n'est que dans ces derniers temps qu'un statut de George III a ordonné que, pour toute dette qui n'excéderait pas vingt schellings, le débiteur ne serait pas emprisonné pour plus de vingt jours, et que pour celle qui n'excéderait pas quarante schellings il ne pourrait être retenu plus de quarante jours : mais, dans l'état même de la législation, si la dette se porte à quarante-un schellings, le débiteur, que sa misère met hors d'état de les payer, peut être privé de sa liberté pour le reste de ses jours.

Pardonnez-moi, mes collègues, cette digression : mais si, en rapprochant notre législation de celle des peuples qui nous entourent, nous trouvons de nouveaux motifs de nous attacher davantage à nos institutions, à nos lois, à notre patrie, ce rapprochement n'est-il pas tout à la fois et un bonheur et un devoir?

Le projet de loi se termine par deux dispositions.

L'une veut que l'appel ne suspende pas la contrainte par corps prononcée par un jugement provisoirement exécutoire. Ici c'est encore à l'autorité seule de la justice que le débiteur fait le sacrifice de sa liberté ; et la loi pourvoit à son dédommagement, s'il y a lieu, en soumettant les juges qui déclarent leur jugement provisoirement exécutoire à exiger une caution de la part du créancier.

La dernière disposition rappelle et confirme un principe établi de tout temps par la législation ; c'est qu'en matière civile on peut faire marcher de front l'action sur la personne et l'action sur les biens.

Tribuns, le projet de loi qui vous est présenté consacre la plus sainte et la plus inviolable de toutes les maximes, le respect dû à la liberté des citoyens. Toutes ses dispositions confirment ce principe, puisqu'elles n'en sont que les exceptions ; et ces exceptions, comme vous l'avez vu, sont toutes fondées, ou sur l'intérêt public lié à celui des créanciers, ou sur la nécessité de réprimer par une plus grande rigueur la mauvaise foi et l'infidélité des débiteurs. Ces exceptions même sont modifiées et restreintes dans certains cas où la justice et l'humanité l'exigent. Toutes les précautions enfin sont prises pour que la loi seule dispose de la liberté des hommes.

Le projet de loi a paru à votre section de législation résoudre l'un des problèmes les plus importans en matière civile. Par la sage combinaison de ses dispositions, l'ordre public est affermi, la liberté individuelle et la propriété obtiennent chacune la protection qui leur est due.

Votre section vous propose de voter l'adoption du projet de loi *sur la Contrainte par corps en matière civile.*

Le Tribunat émit, dans sa séance du lendemain, un vœu d'adoption, qu'il fit porter au Corps législatif par MM. Delpierre, Gary et Goupil-Préfeln, le 23 pluviose an XII (13 février 1804).

M. Goupil-Préfeln a prononcé le discours le même jour.

DISCUSSION DEVANT LE CORPS LÉGISLATIF.

DISCOURS PRONONCÉ PAR LE TRIBUN GOUPIL-PRÉFELN.

Législateurs, je suis chargé de discuter devant vous le projet de loi relatif à *la Contrainte par corps en matière civile*, qui, si vous le décrétez, deviendra le quatrième titre du troisième livre du Code.

Cette matière est une des plus importantes par son objet, puisque le législateur doit éviter avec une égale attention deux écueils, celui de compromettre la dignité de l'homme et sa liberté individuelle, et celui de négliger la garantie de la propriété contre le dol et la mauvaise foi.

Tel était le problème à résoudre.

L'orateur du gouvernement, dans l'exposition des motifs qui ont déterminé la rédaction du projet de loi, vous a retracé les dispositions des lois romaines et les variations qu'elles éprouvèrent, mais en conservant toujours cette rigueur qui pouvait convenir à un peuple guerrier qui séparait les hommes en trois classes, les libres, les esclaves et les affranchis; il a suivi notre législation sur cette matière jusqu'au moment où vous allez la fixer par des dispositions analogues à nos mœurs et au caractère national.

Le rapporteur au Tribunat, dans le discours qui vous a été distribué, et où il a rendu compte de l'examen fait du projet de loi par la section de législation du Tribunat, s'est spécialement attaché à présenter le tableau des lois françaises anciennes et modernes jusqu'à nos jours.

L'un et l'autre ont discuté le projet dans les élémens qui le constituent et dans chacune de ses dispositions.

Tous deux ont analysé chaque article du projet, rien ne leur a échappé; et il ne reste à celui qui vient devant vous remplir l'honorable mission dont il est chargé qu'à réclamer votre indulgence.

Le projet ne contient aucunes dispositions relatives soit à la contrainte par corps dans les matières de commerce, soit aux lois de police, soit à celles qui concernent l'administration des deniers publics; il n'est point dérogé aux lois particulières qui leur sont propres : c'est le texte de son dernier article, sur lequel je ne reviendrai pas.

Ici se présente naturellement la question capitale offerte à votre délibération. Hors les matières de commerce et de police ou celles qui concernent l'administration des deniers publics, est-il des cas où il convient d'assujétir à la contrainte par corps l'individu dont les engagemens sont purement civils?

La solution découlera d'une distinction qui dérive de la formation des obligations.

L'obligation est-elle consentie par une convention arrêtée entre celui au profit duquel l'engagement est contracté et celui qui s'y soumet? le débiteur est agréé librement par le créancier, qui, si l'obligation n'est pas exécutée, doit se reprocher d'avoir traité avec un homme insolvable ou de mauvaise foi : dans ce cas le créancier n'a acquis le droit que sur les biens de son débiteur et non sur sa liberté.

Mais si l'obligation résulte d'un fait tel que, lorsqu'elle s'est formée, la volonté du créancier ait été gênée ou restreinte, ou qu'il n'ait pas été en son pouvoir de choisir librement celui qui devient obligé envers lui, il ne doit plus seulement chercher sa garantie dans les biens de celui-ci, dont il n'a pu apprécier la solvabilité; il lui faut donc un moyen d'exécution contre sa personne, et ce moyen est la contrainte par corps, dont les formes seront réglées par le Code judiciaire.

Cette distinction est la base des dispositions du projet de loi, qui n'admet que deux exceptions également commandées par l'intérêt public et par la protection due à la propriété.

La contrainte par corps en matière civile aura lieu pour le stellionat.

Les docteurs avaient étendu ou resserré le sens que chacun

d'eux attachait au stellionat : les uns ne l'appliquaient qu'à la vente des immeubles, d'autres l'étendaient à celle des meubles ; chaque définition comportait des distinctions plus ou moins subtiles.

L'article 1er définit le stellionat avec précision et fait cesser tous les doutes ; il admet l'exception de la bonne foi.

Le stellionataire est coupable d'un délit non encore prévu, à la vérité, par nos lois criminelles, mais que je qualifie ainsi, puisqu'il est du moins un acte de fraude et de mauvaise foi.

2050 Le dépôt nécessaire, celui fait aux officiers publics établis pour recevoir les deniers consignés, aux séquestres, aux gardiens qui doivent représenter les objets qui leur sont déposés ou confiés à leur garde, et dont ils sont responsables, ne sont point des actes de confiance réciproque ; les dépôts ont été commandés par la force des circonstances ou par l'ordre ou l'autorité de la justice.

La contrainte par corps leur sera encore appliquée.

Les notaires, les avoués et les huissiers ne sont choisis par celui qui les emploie que sous le rapport qu'il a pu préférer tel de ces officiers à tel autre. Dans les villes, où ces officiers sont en grand nombre, chacun peut placer sa confiance; mais dans les campagnes il faudrait souvent parcourir plusieurs myriamètres pour trouver un autre notaire ou un autre huissier que celui de la résidence du bourg ou du village ; le choix est en quelque sorte forcé. Ils ont d'ailleurs reçu de la loi un caractère qui doit les mettre au-dessus même du soupçon ; et s'il y en a qui soient infidèles, ils seront aussi contraignables par corps.

Tout individu qui sera condamné par la justice à délaisser un fonds dont le propriétaire aura été dépouillé par *voie de fait*, et qui refusera d'exécuter le jugement, doit la restitution des fruits, car il ne peut alléguer sa bonne foi ; il peut aussi être condamné à des dommages et intérêts : il sera pour le tout contraignable par corps.

Mais celui qui a joui de bonne foi est souvent même dispensé de la restitution des fruits; et s'il est condamné à désemparer un fonds dont il se croyait propriétaire légitime, il ne sera soumis à la contrainte par corps que s'il refuse d'obéir au jugement en dernier ressort ou devenu irréfragable, et que par l'effet d'un second jugement, qui ne pourra être rendu qu'après l'expiration des quinze jours qui auront suivi la signification du premier jugement à personne ou à domicile.

La contrainte par corps en matière civile pourra être stipulée seulement dans deux cas, où elle n'aura pas lieu par la seule autorité de la loi : si elle est consentie par les cautions des contraignables par corps ou pour fermage de biens ruraux.

Si l'obligation est de nature à ce que la contrainte par corps soit applicable au débiteur principal, la caution ne sera pas assujétie de droit à cette contrainte, mais elle pourra valablement s'y soumettre.

Quant aux fermages des biens ruraux, la faculté de la stipuler est aussi universellement réclamée que le fut en l'an VI le rétablissement de cette voie rigoureuse en matière de commerce. On avait fait la fâcheuse expérience de son abolition, qui devint bientôt un moyen de vol et une occasion de scandale.

Je vous ai présenté, législateurs, les cas où la contrainte par corps en matière civile aura lieu par la seule autorité de la loi ou pourra être stipulée entre particuliers.

Le titre XXXIV de l'ordonnance de 1667 est intitulé *de la Décharge de la contrainte par corps*. En effet, il révoqua l'article 58 de l'ordonnance de Moulins, qui y assujétissait pour toutes dettes purement civiles celui contre lequel il existait un titre exécutoire, après quatre mois écoulés du jour de la condamnation, et il détermina quelques cas où la contrainte par corps aurait lieu à l'avenir.

La législation du Code civil français sera encore moins sévère que celle de 1667; et ce ne sera pas sans un sentiment profond de reconnaissance pour les autorités qui concourent à la formation de la loi, que l'on verra disparaître la rigoureuse disposition qui assujétissait à la contrainte par corps un tuteur qui a donné à son pupille les soins du père qu'il représente, qui veilla à son éducation, à sa santé et à ses besoins de tous les jours, et qui, s'il restait son débiteur d'une modique somme de 301 francs qu'il ne pourrait acquitter à l'instant, serait contraignable par corps, assujéti à cette contrainte par l'organe du magistrat, qui ne la prononcerait qu'à regret, et traîné dans les prisons à la requête de celui qui se déshonorerait par un acte de la plus monstrueuse ingratitude.

2064. La contrainte par corps en matière civile étant ainsi réduite au petit nombre de cas où l'effet de son abolition absolue ne profiterait qu'à la mauvaise foi, ou serait un moyen de révolte impunie contre l'autorité des jugemens, ou enfin porterait atteinte à la garantie de la propriété, il devenait nécessaire de s'occuper des exceptions que commandent la raison et l'humanité.

Un mineur ne sera pas contraignable par corps : il ne peut pas disposer de ses capitaux, il n'a pas même l'administration de ses biens s'il n'est pas émancipé; il ne pourra pas aliéner sa liberté.

2065. La contrainte par corps ne pourra être prononcée pour une somme moindre de 300 francs; cette disposition s'accorde avec celle qui, lorsque la preuve par témoins n'était pas admissible pour une somme excédant 100 francs, avait fixé à 200 francs celle au-dessous de laquelle la contrainte par corps ne pouvait être prononcée. La preuve testimoniale est admise jusqu'à 150 francs, et la contrainte par corps n'aura lieu que pour une dette de 300 francs.

2066. Les septuagénaires, les femmes et les filles n'y seront pas assujétis ; cette faveur était due à la vieillesse, que le malheur rend encore plus respectable, et à un sexe dont la loi doit protéger la faiblesse.

Mais si les septuagénaires, les femmes ou les filles sont stellionataires, la faveur cesse, et la loi ne voit plus qu'un délit à punir. Néanmoins la femme qui se sera obligée conjointement avec son mari est présumée n'avoir agi que sous son influence, n'avoir pas soigné la rédaction de l'acte ; elle peut être de bonne foi, et elle ne sera pas réputée stellionataire.

La liberté individuelle a toute sa garantie dans l'article 9, qui défend d'appliquer la contrainte par corps en matière civile autrement qu'en vertu d'un jugement ; et dans l'article 5, qui déclare nul tout jugement qui appliquerait cette contrainte hors les cas déterminés par la loi, et qui défend aux notaires et greffiers de recevoir des actes où elle serait stipulée, si la loi ne l'autorise pas, sous peine contre les juges, notaires et greffiers, de dépens, de dommages et intérêts.

Aucun Français ne pourra s'assujétir à la contrainte par corps, même en pays étranger, si ce n'est dans les cas prévus par la loi de son pays ; c'est un statut personnel qui l'accompagne partout, et qu'il ne peut abdiquer tant qu'il a l'honneur d'être Français.

Législateurs, je n'ai rien ajouté à votre conviction, et je crains de mériter le reproche d'avoir retaré votre délibération, dont mes collègues et moi nous attendons avec confiance un résultat conforme au vœu d'adoption du Tribunat.

Le Corps législatif a rendu le même jour son décret d'adoption, et la promulgation fut faite le 3 ventose an XII (23 février 1804).

TITRE DIX-SEPTIÈME.

Du Nantissement.

DISCUSSION DU CONSEIL D'ÉTAT.

(Procès-verbal de la séance du 10 ventose an XII. — 1ᵉʳ mars 1804.)

M. Berlier présente le titre XVIII du livre III du projet de Code civil, *du Nantissement.*

Il est ainsi conçu :

DU NANTISSEMENT.

2071 Art. 1ᵉʳ. « Le nantissement est un contrat par lequel un « débiteur remet une chose à son créancier pour sûreté de la « dette. »

2072 Art. 2. « Quand le nantissement est d'une chose mobilière, « il s'appelle *gage.*

« Quand il est d'une chose immobilière, il s'appelle *anti-* « *chrèse.* »

CHAPITRE Iᵉʳ.

Du Gage.

2073 Art. 3. « Le gage confère au créancier à qui il a été remis « le droit de se faire payer sur la chose qui en est l'objet, par « privilége et préférence aux autres créanciers de la personne « qui a donné le gage. »

2074 Art. 4. « Ce privilége n'a lieu qu'autant qu'il y a un acte « dûment enregistré, contenant la déclaration de la somme « due, ainsi que l'espèce et la nature des choses remises en « gage, ou un état annexé de leurs qualité, poids et mesure.

« La rédaction de l'acte par écrit et son enregistrement ne

« sont néanmoins prescrits qu'en matière excédant la valeur
« de 150 francs. »

Art. 5. « Le privilége énoncé en l'article précédent ne s'é- 2075
« tablit sur les meubles incorporels, tels que les créances
« mobilières, que par acte aussi enregistré, et signifié au dé-
« biteur de la créance donnée en gage. »

Art. 6. « Dans tous les cas, le privilége ne subsiste sur le 2076
« gage qu'autant que ce gage a été mis et est resté en la pos-
« session du créancier. »

Art. 7. « La chose donnée en gage par une personne à qui ap. 2076
« elle n'appartenait pas n'en est pas moins valablement en-
« gagée, sauf le droit du véritable propriétaire. »

Art. 8. « Le gage peut être donné par un tiers pour le dé- 2077
« biteur. »

Art. 9. « Le créancier ne peut, à défaut de paiement, dis- 2078
« poser du gage ; sauf à lui à faire ordonner en justice que
« ce gage lui demeurera en paiement, et jusqu'à due con-
« currence, d'après une estimation faite par experts, ou qu'il
« sera vendu aux enchères.

« Toute clause qui autoriserait le créancier à s'approprier
« le gage, ou à en disposer sans les formalités ci-dessus, est
« nulle. »

Art. 10. « Jusqu'à l'expropriation du débiteur, s'il y a lieu, 2079
« il reste propriétaire du gage, qui n'est, dans la main du
« créancier, qu'un dépôt assurant le privilége de celui-ci. »

Art. 11. « Le créancier répond, selon les règles établies au 2080
« titre *des Contrats ou des Obligations conventionnelles en gé-*
« *néral*, de la perte ou détérioration du gage qui serait sur-
« venue par sa négligence.

« De son côté, le débiteur doit tenir compte au créancier
« des dépenses utiles et nécessaires que celui-ci a faites pour
« la conservation du gage. »

Art. 12. « S'il s'agit d'une créance donnée en gage, et que 2081
« cette créance porte intérêts, le créancier impute ces intérêts
« sur ceux qui peuvent lui être dus.

« Si la dette pour sûreté de laquelle la créance a été donnée
« en gage ne porte point elle-même intérêts, l'imputation se
« fait sur le capital de la dette. »

2082 Art. 13. « Le débiteur ne peut, à moins que le détenteur
« du gage n'en abuse, en réclamer la restitution qu'après
« avoir entièrement payé, tant en principal qu'intérêts et
« frais, la dette pour sûreté de laquelle le gage a été donné.

« Si néanmoins il existait de la part du même débiteur
« envers le même créancier une autre dette contractée pos-
« térieurement à la mise en gage, et devenue exigible avant
« le paiement de la première dette, le créancier ne pourra
« être tenu de se dessaisir du gage avant d'être entièrement
« payé de l'une et l'autre dette, lors même qu'il n'y aurait
« eu aucune stipulation pour affecter le gage au paiement de
« la seconde. »

2083 Art. 14. « Le gage est indivisible nonobstant la divisibilité
« de la dette entre les héritiers du débiteur ou ceux du
« créancier.

« L'héritier du débiteur qui a payé sa portion de la dette
« ne peut demander la restitution de sa portion dans le gage,
« tant que la dette n'est pas entièrement acquittée.

« Réciproquement, l'héritier du créancier qui a reçu sa
« portion de la dette ne peut remettre le gage au préjudice
« de ceux de ses cohéritiers qui ne sont pas payés. »

2084 Art. 15. « Les dispositions ci-dessus ne sont point appli-
« cables aux maisons de prêt sur gages autorisées, et à l'égard
« desquelles on suit les règlemens qui les concernent. »

CHAPITRE II.

De l'Antichrèse.

2085 Art. 16. « L'antichrèse ne s'établit que par écrit.

« Le créancier n'acquiert par ce contrat que la faculté de
« percevoir les fruits de l'immeuble, à la charge de les im-
« puter annuellement sur les intérêts, s'il lui en est dû, et
« ensuite sur le capital de sa créance. »

DU NANTISSEMENT.

Art. 17. « Le créancier est tenu, s'il n'en est autrement « convenu, de payer les contributions et les charges annuelles « de l'immeuble qu'il tient en antichrèse.

« Il doit également, sous peine de dommages et intérêts, « pourvoir à l'entretien et aux réparations utiles et néces- « saires de l'immeuble ; sauf à prélever sur les fruits toutes « les dépenses relatives à ces divers objets. »

Art. 18. « Le débiteur ne peut, avant l'entier acquittement « de la dette, réclamer la jouissance de l'immeuble qu'il a « remis en antichrèse.

« Mais le créancier qui veut se décharger des obligations « exprimées en l'article précédent peut toujours, à moins « qu'il n'ait renoncé à ce droit, contraindre le débiteur à re- « prendre la jouissance de son immeuble. »

Art. 19. « Le créancier ne devient point propriétaire de « l'immeuble par le seul défaut de paiement au terme con- « venu ; toute clause contraire est nulle : en ce cas, il peut « poursuivre l'expropriation de son débiteur par les voies « légales. »

Art. 20. « Lorsque les parties ont stipulé que les fruits se « compenseront avec les intérêts, ou totalement, ou jusqu'à « une certaine concurrence, cette convention s'exécute comme « toute autre qui n'est point prohibée par les lois. »

Art. 21. « Les dispositions des articles 8 et 14 ci-dessus « s'appliquent à l'antichrèse comme au gage. »

Art. 22. « Tout ce qui est dit au présent chapitre ne pré- « judicie point au droit que des tiers pourraient avoir sur le « fonds de l'immeuble remis à titre d'antichrèse.

« Si le créancier, muni à ce titre, a d'ailleurs sur le fonds « des priviléges ou hypothèques légalement établis et con- « servés, il les exerce à son ordre et comme tout autre créan- « cier. »

Les articles 1 et 2 sont soumis à la discussion et adoptés.

M. Berlier fait lecture du chapitre Ier, *du Gage*.

13.

L'article 3 est adopté.

L'article 4 est discuté.

Le Consul Cambacérès propose de rédiger ainsi l'article :
« Ce privilége n'a lieu qu'autant qu'il y a un acte *public* ou
« *sous seing privé*, dûment enregistré, etc. »

Cette rédaction est adoptée.

L'article 5 est adopté en le rédigeant conformément à l'article précédent.

L'article 6 est discuté.

Le Consul Cambacérès dit qu'il est possible que les parties soient convenues de déposer le gage entre les mains d'un tiers par lequel le créancier possède ; que la rédaction doit embrasser ce cas.

L'amendement du Consul est adopté ; en conséquence l'article est rédigé ainsi qu'il suit :

« Dans tous les cas, le privilége ne subsiste sur le gage
« qu'autant que ce gage a été mis et est resté en la possession
« du créancier, ou d'un tiers convenu entre les parties. »

L'article 7 est discuté.

M. Lacuée dit que les deux dispositions de cet article paraissent se contredire ; car la chose donnée en gage ne peut être valablement engagée si le propriétaire a le droit de la reprendre exempte de toute charge.

M. Berlier répond que la dernière partie de cet article ne détruit pas la première, en ce que celle-ci a seulement eu pour objet d'empêcher que le débiteur ne pût, après coup, se prévaloir lui-même du vice de la chose, et que nul autre que le propriétaire ne pût la réclamer.

Au surplus, l'opinant avoue que cette règle n'en existera pas moins quoique non exprimé, et il pense que l'article peut être supprimé, non comme contradictoire dans ses diverses parties, mais comme inutile.

L'article est retranché.

L'article 8 est adopté.

L'article 9 est discuté.

M. Bégouen pense que la seconde partie de l'article doit être supprimée : c'est assez d'avoir établi le droit commun dans la première partie; la loi doit ensuite laisser aux parties la faculté d'y déroger.

M. Berlier répond que la seconde partie de cet article doit être maintenue dans toute sa rigueur, parce que, s'il en était autrement, le créancier d'une somme de 1000 francs, qui aurait en gage un effet de 3000 francs, se hâterait, au terme, de le vendre à vil prix pour être plus promptement payé.

La loi doit pourvoir à ce que les intérêts du débiteur ne soient point sacrifiés. L'obligation de vendre le gage en justice peut néanmoins cesser, si le débiteur lui-même change son titre et vend à son créancier la chose qu'il lui avait primitivement engagée; mais, du moins faut-il qu'il s'explique à ce sujet.

L'article est adopté.

Les articles 10, 11 et 12 sont adoptés.

L'article 13 est discuté.

M. Tronchet attaque la seconde partie de l'article. Il observe que le gage ne s'établit pas de plein droit, mais seulement par une convention qui doit même être rédigée par écrit : c'est donc ajouter au contrat primitif, que d'en étendre l'effet à une autre créance que celle qui en a été l'objet.

M. Berlier répond que la disposition attaquée n'est point introductive d'un droit nouveau, et qu'elle résulte de la loi unique *C. etiam ob. chirogr. pecuniam*, qu'à la vérité le projet de Code n'avait pas conservée, mais dont plusieurs tribunaux ont demandé le rétablissement.

Au fond, l'opinant pense qu'elle est très-juste : comment, en effet, forcer un créancier qui aura reçu un gage pour la dette A, et qui depuis aura acquis une nouvelle dette B, devenue exigible avant le paiement de la première, à se dessaisir du gage sans être payé de l'une et de l'autre? et comment le débiteur pourrait-il être admis à dire : *Je reconnais que je vous dois l'une et l'autre somme, mais je veux retirer le gage en vous payant seulement la première ?*

Une telle exception ne serait-elle pas choquante?

L'article est adopté.

Les articles 14 et 15 sont adoptés.

M. BERLIER fait lecture du chapitre II, *de l'Antichrèse*.

Les articles 16, 17, 18, 19, 20, 21 et 22, qui composent ce chapitre, sont soumis à la discussion et adoptés.

LE CONSUL ordonne que le titre qui vient d'être arrêté par le Conseil sera communiqué officieusement, par le secrétaire-général du Conseil d'État, à la section de législation du Tribunat, conformément à l'arrêté du 18 germinal an X.

COMMUNICATION OFFICIEUSE

A LA SECTION DE LÉGISLATION DU TRIBUNAT.

Le projet fut transmis au Tribunat le 11 ventose an 12 (2 mars 1804), et la section en fit ensuite l'examen.

OBSERVATIONS DE LA SECTION.

La séance s'ouvre par le rapport fait au nom d'une commission sur le projet de loi relatif au nantissement.

Sur l'article 14 ainsi conçu :

DU NANTISSEMENT.

« Les dispositions ci-dessus ne sont point applicables aux « maisons de prêt sur gage autorisées, et à l'égard desquelles « on suit les règlemens qui les concernent. »

La section propose de dire : « Les dispositions ci-dessus « ne sont point applicables, ni aux matières de commerce, « ni aux maisons de prêt sur gages autorisées, et à l'égard « desquelles on suit les lois et règlemens qui les concer- « nent. »

On sent aisément que l'exception est relative aux matières de commerce comme aux maisons de prêt, et qu'il ne faut pas seulement rappeler les règlemens, mais encore les lois qui concernent les unes et les autres.

RÉDACTION DÉFINITIVE DU CONSEIL D'ÉTAT.

(Procès-verbal de la séance du 19 ventose an XII. — 10 mars 1804.)

M. BERLIER, d'après la conférence tenue avec le Tribunat, présente la rédaction définitive du titre XVIII du livre III du projet de Code civil, *du Nantissement*.

LE CONSEIL l'adopte en ces termes :

DU NANTISSEMENT.

Art. 1er. « Le nantissement est un contrat par lequel un 2071 « débiteur remet une chose à son créancier pour sûreté de la « dette. »

Art. 2. « Le nantissement d'une chose mobilière s'appelle 2072 « *gage*, celui d'une chose immobilière s'appelle *antichrèse*. »

CHAPITRE Ier.

Du Gage.

2073　Art. 3. « Le gage confère au créancier le droit de se faire « payer sur la chose qui en est l'objet par privilége et pré-« férence aux autres créanciers. »

2074　Art. 4. « Ce privilége n'a lieu qu'autant qu'il y a un acte « public ou sous seing privé, dûment enregistré, contenant la « déclaration de la somme due, ainsi que l'espèce et la na-« ture des choses remises en gage, ou un état annexé de « leurs qualité, poids et mesure.

« La rédaction de l'acte par écrit et son enregistrement ne « sont néanmoins prescrits qu'en matière excédant la valeur « de 150 francs. »

2075　Art. 5. « Le privilége énoncé en l'article précédent ne « s'établit sur les meubles incorporels, tels que les créances « mobilières, que par acte public ou sous seing privé aussi « enregistré et signifié au débiteur de la créance donnée en « gage. »

2076　Art. 6. « Dans tous les cas, le privilége ne subsiste sur le « gage qu'autant que ce gage a été mis et est resté en la « possession du créancier ou d'un tiers convenu entre les « parties. »

2077　Art. 7. « Le gage peut être donné par un tiers pour le « débiteur. »

2078　Art. 8. « Le créancier ne peut, à défaut de paiement, dis-« poser du gage; sauf à lui à faire ordonner en justice que ce « gage lui demeurera en paiement et jusqu'à due concur-« rence, d'après une estimation faite par experts, ou qu'il « sera vendu aux enchères.

« Toute clause qui autoriserait le créancier à s'approprier « le gage ou à en disposer sans les formalités ci-dessus est « nulle. »

2079　Art. 9. « Jusqu'à l'expropriation du débiteur, s'il y a lieu,

« il reste propriétaire du gage, qui n'est dans la main du
« créancier qu'un dépôt assurant le privilége de celui-ci. »

Art. 10. « Le créancier répond, selon les règles établies au 2080
« titre *des Contrats ou des Obligations conventionnelles en gé-*
« *néral*, de la perte ou détérioration du gage qui serait sur-
« venue par sa négligence.

« De son côté, le débiteur doit tenir compte au créancier
« des dépenses utiles et nécessaires que celui-ci a faites pour
« la conservation du gage. »

Art. 11. « S'il s'agit d'une créance donnée en gage, et que 2081
« cette créance porte intérêts, le créancier impute ces inté-
« rêts sur ceux qui peuvent lui être dus.

« Si la dette pour sûreté de laquelle la créance a été
« donnée en gage ne porte point elle-même intérêts, l'im-
« putation se fait sur le capital de la dette. »

Art. 12. « Le débiteur ne peut, à moins que le détenteur 2082
« du gage n'en abuse, en réclamer la restitution qu'après
« avoir entièrement payé, tant en principal qu'intérêts et
« frais, la dette pour sûreté de laquelle le gage a été donné.

« S'il existait de la part du même débiteur envers le même
« créancier une autre dette contractée postérieurement à la
« mise en gage, et devenue exigible avant le paiement de la
« première dette, le créancier ne pourra être tenu de se
« dessaisir du gage avant d'être entièrement payé de l'une
« et de l'autre dette, lors même qu'il n'y aurait eu aucune
« stipulation pour affecter le gage au paiement de la seconde. »

Art. 13. « Le gage est indivisible nonobstant la divisibilité 2083
« de la dette entre les héritiers du débiteur ou ceux du
« créancier.

« L'héritier du débiteur qui a payé sa portion de la dette
« ne peut demander la restitution de sa portion dans le gage
« tant que la dette n'est pas entièrement acquittée.

« Réciproquement, l'héritier du créancier qui a reçu sa
« portion de la dette ne peut remettre le gage au préjudice
« de ceux de ses cohéritiers qui ne sont pas payés. »

2084 Art. 14. « Les dispositions ci-dessus ne sont applicables ni « aux matières de commerce, ni aux maisons de prêt sur « gage autorisées, et à l'égard desquelles on suit les lois et « réglemens qui les concernent. »

CHAPITRE II.

De l'Antichrèse.

2085 Art. 15. « L'antichrèse ne s'établit que par écrit.

« Le créancier n'acquiert par ce contrat que la faculté de « percevoir les fruits de l'immeuble, à la charge de les im- « puter annuellement sur les intérêts, s'il lui en est dû, et « ensuite sur le capital de sa créance. »

2086 Art. 16. « Le créancier est tenu, s'il n'en est autrement « convenu, de payer les contributions et les charges an- « nuelles de l'immeuble qu'il tient en antichrèse.

« Il doit également, sous peine de dommages et intérêts, « pourvoir à l'entretien et aux réparations utiles et néces- « saires de l'immeuble, sauf à prélever sur les fruits toutes « les dépenses relatives à ces divers objets. »

2087 Art. 17. « Le débiteur ne peut, avant l'entier acquittement « de la dette, réclamer la jouissance de l'immeuble qu'il a « remis en antichrèse.

« Mais le créancier qui veut se décharger des obligations « exprimées en l'article précédent peut toujours, à moins « qu'il n'ait renoncé à ce droit, contraindre le débiteur à re- « prendre la jouissance de son immeuble. »

2088 Art. 18. « Le créancier ne devient point propriétaire de « l'immeuble par le seul défaut de paiement au terme con- « venu; toute clause contraire est nulle : en ce cas il peut « poursuivre l'expropriation de son débiteur par les voies « légales. »

2089 Art. 19. « Lorsque les parties ont stipulé que les fruits se « compenseront avec les intérêts, ou totalement, ou jusqu'à

« une certaine concurrence, cette convention s'exécute comme
« toute autre qui n'est point prohibée par les lois. »

Art. 20. « Les dispositions des articles 7 et 13 s'appliquent
« à l'antichrèse comme au gage. »

Art. 21. « Tout ce qui est statué au présent chapitre ne
« préjudicie point aux droits que des tiers pourraient avoir
« sur le fonds de l'immeuble remis à titre d'antichrèse.

« Si le créancier muni à ce titre a d'ailleurs sur le fonds
« des privilèges ou hypothèques légalement établis et con-
« servés, il les exerce à son ordre et comme tout autre
« créancier. »

M. Berlier fut nommé, avec MM. Fourcroy et Laumond, pour présenter au Corps législatif, dans sa séance du 22 ventose an XII (13 mars 1804), le titre XVIII du livre III du projet de Code civil, intitulé *du Nantissement*, et pour en soutenir la discussion dans celle du 25 du même mois de ventose (16 mars).

PRÉSENTATION AU CORPS LÉGISLATIF,

ET EXPOSÉ DES MOTIFS, PAR M. BERLIER.

Législateurs, la confiance, qui est la base ordinaire des contrats, n'existe pas toujours entre les hommes à un tel degré qu'il ne leur soit souvent convenable et utile de rechercher les moyens propres à garantir leurs obligations, et la législation ne saurait s'opposer à de telles précautions, qui n'offensent point les mœurs, et multiplient les conventions de toute espèce, par la faculté qu'elle laisse de stipuler tout ce qui peut en assurer l'exécution.

Déjà, dans ces vues, le Code a réglé ce qui regarde les cautions *personnelles*.

Nous venons aujourd'hui vous entretenir du *nantissement*, qu'on peut considérer comme un cautionnement *réel*.

2071. Le nantissement, ainsi que l'indique sa seule dénomination, est un acte par lequel un débiteur remet une chose à son créancier pour sûreté de la dette.

Ainsi la mise effective du créancier en possession de la chose appartenant à son débiteur est de l'essence de ce contrat.

Sans cette mise en possession, il peut bien, surtout en matière immobilière, exister des affectations propres à assurer les droits du créancier ; telles sont les hypothèques, qui ont leurs règles particulières : mais les hypothèques ne doivent point être confondues avec le nantissement.

La distinction qui existe entre le gage et l'hypothèque a été tracée par le droit romain : *proprie pignus dicimus quod ad creditorem transit; hypothecam, cum non transit, nec possessio ad creditorem.*

Cette distinction, puisée dans les élémens de la matière, n'a pourtant pas toujours été exactement appliquée ou suivie par la législation romaine : le gage et l'hypothèque y sont souvent considérés comme une seule et même chose ; et l'expression *res*, employée dans le texte, embrasse souvent la chose mobilière comme la chose immobilière, et celle qui est en la possession effective du créancier comme celle qui est restée en la possession du débiteur.

Il nous sera facile d'éviter toute confusion à cet égard, puisque la législation hypothécaire des Romains, totalement différente de celle que nous avons adoptée, n'est point un guide à suivre en cette matière, et ne laisse plus en quelque sorte apercevoir parmi ses débris que ce qui est relatif au nantissement proprement dit.

En circonscrivant donc comme nous le devons le contrat de nantissement dans ses véritables limites, et en le coordonnant avec nos institutions nouvelles, cette matière acquerra beaucoup de simplicité.

On peut donner en nantissement ou une chose mobilière ou une chose immobilière.

Le nantissement d'une chose mobilière s'appelle *gage*; et cette dénomination, qui, dans son sens restreint, pourrait être justifiée par des textes mêmes du droit romain (a), l'est bien mieux encore par l'acception que le mot *gage* a obtenue dans nos usages ; car le langage des lois doit s'accorder avec les idées qu'y attache le peuple pour qui elles sont faites.

Le nantissement d'une chose immobilière s'appellera *antichrèse*.

Le projet de loi, divisé en deux chapitres, contient les règles propres à chacun de ces contrats : je vais les examiner séparément.

Du Gage.

Pour dégager cette discussion de tout ce qui lui est étranger, il convient de remarquer d'abord que les matières de commerce en sont exceptées, et il n'est pas moins utile d'observer que les maisons de *prêt sur gage ou nantissement*, soit celles qui existent encore aujourd'hui, soit celles qui seront organisées en exécution de la loi du 16 pluviose an XII, sont, par un article exprès, mises hors des dispositions du projet de loi qui vous est actuellement soumis.

Cet objet, important sans doute et trop long-temps abandonné aux spéculations particulières, sera enfin ramené à des règles protectrices de l'intérêt des pauvres : mais ce bienfait, préparé par la loi du 16 pluviose, et que le gouvernement est chargé d'accomplir, n'est point le sujet de la discussion présente. Il ne s'agit pas aujourd'hui de savoir comment seront organisés des établissemens spécialement autorisés à prêter sur gages, mais quels seront, dans les transactions particulières des citoyens, la forme et les effets du contrat par lequel le débiteur aura remis un gage à son créancier.

(a) Loi 238, § 11, ff. *de Verb. signif.*

2077   Ce contrat, licite en soi, se forme comme toute autre convention, et le gage peut même être donné par un tiers pour le débiteur; car la condition de celui-ci ne saurait être blessée par cet office d'ami.

2079   Le gage donné n'en transmet pas la propriété au créancier; mais celui-ci acquiert sur le gage un privilége sans lequel le contrat n'aurait point d'objet.

2081   Si le gage produit des fruits, comme si, par exemple, c'est un capital de rente portant intérêts, le créancier doit imputer ces intérêts d'abord sur ceux qui peuvent lui être dus à lui-même, et ensuite sur le capital de sa créance.

2080   Détenteur du gage, le créancier doit veiller à sa conservation; sauf à répéter les sommes qu'il aurait dépensées pour y pourvoir.

Ces règles sont d'une telle simplicité, qu'il serait superflu de s'attacher à les justifier.

2078   Mais que deviendra le gage si le débiteur ne paie pas? La décision relative à ce point est l'une des plus importantes du projet.

Si vous l'adoptez, législateurs, le créancier ne pourra jamais s'approprier le gage de plein droit et par le seul défaut de paiement au terme; ses droits se borneront à faire ordonner en justice ou que le gage lui restera pour sa valeur estimée par experts, ou qu'il sera vendu aux enchères; et toute stipulation contraire sera nulle.

Les motifs de cette disposition sont faciles à saisir. Le créancier fait la loi à son débiteur; celui-ci remet un gage dont la valeur est ordinairement supérieure au montant de la dette : le besoin qu'il éprouve, et l'espoir qu'il a de retirer le gage en payant, font que le débiteur s'arrête peu à la différence de valeur qui existe entre le gage et la dette. Si pourtant il ne peut payer au terme convenu, et que le gage devienne, sans autre formalité, la propriété de son créancier, un effet précieux n'aura souvent servi qu'à acquitter une dette modique.

Voilà ce qu'il convenait d'empêcher. Le gage, considéré comme un moyen d'assurer l'exécution des engagemens, est un contrat favorable sans doute ; mais il deviendrait odieux et contraire à l'ordre public, si son résultat était d'enrichir le créancier en ruinant le débiteur.

On a, il est vrai, opposé l'inconvénient de s'adresser toujours à la justice pour la vente d'un gage qui sera quelquefois de très-peu de valeur, et on a paru désirer des exceptions : mais comment pourrait-on les établir, et quelles limites fixerait-on ? Le montant de la dette ne fournit aucun document sur la valeur du gage. Combien d'ailleurs n'abuserait-on pas de l'exception ?

Si le principe est bon, il faut l'admettre sans restriction, et pourvoir seulement à ce que le recours à la justice soit simple et peu dispendieux : cet objet ne sera pas négligé dans le Code de la procédure.

Je viens d'indiquer, législateurs, de quelle manière le créancier pourra exercer ses actions sur le gage à défaut de paiement.

Jusqu'à ce que ce paiement soit effectué, il est fondé à retenir le gage (c'est l'objet du contrat), et il ne peut être contraint à s'en dessaisir avant cette époque qu'autant qu'il en abuserait.

Ici s'est présentée la question de savoir si le créancier payé de la dette pour laquelle le gage lui avait été remis, mais ayant, depuis le premier contrat, acquis une nouvelle créance dont l'objet est aussi devenu exigible, pourra retenir le gage à raison de cette dernière dette.

Notre projet, en adoptant l'affirmative, n'a fait que se conformer au dernier état de notre législation (a); cependant, comme cette décision a été controversée, il ne saurait être superflu d'en indiquer les motifs.

L'opposition qu'elle a éprouvée se déduisait principale-

(a) Loi unique Cod. Etiam ob chirogr. pecuniam.

ment de ce que l'impignoration consentie pour un objet ne pouvait s'étendre à un autre sans ajouter aux conventions des parties et sans aggraver le sort du débiteur ; mais cette objection, appliquée à la situation particulière que nous examinons, n'était que spécieuse.

Sans doute il ne faut pas arbitrairement ajouter aux contrats ; mais la circonspection dont le législateur doit user en pareille matière n'est point blessée lorsque la règle qu'il trace n'est que le complément naturel des conventions, et n'a pour objet que de faire observer ce que les parties ont vraisemblablement voulu elles-mêmes dans la circonstance sur laquelle le législateur statue.

Or quelle est la situation des parties dans l'espèce proposée ? Le créancier a déjà pris un gage pour une première dette ; s'il n'en demande pas pour une seconde dette qui devra être acquittée ou avant la première ou en même temps qu'elle, ce sera indubitablement parce qu'il aura considéré le gage dont il est déjà saisi comme suffisant pour répondre de l'une et de l'autre dettes.

Quel tort d'ailleurs cette application fait-elle au débiteur lorsqu'il peut et doit même la faire cesser en payant ?

On suppose en effet que la deuxième dette est exigible comme la première (et la disposition dont il s'agit n'est que pour ce cas); mais comment alors le débiteur pourrait-il être admis justement à diviser sa dette et à réclamer son gage sans payer tout ce qu'il doit ?

En repoussant l'objection qu'on vient d'examiner, notre projet n'a donc rien fait que de conforme à la stricte équité.

2083   La règle posée touchant l'indivisibilité du gage n'est ni moins juste ni moins nécessaire.

Ainsi l'héritier du débiteur qui aura payé sa portion de la dette ne pourra, avant l'entier paiement de cette dette, exiger la restitution de sa portion dans le gage ; car le créancier ne saurait être contraint à scinder ses droits lors même que le gage serait divisible : il l'a reçu d'une seule main et sans division ; il n'en doit la restitution que de la même manière et après avoir été totalement payé.

De même l'héritier du créancier qui aurait reçu sa portion de la dette ne pourra remettre le gage au préjudice de ses cohéritiers non payés, car le gage n'est dans ses mains et pour les parts de ses cohéritiers qu'une espèce de dépôt qu'il violerait s'il osait s'en dessaisir sans avoir pourvu à leurs intérêts.

Je viens, législateurs, de retracer les principales règles relatives au *gage* proprement dit ; il me reste à vous entretenir de l'antichrèse.

De l'Antichrèse.

L'antichrèse, d'après la définition qu'en donne le projet, consiste dans la remise que le débiteur fait à son créancier d'une chose immobilière pour assurer le paiement de la dette.

L'antichrèse est donc à l'immeuble ce que le gage est au meuble.

Cependant la matière du gage et celle de l'antichrèse présentent plusieurs différences.

Ainsi le gage ne produit pas ordinairement de fruits, et l'immeuble, objet de l'antichrèse, est toujours susceptible d'en produire.

Dans le gage il est nécessaire que le capital réponde de la dette, puisque le plus souvent le gage ne produit pas de fruits.

Dans l'antichrèse il y a des fruits qui répondent de la dette, et c'est sur la perception de ces fruits que s'exerce spécialement le droit du créancier.

Cette dernière disposition, qui semble d'abord attribuer à l'antichrèse des effets moins étendus que ceux qui résultent du gage, n'offre pourtant que la moindre restriction possible; car le droit de percevoir les fruits, combiné avec celui de poursuivre l'expropriation du fonds, en cas de non paiement, donne au créancier tout ce qu'on peut lui attribuer dans un contrat qui ne lui confère ni droit de propriété (car le fonds n'est pas aliéné), ni droit hypothécaire, puisqu'un tel droit ne peut s'acquérir que d'après les formes générales établies par les lois et par une inscription régulière.

Ce qui vient d'être dit met à même d'apprécier la vraie différence qui existe entre le créancier légalement saisi d'un gage, et celui qui se trouve détenteur d'un immeuble à titre d'antichrèse.

Le premier ne saurait craindre l'intervention de personne, si ce n'est celle de tiers qui prouveraient que le meuble donné en gage leur a été dérobé : hors cette exception et les cas de fraude, le créancier muni du gage est préféré à tous autres même plus anciens que lui, parce que le meuble était sorti de la possession du débiteur, et que *les meubles n'ont pas de suite en hypothèques*, principe qui est devenu une maxime de notre droit français.

Dans l'antichrèse, au contraire, si l'expropriation du fonds est poursuivie, soit par le créancier détenteur à défaut de paiement au terme, soit par tout autre créancier, le nantissement de l'immeuble n'établira ni priviléges ni hypothèques.

Le créancier simplement nanti à titre d'antichrèse ne pourrait en effet raisonnablement prétendre qu'un tel acte effaçât les titres des tiers, et lui donnât sur eux une prééminence qui deviendrait subversive de l'ordre social.

L'antichrèse ne saurait donc prévaloir sur les droits hypothécaires acquis par des tiers, ni même concourir avec eux; mais si le créancier nanti est lui-même créancier hypothécaire et inscrit, il exercera ses droits à son ordre et comme tout autre créancier.

La différence qui vient d'être remarquée, et qui existe entre le gage et l'antichrèse, résulte donc de celle que la nature des choses a établie entre les meubles et les immeubles, et du besoin de coordonner entre elles nos diverses institutions sur cette matière.

Après ces observations, celles qui me restent à faire sur

la partie du projet relative à l'antichrèse sont fort simples, et d'ailleurs en petit nombre.

L'antichrèse ne s'établit que par écrit. Cette règle, qu'il eût été inutile de retracer si l'on eût voulu la laisser circonscrite dans les termes ordinaires de la législation sur les contrats, indique ici que, lors même que le fonds vaudrait moins de 150 francs, nul ne peut s'y entremettre ou du moins s'y maintenir contre le vœu du propriétaire, en alléguant des conventions verbales qui, en cette matière, pourraient devenir le prétexte de nombreux désordres.

Au surplus, les obligations que l'antichrèse impose au détenteur de l'immeuble résultent si naturellement de son propre titre, qu'il suffit sans doute de les énoncer pour que la justice en soit aisément reconnue.

Ainsi il devra imputer les fruits qu'il percevra sur les intérêts s'il lui en est dû, et ensuite sur le capital de sa créance.

Il devra de même payer les charges foncières qui courront pendant la jouissance, et pourvoir, sous peine de dommages et intérêts, à l'entretien et aux réparations de l'immeuble, sauf à prélever sur les fruits le montant de ces diverses dépenses.

De la situation respective du débiteur et du créancier, il résulte aussi qu'il faudra entrer en compte des jouissances et de la gestion que l'antichrèse aura procurées au créancier ; mais cette obligation de droit commun exclura-t-elle la faculté de stipuler en bloc la compensation des fruits avec les intérêts dus au créancier ?

Dans plusieurs des ci-devant parlemens, et surtout dans les ressorts qui suivaient le droit écrit, les pactes de cette espèce étaient souvent invalidés par les arrêts, sur le fondement de la lésion qui pouvait en résulter pour le débiteur.

Ces extrêmes entraves n'ont point paru convenir à notre législation, et ce n'est pas légèrement qu'une convention doit être réputée illicite.

Suppose-t-on un créancier rigoureux à l'excès ? Il tâchera

de se faire céder le fonds à un prix très-médiocre, et il gagnera plus à un tel marché que dans une clause de l'espèce de celle que nous examinons.

Cette clause d'ailleurs n'aura souvent pour objet que d'éviter des embarras au créancier et des frais au débiteur lui-même. Comment donc l'interdirait-on? Et en l'interdisant ne s'exposerait-on pas à blesser celui-là même qu'on veut protéger? Si d'ailleurs cette voie était fermée, combien ne resterait-il pas d'autres issues à des contrats plus réellement onéreux?

Législateurs, je viens de motiver les principales dispositions du projet qui vous est soumis sur le *nantissement*.

Ce contrat, qui a toujours figuré parmi nos institutions civiles, n'existe pas seulement en faveur du créancier; il est utile au débiteur même, qui souvent ne pourrait traiter sans un tel secours. Le projet de loi aura rempli son objet s'il a concilié ce double intérêt et posé avec justice les règles qui doivent désormais régir cette matière.

COMMUNICATION OFFICIELLE AU TRIBUNAT.

Le projet fut communiqué, avec l'exposé des motifs, au Tribunat, le 23 ventose an XII (14 mars 1804), et M. Gary en a fait le rapport à l'assemblée générale le lendemain.

Le rapport fait au Tribunat par M. Gary n'a point été imprimé sous ce titre, parce qu'il est entièrement conforme au discours ci-après rapporté, prononcé par lui devant le Corps législatif.

Le Tribunat émit, dans la même séance, un vœu d'adoption, qu'il fit porter au Corps législatif le 25 ventose an XII (16 mars 1804).

DISCUSSION DEVANT LE CORPS LÉGISLATIF.

DISCOURS PRONONCÉ PAR LE TRIBUN GARY.

Législateurs, le Tribunat nous a chargé de vous offrir son vœu en faveur du projet de loi *sur le Nantissement*, destiné à former le titre XVIII du livre III du Code civil.

Il y a un petit nombre d'affaires dans lesquelles le créancier se confie plus à la personne qu'aux biens de son débiteur : telles sont les affaires de commerce, dans lesquelles une discussion des biens aurait quelquefois autant d'inconvéniens pour ce créancier que le non-paiement.

Mais à la plupart des transactions de la vie civile s'applique cette vérité énoncée avec tant de précision par une loi romaine, qu'il y a plus de sûretés dans les biens que dans les personnes.

C'est de ce genre de sûreté qu'il est question dans les dernières parties du Code civil qui vous restent à examiner. Ce n'est pas une nouvelle convention, ce n'est pas un nouveau lien qu'on forme en prenant cette sûreté, on ne fait qu'assurer l'exécution de l'engagement contracté, que resserrer le lien déjà formé. La sûreté sur les biens est a l'obligation ce que la sanction est à la loi.

Le créancier se procure cette garantie de deux manières, ou en stipulant que la chose qui lui est affectée passera dans ses mains et y restera jusqu'à son paiement, ou en laissant cette chose dans les mains de son débiteur.

La première de ces stipulations forme le contrat de nantissement, qui embrasse à la fois les meubles et les immeubles; la seconde produit l'hypothèque, qui n'a lieu que sur les immeubles.

Il n'est question ici que du nantissement, c'est-à-dire du *contrat par lequel un débiteur remet une chose à son créancier pour sûreté de la dette.* C'est la définition qu'en donne le projet de loi, et elle est aussi claire que précise.

La remise de la chose au créancier par le débiteur est de l'essence de ce contrat; son objet est la sûreté de la dette.

Il peut cependant arriver que ce soit un tiers qui remette sa chose en nantissement pour le débiteur. Si c'est un bienfait de la part de ce tiers, la loi le respecte et le protège; si c'est un acte intéressé, c'est une convention qui n'a rien de contraire aux lois. Dans tous les cas, c'est comme si le débiteur agissait lui-même.

La sûreté de la dette forme l'objet du contrat de nantissement. Donc, jusqu'à ce que le créancier soit entièrement satisfait, il est autorisé à conserver la chose qui lui a été remise. Le paiement d'une portion de la dette, soit par le débiteur, soit par l'un des héritiers du débiteur, ne peut être un prétexte de le dessaisir, encore que la dette se divise entre ces héritiers. De même, quand la créance se divise entre plusieurs héritiers, celui d'entre eux qui est dépositaire de l'objet affecté à la sûreté de la créance commune ne peut, lors même qu'il est payé, le rendre au préjudice de ceux des cohéritiers qui ne le sont pas.

J'ai dit que le contrat de nantissement peut avoir pour objet des meubles ou des immeubles.

Le nantissement d'une chose mobilière s'appelle gage; celui d'une chose immobilière s'appelle antichrèse.

Dans le premier chapitre du projet de loi il est question du gage, dans le second de l'antichrèse.

CHAPITRE Ier.

Du Gage.

Deux observations sur la matière et la forme de ce contrat précéderont l'examen des droits et des obligations du créancier.

1°. Toutes sortes de meubles corporels ou incorporels

peuvent être donnés en gage, ce qui comprend les créances mobilières du débiteur.

2°. Quant à la forme, il faut distinguer. S'il ne s'agit que de l'effet que doit avoir la convention entre le créancier et le débiteur, les règles suivant lesquelles la vérité de cette convention doit être établie sont celles prescrites par la loi *des Contrats ou des Obligations conventionnelles en général.* Mais si cette convention doit être opposée à des tiers, si le détenteur du gage réclame au préjudice de ces tiers le privilége que la loi lui assure, il faut alors que la remise de ce gage ou la convention dont elle est l'effet ait une date certaine qui exclue toute idée de fraude et de collusion entre ce détenteur et le propriétaire du gage. Sans cette précaution, un débiteur infidèle, au moment où il verrait que ses effets mobiliers vont être mis sous la main de la loi, parviendrait par des intelligences criminelles à les soustraire à l'action de ses créanciers. Voilà pourquoi le projet de loi veut que le privilége accordé au créancier saisi du gage n'ait lieu au préjudice des autres créanciers *qu'autant qu'il y a un acte public ou sous seing privé dûment enregistré, contenant la déclaration de la somme due, ainsi que l'espèce et la nature des choses remises en gage, ou un état annexé de leurs qualité, poids et mesure.* Cette disposition est conforme à celle des articles 8 et 9 du titre VI de l'ordonnance de 1673, qui n'avait jamais été expliquée et exécutée que dans l'intérêt des tiers, et pour assurer la date du nantissement en cas de faillite du débiteur.

Le projet de loi ne croit cependant pas devoir exiger ces formalités lorsqu'il s'agit d'une dette modique. Ainsi *la rédaction de l'acte par écrit et son enregistrement ne sont prescrits qu'en matière excédant la valeur de 150 francs.*

Si c'est une créance mobilière qui est donnée en gage, il ne suffit pas, pour que le privilége ait lieu, de la date certaine de l'acte; il faut encore que cet acte soit signifié au débiteur de cette créance. Le débiteur ne peut en effet être averti que par cette signification du privilége du créancier qui a reçu le gage.

2082. Parcourons maintenant les droits et les obligations du créancier, détenteur du gage. A côté de ses droits se placeront naturellement les obligations du débiteur ; à côté des obligations du créancier le débiteur retrouvera ses droits.

1°. En vertu de la règle commune à toute espèce de nantissement, le créancier a le droit de retenir le gage jusqu'à ce qu'il ait été payé *tant en principal qu'intérêts et frais de la dette pour sûreté de laquelle le gage a été donné.* Il peut même le retenir pour une autre dette contractée postérieurement à la mise en gage, si cette dette est devenue exigible avant le paiement de la première, lors même qu'il n'y aurait eu aucune stipulation de gage.

L'absence d'une pareille stipulation semble d'abord s'opposer à ce qu'on fasse servir de sûreté pour une dette un gage qui n'y a pas été affecté. Mais, ou la volonté présumée du créancier, ou l'équité viennent à l'appui de la disposition du projet de loi. Observons qu'il s'agit ici d'une dette contractée postérieurement à la mise en gage pour sûreté de la première. En exigeant ce gage, le créancier a montré qu'il ne se confiait pas à la personne de son débiteur ; et la sûreté qu'il a prise une fois, il est censé l'avoir conservée pour la garantie de sa seconde créance. L'équité d'ailleurs permettrait-elle d'écouter un débiteur qui, ne satisfaisant pas à ses engagemens, demanderait à priver son créancier de la sûreté naturelle que lui donne le gage qui se trouve dans ses mains? La loi romaine écartait en pareille circonstance le débiteur par l'exception de dol. N'est-il pas juste que le créancier autorisé à arrêter les biens du débiteur entre ses propres mains ou dans celles des tiers puisse retenir jusqu'à son paiement ce qu'il a dans les siennes?

2083. Il est nécessaire d'ajouter ici que le droit qu'a le créancier de conserver la chose donnée en gage n'est pas celui de s'en servir, à moins de stipulation contraire. Ainsi, lorsqu'une créance portant intérêts a été donnée en gage pour sûreté d'une créance qui n'en produit pas, le créancier détenteur impute les intérêts qu'il perçoit sur le capital de sa créance. Ce n'est que dans le cas où cette créance porte intérêts qu'il se fait une compensation des intérêts respectifs jusqu'à due concurrence.

2°. Le second droit du créancier consiste à faire ordonner en justice, s'il n'est pas payé, que la chose mise en gage lui demeurera en paiement jusqu'à concurrence de ce qui lui est dû, d'après une estimation faite par experts, ou qu'elle sera vendue aux enchères. Si le gage est d'une valeur si modique qu'elle doive être absorbée par les frais d'une vente aux enchères, les juges se contenteront d'ordonner l'estimation.

Le projet de loi déclare nulle toute clause qui autoriserait le créancier à s'approprier le gage ou à en disposer sans les formalités qu'il vient de prescrire. C'est la réprobation de ce que les Romains appelaient *pacte commissoire*, convention injuste et usuraire, contre laquelle l'empereur Justinien s'était élevé avec tant de force et d'indignation, et qu'il avait frappée de nullité tant pour le passé que pour l'avenir.

3°. Enfin le droit du créancier est d'être payé sur son gage par privilége et préférence aux autres créanciers. Peu importe que sa créance soit plus ou moins ancienne : le droit sur les meubles est attaché à leur possession, suivant cette maxime renouvelée par la législation actuelle, que les meubles n'ont pas de suite par hypothèque.

Le projet de loi ne parle point du droit qu'a le créancier de se faire remettre un autre gage lorsque le débiteur lui a, même de bonne foi, remis à ce titre une chose qui ne lui appartenait pas ou dont les vices annullent la valeur. Mais cela rentre dans les règles des obligations en général, et surtout dans les maximes d'équité naturelle, dont elles ne sont que le développement.

Après avoir réglé les droits du créancier détenteur du

gage, il était juste et naturel de s'occuper de ses obligations.

1°. Il doit veiller à la conservation du gage et faire les dépenses utiles et nécessaires qu'exige cette conservation. Le débiteur restant propriétaire jusqu'à son expropriation, le créancier doit ne se regarder que comme dépositaire, avec cette différence néanmoins que le contrat ordinaire de dépôt est tout à l'avantage du propriétaire; tandis qu'ici c'est un contrat intéressé ou utile à toutes les parties; utile au créancier, auquel il offre une sûreté; et au débiteur, auquel il donne un crédit qu'il n'aurait pas eu sans cela. Au surplus, cette distinction, introduite par le droit romain pour déterminer le degré de soin dû à la chose d'autrui par le possesseur, est effacée par l'article 37 (titre *des Obligations conventionnelles en général*), qui veut que dans tous les cas ce possesseur soit tenu des soins *d'un bon père de famille*: heureuse et touchante expression qui rappelle tous les devoirs comme toutes les vertus.

2082 La conséquence naturelle de cette première obligation du créancier, c'est que, s'il abuse du gage, le débiteur peut, même avant de s'être libéré, en réclamer la restitution. Le créancier qui a manqué à la foi promise perd et son gage et le droit d'en demander un autre.

2080 Si le créancier est tenu des dépenses qu'exige la conservation du gage, le débiteur est obligé de lui en tenir compte, puisque, sans ces dépenses, il eût perdu sa propriété.

La seconde obligation du créancier consiste à rendre le gage après qu'il est payé. Il n'est affranchi de cette nécessité que dans le cas où le gage eût péri sans sa faute. S'il y a de sa faute ou de sa négligence, il doit la valeur de la chose. Il est aussi responsable des détériorations survenues par la même cause. Le projet de loi se réfère à cet égard au titre *des Obligations conventionnelles en général*.

2081 Enfin le créancier doit compte au débiteur des fruits et produits quelconques de la chose donnée en gage, ou des intérêts, s'il s'agit d'une créance.

Tels sont les droits et les obligations du créancier sur gage, à côté desquels se placent naturellement, comme je l'ai déjà dit, les obligations et les droits du débiteur.

Les dispositions qui les concernent ne sont d'ailleurs applicables ni aux matières de commerce, qui, liées à des vues supérieures de politique et d'administration, se régissent par des règles qui leur sont propres, ni aux maisons de prêt sur gage autorisées, dont l'utile et heureuse destination a fixé dans cette session même l'attention particulière du législateur.

Ainsi se termine cette première partie du projet de loi.

CHAPITRE II.
De l'Antichrèse.

L'antichrèse est, comme vous l'avez déjà vu, le nantissement d'une chose immobilière.

Ce genre de contrat était réprouvé par quelques-uns des anciens parlemens. Il n'en était pas question dans le projet de Code civil. La plupart des tribunaux consultés sur ce projet ont demandé que l'antichrèse obtînt une place dans la législation, et leur vœu a été rempli.

Tout ce qui tend en effet à faciliter les conventions, à multiplier et assurer les moyens de libération, est utile à la société, et sert tout à la fois les créanciers et les débiteurs. C'est sous ces rapports que l'antichrèse méritait de figurer dans le Code civil.

Le projet de loi veut que l'antichrèse ne s'établisse que par écrit. Tout ce qui tient à la disposition des immeubles doit être constaté de la manière la plus certaine et la plus invariable.

Presque toutes les dispositions relatives aux droits et obligations du créancier sur gage s'appliquent à celui qui a reçu un fonds en antichrèse, sauf les modifications qui résultent de la nature même de la chose donnée en nantissement, et sauf les différences dont il me reste à rendre compte, et dont l'explication terminera l'examen du projet de loi.

Pour bien sentir ces différences, il faut examiner l'antichrèse d'abord dans ses effets entre le créancier nanti et les autres créanciers, ensuite dans ses effets entre ce créancier et le débiteur.

Ib. et 2089. Nous avons vu, dans les dispositions relatives au gage, que le créancier qui en est saisi a un privilége et une préférence au préjudice des autres créanciers, non seulement sur les produits, s'il y en a, de la chose donnée en gage, mais sur la chose elle-même; et cela est fondé sur ce que le droit sur les meubles qui n'ont pas de suite par hypothèque accompagne toujours leur possession. Il en est autrement lorsqu'il s'agit d'un immeuble. L'hypothèque dont cet immeuble est grevé le suit dans quelques mains qu'il passe, et par conséquent dans celles du créancier qui le reçoit en antichrèse. Le privilége de ce créancier ne s'exerce donc que sur les fruits : quant au fonds, il ne vient que suivant l'ordre de ses priviléges et hypothèques, et comme tout autre créancier. S'il en était autrement, il serait au pouvoir des débiteurs d'anéantir les droits de leurs créanciers privilégiés ou hypothécaires ; et dès lors toutes les fortunes seraient incertaines et sans garantie, tous les fondemens de l'ordre social renversés.

2085-2089. Dans les effets de l'antichrèse entre le créancier nanti et le débiteur propriétaire de l'immeuble, le premier et le plus considérable est la faculté qu'acquiert *le créancier de percevoir les fruits de l'immeuble, à la charge de les imputer annuellement sur les intérêts, s'il lui en est dû, et ensuite sur le capital de sa créance.*

Ceux de nos anciens tribunaux qui, comme je l'ai déjà dit, rejetaient l'antichrèse, prétendaient que c'était un contrat usuraire, en ce que les fruits de l'héritage donné en nantissement pouvaient excéder les intérêts dus au créancier.

Ceux qui l'admettaient regardaient l'antichrèse comme une espèce de contrat aléatoire, à cause de l'incertitude des fruits, qui pouvaient être tantôt au-dessus, tantôt au-dessous des intérêts de la créance. Mais quand cette incertitude cessait, comme lorsqu'il y avait des baux à loyer ou à ferme, ou même lorsque, sans location ou ferme, les fruits surpassaient évidemment les intérêts, ces mêmes tribunaux imputaient l'excédant sur le capital.

Cette règle aussi sage qu'équitable a été adoptée par le projet de loi, puisqu'il charge le créancier d'imputer d'abord les fruits sur les intérêts, s'il lui en est dû, et ensuite sur le capital de sa créance.

On ne peut cependant se dissimuler que cette disposition semble, au premier aperçu, atténuée par celle du projet de loi, qui veut que, *lorsque les parties ont stipulé que les fruits se compenseront avec les intérêts, ou totalement, ou jusqu'à une certaine concurrence, cette convention s'exécute comme toute autre qui n'est point prohibée par les lois.*

Mais à ceux qui voudraient conclure de la première partie de cette disposition que toute convention de cette nature est autorisée, quelque disproportion qu'il puisse y avoir entre les fruits et les intérêts, on répondrait, d'après les termes de la seconde partie, que cette convention ne doit avoir son effet que *comme toute autre qui n'est point prohibée par les lois.* Cette disposition se combine avec l'article 34 du titre *du Prêt*, où il est dit que *l'intérêt légal est fixé par la loi, et que l'intérêt conventionnel peut excéder celui de la loi toutes les fois que la loi ne le prohibe pas.* C'est avec raison que le législateur s'est réservé dans ce titre le soin de fixer l'intérêt légal, et de prononcer sur l'intérêt conventionnel. Un Code qui aura la durée des siècles ne peut contenir des dispositions transitoires qui tiennent à des circonstances et à des rapports souvent indépendans de l'autorité. Nous savons et nous éprouvons que la diminution du prix de l'argent est tout à la fois un signe et un moyen de prospérité; qu'elle porte aux entreprises utiles; qu'elle favorise et multiplie les produits agricoles; qu'elle donne à l'industrie nationale les moyens de lutter avec succès contre l'industrie étrangère. Ces bienfaits vont s'affermir et s'accroître par l'effet de nos nouvelles lois.

Plus les capitalistes trouvent de sûreté dans les lois, plus l'intérêt de l'argent est modéré. Or quel peuple sur la terre pourra se glorifier d'avoir une législation qui donne plus de stabilité aux engagemens, qui assure plus de respect aux propriétés, qui prescrive des règles plus précises pour leur disposition, qui repose enfin sur des bases plus saines et plus morales?

Tout concourt donc à faire penser qu'on n'abusera pas du silence de la loi, tant qu'elle croira devoir le garder; et pour revenir au contrat qui nous occupe, la pudeur publique veillera à ce que le créancier n'y impose point des conditions trop onéreuses à son débiteur, en exigeant des fruits d'une valeur évidemment disproportionnée avec les intérêts qui lui sont dus.

2086 Un second effet de l'antichrèse entre le débiteur et le créancier, c'est l'obligation pour celui-ci de payer les contributions et charges annuelles de l'immeuble : ce sont des charges des fruits, et qui retombent par conséquent sur celui qui les perçoit. Il est tenu, comme le créancier sur gage, de 2087 pourvoir à l'entretien et aux réparations. Une disposition précise du projet de loi l'autorise à se décharger de toutes ces obligations, en remettant la jouissance de l'immeuble à son débiteur, s'il n'a renoncé à ce droit. Il est certain qu'à moins de stipulation contraire, on ne peut être tenu d'exécuter une convention qu'on n'a formée que pour sa sûreté et son avantage.

J'ai mis sous vos yeux toutes les dispositions du projet de loi; les règles de la morale et de l'équité y sont également respectées. Le Tribunat vous propose de le convertir en loi.

Le Corps législatif rendit son décret d'adoption dans la même séance, et la promulgation du titre eut lieu le 5 germinal an XII (26 mars 1804).

TITRE DIX-HUITIÈME.

Des Priviléges et Hypothèques.

DISCUSSION DU CONSEIL D'ÉTAT.

(*Procès-verbal de la séance du 7 pluviose an XII.* — 28 janvier 1804.)

Le Consul charge la section de législation de présenter, jeudi prochain 12 pluviose, les deux rapports qu'elle a préparés sur les deux systèmes du régime hypothécaire; savoir, celui proposé par les rédacteurs du projet de Code civil, et celui de la loi du 1er brumaire an VII.

Ces rapports seront imprimés.

(*Procès-verbal de la séance du 12 pluviose an XII.* — 2 février 1804.)

PREMIER RAPPORT DE LA SECTION DE LÉGISLATION.

M. Bigot-Préameneu, au nom d'une partie de la section de législation, fait l'exposé suivant des motifs du régime hypothécaire adopté dans le projet de Code civil.

Ce rapport est ainsi conçu :

Le nouveau système de la publicité et de la spécialité des hypothèques est-il préférable aux règles suivies dans cette matière jusqu'à la loi du 11 brumaire an VII ?

Les motifs qui s'opposent à ce que ce système soit adopté vont être exposés.

On rappellera quelle est, dans cette matière, l'ancienne législation que l'on propose de maintenir, et l'on discutera ensuite les questions de publicité et de spécialité.

SECTION 1re. — *État de la législation jusqu'à l'an VII.*

Un principe fondamental sur lequel il ne peut y avoir diversité d'opinions se trouve rappelé en tête de tous les projets de loi sur les hypothèques : *Quiconque s'est obligé personnellement est tenu de remplir son engagement sur tous ses biens mobiliers et immobiliers, présens et à venir.*

La conséquence de ce principe est que le crédit de celui qui contracte un engagement se compose, non seulement de ses immeubles, non seulement de tous ses biens actuels, mais encore de ceux que sa bonne conduite, que son industrie, que l'ordre naturel des successions peuvent lui faire espérer.

Les Romains, nos maîtres en législation, n'ont jamais fait la moindre dérogation à un principe aussi fécond dans ses heureux effets. Si, d'une part, ils ont voulu faire reposer la foi des engagemens sur tout ce que le débiteur possède et pourra posséder, ils auraient également cru porter atteinte au droit de propriété du débiteur s'ils l'avaient privé de l'avantage d'offrir, dans toute son étendue, la garantie qui est en son pouvoir.

Quant aux droits des créanciers entre eux, ils étaient réglés sur des principes d'équité.

Dans tous les temps il s'est trouvé des créanciers qui, non contens d'une obligation personnelle et générale, ont voulu rendre leur créance préférable à celle des autres créanciers. Ils ont exigé qu'on mît en leur possession des choses mobilières qui devinssent ainsi leur gage spécial, ou que le débiteur affectât, sous le nom d'hypothèque, tout ou partie de ses biens présens et à venir. Le débiteur n'était point dépossédé par l'effet de cette hypothèque, mais il ne pouvait disposer du bien hypothéqué qu'avec la charge dont il était grevé envers le créancier : celui-ci pouvait le suivre entre les mains des tierces personnes auxquelles il aurait été transmis, et son droit ne se perdait que par la prescription.

Ainsi le créancier avait, du moment où l'engagement était contracté, un droit réel sur le bien hypothéqué, droit considéré comme un accessoire à l'engagement, et qui conséquemment s'appliquait aux biens présens et aux biens futurs.

De là ces règles que le créancier hypothécaire est préféré à celui qui n'a qu'une obligation personnelle, et que, dans le concours de plusieurs créanciers hypothécaires, celui dont l'hypothèque remonte à une date antérieure est préférable.

Tel était l'ordre simple entre les créanciers qui avaient obtenu l'hypothèque par convention avec le débiteur ; mais il est aussi des engagemens qui, par leur objet, et par des principes d'humanité ou de justice, doivent être exécutés de préférence aux autres conventions, et conséquemment aux hypothèques qui en sont l'accessoire ; ce sont les créances qui par ces motifs sont mises comme privilégiées dans une classe à part. Il faut qu'à cet égard les règles de l'équité soient aussi impérieuses que certaines, puisqu'elles se retrouvent dans tous les temps et dans tous les Codes.

Il est encore des engagemens qui se forment sans convention et par l'autorité de la loi. Elle intervient alors pour conserver aux créanciers un droit que la nécessité de maintenir l'ordre public doit garantir ; et du moment que ce droit légal est établi, il ne doit plus dépendre du débiteur d'attribuer à un autre, par simple convention, un droit d'hypothèque qui puisse prévaloir.

Telles sont les hypothèques que la loi donne à la femme sur les biens de son mari, aux mineurs et aux interdits sur les biens des tuteurs, etc.

La force des jugemens n'eût été qu'illusoire si le condamné eût pu ensuite, par une simple convention d'hypothèques, donner sur ses biens un droit préférable : il était encore d'une nécessité absolue que les condamnations judiciaires, comme les engagemens légaux, eussent, suivant leur date, rang au nombre des dettes hypothécaires.

Telle est en peu de mots cette théorie simple qui, depuis tant de siècles, fixe les droits entre les créanciers et les débiteurs, et les droits des créanciers entre eux ; théorie fondée sur l'usage le plus étendu du droit de propriété, soit pour assurer le sort des créanciers, soit pour multiplier le crédit et les ressources du débiteur; théorie qui n'a jamais souffert d'altération chez le peuple le plus profond dans la science des lois civiles; théorie avec laquelle la France était parvenue au plus haut degré de prospérité; théorie qui ne peut être détruite ou altérée sans porter atteinte à l'ordre public, et spécialement au droit le plus sacré de tous, celui de la propriété.

Les changemens que la législation romaine avait essuyés en France avant la loi du 11 brumaire an VII n'avaient rien de contraire aux principes qui viennent d'être exposés.

Les Romains donnaient à l'hypothèque le même effet sur les meubles que sur les immeubles, et cette règle s'était conservée dans quelques parties de la France.

Mais on avait en général reconnu qu'il était très-difficile, ou le plus souvent impossible, de suivre les meubles dans les mains des tierces personnes auxquelles le débiteur les avait transmis. Cette sorte d'hypothèque a été regardée comme nulle, ou comme moins utile que nuisible au créancier, à cause de la difficulté de l'exercer. De là cette règle que les meubles *n'ont point de suite par hypothèque*, règle regardée comme si raisonnable, que, dans les divers projets de loi qui sont présentés, on la conserve.

A Rome, l'hypothèque pouvait s'établir par le seul effet d'une convention, sans qu'il fût besoin du ministère d'un officier public, et même sans écrit. L'empereur Léon exigea seulement qu'une pareille stipulation se fît en présence de trois témoins dignes de confiance.

En France, on a voulu que l'hypothèque eût une date certaine; et il a été statué que, pour la constater, il était nécessaire qu'il y eût un acte passé devant notaire ou reconnu en jugement.

Cette mesure a encore été, quelque parti que l'on prenne, regardée comme nécessaire.

Les partisans de la loi nouvelle ne cessent de répéter que,

par l'édit de 1771, on a créé, pour les hypothèques, un système qu'ils prétendent mettre en opposition avec celui de l'an VII.

L'édit de 1771 n'est qu'un règlement de procédure. On a voulu faire cesser l'abus des décrets volontaires.

Les lois sur les ventes forcées avaient établi que l'adjudication, précédée des formes prescrites, mettait l'adjudicataire à l'abri des recherches de tous les créanciers, de ceux même ayant hypothèque.

Mais, dans les ventes volontaires, l'acquéreur pouvait, suivant les règles ordinaires du droit, être inquiété pendant tout le temps que la loi donnait aux créanciers pour exercer leurs droits d'hypothèque. La crainte de laisser les acquéreurs dans une trop longue incertitude avait fait introduire l'usage de remplir, sous le nom de décret volontaire, les mêmes formalités que si le décret eût été forcé. L'acquéreur parvenait ainsi à rendre son immeuble libre des hypothèques dont le vendeur l'avait grevé; mais cette procédure, quoique longue et dispendieuse, n'était, dans la vérité, qu'un vain simulacre. D'une part, elle était onéreuse à l'acquéreur, et, de l'autre, les créanciers se trouvaient le plus souvent dépouillés de leurs droits sans avoir eu connaissance de ces poursuites illusoires.

Ce fut pour prévenir ce double abus qu'on voulut, par l'édit de 1771, donner aux ventes une publicité telle, que les créanciers pussent en être avertis. On imposa aux acquéreurs l'obligation d'afficher leurs contrats pendant deux mois, et de les notifier aux créanciers qui auraient formé leurs oppositions aux bureaux des hypothèques. Au moyen de ces formalités, qui, sans contredit, étaient préférables au décret volontaire, les acquéreurs recevaient, sous le titre de lettres de ratification, un acte d'affranchissement de toutes les hypothèques des créanciers qui auraient négligé de s'opposer avant le sceau de ces lettres. (Art. 7.)

Dans ce système, l'opposition n'était point nécessaire pour

établir le droit d'hypothèque, mais seulement pour l'exercer sur le prix de l'immeuble vendu, et les créanciers n'étaient point payés suivant l'ordre des oppositions, mais suivant la date de leurs hypothèques. Le droit des créanciers était conservé lors même qu'ils n'avaient point formé d'opposition avant l'aliénation de l'immeuble, pourvu qu'ils s'opposassent avant le sceau des lettres. Ils étaient regardés comme suffisamment avertis par une affiche dans l'auditoire pendant deux mois; et la peine de leur négligence était d'être privés du droit qu'ils auraient eu dans la distribution de l'immeuble vendu, lorsqu'ils ne se présentaient pas à cet appel. On n'avait cependant pas cru pouvoir mettre ainsi les acquéreurs à l'abri des hypothèques légales qui sont énoncées dans l'édit.

La forme de déchéance, établie par cet édit, était sans doute sujette à des inconvéniens: les rédacteurs du projet de Code sont les premiers à désirer que de meilleurs moyens lui soient substitués; il leur suffit d'avoir observé que la loi de 1771 n'a eu aucunement pour objet d'établir un nouveau régime d'hypothèque, et qu'il ne porte aucune atteinte aux principes en cette matière.

Changer le mode de créer les hypothèques, vouloir que de simples hypothèques, si elles sont inscrites, l'emportent, malgré l'évidence de l'équité, sur des priviléges résultant de la nature même de la créance, réduire le débiteur à n'offrir pour gage que ses biens présens, ne l'autoriser à hypothéquer tous ses biens présens qu'avec des formalités ruineuses, voilà ce qu'on doit appeler une grande et effrayante innovation, et ce qui doit encore être ainsi qualifié lorsque l'on compare son existence depuis cinq ans avec plus de vingt siècles, pendant lesquels il n'est point à croire que l'on ait méconnu quels sont les droits respectifs des débiteurs vis-à-vis des créanciers, et des créanciers entre eux, et quel est le régime le plus convenable soit au crédit général, soit à l'ordre public.

Cependant les auteurs de la loi de l'an VII ont cru qu'il n'y aurait de propriété en France que sous les conditions suivantes :

La première, qu'aucune hypothèque ou privilége n'aurait d'effet que du jour de l'inscription sur un registre public ;

La deuxième, que chaque créancier serait tenu de se contenter d'une hypothèque spéciale.

SECTION II. — *De la Publicité des hypothèques.*

§ Ier. *Divers Essais du fisc pour établir cette publicité.*

L'idée de la publicité des hypothèques n'est point nouvelle ; les gens de finances ont depuis très-long-temps provoqué ce régime, avec la perspective que ce serait pour le fisc une mine très-riche à exploiter. Elle a été introduite dans la Belgique et dans quelques parties de la France par les seigneurs de fiefs, sous le nom de *nantissement*, pour multiplier leurs droits de mutations.

L'origine du contrôle des actes remonte à Henri III. Un édit du mois de juin 1581 créa dans chaque siége royal un office de contrôleur des titres, pour enregistrer tous les contrats qui excéderaient cinq écus de principal, ou trente sous de rente foncière ; et l'on mit, pour peine du défaut de contrôle et d'enregistrement de ces actes, qu'ils n'emporteraient point de droit de propriété ni d'hypothèques.

On ne songeait certainement pas dans cette loi à établir le crédit général : les offices ne purent être établis que dans un petit nombre de lieux ; l'opinion publique l'emporta, l'édit fut révoqué en 1588.

Le moyen d'assurer la date des actes par le contrôle fut reproduit et mis à exécution sous le règne de Henri IV ; mais il ne fut plus question de faire dépendre de cette formalité les hypothèques et la transmission de propriété.

Le fisc avait réussi à établir le contrôle en présentant un motif d'utilité, celui d'assurer la date des actes ; il fit en

1673, à cette époque où Louis XIV épuisait tous les moyens d'asseoir des impôts, un nouvel essai, sous le prétexte de conserver les fortunes en assurant les hypothèques, et de donner aux débiteurs solvables les moyens de constater leur solvabilité en garantissant leurs biens d'être consumés en frais de justice.

L'édit du mois de mars 1673 créa des greffes où les créanciers devaient former leurs oppositions, et ces oppositions devaient contenir les sommes ou les droits pour lesquels elles étaient formées.

Les hypothèques enregistrées sur les biens présens dans le délai de quatre mois, à compter de la date des titres, et dans un pareil délai, à compter du jour où de nouveaux biens surviendraient au débiteur, étaient préférées aux hypothèques antérieures ou même privilégiées qui n'auraient pas été enregistrées.

Les créanciers avaient aussi un délai de quatre mois en cas de mort du débiteur, pour obtenir par l'enregistrement la préférence sur les créanciers personnels de l'héritier.

Les créanciers en sous-ordre étaient admis à se conformer au même régime.

L'enregistrement avait son effet sans qu'il fût besoin de le renouveler.

Les hypothèques non enregistrées venaient dans l'ordre de leurs dates sur les biens restans.

Les titres de propriété des biens survenus aux débiteurs étaient notifiés aux créanciers dont les hypothèques étaient enregistrées.

On dispensa de l'enregistrement les hypothèques légales sur les biens des maris, des tuteurs, des comptables de deniers publics, des receveurs de consignations, etc.

Ces principales dispositions de l'édit de 1673 suffisent pour convaincre que le crédit public et le droit de propriété y étaient beaucoup moins compromis que dans le nouveau système.

Les partisans de la loi de l'an VII disent que si cet édit fut retiré l'année suivante, il faut l'imputer aux brigues du parlement. Ils citent le testament politique de Colbert, dans lequel on lit que « le parlement, qui tirait sa substance des
« cent têtes de l'hydre, craignit qu'elle ne les perdît; qu'il
« voulut favoriser les gens de la cour, qui n'eussent pu
« trouver des ressources quand leurs affaires eussent été dé-
« couvertes. »

Personne n'ignore que le livre qui a paru sous le titre de *Testament de Colbert* n'est point en général regardé comme l'ouvrage de ce grand ministre : on en est même encore plus persuadé à la lecture d'un passage qui ne présente que de l'animosité, des faits erronés, des idées fausses.

C'est en 1673 que le parlement est accusé d'avoir voulu sacrifier le bien public à la chicane, lorsqu'il venait de concourir à ces ordonnances célèbres, devenues des modèles de sagesse et de simplicité, et qui avait détruit, autant que l'intelligence humaine le permettait, l'hydre de la chicane. On n'a point reproché aux parlemens, jaloux de leur pouvoir, d'être d'accord avec les gens de cour. Colbert n'eût point dit que, pour les favoriser, il fallait les laisser se ruiner de fond en comble. En effet, lorsqu'ils empruntaient au-delà de leurs facultés, le moment de la déconfiture arrivait, et la famille perdait sa vraie puissance, celle de la richesse.

Ce n'est point à ces motifs vagues et dénués de fondement qu'il faut attribuer la révocation de l'édit de 1673. Une réclamation universelle en démontra l'injustice et les inconvéniens.

Son premier défaut était d'être impraticable.

« Cette loi, dit Basnage (*Traité des Hypothèques,* chap. Ier),
« était si bursale et si difficile à exécuter, qu'elle n'a point
« eu d'effet. »

On voulait rendre les hypothèques publiques, afin que le créancier connût pour quelle somme le bien était déjà grevé d'hypothèques antérieures; et l'on ne songeait pas que les hypothèques les plus nombreuses sont affectées à des créances indéterminées.

Elle ne procurait point aux créanciers la sûreté promise, puisque, dans le délai de quatre mois, donné pour inscrire les hypothèques sur les registres, on pouvait y porter des hypothèques antérieures et que le dernier prêteur ignorait.

Il ne restait de certain que la surcharge d'un nouvel impôt, et la loi de l'an VII n'a point encore eu d'autre résultat.

Les auteurs de cette dernière loi avaient sous les yeux le tableau des malheurs de tout genre dont les créanciers n'ont cessé d'être accablés pendant la révolution. Non seulement les débiteurs avaient payé avec un papier-monnaie déprécié ou de nulle valeur, mais encore ils continuaient à employer sans pudeur les moyens les plus répréhensibles pour tromper leurs créanciers.

La nation a paru aux législateurs dépravée au point qu'il ne restait plus, pour rétablir la bonne foi, d'autre ressource que celle de chercher à enchaîner les débiteurs de manière que la fraude devînt impossible. Ils n'ont vu, pour y parvenir, d'autre moyen que de réduire toutes les transactions avec hypothèque à la forme d'un prêt sur gage public et spécial. Ils ont cru que la publicité donnerait aux créanciers une connaissance certaine de l'état de la fortune de leurs débiteurs, et les mettrait à l'abri de toute inquiétude sur des hypothèques antérieures. Il est impossible d'atteindre ainsi ce but ni même d'en approcher.

§ II. *Effets de la publicité.*

1°. Insuffisance de ce moyen pour constater la fortune des débiteurs.

Il faut distinguer plusieurs causes principales des transactions qui opèrent la circulation générale.

Au premier rang sont les transactions commerciales et industrielles, qui, fort heureusement, se font presque toutes sans recourir à des hypothèques, et pour lesquelles les seules règles de l'équité ont été conservées dans leur pureté : il n'est point ici question de ce genre de créance.

Au second rang, pour le nombre et l'importance, doivent être placées les hypothèques légales.

Ce ne sont pas quelques personnes seulement, mais des classes entières de citoyens, dont les biens sont grevés de ces hypothèques :

1°. Les maris pour sûreté des droits de leurs femmes ;

2°. Celui des époux qui survit avant la majorité de tous ses enfans, ce qui est dans le cours ordinaire de la nature ;

3°. Tous les autres tuteurs soit de mineurs soit d'interdits ;

4°. Tous les héritiers acceptant des successions sous bénéfice d'inventaire ;

5°. Tous les comptables de deniers publics ;

6°. Tous les dépositaires de justice.

Au troisième rang sont les hypothèques conventionnelles ; elles se sous-divisent en deux classes.

L'une comprend les engagemens pour des sommes déterminées ;

L'autre classe se compose des obligations qui peuvent être indéterminées, soit relativement à la quotité, soit parce qu'elles dépendent d'une condition ou d'un événement incertain.

Telles sont les garanties, en cas d'éviction totale ou partielle, en matière de vente ou de partage ;

Les obligations contractées sous la condition qu'un événement arrivera ou n'arrivera pas, et en général sous des conditions suspensives ou résolutoires ;

Les libéralités faites pour le cas de survie ;

Les obligations dont l'objet est susceptible d'une liquidation plus ou moins longue, plus ou moins incertaine.

Au quatrième rang sont les hypothèques judiciaires, dont un très-grand nombre est encore ou indéterminé ou incertain.

Elles sont indéterminées lorsque les jugemens portent des

condamnations à des sommes non liquides, à des restitutions de fruits, à des dommages et intérêts, à des redditions de compte, à des garanties éventuelles de valeurs incertaines.

Les hypothèques judiciaires incertaines sont celles que donnent les jugemens qui, rendus par défaut ou susceptibles d'appel, peuvent être réformés.

On ne saurait contester que la quantité des hypothèques indéterminées ne soit immense, et que le nombre des maris, des tuteurs, des comptables, ne soit pas beaucoup plus considérable que celui des emprunteurs par hypothèque.

Il faut de plus observer que, par la nature des obligations que garantissent les hypothèques légales, elles sont d'une longue durée.

Les hypothèques que la loi a établies au profit des femmes ne doivent cesser qu'avec le mariage; les hypothèques au profit des mineurs durent jusqu'à ce que les comptes de tutelle aient été rendus et soldés; celles au profit des interdits, pendant toute leur vie; celles au profit du trésor national, pendant la gestion des comptables.

Si, d'une part, les obligations pour prêt se renouvellent, cela est plus que balancé par la longue durée des engagemens indéterminés.

Le résultat final et certain est que la plus grande masse d'immeubles est habituellement grevée d'hypothèques indéterminées, et que, par ce motif, on ne peut connaître la situation de la fortune du plus grand nombre de propriétaires.

Cet obstacle au nouveau projet est insurmontable : c'est en vain que ses auteurs cherchent à l'éluder en proposant de soumettre à une évaluation une partie des hypothèques indéterminées.

2°. Les hypothèques indéterminées ne sont pas susceptibles d'évaluation.

C'est une mesure que l'on n'avait même pas cru pouvoir

admettre dans la loi de l'an VII ; il serait impossible de l'exécuter : elle causerait des procès sans nombre ; elle ne saurait être favorable ni au créancier ni au débiteur.

Les hypothèques indéterminées ne sont pas susceptibles d'évaluation, même approximative. Comment apprécier les droits qui peuvent, pendant tout le cours du mariage, devenir l'objet de l'hypothèque d'une femme sur les biens de son mari ? Comment prévoir les résultats d'une mauvaise administration, les droits qu'il aura laissé prescrire, les biens qui surviendront à la femme par succession ou autrement, et qu'il n'aura ni constatés ni conservés ; en un mot, tous les genres de fautes dont il est responsable?

Comment évaluer les gains nuptiaux qui dépendent de l'événement de la survie?

La responsabilité des tuteurs n'est ni moins étendue ni moins incertaine ; et il serait également impossible d'évaluer à une somme fixe la dette éventuelle des comptables ou des dépositaires publics.

Mais d'ailleurs quel serait le mode possible d'exécution? quel est le genre d'arbitrage ou d'expertise qui serait employé pour fixer l'hypothèque d'une femme ou d'un mineur?

Il n'y aurait pour une semblable opération aucune base. Les femmes et les mineurs ne seraient-ils pas exposés à des risques évidens, si l'on jugeait du mari ou du tuteur par les apparences, qui sont toujours favorables à l'époque où le mariage et la tutelle commencent, et si l'on calculait sur les biens alors existans, tandis que le plus souvent, la fortune, s'accroissant pendant le mariage et pendant la tutelle, exige une garantie plus forte? La loi, plus sage et plus prévoyante, a jusqu'ici établi cette hypothèque sur tous les biens présens et à venir ; elle ne peut donc pas être évaluée.

Des contestations scandaleuses s'élèveraient, ou plutôt les parens eux-mêmes de la femme ou du mineur aimeraient mieux éviter toute discussion en se rendant trop faciles, que d'ouvrir ainsi l'arène judiciaire pour une évaluation de biens et de droits respectifs de la femme contre le mari au moment même du mariage, de l'enfant contre son père ou sa mère au moment où la nature les appelle à se témoigner plus d'affection et à se consoler d'un malheur commun.

L'évaluation des autres hypothèques indéterminées serait également presque toujours impossible.

Comment prévoir à quel degré seront responsables des comptables de deniers publics, des héritiers négligens ou infidèles, qui accepteront des successions sous bénéfice d'inventaire? Comment prévoir quel sera le résultat d'une liquidation? etc.

Cependant les auteurs du nouveau projet reconnaissent que, sans évaluation, la publicité des hypothèques ne serait rien pour les tiers, auxquels il serait inutile de savoir qu'il y a une hypothèque s'ils ignoraient pour quelle somme l'héritage serait grevé ; mais ils croient pouvoir autoriser des opérations purement arbitraires, et ils en donnent pour motifs que « la dette principale n'a pas besoin d'une estimation « anticipée, mais que l'hypothèque n'est qu'une sûreté, un « cautionnement qui survient à la dette et l'appuie ; que « c'est là ce qui doit être limité à une somme déterminée à « forfait, selon le plus ou le moins d'étendue probable de la « dette. »

C'est ainsi que, pour lever un obstacle insurmontable, ils oublient ce que l'on entend par hypothèque, ils en dénaturent l'idée. Ce n'est pas la personne du débiteur qui peut répondre d'une dette, ce sont ses biens. Ses biens ne sont point un accessoire de la dette, un cautionnement ; ils sont la matière directe de l'engagement. L'hypothèque est encore moins un cautionnement ; elle n'a pour objet que d'assurer le droit acquis sur les biens par la priorité de date. Évaluer à forfait la partie des biens sur laquelle le créancier conservera son droit de priorité, c'est altérer ce droit ; c'est soustraire une partie de la matière de la dette ; c'est faire un nouveau contrat entre lui et le débiteur ; contrat qui d'ailleurs serait illicite, lorsqu'il s'agit d'une hypothèque, qui, créée par la loi et par des considérations d'ordre public, ne doit pas dépendre d'une convention.

Il reste donc pour constant, d'une part, que la plus grande masse des immeubles est grevée d'hypothèques indéterminées, et de l'autre que toute évaluation de ces hypothèques serait impossible et injuste.

Or, les partisans de la publicité reconnaissent eux-mêmes qu'elle est inutile si elle ne fait pas connaître l'étendue des engagemens du débiteur; ainsi ce système manque par sa base.

3°. *Le système de publicité est une interdiction aux familles de garder le secret de leurs affaires.*

Ne devrait-on pas encore être arrêté par la crainte de dépouiller les familles de la faculté de garder le secret de leurs affaires?

Ce secret a toujours été regardé comme un des principaux droits de la liberté individuelle.

Il n'est presque aucune affaire, aucun événement de famille, qui ne soit l'occasion d'une hypothèque.

Il faudrait, pour exiger de tous les citoyens une renonciation absolue à tout secret sur ce qu'ils ont de plus intime et de plus précieux, non seulement qu'il n'y eût pas de doute sur l'utilité d'un pareil dévoilement, mais encore que la nécessité en fût clairement démontrée.

Dire qu'on ne peut désirer de conserver le secret de ses affaires sans être de mauvaise foi, c'est une proposition démentie par ce sentiment que les hommes les plus probes ont de tout temps éprouvé, et par leur conduite habituelle.

S'il se trouve des emprunteurs qui abusent d'un pareil secret, doit-on sacrifier le droit général à la crainte qu'inspirent les gens de mauvaise foi? Devrait-on écouter celui qui porterait le mépris de ses concitoyens au point de supposer que les fripons composent la généralité, et que les gens honnêtes ne font qu'une exception? Est-ce sur une pareille théorie que l'on peut faire des lois?

Mais, d'ailleurs, le propriétaire que l'on voudrait ne point admettre à emprunter avec hypothèque, si pendant toute sa vie il n'avait mis au plus grand jour toutes les transactions qui peuvent grever son patrimoine, ne devrait-il pas rester le maître de dire : « Je consens de subir cette incapacité ;
« j'aime beaucoup mieux ne trouver jamais à emprunter que
« sur mon crédit personnel ; il sera pour moi plus avanta-
« geux. Mais lorsque je me soumets à l'interdiction que vous
« prononcez, ne me dépouillez pas de mes droits de privi-
« lége ou d'hypothèque, parce que je ne vous aurai pas rendu
« par une inscription le compte public de toutes mes af-
« faires ; compte qui nuit à mes intérêts, qui n'est à mes yeux
« qu'une inquisition odieuse, et dont on peut abuser contre
« moi. »

SECTION III.—*De l'Inscription considérée comme moyen d'établir les hypothèques.*

Incompatibilité de ce moyen avec le droit de propriété.

Supposons qu'il soit possible de procurer au créancier une parfaite sécurité en exigeant des inscriptions publiques ; on ne doit pas employer un pareil moyen s'il ne peut se concilier avec les principes du droit de propriété.

Ne les renverse-t-on pas ces principes en proposant qu'un privilége, qu'une hypothèque légale, n'aient point d'effet sans inscriptions?

Et d'abord, quel est le fondement des priviléges? Ils n'en ont pas d'autre que des motifs d'humanité, ou un motif évident d'équité.

Ainsi, c'est par humanité que l'on donne privilége aux médecins, aux chirurgiens, aux pharmaciens et pour les frais quelconques de dernière maladie, à ceux qui fournissent des subsistances ; les frais funéraires seraient dus par privilége, même chez le peuple le moins civilisé.

C'est à la fois sur l'humanité et sur l'équité qu'est établi le privilége du propriétaire.

C'est sur la foi publique que repose le privilége sur les biens des fonctionnaires publics coupables d'abus ou de prévarications.

C'est par l'évidence de l'équité que se forment les priviléges du vendeur ou de celui qui a fourni le prix de la vente sur l'immeuble vendu, du cohéritier sur les immeubles de la succession, de l'entrepreneur et de l'ouvrier sur les bâtimens qu'ils construisent.

Les priviléges du trésor public sont dans un ordre supérieur à celui des intérêts privés.

Les partisans du nouveau système consentent de ne pas exiger d'inscription pour quelques créances privilégiées, à cause de leur peu d'importance. Cette idée arbitraire n'obtiendra point la préférence sur des principes d'éternelle justice.

Lorsqu'un privilége est fondé sur l'humanité, celui qui fait l'acte d'humanité a, dès ce moment, un droit acquis; l'existence d'un droit acquis ne doit pas dépendre d'une formalité.

Comment persuadera-t-on que la loi elle-même ne commettrait pas une injustice si un propriétaire, si un vendeur ou celui qui a fourni le prix de la vente, étaient privés, par un simple défaut de formalité, d'un gage que nul autre ne peut avoir comme eux?

Il n'est pas douteux que tout est facile à celui qui a le droit de faire la loi, et que quand elle sera promulguée, le créancier, celui même qui sera privilégié, et qui ne l'exécutera point, sera en faute; mais la loi ne doit faire que ce qui est juste; elle peut établir des formalités pour créer ou constater des obligations; elle ne doit pas faire dépendre d'une simple formalité des droits acquis par la nature des choses. Elle doit plutôt éviter de compromettre les droits de l'humanité et de l'équité, que de procurer des facilités pour des emprunts éventuels. Agir autrement, c'est ébranler l'ordre social plutôt que l'établir.

Enfin il est des priviléges qui intéressent la nation entière; ce sont ceux sur les biens des personnes qui ont le maniement des deniers publics, et sur ceux des contribuables.

Il est à désirer que l'on puisse maintenir la règle qui soumet le gouvernement, pour tout ce qui a trait à la propriété, aux mêmes règles que les simples citoyens. L'expérience seule apprendra s'il n'y a pas trop d'inconvéniens à faire dépendre les revenus de l'État de l'infidélité ou de la négligence de ses agens ; et s'il est même possible que ces agens connaissent tous les biens que des comptables acheteront dans des lieux plus ou moins éloignés de leur résidence; si ces comptables auront sur les lieux des supérieurs qui les surveillent; en un mot, si l'on devrait imposer aux agens du trésor public une formalité qui pourrait être impossible dans l'exécution.

Nous dira-t-on que le bien public exige que le créancier privilégié remplisse cette formalité; que, malgré toute la faveur de son droit, il ne doit pas laisser son débiteur dans une sorte d'interdiction; et que ordonner une inscription pour former le privilége, ce n'est pas imposer une plus grande gêne que d'exiger, comme le fait l'édit de 1771, une opposition avant les lettres de ratification ?

On répond que le bien public exige encore bien plus impérieusement que les droits fondés sur l'humanité ou sur un motif d'équité incontestable soient toujours respectés. Malheur à la nation qui, pour seconder des vues de commerce ou d'industrie, commencerait par violer dans les lois ce que la bonne foi, ce que le droit de propriété, auraient de plus sacré !

Mais il n'est point vrai qu'il soit nécessaire de mettre cette entrave aux priviléges, pour qu'un débiteur ne tombe pas dans l'état d'interdiction. Les débiteurs de créances privilégiées ont-ils jamais imaginé qu'ils fussent dans un pareil état ?

Il faut même observer ou que les dettes privilégiées ne sont pas d'une grande importance dans la fortune du débiteur, ou que, si ces dettes s'élèvent à des sommes considérables, il est toujours facile au prêteur de les connaître. Les priviléges sur immeubles les plus ordinaires et les plus importans sont ceux des vendeurs, des bailleurs de fonds, des cohéritiers ; ces priviléges seront toujours facilement connus par la demande de communication des titres de propriété de l'acquéreur ; et cette précaution, usitée avant la loi de l'an VII, était regardée comme suffisante pour la sûreté d'un créancier postérieur.

L'inscription exigée pour établir un privilége ne peut être assimilée avec les oppositions prescrites par la loi de 1771.

Que l'acquéreur soit autorisé à faire l'appel de tous les créanciers pour s'acquitter, aucun n'a droit de se plaindre ; la juste peine de la négligence est que le prix de l'immeuble vendu soit distribué aux créanciers opposans. Il est présumé consentir à cette distribution, et se contenter d'exercer son action sur les autres biens. Si l'immeuble dont le prix aurait été distribué n'est pas celui sur lequel repose le privilége, il le conserve nonobstant le défaut d'opposition ; si c'est le même immeuble, il lui reste encore pour sa sûreté une hypothèque sur les autres biens. En un mot, la loi de 1771 ne porte aucune atteinte aux règles d'humanité ou d'équité qui constituent les priviléges.

Quant aux simples hypothèques, on ne peut les faire dépendre d'une inscription sans oublier que, par la nature des engagemens, il existe un droit acquis au profit du créancier le premier en date ; *qui prior est tempore, potior est jure*. Ce n'est point une simple considération d'équité, c'est un droit positif ; *potior est jure*.

Pour éviter toute incertitude sur les dates, on avait réglé en France que nulle hypothèque ne pourrait être établie que par un acte authentique ou par un jugement ; mais il suffisait que le droit de priorité fût ainsi constaté pour qu'il fût acquis sur tous les immeubles, sans qu'il pût y en avoir d'exceptés.

Dans le système où l'hypothèque n'est point acquise par le contrat, mais seulement par une inscription sur chaque immeuble, le droit de priorité n'existe plus qu'altéré et dénaturé, lorsqu'un créancier qui voudrait avoir pour gage tous les biens de son débiteur ne les connaît pas, ou lorsqu'un créancier postérieur s'inscrit avant celui qui devait avoir le premier rang.

Ces observations sont communes à toutes les hypothèques; il en est de particulières aux hypothèques légales et judiciaires.

Ce n'est pas seulement pour l'intérêt privé des parties que les hypothèques légales ont été établies indépendamment de leurs conventions; c'est encore par des motifs d'ordre public.

Ces motifs furent regardés, en 1673, comme assez puissans pour ne pas faire dépendre d'un enregistrement de semblables hypothèques, et pour en excepter plusieurs dans l'édit de 1771.

Si, à cette dernière époque, les mineurs furent déclarés déchus de leur droit à la distribution du prix de l'immeuble vendu, lorsque le tuteur ne s'était pas opposé, c'est parce que celui qui a un droit à exercer contre un mineur peut le poursuivre dans la personne du tuteur; et que l'acquéreur ayant le droit de se libérer ne devait pas en être privé par la négligence du tuteur averti dans les formes légales.

Mais la loi serait en contradiction avec elle-même si d'une part elle déclarait que l'ordre public exige que le droit d'hypothèque soit inhérent à telle créance, tandis que d'une autre part elle ferait dépendre cette hypothèque d'une inscription qui pourrait être involontairement ou même volontairement omise. Ce serait créer d'une main ce que l'on détruirait de l'autre.

A l'égard des femmes, la réclamation est générale en leur

faveur. L'expérience a appris que non seulement, à l'époque du changement de loi, en l'an VII, mais encore depuis que le système nouveau est en pleine activité, cette classe, formant une moitié de la société, et jusqu'alors protégée, a été en grande partie dépouillée sans retour de ses biens.

Les femmes n'ont aucune part à la formation ni à l'exécution de la loi. On ne peut pas supposer qu'elles la connaîtront mieux à l'avenir. Elles sont, sous tous les rapports, dans la dépendance de leurs maris, intéressés à ce que les formalités ne soient pas remplies ; et parmi ceux même qui ne voudraient pas faire tort à leurs femmes, combien n'en est-il pas qui négligent ou qui regardent comme inutile la formalité de l'inscription? Et c'est en vain que des malheurs imprévus font ensuite regretter de ne l'avoir pas remplie.

On a établi pour droit général la communauté de biens, qui donne au mari, dans son administration, une telle autorité, que les femmes sont dans l'impuissance même de payer les frais de l'inscription, sans laquelle leur patrimoine est perdu.

Pourrait-on n'être pas indigné en voyant une femme ainsi dépouillée du patrimoine qu'elle aurait apporté, et qui serait livré aux créanciers envers lesquels il aurait plu au mari de s'obliger, et qui pourraient même être de collusion avec lui !

Voudrait-on rendre responsables du défaut d'inscription les parens qui dotent? Mais déjà on a statué que les pères et mères eux-mêmes ne sont pas obligés de doter ; à plus forte raison ne doivent-ils pas être responsables de la dot.

Si les femmes qui se marient avant leur majorité ont perdu leurs pères et mères, le tuteur ne peut pas avant le mariage couvrir d'inscription les biens du futur époux ; les devoirs et les droits de ce tuteur cessent aussitôt que le mariage est célébré ; on ne peut plus alors faire concourir son autorité avec celle du mari.

Les immeubles restent ordinairement dans les mains des pères et mères lorsqu'ils marient leurs enfans. Le mari n'aura point alors de biens sur lesquels la femme puisse prendre inscription. Il serait injuste que des créanciers pussent s'inscrire avant elle sur les biens qui écherraient au mari et dont souvent elle n'aurait même pas connaissance. Observez enfin qu'il s'est toujours fait un assez grand nombre de mariages sans que les conditions en aient été réglées par un contrat; aucune loi ne l'exige encore, le système des inscriptions en imposerait la nécessité. C'est, en oubliant la nature de l'hypothèque légale, mettre une gêne aux mariages, lorsque tout devrait tendre à les favoriser.

Les mineurs ont le plus souvent pour tuteur le survivant des père et mère. Il faut toujours éviter de mettre en opposition d'intérêts les maris et les femmes, les enfans et leurs pères ou mères. La paix des familles constitue le bonheur public : cette idée morale et politique a été jusqu'à présent suivie dans la composition du Code, et elle a eu l'assentiment général ; on s'en écartera si l'on fait dépendre d'une inscription la fortune des femmes et des mineurs ; c'est, au lieu de la paix, établir dans les familles l'injustice, la fraude et la discorde.

Quant aux hypothèques judiciaires, elles ont été établies pour que l'autorité de la chose jugée ne fût pas compromise par les hypothèques que la partie condamnée, ou sur le point de l'être, accorderait à un tiers qui deviendrait ainsi préférable. Le système dans lequel une condamnation ne doit donner l'hypothèque que par l'inscription donne à la fraude plus de facilité qu'elle n'en eut jamais.

SECTION IV. — *De l'Inscription considérée comme moyen de publicité des hypothèques.*

1°. Inutilité de l'inscription des hypothèques légales.

2135. Le motif pour lequel on veut exiger l'inscription est l'intérêt des créanciers postérieurs. C'est, à l'égard des hypothèques légales, une formalité inutile.

L'état de femme mariée n'est-il pas rendu complétement notoire par les solennités qui l'accompagnent et par la cohabitation des époux? La qualité de tuteur, celle de comptable, ne sont-elles pas publiques? Il ne résulte donc, pour les autres créanciers, aucun avantage réel de cette inscription ; et c'est de cette vaine formalité que l'on veut faire dépendre le sort des femmes, des mineurs, et le recouvrement des deniers publics.

Les réflexions qui viennent d'être faites sur la nature et sur l'objet des hypothèques légales avaient arrêté, en 1673, les premiers auteurs du système de la publicité des hypothèques. On dispensa de l'enregistrement les hypothèques des mineurs sur les biens des tuteurs pendant la minorité ; et les mineurs eurent une année, à compter de leur majorité, pour remplir cette formalité.

2°. De la nécessité d'un délai pour l'inscription.

Les partisans du système de publicité se trouvent entre deux écueils : ou ils donneront un certain délai pour s'inscrire, et alors celui qui contracte ignore quels sont les créanciers antérieurs qui peuvent lui être préférés par une inscription prise dans ce délai, ou bien ils ne donneront l'hypothèque que du moment de l'inscription, et dès lors le créancier, ayant une hypothèque légale ou judiciaire, est dans l'impossibilité de conserver son droit.

En 1673, on crut qu'il était indispensable de donner un certain délai pour l'enregistrement des titres hypothécaires ; ce délai fut fixé à quatre mois pour avoir hypothèque sur les biens présens, et à pareil délai pour étendre cette hypothèque aux biens qui survenaient au débiteur par acquisition, succession ou autrement.

On avait ainsi, dans cette loi, maintenu le principe suivant lequel le débiteur peut donner et le créancier prendre pour gage tous les biens présens et futurs; mais, d'une autre part, le créancier, ainsi qu'on l'a observé, avait à craindre, lorsqu'il contractait, que des créanciers antérieurs, à l'égard desquels le délai de quatre mois ne serait pas encore expiré, n'obtinssent la préférence par l'enregistrement fait dans ce délai.

On a voulu, dans la loi de l'an VII, parer à cet inconvénient : on ne donne aucun délai au créancier; son hypothèque n'a d'effet que du jour de l'inscription.

S'agit-il d'une hypothèque légale ou judiciaire? c'est mettre le créancier dans l'impossibilité de conserver sa propriété. En effet, on ne peut pas supposer qu'il connaisse ainsi, sur-le-champ, tous les biens de son débiteur; que ces biens soient à sa portée : jamais on ne doit faire dépendre le droit de propriété d'une formalité, sans constituer en demeure, par un délai suffisant, celui qui, étant tenu de la remplir, la négligerait. Et dans quel cas écarte-t-on ce principe? c'est lorsqu'on prononce la peine la plus rigoureuse, celle de la perte de la propriété.

3º. De la possibilité de la fraude, lors même qu'il n'y a pas de délai pour l'inscription.

S'agit-il d'une hypothèque pour prêt? le prêteur ne peut, dans le cas même où il n'y a pas de délai pour inscrire, être assuré qu'un autre créancier ne sera pas plus prompt que lui à prendre une inscription sur un immeuble éloigné du lieu où le contrat aura été fait; le prêteur, tourmenté par cette inquiétude, ne veut point délivrer la somme avant qu'il lui soit prouvé que son inscription sera utile.

Mais la loi qui lui impose la nécessité de s'inscrire n'a aucun moyen de le mettre à l'abri de la mauvaise foi. Il ne peut même pas faire deux actes, dont l'un, qui ne serait qu'une promesse de prêter, serait inscrit, sauf ensuite à réaliser le prêt : on ne peut prendre d'hypothèque sur une simple promesse de prêt.

Les parties ne croient pouvoir sortir de cette perplexité qu'en faisant un acte faux. On y suppose que la somme a été versée à l'emprunteur : elle reste déposée dans les mains du notaire pour n'être délivrée qu'après l'inscription. Déjà il est notoire que l'usage d'un moyen aussi répréhensible s'introduit ; on croit pouvoir en rejeter l'odieux sur une loi impossible à pratiquer.

Quel contraste entre cette loi, qui provoquerait au crime de faux, et qui dans l'opinion publique semblerait l'excuser, et celles qui ont prononcé les peines les plus rigoureuses pour sauver la société de ce dangereux fléau !

Il est impossible de maintenir un système dans lequel le prêteur, pour se garantir de la mauvaise foi de l'emprunteur, est obligé non seulement de souscrire à un faux, mais encore de suivre la foi du tiers qui est sans caractère public pour recevoir le dépôt, et qui ne donne aucune garantie de la restitution.

Dira-t-on que l'on ne peut présumer ni un accord criminel entre le dépositaire et l'emprunteur, ni même que l'emprunteur se rende coupable de stellionat en donnant une hypothèque qui pût être inscrite avant celle qu'il aurait déjà consentie, lorsqu'il aurait la certitude d'être promptement découvert et puni ?

On ne songe pas que le prêteur ne pourrait exercer de poursuites contre le dépositaire ou l'emprunteur, sans se découvrir lui-même comme complice du crime de faux.

D'ailleurs, si la peine du stellionat est un moyen suffisant de prévenir les fraudes, on a également ce moyen dans tous les systèmes sur les hypothèques, puisque dans tous l'intérêt du créancier lésé fait inévitablement découvrir l'infidélité du débiteur dans la déclaration des hypothèques dont ses biens sont grevés.

La peine infligée au débiteur coupable n'empêche pas que le créancier trompé ne soit victime.

Mais il y a plus : le cas dont il s'agit peut arriver très-souvent sans qu'il y ait fraude de la part du débiteur.

L'emprunteur peut avoir sur les lieux où l'immeuble est

situé un fondé de pouvoir qui, à son insu et sans qu'il ait le temps de le prévenir, fasse un emprunt dont le titre soit inscrit avant celui de l'emprunt fait par le débiteur direct.

Des titres peuvent se trouver entre les mains de créanciers qui ne les ont point encore fait inscrire au moment où le débiteur contracte une nouvelle obligation, et qui remplissent cette formalité avant qu'elle l'ait été par le nouveau créancier : tels seraient des jugemens ; ceux qui les ont obtenus peuvent toujours s'inscrire sur le bien qu'ils jugent à propos : tels seraient encore des titres qui emporteraient une hypothèque légale sur tous les biens.

Quant aux créanciers par jugement, ils seraient entièrement livrés à la mauvaise foi du débiteur, qui, se voyant condamné, et avant que l'on ait pu, en exécution du jugement, prendre une inscription, pourrait s'entendre avec un tiers dont la dette supposée et antérieurement inscrite absorberait la fortune de ce débiteur.

4°. De la possibilité des erreurs.

Les formalités de l'inscription sont multipliées ; elles sont exigées sous peine de nullité.

Souvent les noms sont mal indiqués : ceux des domaines varient, ou ces domaines ne sont point connus sur les lieux par les noms qui se trouvent dans les titres ; on ne peut plus les distinguer à cause des changemens dans la contenance, dans les bornages, dans la culture ; le créancier est le plus souvent obligé de s'en rapporter à la désignation que fait le débiteur, qui trompera s'il est de mauvaise foi, et qui, même avec de la probité, ne sera pas sûr de ne point induire en erreur.

Ajoutez à tous ces risques ceux auxquels le créancier est encore exposé si le conservateur des hypothèques se trompe soit dans l'inscription qu'il porte sur le registre, soit dans le certificat qu'il délivre sur la franchise de l'immeuble ou sur les hypothèques dont il est grevé. Rendre les conservateurs responsables, sur toute leur fortune, d'une simple erreur, ce serait un moyen excessivement rigoureux et presque toujours insuffisant.

L'expérience a prouvé que, soit pour les inscriptions, soit pour les expropriations, les exemples de nullité dans la forme sont très-multipliés. Lorsque, d'une part, l'on est forcé de reconnaître que l'hypothèque est un droit de propriété résultant de la loi ou de la convention, comment, de de l'autre, peut-on faire dépendre ce droit d'une formalité qui expose à d'aussi grands risques sans aucun moyen de les prévenir?

SECTION V.—*De la Spécialité des hypothèques.*

§ I*er*. *Règles observées jusqu'à l'an VII sur la généralité et sur la spécialité des hypothèques.*

De tout temps il a été permis de donner une hypothèque générale sur tous ses biens présens et futurs : le créancier pouvait même encore exiger, et le débiteur consentir, que parmi les biens généralement hypothéqués, il y eût des biens présens spécialement affectés.

Les règles sur ce genre de convention sont rappelées dans le projet de Code; on y prévient les difficultés qu'elles avaient fait naître.

Des doutes s'étaient élevés sur le point de savoir si celui qui avait stipulé une hypothèque spéciale n'avait point par là dérogé à l'hypothèque générale que lui eût donnée son contrat authentique, ou si du moins, en conservant l'hypothèque générale, il n'était pas tenu de commencer par discuter l'immeuble spécialement hypothéqué.

On a décidé que celui à qui l'acte authentique donne l'hypothèque générale n'est point censé avoir renoncé à ce droit en stipulant une hypothèque spéciale, à moins qu'il n'y ait une clause formelle.

Le droit que donne l'hypothèque générale est de pouvoir

discuter, soit le bien spécialement hypothéqué, soit les autres immeubles du débiteur.

Ces décisions, loin d'être contraires à la volonté des parties, sont la présomption la plus juste de cette volonté, à moins qu'il n'y en ait une autre exprimée dans l'acte.

Il y avait encore dissentiment sur la question de savoir si, dans l'ordre entre les créanciers, l'hypothèque spéciale ne devait pas être préférée à l'hypothèque générale, même antérieure.

Cette préférence eût été contraire aux autres règles et à l'équité. Il serait d'une injustice évidente que le débiteur pût, sans le concours de son créancier, lui enlever une partie de son gage, en créant au profit d'un créancier postérieur une hypothèque spéciale. Cela était ainsi décidé par la loi romaine. Tout l'avantage que la justice permettait d'accorder au créancier ayant une hypothèque spéciale était de lui donner sur le bien ainsi hypothéqué la préférence, lorsqu'il se trouvait en concurrence avec un créancier ayant une hypothèque générale de même date.

Telles ont été les règles admises jusqu'à l'an VII sur les hypothèques spéciales. On les a regardées comme un avantage particulier que chaque créancier pouvait toujours se procurer sans nuire à son droit d'hypothèque générale, et ce droit lui était certainement plus avantageux que le système dans lequel on le réduirait à une hypothèque spéciale.

§ II. *De l'Hypothèque spéciale telle qu'on la propose.*

La loi de l'an VII établit les règles suivantes :

La nature et la situation des immeubles doivent être indiquées dans l'acte qui établit l'hypothèque. Il résulte de cette première règle, que les biens futurs ne peuvent être hypothéqués ; la même exclusion des biens futurs a été prononcée à l'égard des hypothèques judiciaires.

Quant à toutes les hypothèques légales, elles frappent tous les biens du débiteur situés dans l'arrondissement où se fait l'inscription. Le créancier peut aussi, par des inscriptions ultérieures, mais sans préjudice de celles antérieures à la sienne, faire porter son hypothèque sur les biens qui écherront au débiteur ou qu'il acquerra par la suite.

Les partisans de cette loi y proposent quelques modifications.

Ils veulent que si les biens présens et libres du débiteur sont insuffisans pour la sûreté de la créance, il puisse, en exprimant cette insuffisance, consentir que le créancier s'inscrive sur chacun des biens à venir, à mesure de leur acquisition ; sauf à faire réduire ces inscriptions si elles sont excessives.

Ils prévoient le cas du dépérissement ou de la dégradation de l'immeuble hypothéqué ; et, dans ce cas, ils donnent au créancier le droit ou de se faire rembourser, ou d'obtenir un supplément d'hypothèque, ou de s'inscrire sur chacun des biens à venir, à mesure qu'ils surviendront au débiteur, et sauf encore, dans ce dernier cas, la réduction des inscriptions.

Quant aux hypothèques légales, on veut que, si les biens hypothéqués ont été spécifiés, ou si les droits d'hypothèque à réaliser par l'inscription ont été déterminés, le créancier ne puisse prendre inscription que sur les biens indiqués, et seulement jusqu'à concurrence de la somme réglée.

On veut même que, s'il n'y a point de convention de cette espèce, et que le créancier ait pris inscription sur une masse de biens excessive, eu égard au montant des créances fixes et à la valeur estimative des créances conditionnelles ou indéterminées, le débiteur soit autorisé à demander la réduction des inscriptions, en ce qu'elles excéderaient la proportion convenable avec les créances.

On ne donne aux femmes, pour le remploi de leurs biens aliénés, ou pour indemnité de dettes contractées par elles avec leurs maris, d'hypothèque qu'à compter du jour de l'inscription faite depuis les aliénations ou depuis les dettes contractées; on accorde néanmoins à la femme une hypothèque du jour de l'inscription que le créancier envers qui elle se sera obligée aura prise sur les biens du mari.

L'hypothèque sur les biens des tuteurs et des subrogés tuteurs pourra être fixée dans les actes de tutelle, sauf aux tuteurs à obtenir des réductions.

Quant à la nation et aux établissemens publics, on leur donne un délai de deux mois, à compter de la transcription des contrats d'acquisition faits par les comptables, pour prendre inscription sur les immeubles acquis.

Les auteurs du dernier projet proposent d'abroger la disposition de la loi de l'an VII, suivant laquelle l'hypothèque judiciaire ne pouvait affecter que les biens appartenant au débiteur lors du jugement : ils consentent que le créancier puisse prendre inscription sur les biens qui surviendront au débiteur, sauf réduction.

§ III. *L'Inscription limitée aux biens présens est contraire au droit de propriété.*

Pour établir le régime dans lequel l'hypothèque ne doit avoir d'effet que du jour de l'inscription, on a été entraîné à faire une innovation contraire au principe fondamental du droit de propriété. On a limité aux biens présens du débiteur la faculté de les hypothéquer, tandis que jusqu'alors on avait mis au nombre des biens qu'il pouvait donner pour gage, même ses biens futurs. Il est vrai que, si l'on avait maintenu cette règle, il aurait fallu donner au créancier un délai pour s'inscrire sur les biens nouvellement acquis de son débiteur, et que cette hypothèque aurait dû remonter au temps de la première inscription.

On ose affirmer que celui qui a le premier conçu cette idée de réduire aux biens présens la faculté d'hypothéquer, a méconnu la nature des obligations ; qu'il a resserré l'exercice du droit de propriété dans des limites qui n'avaient encore jamais été posées, et qu'il en doit résulter une grande altération dans le crédit public.

Les auteurs de ce système disent que l'engagement des biens présens et futurs est maintenu au moyen des poursuites que peut toujours faire le créancier ; mais que le crédit du débiteur ne doit pas être paralysé par des inscriptions excessives ; que les biens sont, à mesure qu'ils surviennent, le gage de tous les créanciers alors existans ; qu'aucun d'eux ne pouvait avoir eu antérieurement le gage qui n'existait pas et qu'ainsi la priorité des dettes est à cet égard indifférente.

Toutes ces assertions sont contraires au premiers élémens du droit.

Quel a pu être le motif pour autoriser celui qui s'engage à hypothéquer des biens futurs, si ce n'est de procurer à chacun, soit pour seconder son industrie, soit pour remplir des besoins ou réparer des malheurs, tous les moyens qu'il peut avoir d'inspirer la confiance? Ainsi, non seulement ses biens actuels, mais encore sa bonne conduite, sa probité, son travail, ses talens, les biens que l'ordre de la nature doit lui transmettre, composent l'actif qu'il peut offrir pour gage. Oserait-on dire que réduire ce gage aux biens présens, ce soit le multiplier? Celui qui n'a que peu d'immeubles ou qui n'en a point au moment où il a besoin d'emprunter, trouvera-t-il donc un prêteur aussi facilement que si, avec ses biens présens, il pouvait hypothéquer ceux à venir?

Depuis plus de vingt siècles qu'il est permis d'hypothéquer ses biens présens et à venir, on n'avait point encore entendu dire que cette faculté fût immorale, et encore moins qu'elle fût contraire au droit de propriété.

Elle est, nous dit-on, contraire au droit de propriété en ce qu'on ne peut disposer d'une propriété que l'on n'a point encore et que l'on n'aura peut-être jamais.

Mais celui qui s'oblige n'est-il pas astreint à remplir son engagement par tous les moyens qui seront en son pouvoir, et conséquemment sur tous ses biens présens et futurs ? Quiconque s'oblige dispose donc par cela même de ses biens à venir ; et les partisans de l'hypothèque spéciale n'entendent pas les affranchir des dettes antérieures à l'acquisition : s'ils les affectent d'une manière générale, il n'y a aucune raison pour qu'ils ne les affectent pas par hypothèque.

Comment pourrait-il se faire que ce qui tient à la nature même des obligations fût immoral, et contraire à l'ordre public ?

On paraît effrayé de l'abus qui pourra être fait de l'hypothèque des biens à venir. On spéculera sur des successions futures, on les consumera d'avance ; la jeunesse sera victime de ses passions et de la cupidité des créanciers.

La loi doit remédier aux abus que chacun peut faire de la propriété, lorsqu'ils intéressent l'ordre public ; mais c'est toujours en respectant et en maintenant le droit de propriété ; et déjà les règles contre les abus dont il s'agit ici ont été posées par la défense de traiter sur des successions futures, et par la faculté donnée aux mineurs de se restituer contre les engagemens qui leur seraient préjudiciables. Ainsi on ne pourrait pas hypothéquer spécialement les biens d'une succession ; mais il est juste que ces biens soient, dès le temps d'une obligation non défendue par la loi, affectés au paiement dans le cas où ils écherront.

C'est une erreur de dire que le bien, au moment qu'il échoit au débiteur, doit être le gage commun des créanciers alors existans, parce que ce débiteur n'a lui-même de droit sur ces biens qu'au moment où il en devient propriétaire.

Pour dissiper cette erreur, il suffit encore de rappeler que, par la nature même des obligations, ces biens à venir leur ont été affectés conditionnellement à la propriété future ; que s'ils ont pu être affectés, les mêmes règles d'équité doivent exister pour la préférence entre les créanciers, sur les biens présens comme sur ceux à venir.

Il est un grand nombre de droits d'hypothèque qui seraient souvent nuls si l'application ne pouvait en être faite aux biens futurs.

Telles seraient les hypothèques légales, et notamment celles des femmes sur les biens de leurs maris. Il arrive le plus ordinairement que le patrimoine reste en totalité, ou au moins en grande partie, dans la possession des pères et mères à l'époque où ils marient leurs enfans. La faveur due à ceux qui ont ces hypothèques a paru aux auteurs même du nouveau projet tellement nécessaire à maintenir, qu'ils ont cru que de pareilles hypothèques doivent s'étendre aux biens futurs.

Ils sont aussi forcés de faire le même aveu pour les hypothèques qui résultent de condamnations judiciaires; il est possible que le débiteur n'ait pas d'immeubles, ou qu'ils soient insuffisans; et comment celui qui peut exécuter son jugement sur tous les biens présens et à venir du condamné ne pourrait-il pas exercer un droit moindre, celui d'hypothèque? Ne pas laisser au débiteur ce moyen d'obtenir des facilités, c'est le livrer à toutes les rigueurs des poursuites.

N'y aurait-il pas de la contradiction à soutenir qu'on ne peut, sans blesser la morale ou sans donner trop d'extension à l'exercice du droit de propriété, appliquer le droit d'hypothèque aux biens futurs du débiteur, tandis qu'on est forcé de convenir que, dans des cas très-nombreux, non seulement cela est juste, mais encore nécessaire?

§ IV. *Motifs qui s'opposent à la réduction d'inscriptions de trop fortes sommes.* 2040 et suivans.

L'idée de réduire les inscriptions d'hypothèques indéterminées, sous prétexte que ces inscriptions seraient de trop fortes sommes, est inadmissible,

1°. Parce qu'un pareil droit donné au débiteur serait contraire à la nature de son engagement;

2°. Parce que ce serait une source de procès interminables,

et dont la plupart seraient entre personnes qui ne doivent pas être mises en opposition.

Comment a-t-on pu imaginer de donner le droit d'enlever au créancier actuel une partie de son gage, pour laisser au débiteur la faculté de l'affecter à d'autres dettes?

Ou le débiteur avait consenti à cette inscription, ou, comme dans le cas d'une hypothèque soit légale, soit judiciaire, l'inscription avait été prise sans sa participation.

Dans le premier cas, comment le débiteur serait-il recevable à revenir contre son propre fait? Serait-ce sous prétexte de lésion? Mais il a été reconnu que cette action n'a lieu que dans le cas de partage ou de vente d'immeubles; il y a une différence décisive entre la vente et l'hypothèque. La vente est un contrat commutatif, dans lequel l'immeuble est transporté pour un prix : l'hypothèque plus ou moins étendue n'est que le résultat naturel de l'engagement du débiteur, et n'ajoute rien à sa dette.

Dans quelle position placera-t-on le débiteur qui demandera la réduction? Sera-ce simplement pour lui procurer la faculté de faire d'autres emprunts? Mais il serait trop déraisonnable de permettre au débiteur de violer son contrat, pour se ménager une faculté éventuelle.

Supposera-t-on que le débiteur ne demande la réduction que pour procurer à un créancier postérieur existant une plus grande sûreté? Ce ne serait plus le débiteur, mais ce créancier, auquel l'action pourrait appartenir, s'il n'y avait pas une injustice évidente à la lui accorder.

S'il s'agit d'une inscription pour hypothèque légale ou judiciaire, la demande en réduction doit être, à plus forte raison, rejetée : on ne peut pas déroger à un engagement dont la cause est dans l'ordre public.

Les procès qui s'éleveraient entre les femmes et les maris, entre les mineurs et les pères, mères ou autres tuteurs, sur ces réductions, seraient encore plus scandaleux et plus contraires à la paix des familles, que les procès dont on a déjà fait le tableau, en repoussant l'idée de l'évaluation des hypothèques.

Comment, d'ailleurs, procéderait-on à de pareilles réductions? Au moyen de contre-lettres, le prix des baux des immeubles peut être enflé. Tous les biens ne sont pas donnés à bail, ou ne le sont pas à prix déterminé. Il faudrait essuyer les lenteurs, les frais et l'incertitude des estimations. Les débiteurs eux-mêmes ne voudraient pas, pour se procurer une simple faculté, commencer par entreprendre un procès ruineux; et s'ils y étaient provoqués par le besoin actuel d'emprunter, ils ne trouveraient aucun prêteur qui voulût attendre l'issue de pareil procès.

SECTION VI.—*Résultats du nouveau système.*

1°. Les hypothèques légales et judiciaires, et les hypothèques indéterminées, resteront générales sur les biens présens et à venir.

Il faut partir d'une idée que l'expérience a toujours confirmée, c'est qu'un créancier emploie tous les moyens qui sont en son pouvoir pour ne courir aucun risque : son intérêt le lui commande, et il fait la loi. Il y sera encore plus porté, il se croira moins rigoureux, lorsqu'il verra qu'on fonde le système entier de la législation sur ce qu'il n'y a que mauvaise foi parmi les débiteurs, sur ce que les créanciers doivent, pour conserver leur fortune, mettre les débiteurs dans l'impossibilité de tromper, et que l'ordre public y est lui-même intéressé.

Il est facile de prévoir ce que produira ce sentiment de défiance de la part de chaque espèce de créancier.

Suivant la loi de l'an VII, les hypothèques légales peuvent grever tous les biens présens, au moyen d'inscriptions dans chaque arrondissement; on peut même, par des inscriptions ultérieures, les étendre aux biens futurs à mesure qu'ils surviendront.

Les créanciers d'hypothèques légales manqueront d'autant moins d'exercer ce droit, que presque toujours ce sont des tierces personnes qui agissent pour eux, et qui se rendraient responsables, si elles ne prenaient pas une sûreté que la loi leur commande, par cela même qu'elle l'autorise.

Les dots reçues par le mari et la femme sont le plus souvent proportionnées l'une à l'autre. Si la dot a été reçue par le mari en immeubles et par la femme en argent, le mari sera, par l'inscription sur tous ses biens, en état d'interdiction.

Les partisans du nouveau système permettent au créancier par jugement de prendre des inscriptions sur les biens présens du débiteur et sur ceux qui lui surviendront.

De deux choses l'une : ou le créancier qui sera obligé d'obtenir un jugement pour exercer ses poursuites sera exposé à la mauvaise foi du débiteur qui, avant que le jugement puisse être expédié et inscrit, peut faire inscrire des dettes simulées : ou le créancier qui croira son débiteur incapable d'un pareil délit préférera avoir pour titre un jugement qui lui donne le droit d'étendre son inscription aux biens présens et futurs.

Ainsi on donne un moyen de fraude au débiteur, ou on provoque des jugemens ruineux pour le débiteur et qui rendent trop inégal le sort des créanciers.

2°. *L'inscription de chaque hypothèque conventionnelle sera prise sur tous les biens.*

Quant aux hypothèques conventionnelles, si la dette est indéterminée, le créancier prendra des inscriptions sur tous les biens présens.

Si la dette est déterminée, le prêteur commencera par demander une hypothèque spéciale sur tous les immeubles qu'il trouvera non grevés, fussent-ils d'une valeur plus que double de la somme prêtée. Le débiteur sera toujours trop pressé par le besoin d'un emprunt actuel, pour être arrêté par la considération d'un emprunt ultérieur que souvent il ne prévoit pas.

Ce même prêteur, persuadé que les biens antérieurement hypothéqués sont d'une valeur beaucoup plus grande que les dettes inscrites, aura intérêt à prendre une inscription, même en second ordre, sur ces biens : il lui suffit d'ailleurs de ne pas connaître leur valeur, ou d'ignorer le prix auquel ils seraient vendus, pour qu'à tout événement il prenne cette inscription, qui peut lui être utile, sans qu'elle puisse lui préjudicier.

On ne sera point surpris que des calculs aussi simples soient ceux qui se réalisent depuis la loi de l'an VII ; et il serait difficile de citer un seul exemple de gens devenus insolvables depuis cette loi, dont chaque immeuble ne soit grevé de l'inscription de tous les créanciers, de ceux dont les titres sont postérieurs à l'an VII, comme de ceux dont les titres sont antérieurs.

3°. Jamais le créancier ne se contentera d'une hypothèque proportionnée à la dette.

Dans l'hypothèse même où le créancier renoncerait au droit de priorité sur une partie des biens, et bornerait son inscription à ceux qui lui seraient spécialement hypothéqués, on ne croira pas que, dans l'incertitude de la valeur du bien hypothéqué, et surtout s'il est éloigné, le débiteur se contente d'une valeur égale ou à peu près égale à la somme prêtée. Il calculera tous les événemens qui peuvent faire périr l'immeuble ou en diminuer la valeur, l'incendie des maisons, les inondations, les dégradations par le défaut soit de culture soit d'entretien, par les coupes extraordinaires d'arbres, par les grandes variations que les événemens politiques peuvent mettre dans la valeur des immeubles; il aura égard aux embarras d'une expropriation, aux frais inévitables d'une discussion ; il voudra que toutes les chances soient en sa faveur ; et un immeuble d'une valeur au moins double ne lui paraîtra qu'une garantie nécessaire. Ainsi le propriétaire d'un immeuble de 100,000 francs n'aura même pas de crédit pour 50,000 francs ; tandis que si la confiance n'est pas anéantie par le système de prêt sur gage immobilier, ce propriétaire aura un crédit proportionné à sa fortune entière et à sa bonne conduite.

Dans le nouveau projet on donne au créancier dont le gage immobilier périra ou sera détérioré le droit d'exiger son remboursement ou un supplément d'immeubles à hypothéquer ; ainsi, dans ce cas, et si le débiteur avait aliéné ses autres biens ou s'ils n'étaient pas libres, le créancier serait privé de sa propriété, parce qu'il n'aurait pas d'abord exigé une hypothèque sur des biens d'une valeur beaucoup plus grande. Nul ne voudra s'exposer à ces risques.

4°. De l'ordre entre créanciers.

Il n'est pas plus possible, sous la loi de l'an VII que sous le régime antérieur, d'empêcher qu'il n'y ait un ordre à discuter et à les régler entre les créanciers ; et si l'on a cru que les créanciers ayant des hypothèques spéciales pourront s'isoler pour recevoir, sans essuyer ni lenteurs ni frais, le montant de leurs créances, c'est une erreur qui devait être bientôt démentie par l'expérience. On imaginait qu'il n'y aurait, sur chaque immeuble spécialement hypothéqué, que l'inscription du créancier ayant cette hypothèque ; mais depuis on a toujours vu que, sur chaque immeuble d'un débiteur, il y a autant d'inscriptions qu'il y a de créanciers.

D'ailleurs n'est-il pas évident que quand le débiteur tombe en déconfiture ses biens sont le gage de tous ses créanciers, qu'ils aient ou non des hypothèques ? Et plus le titre de celui qui se présente avec un privilége ou avec une hypothèque spéciale devra lui procurer d'avantage sur les autres créanciers, et plus ce titre devra être soumis à un sévère examen, soit sur sa validité, soit sur la validité de l'hypothèque.

Que l'on simplifie les frais de la procédure entre les créanciers, c'est le vœu général; cette mesure doit être complète et s'appliquer à tous les créanciers, aux simples chirographaires comme à ceux qui ont des hypothèques. La loi rendue en l'an VII a réformé, à cet égard, plusieurs abus : il en reste encore que l'on peut prévenir; mais la spécialité des hypothèques ne saurait être mise au nombre des moyens de parvenir à ce but.

5º. Circulation moindre.

La publicité et la spécialité ont pour objet de donner à chaque citoyen une plus grande facilité pour emprunter.

Mais, en supposant possibles et justes de pareils moyens, les emprunts n'en deviendraient pas plus faciles.

Il est évident que tout système qui tend à réduire les créances au petit nombre de celles qui n'offriront au créancier aucun doute doit beaucoup diminuer la circulation générale. D'une part, il est fort peu de citoyens, même des plus riches, dont les biens ne soient frappés de quelque hypothèque indéterminée, et qui puissent donner une entière certitude sur l'état de leur fortune : d'une autre part, on renonce à la principale cause du crédit public, la confiance dans la moralité, dans l'industrie de l'emprunteur.

L'expérience prouve malheureusement qu'il n'est pas vrai que, pour les transactions relatives au commerce, il y ait une garantie suffisante dans l'intérêt qu'a le débiteur de ne pas perdre son crédit, et dans les contraintes rigoureuses qui peuvent être exercées. C'est dans le commerce qu'arrivent la plupart des faillites, et surtout ces faillites ruineuses qui ne laissent aucun espoir aux créanciers.

Voudrait-on aussi établir la doctrine que, pour parvenir à ce qu'il n'y ait plus de commerçans trompeurs, et pour multiplier ce genre de circulation, aucun prêt ne serait légitime, s'il n'était sur un gage mobilier ou immobilier?

Il n'est que trop certain que l'influence de la loi de l'an VII sur les emprunts commerciaux se fait ressentir, et qu'à Paris notamment la plupart de ces opérations, lorsqu'elles sont de quelque importance, ne se font que sur un nantissement.

Les partisans de la publicité et de la spécialité conviennent que si la confiance, qui anime l'industrie de toutes les nations commerçantes, était bannie du commerce de France, ce serait le plus grand malheur. Est-il plus sage de vouloir bannir la confiance réciproque des citoyens qui ne sont pas commerçans? Il semble, au contraire, qu'elle doive avoir plus d'effet où il y a moins de risques. Les propriétaires ne sont point exposés aux hasards du commerce; les causes de leurs emprunts sont presque toujours connues; la plus fréquente est celle des acquisitions, et le bien acquis sert de gage privilégié. Si ce sont des entreprises de bâtimens ou d'agriculture, le prêteur calcule lui-même les degrés de confiance que lui inspirent ces spéculations, et il a un nouveau gage dans la plus grande valeur ainsi donnée à l'immeuble. Si les emprunteurs sur hypothèque ne font pas un emploi extérieur et facile à apprécier, ils découvrent par cela même que la personne qui emprunte dissipe; et d'ailleurs la dissipation est elle-même un abus de fortune qui ne saurait être secret, et qui écarte toute confiance. Les grandes fraudes dans ce genre ont été celles des propriétaires qui, grevés de substitutions, semblaient présenter pour gage une fortune immense qui n'était point à leur disposition. Cet abus a été réformé.

Si la confiance est une cause de circulation dans le commerce, à plus forte raison à l'égard des propriétaires.

Supprimer cette cause, c'est supprimer une grande partie de la circulation.

6º. Obstacle à la baisse de l'interêt.

Les partisans de la publicité et de la spécialité regardent comme certain que, si les emprunteurs étaient tous des propriétaires d'immeubles, pouvant ou voulant rendre leurs affaires publiques et donner un gage spécial et à l'abri de tout risque, le prêteur serait moins exigeant pour les intérêts ; ce qui en opérerait la baisse générale.

Ils sont encore à cet égard dans l'erreur. Le nombre le plus considérable d'emprunteurs, parmi ceux même qui ne sont pas négocians, sera toujours celui des gens dont les immeubles ne seront point libres d'hypothèques antérieures, ou même qui n'auront pas d'immeubles. Il faudra qu'ils rachètent par un taux excessif d'intérêts la sûreté qu'ils ne peuvent pas procurer. Les prêteurs seront séduits par cet intérêt; et quand les prêts de confiance se soutiendront ainsi à un gros intérêt, il ne faut pas croire que l'on obtienne une grande différence dans l'intérêt du prêt sur gage en immeubles. C'est un résultat devenu par l'expérience aussi positif qu'il est inévitable.

Loin que le véritable intérêt du commerce et de l'État soit d'établir un système qui tende à détruire ou à diminuer la confiance, qui sera toujours le principal ressort de la circulation générale, il faudrait au contraire que le but de toutes nos lois fût de la rétablir, soit au moyen de peines sévères contre les nouveaux genres de fraude que les événemens de la révolution ont fait naître, soit en faisant une distinction consolante des débiteurs malheureux dont la bonne foi serait certaine : mais soutenir que l'on ne doit avoir aucune confiance, et que l'on ne doit prêter qu'à celui qui rendra un compte public de ses affaires, afin de pouvoir donner un gage spécial et certain, c'est démentir toutes les notions reçues jusqu'ici, c'est aller contre son but ; c'est, après une tourmente dans laquelle tous les genres de crédit ont été anéantis ou ébranlés, mettre un obstacle insurmontable à ce qu'ils se rétablissent.

Les auteurs de la loi de l'an VII ont commis une grande erreur quand ils ont pensé que les causes d'immoralité avaient acquis tant de force, et qu'elles étaient en même temps devenues si générales qu'il n'y avait plus d'autre ressource que celle de substituer à la confiance un système dans lequel elle ne fût plus nécessaire. Il ne faut pas établir les règles permanentes d'un Code civil sur des circonstances passagères.

Pendant la révolution l'agiotage avait détruit et remplacé tous les genres d'industrie ; son principal aliment était dans un papier-monnaie variable chaque jour et répandu sans mesure : spéculer d'abord sur la valeur casuelle de ce papier, pour spéculer ensuite avec le papier sur les marchandises de tout genre, sur les immeubles même, comme sur tous les effets mobiliers, tel était le mouvement rapide et périlleux imprimé à toutes les affaires. Les habitans des villes étaient tous commerçans, c'est-à-dire agioteurs ; et les habitans des campagnes ont aussi su employer ce moyen de profiter de leur position. Cependant l'agiotage n'était que l'art de se tromper, celui d'enrichir l'un aux dépens de l'autre ; au lieu que, dans les affaires industrielles et commerciales, l'objet et le résultat des transactions sont l'avantage réciproque de ceux qui contractent ensemble.

Il n'était pas possible que tout-à-coup ce fléau disparût entièrement ; un certain nombre d'années est nécessaire, après que toutes les bases des transactions ont été bouleversées par un papier-monnaie, pour que le cours des valeurs et des prix se fixe. Chacun a voulu maintenir les anciens prix des effets mobiliers ou immobiliers qu'il possédait ; on a fait des efforts que la bonne foi n'eût pas dû permettre ; mais chaque jour cette cause de variations dans le cours des prix disparaît. La tourbe des commerçans agioteurs a été victime de sa cupidité ; le nombre des spéculateurs se réduit chaque jour à ceux qui se livrent aux genres d'industrie ou de commerce auxquels ils sont propres. Tout reprend cet équilibre dans lequel chacun des contractans peut apprécier ses engagemens ; et c'est cette connaissance mutuelle qui est le moyen le plus efficace pour démasquer les trompeurs, pour faire triompher la bonne foi, et pour rétablir ainsi la confiance.

Comment l'opinion publique elle-même n'eût-elle pas été dépravée, lorsque tous les citoyens se livraient à des spéculations immorales? Mais autant l'opinion publique encourageait alors les trompeurs, autant elle doit démasquer et flétrir ceux dont la mauvaise foi ferait contraste avec le rétablissement de l'ordre.

7°. Fiscalité.

Lorsqu'un contrat devant notaires ou un jugement suffisaient pour créer et conserver l'hypothèque, il était un nombre infini de créances pour lesquelles on ne croyait même pas nécessaire de s'opposer à la vente des biens.

S'il n'y avait point d'hypothèques sans inscriptions, la conséquence inévitable serait que bientôt presque toutes les propriétés foncières de la France se trouveraient inscrites sur les registres des hypothèques. Ainsi on organiserait une des plus grandes contributions qui puissent être établies.

SECTION VII. — *Des Pays de nantissement.*

Les partisans de la nouvelle loi citent l'exemple de divers pays connus sous le nom de *pays de nantissement*, où les hypothèques s'établissent par l'inscription sur des registres publics, et en y spécifiant les immeubles qui en sont grevés.

Il est vrai qu'une loi rendue en 1611 pour la Belgique avait établi que nul droit réel, soit en tout par vente ou donation, soit en partie par hypothèque, ne pourrait s'établir que par les œuvres de loi, c'est-à-dire par un dessaisissement ou une main-mise devant les officiers publics.

L'hypothèque étant ainsi assimilée à une aliénation, il était nécessaire de spécifier les immeubles qui en étaient l'objet.

Il n'est personne qui soutienne que la loi de 1611 ait eu pour objet de créer un nouveau système d'hypothèque plus convenable à la prospérité publique : elle fut, au contraire, une mesure oppressive, pour assurer l'usurpation des seigneurs féodaux, qui, afin de multiplier leurs droits de mutation, parvinrent à faire décider que de simples hypothèques seraient considérées comme des aliénations effectives. Ainsi, d'une part, les créanciers exigeaient dans ces pays, comme dans tous les autres, que les débiteurs leur fournissent des hypothèques, et, de l'autre, les seigneurs exigeaient des droits de mutation, comme si ces débiteurs eussent aliéné leurs immeubles.

Mais au moins, nous dit-on, il a résulté de ce régime que toutes les hypothèques étant spéciales et publiques, chaque débiteur a pu, dans les pays de nantissement, faire connaître sa situation, et que chaque créancier avait une pleine sûreté.

Ce résultat n'est pas exact, et le régime des pays de nantissement avait d'ailleurs des conséquences funestes.

On doit distinguer dans ces pays ceux où, par suite de cette idée d'aliénation et de gage effectif attachée à la stipulation d'hypothèques, on n'admettait ni les hypothèques légales ni les hypothèques judiciaires, ni même celles pour conventions dont l'objet était indéterminé.

Un pareil système est trop étranger à nos principes, trop contraire aux droits de propriété les plus sacrés, pour pouvoir être adopté.

Dans l'autre partie des pays de nantissement, et de ce nombre étaient ceux situés dans le ressort du parlement de Paris, les formalités du nantissement n'étaient point exigées dans tous les cas où, soit en vertu de la loi, soit par jugement, les biens étaient hypothéqués sans qu'il fût besoin d'actes notariés.

Dans ces pays il était impossible que les registres hypothécaires fissent connaître l'état de la fortune du débiteur, et donnassent, pour la sûreté de la dette, un témoignage complet.

Le vrai résultat du régime des pays de nantissement était

donc qu'un propriétaire n'y pouvait emprunter qu'avec les formalités, avec les frais et tous les inconvéniens d'une aliénation effective.

Et c'est cette vexation, cette gêne dans la circulation, que l'on dit être une cause de la prospérité de la Belgique : comme s'il n'était pas évident que la circulation eût été beaucoup plus libre si les hypothèques n'eussent été soumises qu'aux règles résultant de la nature de cet engagement; comme s'il n'était pas notoire que la Belgique doit sa prospérité à la fertilité de son sol, aux facilités de transport que lui donnent ses canaux et ses rivières, et à son heureuse situation pour le commerce tant extérieur qu'intérieur.

Il est vrai que, comme tous les genres d'oppression féodale, celle qui, relativement aux hypothèques, pesait sur la Belgique, s'était propagée dans d'autres contrées.

Ainsi, en Prusse, nul ne peut céder son domaine direct ni le grever d'hypothèques sans le consentement du seigneur, sous peine de félonie; et lors même qu'il a consenti à l'aliénation, on ne peut pas en induire qu'il est permis d'hypothéquer. Cette prohibition a plusieurs causes, dont la principale est dans le droit qu'a le seigneur de succéder à la tenure, au défaut des descendans des personnes expressément comprises dans l'investiture originaire. Le grand intérêt qu'ont les seigneurs de connaître les dettes a donné naissance à toutes les mesures prises pour que toutes les transactions des vassaux soient tellement publiques qu'ils ne puissent soustraire leurs biens à la puissance féodale. Ainsi on y a fait dresser des registres publics sur lequels sont portés les états de toutes les propriétés foncières, avec toutes les mutations. Les hypothèques étant, comme en Belgique, assimilées à de véritables aliénations, doivent aussi y être inscrites. Non seulement il faut établir ainsi le nantissement ou gage effectif au profit du créancier, mais encore il faut que l'inscription soit précédée d'une publication judiciaire.

Jamais régime plus oppressif ne fut inventé ; et loin d'avoir été imaginé comme un moyen de multiplier les transactions, il n'a eu, comme en Belgique, d'autre objet que de sacrifier l'industrie générale à la puissance et à la richesse des seigneurs de fief.

SECTION VIII.—*Motifs de la préférence due à l'ancien régime hypothécaire.*

1°. Faculté de stipuler les hypothèques spéciales.

Il est surprenant que les auteurs de la loi de l'an VII aient voulu établir de droit et forcément l'hypothèque spéciale, lorsque, sous les lois anciennes, il a toujours été libre aux parties d'en convenir, et lorsque, sous ce régime, la convention donnait au créancier le même rang et la même préférence qu'on veut lui procurer par une loi coërcitive.

Plus ils sont dans l'opinion que ce moyen est préférable, et que ceux même qui pourraient prendre des hypothèques sur tous les biens des créanciers reconnaîtront bientôt qu'il est de leur intérêt de n'avoir qu'une hypothèque spéciale, et moins ils doivent s'armer d'une loi qui restreigne la liberté naturelle. C'est surtout dans les lois relatives à la propriété qu'il faut laisser chacun en disposer par les conventions qui lui conviennent, et que la loi ne doit pas intervenir pour défendre ce qui en soi n'a rien d'illicite, et encore moins pour interdire des stipulations de généralité d'hypothèques qui dérivent de la nature même des obligations.

Si les créanciers se contentent d'une hypothèque spéciale sans exiger qu'elle soit générale, les débiteurs ne manqueront pas de ne stipuler que l'hypothèque spéciale, et de convenir que les autres biens ne seront pas grevés de l'hypothèque générale. Ainsi le cours naturel des choses amenera cet ordre que l'on veut établir par contrainte, et la liberté, à laquelle il devrait naissance, en démontrerait l'utilité.

Mais puisque le contraire est arrivé jusqu'ici, puisque

chaque créancier, voulant avoir toutes les sûretés possibles, a constamment préféré la double hypothèque générale et spéciale à la simple hypothèque spéciale; puisque, même sous le régime nouveau, les créanciers ne manquent pas de se procurer l'avantage des hypothèques générales, soit en prenant pour leurs hypothèques, ou légales, ou judiciaires, ou indéterminées, des inscriptions sur tous les biens présens et sur ceux qui surviennent, soit en prenant, pour les hypothèques conventionnelles et déterminées, des inscriptions qui, sous le nom de spécialité, couvrent tous les biens qu'ils savent appartenir au débiteur, il vaut mieux laisser au débiteur la liberté d'emprunter, soit par hypothèque spéciale, soit par hypothèque à la fois générale et spéciale. Il ne faut pas croire qu'il grève sa fortune plus que ne l'exigeront sa position et la volonté de celui avec lequel il croit de son intérêt de traiter.

2°. Faculté de stipuler l'hypothèque générale, plus utile au débiteur.

La liberté de stipuler l'hypothèque générale doit avoir, pour le débiteur, des effets plus avantageux que le régime proposé.

Les hypothèques générales n'ont point été, jusqu'à la loi de l'an VII, un obsacle à ce qu'un débiteur pût trouver de nouveaux emprunts, parce qu'à l'égard des créanciers postérieurs, sa déclaration, garantie par sa moralité ou par la peine du stellionat, donnait la sûreté dont communément ils se contentaient.

Mais s'il est une fois établi qu'il n'y a d'hypothèque sûre que celle qui est spéciale sur un bien franc, en vain le débiteur qui voudra faire un nouvel emprunt cherchera-t-il à prouver que le créancier antérieur a pris des hypothèques spéciales trop étendues. Celui qui prête n'entrera point dans ces discussions, et tout débiteur qui ne possédera que des immeubles sur lesquels auront été prises des inscriptions soit excessives, soit convenables, soit même inutiles ou non existantes, ne pourra plus les présenter comme gage d'une nouvelle dette.

3°. Privilége résultant de la plupart des prêts sur immeubles.

Une dernière réflexion se présente. Quel est l'objet de presque tous les prêts sur les immeubles? L'expérience apprend que plus des sept huitièmes se font à des acquéreurs qui donnent une hypothèque privilégiée sur l'immeuble acquis : ce privilége donnait au prêteur une pleine sûreté; et si le débiteur voulait ensuite hypothéquer le même bien à un autre créancier, celui-ci reconnaissait, à la première inspection des titres de propriété, pour quelle somme cet immeuble était déjà grevé. C'est ainsi que, sans contrainte et en laissant à chacun le plein exercice de sa propriété, les prêteurs pouvaient, sous les anciennes lois, se mettre à l'abri de tout risque par des priviléges. Ce n'est pas au petit nombre de prêteurs non privilégiés que l'on peut sacrifier et les droits du débiteur sur ses biens présens et à venir, et les droits résultant des hypothèques légales et judiciaires.

4°. Nul inconvénient dans le changement de loi.

Les partisans de la loi de l'an VII supposent que le retour à l'ancien régime hypothécaire aurait des inconvéniens.

Le plus grand des maux, celui qu'il faut s'empresser de réparer, c'est l'atteinte portée au droit de propriété. On n'examinera point si le législateur pouvait faire une mainmise générale sur des droits antérieurement acquis, pour ne les rendre qu'à ceux qui rempliraient cette formalité; mais ce qui est évident, c'est que le retour aux anciens principes ne peut causer aucune secousse. Le Code civil ne statuant que pour l'avenir, tous les droits acquis par l'inscription seront maintenus. Les créanciers par hypothèque spéciale conserveront tout leur avantage, puisqu'il ne peut y avoir que des hypothèques postérieures, et puisque les droits dont sont déchus ceux qui, sous le régime de l'an VII, n'ont pas pris d'inscription, ne seraient point rétablis.

5°. L'opinion générale contraire à la loi du 11 brumaire an VII.

La substitution de l'ancien régime hypothécaire à celui de l'an VII a été proposée dans le projet de Code civil. Tous les tribunaux d'appel, au nombre de trente, et le tribunal de cassation, ont fait leurs observations. Neuf seulement ont exprimé le vœu de conserver la loi de l'an VII avec des modifications.

RÉSUMÉ.

On a démontré que le nouveau système de publicité et de spécialité ne procure ni la connaissance de la fortune du débiteur, ni la sûreté du prêteur, ni la plénitude du crédit de l'emprunteur; que ce système ne préserve point des lenteurs et des frais de discussion; que les hypothèques légales, établies par des considérations d'ordre public, ne doivent pas dépendre d'une simple formalité, et que l'on doit, à cet égard, préférer un régime hypothécaire qui maintient tous les droits-de propriété, et sous lequel la France s'était pendant un grand nombre de siècles élevée au plus haut degré de prospérité.

M. TREILHARD dit qu'il ne prend la parole que pour établir l'état de la question, et sans prétendre répondre dans le moment à une dissertation écrite et long-temps méditée.

L'hypothèque est l'affectation d'un immeuble au paiement d'une créance pour la sûreté du créancier.

Autrefois l'hypothèque s'acquérait de plein droit par un acte authentique ou par un jugement, et s'étendait sur tous les biens.

Il en résultait que le créancier, qui croyait s'être assuré un gage suffisant, se trouvait souvent écarté par des créanciers antérieurs à lui, mais qu'il n'avait eu aucun moyen de connaître Les créances hypothécaires étaient classées suivant leur ordre de date. Comme elles étaient ordinairement très-nombreuses, et que chaque créancier avait son procureur, l'ordre donnait lieu à des frais immenses, qui absorbaient le gage et en faisaient la proie des gens de justice.

On avait souvent réclamé contre un système aussi vicieux et dont les conséquences étaient aussi désastreuses. Sous Henri III, sous Henri IV, sous Louis XIV, on avait inutilement tenté d'en corriger les abus. Il ne s'était présenté qu'un remède, qu'on pouvait considérer comme un simple palliatif; c'était l'usage des lettres de ratification. Elles étaient scélées à la charge des oppositions, et ainsi elles éclaireraient chaque créancier sur sa situation véritable; mais elles n'étaient pas pour lui un moyen de contracter avec sûreté. Tel est l'état des choses que la loi du 11 brumaire an VII a changé.

On s'est dit qu'il était nécessaire de rassurer enfin les citoyens honnêtes et de prendre des précautions contre ceux qui voudraient les tromper. A cet effet, on a décidé que l'hypothèque serait tout à la fois publique et spéciale, c'est-à-dire que le débiteur serait obligé de désigner l'immeuble qui deviendrait passible de la créance. Il suffit donc, pour vérifier les charges de l'immeuble, de se transporter au bureau des hypothèques et d'y consulter les registres; car, comme l'hypothèque n'est acquise que du jour de l'inscription et non du jour de la date de l'acte, il est facile à chacun de savoir si l'immeuble se trouve chargé d'inscriptions, et quel est le montant de celle dont il est frappé. D'après ces renseignemens, chacun se décide ou se refuse à traiter.

Voilà le régime qui existe actuellement: il est certainement préférable, pour les hommes de bonne foi, à celui qui l'a précédé.

Il faut maintenant examiner les objections qu'on y oppose.

On dit d'abord qu'on parvient à en éluder l'effet en ne formant les inscriptions qu'on veut dérober à la connaissance du prêteur que dans l'intervalle de l'acte à l'inscription que lui-même il doit prendre.

Une impudence aussi grande, aussi déshonorante, aussi facile à vérifier à l'instant même, ne peut pas être très-commune. Mais quand on supposerait qu'elle soit à craindre, rien n'empêche de la déjouer, en différant l'exécution de l'acte et la délivrance des deniers jusqu'après l'inscription du prêteur.

On objecte en second lieu que le nouveau système n'épargne pas aux parties les frais d'ordre auxquels elles étaient exposées sous l'ancien, puisqu'il y a toujours un ordre.

On se trompe : la différence est immense quant aux frais entre un ordre qui s'étendait à tous les biens et qui se faisait avec une foule de créanciers, et celui qui n'a pour objet qu'un seul immeuble et qui n'a lieu qu'entre deux ou trois personnes.

On répond qu'un prêteur se contente rarement d'une hypothèque sur un immeuble d'une valeur à peu près équivalente à la somme qu'il donne ; qu'il veut des sûretés beaucoup plus grandes ; qu'ordinairement il exige pour un prêt de 10,000 francs un immeuble du prix de 100,000 francs ; qu'ainsi la spécialité ne dispense pas de mettre en vente des biens beaucoup plus considérables que la créance, et n'épargne pas aux parties ces frais énormes qu'on reproche à l'ancien système.

Cette assertion, dit M. *Treilhard*, est certainement hasardée. Un créancier ne veut qu'une sûreté suffisante. Il l'obtient dès que la valeur de l'immeuble excède le montant de la créance. Pour un prêt de 10,000 francs il exigerait tout au plus un gage de 15 à 20,000 francs.

On reproche encore à la loi du 11 brumaire de ne permettre d'hypothèques que sur les biens actuels.

C'est une assurance de plus donnée aux gens honnêtes, et un moyen de moins pour la mauvaise foi. On ne traite jamais avec sûreté que sous la garantie des biens présens : les biens à venir sont trop incertains.

Mais, dit-on, pourquoi ces entraves? Les biens sont-ils donc l'unique sûreté que cherche ordinairement un créancier? N'accorde-t-il pas autant de confiance à la bonne conduite, à la moralité?

La moralité, la bonne conduite sont bien les meilleurs garans des obligations, mais les apparences sont souvent bien trompeuses; il est donc nécessaire que le créancier puisse en prendre de moins équivoques. Loin de nuire au crédit, on le fortifie au contraire, quand on met celui qui a besoin de fonds dans une situation telle qu'il ne puisse pas tromper sur l'état de sa fortune.

On oppose l'intérêt du commerce, on craint qu'il ne trouve point de fonds si l'on habitue les prêteurs à ne chercher leur sûreté que dans un gage.

Ce ne serait peut-être pas un grand inconvénient que le commerce ne pût attirer à lui tous les capitaux consacrés à des prêts; que l'agriculture et des établissemens qui ne sont pas moins intéressans pour la prospérité publique eussent la facilité d'obtenir une partie de ces secours.

Mais l'inconvénient qu'on oppose est imaginaire. Les personnes qui placent dans le commerce consentent à n'avoir point d'hypothèques, et s'en rapportent à la bonne conduite, à la bonne réputation du négociant auquel elles confient leur argent. L'hypothèque sur les immeubles n'est donc que pour ceux qui veulent un intérêt moindre et une sûreté plus grande.

On parle enfin de l'avantage des hypothèques légales.

Il y en a de peu considérables, telles que les frais de maladie, et quelques autres que le nouveau système admet sans inscription.

Il ne repousse point celles qui sont d'une plus haute importance, telles que l'hypothèque à laquelle la tutelle donne lieu ; mais il veut qu'elles soient inscrites, afin que tout prêteur puisse les vérifier.

Le Conseil aura cependant à examiner s'il convient d'exiger que l'hypothèque prise sur les biens du tuteur, ou toute autre hypothèque légale soit déterminée par l'inscription. S'il décide qu'elle doit l'être, le tuteur trouvera du crédit sur la partie de ses biens non grevés. Si l'inscription doit être indéterminée, il lui deviendra impossible d'emprunter, à moins que ce ne soit par la confiance qu'il inspirera personnellement. Ainsi le système de la loi du 11 brumaire remédie à tout, et ne compromet dans aucun cas la sûreté du prêteur.

Le Consul Cambacérès dit que si M. *Treilhard* a discuté avec avantage le système qui est dans son opinion, sous le double rapport de la publicité et de la spécialité des hypothèques, il a paru moins fort lorsqu'il a parlé des hypothèques légales.

Toutefois cette partie du système n'est pas la moins importante.

Il est du devoir du législateur de veiller à la sûreté de ces sortes d'hypothèques ; elles se lient à l'intérêt public. L'État est intéressé à ce que les femmes ne perdent point leur dot, à ce que les mineurs ne soient pas dépouillés de leur patrimoine, à ce que les comptables ne puissent soustraire leurs biens à l'affectation dont ils doivent être frappés envers la République.

Or, c'est ici le côté faible de la loi du 11 brumaire ; car, ne faisant plus résulter l'hypothèque de la nature de la dette, mais de la formalité de l'inscription, il s'ensuit que, si l'inscription n'a pas été formée, les intérêts des femmes, des mineurs, de la République, se trouvent compromis.

Dans la vue de corriger cet inconvénient par rapport aux mineurs, on a imaginé d'obliger les personnes qui nomment le tuteur de veiller à ce qu'il soit formé des inscriptions sur ses biens, et de les rendre responsables du dommage que leur négligence à cet égard peut occasioner. Cette législation, qui soumet des citoyens à une responsabilité aussi embarrassante et aussi dispendieuse, pour avoir rempli des devoirs de parenté, d'amitié et de bon voisinage, n'est pas digne d'une nation civilisée.

Il en est de même des dispositions de la loi relatives à la dot. Elles rendent tous ceux qui ont signé le contrat de mariage responsables des inscriptions que le mari doit former sur ses propres biens. C'est ainsi qu'une simple formalité impose des obligations exorbitantes auxquelles la plupart des signataires se trouvent soumis sans le savoir. Et encore cette rigueur peut-elle être sans effet; car si les parens sont insolvables, et que le mari, d'accord avec eux, ne fasse pas les inscriptions, la dot n'a plus d'hypothèque.

On répondra qu'il est possible d'abolir cette solidarité incommode; qu'il restera toujours au père la ressource de vérifier sur les registres hypothécaires en quel état sont les affaires de l'homme auquel il destine sa fille.

Mais comment compulser soi-même ces volumineux registres? On est forcé de s'en rapporter au certificat du conservateur, qui, par négligence ou par fraude, peut omettre des inscriptions.

A la vérité, celui à qui cette faute cause quelque dommage a son recours contre le cautionnement du conservateur : mais quelle faible garantie que celle d'un cautionnement aussi modique!

Toutes les difficultés qui embarrassent le nouveau système hypothécaire viennent de ce que les auteurs de la loi ne se sont occupés que de l'intérêt des acquéreurs et des prêteurs. Il fallait ménager et protéger également tous les intérêts, et ne pas sacrifier les uns à la sûreté des autres.

M. Bigot-Préameneu dit que le système existant dénature les hypothèques légales.

La loi les a créées et distribuées elle-même afin qu'elles fussent indépendantes de toute convention, de toute formalité; qu'elles existassent de plein droit; qu'aucune négligence, qu'aucune fraude ne pût en dépouiller. Elle les avait tirées, ainsi que les priviléges, de la nature des choses et du caractère de la dette; et cependant il suffit aujourd'hui d'un défaut d'inscription pour les faire perdre.

La femme, le mineur, n'ont plus de sûreté si l'on omet de former des inscriptions; et cependant l'obligation de les faire est confiée précisément à ceux contre lesquels elles sont exigées, au tuteur et au mari.

On objecte qu'autrefois la femme et le mineur perdaient également leur hypothèque, faute d'opposition au sceau des lettres de ratification.

Du moins ils ne la perdaient que sur l'immeuble qui était vendu : ils la conservaient sur tous les autres biens.

On a proposé de faire examiner par un conseil de famille comment on peut asseoir l'hypothèque sur les biens du tuteur et du mari, et s'il ne convient pas de la rendre déterminée.

Il faudrait d'abord un procès pour en fixer le montant; et d'ailleurs il est de la nature des hypothèques légales d'être indéterminées.

M. Treilhard dit qu'il est moins embarrassé de répondre à ce qu'on vient de dire sur le danger auquel le système de la loi du 11 brumaire expose les mineurs de perdre leurs hypothèques faute d'inscription, lorsqu'il jette les yeux sur le projet de Code civil, et qu'il y lit les deux articles suivans :

Art. 17. « Toutes personnes, même les mineurs, les in-
« terdits, les femmes en puissance de mari, et sans qu'elles
« aient besoin d'autorisation, les absens, les agens ou pré-
« posés du gouvernement, et les administrateurs des com-
« munes et de tous établissemens publics, sont tenus, sous
« peine de déchéance, de former opposition entre les mains
« des conservateurs des hypothèques, à l'effet de conserver
« leurs priviléges et hypothèques, sauf le recours, ainsi que

« de droit, contre ceux qui, étant chargés de l'administra-
« tion des biens, auraient négligé de former opposition. »

Art. 18. « L'opposition des mineurs sur les immeubles de
« leur tuteur doit être faite par le subrogé tuteur, à peine
« contre ce dernier d'être responsable du préjudice qui ré-
« sulterait du défaut d'opposition. »

Ces articles n'entraînent-ils pas tous les inconvéniens qu'on reproche au nouveau système hypothécaire ?

Leurs auteurs paraissent les désavouer aujourd'hui ; mais ces dispositions sont infiniment sages.

Il n'est pas aussi difficile qu'on le pense de former des inscriptions sur les biens d'un tuteur et d'un mari.

Le tuteur est un membre de la famille, nommé par les autres parens ; ceux-ci connaissent sa fortune : ils savent donc sur quels biens ils doivent former soit des inscriptions, dans le nouveau système hypothécaire, soit des oppositions, dans le système de l'édit de 1771.

Ce sont aussi des parens qui assistent aux conventions matrimoniales ; les biens du mari leur sont connus ; ils leur sont même indiqués dans le contrat ; où est donc la difficulté de faire des inscriptions ?

S'il est décidé que l'on déterminera la nature et la quotité de la dette pour laquelle ces inscriptions seront faites, ceux qui voudront traiter avec le tuteur ou avec le mari auront la sûreté la plus entière : si elles sont indéterminées, on sera du moins averti que les biens ne sont pas libres, et pour traiter on examinera de plus près la moralité.

Les raisonnemens qu'on a faits pour défendre le régime de 1771 ont tous également ce défaut qu'ils sont dans l'hypothèse de la vente, et qu'ils ne prouvent rien pour celle du prêt. Mais par rapport à la vente même, on ne lève pas la difficulté ; car s'il n'a pas été formé d'oppositions, les lettres de ratification purgent les hypothèques du mineur et de la femme. Or, il n'est pas plus difficile de former des inscriptions que de former des oppositions.

En un mot, M. *Treilhard* admet sans inscription l'hypothèque légale pour quelques créances légères, et qui de leur nature doivent emporter privilége.

Il admet également l'hypothèque légale pour les autres créances susceptibles de la produire ; mais il veut que le public en soit averti par des inscriptions.

Et qu'on ne dise pas que le système de la loi du 11 brumaire gêne la liberté qui doit naturellement appartenir à tout propriétaire, de donner en gage la totalité de ses biens. Le propriétaire conserve cette faculté. La loi a seulement combiné ses dispositions sur les cas les plus ordinaires ; car communément un créancier n'exige qu'une hypothèque suffisante pour répondre de la dette.

Le Premier Consul observe que M. Treilhard ne répond pas à ce qui a été dit sur l'inconvénient d'exposer les citoyens à être trompés par de faux certificats des conservateurs.

M. Treilhard dit qu'il n'est pas impossible qu'un conservateur se prête à cette fraude, mais que le législateur ne doit pas être arrêté par des inconvéniens aussi rares, aussi extraordinaires, et qu'il est aussi difficile de prévenir qu'il le serait d'empêcher le vol des deniers déposés chez un notaire. Si l'on se jetait dans les hypothèses, il faudrait donc prévoir aussi l'infidélité possible de l'huissier qui, dans le système de l'édit de 1771, se trouverait chargé de signifier l'opposition.

M. Berlier dit que le cautionnement du conservateur ne constitue pas la limite de la garantie qu'il peut devoir aux parties lésées par son fait ; son cautionnement est le gage, mais non la mesure des actions qu'on a contre lui, et qu'on peut exercer sur le surplus de ses biens.

A la vérité, la totalité de ses biens pourrait ne point répondre à l'étendue du dommage causé, et laisser celui qui l'a souffert en éviction.

Mais on peut croire que, pour son propre intérêt, le conservateur évitera soigneusement de manquer à des devoirs dont l'inobservation pourrait entraîner sa ruine absolue.

Voilà pour les cas généraux, et il est bien difficile de le supposer en collusion ; car, quelque bénéfice frauduleux qu'il voulût faire faire à un tiers, il en deviendrait, par sa responsabilité, le payeur personnel.

Ainsi et à moins de pousser la supposition jusqu'à le voir s'expatrier avec les sommes dont on aurait acheté sa criminelle complaisance, il faut abandonner l'objection.

Or, si l'objection se réduit à cela, il faut convenir qu'elle est peu frappante : d'abord elle repose sur un crime, et les crimes ne se présument point ; en second lieu, il n'est pas dans la nature de se livrer à de criminelles combinaisons dont le résultat immédiat serait une ruine certaine où l'expatriation : enfin il n'y aurait plus d'institutions civiles, si l'on rejetait celles où la fraude peut s'introduire ; et celle dont il s'agit est peut-être celle qui, par son organisation particulière, en est le moins susceptible.

Le Consul Cambacérès dit que le législateur n'en serait pas moins imprévoyant, s'il se dissimulait qu'il est dangereux d'abandonner l'intérêt des citoyens à la fidélité d'un employé qui, souvent, est sans fortune, et n'a pas même la propriété du cautionnement qu'il fournit.

M. Réal, au nom des membres de la section qui n'ont point partagé l'opinion présentée par M. *Bigot-Préameneu*, fait l'exposé suivant.

Il est ainsi conçu :

Lorsque la section de législation, continuant son examen du projet de Code civil, est arrivée à cette partie du projet où ses auteurs, sous les titres VI, VII et VIII, en traitant des *priviléges, hypothèques, lettres de ratification et ventes forcées*, substituent au système actuel qu'ils abrogent le système établi par l'édit de 1771, la première question qui s'est présentée à la discussion, et qui devait naturellement précéder tout examen, a été celle de savoir si ce changement absolu de système, si l'abrogation du régime actuellement en vigueur, était d'absolue nécessité.

Cette question avait été également, et préalablement à toute autre, agitée par un grand nombre de tribunaux ; et les tribunaux de cassation, de Paris, de Lyon, Bruxelles, Rouen, Caen, Douay, Grenoble et Montpellier, se hatèrent de déclarer, et ont, selon nous, démontré que l'innovation contenue au projet de Code, loin d'être utile, était dangereuse ; loin d'être provoquée par l'opinion comme un bienfait, était repoussée par elle comme une calamité.

Aucun autre titre du Code n'a éprouvé d'aussi nombreuses, d'aussi violentes contradictions.

Et ces tribunaux réclamans, qui tous siégent dans les villes les plus peuplées, les plus industrieuses de la République, et où les transactions sont le plus multipliées, ne se sont point contentés d'attaquer en détail quelques parties du système présenté par le projet ; c'est contre le système même, c'est contre cette théorie incomplète et désastreuse de 1771, c'est contre la résurrection du régime universellement abhorré, solennellement proscrit, des saisies réelles, que, de tous les points du territoire français, ces tribunaux se sont élevés avec un concert d'autant plus imposant, qu'aucune réunion n'avait pu le provoquer et l'effectuer.

Et ce ne sont pas seulement quelques tribunaux dont on pourrait dire, comme de ceux de Bruxelles et de Douai, que des habitudes anciennes ont pu commander l'opinion, qui ont demandé la conservation du régime consacré par la loi de brumaire an VII ; ce sont aussi des tribunaux que des habitudes devaient, au contraire, environner de préjugés opposés ; des tribunaux dont les membres, dont les justiciables, avaient été élevés dans les principes consacrés par l'édit de 1771 et par celui des *criées* ; ce sont les tribunaux de Paris, de Caen, de Rouen ; c'est celui de Lyon, de Grenoble, de Poitiers ; c'est celui de Montpellier ; enfin c'est celui de cassation, qui tous se réunissent pour demander la conservation du régime hypothécaire actuel ; qui se réunissent pour affirmer, comme juges, et d'après leur actuelle expérience, que le principe de la publicité et de la spécialité des hypothèques est essentiellement conservateur de la propriété, créateur du crédit public et du crédit particulier, régénérateur de la bonne foi et des mœurs ; ce sont ces mêmes tribunaux qui signalent comme le plus cruel ennemi de la propriété, du crédit et de la bonne foi, le principe de l'hypothèque clandestine et générale qui se trouve présenté dans le projet de Code.

Une improbation aussi solennellement manifestée aurait seule, et abstraction faite de toute autre considération, imposé à la section le devoir d'examiner avec le plus grand soin les motifs d'une innovation qui inspirait autant de craintes ; mais elle y était également obligée par la solennelle et longue discussion qui, pendant quatre années entières, occupant quatre législatures, avait enfin donné à la France le système si simple, si facile, si complet, que renferment et développent les trente-six articles de la loi de brumaire an VII, que le projet veut abroger.

Cet examen sévère lui était encore commandé par la seule existence de la loi, et par ce sentiment conservateur qui, après tant de secousses, de bouleversemens, après les malheurs enfantés par la versatilité qui a flétri notre législation, doit animer l'ami du repos, surtout lorsqu'il s'agit d'innover dans une partie de législation qui régit tous les biens, qui est la base de tous les contrats, qui touche à tous les intérêts.

La section s'est donc occupée, avant tout, de savoir si le système actuel serait conservé, ou si l'innovation présentée par le projet de Code serait adoptée.

Après plusieurs délibérations les voix ont été comptées.

Huit membres assistaient à la délibération.

Quatre d'entre eux ont opiné pour la conservation du système actuel, modifié dans quelques détails.

Deux autres ont voté pour le projet ; deux autres ont d'abord déclaré n'avoir point d'avis, et leur voix a cependant été comptée au nombre de celles qui votaient pour le projet.

C'est de cette manière qu'il s'est établi un partage dans la commission.

Il a été résolu que les deux projets seraient présentés au Conseil; M. *Bigot-Préameneu* a été chargé de présenter les motifs qui déterminent les membres de la commission qui ont voté pour l'innovation que renferme le projet de Code.

Je suis chargé de vous présenter les motifs qui ont déterminé les quatre membres de la commission à voter pour la conservation du système actuel modifié.

Il n'y a qu'une opinion sur la nécessité d'un régime hypothécaire, d'un régime qui régisse particulièrement, qui protége spécialement, efficacement, les traités qui ont les immeubles pour objet. *Dans les matières civiles,* disent les rédacteurs du Code, *où l'on suit plutôt les biens que la personne, il faut des lois hypothécaires; c'est-à-dire il faut des lois qui puissent donner sur les biens toutes les sûretés que l'on cherche.*

Nous ajouterons avec les tribunaux qui ont traité cette question, et en empruntant les expressions du tribunal de Rouen, que la matière des hypothèques est, sans contredit, la plus importante de toutes celles qui doivent entrer dans la composition d'un Code civil. Elle intéresse la fortune mobilière et immobilière de tous les citoyens; elle est celle à laquelle toutes les transactions sociales se rattachent.

Suivant la manière dont elle sera traitée, elle donnera la vie et le mouvement au crédit public et particulier, ou elle en sera le tombeau.

La France est agricole autant que commerçante; les capitaux sont aussi nécessaires à l'agriculture qu'au commerce; et la législation doit être telle, que les capitaux puissent facilement arriver à cette double source de la prospérité nationale.

L'espoir de plus grands bénéfices promptement réalisés, des voies de contrainte plus rigoureuses, la rapidité des mouvemens dans les fonds, la courte durée du prêt, la prompte rentrée des fonds, l'impossibilité où se trouve l'emprunteur de manquer à son engagement sans se déshonorer et s'exposer aux derniers malheurs, sont autant d'appâts qui attireront toujours au commerce un très-grand nombre de capitaux.

Et bientôt il les absorberait tous au détriment de l'agriculture et des autres besoins de la société, si, dans les prêts hypothécaires et dans les autres transactions qui ont pour objet ou moyens les immeubles, l'infériorité des bénéfices n'était compensée par la facilité et la solidité du placement.

Les immeubles entrent dans les transactions, soit pour être aliénés, soit pour être affectés au paiement d'une somme prêtée, ou à l'exécution d'une obligation.

Le but à remplir, dans un régime hypothécaire, est donc de procurer à ce double genre de transaction la plus grande solidité, sans en altérer l'essence ni en embarrasser la forme.

Si l'acquéreur trouve dans votre législation sécurité dans son acquisition, facilité, sécurité dans sa libération; si le vendeur y trouve le moyen de toucher promptement et sans frais le prix de l'immeuble non grevé qu'il aura vendu; s'il y trouve le moyen de faire payer en son acquit, promptement et à peu de frais, les créanciers auxquels il avait affecté pour gage l'immeuble qu'il aura vendu; si, par l'effet de votre législation, le propriétaire d'un immeuble non grevé peut jouir de la totalité du crédit que lui assure sa propriété; si le propriétaire d'un immeuble dont la valeur est affectée à quelque créance trouve dans votre loi le moyen de jouir d'un crédit égal à la valeur dont sa propriété surpasse l'engagement qui la grève; si le capitaliste qui voudra prêter, ou tout autre qui voudra contracter avec un tiers, trouve dans votre législation un moyen sûr, infaillible, de connaître la fortune de celui avec qui il traite; si surtout votre législation lui donne la certitude que la garantie qu'il a acquise ne pourra plus lui être enlevée; et si la conséquence nécessaire de toutes ces dispositions est qu'un homme de mauvaise foi ne pourra jamais vendre ce qui ne lui appartient pas, ni présenter au capitaliste un crédit mensonger, nous ne dirons pas encore que la loi qui procurera tous ces avantages sera parfaite et ne présentera aucun inconvénient ; mais nous affirmerons et nous prouverons facilement que, comparée à tout ce qui a précédé en France la loi de brumaire an VII, elle approchera le plus de la perfection, et offrira, sans aucune comparaison, beaucoup moins d'inconvéniens.

Nous en conclurons qu'en offrant plus d'avantages, et faisant courir moins de dangers aux propriétaires et aux capitalistes, elle appellera aux ventes d'immeubles un concours plus nombreux d'acquéreurs, et que, par conséquent, elle contribuera puissamment à faire remonter le prix des biens territoriaux à leur véritable valeur; et que le capitaliste, trouvant sûreté, sécurité parfaite dans les prêts sur immeubles, se contentera d'un plus léger bénéfice ; qu'un double avantage résultera de cette disposition : le premier, que les besoins de l'agriculture seront facilement satisfaits ; le second, que l'intérêt de l'argent baissera à proportion que les risques du prêteur diminueront.

Il sera facile maintenant de démontrer que tous ces avantages se trouvent dans le système hypothécaire créé par la loi de brumaire an VII, et qu'ils sont dus aux principes de la *publicité* et de la *spécialité* des hypothèques que consacre cette loi.

Il sera aussi facile de démontrer que cette théorie n'est point nouvelle; que son institution remonte à la plus haute antiquité ; qu'elle fut la loi générale de toute la Grèce; qu'elle y fut recueillie par les Romains, et conservée par eux jusqu'au temps de l'empereur Léon; qu'elle fut long-temps la loi des deux tiers de la France coutumière ; qu'elle n'a jamais cessé de régir la plus grande partie des provinces dont les conquêtes de Louis XIV ont agrandi la France monarchique ; qu'elle faisait jouir de la plénitude de ses bienfaits les populeuses, riches et heureuses contrées dont la France républicaine s'est agrandie, au nord et à l'est, par la conquête de la Belgique, du pays de Liége, et des départemens du Rhin.

Nous pourrons dire qu'à plusieurs époques les ministres les plus sages, Colbert entre autres, ont, à diverses époques, tenté de restituer à la France cette belle institution ; et nous démontrerons qu'elle ne fut repoussée que par le malheur des temps, les préjugés, et plus encore par l'intrigue, et par le besoin où se trouvèrent alors les grands seigneurs d'en imposer au public et de continuer à tromper leurs créanciers.

Nous démontrerons qu'aucun des bienfaits procurés par le système de brumaire an VII ne se trouve dans le système de 1771, renouvelé par le projet de Code.

Et si quelques inconvéniens sont attachés au système qui institue des hypothèques publiques et spéciales, nous forcerons les ennemis de ce système de convenir que ces inconvéniens sont communs aux deux systèmes, et qu'ils sont bien plus graves dans celui des hypothèques clandestines.

Enfin, nous démontrerons que ce dernier système a des inconvéniens qui lui sont propres, et dont la plupart non seulement contrarient, mais anéantissent, l'objet essentiel que doit se proposer tout législateur qui établit un régime hypothécaire.

Théorie de la loi de brumaire an VII.

La base du régime établi par cette loi pour les mutations d'immeubles et pour la conservation des droits hypothécaires, est uniforme : c'est la publicité des contrats translatifs de propriété, et des actes constitutifs d'hypothèque.

Chaque acquéreur fait transcrire son contrat au bureau de la situation de l'immeuble vendu.

Chaque créancier fait inscrire son titre au bureau de la situation de l'immeuble affecté à sa créance.

Le conservateur des hypothèques, outre les registres de transcription et d'inscription, tient un *livre de raison*, à l'aide duquel il découvre à l'instant le nom et la qualité du propriétaire actuel ; il aperçoit d'un coup-d'œil toutes les charges qui existent sur la propriété ; et la publicité s'acquiert par les certificats en due forme que le conservateur délivre à toute réquisition, sous sa responsabilité, du nom du véritable propriétaire, de la situation et des charges de l'immeuble qu'il veut aliéner ou hypothéquer.

L'effet de la *transcription* est que, du moment qu'elle est faite, l'acquéreur devient propriétaire incommutable, sans pouvoir jamais être troublé pour des causes postérieures à cette même transcription, ni pour des causes antérieures dont la connaissance lui aurait été dérobée.

L'effet de l'inscription est d'assigner au créancier le rang invariable qu'il doit tenir, et de lui donner la certitude que, sur l'immeuble qui lui est engagé, il ne sera préféré à aucun créancier que celui qu'il a su à l'avance être inscrit antérieurement à lui.

Voilà, dans toute sa simplicité, mais aussi dans son énergie, la théorie de la loi de brumaire an VII.

M. Tronchet dit qu'il aurait désiré que la discussion fût précédée de l'impression des deux rapports de la section de législation : elle aurait eu plus de suite et de méthode. Il essaiera cependant d'exposer ses idées.

Le système de la loi du 11 brumaire, continue-t-il, n'est qu'une invention fiscale qui, au surplus, n'a pas même le mérite de la nouveauté.

Le préambule de l'édit de 1673 portait : « Les plaintes que
« nous recevons depuis long-temps de nos sujets, que les
« rentes que nos prédécesseurs rois et nous avons constituées
« sur nos tailles, gabelles, aides, entrées, décimes et clergé,
« dons gratuits et autres nos revenus, sont hors de tout com-
« merce, à cause de la difficulté qu'il y a de les acquérir avec
« sûreté sans les formalités d'un décret, qui ne se peuvent
« faire qu'avec de très-grands frais qui consument le plus

« souvent la plus grande partie du principal, mais encore un
« temps infini par la nécessité de pratiquer toutes les forma-
« lités, sans lesquelles les propriétaires ne peuvent les ven-
« dre, ni les acquéreurs en jouir avec sûreté ; ce qui nous
« aurait porté à faire rechercher toutes sortes de moyens pour
« y remédier, en donnant à ceux qui ont desdites rentes des
« moyens aisés et faciles de les vendre et en disposer dans
« leurs besoins, et à ceux qui les voudront acheter des as-
« surances de la propriété sans crainte d'y être troublés, et
« sans être obligés aux dépenses et longueurs des adjudica-
« tions par décret. »

Depuis, on a défendu le même système, par d'autres raisons, il est vrai, mais toujours par des raisons qui ne sont que spécieuses, et qu'on ne peut considérer que comme de vains prétextes.

On a prétendu que Colbert avait assigné pour cause du rejet de l'édit de 1673, l'intérêt des grands d'alors, qui ne voulaient pas qu'on pût porter un œil trop curieux sur leurs affaires.

Il est assez naturel qu'un ministre dont le projet est repoussé se venge par des injures, et suppose que ce rejet a été produit par des causes défavorables ; mais il faut se rappeler qu'au contraire le gouvernement d'alors avait pris des précautions pour faire passer son édit, et qu'au moment où il l'a présenté, la voix des parlemens venait d'être étouffée par un autre édit qui gênait leurs délibérations. Au surplus, leur silence forcé a été inutile à la cour; la puissance de l'opinion a proscrit une loi qu'ils n'avaient pu se dispenser d'enregistrer.

Plusieurs raisons doivent faire aujourd'hui rejeter ce même système.

D'abord il introduit un impôt énorme (le proportionnel), et qui est nécessairement inégal, puisqu'il ne porte que sur une classe de citoyens.

Tous les citoyens sans doute doivent contribuer aux charges de l'État, mais chacun dans la mesure de sa fortune et sur ses revenus seulement ; c'est ce qui rend justes les impôts mis sur les objets de consommation et les contributions foncières, puisque c'est le propriétaire du fonds qui vend les matières premières qui fournissent les consommations. L'impôt de l'hypothèque au contraire se prélève sur les capitaux ; et ce qui le rend plus odieux encore, il se prend sur le malheur et absorbe les ressources de l'industrie. La fortune d'un citoyen se trouve dérangée, il est forcé d'emprunter pour faire honneur à ses engagemens, et le fisc vient lui arracher une partie des secours qu'il se procure ; car c'est toujours sur l'emprunteur que portent les frais du contrat. Un citoyen vend sa propriété pour en employer le prix à des entreprises utiles, à des spéculations commerciales, le fisc vient encore partager avec lui.

Mais quand on abandonnerait la partie fiscale de la loi du 11 brumaire, quand on consentirait à ne plus faire des hypothèques un moyen d'impositions, le système devrait encore être rejeté,

1°. Parce qu'il ne remplit point l'objet des hypothèques et qu'il ne le peut pas ;

2°. Parce qu'il n'est pas applicable à tous les contrats ;

3°. Parce qu'il ne l'est pas surtout aux contrats les plus importans ;

4°. Parce qu'il détruit l'essence et le caractère des contrats ;

5°. Enfin, parce que dans l'exécution il produit beaucoup d'autres inconvéniens.

M. *Tronchet* développe ses idées.

Il prend les deux principaux contrats, *la Vente* et *le Prêt*.

Dans la vente, dit-il, la transcription est superflue.

Est-ce pour assurer la propriété à l'acquéreur qu'on l'emploie ?

La garantie de l'acquéreur résulte de l'antériorité de la

date de son acquisition ; et cette date est rendue certaine par le contrat.

Est-ce pour assurer au vendeur son paiement?

La question est la même que pour le prêt, et M. *Tronchet* y reviendra.

Est-ce pour que le tiers-acquéreur ne se trouve pas trompé en achetant d'un homme qui ne soit plus propriétaire?

L'expérience a prouvé que les moyens ordinaires de s'instruire de ce point de fait lui donnent des renseignemens suffisans.

Est-ce pour que l'acquéreur paie avec sûreté?

L'acquéreur ne paie jamais avant de s'être assuré qu'il paie utilement.

Mais on fait valoir les avantages du système par rapport aux emprunts et à la grande sûreté qu'il donne au prêteur.

Quoi, le prêt est-il donc un contrat privilégié dont la loi doive s'occuper aux dépens de tous les autres?

Mais cette sûreté même du prêteur, à laquelle la loi du 11 brumaire sacrifie tout, elle ne parvient pas à la lui assurer. Qu'on se place, en effet, dans la position la plus favorable, dans celle où l'immeuble sur lequel l'hypothèque doit s'asseoir est situé sous les yeux du prêteur et dans la commune où le contrat est consommé. Avec la plus grande diligence, il faut au moins quatre jours pour obtenir l'enregistrement; et cependant l'emprunteur, s'il est de mauvaise foi, tient toute prête une obligation antérieure et peut-être fictive, qu'il présente et fait enregistrer avant celle qu'il a réellement souscrite.

Et qu'on ne dise pas que c'est ici une hypothèse imaginaire; elle est tellement fréquente que les notaires, qui savent qu'on ne peut pas enregistrer un contrat soumis à une condition potestative, sont obligés, pour prévenir la fraude, de supposer le prêt exécuté, et de retenir les deniers jusqu'après l'enregistrement.

Quelle sûreté peut donc résulter d'une loi qui, pour la garantie des parties, les oblige de confier leurs fonds à un homme qui n'a point le caractère de dépositaire public, qui se trouve même dans l'impossibilité de leur donner un titre? A la vérité, à Paris et dans beaucoup d'autres lieux, les notaires méritent la confiance des citoyens : mais en est-il de même partout, et surtout dans les campagnes? Si ces inconvéniens sont réels lorsque l'emprunteur et le prêteur habitent la même ville, que sera-ce s'ils sont à une grande distance l'un de l'autre, et que, par une suite nécessaire, le délai de l'enregistrement doive être encore plus reculé? Alors les fonds demeurent bien plus long-temps exposés. Quand on supposerait même que tous les notaires sont de bonne foi, il peut arriver qu'un créancier qui fera saisir chez eux enveloppe dans la saisie des deniers que rien n'atteste ne pas appartenir au notaire qui se trouve son débiteur.

Les notaires de Paris réclament tous pour qu'on facilite davantage les emprunts, parce que, disent-ils, la loi du 11 brumaire ne fait que les entraver. Autrefois du moins le propriétaire, en se ménageant un privilége fictif, pouvait offrir dans son immeuble un gage certain sur lequel il trouvait des ressources. Aujourd'hui ce moyen lui échappe ; le fisc vient se mêler de toutes les transactions, et on ne peut pas multiplier les contrats sans payer des frais d'enregistrement énormes.

Il est donc prouvé que la loi du 11 brumaire ne donne point et ne peut pas donner une sûreté réelle au prêteur.

Mais il y a bien d'autres contrats, tels que les baux, par exemple, où l'hypothèque est nécessaire, et où l'on n'a pas la faculté, comme dans la vente et dans le prêt, de tenir les fonds en dépôt.

Il en est de même, et ce sont les transactions les plus importantes, auxquelles le système de la loi du 11 brumaire ne peut être appliqué sans dénaturer le contrat.

Tel est le mariage, par exemple : un père n'accorde pas

19.

toujours la main de sa fille à l'homme qui possède le plus d'immeubles ; très-souvent il la donne à celui dont la bonne conduite, l'état, l'industrie, paraissent offrir une garantie suffisante. Il n'exige pas toujours l'emploi de la dot, parce qu'elle est quelquefois nécessaire pour faire prospérer les affaires des deux époux et leur ménage commun. Souvent c'est à cause des espérances du mari par rapport à la succession future de son père, que le mariage se conclut. Dans tous ces cas, ou il est impossible de se conformer à la loi du 11 brumaire, ou on ne s'y conforme qu'en contrariant les vues des familles

On répond que quand le mari n'est pas propriétaire d'immeubles, la loi du 11 brumaire donne du moins à la femme l'assurance de voir inscrire sa dot sur les immeubles qui pourront survenir.

Une telle assurance est bien illusoire. C'est contre le mari dissipateur qu'elle est établie : or un tel mari se gardera bien de prévenir son épouse des changemens qui seront survenus dans sa fortune. Que si la femme le découvre par quelque autre moyen, il lui est bien difficile d'en tirer avantage, n'ayant sous la main ni le contrat de mariage qui forme son titre, ni les fonds nécessaires pour payer les frais d'inscription. Et quand elle parviendrait à forcer ces obstacles, voilà le trouble et la désunion entre les deux époux.

Supposons cependant, contre toute vraisemblance, que l'inscription puisse être prise, comment la spécialiser ? Les reprises des femmes sont indéterminées.

On a proposé à ce sujet de les évaluer et de les inscrire pour ainsi dire à forfait.

Il en résulterait d'abord un procès sur l'évaluation. Ensuite, peut-on prévoir les événemens qui, peut-être, changeront l'état actuel des choses ? Il est possible qu'une femme dont les droits présens ne s'élèvent qu'à une modique somme de 3 ou 4,000 francs recueille une succession mobilière qui porte les reprises à 200,000. D'ailleurs, c'est détruire l'essence du contrat que de déterminer à l'avance les reprises, car le mari est indéfiniment engagé à restituer tous les biens qui écherront à la femme.

Le système de la loi du 11 brumaire ne détruit pas seulement l'essence des contrats les plus importans, il détruit l'essence de tous les contrats sans distinction, en prohibant l'hypothèque sur les biens à venir. En effet, il n'est point d'obligation qui ne doive être exécutée sur tous les biens du débiteur; les partisans de la loi du 11 brumaire en conviennent : or il est difficile de concilier ce principe et cet aveu avec la distinction qu'on voudrait faire sous ce rapport entre les biens immeubles et les biens meubles, et qui tendrait à n'appliquer le principe qu'à ces derniers. Cependant si les biens meubles à venir doivent répondre des engagemens, pourquoi n'en serait-il pas de même des immeubles?

On répond que c'est parce que l'hypothèque s'asseoit sur un immeuble, et suppose en conséquence qu'il est là.

Il semble que l'hypothèque soit un sceau apposé par la main de l'homme, tandis qu'elle est constituée par la loi qui force les particuliers à se conduire les uns envers les autres d'après les principes de la bonne foi ; par la loi vengeresse de la fraude; par la loi qui se saisit d'un immeuble, et déclare au propriétaire qu'il n'en aura la disposition qu'après avoir satisfait à ses engagemens.

Telles sont les bases vicieuses sur lesquelles repose ce système.

Dans l'exécution il entraîne beaucoup d'inconvéniens dont l'importance devient moins frappante auprès de l'inconvénient décisif d'admettre une théorie vicieuse dans son principe même.

Il est enfin ici une réflexion générale bien capable de faire impression sur le législateur, parce qu'elle intéresse les mœurs publiques :

La bonne foi est le seul pivot sur lequel roule le commerce entre les hommes.

La moralité est la garantie la plus sûre qu'ils puissent se donner :

C'est sur ces principes que contracte la moitié de la France : pourquoi jeter dans l'autre une défiance qui ajoute à la démoralisation ?

On a beaucoup parlé de la nécessité de faire cesser l'abus de la saisie réelle.

Elle était ruineuse, il est vrai, et surtout à Paris ; mais cet abus venait de la complication des formes : ainsi, pour faire cesser l'abus, il suffit de les simplifier. Déjà dans quelques parlemens on y était parvenu. A Rouen, par exemple, l'ordre s'introduisait par un simple procès-verbal du commissaire.

M. Portalis dit qu'il proposerait de repousser également et le système de la loi du 11 brumaire et celui de la commission, s'il n'était persuadé que cette opinion ne serait pas adoptée par le Conseil.

L'hypothèque en effet n'est pas inhérente aux engagemens personnels ; c'est une institution toute civile : elle n'existe que par l'autorité de la loi, qui l'attache aux actes faits dans les formes qu'elle détermine, et par la force des jugemens : aussi les actes passés en pays étranger ne donnent-ils pas hypothèque.

En Provence, on avait conclu de ce principe que l'ordre des hypothèques doit être réglé par la date des actes.

Ce système était au surplus fondé sur la nature des choses. La société est composée d'hommes qui traitent les uns avec les autres ; mais les transactions n'ont lieu qu'entre des individus qui se connaissent, qui ont pris sur leur fortune et sur leur probité respectives tous les renseignemens que la prudence commande. Si la loi intervient pour les protéger, leurs affaires, qui ne sont que privées, prennent aussitôt le caractère d'affaires publiques, et, en les soumettant à des règles, on empêche certainement beaucoup d'alliances, beaucoup de contrats qui n'ont rien de commun avec le prêt.

Le système le plus naturel et le plus simple est donc de laisser chacun veiller par lui-même à ses intérêts, et chercher principalement sa sûreté dans la moralité de ceux avec lesquels il contracte.

Mais ce système ne trouverait pas de partisans dans le Conseil ; il faut donc choisir entre les deux autres.

L'édit de 1771 est insuffisant : il promet une sûreté qu'il ne donne pas ; car en offrant des moyens de conserver les hypothèques, il n'avertit pas de celles qui existent au moment où l'on contracte.

La publicité établie par la loi du 11 brumaire serait certainement plus avantageuse si l'on ne voulait pas en faire un principe absolu. M. *Portalis* l'admet, pourvu qu'on ne l'étende pas aux engagemens qui naissent du mariage et de la tutelle.

Il est absurde, en effet, de vouloir donner de la publicité au fait du mariage, qui déjà est public. Quand on traite avec un homme marié, on n'ignore pas qu'il se trouve engagé dans le mariage : aussi en Provence les articles non publics du contrat de mariage donnaient-ils hypothèque, parce que, disait-on, chacun est averti par le fait de prendre ses précautions. La publicité que donnent les inscriptions est donc un bienfait inutile, puisqu'elle est acquise, et d'une manière bien plus certaine, par la notoriété.

A l'égard des tutelles, on doit se demander d'abord pourquoi la loi rend le tuteur responsable. C'est parce qu'elle veut venir au secours d'un pupille, qui ne peut se protéger lui-même.

La protection de la loi doit donc être efficace et utile : or elle ne l'est pas lorsque l'effet des précautions que la loi ordonne dépend de la fidélité de ce même tuteur, contre lequel elles sont établies, et surtout lorsqu'elles ont pour objet des engagemens indéterminés.

Le fait de la tutelle est public : il n'est pas besoin d'en avertir des acquéreurs et des prêteurs. On leur sacrifie donc la sûreté du pupille sans leur donner plus d'avantages.

Dans tous les autres cas il est bon d'assurer la publicité: quand elle existe déjà, cette précaution est superflue. Chacun sait si celui avec lequel il traite est marié, est tuteur, est comptable.

Ce n'est pas, au surplus, sous le rapport de l'impôt qu'elle établit que la loi du 11 brumaire doit être attaquée.

Les impôts sont nécessaires, et ceux-là sont préférables, sans doute, qui se paient doucement, et qui sont perçus dans le moment où le redevable peut le plus facilement les payer : or l'homme qui achète jouit évidemment d'un peu d'aisance; l'homme qui emprunte reçoit un secours qui le met dans une position commode : l'un et l'autre peuvent faire quelques sacrifices.

Ainsi, sous le rapport de la publicité, le système de la loi du 11 brumaire paraît devoir être maintenu, pourvu qu'on ne l'étende pas aux hypothèques légales.

Quant à la spécialité, on peut l'admettre à l'égard de tous les engagemens, si ce n'est ceux qui, de leur nature, sont indéterminés.

On a observé qu'autrefois, au moyen d'un privilége fictif que le propriétaire se réservait, il parvenait à donner à l'emprunteur une sûreté même plus grande que celle qu'on peut espérer de la spécialité.

Mais la loi ne doit ni supposer ni autoriser de simulation.

M. TREILHARD répond d'abord à M. *Portalis*.

Il s'est reporté, dit M. *Treilhard*, à la législation primitive, qui réglait l'ordre des hypothèques par la date des contrats.

Ce sont précisément les vices de ce système, reconnus par l'expérience, qui ont amené l'édit de 1771, et depuis la loi du 11 brumaire.

Il est certain que s'il suffisait de la date de contrats connus seulement des parties, pour établir l'ordre des hypothèques, il n'est personne qui ne dût craindre d'être dépossédé ou primé par des créanciers inconnus. On a eu tellement lieu de s'en convaincre, qu'on a tenté de corriger du moins cet inconvénient par le moyen de la prescription en faveur des tiers détenteurs.

Dans l'impossibilité de soutenir ce système, on compose sur le système de la publicité, et l'on propose d'y soustraire les hypothèques légales.

Si la publicité est utile, il faut n'y rien soustraire. Il n'est pas sans exemple qu'un homme soit marié, quoiqu'il passe pour célibataire; il ne suffit même pas, après tout, qu'on sache qu'un homme est marié pour traiter sûrement avec lui; il importe encore de connaître l'étendue des engagemens que son mariage lui impose.

Mais, dit-on, quelles lumières peut donner à cet égard l'inscription, puisque ces engagemens sont indéterminés?

Cette objection a bien plus trait au système de la spécialité, dont le système de la publicité est très-indépendant.

Au reste, on a déjà indiqué dans le cours de cette discussion des moyens de rendre les hypothèques légales déterminées. Et enfin, quand elles ne le seraient pas, toujours les tiers pourront-ils vérifier si les biens du mari sont frappés d'hypothèques; avantage qu'ils n'ont dans aucun autre système.

Passant à l'opinion de M. *Tronchet*, M. *Treilhard* observe que la longue durée de l'ancienne législation n'est pas un préjugé qui doive être ici de quelque poids. On sait d'abord qu'il est de longues erreurs. Mais celles dont on parle n'ont pas même l'avantage d'une possession paisible : souvent on a réclamé contre ce dangereux système des hypothèques; et d'Héricourt, dans son *Traité de la vente des immeubles*, dit positivement, à l'occasion de l'édit de 1673, que le régime qu'il établit a toujours été désiré par les jurisconsultes les plus recommandables.

Il est inutile de s'arrêter sur ce qui a été dit des charges que la loi du 11 brumaire impose aux citoyens : M. *Portalis* a réfuté cette objection. Il a observé avec raison que les impositions qui se perçoivent dans les momens les plus favorables sont les meilleures. Si les droits d'hypothèque sont trop considérables, il faut les diminuer : ce point n'appartient pas à la discussion.

On prétend que le système de la loi du 11 brumaire n'atteint pas son but; qu'il ne peut convenir qu'au prêt et à la vente.

Il convient également à tous les actes translatifs de propriété, même à titre gratuit.

On a dit que la loi du 11 brumaire ne donne ni au prêteur ni à l'acquéreur une sûreté suffisante, parce qu'il est possible qu'à l'aide d'une fausse obligation on parvienne à les primer, et que s'ils veulent prendre des précautions contre cette fraude, ils sont forcés de laisser leurs fonds en dépôt, même sans avoir de titre.

Il y a deux réponses à cette objection :

La première, qu'il n'est pas présumable qu'un homme soit assez imprudent pour se permettre une fraude qui ruinerait à jamais son crédit et qui l'exposerait aux peines du stellionat, puisqu'il aurait vendu et engagé comme libre un bien qui ne l'était pas;

La seconde, qu'il est un moyen simple de se procurer ces sûretés : c'est de stipuler que l'acte ne recevra son exécution qu'après un délai, et seulement dans le cas où l'immeuble ne se trouverait pas chargé au-delà des hypothèques qui ont été déclarées dans le contrat.

On réplique que ce dernier expédient ne peut être utile que lorsque l'immeuble est situé dans la ville qu'habitent également les deux parties.

Mais, répond M. *Treilhard*, si cet immeuble était à une trop grande distance, il ne donnerait point de crédit au propriétaire. Ce point a été reconnu au titre *du Cautionnement*, et c'est parce qu'il est dans l'habitude des hommes de vouloir que leur gage soit sous leur main, qu'on a limité l'étendue dans laquelle devait être situé l'immeuble présenté par la caution.

On ajoute que le système de la loi du 11 brumaire ne peut convenir aux transactions les plus importantes, et particulièrement aux contrats de mariage.

Ce système s'adapte à toutes les conventions, et aux con-contrats de mariage comme aux autres. Il est facile de concevoir, en effet, qu'il donne entière sûreté pour la dot.

Ce n'est pas cependant que le mari ait toujours des immeubles à offrir en garantie ; mais alors le père et l'épouse ne cherchent leur sûreté dans aucun système hypothécaire : ils croient la trouver dans la confiance que leur inspire la moralité du mari, et ils s'en contentent. Mais, dans ce cas même, la loi du 11 brumaire leur est utile, en ce qu'elle soumet à l'hypothèque de la dot les biens qui peuvent échoir par la suite. La femme peut prendre inscription sur ses biens sans être arrêtée par les obstacles dont on a parlé ; si elle n'a pas le contrat sous la main, elle le levera chez le notaire. Quant aux frais de l'inscription, ils sont tellement modiques, qu'aucune femme ne peut se trouver dans l'impuissance de les faire.

Les difficultés ne sont pas plus grandes à l'égard des hypothèques du pupille.

Le tuteur est ordinairement un membre de la famille ; il est nommé par d'autres parens qui nécessairement connaissent ses biens et sa fortune, et auxquels dès lors il est facile de former des inscriptions. Au surplus, sous ce rapport, le système de la loi du 11 brumaire n'est pas plus embarrassé que celui de l'édit de 1771 ; car, d'après cette dernière loi, le défaut d'opposition anéantissait les hypothèques.

Mais, dit-on, la loi du 11 brumaire empêche de donner aux créanciers une sûreté complète, puisqu'elle ne permet pas d'hypothéquer les biens à venir. Elle blesse les principes de la matière, car il est juste qu'un débiteur paie tout à la fois et sur les biens qu'il a et sur ceux qu'il pourra avoir.

Il y a quelque chose d'immoral dans tous les calculs fondés sur la dépouille d'un homme encore vivant, et d'ailleurs l'espérance des biens à venir est souvent trompeuse. Si cependant il survient des biens au débiteur, la loi ne s'oppose pas à ce que le créancier s'en empare comme d'un gage nouveau, et ne forme inscription à mesure qu'ils arrivent.

L'hypothèque légale, a-t-on dit encore, est établie par la seule force de la loi; qu'est-il donc besoin, pour qu'elle ait ses effets, du fait de l'homme ou de formalités extérieures?

Sans doute c'est la loi qui donne l'hypothèque; mais la loi ne suppose pas, lorsqu'elle accorde son secours, qu'on demeurera dans l'inaction. C'est ainsi que, quoiqu'elle accorde la contrainte par corps, ceux-là seuls profitent de cette garantie qui ne négligent pas de la demander.

On observe enfin que la bonne foi étant l'âme des contrats, il faut bien se garder d'accoutumer les citoyens à une défiance et à des précautions qui changeraient le principe des conventions entre les hommes.

La conséquence rigoureuse de cette doctrine serait qu'il ne faut point du tout d'hypothèque. Cependant elle est professée par ceux-là mêmes qui se plaignent de ce qu'on ne permet pas d'étendre l'hypothèque sur tous les biens, même à venir. Ils sont au surplus dans l'erreur. Les partisans de la loi du 11 brumaire accordent l'hypothèque sur tous les biens; ils veulent seulement qu'elle soit publique et spéciale, parce que l'expérience leur apprend que les hypothèques occultes nuisent aux citoyens honnêtes qui, dans leur aveugle confiance, s'en rapportent trop facilement aux fausses apparences de fortune. La justice veut qu'on leur fournisse un moyen de les vérifier et d'éviter les surprises. Il est possible que cette trop grande évidence de la situation de chacun prive quelques hommes de leur crédit : mais quel est l'inconvénient de ruiner un crédit qui ne reposait que sur la fraude et sur la fourberie?

Le Premier Consul dit qu'il aperçoit ici trois systèmes différens :

Celui des lois romaines, qui n'admet ni publicité ni spécialité ;

Celui de l'édit de 1771, qui admet la publicité sans spécialité ;

Celui enfin de la loi du 11 brumaire an VII, qui admet également et la publicité et la spécialité.

Le Consul ajoute que, d'après ce qu'il vient d'entendre, le système du droit romain lui paraît plus dans la nature et dans les principes de la justice civile, en ce qu'il donne la garantie la plus entière pour les hypothèques légales.

L'édit de 1771 leur est moins favorable, puisqu'il exige, pour les maintenir, la formalité de l'opposition.

Mais la loi du 11 brumaire an VII les anéantit dans leurs effets, car les femmes et les mineurs ne les obtiennent que dans le cas où il a été formé inscription à leur profit.

Serait-il impossible de concilier ces divers systèmes ?

Ne pourrait-on pas laisser subsister la nécessité de l'inscription pour toutes les hypothèques, hors les hypothèques légales ; car la loi doit défendre celui qui ne peut se défendre lui-même ? On n'a point répondu à cette question : or la femme, le mineur, sont incapables de veiller à leurs intérêts ; et cependant, dans l'état actuel des choses, il ne faut que l'omission d'une formalité pour leur enlever l'hypothèque que la loi a entendu leur assurer.

M. *Treilhard* a objecté que, sous l'empire de l'édit de 1771, il suffisait aussi qu'il n'eût point été formé d'opposition pour que le mineur et la femme perdissent leur hypothèque.

Mais il y a une grande différence entre faire dépendre d'une formalité l'effet d'une hypothèque qui doit être forcée par cela seul qu'elle est déclarée légale, et laisser périr des hypothèques acquises en négligeant de former opposition ; et M. *Bigot-Préameneu* a fort bien observé à cet égard que le défaut d'opposition n'efface du moins l'hypothèque que sur un seul immeuble, tandis que le défaut d'inscription en affranchit tous les biens du débiteur.

Pour que le Code porte une profonde impression de justice civile, il est nécessaire de concilier ces différens systèmes; la justice civile s'oppose à ce qu'on reporte sur le mineur et sur la femme les suites d'une négligence qu'il n'était pas en leur pouvoir d'empêcher. Ce principe ne doit pas être sacrifié au désir, très-louable d'ailleurs, de rendre les transactions plus sûres. Il ne faut pas acheter au prix d'une injustice l'avantage de simplifier la loi : tous les principes doivent être également respectés.

Il semble qu'on parviendrait à tout concilier si on décidait que les hypothèques légales frapperont de plein droit les immeubles du mari et du tuteur ; que cependant il est permis au mari de les restreindre à une portion suffisante de ses biens si la femme y consent; que la même faculté est donnée au tuteur; et que, si les biens sont insuffisans pour restreindre ainsi l'hypothèque à une partie seulement du patrimoine soit du tuteur, soit du mari, l'acquéreur achetera à la charge des hypothèques, ainsi que le décidait l'édit de 1771.

M. Réal dit que ce serait aller directement contre le but qu'on se propose. On veut en effet garantir les droits de la femme ; et cependant on rendrait sa condition bien plus désavantageuse qu'elle ne l'était sous l'édit de 1771 ; car alors l'acquéreur, sachant qu'elle perdait son recours faute d'opposition, trouvait dans cette disposition une garantie suffisante. Si, au contraire, il est indéfiniment soumis aux hypothèques de la femme, il ne traitera avec le mari que sous la condition qu'elle interviendra et qu'elle s'obligera solidairement.

Le Premier Consul dit que, depuis qu'il entend discuter le Code civil, il s'est souvent aperçu que la trop grande simplicité dans la législation est l'ennemie de la propriété. On ne peut rendre les lois extrêmement simples sans couper le nœud plutôt que de le délier, et sans livrer beaucoup de choses à l'incertitude de l'arbitraire.

Cependant, si la justice civile est la base de la loi, chacun est frappé du sentiment que les droits des hommes reposent sur des principes immuables. On perd au contraire le respect pour la propriété lorsqu'on la regarde comme soumise à des chances qui peuvent facilement et sans raison la porter d'une main dans une autre. Partout les hypothèques des femmes et des mineurs ont été considérées comme naissant et s'identifiant avec l'engagement qui les fait naître; c'est ce principe qu'il faut parvenir à concilier avec la sûreté des acquéreurs et des prêteurs. La loi sera moins simple, mais elle sera conforme aux principes de la justice civile.

M. Réal dit que le système de la loi du 11 brumaire ne blesse point le principe de la propriété, puisqu'il est né dans un pays où la propriété était infiniment respectée, dans la ci-devant Belgique.

M. Bigot-Préameneu dit que le régime de la Belgique était entièrement féodal; là le seigneur était considéré comme le propriétaire du domaine direct et universel.

M. Réal dit qu'il n'examine le système qu'en soi et indépendamment de ses abus. Dans le Brabant il n'y avait d'hypothèque légale que pour les droits du prince, et encore n'en était-il pas ainsi dans toutes les parties de ce pays.

Au reste les choses ne sont plus entières. Depuis l'an VII le système de la spécialité et de la publicité existe en France, on ne peut plus l'abolir sans rétrograder.

Le Premier Consul dit qu'il ne s'agit point de revenir sur ce système; il faut la publicité, il faut la spécialité; mais il faut aussi qu'elle ne puisse nuire aux hypothèques légales.

M. *Treilhard* a observé que les frais de saisie réelle consument le bien du débiteur et le gage du créancier; qu'avec des hypothèques cachées il n'y a plus de sûreté pour les acquéreurs ni pour les prêteurs, qui peuvent se laisser tromper par de fausses apparences : il a présenté la publicité et la spécialité comme le remède de ces inconvéniens ; on les lui accorde ; mais on désire en même temps que, sans rien changer au fond du système, la loi évite de commettre une injustice civile en sacrifiant un principe à l'autre, et en rendant sans effet les hypothèques légales.

M. Jollivet dit que, pour affranchir les hypothèques légales de la nécessité de l'inscription, on s'est fondé sur la publicité du fait du mariage et de la tutelle. Cette notoriété, continue M. *Jollivet*, n'existe pas toujours : il est des maris qui vivent loin de leurs femmes ; et la mort même de la femme n'éteint pas ses droits, ils passent à ses héritiers. Également on peut ignorer l'époque où une tutelle a fini, et ne pas savoir si les comptes ont été rendus. Le mari et le tuteur se trouvent donc placés dans une dépendance indéfinie.

Le Premier Consul dit qu'on leur propose un moyen de s'y soustraire en rendant spéciale l'hypothèque générale dont leurs biens sont grevés ; qu'au surplus il n'y a peut-être pas beaucoup d'inconvéniens à placer le mari dans une situation qui l'empêche de dissiper son bien ; car il est hors de doute que, s'il ne veut faire que des emprunts nécessaires, la femme ne refusera point d'y consentir.

La discussion est continuée à la prochaine séance.

(Procès-verbal de la séance du 19 pluviose an XII.— 9 février 1804.)

On reprend la discussion des bases du régime hypothécaire.

M. Portalis dit qu'il est possible de concilier avec la loi du 11 brumaire les véritables principes sur les hypothèques légales.

Cette loi veut la publicité et la spécialité.

Les inscriptions sont inutiles pour établir la publicité des hypothèques légales, puisqu'elles existent par la notoriété du fait du mariage et de la tutelle.

Ces précautions seraient même dangereuses. Le moment où l'on s'occupe des apprêts du mariage est le moment de la confiance entre les époux. Peut-être que l'altérer alors, ce serait la détruire à jamais. Ce serait même compromettre les intérêts de la femme et des enfans et opérer leur ruine, que de faire crouler, pour un simple défaut de formalité, le contrat de mariage, qui devient le fondement de la famille.

Les tiers sont inexcusables, quand ils voient des personnes mariées, de n'avoir point prévu qu'il pouvait exister un contrat. C'est par cette raison que quelques parlemens attachaient, même aux actes sous seing privé, l'effet de produire l'hypothèque légale au profit de la femme.

Si c'est la spécialité qu'on veut obtenir, elle est impossible, puisqu'il s'agit de droits qui ne sont pas encore fixés, et qui peuvent naître d'événemens postérieurs.

Ce qui vient d'être dit s'applique également à la tutelle : elle est aussi publique que le mariage ; elle est déférée aussi solennellement ; et les citoyens peuvent aller au greffe vérifier les nominations aussi facilement qu'ils peuvent vérifier les inscriptions sur les registres hypothécaires.

A l'égard de la spécialité, comment l'établir, lorsque l'hypothèque a pour objet une gestion indéterminée ?

En général, toute hypothèque légale existant par la seule force de la loi, ne peut plus être subordonnée à une formalité extérieure sans cesser d'être légale.

C'est sous ce rapport qu'on la distingue de l'hypothèque conventionnelle : celle-ci est un fait accidentel dont il faut avertir ; mais l'hypothèque légale est de droit général ; elle est établie, non pour le droit de l'individu, mais pour l'intérêt public. Il importe à l'État que la dot des femmes, que le patrimoine des mineurs soient conservés. La loi est donc intervenue pour remplir directement cet objet par l'hypothèque qu'elle établit. Ce serait la dégrader et tromper sa sollicitude, que de ne pas se contenter de sa volonté suprême, et d'exiger un fait particulier. L'hypothèque qu'elle crée ne doit pas seulement être légale dans le mot; elle doit être encore légale dans la chose.

Tous les inconvéniens qu'on oppose à cette doctrine n'ont pas l'importance qu'on leur prête. On ne voit pas, en effet, qu'avant la loi du 11 brumaire il se commît plus de fraudes qu'aujourd'hui.

Le Premier Consul pense qu'il est nécessaire de fixer les idées par quelques propositions.

Il remarque dans la loi du 11 brumaire, qui est placée sous ses yeux, des articles par lesquels certaines créances, que la loi nomme *privilégiées*, sont dispensées d'inscriptions : ainsi, dit-il, les auteurs de la loi ont reconnu que le système de la publicité et de la spécialité n'est pas absolument incompatible avec l'hypothèque légale que la loi fait résulter de plein droit de quelques engagemens à raison de leur nature. Or, on ne propose que de donner un peu plus d'étendue à ce principe admis par la loi même.

On pourrait laisser subsister la publicité et la spécialité à l'égard de toutes les hypothèques, et se borner à affranchir de la formalité de l'inscription celles dont parle le chapitre IV de la loi du 11 brumaire.

Peut-être objectera-t-on que la condition des acheteurs sera moins avantageuse que sous le régime de l'édit de 1771, parce que du moins alors, en prenant des lettres de ratification, ils se mettaient en sûreté.

Le Consul voit dans l'édit de 1771 des exceptions en faveur des droits du domaine et du douaire non ouvert, à l'égard desquelles les hypothèques n'étaient point purgées par des lettres de ratification. Il en conclut que, sous ce dernier rapport, on se retrouvait dans le système du droit romain, suivant lequel l'ordre des hypothèques était réglé par la date des créances; qu'ainsi aucune loi n'a encore donné de sûreté complète aux acquéreurs et aux prêteurs : mais, continue-t-il, on peut établir cette sûreté et faciliter l'affranchissement des immeubles, même grevés d'hypothèques légales, en autorisant à rendre ces hypothèques spéciales d'après une procédure sommaire, ou d'après le consentement de la femme.

M. Tronchet dit que la question était d'abord de savoir si l'inscription ordonnée par la loi du 11 brumaire serait exigée pour toute espèce de créances; mais que dans les termes auxquels le Consul vient de la réduire elle ne peut être bien décidée qu'en fixant les idées sur toutes les exceptions qui sont nécessaires. On n'en a réclamé que pour les hypothèques légales; et cependant les créances privilégiées et les créances indéterminées paraissent ne pouvoir pas recevoir l'application de la loi du 11 brumaire.

A l'égard de l'hypothèque légale qui garantit les droits de la femme, elle existait dans le droit romain et dans le droit français, par le seul fait du mariage, et même lorsqu'il n'y avait pas de contrat. Or, il est impossible de la soumettre à la formalité de l'inscription, sans forcer tous ceux qui se marient à consigner dans un contrat leurs conventions matrimoniales; et cependant beaucoup de citoyens s'en rapportent à cet égard à la loi. La publicité est-elle utile à l'égard de cette hypothèque? C'est ce qui est encore en question. Quant à la spécialité, elle paraît impossible.

M. Treilhard dit qu'on a perpétuellement confondu, dans le cours de cette discussion, l'obligation qui peut produire l'hypothèque avec l'hypothèque elle-même.

De ce que celui qui s'oblige s'oblige sur tous ses biens, on en a conclu que toute obligation devait nécessairement produire une hypothèque générale. C'est une erreur: une obligation peut exister sans produire d'hypothèque; les engagemens sous seing privé, et ceux qui naissent d'un fait, sont un exemple de cette vérité.

En considérant les choses dans leur essence, on aperçoit facilement que, sans la publicité et sans la spécialité de toute espèce d'hypothèques, l'hypothèque devient illusoire. En effet, on ne prend un immeuble pour gage qu'afin d'assurer son paiement : mais cette précaution devient inutile si elle ne donne une entière sûreté. L'hypothèque cependant peut-elle avoir un tel résultat, lorsque celui qui prend cette garantie est hors d'état de vérifier la situation de celui avec lequel il traite? Des créanciers antérieurs et inconnus paraissent tout-à-coup et absorbent le gage où l'on croyait trouver sa sûreté. C'est ce qui a fait imaginer la publicité et la spécialité.

Mais, dit-on, où est donc la différence entre les hypothèques légales et les hypothèques conventionnelles?

Ces dernières, répond M. *Treilhard*, ne sont pas moins sacrées que les autres ; car l'état social suppose nécessairement des conventions, et les conventions des sûretés. Ce n'est donc point sous ce rapport qu'on peut établir une différence entre les deux sortes d'hypothèques ; ce qui les distingue, c'est la cause qui les produit : les unes naissent de la convention, les autres de la loi.

On réplique qu'assujétir les hypothèques légales à la formalité de l'inscription, c'est les détruire.

C'est au contraire en assurer l'effet ; car depuis long-temps l'expérience a prouvé que sans cette précaution elles sont inutiles. Trop souvent un père se laisse tromper par des apparences de fortune et par les manœuvres de l'homme qui recherche sa fille : ensuite ce vain appareil s'évanouit, et l'hypothèque légale de la femme ne trouve plus de prise. La cause de ces supercheries était l'obscurité qui enveloppait autrefois toutes les fortunes. On pouvait plus facilement en imposer alors qu'il n'existait aucun moyen de vérifier les affaires d'un particulier. La publicité et la spécialité préviennent ces sortes de surprises.

D'un autre côté, quelque sacrés que soient l'intérêt de la femme et celui du mineur, ils ne doivent pas cependant absorber tout autre intérêt.

C'est dans cet esprit qu'a été porté l'édit de 1771, qui a été combattu sous le rapport de la bursalité, mais dont le fond et l'objet ont été universellement adoptés.

Cependant cette loi n'est utile que dans le cas de la vente : or ce contrat n'est pas le seul auquel il fallait pourvoir.

D'après cette considération, on est insensiblement arrivé au système de la loi du 11 brumaire, qui ne fut pas une loi de circonstance, amenée par l'existence du papier-monnaie, mais la conséquence d'un système profondément réfléchi, dans la vue d'empêcher les fraudes et de ranimer le crédit.

Ce n'est point alors qu'on a imaginé de faire dépendre l'effet de l'hypothèque de certaines formalités extérieures. Cette idée est empruntée de l'édit de 1771, qui exigeait des oppositions pour la conservation de toutes les hypothèques, à l'exception de celle du douaire. On avait donc senti dès lors que la protection due à la femme et au mineur ne pouvait empêcher la loi d'établir des moyens de purger l'hypothèque à leur égard, et que négliger de le faire, c'était troubler l'ordre et blesser la justice.

Il n'y a de différence, quant à l'hypothèque légale, entre ce système et celui de la loi du 11 brumaire, qu'en ce que la formalité des inscriptions a été substituée à celle des oppositions : or l'une n'est pas plus difficile que l'autre.

Mais il faut discuter les objections.

On oppose que les inscriptions sont inutiles pour faire connaître que le mari est engagé ; le fait du mariage suffit pour en avertir le public.

Il a déjà été répondu à cette objection.

D'abord, que le fait du mariage n'est pas toujours connu ; le mari quelquefois vit loin de sa femme ;

Ensuite, que le seul fait du mariage n'apprend pas au public pour quelle somme les biens du mari sont hypothéqués.

Si l'on disait qu'il faut chercher des moyens de parvenir à ce que les inscriptions soient toujours prises en effet pour la femme et pour le mineur, M. *Treilhard* partagerait cet avis.

Certainement il en existe.

Il faut d'abord charger le mari de prendre inscription, et ne pas craindre de ruiner à jamais la confiance entre les époux : loin qu'au moment du mariage les précautions soient déplacées, c'est au contraire alors que le mari ne se refuse à aucune des sûretés qui lui sont demandées.

Si l'on croit qu'il ne suffise pas de charger le mari du soin de prendre les inscriptions, qu'on charge le notaire qui reçoit le contrat et qui le fait enregistrer de veiller à ce qu'elles soient formées ; qu'il ne puisse délivrer d'expédition sans qu'on lui justifie que l'on a fait inscrire ; qu'on en charge le receveur de l'enregistrement. Qu'on prenne enfin tous les moyens qu'on voudra, pourvu qu'il y ait des inscriptions qui avertissent le public que les biens du mari sont grevés.

On a dit encore : l'hypothèque légale est donnée directement par la loi ; elle ne doit donc dépendre d'aucune formalité extérieure ; sans doute l'hypothèque légale est l'ouvrage de la loi seule ; mais la loi suppose qu'on en assurera l'effet en remplissant les conditions qu'elle prescrit.

C'est ainsi que, sous l'édit de 1771, l'hypothèque légale périssait faute d'opposition, et que même on était obligé de renouveler cette opposition tous les trois ans.

Tout ce qui vient d'être dit s'applique également au tuteur. La famille assemblée peut exiger qu'il désigne ses biens, qu'il forme lui-même inscription. On peut les faire prendre par le juge de paix ou par le receveur de l'enregistrement.

Enfin personne ne conteste l'excellence du système de la publicité et de la spécialité en soi ; on ne l'attaque que par les inconvéniens qu'il a produits dans son organisation actuelle.

Que conclure de là ? Qu'il faut abolir le système ? Non, mais qu'il faut en corriger les abus.

Ce n'est pas cependant qu'il faille espérer, quelque organisation qu'on lui donne, qu'on le dégagera de tout inconvénient. Mais il en est ainsi de toutes les lois ; aucune n'atteindra jamais la perfection : quand elles préviennent la plus grande partie des inconvéniens, elles sont aussi bonnes qu'elles puissent l'être.

M. Tronchet dit qu'on a beaucoup argumenté de la nécessité de former opposition dans le système de l'édit de 1771, et qu'on a raisonné dans la supposition que les adversaires de la loi du 11 brumaire veulent dispenser de cette formalité et de toute autre.

Ce n'est point là leur idée; ils veulent des oppositions et non des inscriptions, parce qu'ils pensent qu'il existe une différence immense entre ces deux sortes de formalités.

Dans le système de l'édit de 1771, la femme a de plein droit, sans inscription et par le seul fait de son mariage, une hypothèque générale sur les biens de son mari. Si, faute d'opposition, un des immeubles échappe à cette hypothèque, la perte du moins n'est que partielle; la femme conserve ses sûretés sur les autres. Voilà l'avantage qu'on lui enlève si son hypothèque ne s'établit plus que par des inscriptions qui peuvent n'être pas formées.

D'ailleurs, et on l'a déjà observé, souvent le mari ne possède pas d'immeubles au moment du mariage. C'est sur l'espérance des successions qu'il doit recueillir par la suite, de celles de son père, de sa mère, d'un oncle, que l'épouse lui est accordée. Comment alors former des inscriptions? Sera-ce sur les biens de ceux dont le mari est l'héritier? Ils n'y consentiront pas, et le mariage sera manqué. Ce ne peut donc être que par la suite et à mesure que les biens échoient au mari. Mais qui charge-t-on de prendre ces inscriptions? Le mari lui-même, c'est-à-dire celui contre lequel elles sont établies.

La femme, répond-on, a son recours contre lui s'il a négligé de les former.

Ne voit-on pas que ce recours est illusoire, puisqu'il n'est pas appuyé d'une hypothèque qui s'établisse de plein droit sur les biens du mari?

Ces raisonnemens s'appliquent également à la tutelle.

La perte de l'hypothèque sur un immeuble particulier du tuteur ne ruinait pas le pupille, puisque son hypothèque générale subsistait sur les autres biens.

Tel était l'édit de 1771 qui, au surplus, n'avait pas pour objet la manière de constituer l'hypothèque, mais la manière de la purger.

LE CONSUL CAMBACÉRÈS dit que la question est de savoir si l'on doit faire dépendre l'effet des hypothèques légales de la formalité soit de l'opposition, soit de l'inscription.

Il est de la nature de ces sortes d'hypothèques d'exister par la seule force de la loi, et dès lors d'être indépendantes du fait de l'homme. Voilà le principe d'après lequel il faut juger les divers systèmes, les raisons sur lesquelles on les appuie et les objections par lesquelles on les combat.

Or, si l'on examine sous ce rapport l'édit de 1771, on reconnaît qu'il est plus conforme à la nature de l'hypothèque légale que la loi du 11 brumaire.

Le reproche qu'on a fait à ceux qui partagent cette opinion de confondre l'obligation avec l'hypothèque n'est pas fondé : personne ne conteste que toute hypothèque, même générale, ne naisse toujours ou de la nature de la dette ou du caractère de l'acte.

Les autres objections n'ont pas plus de consistance.

Il est certain que ce sont les dangers de la clandestinité des créances qui ont amené l'édit de 1771 ; mais il est certain aussi que ce ne sont point les modifications que cet édit apporte au système de la publicité qui l'ont fait critiquer. Les oppositions qu'il a éprouvées ne sont venues que de ce qu'il contrariait les lois de quelques provinces, et de ce qu'on soupçonnait qu'il pouvait devenir un moyen d'étendre les droits du fisc.

On a observé encore que l'édit de 1771, et même le projet de Code civil, apportaient des modifications au système absolu de l'hypothèque légale ; qu'il était indifférent que ces modifications donnassent lieu aux formalités de l'opposition ou à celles de l'inscription ; que toujours devenait-il incontestable que le législateur avait jugé nécessaire de corriger, en faveur de l'acquéreur, la trop grande rigidité du principe de l'hypothèque légale absolue.

Tous les acquéreurs ne méritent pas une égale faveur ; s'il en est de bonne foi, il en est aussi qui ne le sont pas : mais dans tous les cas l'équité ne permet pas de balancer entre un acquéreur qui a toute la capacité nécessaire pour défendre ses intérêts, et le mineur qui, par lui-même, ne peut veiller aux siens.

On a prétendu enfin que faute d'inscription de toutes les hypothèques, beaucoup de familles s'étaient laissé tromper par des apparences de fortune, et avaient indiscrètement confié la dot d'une fille à des hommes qui n'avaient aucune sûreté réelle à offrir.

Cependant si l'on interroge l'expérience, on verra que beaucoup de familles se sont relevées de ce défaut de précaution par l'effet des hypothèques légales sur les biens échus au mari depuis le mariage.

Il faut donc écarter toutes ces objections, et examiner si l'hypothèque légale peut exister avec les conditions dont la loi du 11 brumaire en fait dépendre l'effet.

Le Consul ne le croit pas.

Cette loi prescrit des formalités qui peuvent n'être pas remplies, et alors l'hypothèque légale n'existe plus que dans le mot.

Cette loi précipite l'expropriation et facilite ainsi les translations de propriété frauduleuses et clandestines. Un acheteur qui saurait payer la diligence des employés des hypothèques, parviendrait à faire transcrire son contrat à l'instant même ; et ainsi l'éveil n'étant point donné aux créanciers hypothécaires, ils ne pensent point à prendre des inscriptions ou à vérifier s'il en a été formé, et leurs droits sont éteints sans retour. Dans l'édit de 1771, au contraire, le contrat demeurait exposé pendant deux mois avant que les lettres de ratification fussent expédiées, et par là les créanciers qui avaient négligé de former opposition pouvaient être avertis.

Il y avait d'ailleurs, dans l'édit de 1771, des exceptions qu'on ne retrouve point dans la loi du 11 brumaire : il n'était pas besoin d'opposition pour conserver l'usufruit, le douaire non ouvert, les droits seigneuriaux.

Dans le droit actuel il n'y a d'exception à la nécessité de prendre des inscriptions que pour le fisc seulement ; et encore d'après les termes de la loi cette exception est-elle douteuse.

Le Consul pense que l'effet des hypothèques légales ne doit pas dépendre de la formalité de l'inscription, à moins qu'on ne prenne des précautions tellement sûres, que cette formalité soit toujours indubitablement remplie, et que la femme ne puisse pas être dépouillée brusquement par une translation de propriété clandestine. Il est possible d'adopter les moyens proposés par M. *Treilhard*. On peut aussi exiger le dépôt du contrat pendant un certain temps ; on peut exiger que l'acquéreur notifie son opposition à la femme. Ce n'est point lui imposer une obligation onéreuse que de le soumettre à quelques formalités qui assurent son repos sans le constituer en frais.

Quant aux comptables envers le trésor public, le Consul pense que leurs biens doivent être frappés d'hypothèques légales sans aucune condition de formalité ; mais qu'une prescription de courte durée, comme de cinq ans, par exemple, doit éteindre l'hypothèque et donner à l'acquéreur une entière sûreté.

A l'égard des mineurs, le Consul consent à ce que le juge de paix soit chargé de faire les inscriptions, pourvu que le contrat d'aliénation demeure déposé pendant un délai avant d'être transcrit.

La loi du 11 brumaire, ajoute le Consul, n'était pas, à la vérité, une loi de circonstance ; néanmoins on ne peut se dissimuler qu'elle tenait au système de mobiliser les propriétés, et de rendre les mutations rapides et faciles ; système qui n'a rien d'avantageux pour l'État, lequel trouve au contraire sa garantie dans la fixité des propriétés dans les mêmes familles.

En un mot, les hypothèques légales doivent être affranchies de la formalité de l'inscription, qu'on peut au surplus conserver pour les hypothèques conventionnelles. Si l'on trouve quelque avantage à spécialiser les hypothèques légales, que ce soit du moins par des formes particulières.

M. TREILHARD est, sur beaucoup de points, de l'avis du Consul.

Il repousse également le système de la mobilisation et de la transmission trop rapide des propriétés.

Il croit cependant qu'il est possible de soumettre les hypothèques légales à la formalité de l'inscription, et il y voit de l'avantage. Au surplus, il consent à ce que cette hypothèque soit toujours générale, et qu'elle donne le droit de former inscription sur tous les biens, même ceux à venir.

S'il ne s'était point engagé dans les détails de l'exécution, c'est que la question principale lui avait paru en être indépendante ; mais il sait que le moyen d'exécution établi par la loi du 11 brumaire a besoin d'être amélioré et en est susceptible.

A l'égard du fisc, M. *Treilhard* ne voit ses droits qu'avec beaucoup d'intérêt, parce qu'il sait que sans le secours des contributions, un État ne peut se maintenir. Cependant il lui semble que le fisc doit demeurer dans l'ordre commun, et être traité relativement à l'exercice de ses droits, comme le sont les individus. Cette disposition ne compromettrait point les revenus publics : l'administration a une foule de moyens pour prendre ses sûretés ; et le système de la loi du 11 brumaire lui donne encore plus de facilité, puisqu'elle la met en état de vérifier si les immeubles des cautions sont libres ou chargés d'hypothèques. On peut ajouter encore la précaution de rendre les agens locaux responsables du défaut d'inscription. Quelques exemples de sévérité contre ceux d'entre eux qui se seraient montrés négligens donneraient le plus grand effet à cette responsabilité.

Si, malgré tant de précautions, le trésor public éprouvait encore quelques banqueroutes, elles seraient peu considérables. Le privilége qu'on réclame pour lui les lui épargnerait peut-être; mais ce ne serait qu'en ruinant des familles et en rendant le fisc odieux.

M. BIGOT-PRÉAMENEU dit que ces détails qu'on présente comme peu importans sont ici des objets principaux, et qu'il ne serait pas raisonnable d'adopter comme principe ce qui ne serait pas susceptible d'exécution.

La faveur due aux droits des femmes, des mineurs, du gouvernement, a fait établir les hypothèques légales; elles sont nulles si elles n'ont leur effet par la seule disposition de la loi, parce que de leur nature elles répondent d'obligations indéterminées. En effet, la responsabilité des comptables, des maris, des tuteurs, des administrateurs, est éventuelle : personne ne peut en prévoir d'avance les limites; et c'est là ce qui rend très-importans ces détails d'exécution qu'on paraît vouloir négliger.

On parle de charger les juges de paix, les employés de l'enregistrement, les notaires, du soin de prendre les inscriptions pour assurer l'effet des hypothèques légales.

On ne réfléchit pas que toutes ces personnes ne connaissent pas même les biens présens du débiteur, encore moins ceux qui lui échoient par la suite.

La notification qui serait faite à la femme par l'acquéreur d'un immeuble du mari ne lui donnerait de renseignemens que sur ce bien particulier et la laisserait sans lumière sur les autres.

Enfin, quelque moyen qu'on imagine, on n'en trouvera aucun de sûr, ou plutôt on finira par reconnaître que les hypothèques légales sont essentiellement indéterminées, et que si on leur ôtait ce caractère elles deviendraient inutiles.

Or, si elles demeurent indéterminées, elles ne sont pas susceptibles d'inscription.

M. BERLIER dit qu'il lui serait difficile d'exposer dès à présent des moyens qui dussent infailliblement pourvoir à l'inscription dans l'intérêt des *pupilles* et des *femmes mariées*.

On conçoit pourtant qu'à l'égard des premiers on pourrait imposer au juge de paix qui reçoit la tutelle l'obligation d'interroger et le tuteur et la famille sur les biens qui devraient être frappés d'inscription, en raison combinée des droits pupillaires, évalués par aperçu, et de la valeur des biens qui seraient frappés d'inscription : le concours de l'officier public et de la famille offrirait, en cette circonstance, des élémens très-utiles pour la fin qu'on se propose.

A l'égard des femmes, et surtout par rapport à celles qui sont majeures, on n'aperçoit plus de conseils de famille ni d'officiers tels qu'un juge de paix ; et, sous ce point de vue, il pourrait sembler plus difficile de pourvoir à leurs intérêts ; mais on n'a peut-être pas, jusqu'à présent, assez remarqué une grave différence qui existe, à l'avantage de la femme mariée, entre elle et le pupille.

L'hypothèque légale résultant de l'incapacité légale d'agir est entière à l'égard du pupille, que la loi ne peut pas habiliter à pourvoir lui-même à ses intérêts : mais la loi du 11 brumaire an VII habilite la femme, elle peut faire ses inscriptions sans l'autorisation de son mari, et même sans frais, puisque la même loi ordonne au conservateur d'y procéder sur l'exhibition d'une simple note, et sauf à recouvrer ses frais sur le grevé.

La femme mariée est donc relevée, *quant à ce*, de la puissance maritale ; il n'y a plus incapacité de *droit* ; et si l'on dit qu'il reste une espèce d'incapacité *de fait*, en ce que la femme n'osera pas faire d'inscription, quand cela déplaira à son mari, l'on argumente d'une exception et d'un cas dont l'application n'est pas beaucoup à redouter.

En effet, de tous les créanciers du mari, celui dont ce

dernier a le plus pressant intérêt de conserver les droits, c'est sa femme; et il ne faut pas croire qu'il agira en sens contraire de ce que lui prescrit l'intérêt de sa femme, qui se confond, sous plusieurs rapports, avec le sien propre et avec celui de leurs enfans.

D'un autre côté, ne peut-on assurer l'exercice de la faculté laissée à la femme à l'aide de quelques autres précautions dont l'esprit ne saurait, dès à présent, repousser la possibilité?

S'il ne faut pas, continue M. *Berlier*, retirer à la femme une juste protection, il ne faut pas non plus qu'une protection exagérée vienne nuire au mari, et empêche celui-ci de vendre et d'emprunter.

On a reconnu que pour la vente il devait être permis à l'acquéreur de purger l'hypothèque légale par des lettres de ratification ou autres mesures imitées de l'édit de 1771; mais, outre que cette voie n'est point aussi simple que celle ouverte par la loi du 11 brumaire, cet expédient ne répond qu'au cas de vente, et non aux autres contrats pour lesquels le mari ne pourra pas user de son crédit avec autant d'avantage que s'il présentait un immeuble dégrevé.

Pour écarter l'obligation d'inscrire spécialement les titres de la femme, on a dit que ses droits étant le plus souvent indéterminés, il faudrait frapper d'inscription chacun des immeubles du mari; ce qui équivaudrait à une inscription générale et indéfinie, et ne ferait rien pour conserver à celui-ci sa juste latitude de crédit : mais cela fût-il ainsi, ce serait toujours un avertissement pour les tiers; et puis, dans les objets même indéterminés, n'y a-t-il pas une mesure d'estimation arbitraire? Pour une dot ou des droits matrimoniaux en valeur approximative de 50,000 francs, on frapperait d'inscription un immeuble de 60 à 80,000 francs. La volonté particulière ne conduirait pas notablement au-delà du besoin, comme la loi le fera dans le système des hypothèques légales, exerçant leur empire sans inscription, et d'une manière absolue sur tous les immeubles présens et futurs du mari.

De ces considérations, l'opinant ne conclut pas qu'il ne faille rien faire, pour les femmes, au-delà des dispositions de la loi du 11 brumaire; mais il pense que, pour prendre un parti définitif, il faudrait examiner plus mûrement qu'on ne l'a fait tout ce qui, sans dispenser de l'inscription, pourrait assurer qu'elle sera faite, et qu'elle le sera avec fruit. La chose est difficile peut-être ; mais l'impossibilité n'en est pas encore démontrée : et jusque là il faut bien se garder de porter atteinte au système éminemment utile de la publicité et de la spécialité des hypothèques; système qui repose essentiellement sur la nécessité de l'inscription, et qui deviendrait très-imparfait s'il y avait des cas, et surtout des cas nombreux et fréquens, où l'on pût se dispenser d'inscrire le titre qui est l'origine de l'hypothèque.

Le Premier Consul dit que la question n'est plus entière. Le titre *des Hypothèques* n'est point un Code particulier, mais une partie du Code civil ; on ne peut donc établir ici des principes de justice civile différens de ceux qui ont été consacrés dans les autres titres.

Or il a été décidé que les obligations sont exécutoires du jour de leur date : maintenant on propose d'en reporter l'effet à la date de l'inscription qui est subséquente.

Il a été décidé que les mineurs étaient sous la protection de la loi : on propose un système qui rend cette protection inefficace.

Il a été décidé que la femme aurait un recours pour ses droits sur les biens de son mari : ce recours, on veut le rendre sans effet.

Il a été décidé enfin que les biens du tuteur répondraient de plein droit de sa gestion : on ruine cette garantie, puisque, dans le système proposé, le tuteur peut donner la préférence à un de ses créanciers, en le laissant prendre inscription avant le pupille.

Mais il faut aller plus loin, et suivre ce système dans ses conséquences.

Un tuteur n'a point de biens, ou du moins il en a très-peu; il ruine son pupille, et du produit de ses dilapidations il fait des acquisitions considérables ; ensuite, à l'aide d'une inscription prise sous le nom d'un faux créancier, il met ses larcins à couvert : et le malheureux pupille n'a pas de recours, même sur ses propres dépouilles, tandis que ce seraient au contraire les biens que le tuteur acquiert qui devraient principalement répondre de sa gestion. Il fallait, si on ne répugne pas à un pareil résultat, ne pas donner de garantie au pupille sur les biens de son tuteur.

On a également donné un recours aux femmes sur les biens de leurs maris ; et néanmoins, quand on vient à la partie du Code où l'exécution de ce principe doit être organisée, on trouve que cette garantie n'existe plus dans l'effet : car, comme l'a très-bien observé M. *Tronchet*, auquel on n'a point répondu, souvent la sûreté de la femme repose en entier sur les biens qui échoient ensuite au mari ; au moment du mariage il n'y a pas de biens ; tout se réduit à des espérances pour l'avenir.

Détruire ainsi par les formes les principes qu'on a posés, c'est faire des lois de fantaisie, des lois aussi mobiles que le caprice qui les a produites. S'il existait beaucoup de lois semblables il n'y aurait plus de justice civile ; car il n'y aurait plus de principes fixes et convenus : la propriété deviendrait flottante ; les biens seraient au premier occupant.

Ce n'est pas cependant qu'on ne rencontre quelques légers embarras en donnant aux hypothèques légales leur effet par la seule force de la loi. Mais cet inconvénient n'est rien auprès de celui de porter des lois contradictoires, et d'imprimer à la législation tout entière le cachet de l'instabilité? D'ailleurs, on a déjà indiqué des moyens de concilier le système des hypothèques légales avec celui de la publicité et de la spécialité.

DES PRIVILÉGES ET HYPOTHÈQUES.

On a prétendu que la formalité de l'inscription n'avait pas plus d'inconvénient que celle de l'opposition. Le Consul *Cambacérès* a répondu à cette objection. On peut ajouter à ce qu'il a dit, que la formalité de l'opposition ne permet pas, du moins comme celle de l'inscription, de donner aux hypothèques une date postérieure à celle qu'elles doivent avoir.

Le Consul admet, dans tout le reste, le système de la loi du 11 brumaire.

M. Jollivet dit que ce système ne peut plus se soutenir, si les hypothèques légales existent de plein droit. Les maris, les tuteurs, les comptables, forment la moitié de la société. Dès lors, la publicité, la spécialité des créances perdent presque tous leurs avantages ; elles ne sont utiles en effet que pour faire connaître quels biens sont engagés et pour quelle somme ; et cependant il devient impossible de s'assurer de ce point de fait, si des immeubles peuvent être grevés d'hypothèques légales inconnues et indéterminées.

M. Tronchet dit que le *Premier Consul* a touché le vrai point de la difficulté.

En effet, on accorde d'abord que l'hypothèque légale doit être générale ; puis on veut la soumettre à la formalité de l'inscription, ce qui la rend nécessairement spéciale. Ainsi on ne l'appelle générale que parce qu'il est possible de la faire inscrire sur chacun des biens de l'individu responsable.

Or il est impossible que l'hypothèque légale de la femme et du mineur puisse être spécialisée. L'hypothèque de la femme ne peut être déterminée au moment du mariage, parce qu'elle a pour objet, non seulement les biens présens, mais encore tous ceux qui pourront lui échoir jusqu'à la dissolution de l'union conjugale.

Souvent même, comme on l'a dit, cette hypothèque n'aurait point de prise, parce que souvent l'époux ne possède point d'immeubles à l'époque où le mariage se forme.

On répond que la femme, ayant une hypothèque générale, peut prendre des inscriptions sur les biens que le mari acquiert par la suite.

Mais on ne prend pas garde que les précautions ne sont nécessaires que contre le mari dissipateur, et que le mari dissipateur se garde bien d'avertir la femme des acquisitions qu'il fait, ni de désigner surtout l'immeuble dont il devient propriétaire; et cependant la désignation est nécessaire pour former inscription. Ce mari, au contraire, charge sa nouvelle propriété d'inscriptions fausses; quelquefois même il en survient de réelles. Il est donc impossible de maintenir à la femme les avantages des hypothèques légales si on les fait dépendre de la formalité de l'inscription.

La même difficulté se présente à l'égard du pupille.

Son actif, objecte-t-on, est constaté par un inventaire. Dès lors rien ne s'oppose à ce que l'hypothèque soit spécialisée.

Mais d'abord l'actif peut être augmenté par des successions, par des donations ou par d'autres événemens. Ensuite le tuteur doit plus que la restitution du fonds des biens, il doit aussi le compte des fruits.

On a proposé de faire prendre les inscriptions du mineur par le juge de paix du domicile.

Cet expédient est impossible. Comment un juge de paix connaîtra-t-il les biens dépendant d'une succession qui s'est ouverte à cinquante lieues de sa résidence?

M. TREILHARD dit que la question est entière, et que le système qu'il adopte se concilie parfaitement avec les dispositions du Code civil antérieurement admises.

Si l'on suppose un mari dissipateur, alors on fait à la femme un présent funeste en lui accordant l'hypothèque légale; car le mari la forcera de s'engager solidairement avec lui, et alors à quoi lui serviront ses hypothèques?

Le régime que M. *Treilhard* propose lui paraît beaucoup plus simple. La femme, pour prendre inscription, n'est obligée à aucune dépense. Elle n'a pas besoin de son contrat de mariage ; elle peut même former inscription à l'insu de son mari.

On craint que le mari ne la prime par de fausses inscriptions.

Dans le système contraire, il la primerait par un faux privilége.

Au reste, l'expérience n'a pas justifié toutes ces craintes ; mais un point beaucoup plus certain, c'est que les hypothèques légales, quand elles s'établiraient de plein droit, seraient toujours une faible ressource pour la femme, tant que par des inscriptions la fortune de son mari n'aurait pas été mise à découvert.

M. Bigot-Préameneu dit qu'on se persuade faussement que la fortune d'un citoyen puisse être vérifiée à l'aide des inscriptions. On parviendra sans doute à connaître par ce moyen les hypothèques conventionnelles qui existent sur les immeubles ; mais les inscriptions ne peuvent faire connaître la quotité des hypothèques légales, puisque ces hypothèques sont essentiellement indéterminées.

L'inconvénient d'exposer la femme à être forcée par son mari à s'engager avec lui se rencontre dans tous les systèmes ; mais celui de M. *Treilhard* a un inconvénient de plus, c'est d'obliger à réduire les hypothèques légales de la femme, afin que, devenant indéterminées, elles puissent être inscrites.

Le Premier Consul pense que les hypothèques de la femme seront bien plus certaines si, pour les conserver, il lui suffit de ne pas y renoncer, que s'il lui fallait, pour en obtenir l'effet, agir et prendre des inscriptions. On sait qu'en général les femmes refusent avec beaucoup de fermeté de signer tout acte qui peut compromettre leur dot ; qu'au contraire elles sont peu capables de faire des démarches et de conduire les affaires.

M. Cretet observe à M. *Bigot-Préameneu* qu'il est impossible qu'il n'y ait pas des hypothèques indéterminées, et que cependant il est utile de les inscrire.

21.

On conçoit en effet deux espèces de bilans : l'un très-précis, et qui présente la balance exacte de l'actif et du passif de chacun; l'autre indéfini, et qui ne fait pas connaître positivement la quotité des dettes. Si le dernier ne donne pas une idée claire de la situation de la personne avec laquelle on veut traiter, du moins a-t-il l'effet d'avertir que les biens de cette personne sont grevés, et d'empêcher les surprises. Quand on n'inscrirait pas la quotité des reprises de la femme, des engagemens des tuteurs, des comptables, c'est toujours beaucoup faire pour le public que de lui apprendre qu'un particulier, comme mari, comme tuteur, comme comptable, est responsable sur ses biens. On ne désire pas obtenir un autre effet de l'inscription d'hypothèques indéterminées.

Le Premier Consul dit qu'il se rend aux raisons qu'on a proposées pour faire dépendre de la formalité de l'inscription l'effet de l'hypothèque légale du fisc : il en pourra résulter quelques pertes pour l'État ; mais cet inconvénient est moins grand que celui de sacrifier au fisc la sûreté des citoyens. Le Consul désire que les hypothèques légales des femmes et des mineurs aient leur effet par la seule force de la loi.

Il admet la publicité et la spécialité pour toutes les autres hypothèques ; mais il pense que celles de la femme et du mineur ne doivent pas dépendre de la formalité de l'inscription. Il voudrait cependant que l'acquéreur fût admis à les purger par une procédure particulière qui garantît également ses droits et ceux de la femme, et que cette procédure ne pût avoir lieu qu'après que le contrat serait demeuré exposé pendant deux ou trois mois au bureau des hypothèques.

Le Consul Cambacérès pense que l'exposition du contrat est une formalité indispensable. La clandestinité ne peut être utile qu'à la fraude : tantôt c'est un acquéreur qui veut consommer dans les ténèbres un marché scandaleux ; tantôt un vendeur qui cherche à frustrer ses créanciers : que du moins les hypothèques légales soient mises hors d'atteinte.

On peut au surplus les inscrire. Il suffirait qu'elles le fussent au domicile du débiteur, et que cette inscription valût pour les biens qu'il peut posséder dans d'autres arrondissemens ; mais l'inscription ne doit pas être une condition dont l'oubli expose la femme ou le mineur à perdre son hypothèque ; il faut qu'ils aient leur garantie par la seule force de la loi.

On objecte que les maris feront obliger leur femme.

Il faudrait le défendre ; car les familles n'ont de consistance que là où la dot est en sûreté.

Sous l'ancienne législation, qui ne s'occupait que de l'intérêt des femmes et des mineurs, les acquéreurs savaient pourvoir par eux-mêmes à leur sûreté. S'ils avaient des doutes, ils ne délivraient pas le prix, ou ils stipulaient un emploi.

Dans la législation nouvelle, on peut établir pour leur sûreté toutes les précautions qu'on jugera convenables, pourvu qu'on n'oblige pas ceux à qui la loi accorde l'hypothèque légale d'agir pour la conserver. On peut, par exemple, ordonner que le contrat demeurera déposé ; que le commissaire du gouvernement veillera à ce que les formalités prescrites pour avertir les tiers soient remplies ; que l'acquéreur sera tenu d'avertir la femme ; qu'il pourra exiger l'emploi des deniers.

Le Premier Consul dit que l'inscription des hypothèques légales ne doit être qu'une simple formalité, et non une condition nécessaire pour en assurer l'effet ; qu'il faut cependant établir des moyens de les purger ; que s'il était impossible d'organiser un système qui mît tous les intérêts à couvert, il faudrait faire céder la sûreté d'un majeur qui prête et qui acquiert à celle de la femme et du mineur, que leur état rend incapables de se protéger eux-mêmes.

Le Conseil adopte en principe,

Que toute hypothèque sera publique ;

Que l'hypothèque conventionnelle sera toujours spéciale ;

Que la sûreté de la femme et du mineur doit être préférée à celle des acquéreurs et des prêteurs.

(Procès-verbal de la séance du 3 ventose an XII. — 23 février 1804.)

M. Treilhard présente la rédaction du titre VI du livre III du projet de Code civil, *des Priviléges et Hypothèques*.

Il est ainsi conçu :

DES PRIVILÉGES ET HYPOTHÈQUES.

CHAPITRE Ier.
Dispositions générales.

2092 Art. 1er. « Quiconque s'est obligé personnellement est « tenu de remplir son engagement sur tous ses biens mobi- « liers et immobiliers, présens et à venir. »

2093 Art. 2. « Les biens du débiteur sont le gage commun de « ses créanciers ; et le prix s'en distribue entre eux par con- « tribution, à moins qu'il n'y ait entre les créanciers des « causes légitimes de préférence. »

2094 Art. 3. « Les causes légitimes de préférence sont les pri- « viléges et hypothèques. »

CHAPITRE II.
Des Priviléges.

2095 Art. 4. « Le privilége est un droit que la qualité de la « créance donne à un créancier d'être préféré aux autres « créanciers, même hypothécaires. »

2096 Art. 5. « Entre les créanciers privilégiés, la préférence se « règle par le plus ou le moins de faveur de la créance. »

2097 Art. 6. « Les créanciers privilégiés qui sont dans le même « rang sont payés par concurrence. »

2099 Art. 7. « Les priviléges peuvent être sur les meubles ou « sur les immeubles. »

SECTION 1re. — *Des Priviléges sur les meubles.*

Art. 8. « Les priviléges sont ou généraux ou particuliers sur certains meubles. »

§ Ier. *Des Priviléges généraux sur les meubles.*

Art. 9. « Les créances privilégiées sur la généralité des meubles sont celles ci-après exprimées, et s'exercent dans l'ordre suivant :

1°. Les frais de justice ;

« 2°. Les frais funéraires ;

« 3°. Les frais quelconques de la dernière maladie, concurremment entre eux ;

« 4°. Les salaires des gens de service, pour l'année échue et ce qui est dû sur l'année courante ;

« 5°. Les fournitures de subsistances faites au débiteur et à sa famille ; savoir, pendant les six derniers mois, par les marchands en détail, tels que boulangers, bouchers et autres ; et pendant la dernière année par les maîtres de pension et marchands en gros. »

§ II. *Des Priviléges sur certains meubles.*

Art. 10. « Les créances privilégiées sur certains meubles sont,

« 1°. Les loyers et fermages des immeubles, sur le prix de tout ce qui garnit la maison louée ou la ferme, et de tout ce qui sert à l'exploitation de la ferme ; savoir, pour tout ce qui est échu, et pour tout ce qui est à échoir, si les baux sont authentiques ; et, dans ce cas, les autres créanciers ont le droit de relouer la maison ou la ferme pour le restant du bail, et de faire leur profit des baux ou fermages ;

« Et, à défaut de baux authentiques, ou lorsqu'étant sous signature privée ils n'ont pas une date certaine, pour une année à partir de l'expiration de l'année courante ;

« Le même privilége a lieu pour les réparations locatives, « et pour tout ce qui concerne l'exécution du bail ;

« Néanmoins les sommes dues pour les semences ou pour « les frais de la récolte de l'année sont payées sur le prix « des récoltes ; et celles dues pour ustensiles sur le prix de « ces ustensiles, de préférence au propriétaire, dans l'un et « l'autre cas ;

« Le propriétaire peut saisir les meubles qui garnissent sa « maison ou sa ferme, lorsqu'ils ont été déplacés sans son « consentement, et il conserve sur eux son privilége, pourvu « qu'il ait fait la revendication ; savoir, lorsqu'il s'agit du « mobilier qui garnissait une ferme, dans le délai de qua-« rante jours ; et dans celui de quinzaine, s'il s'agit des « meubles garnissant une maison ;

« 2°. La créance sur le gage dont le créancier est saisi ;

« 3°. Le prix d'effets mobiliers non payés, s'ils sont encore « en la possession du débiteur, soit qu'il ait acheté à terme « ou sans terme ;

« Si la vente a été faite sans terme, le vendeur peut même « revendiquer ces effets tant qu'ils sont en la possession de « l'acheteur, et en empêcher la revente, pourvu que la re-« vendication soit faite dans la huitaine de la livraison, et « que les effets se trouvent dans le même état dans lequel « cette livraison a été faite ;

« 4°. Les fournitures d'un aubergiste, sur les effets du « voyageur qui ont été transportés dans son auberge ;

« 5°. Les frais de voiture et les dépenses accessoires sur la « chose voiturée ;

« 6°. Les créances résultant d'abus et prévarications com-« mis par les fonctionnaires publics dans l'exercice de leurs « fonctions, sur les fonds de leur cautionnement, et sur les « intérêts qui en peuvent être dus. »

2098 Art. 11. « Le privilége à raison des contributions publiques, « et l'ordre dans lequel il s'exerce, sont réglés par les lois « qui les concernent. »

SECTION II. — *Des Priviléges sur les immeubles.*

Art. 12. « Les créanciers privilégiés sur les immeubles 2103
« sont,
« 1°. Le vendeur, sur l'immeuble vendu, pour le paie-
« ment du prix ;
« S'il y a plusieurs ventes successives dont le prix soit dû
« en tout ou en partie, le premier vendeur est préféré au se-
« cond, le deuxième au troisième, et ainsi de suite ;
« 2°. Ceux qui ont fourni les deniers pour l'acquisition
« d'un immeuble, pourvu qu'il soit authentiquement con-
« staté par l'acte d'emprunt que la somme était destinée à cet
« emploi, et, par la quittance du vendeur, que ce paiement
« a été fait des deniers empruntés ;
« 3°. Les cohéritiers, sur les immeubles de la succession,
« pour la garantie des partages faits entre eux, et des soulte
« ou retour de lots ;
« 4°. Les architectes, entrepreneurs, maçons et autres ou-
« vriers employés pour édifier, reconstruire ou réparer des
« bâtimens quelconques, pourvu néanmoins que, par un ex-
« pert nommé d'office par le tribunal de première instance
« dans le ressort duquel les bâtimens sont situés, il ait été
« dressé préalablement un procès-verbal, à l'effet de con-
« stater l'état des lieux relativement aux ouvrages que le pro-
« priétaire déclarera avoir dessein de faire, et que les ou-
« vrages aient été, dans les six mois au plus de leur perfec-
« tion, reçus par un expert également nommé d'office ;
« Mais le montant du privilége ne peut excéder les valeurs
« constatées par le second procès-verbal, et il se réduit à la
« plus-value existante à l'époque de l'aliénation de l'im-
« meuble et résultant des travaux qui y ont été faits ;
« 5°. Ceux qui ont prêté les deniers pour payer ou rem-
« bourser les ouvriers jouissent du même privilége, pourvu
« que cet emploi soit authentiquement constaté, et que, pour

« les constructions, reconstructions ou réparations, les for-
« malités ci-dessus aient été observées. »

SECTION III. — *Des Priviléges qui s'étendent sur les meubles et les immeubles.*

Art. 13. « Les priviléges qui s'étendent sur les meubles et
« les immeubles sont,

« 1°. Ceux pour les frais de justice, les frais funéraires,
« ceux de dernière maladie, ceux pour la fourniture des sub-
« sistances, et les gages des gens de service ;

« 2°. Le privilége en faveur du trésor public sur les meu-
« bles des comptables et sur les immeubles acquis depuis leur
« entrée en exercice ;

« 3°. Le privilége en faveur de la régie des domaines, relati-
« vement aux droits dus pour les ouvertures des successions. »

Art. 14. « Lorsqu'à défaut de mobilier les privilégiés
« énoncés en l'article précédent se présentent pour être payés
« sur le prix d'un immeuble en concurrence avec les créan-
« ciers privilégiés sur l'immeuble, les paiemens se font dans
« l'ordre qui suit :

« 1°. Les frais de scellé, inventaire et vente, et autres dé-
« signés au numéro premier de l'article 13 ;

« 2°. Les créances désignées en l'article 12 ;

« 3°. Les créances désignées aux numéros 2 et 3 de l'ar-
« ticle 13. »

SECTION IV. — *Comment se conservent les Priviléges.*

Art. 15. « Entre les créanciers, les priviléges ne produisent
« d'effet à l'égard des immeubles qu'autant qu'ils sont rendus
« publics par inscription sur les registres du conservateur des
« hypothèques, de la manière déterminée par la loi, et à
« compter de la date de cette inscription, sous les seules ex-
« ceptions qui suivent. »

Art. 16. « Sont exceptés de la formalité de l'inscription,
« 1°. Les frais de scellés, inventaire et vente ;

« 2°. Les frais funéraires ;
« 3°. Ceux de dernière maladie ;
« 4°. Les fournitures pour subsistances ;
« 5°. Les gages des domestiques ;
« 6°. Les droits de mutation dus à la République pour
« les ouvertures de succession. »

Art. 17. « Le vendeur privilégié conserve son privilége par 2108
« la transcription du titre qui a transféré la propriété à l'ac-
« quéreur, et qui constate que la totalité ou partie du prix
« lui est due ; à l'effet de quoi le conservateur fait d'office
« l'inscription sur son registre des créances non encore in-
« scrites qui résultent de ce titre : le vendeur peut aussi faire
« faire la transcription du contrat de vente, à l'effet d'ac-
« quérir l'inscription de ce qui lui est dû à lui-même sur le
« prix. »

Art. 18. « Le cohéritier ou copartageant conserve son pri- 2109
« vilége sur les biens de chaque lot ou sur le bien licité, pour
« les soulte et retour de lots, ou pour le prix de la licitation,
« par l'inscription faite à sa diligence, dans quarante jours,
« à dater de l'acte de partage ou de l'adjudication par lici-
« tation ; durant lequel temps aucune hypothèque ne peut
« être consentie par le propriétaire du bien chargé de soulte
« ou adjugé par licitation, au préjudice du créancier de la
« soulte ou du prix. »

Art. 19. « Les architectes, entrepreneurs, maçons et autres 2110
« ouvriers employés pour édifier, reconstruire ou réparer un
« bâtiment, et ceux qui ont, pour les payer ou rembourser,
« prêté les deniers dont l'emploi a été constaté, conservent,
« par la double inscription faite, 1° du procès-verbal qui
« constate l'état des lieux, 2° du procès-verbal de réception,
« leur privilége à la date de l'inscription du premier procès-
« verbal. »

Art. 20. « Les créanciers et légataires d'un défunt conser- 2111
« vent, à l'égard des créanciers des héritiers ou représentans
« du défunt, leur privilége sur les immeubles de la succes-

« sion, par les inscriptions faites sur chacun de ces biens, « dans les six mois à compter de l'ouverture de la succession.

« Avant l'expiration de ce délai, aucune hypothèque ne « peut être consentie avec effet sur ces biens par les héritiers « ou représentans au préjudice de ces créanciers ou léga- « taires. »

2112   Art. 21. « Les cessionnaires de ces diverses créances pri- « vilégiées exercent tous les mêmes droits que les cédans, en « leur lieu et place. »

2113   Art. 22. « Toutes créances privilégiées soumises à la for- « malité de l'inscription, à l'égard desquelles les conditions « ci-dessus prescrites pour conserver le privilége n'ont pas « été accomplies, restent néanmoins hypothécaires ; et cette « hypothèque ne date, à l'égard des tiers, que de l'époque « des inscriptions qui en auront dû être faites. »

CHAPITRE III.
Des Hypothèques.

2114   Art. 23. « L'hypothèque est un droit réel sur les immeubles « affectés à l'acquittement d'une obligation.

« Elle est de sa nature indivisible, et subsiste en entier « sur tous les immeubles affectés, sur chacun et sur chaque « portion de ces immeubles.

« Elle les suit dans quelques mains qu'ils passent. »

2115   Art. 24. « L'hypothèque n'a lieu que dans les cas et suivant « les formes autorisés par la loi. »

2116   Art. 25. « Elle est ou légale, ou judiciaire, ou conven- « tionnelle. »

2117   Art. 26. « L'hypothèque légale est celle qui résulte de « la loi.

« L'hypothèque judiciaire est celle qui résulte des juge- « mens ou actes judiciaires.

« L'hypothèque conventionnelle est celle qui dépend des « conventions et de la forme extérieure des actes et des « contrats. »

DES PRIVILÉGES ET HYPOTHÈQUES.

Art. 27. « Sont seuls susceptibles d'hypothèques,
« 1°. Les biens immobiliers qui sont dans le commerce, et
« leurs accessoires réputés immeubles ;
« 2°. L'usufruit des mêmes biens et accessoires pendant
« le temps de sa durée. »

Art. 28. « Les meubles n'ont pas de suite par hypothèque. »

Art. 29. « Il n'est rien innové par le présent Code aux dis-
« positions des lois maritimes concernant les navires et bâti-
« mens de mer. »

SECTION Ire.—*Des Hypothèques légales.*

Art. 30. « Les droits et créances auxquels l'hypothèque
« légale est attribuée, sont

« Ceux des femmes mariées sur les biens de leur mari ;

« Ceux des mineurs et interdits sur les biens de leurs tu-
« teurs et subrogés-tuteurs ;

« Ceux de la nation, des communes et des établissemens
« publics, sur les biens des receveurs et administrateurs
« comptables. »

Art. 31. « Le créancier qui a une hypothèque légale peut
« exercer son droit sur tous les immeubles appartenant à
« son débiteur, et sur ceux qui pourront lui appartenir dans
« la suite, sous les modifications qui seront ci-après expri-
« mées. »

SECTION II.—*Des Hypothèques judiciaires.*

Art. 32. « L'hypothèque judiciaire résulte des jugemens,
« soit contradictoires, soit par défaut, définitifs ou provi-
« soires, en faveur de celui qui les a obtenus. Elle résulte
« aussi des reconnaissances ou vérifications faites en juge-
« ment des signatures apposées à un acte obligatoire sous
« seing privé. Elle peut s'exercer sur les immeubles actuels
« du débiteur et sur ceux qu'il pourra acquérir, sauf aussi
« les modifications qui seront ci-après exprimées.

« Les décisions arbitrales n'emportent hypothèque qu'au-

« tant qu'elles sont revêtues de l'ordonnance judiciaire
« d'exécution.

« L'hypothèque ne peut pareillement résulter des juge-
« mens rendus en pays étranger qu'autant qu'ils ont été
« déclarés exécutoires par un tribunal français. »

SECTION III.—*Des Hypothèques conventionnelles.*

2124 Art. 33. « Les hypothèques conventionnelles ne peuvent
« être consenties que par ceux qui ont la capacité d'aliéner
« les immeubles qu'ils y soumettent. »

2125 Art. 34. « Ceux qui n'ont sur l'immeuble qu'un droit sus-
« pendu par une condition, ou résoluble dans certains cas,
« ou sujet à rescision, ne peuvent consentir qu'une hypo-
« thèque soumise aux mêmes conditions ou à la même res-
« cision. »

2126 Art. 35. « Les biens des mineurs, des interdits, et ceux
« des absens, tant que la possession n'en est déférée que pro-
« visoirement, ne peuvent être hypothéqués que pour les
« causes et dans les formes établies par la loi, ou en vertu
« de jugemens. »

2127 Art. 36. « L'hypothèque conventionnelle ne peut être con-
« sentie que par acte passé en forme authentique devant
« deux notaires, ou devant un notaire et deux témoins. »

2128 Art. 37. « Les contrats passés en pays étranger ne peuvent
« donner d'hypothèque sur les biens de France, s'il n'y a
« des dispositions contraires à ce principe dans les lois poli-
« tiques ou dans les traités. »

2129 Art. 38. « Il n'y a d'hypothèque conventionnelle valable
« que celle qui, soit dans le titre authentique constitutif de
« la créance, soit dans un acte authentique postérieur, dé-
« clare spécialement la nature et la situation de chacun des
« immeubles actuellement appartenant au débiteur, sur les-
« quels il consent l'hypothèque de la créance. Chacun de tous
« ses biens présens peut être nominativement soumis à l'hy-
« pothèque.

« Les biens à venir ne peuvent pas être hypothéqués. »

Art. 39. « Si cependant les biens présens et libres du dé- 2130
« biteur sont insuffisans pour la sûreté de la créance, il peut,
« en exprimant cette insuffisance, consentir que chacun des
« biens qu'il acquerra par la suite y demeure affecté à me-
« sure des acquisitions. »

Art. 40. « Pareillement, en cas que l'immeuble ou les im- 2131
« meubles présens, assujétis à l'hypothèque, eussent péri
« ou éprouvé des dégradations, de manière qu'ils fussent
« devenus insuffisans pour la sûreté du créancier, celui-ci
« pourra ou poursuivre dès à présent son remboursement,
« ou obtenir un supplément d'hypothèque. »

Art. 41. « L'hypothèque conventionnelle n'est valable 2132
« qu'autant que la somme pour laquelle elle est consentie
« est certaine et déterminée par l'acte ; si la créance résul-
« tant de l'obligation est conditionnelle pour son existence,
« ou indéterminée dans sa valeur, le créancier ne pourra
« requérir l'inscription dont il sera parlé ci-après que jus-
« qu'à concurrence d'une valeur estimative par lui déclarée
« expressément, et que le débiteur aura droit de faire ré-
« duire s'il y a lieu. »

Art. 42. « L'hypothèque acquise s'étend à toutes les amé- 2133
« liorations survenues à l'immeuble hypothéqué. »

SECTION IV.—*Du Rang que les hypothèques ont entre elles.*

Art. 43. « Entre les créanciers, l'hypothèque, soit légale, 2134
« soit judiciaire, soit conventionnelle, n'a de rang que du
« jour de l'inscription prise par le créancier sur les registres
« du conservateur, dans la forme et de la manière prescrites
« par la loi, sauf les exceptions portées en l'article suivant. »

Art. 44. « L'hypothèque existe, *indépendamment de toute* 2135
« *inscription*,

« 1°. Au profit des mineurs, sur les immeubles apparte-
« nant à leur tuteur, à raison de sa gestion, du jour de l'ac-
« ceptation de la tutelle ; et sur les immeubles du subrogé

« tuteur, pour les cas où, d'après les lois, il devient res-
« ponsable;

« 2°. Au profit des femmes, pour raison de leurs dot et
« conventions matrimoniales, sur les immeubles apparte-
« nant à leur mari, et à compter du jour du mariage. »

2136 Art. 45. « Sont toutefois les maris, les tuteurs et subrogés
« tuteurs, chacun pour sa gestion, tenus de requérir eux-
« mêmes, sans aucun délai, inscription aux bureaux à ce
« établis, sur les immeubles à eux appartenant, et sur ceux
« qui pourront leur appartenir par la suite.

« Les maris et les tuteurs qui, ayant manqué de requérir
« et de faire faire les inscriptions ordonnées par le présent
« article, auraient consenti ou laissé prendre des priviléges
« et hypothèques sur leurs immeubles, sans déclarer ex-
« pressément que lesdits immeubles étaient affectés à l'hy-
« pothèque légale des femmes et des mineurs, seront réputés
« stellionataires et comme tels contraignables par corps. »

2137 Art. 46. « Les subrogés tuteurs seront tenus, sous leur res-
« ponsabilité personnelle et sous peine de tous dommages et
« intérêts, de veiller à ce que les inscriptions soient prises
« sans délai sur les biens du tuteur pour raison de sa ges-
« tion, même de faire faire lesdites inscriptions. »

2138 Art. 47. « A défaut par les maris, tuteurs, subrogés tu-
« teurs, de faire faire les inscriptions ordonnées par les articles
« précédens, elles seront requises par le commissaire du
« gouvernement près le tribunal civil du domicile des maris
« et tuteurs, ou du lieu de la situation des biens. »

2139 Art. 48. « Pourront les parens, soit du mari, soit de la
« femme, et les parens du mineur, ou, à défaut de parens,
« ses amis, requérir lesdites inscriptions; elles pourront
« aussi être requises par la femme et par les mineurs. »

2140 Art. 49. « Lorsque, dans le contrat de mariage, les par-
« ties seront convenues qu'il ne sera pris aucune inscription
« sur les immeubles du mari, ou qu'il n'en sera pris que sur
« un ou certains immeubles, tous les immeubles du mari,

« ou ceux qui ne seraient pas indiqués pour l'inscription, « resteront libres et affranchis de l'hypothèque pour la dot « de la femme et pour ses reprises. »

Art. 50. « Il en sera de même pour les immeubles du tu-« teur, lorsque les parens, dans l'assemblée de famille, au-« ront été d'avis qu'il ne soit pas pris d'inscription, ou qu'il « n'en soit pris que sur certains immeubles. »

Art. 51. « Dans le cas des deux articles précédens, le « mari, le tuteur et le subrogé tuteur ne seront tenus de « requérir inscription que sur les immeubles indiqués. »

Art. 52. « Lorsque l'hypothèque n'aura pas été restreinte « par l'acte de nomination du tuteur, celui-ci pourra, dans « le cas où l'hypothèque générale sur ses immeubles excéde-« rait notoirement les sûretés suffisantes pour sa gestion, de-« mander que cette hypothèque soit restreinte aux immeu-« bles suffisans pour opérer une pleine garantie en faveur du « mineur.

« La demande sera formée contre le subrogé tuteur, et « elle devra être précédée d'un avis de famille. »

Art. 53. « Pourra pareillement le mari, du consentement « de sa femme, et après avoir pris l'avis des quatre plus pro-« ches parens d'icelle réunis en assemblée de famille, deman-« der que l'hypothèque générale sur tous ses immeubles, « pour raison de la dot et conventions matrimoniales, soit « restreinte aux immeubles suffisans pour la conservation « entière des droits de la femme. »

Art. 54. « Les jugemens sur les demandes des maris et des « tuteurs ne seront rendus qu'après avoir entendu le com-« missaire du gouvernement, et contradictoirement avec « lui.

« Dans le cas où le tribunal prononcera la réduction de « l'hypothèque à certains immeubles, les inscriptions prises « sur tous les autres seront rayées. »

CHAPITRE IV.

Du Mode de l'inscription des priviléges et hypothèques.

2146 Art. 55. « Les inscriptions se font au bureau de conserva-
« tion des hypothèques dans l'arrondissement duquel sont
« situés les biens soumis au privilége ou à l'hypothèque.
« Elles ne produisent aucun effet si elles sont prises dans
« le délai pendant lequel les actes faits avant l'ouverture des
« faillites sont déclarés nuls.

« Il en est de même entre les créanciers d'une succession
« si l'inscription n'a été faite par l'un d'eux que depuis l'ou-
« verture, et si la succession n'est acceptée que par bénéfice
« d'inventaire. »

2147 Art. 56. « Tous les créanciers inscrits le même jour exer-
« cent en concurrence une hypothèque de la même date,
« sans distinction entre l'inscription du matin et celle du
« soir, quand cette différence serait marquée par le conser-
« vateur. »

2148 Art. 57. « Pour opérer l'inscription, le créancier repré-
« sente, soit par lui-même, soit par un tiers, au conserva-
« teur des hypothèques, l'original en brevet ou une expé-
« dition authentique du jugement ou de l'acte qui donne
« naissance au privilége ou à l'hypothèque.

« Il y joint deux bordereaux écrits sur papier timbré,
« dont l'un peut être porté sur l'expédition du titre ; ils
« contiennent,

« 1°. Les nom, prénom, domicile du créancier, sa pro-
« fession s'il en a une, et l'élection d'un domicile pour lui
« dans un lieu quelconque de l'arrondissement du bureau ;

« 2°. Les nom, prénom, domicile du débiteur, sa pro-
« fession s'il en a une connue, ou une désignation indivi-
« duelle et spéciale, telle que le conservateur puisse recon-
« naître et distinguer, dans tous les cas, l'individu grevé
« d'hypothèque ;

« 3°. La date et la nature du titre ;

« 4°. Le montant du capital des créances exprimées dans
« le titre, ou évaluées par l'inscrivant pour les rentes et pres-
« tations, ou pour les droits éventuels, conditionnels ou in-
« déterminés, dans les cas où cette évaluation est ordonnée ;
« comme aussi le montant des accessoires de ces capitaux, et
« l'époque de l'exigibilité ;

« 5°. L'indication de l'espèce et de la situation des biens
« sur lesquels il entend conserver son privilége ou son hy-
« pothèque.

« Cette dernière disposition n'est pas nécessaire dans le cas
« des hypothèques légales ou judiciaires : à défaut de con-
« vention, une seule inscription, pour ces hypothèques,
« frappe tous les immeubles compris dans l'arrondissement
« du bureau. »

Art. 58. « Les inscriptions à faire sur les biens d'une per-
« sonne décédée pourront être faites sous la simple désigna-
« tion du défunt, ainsi qu'il est dit au n° 2 de l'article
« précédent. »

Art. 59. « Le conservateur fait mention sur son registre
« du contenu aux bordereaux, et remet au requérant, tant
« le titre ou l'expédition du titre, que l'un des bordereaux
« au pied duquel il certifie avoir fait l'inscription. »

Art. 60. « Le créancier inscrit pour un capital produisant
« intérêt ou arrérages a droit de venir, pour deux années
« seulement, et pour l'année courante, au même rang d'hy-
« pothèque que pour son capital ; sans préjudice des in-
« scriptions particulières à prendre, portant hypothèque à
« compter de leur date, pour les arrérages échus depuis, à
« mesure de leur échéance, et non prescrits. »

Art. 61. « Il est loisible à celui qui a requis une inscrip-
« tion, ainsi qu'à ses représentans ou cessionnaires, de
« changer sur le registre des hypothèques le domicile par
« lui élu, à la charge d'en choisir et indiquer un autre dans
« le même arrondissement. »

Art. 62. « Les droits d'hypothèque purement légale de la

« nation et établissemens publics sur les comptables, des
« mineurs ou interdits sur les tuteurs ou subrogés tuteurs,
« des femmes mariées sur leurs époux, seront inscrits sur la
« représentation de deux bordereaux, contenant seulement,

« 1°. Les nom, prénom, profession et domicile réel du
« créancier, et le domicile qui sera par lui, ou pour lui, élu
« dans l'arrondissement ;

« 2°. Les nom, prénom, profession, domicile ou désigna-
« tion précise du débiteur ;

« 3°. La nature des droits à conserver et le montant de leur
« valeur quant aux objets déterminés, sans être tenu de le
« fixer quant à ceux qui sont conditionnels, éventuels ou
« indéterminés.

« Ces inscriptions seront reçues sans aucune avance des
« salaires du conservateur, sauf son recours contre les grevés
« d'hypothèques. »

Art. 63. « Les inscriptions conservent les priviléges et hy-
« pothèques, à compter du jour de leur date, pendant tout
« le temps que durent l'obligation et l'action personnelle
« contre le débiteur, ou pendant tout celui que dure l'ac-
« tion hypothécaire contre le tiers détenteur, quand le bien
« chargé d'hypothèque est dans ses mains. »

Art. 64. « Les frais des inscriptions sont à la charge du
« débiteur, s'il n'y a stipulation contraire ; l'avance en est
« faite par l'inscrivant, si ce n'est quant aux hypothèques lé-
« gales, pour l'inscription desquelles le conservateur a son
« recours contre le débiteur : il en est de même des frais de
« la transcription qui peut être requise par le vendeur ; ils
« sont à la charge de l'acquéreur. »

Art. 65. « Les actions auxquelles les inscriptions peuvent
« donner lieu contre les créanciers seront intentées devant
« le tribunal compétent, par exploits faits à leur personne ou
« au dernier des domiciles élus sur le registre ; et ce no-
« nobstant le décès soit des créanciers, soit de ceux chez
« lesquels ils auront fait élection de domicile. »

CHAPITRE V.

De la Radiation et Réduction des inscriptions.

Art. 66. « Les inscriptions sont radiées du consentement 2157
« des parties intéressées, ou en vertu d'un jugement exécu-
« toire qui l'ordonne. »

Art. 67. « Dans l'un et l'autre cas, ceux qui requièrent la 2158
« radiation déposent au bureau du conservateur l'expédition
« de l'acte authentique portant consentement, ou celle du
« jugement. »

Art. 68. « La radiation non consentie est demandée au tri- 2159
« bunal dans le ressort duquel l'inscription a été faite, si ce
« n'est lorsqu'elle l'a été pour sûreté d'une condamnation
« éventuelle ou indéterminée, sur l'exécution ou liquidation
« de laquelle le débiteur et le créancier prétendu sont en in-
« stance ou doivent être jugés dans un autre tribunal ; auquel
« cas la demande en radiation doit y être portée ou renvoyée. »

Art. 69. « La radiation doit être ordonnée par les tribu- 2160
« naux lorsque l'inscription a été faite sans être fondée ni
« sur la loi ni sur un titre, ou lorsqu'elle l'a été en vertu d'un
« titre soit irrégulier, soit éteint ou soldé, ou lorsque les
« droits de privilége ou d'hypothèque sont effacés par les
« voies légales. »

Art. 70. « Toutes les fois que les inscriptions prises par un 2161
« créancier qui, d'après la loi, aurait droit d'en prendre
« sur les biens présens ou sur les biens à venir d'un débi-
« teur, sans limitation convenue, seront portées sur plus de
« domaines différens qu'il n'est nécessaire à la sûreté des
« créances, l'action en réduction des inscriptions, ou en ra-
« diation d'une partie en ce qui excède la proportion conve-
« nable, est ouverte au débiteur. On y suit les mêmes règles
« de compétence établies dans l'article précédent. »

Art. 71. « Sont réputées excessives les inscriptions qui 2162
« frappent sur plusieurs domaines, lorsque la valeur d'un

« seul ou de quelques-uns d'entre eux excède de plus d'un
« tiers en fonds libres le montant des créances en capital et
« accessoires légaux. »

2163 Art. 72. « Peuvent aussi être réduites comme excessives
« les inscriptions prises d'après l'évaluation faite par le créan-
« cier des créances qui, en ce qui concerne l'hypothèque à
« établir pour leur sûreté, n'ont pas été réglées par la con-
« vention, et qui par leur nature sont conditionnelles, éven-
« tuelles ou indéterminées. »

2164 Art. 73. « L'excès, dans ce cas, est arbitré par les juges,
« d'après les circonstances, les probabilités des chances et
« les présomptions de fait, de manière à concilier les droits
« vraisemblables du créancier avec l'intérêt du crédit rai-
« sonnable à conserver au débiteur; sans préjudice des nou-
« velles inscriptions à prendre avec hypothèque du jour de
« leur date, lorsque l'événement aura porté les créances in-
« déterminées à une somme plus forte. »

2165 Art. 74. « La valeur des immeubles dont la comparaison
« est à faire avec celle des créances et le tiers en sus est dé-
« terminée par quinze fois la valeur du revenu déclaré par la
« matrice du rôle de la contribution foncière, ou indiqué par
« la cote de contribution sur le rôle, selon la proportion qui
« existe dans les communes de la situation entre cette cote et
« le revenu, pour les immeubles non sujets à dépérissement,
« et dix fois cette valeur pour ceux qui y sont sujets; sans
« préjudice néanmoins aux juges de s'aider, en outre, des
« éclaircissemens qui peuvent résulter des baux non suspects,
« des procès-verbaux d'estimation qui ont pu être dressés
« précédemment à des époques rapprochées, et autres actes
« semblables, et d'évaluer le revenu au taux moyen entre
« les résultats de ces divers renseignemens. »

CHAPITRE VI.

De l'Effet des priviléges et hypothèques contre les tiers détenteurs.

Art. 75. « Les créanciers ayant privilége ou hypothèque 2166 « inscrite sur un immeuble le suivent, en quelques mains « qu'il passe, pour être colloqués et payés suivant l'ordre de « leurs créances. »

Art. 76. « Si le tiers détenteur ne remplit pas les formalités 2167 « qui seront ci-après établies pour consolider et purger sa « propriété, il jouit des mêmes termes et délais accordés au « débiteur originaire ; mais, par l'effet seul des inscriptions, « il demeure obligé, comme détenteur, à toutes les dettes « hypothécaires. »

Art. 77. « Le tiers détenteur est tenu, dans ce cas, ou de 2168 « payer tous les intérêts et capitaux exigibles, à quelque « somme qu'ils puissent monter, ou de délaisser l'immeuble « hypothéqué sans aucune réserve. »

Art. 78. « Faute par le tiers détenteur de satisfaire pleine- 2169 « ment à l'une de ces obligations, chaque créancier hypo- « thécaire a droit de faire vendre sur lui l'immeuble hypo- « théqué, trente jours après commandement fait au débiteur « originaire, et sommation faite au tiers détenteur de payer « la dette exigible ou de délaisser l'héritage. »

Art. 79. « Néanmoins le tiers détenteur qui n'est pas per- 2170 « sonnellement obligé à la dette peut s'opposer à la vente « de l'héritage hypothéqué qui lui a été transmis, s'il est « demeuré d'autres immeubles hypothéqués à la même dette « dans la possession du principal ou des principaux obligés, « et en requérir la discussion préalable selon la forme réglée « au titre *du Cautionnement :* pendant cette discussion, il est « sursis à la vente de l'héritage hypothéqué. »

Art. 80. « L'exception de discussion ne peut être opposée 2171

« au créancier privilégié ou ayant hypothèque spéciale sur
« l'immeuble. »

2172   Art. 81. « Quant au délaissement par hypothèque, il peut
« être fait par tous les tiers détenteurs qui ne sont pas per-
« sonnellement obligés à la dette, et qui ont la capacité d'a-
« liéner. »

2173   Art. 82. « Il peut l'être même après que le tiers détenteur
« a reconnu l'obligation ou subi condamnation en cette qua-
« lité seulement : le délaissement n'empêche pas que, jusqu'à
« l'adjudication, le tiers détenteur ne puisse reprendre l'im-
« meuble en payant toute la dette et les frais. »

2174   Art. 83. « Le délaissement par hypothèque se fait au greffe
« du tribunal de la situation, et il en est donné acte par ce
« tribunal.

« Sur la pétition du plus diligent des intéressés, il est créé
« à l'immeuble délaissé un curateur sur lequel la vente de
« l'immeuble est poursuivie dans les formes prescrites pour
« les expropriations. »

2175   Art. 84. « Les détériorations qui procèdent du fait ou de la
« négligence du tiers détenteur au préjudice des créanciers
« hypothécaires ou privilégiés, donnent lieu contre lui à une
« action en indemnité ; mais il ne peut répéter ses impenses
« et améliorations que jusqu'à concurrence de la plus-value. »

2176   Art. 85. « Les fruits de l'immeuble hypothéqué ne sont
« dus par le tiers détenteur qu'à compter du jour de la som-
« mation de payer ou de délaisser, et, si les poursuites com-
« mencées ont été abandonnées pendant trois ans, à compter
« de la nouvelle sommation qui sera faite. »

2177   Art. 86. « Les servitudes et droits réels que le tiers déten-
« teur avait sur l'immeuble avant sa possession renaissent
« après le délaissement ou après l'adjudication faite sur lui.

« Ses créanciers personnels, après tous ceux qui sont in-
« scrits sur les précédens propriétaires, exercent leur hypo-
« thèque à leur rang sur le bien délaissé ou adjugé. »

2178   Art. 87. « Le tiers détenteur qui a payé la dette hypothé-

« caire, ou délaissé l'immeuble hypothéqué, ou subi l'ex-
« propriation de cet immeuble, a le recours en garantie, tel
« que de droit, contre le débiteur principal. »

Art. 88. « Le tiers détenteur qui veut consolider et purger
« sa propriété en payant le prix observe les formalités qui
« seront établies dans le chapitre VIII. »

CHAPITRE VII.

De l'Extinction des priviléges et hypothèques.

Art. 89. « Les priviléges et hypothèques s'éteignent,
« 1°. Par l'extinction de l'obligation principale,
« 2°. Par la renonciation du créancier à l'hypothèque,
« 3°. Par la prescription.

« Elle n'est acquise, quant aux biens étant dans les mains
« du débiteur, que par le temps fixé pour la prescription de
« l'action personnelle ;

« Elle s'acquiert, quant aux biens qui sont dans les mains
« d'un tiers détenteur, par le temps réglé pour la prescrip-
« tion de la propriété au profit du tiers détenteur, mais seu-
« lement, dans le cas où la prescription suppose un titre, à
« compter du jour où ce titre a été transcrit sur les registres
« du conservateur ;

« Les inscriptions prises par le créancier n'interrompent
« pas le cours de la prescription établie par la loi en faveur
« du débiteur ou du tiers détenteur ;

« 4°. Pour l'accomplissement des formalités et conditions
« prescrites aux tiers détenteurs pour purger les biens par
« eux acquis. »

CHAPITRE VIII.

Du Mode de consolider les propriétés, et de les purger des priviléges et hypothèques.

Art. 90. « Les contrats translatifs de propriété que les tiers
« détenteurs voudront purger de priviléges et hypothèques
« seront transcrits en entier par le conservateur des hypo-

346 DISCUSSIONS, MOTIFS, etc.

« thèques dans l'arrondissement duquel les biens sont situés.

« Cette transcription se fera sur un registre à ce destiné, « et le conservateur sera tenu d'en donner reconnaissance au « requérant. »

Art. 91. « Les actes translatifs de propriété qui n'ont pas « été ainsi transcrits ne peuvent être opposés aux tiers qui « auraient contracté avec le vendeur et qui se seraient con- « formés aux dispositions de la présente. »

Art. 92. « La simple transcription des titres translatifs de « propriété sur le registre du conservateur ne purge pas les « hypothèques et priviléges établis sur l'immeuble.

« Il ne passe au nouveau propriétaire qu'avec les droits « qui appartenaient au précédent, et affecté des mêmes pri- « viléges ou hypothèques dont il était chargé. »

Art. 93. « Si le nouveau propriétaire veut se dispenser de « payer l'intégralité des dettes hypothécaires ou privilégiées, « et se garantir de l'effet des poursuites autorisées dans le « chapitre VI, il est tenu, soit avant les poursuites, soit dans « le mois, au plus tard, à compter de la première sommation « qui lui est faite, de notifier par extrait aux créanciers, aux « domiciles par eux élus dans leurs inscriptions,

« 1°. Extrait de son titre, contenant la date et la qualité « de l'acte, le nom et la désignation précise du vendeur, la « nature et la situation de la chose vendue;

« 2°. Le certificat de la transcription de l'acte de vente;

« 3°. L'état des charges et hypothèques dont l'immeuble « est grevé, et la déclaration de l'acquéreur ou donateur qu'il « est prêt à acquitter sur-le-champ les dettes et charges hy- « pothécaires, jusqu'à concurrence seulement du prix. »

Art. 94. « L'état des charges dont l'immeuble est grevé « contiendra les époques des hypothèques, les noms et dési- « gnations des créanciers inscrits, les sommes pour lesquelles « ils sont inscrits en capital et accessoires, ou la nature de « celles des créances éventuelles ou indéterminées qui ont pu « être inscrites sans évaluation. »

Art. 95. « Lorsque le nouveau propriétaire a fait cette no-
« tification dans le délai fixé, tout créancier dont le titre est
« inscrit peut requérir la mise de l'immeuble aux enchères
« et adjudications publiques, à la charge,

« 1°. Que cette réquisition sera signifiée au nouveau pro-
« priétaire dans quarante jours, au plus tard, de la notifi-
« cation faite à la requête de ce dernier, en y ajoutant deux
« jours par cinq myriamètres de distance entre le domicile
« élu et le domicile réel de chaque créancier requérant ;

« 2°. Qu'elle contiendra soumission du requérant de
« porter ou faire porter le prix à un dixième en sus de celui
« qui aura été stipulé dans le contrat, ou déclaré par le nou-
« veau propriétaire ;

« 3°. Que la même signification sera faite dans le même
« délai au précédent propriétaire, débiteur principal ;

« 4°. Que l'original et les copies de ces exploits seront si-
« gnés par le créancier requérant, ou par son fondé de pro-
« curation expresse, lequel, en ce cas, est tenu de donner
« copie de sa procuration ;

« 5°. Qu'il offrira de donner caution.

« Le tout à peine de nullité. »

Art. 96. « A défaut, par les créanciers, d'avoir requis la
« mise aux enchères dans le délai et les formes prescrits, la
« valeur de l'immeuble demeure définitivement fixée au prix
« stipulé dans le contrat, ou déclaré par le nouveau proprié-
« taire, lequel est, en conséquence, libéré de tout privilége
« et hypothèque, en payant ledit prix aux créanciers qui se-
« ront en ordre de recevoir. »

Art. 97. « En cas de revente sur enchère, elle aura lieu
« suivant les mêmes formes qui sont établies pour les expro-
« priations forcées, à la diligence soit du créancier qui l'aura
« requise, soit du nouveau propriétaire.

« Le poursuivant énoncera dans les affiches le prix stipulé
« dans le contrat ou déclaré, et la somme en sus à laquelle le
« créancier s'est obligé de la porter ou faire porter. »

2188 Art. 98. « L'adjudicataire est tenu, au-delà du prix de son
« adjudication, de restituer à l'acquéreur ou au donataire
« dépossédé, les frais et loyaux coûts de son contrat, ceux
« de la transcription sur les registres du conservateur, ceux
« de notification, et ceux faits par lui pour parvenir à la re-
« vente. »

2189 Art. 99. « L'acquéreur ou le donataire conserve l'immeuble
« mis aux enchères, soit en soldant toutes les dettes privi-
« légiées et hypothécaires, soit en se rendant dernier enché-
« risseur. »

2190 Art. 100. « Le désistement du créancier requérant la mise
« aux enchères ne peut, même en payant le montant de la
« soumission, empêcher l'adjudication publique, si ce n'est
« du consentement exprès de tous les autres créanciers hy-
« pothécaires. »

2191 Art. 101. « L'acquéreur qui se sera rendu adjudicataire
« aura son recours tel que de droit contre le vendeur, pour
« le remboursement de ce qu'il aura payé ou dû payer au-
« delà du prix stipulé par son titre, et pour l'intérêt de cet
« excédant, à compter du jour de chaque paiement. »

2192 Art. 102. « Dans le cas où le titre du nouveau propriétaire
« comprendrait des immeubles et des meubles, ou plusieurs
« immeubles, les uns hypothéqués, les autres non hypothé-
« qués, situés dans le même ou dans divers arrondissemens
« de bureaux, aliénés pour un seul et même prix, ou pour
« des prix distincts et séparés, soumis ou non à la même ex-
« ploitation, le prix de chaque immeuble frappé d'inscrip-
« tions particulières et séparées sera déclaré dans la notifi-
« cation du nouveau propriétaire, par ventilation, s'il y a
« lieu, du prix total exprimé dans le titre.

« Le créancier surenchérisseur ne pourra, en aucun cas,
« être contraint d'étendre sa soumission ni sur le mobilier ni
« sur d'autres immeubles que ceux qui sont hypothéqués à
« sa créance et situés dans le même arrondissement ; sauf le
« recours du nouveau propriétaire contre ses auteurs, pour

« l'indemnité du dommage qu'il éprouverait, soit de la di-
« vision des objets de son acquisition, soit de celle des ex-
« ploitations. »

CHAPITRE IX.

Du Mode de purger les hypothèques légales des femmes et des mineurs quand il n'existe pas d'inscription sur les biens des maris et des tuteurs.

Art. 103. « Pourront les acquéreurs d'immeubles apparte- 2193
« nant à des maris ou à des tuteurs, lorsqu'il n'existera pas
« d'inscriptions sur lesdits immeubles à raison de la gestion
« du tuteur, ou des dots, reprises et conventions matrimo-
« niales de la femme, purger les hypothèques qui existeraient
« sur les biens par eux acquis du chef de la femme ou des
« mineurs. »

Art. 104. « A cet effet, ils déposeront copie dûment colla- 2194
« tionnée du contrat translatif de propriété au greffe du tri-
« bunal civil du lieu de la situation des biens. Extrait de ce
« contrat, contenant sa date, les noms, prénoms, professions
« et domiciles des contractans, la désignation de la nature et
« de la situation des biens, le prix et les autres charges de
« la vente, sera et restera affiché pendant deux mois dans
« l'auditoire du tribunal, pendant lequel temps les maris,
« tuteurs, subrogés tuteurs, parens ou amis, et le commis-
« saire du gouvernement, seront reçus à requérir s'il y a lieu,
« et à faire faire au bureau du conservateur des hypothèques,
« des inscriptions sur l'immeuble aliéné, qui auront le même
« effet que si elles avaient été prises le jour du contrat de
« mariage ou le jour de l'entrée en gestion du tuteur; sans
« préjudice des poursuites qui pourraient avoir lieu contre
« les maris et les tuteurs, ainsi qu'il a été dit ci-dessus, pour
« hypothèques par eux consenties au profit de tierces per-
« sonnes, sans leur avoir déclaré que les immeubles étaient
« déjà grevés d'hypothèques, en raison du mariage ou de la
« tutelle. »

Art. 105. « Si, dans le cours des deux mois de l'exposition
« du contrat, il n'a pas été fait d'inscription sur les immeu-
« bles vendus, ils passent à l'acquéreur sans aucune charge,
« à raison des conventions matrimoniales de la femme, ou
« de la gestion du tuteur. »

CHAPITRE X.

Publicité des registres, et Responsabilité des conservateurs.

2196   Art. 106. « Les conservateurs des hypothèques sont tenus
« de délivrer à tous ceux qui le requièrent copie des actes
« transcrits sur leurs registres et celle des inscriptions sub-
« sistantes, ou certificat qu'il n'en existe aucune. »

2197   Art. 107. « Ils sont responsables du préjudice résultant,
« 1°. Du défaut de mention sur leurs registres des tran-
« scriptions d'actes de mutation, et des inscriptions requises
« en leurs bureaux ;
« 2°. De l'omission qu'ils feraient dans leurs certificats
« d'une ou de plusieurs des inscriptions existantes, à moins,
« dans ce dernier cas, que l'erreur ne provînt de désigna-
« tions insuffisantes qui ne pourraient leur être imputées. »

2198   Art. 108. « L'immeuble à l'égard duquel le conservateur
« aurait omis dans ses certificats une ou plusieurs des charges
« inscrites, en demeure, sauf la responsabilité du conserva-
« teur, affranchi dans les mains du nouveau possesseur,
« pourvu qu'il ait requis le certificat depuis la transcription
« de son titre ; sans préjudice néanmoins du droit des créan-
« ciers de se faire colloquer suivant l'ordre qui leur appar-
« tient, tant que le prix n'a pas été payé par l'acquéreur, ou
« tant que l'ordre fait entre les créanciers n'a pas été homo-
« logué. »

2199   Art. 109. « Dans aucun cas, les conservateurs ne peuvent
« refuser ni retarder la transcription des actes de mutation,
« l'inscription des droits hypothécaires, ni la délivrance des
« certificats requis, sous peine des dommages et intérêts des

« parties ; à l'effet de quoi procès-verbaux des refus ou re-
« tardemens seront, à la diligence des requérans, dressés
« sur-le-champ, soit par un juge de paix, soit par un huis-
« sier audiencier du tribunal, soit par un autre huissier ou
« un notaire assisté de deux témoins. »

Art. 110. « Tous les registres des conservateurs destinés à
« recevoir les transcriptions d'actes et les inscriptions des
« droits hypothécaires sont en papier timbré, cotés et pa-
« raphés à chaque page par première et dernière, par l'un
« des juges du tribunal dans le ressort duquel le bureau est
« établi.

« Les conservateurs sont tenus d'observer cette règle, et de
« se conformer, dans l'exercice de leurs fonctions, à toutes
« les dispositions du présent chapitre, à peine d'une amende
« de 200 à 1000 francs pour la première contravention, et de
« destitution pour la seconde ; sans préjudice des dommages
« et intérêts des parties, lesquels seront payés avant l'a-
« mende. »

Art. 111. « Les inscriptions et transcriptions sont faites sur
« les registres, de suite, sans aucun blanc ni interligne, à
« peine, contre le conservateur, de 1000 à 2000 francs d'a-
« mende, et des dommages-intérêts des parties, payables
« aussi par préférence à l'amende. »

M. TREILHARD fait lecture du chapitre Ier, contenant les *Dispositions générales*.

Les articles 1, 2 et 3 sont soumis à la discussion et adoptés.

M. TREILHARD fait lecture du chapitre II, *des Priviléges*.

Les articles 4, 5, 6 et 7 sont adoptés.

La section Ire, *des Priviléges sur les meubles*, est soumise à la discussion.

L'article 8 est adopté.

Le § Ier, *des Priviléges généraux sur les meubles*, est discuté.

L'article 9 est adopté.

Le § II, *des Priviléges sur certains meubles*, est soumis à la discussion.

L'article 10 est discuté.

M. Bégouen dit que les baux ruraux étant notoires il semble qu'ils doivent donner au propriétaire un privilége, même lorsqu'ils sont rédigés sous seing privé.

M. Treilhard répond que la section aurait craint de donner ouverture à la collusion si elle eût attaché cet effet aux baux qui n'ont pas une date certaine, pour un temps plus long que l'espace d'une année.

M. Bégouen dit que la fraude serait difficile, puisque le fait du bail est notoire; que le système de la section a l'inconvénient d'embarrasser le propriétaire et de l'obliger à être rigoureux avec son fermier.

M. Defermon dit que la disposition proposée serait utile au trésor public, en ce qu'elle assurerait le droit d'enregistrement sur les baux; mais qu'elle est désavantageuse pour le propriétaire, parce qu'elle l'expose à perdre les fermages arriérés.

La collusion n'est pas vraisemblable. Comment la supposer entre le propriétaire et un fermier qu'il est obligé de faire exécuter?

M. Bérenger dit que la collusion serait possible si l'on accordait aux baux sous seing privé un privilége qui primerait même les créances dont la date serait certaine.

M. Treilhard dit que cette réflexion est décisive.

Il ajoute que si le fait du bail est notoire les conditions ne le sont pas; qu'ainsi rien n'est plus facile au propriétaire que de se concerter avec le fermier pour exagérer le prix de la ferme et frustrer les créanciers.

La proposition de M. *Bégouen* est renvoyée à la section.

M. Jollivet observe qu'il peut arriver que le fermier achète des bestiaux à crédit, et que dans cette hypothèse le propriétaire de la ferme ne doit pas être préféré au vendeur.

M. Treilhard répond qu'il est impossible de supposer

qu'après dix-huit mois le prix de ces bestiaux ne soit pas payé, et qu'on ne peut même reconnaître si ceux qui se trouvent dans la ferme sont identiquement ceux dont on réclame le paiement.

M. Defermon dit que les vaches sont ordinairement signalées avec beaucoup d'exactitude; que dans l'usage actuel le vendeur est préféré au propriétaire, qui n'exerce son privilége que sur l'excédant du prix.

M. Bégouen dit que cet usage n'est pas suivi dans les départemens formés du territoire de la ci-devant Normandie ; qu'au surplus, comme la question intéresse les usages du commerce, elle doit être renvoyée au Code du commerce.

Le Consul Cambacérès dit que l'article ne préjuge rien à l'égard de la revendication en matière de commerce, laquelle se trouve réglée par une disposition insérée dans le projet de Code du commerce, disposition que le Consul est loin d'approuver, mais qui sert à justifier que l'article en discussion ne se rapporte point à cette matière.

M. Bégouen dit qu'il croit nécessaire, pour prévenir toute équivoque, d'exprimer ici la réserve, comme on l'a fait dans d'autres titres; qu'il serait très-dangereux de restreindre à huit jours le délai de revendication en matière de commerce.

Le Consul Cambacérès dit qu'il ne voit aucun inconvénient à adopter cette proposition, quoiqu'elle tende à établir une précaution surabondante, attendu qu'évidemment il ne s'agit pas ici de la revendication usitée dans le commerce ; qu'on pourrait donc rédiger ainsi : « Il n'est rien innové aux lois et « usages du commerce sur la revendication. »

Cet amendement est adopté.

M. Regnaud (de Saint-Jean-d'Angely) craint que l'article ne facilite la fraude des locataires qui garnissant les lieux de meubles dont ils ne sont pas propriétaires, ou qu'ils n'ont pas payés, n'offrent au locateur qu'un gage apparent et qui lui échappe au moment où il veut s'en saisir.

Le Consul Cambacérès dit que cette observation est fondée.

Le Consul pense qu'il est nécessaire de trancher la difficulté, en accordant positivement au locateur le privilége sur le tapissier qui a fourni ou loué les meubles.

M. Treilhard ajoute qu'en effet, sans cette disposition, le locataire a toujours un moyen de frauder le propriétaire; il lui suffit de présenter une fausse vente ou un bail de meubles simulé.

M. Jollivet observe que souvent on hiverne dans une ferme un troupeau de moutons qui n'appartient pas au fermier, qu'il faudrait du moins ne pas faire porter sur ces bestiaux le privilége du propriétaire, et admettre la preuve qu'ils n'ont été placés là que pour un temps.

M. Treilhard répond que ces bestiaux n'étant pas vendus, la disposition qu'on propose ne s'étendrait pas à eux.

Le Consul Cambacérès pense qu'il est d'autant plus nécessaire d'établir la préférence du propriétaire, que l'article 6 dit, que des créanciers de même degré viennent par concurrence entre eux.

M. Treilhard dit que cependant la règle ne doit pas être établie d'une manière trop absolue, car les circonstances peuvent quelquefois justifier la prétention du vendeur. Si, par exemple, la vente est récente, et qu'il soit prouvé que le prix n'a pas été payé, la cause du vendeur devient tellement favorable, qu'il serait injuste de lui préférer le propriétaire.

M. Tronchet dit qu'en effet il faut laisser aux tribunaux assez de latitude pour qu'ils puissent avoir égard à la bonne foi du vendeur, et examiner s'il n'a pas été induit en erreur par la négligence du propriétaire; mais que, hors quelques circonstances particulières qui peuvent nécessiter cette exception, la préférence doit être donnée à ce dernier, attendu que lorsqu'une maison est garnie de meubles, il est ordinairement très-difficile au locateur de savoir s'ils appartiennent au locataire. Au contraire, le marchand qui les a vendus peut prendre ses sûretés.

Le Consul Cambacérès partage cette opinion.

Il propose de décider que le privilége du locateur primera tout autre privilége, à moins qu'il ne résulte des circonstances que le locateur a été instruit que les meubles dont la maison était garnie n'appartenaient pas au locataire.

M. Crétet dit que déjà dans la jurisprudence actuelle le propriétaire est préféré au tapissier qui a vendu ou loué les meubles, lorsque celui-ci ne représente pas un acte authentique.

M. Maleville dit qu'un acte même authentique ne doit pas nuire au privilége du propriétaire. Il ignore cet acte et ne voit que le fait, sans savoir si les meubles qui garnissent sa maison sont achetés à crédit ou pris à loyer.

L'amendement du Consul est adopté.

M. Regnaud (de Saint-Jean-d'Angely) demande, sur le numéro 6 de l'article, qu'il soit accordé à celui qui a fourni le cautionnement un privilége, lequel, comme bailleur de fonds, le fasse venir immédiatement après les créanciers pour abus et prévarications.

M. Treilhard objecte que les bailleurs de fonds sont propriétaires du cautionnement, et qu'on n'a pas besoin de privilége sur sa propre chose.

M. Jollivet dit que ce principe n'est pas consacré par l'usage.

M. Defermon dit que si la disposition demandée par M. Regnaud (de Saint-Jean-d'Angely) était placée dans le Code civil, elle deviendrait une règle absolue, et gênerait les opérations de la caisse d'amortissement, qui n'a pas de bureau d'opposition; mais qu'on pourra la prendre en considération lorsqu'on s'occupera des lois annoncées par l'article 11.

M. Regnaud (de Saint-Jean-d'Angely) dit que sa proposition ne se rapporte pas à l'intérêt du trésor public, mais à l'intérêt du tiers bailleur de fonds.

Il est certain qu'autrefois il avait privilége sur la finance de la charge. Aujourd'hui il fait exprimer dans la quittance du cautionnement qu'il a fourni les deniers : cette déclaration doit lui assurer un privilége.

M. Bérenger dit que l'usage est d'expédier la quittance à celui qui fournit les fonds, en énonçant qu'ils l'ont été pour le cautionnement d'un tiers; qu'ainsi la propriété des deniers est conservée au bailleur.

M. Tronchet dit qu'autrefois le récépissé était au nom du titulaire; mais que dans l'acte du prêt, celui qui fournissait les fonds en faisait exprimer la destination, et que le récépissé lui était remis par forme de nantissement.

M. Treilhard dit que cet usage est maintenu et autorisé par la disposition du numéro 2 de l'article.

L'article est renvoyé à la section pour le rédiger d'après les amendemens adoptés.

2098 L'article 11 est discuté.

M. Defermon demande, 1° que la disposition de cet article soit généralisée et étendue à toutes les espèces de priviléges que peut avoir le trésor public; 2° que l'article soit placé après l'article 6.

Ces propositions sont adoptées.

La section II, *des Priviléges sur les immeubles*, est soumise à la discussion.

2103 L'article 12 est discuté.

M. Crétet demande que le privilége accordé par le numéro 4 de cet article soit étendu à toute espèce de construction, et particulièrement à celle des canaux.

M. Treilhard adopte cet amendement, et propose d'ajouter les canaux, les digues, les desséchemens et autres ouvrages.

L'article est adopté avec cet amendement.

La section III, *des Priviléges qui s'étendent sur les meubles et les immeubles*, est soumise à la discussion.

2104 L'article 13 est discuté.

M. Defermon demande que la disposition de cet article ne soit pas restreinte aux biens des comptables acquis depuis leur entrée en exercice.

M. Tronchet objecte que le trésor public ne peut avoir qu'une hypothèque sur les biens acquis avant la gestion, attendu que le privilége qui lui est accordé sur les biens acquis depuis n'est fondé que sur la présomption qu'ils ont été achetés des deniers dont les comptables avaient le maniement.

M. Bérenger ajoute que le trésor public a dû prendre ses sûretés en exigeant des cautions et en prenant inscription sur les biens. Il n'y a pas de motifs pour le faire sortir de la classe commune des créanciers. Ce privilége exorbitant serait d'ailleurs sans effet ; car si le comptable est de bonne foi il n'achetera pas d'immeuble, afin de ne pas se mettre dans un état d'interdiction. Il évitera encore plus d'acheter s'il est de mauvaise foi.

M. Defermon dit que l'article 11 offre un moyen de corriger tous les inconvéniens que l'article 13 pourrait avoir par rapport au trésor public. Seulement, pour laisser les choses entières, il est nécessaire de dire dans ce dernier article, que les priviléges du trésor public seront réglés par des lois particulières.

Le Consul Cambacérès dit que cette réserve est impossible ; car si, par exemple, le privilége du trésor public était étendu, ainsi qu'on l'a proposé, à tous les immeubles des comptables, les lois particulières sur ce sujet renverseraient en entier le système adopté par le Code civil. Il faut, sans doute, que le trésor public ait ses sûretés ; mais on ne doit pas les lui donner aux dépens de la justice et des droits du vendeur. Il est même nécessaire d'exprimer cette limitation pour prévenir toute inquiétude, et de dire que néanmoins les priviléges du trésor public ne pourront détruire ceux qui existeraient antérieurement à la gestion du comptable.

L'article est adopté avec l'amendement du Consul.

L'article 14 est renvoyé à la section pour être rédigé conformément à l'amendement adopté sur l'article 13.

La section IV, intitulée *Comment se conservent les Priviléges*, est soumise à la discussion.

Les articles 15 et 16 sont adoptés.

L'article 17 est discuté.

Le Consul Cambacérès trouve la disposition de cet article fort sage. Il voudrait cependant que l'effet ne dépendît point de l'exactitude du conservateur.

Il est utile de faire inscrire la créance du vendeur, afin que chacun sache que l'immeuble est grevé, et qu'il n'y ait pas de surprise : quand la transcription atteste que le prix n'a pas été payé en entier, le public est suffisamment averti ; ni les acquéreurs ni les prêteurs ne peuvent plus être trompés. Toute inscription particulière devient donc inutile, et il n'y a pas de motif d'en faire une condition qui expose la créance du vendeur si le conservateur est négligent.

On répondra que le vendeur peut veiller à ce que l'inscription soit faite.

Mais pourquoi l'exposer à une chance qu'on peut sans inconvénient lui épargner ?

M. Treilhard propose de déclarer que la transcription vaudra inscription pour la partie du prix qui n'aurait pas été payée.

M. Jollivet demande que néanmoins, afin que le registre des inscriptions soit complet, la loi oblige le conservateur d'y porter la créance du vendeur, sans cependant que l'omission de cette formalité nuise à la conservation du privilége.

L'article est adopté avec ces amendemens.

L'article 18 est discuté.

M. Bigot-Préameneu dit que cet article impose aux cohéritiers une charge trop onéreuse en les obligeant de prendre inscription les uns sur les autres.

M. Treilhard répond que le système de la publicité, qui a été adopté, serait blessé si une seule hypothèque pouvait demeurer ignorée.

L'article est adopté.

M. Regnaud (de Saint-Jean-d'Angely) observe que dans la section IV on ne trouve aucune disposition qui assure au bailleur de fonds son privilége.

M. Treilhard répond que le bailleur de fonds doit s'appliquer les dispositions générales, et faire, comme tout autre créancier, inscrire sa créance. Les dispositions de la section IV ne concernent que les créances qui exigent un mode particulier d'inscription.

M. Regnaud (de Saint-Jean-d'Angely) dit que l'objet des articles de cette section étant de déterminer la manière dont les priviléges se conservent, et, par cette raison, tous ceux qu'établit la section II s'y trouvant énumérés, à l'exception de celui du bailleur de fonds, on pourrait conclure de cette exception que ce privilége n'a pas été conservé.

M. Tronchet dit que, dans le langage des lois, on n'entend par bailleur de fonds que le vendeur qui a livré l'immeuble et auquel le prix est dû, et non celui qui a fourni les deniers pour l'acheter.

Le Consul Cambacérès dit qu'on a pleinement pourvu à la sûreté du vendeur par l'article 17. Mais celui qui prête les deniers pour payer le prix ne peut être assimilé au vendeur : c'est un créancier ordinaire qui a un privilége et qui conserve ses droits de la même manière que les autres créanciers.

L'observation de M. *Regnaud* (de Saint-Jean-d'Angely) n'a pas de suite.

Les articles 19, 20, 21 et 22 sont adoptés.

(Procès-verbal de la séance du 5 ventose an XII. — 25 février 1804.)

On reprend la discussion du titre VI du livre III du projet de Code civil, *des Priviléges et Hypothèques*.

M. Treilhard fait lecture du chapitre III, *des Hypothèques.*

Les articles 23, 24, 25, 26, 27, 28 et 29 sont adoptés.

M. Jollivet dit que l'emphytéose n'a jamais été susceptible d'hypothèque. Il observe que ce principe n'est pas rappelé dans le chapitre III. Sans doute que le silence de la section vient de ce qu'elle n'a pas cru devoir parler de l'emphytéose dans les autres parties du Code civil.

M. Tronchet dit qu'on n'employait autrefois l'emphytéose que pour éviter les droits seigneuriaux : maintenant elle n'aurait plus d'objet. Il était donc inutile d'en parler.

La section Ire, *des Hypothèques légales*, est soumise à la discussion.

Les articles 30 et 31, qui la composent, sont adoptés.

La section II, *des Hypothèques judiciaires*, est soumise à la discussion.

L'article 32 est discuté.

M. Jollivet dit que l'on a souvent agité la question de savoir si les reconnaissances faites devant les bureaux de conciliation donnaient hypothèque. La section s'est refusée avec raison à décider l'affirmative ; c'eût été ouvrir un moyen de frauder le droit d'enregistrement : mais il est peut-être utile que l'intention de la loi soit connue et que le procès-verbal s'en explique.

Le Consul Cambacérès dit que l'observation de M. Jollivet, qui est juste et conforme aux intentions du Conseil, se trouvera nécessairement au procès-verbal.

L'article est adopté.

La section III, *des Hypothèques conventionnelles*, est soumise à la discussion.

Les articles 33, 34 et 35 sont adoptés.

L'article 36 est discuté.

M. Duchatel demande qu'on attribue à la reconnaissance

de la signature, lorsqu'elle est faite devant notaires, la même force que lorsqu'elle est faite en jugement.

M. Berlier dit qu'il n'y a point de motif pour admettre l'amendement proposé par M. *Duchâtel.*

En effet, s'il s'agit d'un titre sous seing privé dont la reconnaissance ait été poursuivie en justice, l'article 32 y pourvoit; l'hypothèque en ce cas devient judiciaire : si au contraire il s'agit d'un titre sous seing privé que toutes les parties intéressées aient porté à un notaire pour lui donner la forme authentique par la transcription, l'annexe ou une nouvelle rédaction, l'article en discussion suffit; car l'acte notarié donne ouverture à l'hypothèque, et dès ce moment elle peut être acquise en observant les formalités prescrites par la loi.

M. Treilhard dit que les actes sous seing privé ainsi reconnus deviennent des actes devant notaires, pourvu que la reconnaissance ait lieu de la part de ceux contre lesquels ils font preuve. S'ils n'étaient déposés que par l'une des parties, à moins que ce ne fût le débiteur, la reconnaissance ne serait pas complète.

L'article est adopté.

Les articles 37, 38, 39, 40 et 41 sont adoptés.

L'article 42 est discuté.

M. Galli demande une explication sur cet article.

Si, dit-il, l'héritage grevé d'hypothèque se trouve considérablement agrandi, soit par alluvion, soit parce que le fleuve qui l'avoisine a changé de lit, l'hypothèque s'étend-elle sur l'accroissement?

Cette question s'est élevée quelquefois dans le ci-devant Piémont et ailleurs.

M. Treilhard dit que les accroissemens produits par l'effet de l'alluvion sont insensibles et deviennent ainsi des parties du même fonds. Il n'y a donc point de doute qu'ils ne supportent l'hypothèque.

Mais il n'en serait pas de même si l'augmentation produite par un événement extraordinaire ajoutait à la fois à l'héritage une étendue assez considérable de terre pour qu'on dût la considérer comme un fonds nouveau et distinct du premier.

M. Tronchet dit que diverses dispositions du Code civil déterminent ce qu'il faut considérer comme des accessoires de la chose principale; que ces accessoires s'identifiant avec la chose, deviennent ainsi passibles de toutes les charges dont elle est grevée.

L'article est adopté.

La section IV, *du Rang que les hypothèques ont entre elles*, est soumise à la discussion.

L'article 43 est discuté.

M. Tronchet dit que cet article pourrait nuire à l'hypothèque qui aurait pour objet la garantie d'une vente. Il est impossible en effet de réduire l'engagement que le vendeur prend à cet égard à une somme déterminée qui devienne la matière d'une inscription; car la garantie que le vendeur doit à l'acquéreur évincé n'est pas bornée au prix qui avait été donné à l'immeuble par le contrat; elle se règle sur sa valeur au temps de l'éviction, et oblige ainsi le vendeur à payer l'augmentation que la chose a reçue, souvent par le seul effet du temps et des circonstances.

M. Treilhard dit que, pour concilier le système des inscriptions avec l'intérêt et l'engagement du vendeur, il suffit aux parties d'évaluer cet engagement à la plus haute somme à laquelle la valeur de l'immeuble puisse être élevée; mais que ce serait ruiner le système de la spécialité que de dispenser l'acquéreur de prendre inscription.

M. Tronchet dit qu'il n'est pas dans sa pensée d'affranchir l'acquéreur de l'obligation de faire inscrire; qu'il veut seulement que l'inscription soit indéterminée. Ce serait porter atteinte à la propriété que d'obliger les parties à réduire à une somme déterminée un engagement dont on ne peut mesurer d'avance l'étendue.

M. Treilhard pense que l'usage de la propriété serait beaucoup plus compromis, si, par l'effet d'une inscription indéterminée dont l'objet ne pourrait peut-être jamais excéder 30,000 francs, le propriétaire d'une terre d'un million n'offrait plus assez de sûreté pour obtenir un prêt de 10,000 francs.

L'acquéreur a une sûreté suffisante lorsque l'obligation du vendeur est portée aussi loin qu'elle puisse aller.

M. Jollivet dit que la question présente peu d'intérêt, l'usage de l'action en garantie pour cause d'éviction ayant toujours été très-rare.

M. Berlier dit que M. *Treilhard* a suffisamment répondu à l'objection proposée contre la première partie de cet article.

A l'égard des difficultés qui pourront naître de la fixation des hypothèques, relativement aux créances indéterminées, il ne faut pas croire qu'il y aura autant de procès que d'inscriptions : l'intérêt des parties les porte presque toujours à déterminer dans l'obligation principale la somme pour laquelle l'inscription pourra être prise, sans néanmoins que cette fixation devienne la limite nécessaire de la dette ou de la créance; et il n'y a pas lieu de douter que cette stipulation accessoire ne devienne par son utilité une clause de style.

L'article est adopté.

Le Premier Consul vient présider la séance.

L'article 44 est discuté.

Le Consul Cambacérès voudrait qu'on changeât la définition que l'article 26 donne de l'hypothèque légale, et qu'on exprimât que cette hypothèque est celle qui existe par la seule force de la loi. Cette rédaction en indiquerait beaucoup mieux la nature.

Au reste, de quelque manière qu'on s'exprime, il sera toujours de l'essence des hypothèques légales de tirer toute leur force de la loi.

Cependant, lorsqu'on rapproche les articles 30, 43 et 44, il semble que les hypothèques de la nation, qui sont certainement légales, ne pourront plus être conservées que par des inscriptions.

M. TREILHARD répond que la définition de l'article 26 pose sur le principe que, quoique toute hypothèque légale ne soit ainsi appelée que parce qu'elle dérive de la loi immédiatement, il est cependant de ces hypothèques dont l'effet ne doit être assuré que par des inscriptions.

Il en est ainsi surtout du privilége de la nation sur les biens des comptables.

Les anciennes lois ont dû donner au trésor public une préférence indéfinie. C'était le seul moyen de lui conserver ses droits, alors que les biens pouvaient être clandestinement affectés par des hypothèques.

Mais depuis que l'hypothèque est publique, depuis qu'il est possible de vérifier les charges d'un immeuble et d'en reconnaître la valeur, et qu'il est facile au trésor public de conserver ses droits par des inscriptions que forment les agens qu'il a sur tous les points de la France, la préférence que lui donnaient les anciennes lois est devenue inutile. On arrive au même but par des moyens plus doux et qui ne rendent pas le fisc odieux. Il ne faut que de l'exactitude de la part de ses agens pour lui donner les sûretés les plus entières ; et certainement on l'obtiendra avec un peu de sévérité contre ceux de ces agens qui négligeraient leurs devoirs. Les pertes, en supposant qu'il y en ait, ne seront que légères : toujours seront-elles un mal moins fâcheux que la haine dont on entoure le trésor public, si, par des priviléges exorbitans et qui pèsent sur tous les citoyens, on le soustrait à l'ordre commun de la législation.

LE CONSEIL adopte en principe que l'effet des hypothèques légales de la nation dépendra de la formalité de l'inscription.

M. Tronchet observe qu'on pourrait inférer du mot *appartenant* employé dans l'article 44, que l'hypothèque légale des femmes et des mineurs ne frappe que sur les biens présens des maris et des tuteurs : il demande qu'on exprime qu'elle s'étend également sur les biens qui leur surviennent par la suite.

Cet amendement est adopté.

L'article 45 est discuté.

Le Consul Cambacérès dit qu'il conviendrait de faire sentir dans la rédaction que les inscriptions exigées par cet article n'ont d'autre objet que d'avertir les tiers; autrement ceux qui n'auraient pas la discussion sous les yeux concevraient difficilement comment des hypothèques qui, suivant les articles précédens, ont de plein droit toute leur force, se trouvent cependant soumises à cette formalité.

M. Tronchet dit qu'il importe aussi d'expliquer si ces inscriptions donneront lieu aux droits d'hypothèque.

M. Treilhard dit que la section ne s'est pas occupée des hypothèques sous ce rapport; que ce qui concerne les droits à payer appartient non au Code civil, mais aux lois sur les finances.

M. Tronchet dit que, dans le silence de la loi nouvelle, le conservateur exigera les droits. Cependant, si l'on oblige le mari de les payer, ils seront supportés par la communauté, c'est-à-dire en partie par la femme; si on les exige du tuteur, ils retomberont sur le mineur.

Il paraît donc nécessaire de s'en expliquer.

On pourrait décider que les droits ne seront perçus qu'au moment où l'on fera valoir l'hypothèque.

M. Treilhard convient qu'il faut une loi sur ce sujet; mais il persiste à penser qu'elle ne doit pas être placée dans le Code civil.

M. Tronchet dit que la loi à intervenir aura pour objet de fixer la quotité des droits ; mais que la question de savoir par qui ils seront payés appartient au Code civil, et qu'elle se trouvera même décidée, par son silence, contre la femme et contre le mineur.

M. Jollivet dit que les inscriptions étant prises au nom des femmes et des mineurs, il est juste que les frais en retombent sur eux. Le mari et le tuteur doivent cependant en faire l'avance, car il serait contre l'équité de rendre le conservateur responsable, et de retenir cependant son salaire.

M. Tronchet dit qu'il n'a pas entendu parler du salaire du conservateur, mais du droit proportionnel.

Au surplus, ce n'est pas pour l'intérêt des femmes et des mineurs que les inscriptions sont formées, puisque leur hypothèque est indépendante de cette formalité ; c'est pour la sûreté des tiers. On ne conçoit donc pas pourquoi la femme et le mineur en feraient les frais.

M. Jollivet dit que l'acquéreur purgeant les hypothèques contre la femme et contre le mineur après un délai, les inscriptions sont un acte conservatoire dont ils profitent.

M. Berlier dit que la proposition de M. *Tronchet* ne tend pas à faire supporter définitivement au mari ou au tuteur les droits fiscaux de l'inscription ; cela serait injuste envers eux, puisqu'ils n'en retirent aucun profit personnel ; cela serait injuste aussi envers la femme et le mineur, auxquels cette inscription est inutile, puisque la loi veille pour eux, et que leur hypothèque a lieu *indépendamment de toute inscription*.

Cette inscription a donc purement lieu dans l'intérêt public, et n'a pour objet que d'avertir les tiers ; mais puisqu'elle est d'ordre public, elle devrait être affranchie de tous droits fiscaux : il semble à l'opinant que la proposition est là tout entière, et il la trouve fort juste.

M. Duchatel pense que, sous le rapport de l'intérêt du fisc, le paiement des droits peut être différé ; mais que le salaire du conservateur doit être payé à l'instant.

M. Bérenger dit que la loi sur l'enregistrement recevra nécessairement des modifications. Lorsqu'on s'en occupera, on pourra régler aussi les droits d'hypothèque ; mais toute disposition sur ce sujet serait déplacée dans le Code civil.

Le Premier Consul dit que l'article ne préjuge pas la question.

L'article est adopté.

Les articles 46, 47 et 48 sont adoptés.

L'article 49 est discuté.

M. Bérenger observe que cet article, en soi très-sage, est cependant incomplet : il pourvoit aux mariages à venir, mais il ne s'occupe pas des mariages déjà contractés, et n'offre aux maris actuellement engagés aucun moyen d'affranchir une partie de leurs immeubles.

M. Tronchet dit qu'une loi transitoire sur ce sujet serait inutile. Les maris qui voudront aliéner ou engager quelques-uns de leurs immeubles feront, comme autrefois, intervenir leurs femmes au contrat pour s'engager avec eux ou pour renoncer à leurs hypothèques.

M. Bérenger demande que cette modification soit généralisée par le Code civil, attendu que, sous le régime dotal, la femme ne peut s'obliger que dans un petit nombre de cas.

M. Treilhard dit que l'observation de M. *Bérenger* se rattache à l'article 53.

M. Bigot-Préameneu voudrait que l'article 49 n'autorisât les parties qu'à restreindre les hypothèques, et ne permît pas d'en affranchir la totalité des immeubles du mari.

On objectera que si les parties peuvent se donner tous leurs biens, elles peuvent, à plus forte raison, stipuler qu'ils ne seront pas grevés d'hypothèques.

Mais on suppose ici entre les deux hypothèses une parité qui n'existe pas ; car les donations sont soumises à des conditions, et surtout à celle d'être révocables par la survenance d'enfans.

M. Treilhard répond qu'au moment où les parties arrêtent leurs conventions matrimoniales, elles jouissent de la liberté la plus illimitée de stipuler ce qu'il leur plaît ; elles peuvent se donner tous leurs biens : comment donc leur refuser le droit, beaucoup moins considérable, de convenir que les biens du mari ne seront point chargés des hypothèques de la femme?

On objecte qu'une donation devient réductible par la survenance d'enfans.

Mais il faut prendre garde qu'elle n'est réduite que pour les enfans. Par rapport à la femme, tout est consommé, et la donation a irrévocablement ses effets.

Le Premier Consul dit que M. *Treilhard* s'est appuyé sur le principe que qui peut plus peut moins.

Ce principe est incontestable lorsqu'il s'agit de choses du même ordre ; mais il ne peut être appliqué lorsqu'il s'agit de choses d'un ordre différent : alors il faut examiner si celui qui peut faire une chose peut aussi en faire une autre. Point de doute que celui à qui la loi permet de donner 100,000 francs ne puisse à plus forte raison en donner 50,000; mais il est difficile de concevoir comment une femme qui manifeste l'intention de retenir la propriété de ses biens pourrait cependant, dans un excès de confiance, se dépouiller de toute sûreté, et renoncer à des hypothèques que la loi lui donne sans son fait, parce que la loi a jugé qu'elles lui sont nécessaires.

Le Consul Cambacérès dit que l'objection a la même force contre l'article 50, qui autorise des parens à dépouiller un enfant de toutes les hypothèques que la loi lui assure.

A l'égard de l'article 49, si sa disposition devait être admise, il conviendrait d'en borner du moins l'effet à la femme majeure.

M. Maleville dit qu'il n'y a aucune raison solide pour autoriser la femme, même majeure, à renoncer, par son contrat de mariage, à toute hypothèque sur les biens de son mari : pour un cas absolument possible où il serait de l'intérêt des deux époux que cette renonciation se fît, il y en aurait cent où, au moyen d'une pareille clause, un séducteur corrompu abuserait de la faiblesse du sexe pour satisfaire impunément ses passions aux dépens de la fortune de sa femme.

Et l'on ne peut pas dire que les parens de la femme s'opposeront à une pareille stipulation si elle est contraire à ses intérêts ; car une femme majeure n'a besoin du consentement de personne pour régler les conventions de son mariage.

Ce n'est pas, d'ailleurs, pour les intérêts de la femme seule que la loi a voulu qu'elle eût de droit une hypothèque sur les biens de son mari ; c'est bien plutôt pour l'intérêt des enfans, et pour leur réserver une ressource en cas que le mari vienne à perdre sa fortune. Mais peut-on mettre en balance, avec cette vue bienfaisante de la loi, l'appât accidentel, et si souvent trompeur, de quelque spéculation mercantile, et pour cela compromettre la subsistance des enfans, et priver les familles de cette ressource assurée ?

Que si la renonciation à toute hypothèque ne peut être adoptée, même à l'égard de la femme majeure, à plus forte raison doit-elle être rejetée dans l'intérêt de la femme mineure ou dans celui des mineurs, relativement à leur tuteur.

Il y a une maxime vulgaire qui dit que celui qui est habile à contracter mariage l'est aussi pour faire toutes les conventions y relatives ; mais cela s'entend des conventions ordinaires à ces sortes de contrats, et non d'une clause aussi insolite, aussi greveuse que celle qu'on propose : ainsi, dans les cas d'une association générale de tous biens, ou d'un ameublissement de tous leurs immeubles, consentis par des femmes mineures, elles ont été restituées contre ces conventions extraordinaires ; comment donc la loi pourrait-elle les autoriser à mettre bien plus ouvertement tout leur patrimoine dans le danger imminent de périr, tandis que la justice devrait les relever d'une renonciation aussi étrange, si elles avaient eu la faiblesse de s'y prêter?

M. Bérenger dit que la proposition de M. Bigot-Préameneu est appuyée sur un principe qu'il ne croit pas exact; elle suppose que les personnes qui se marient n'entendent pas leurs intérêts, tandis que la loi suppose le contraire, en leur laissant à tous autres égards la liberté indéfinie de régler leurs conventions.

Il y a des positions qui donnent à la femme intérêt à ce que les biens de son mari demeurent libres. Dans l'état actuel des choses, les hypothèques gênent l'amélioration des fortunes. Or, le mari étant choisi par la femme et par la famille qui donne la dot, comment empêcher les parties d'arrêter ce qui leur convient également à toutes?

Elles prendront certainement les précautions qui sont nécessaires; et s'il en est qu'elles écartent, ce ne peut être que par la raison qu'elles les jugent dangereuses.

On parlera de l'intérêt des enfans; mais c'est sur cet intérêt que les parties règlent leur stipulation, beaucoup plus que sur leur intérêt individuel.

La prohibition qu'on propose ne doit donc être admise que pour le cas exprimé dans l'article 50.

M. Bigot-Préameneu dit que la conséquence de ce système serait qu'il ne faut pas d'hypothèques légales; car si elles sont reconnues nécessaires, on ne peut permettre à la femme d'y renoncer sans supposer qu'elle sera plus sage que la loi: tout ce qu'on peut lui accorder, c'est la faculté de les restreindre.

M. Bérenger répond que ces sortes d'hypothèques ne sont appelées légales que parce qu'elles sont établies par la loi; mais il ne s'ensuit pas que ceux à qui la loi les donne doivent être privés du droit d'y renoncer.

Le Consul Cambacérès dit que personne n'a le pouvoir de renoncer à ce qui est d'ordre public.

Le Consul ajoute qu'il prévoyait cette difficulté lorsqu'il

proposait une définition qui tendait à faire sentir que les hypothèques légales étant établies par la seule autorité de la loi, indépendamment de toute autre volonté et de toute formalité, il était impossible d'y renoncer.

Si cette faculté existait, l'hypothèque ne serait plus l'hypothèque de la loi ; ce serait une hypothèque proposée par la loi à ceux à qui il plairait de la laisser subsister. Quand la loi couvre un individu de sa protection, il n'est permis ni à celui qu'elle protége, ni à tout autre, de repousser ce bienfait.

On est convenu qu'il en doit être ainsi à l'égard de la femme mineure. Peut-être le principe ne s'applique-t-il pas aussi évidemment à la femme majeure. Cependant les lois la considèrent aussi comme un être faible et qui a besoin de protection. Cette supposition est la base de plusieurs dispositions : on ne pourrait l'écarter, à l'égard des hypothèques légales, sans mettre la législation en contradiction avec elle-même.

M. TREILHARD dit que les hypothèques légales sont établies pour la conservation des droits de la femme pendant le mariage ; leur effet ne doit pas s'étendre plus loin : mais avant le mariage les parties peuvent tout ce qu'elles veulent, et la femme ne peut avoir de droits que ceux qui lui ont été assurés par son contrat, et tels qu'il a plu aux parties de les régler. C'est par ce motif qu'il leur est permis de se donner indéfiniment : sans cette liberté absolue de régler les conditions du mariage, beaucoup de mariages n'auraient pas lieu.

M. REGNAUD (de Saint-Jean-d'Angely) dit qu'autrefois la femme avait la faculté de lever son hypothèque légale sur un bien en apposant sa signature à l'acte par lequel il était aliéné : elle n'est donc pas, comme on le prétend, dans l'impossibilité absolue de donner main-levée. Quelquefois même il y a un intérêt très-pressant d'affranchir les biens du mari de toute hypothèque, ne fût-ce que lorsqu'il faut établir les enfans. Or, puisque la femme peut anéantir l'hypothèque légale après le mariage, elle le peut, à plus forte raison, avant, si quelque motif raisonnable la porte à y consentir.

Le Consul Cambacérès dit que la faculté de lever ses hypothèques légales n'était accordée à la femme que dans le système coutumier.

M. Regnaud (de Saint-Jean-d'Angely) répond qu'elle n'existait pas dans le système du droit écrit, parce que le bien dotal était inaliénable.

Le Consul Cambacérès dit que ce motif ne s'applique pas au cas où la dot était en argent : cependant il n'y en avait aucun où il fût permis à la femme de se dépouiller de ses hypothèques légales.

Le Premier Consul dit qu'il conçoit fort bien qu'on admette la femme à donner tout ce qu'elle possède, même sa dot; mais qu'il ne conçoit pas qu'on puisse lui permettre de changer sa condition. La qualité d'épouse est un état dans l'ordre social : donc, si la femme pouvait renoncer aux droits inhérens à sa qualité, il lui serait permis de changer son état. Un tel droit ne peut appartenir à personne.

La section fonde son système sur ce que, de droit commun, les parties ont la liberté la plus indéfinie de régler comme il leur plaît leurs conventions matrimoniales. Cependant la section reconnaît, d'un autre côté, que, de droit commun, cette liberté ne va pas jusqu'à faire renoncer la femme à la totalité de ses hypothèques légales; car elle propose une disposition formelle pour l'y autoriser.

Au surplus, cette disposition anéantirait en entier les hypothèques légales. La renonciation deviendrait une clause de style, et la femme qui l'aurait souscrite sans en comprendre l'effet serait dans la suite fort étonnée de se trouver, contre son intention, privée de toute sûreté.

M. Berlier dit que la loi, récemment portée, relativement au *contrat de mariage*, ne limite la volonté des parties qu'autant que leur conventions deviendraient contraires ou aux bonnes mœurs, ou à certains droits de famille exprimés aux articles 2 et 3 de cette loi, ou à une disposition formellement prohibitive.

Cela posé, et faisant application de ces principes à la question actuelle, on ne saurait soutenir que la stipulation dont il s'agit soit contraire aux bonnes mœurs; et l'on ne trouvera, dans les parties déjà décrétées du Code, nulle disposition qui la défende : elle est donc conforme à la législation la plus récente.

Reviendra-t-on sur ce point pour imposer une restriction nouvelle? Il faudrait, pour cela, que la loi qu'on discute modifiât celle qui a déjà été adoptée; et outre l'inconvénient de varier en si peu de temps, l'opinant n'aperçoit dans la proposition restrictive qu'une entrave peu conciliable avec beaucoup d'autres dispositions du Code.

Le Consul Cambacérès dit qu'il est persuadé que les hypothèques légales et l'inaliénabilité de la dot conservent les familles en assurant la subsistance des enfans. La législation a toujours reposé sur ce principe. Si depuis quelque temps on s'en est écarté, ce n'a été que pour faciliter la circulation des immeubles, ou plutôt pour les obtenir à vil prix, car toute la faveur des lois nouvelles a été pour les acquéreurs.

Aujourd'hui on revient à d'autres maximes. On rétablit les hypothèques légales; il ne faut donc pas atténuer ce système par des dispositions qui en ruineraient presque entièrement l'effet.

La renonciation des femmes aux hypothèques légales n'est un avantage pour elles que dans le cas où la spécialisation devient nécessaire. Il est certain, en effet, qu'un homme opulent ne consentirait point à se marier s'il devait par cela seul tomber dans un état d'interdiction. Il est donc raisonnable et juste de permettre à la femme de renoncer à une partie de ses hypothèques légales. Si, par exemple, un citoyen qui possède pour 300,000 francs d'immeubles épouse une personne qui lui apporte en dot 50,000 francs, il n'y a point de nécessité que tous ses biens soient grevés ; et alors, la femme doit pouvoir renoncer aux hypothèques que la loi lui donne sur l'universalité des immeubles, pour se réduire à un gage plus proportionné aux obligations du mari. Mais cette modification est la seule qui puisse se concilier avec le système des hypothèques légales. Une renonciation totale de la part de la femme anéantirait ce système.

M. Treilhard dit que si l'on admet le principe que ce n'est point la loi qui fait les contrats de mariage, mais qu'ils doivent être l'ouvrage des parties, il est impossible de leur refuser la liberté indéfinie de stipuler ce qu'il leur plaît.

M. *Treilhard* est d'avis que les hypothèques légales de la femme doivent exister de plein droit sur tous les biens du mari. Peut-être consentirait-il à ce qu'elles ne pussent point être restreintes dans leur généralité pendant le cours du mariage ; mais avant le mariage, mais lorsque la dot n'existe pas encore, comment refuser aux parties le droit de stipuler qu'il n'y aura point d'hypothèques légales ?

Les parens de la femme pouvaient ne lui point donner de dot. Ils doivent donc être maîtres des conditions sous lesquelles ils lui en constituent une.

M. Tronchet dit que ce raisonnement pose sur une équivoque. Sans doute il n'y a point de dot tant que le mariage n'est pas fait ; mais le contrat de mariage et le mariage sont deux choses indivisibles. Le contrat règle la condition de la femme, non dans le cas où elle resterait fille, mais pour le temps où elle aura revêtu la qualité d'épouse.

Quel est l'objet des hypothèques légales ? C'est de défendre la faiblesse de la femme même contre le mari. Si donc on lui accorde le droit d'y renoncer, on lui donne en même temps le pouvoir de changer son état de femme. Ce serait blesser l'ordre public, qui seul peut régler l'état de chacun.

Il suffit que la femme ait la faculté d'affranchir des immeubles déterminés.

M. Treilhard convient que l'effet du contrat de mariage

est de régler la condition de la femme sous le mariage; mais il n'admet pas les conséquences qu'on vient de tirer de ce principe.

Avant le mariage, les époux peuvent tout se donner; après le mariage ils ne le peuvent plus. Avant le mariage, les parties sont tellement libres de régler comme il leur plaît la constitution de dot, qu'elles peuvent même accorder au mari le pouvoir d'aliéner les biens dotaux. Cette faculté est certainement bien plus étendue que celle de renoncer aux hypothèques légales.

On ne doit pas craindre l'abus du droit de renoncer aux hypothèques, lorsqu'au moment où les parties en usent elles sont entourées des conseils d'une famille entière.

Enfin il est impossible que ceux qui ont le droit de ne point donner de dot ne soient pas les maîtres des conditions, lorsqu'ils veulent bien en constituer une.

Le Premier Consul dit qu'ils n'en sont pas les maîtres; qu'il n'est permis à personne de donner sous des conditions qui dérogent à une loi d'ordre public.

M. Berlier dit que, dans cette discussion, l'attention s'est fixée d'une manière peut-être trop exclusive sur la *dot*, c'est-à-dire sur les deniers dotaux que la femme se constitue ou qui lui sont constitués par ses parens : il faut apercevoir aussi le cas très-ordinaire où le mari fait des avantages considérables à une femme qui n'a aucun bien personnel : peut-il être en ce cas interdit au mari d'affranchir ses biens de l'inscription, et ne peut-il faire de cet affranchissement une condition de sa libéralité? Il faut aller jusque là pour accueillir la prohibition générale qu'on provoque.

L'opinant repousse cette idée, et trouve dans l'espèce qu'il vient de citer un motif de plus en faveur de la liberté des stipulations : il observe, au surplus, que la vigilance de l'intérêt personnel est le guide le plus éclairé qu'on puisse avoir en cette matière; la femme et sa famille ne se départiront pas du bénéfice légal sans de bonnes raisons ; mais il leur appartient essentiellement d'être les régulateurs d'une affaire qui est bien la leur.

Le Premier Consul répond qu'on doit refuser au mari, même lorsqu'il avantage sa femme, le droit de la faire renoncer aux hypothèques légales ; sa libéralité n'est pas désintéressée ; il ne donne que pour obtenir la main d'une femme qui lui convient. Ce mari est ordinairement un vieillard. Il ne faut pas qu'après avoir fait consentir la femme à l'épouser, en lui présentant certains avantages, il puisse à son gré les lui retrancher et la laisser sans ressource.

M. Regnaud (de Saint-Jean-d'Angely) dit qu'il ne tient point à l'article 49, si l'on admet que la femme, pendant le mariage, pourra donner main-levée de ses hypothèques légales. Dans le cas contraire, et si l'on se propose d'établir sous ce rapport un régime plus sévère que celui qui existait avant la loi du 11 brumaire, la disposition qu'on discute paraît indispensable.

D'ailleurs on a déclaré les biens dotaux aliénables sous le régime de la communauté ; ils ne sont inaliénables que sous le régime dotal : cependant on généralise ce dernier régime, si l'on étend le système de l'inaliénabilité.

Le Consul Cambacérès dit qu'il ne s'agit point de changer les dispositions qui se trouvent au titre *du Contrat de mariage*, mais seulement de donner des effets sérieux et réels au système des hypothèques légales qui a été adopté. Ce serait, par exemple, une dérision que de réduire à un immeuble de 1,000 francs l'hypothèque d'une dot de 300,000 francs.

La renonciation générale aux hypothèques légales ne peut dans aucun cas être avantageuse à la femme ; on ne peut donc l'admettre sans ruiner le système.

Le Consul propose de réduire l'article à ces termes :

« Lorsque, dans le contrat de mariage, les parties ma-

« jeures seront convenues qu'il ne sera pris d'inscription que
« sur un ou certains immeubles du mari, immeubles qui ne
« seraient pas indiqués, etc. »

Cette rédaction est adoptée.

M. TRONCHET voudrait que l'article contînt une prohibition formelle de toute stipulation tendant à opérer une renonciation générale de la part de la femme.

M. JOLLIVET propose de distinguer entre le régime dotal et celui de la communauté, ce dernier ne pouvant se concilier avec aucun système prohibitif, attendu qu'il permet à la femme de s'obliger avec son mari.

M. TRONCHET dit que, même en pays coutumier, jamais la renonciation générale aux hypothèques légales n'a été permise dans les contrats. Avant le mariage la conduite du mari n'est pas encore connue; elle l'est après le mariage. Ainsi la femme qui renonce alors à une partie de ses hypothèques n'agit qu'avec discernement.

M. TREILHARD préférerait d'interdire la renonciation aux hypothèques pendant le mariage. Avant, le mari ne peut trouver mauvais que la femme et sa famille s'y refusent; au lieu que le refus qui interviendrait après le mariage pourrait blesser le mari et troubler la paix du ménage.

LE CONSEIL admet la disposition de l'article 49, qui permet la spécialisation, et rejette celle qui autoriserait la femme à renoncer avant le mariage à la totalité de ses hypothèques légales.

M. TRONCHET reproduit la proposition qu'il a faite de prohiber formellement la renonciation générale avant le mariage aux hypothèques légales. Il la croit nécessaire, afin d'empêcher qu'on ne tire de fausses conséquences de la disposition du titre *du Contrat de mariage*, qui donne aux époux une liberté indéfinie dans les stipulations.

M. BERLIER avoue que, pour remplir le vœu que la majorité du Conseil vient de manifester, il ne suffirait pas de retrancher de l'article ce qui a déplu au plus grand nombre; qu'il faut que la restriction soit formellement énoncée et en termes prohibitifs; sans quoi la faculté qu'on a voulu proscrire résulterait du système général de la législation.

Cet amendement est adopté.

2141 L'article 50 est discuté.

M. Treilhard dit que cet article doit être restreint conformément à ce qui a été décidé pour l'article précédent.

L'article est adopté avec cet amendement.

2142-2143 Les articles 51 et 52 sont adoptés.

2144 L'article 53 est discuté.

M. Bérenger demande que la loi se borne à dire qu'on prendra l'avis de l'assemblée de famille, sans exiger que cette assemblée soit composée des parens les plus proches, parce qu'ils peuvent être actuellement éloignés.

Le Consul Cambacérès dit qu'il craint, si cet amendement est admis, que la disposition de l'article ne dégénère en pure formalité; qu'alors on composera l'assemblée de personnes indifférentes et que rien n'attache aux intérêts des parties.

M. Berlier dit que la loi ne doit point vouloir l'impossible, et qu'il faut ici, comme au titre *des Tutelles*, entendre par *plus proches parens* les plus proches parmi ceux qui se trouvent dans un rayon donné.

L'article est adopté.

2145 L'article 54 est adopté.

(Procès-verbal de la séance du 10 ventose an XII. — 1er mars 1804.)

On reprend la discussion du titre VI du livre III du projet de Code civil, *des Priviléges et Hypothèques*.

M. Treilhard fait lecture du chapitre IV, *du Mode de l'inscription des priviléges et hypothèques*.

2146 L'article 55 est adopté.

DES PRIVILÉGES ET HYPOTHÈQUES.

L'article 56 est discuté.

Le Consul Cambacérès objecte que celui qui a fait inscrire le matin a l'avantage de l'antériorité de date sur celui qui n'a fait inscrire que le soir, et qu'il paraît juste de le lui conserver.

M. Treilhard répond que la section a craint la collusion entre le conservateur des hypothèques et les créanciers. En effet, lorsque plusieurs créanciers se présenteraient le même jour, le conservateur deviendrait le maître de donner l'antériorité à celui qu'il lui plairait, si l'inscription faite le matin devait primer celle qui ne serait faite que le soir.

M. Jollivet dit que la règle établie par l'article a toujours été en usage depuis la loi du 11 brumaire.

L'article est adopté.

Les articles 57, 58, 59 et 60 sont adoptés.

L'article 61 est discuté.

M. Jollivet propose d'expliquer que la disposition de cet article n'est applicable qu'au cas où la cession et le transport sont constatés par un acte authentique. On ne pourrait donner le même effet aux actes sous seing privé sans favoriser les changemens frauduleux du domicile.

L'article est adopté avec cet amendement.

L'article 62 est discuté.

M. Regnaud (de Saint-Jean-d'Angely) demande si celui qui fera inscrire les hypothèques dont parle cet article sera tenu d'avancer les droits du fisc.

M. Treilhard répond que cette question doit être renvoyée aux lois particulières annoncées par l'article 2.

M. Regnaud (de Saint-Jean-d'Angely) dit qu'on ne peut en différer la décision jusqu'à l'époque où ces lois seront portées, parce que les commissaires du gouvernement rencontreraient peut-être quelque difficulté à requérir l'inscription des hypothèques légales.

M. Treilhard répond qu'ils peuvent se servir de la disposition de l'article 64.

M. Regnaud (de Saint-Jean-d'Angely) dit que l'article 64 contenant une disposition suffisante, le dernier alinéa de l'article 62 devient inutile ; il en demande la suppression.

L'article est adopté avec cet amendement.

L'article 63 est discuté.

M. Treilhard dit qu'on a observé que si l'effet des inscriptions avait la durée que lui donne cet article, un temps viendrait où il serait presque impossible de les découvrir dans les énormes volumes des registres hypothécaires.

La section a pensé que cet inconvénient ne se ferait sentir que dans un certain nombre d'années, et que, si alors il a quelque réalité, on pourra y remédier par une loi particulière.

Le Consul Cambacérès dit que cependant, si les registres sont trop volumineux et trop anciens, il sera plus facile d'intercaler frauduleusement des inscriptions.

M. Regnaud (de Saint-Jean-d'Angely) dit que cette fraude sera toujours difficile avec une régie aussi bien organisée que la régie de l'enregistrement. Elle serait aperçue par les inspecteurs et par les contrôleurs. Elle ne se pratiquera pas plus pour les hypothèques que pour l'enregistrement, à l'égard duquel on n'en a pas d'exemple.

M. Crétet dit qu'on s'attache trop à ménager la négligence des citoyens. Il ne faut pas que les égards aillent jusqu'à donner occasion au désordre. Cependant il serait inévitable, s'il fallait, comme à Paris, où cinq cents registres font le service, chercher les traces d'une inscription faite depuis long-temps par un homme décédé. D'ailleurs les frais de recherches seraient très-considérables.

Il serait préférable de fixer un temps pendant lequel l'inscription conserverait ses effets. Si dix ans paraissent trop courts, on peut porter le délai à quinze ou à vingt ans.

M. Berlier partage l'avis de M. *Crétet*; il lui semble en

effet impossible de calculer la durée de l'inscription sur celle de l'obligation personnelle, car alors il n'y aurait plus de terme connu.

En effet, et bien que la plus longue prescription doive être désormais de trente ans, l'obligation personnelle peut durer cent ans et plus si elle est suffisamment entretenue par des actes conservatoires.

D'un autre côté, et sans cela même, la prescription de l'obligation personnelle peut ne s'accomplir que par un laps de temps supérieur à trente ans, s'il y a eu des minorités.

Il faut donc renoncer à prendre la durée de l'obligation personnelle pour mesure de celle de l'inscription, si l'on ne veut point embarrasser le système adopté; et s'il faut prendre un terme fixe pour la durée de l'incription, il est fort simple de s'en tenir à celui de dix ans, établi par la loi du 11 brumaire an VII, et en usage aujourd'hui.

M. Treilhard dit que la section ne s'est pas dissimulé ces objections; mais elle a considéré que l'article ne change rien au passé, en même temps qu'il concilie plus de faveur à la loi.

M. Crétet dit que le public est accoutumé à l'idée que les inscriptions ne durent que dix ans, et qu'elle ne se présente pas à lui avec défaveur; mais qu'il ne faut pas donner aux inscriptions une durée tellement longue qu'on ne puisse presque plus les retrouver sur les registres.

M. Bérenger dit que cet inconvénient serait inévitable dans le système de la section.

Il ajoute que M. *Berlier* a fait un raisonnement péremptoire. Pourquoi l'inscription durerait-elle plus long-temps que l'action qui se prescrit par trente ans?

M. Jollivet dit que l'article 63 pourrait faire durer la responsabilité du conservateur pendant cent ans, si la prescription avait été interrompue. Aucune disposition n'oblige, par exemple, de lui notifier le titre nouvel qui peut avoir été fait.

M. Bigot-Préameneu dit que la section aurait voulu épargner aux citoyens la charge de payer plusieurs fois le droit proportionnel ; mais qu'on pourrait remplir ces vues en dispensant les parties de payer de nouveau le droit à la seconde inscription et aux inscriptions subséquentes.

Le Consul Cambacérès rappelle qu'on est convenu de ne pas parler des droits dans le Code civil. Il peut se faire qu'ils soient trop considérables ; mais ce n'est pas ici le lieu de les modérer.

L'idée de la section est bonne en soi. Pourquoi exiger que des formalités régulièrement remplies soient renouvelées? Mais ce qui est effrayant, c'est l'embarras et les procès dans lesquels l'article jetera dans la suite. Il se peut que l'on n'ait pas eu jusqu'ici d'exemples d'enregistrement frauduleux ; cependant, dans cinquante ans, deux créanciers peuvent se présenter chacun avec un bordereau d'inscription à la même date et sur le même bien : que faire alors? Il faudra donc les faire concourir.

L'article est adopté avec l'amendement que l'effet des inscriptions continuera à ne durer que dix ans.

2155 L'article 64 est adopté sauf rédaction.

2156 L'article 65 est discuté.

M. Regnaud (de Saint-Jean-d'Angely) dit qu'il est nécessaire d'indiquer quel tribunal est compétent. Il s'est élevé des doutes sur ce sujet. On a hésité à décider que la cause devait être portée devant le tribunal de l'arrondissement où l'inscription a été faite, et où le créancier a élu un domicile. Il semble que l'action étant réelle doit être poursuivie devant ce tribunal et non devant celui du domicile ordinaire.

M. Treilhard dit que l'article 68 décide la question dans ce sens.

L'article est adopté.

M. Treilhard fait lecture du chapitre V, *de la Radiation et réduction des inscriptions.*

Les articles 66 et 67 sont adoptés.

L'article 68 est discuté.

Le Consul Cambacérès demande si, quoique tous les scels attributifs de juridiction soient supprimés, les parties ne pourraient pas stipuler qu'elles seront jugées par un tribunal déterminé et dont elles conviendraient.

M. Berlier doute que cela se puisse, les juridictions étant d'ordre public.

M. Treilhard dit que les parties ont cette liberté : puisqu'il leur est permis de convenir de s'en rapporter à l'arbitrage de particuliers sans caractère public, à plus forte raison peuvent-elles choisir un tribunal.

M. Maleville ajoute que cette faculté leur est textuellement accordée par la loi du 24 août 1790.

Le Consul Cambacérès dit que, puisque telle est l'intention de la section, il serait utile de l'exprimer clairement dans l'article; car on pourrait inférer de la rédaction que la juridiction est forcée.

M. Jollivet observe que cette faculté pourrait nuire aux tiers, qui ont toujours le droit de réclamer les juges que la loi leur assigne.

M. Treilhard répond que l'effet de la stipulation est renfermé entre les parties stipulantes, et ne change pas l'ordre des juridictions à l'égard des tiers.

L'article est adopté avec l'amendement du Consul.

L'article 69 est adopté.

L'article 70 est discuté.

Le Consul Cambacérès demande si, en vertu de cet article, le juge pourrait prononcer la réduction même des hypothèques conventionnelles et spéciales.

M. Treilhard dit que l'article ne s'étend pas à ces sortes d'hypothèques.

L'article est adopté avec cet amendement.

384

Les articles 71, 72, 73 et 74 sont adoptés.

M. Treilhard fait lecture du chapitre VI, *de l'Effet des priviléges et hypothèques contre les tiers détenteurs.*

Les articles 75, 76, 77, 78 et 79 sont adoptés.

L'article 80 est discuté.

M. Tronchet dit que cet article anéantit entièrement la discussion à l'égard des hypothèques légales. En effet, le créancier ne peut faire valoir une hypothèque de cette nature tant que son droit n'est pas ouvert; et aussitôt qu'il l'est l'hypothèque se spécialise.

La disposition ne serait pas juste même à l'égard des hypothèques conventionnelles; car lorsque le détenteur de l'immeuble engagé indique les autres biens du débiteur et fait l'avance des frais, il ne doit être troublé que dans le cas où les biens indiqués seraient insuffisans.

M. Treilhard répond que le changement de système a dû amener cette disposition. Autrefois on ne connaissait que des hypothèques générales, et dans ce système, il n'y avait pas de raison pour s'en prendre à un immeuble plutôt qu'à un autre; mais aujourd'hui que la spécialité est admise, l'immeuble grevé d'hypothèque devient le gage direct et exclusif du créancier.

M. Tronchet observe que la question ne peut s'élever que lorsque le créancier a pris inscription sur plusieurs immeubles, car autrement il serait impossible de lui opposer la discussion. Dans cette hypothèse, il est juste de lui rappeler qu'il n'a d'autre intérêt que celui d'être payé; qu'ainsi son objet se trouve rempli dès qu'on lui indique des biens sur lesquels il peut prendre sa créance, et qu'on lui avance les frais nécessaires pour en obtenir le paiement.

On a conservé le bénéfice de la discussion aux codébiteurs solidaires et aux cautions : il n'y a pas de motifs de traiter plus durement ceux que l'article concerne.

L'opinant se réduit à demander que lorsque plusieurs immeubles se trouvent grevés d'hypothèques, et que l'un d'eux a été vendu, le créancier exerce ses droits sur ceux qui sont demeurés dans la main de son débiteur.

L'article est renvoyé à la section.

Les articles 81, 82, 83, 84, 85, 86, 87 et 88 sont adoptés.

M. Treilhard fait lecture du chapitre VII, *de l'Extinction des priviléges et hypothèques.*

L'article 89 est discuté.

M. Berlier observe que la rédaction de cet article est évidemment vicieuse. Il lui paraît indispensable de rapprocher les diverses causes d'extinction, sauf à expliquer par un ou plusieurs articles séparés les modifications propres à la prescription.

L'article est renvoyé à la section.

M. Treilhard fait lecture du chapitre VIII, *du Mode de consolider les propriétés, et de les purger des priviléges et hypothèques.*

L'article 90 est discuté.

M. Jollivet demande si les actes sous seing privé pourront être présentés à la transcription. La question a été diversement décidée. Le ministre de la justice l'a décidée négativement, et quelques tribunaux affirmativement.

Le Consul Cambacérès dit que la question a été résolue au titre *de la Vente*, par la disposition qui attribue aux actes de vente rédigés sous seing privé l'effet de transférer la propriété. La conséquence nécessaire de cette disposition est que ces sortes d'actes peuvent être transcrits. Ce serait la rapporter que de décider ici le contraire.

M. Jollivet dit qu'il conviendrait cependant de ne les admettre à la transcription qu'après qu'ils auraient été reconnus devant notaires ou en justice ; car, sans cette précaution, il y a lieu de craindre que le vendeur ne se donne un faux crédit, ou qu'il n'y ait un faux ordre, une fausse distribution de deniers.

Le Consul Cambacérès dit que les lois de police correctionnelle prononcent des peines contre l'escroquerie ; que ce n'est pas sous ce rapport que dans le Code civil on doit s'occuper de la question. Il ne s'agit ici que de décider de la validité de la vente faite sous seing privé. On l'a déclarée valable par une disposition précédente, et cependant, dans le fait, elle serait nulle si l'acte ne pouvait être transcrit, et qu'un acquéreur plus récent pût, en faisant transcrire son contrat, enlever la propriété à l'acquéreur sous seing privé.

L'article est adopté.

ap. 2181 et 2182.

Les articles 91 et 92 sont discutés.

M. Maleville demande si l'effet de l'article 91 sera d'investir de la propriété le nouvel acheteur qui aura fait transcrire, au préjudice de l'acheteur plus ancien qui n'aura pas rempli cette formalité. Cet article semblerait le supposer d'abord par la généralité de ses expressions ; mais comme l'article suivant dit que, malgré la transcription, l'immeuble ne passe à l'acquéreur qu'avec les droits qui appartenaient au vendeur, et qu'on ne peut pas transférer ce qu'on n'a plus, il y a lieu de douter si l'article 91 a voulu en effet que le premier acquéreur pût être dépouillé de sa propriété par le seul défaut de transcription ; cette disposition présenterait des inconvéniens bien graves.

M. Treilhard dit que telle sera la conséquence de l'article.

Il était nécessaire de régler la préférence entre les acquéreurs dans le cas d'une double vente. L'article veut qu'elle soit accordée à l'acquéreur qui a fait transcrire, sauf le recours de l'autre contre le vendeur.

M. Jollivet ajoute que cette disposition est encore nécessaire pour ôter au vendeur la faculté de charger d'hypothèques l'immeuble vendu.

M. Tronchet dit que c'est précisément cette conséquence

qui rend la disposition désastreuse. Elle aurait les effets les plus funestes.

On a vu dans tous les temps des ventes faites par des individus qui n'étaient pas réellement propriétaires ; on a vu aussi des ventes doubles faites par le propriétaire véritable ; mais les tribunaux, dans tous ces cas, prononçaient entre les parties. Aujourd'hui, et d'après l'article qu'on propose, tout dépend de la transcription ; en sorte qu'un citoyen qui aurait acheté et qui posséderait un immeuble depuis dix et depuis vingt ans, mais qui n'aurait pas fait transcrire, serait obligé de le céder à l'acheteur très-récent dont le contrat aurait été transcrit.

Il faut même observer que l'effet de cette étrange disposition n'est pas borné aux ventes faites depuis la loi du 11 brumaire, mais qu'elle embrasse également les ventes antérieures ; qu'ainsi il n'y a plus en France une seule propriété dont on ne puisse être dépouillé faute de transcription, en vertu d'une vente faite par un individu qui n'a jamais été propriétaire, pourvu que l'acheteur fasse transcrire le contrat.

Il est impossible de justifier une disposition qui expose à de si grands dangers le droit sacré de propriété, et qui sacrifie un propriétaire légitime à un acquéreur nouveau, à un nouveau créancier.

On ne voit pas quel motif a pu leur faire accorder cette injuste faveur. Que la loi établisse la spécialité des hypothèques, on aperçoit le motif de cette disposition ; elle consacre le seul moyen qui existe d'empêcher le prêteur de placer faussement sa confiance dans un gage déjà absorbé par des hypothèques antérieures. Mais celui qui achète n'a pas besoin que la loi pourvoie d'une manière particulière à sa sûreté : il a sous les yeux les titres ; il peut vérifier la possession du vendeur. Et ce serait pour le dispenser de cet examen qu'on ne craindrait pas de compromettre la propriété d'un citoyen qui se repose avec sécurité sur un contrat légal !

Cette disposition, à la vérité, n'est pas nouvelle : on l'a

empruntée de la loi du 11 brumaire; mais elle n'y avait été placée, comme beaucoup d'autres, que pour l'intérêt du fisc, et sans avoir de point d'appui dans les principes de la matière; car comment colorer même une préférence évidemment arbitraire, ou plutôt évidemment injuste?

On n'a cessé de répondre à ceux qui répugnaient au système de la transcription, qu'il ne tendait qu'à établir le bilan des fortunes; que la transcription était entièrement facultative.

Voilà, certes, une étrange faculté que celle dont on ne peut user sans s'exposer à perdre son bien!

Le Consul Cambacérès invite la section à s'expliquer positivement sur ces deux points.

Les ventes faites avant la loi du 11 brumaire seront-elles assujéties à la formalité de la transcription?

La transcription conférera-t-elle la propriété à l'acheteur, même lorsqu'il aura acheté d'un particulier qui n'était pas propriétaire?

M. Treilhard dit que l'article 92 résout la difficulté, en décidant que l'héritage ne passe au nouveau propriétaire qu'avec les droits qui appartiennent au vendeur.

M. Tronchet dit que l'article 92 ne sert qu'à mieux faire ressortir la conséquence de l'article 91.

On commence en effet par établir qu'un contrat de vente non transcrit ne pourra militer avec un contrat transcrit : on dit ensuite que la transcription ne purge pas les priviléges et les hypothèques; il est donc évident qu'elle purge la propriété.

On prétend que les intérêts de l'acheteur qui n'a pas fait transcrire sont mis à couvert par le recours qu'on lui réserve contre le vendeur.

Quand on lui accorderait même la poursuite en stellionat, toujours serait-il vrai qu'on le dépouille de sa propriété pour le réduire à une action, et qu'on préfère ainsi au propriétaire légitime l'acquéreur imprudent qui n'a pas pris la peine d'examiner les titres du vendeur.

M. Treilhard répond que l'usage où sont les acquéreurs d'examiner les titres de propriété est déjà une première garantie contre l'abus de l'article 91 ; car certainement ceux qui découvriraient, par cet examen, que le vendeur n'est pas propriétaire, s'abstiendraient d'acheter.

Mais quand on supposerait qu'il se trouve des hommes assez inconsidérés pour acheter sans avoir vérifié les titres, eux seuls porteraient la peine de leur imprudence ; elle ne nuirait pas au propriétaire véritable, puisque, d'après l'article 92, ils n'acquièrent sur la chose que les droits que pouvait avoir le vendeur.

Les inconvéniens dont on a parlé n'ont donc rien de réel, et ne doivent pas faire rejeter la disposition.

Voici maintenant les raisons qui doivent la faire admettre.

On a voulu que les prêteurs ne fussent pas obligés de se livrer à une confiance aveugle ; qu'ils eussent des moyens de vérifier la situation de ceux auxquels ils prêtent leurs capitaux : de là la publicité des hypothèques.

Cependant l'effet de ce système serait manqué, si l'on n'était pas autorisé à regarder comme propriétaire celui qu'on trouve inscrit sous cette qualité.

Si cet individu a vendu son héritage, et que néanmoins il l'engage comme s'il lui appartenait encore, point de doute qu'il ne se rende coupable de stellionat.

Mais sur qui les suites de cette faute doivent-elles retomber ? Sera-ce sur le prêteur, qui n'a pu s'éclairer que par l'inspection des registres hypothécaires ? Non, sans doute : ce sera sur l'acquéreur, qui était obligé de faire connaître son contrat, et qui, pour ne l'avoir pas fait transcrire, a jeté dans l'erreur celui que la loi renvoyait aux registres.

On voudrait qu'un acheteur fût libre de ne pas faire transcrire.

Il peut s'en dispenser ; mais alors il ne lui restera d'autre garantie contre les hypothèques à venir que la moralité de son vendeur.

Au reste, la disposition n'ébranle pas les anciennes acquisitions. Elle n'a trait qu'aux hypothèques créées par le vendeur sur une chose dont il s'est dessaisi, et elle donne, en ce cas, la préférence au prêteur qui n'a rien à se reprocher, sur l'acheteur qui ne peut imputer qu'à lui-même les suites fâcheuses de sa négligence ou de sa crédulité. Elle ne concerne que le vendeur propriétaire véritable, et non le faux propriétaire qui a vendu l'héritage d'autrui. Si le vendeur n'a point la propriété de l'immeuble, la transcription du contrat ne la transmet pas à l'acheteur.

L'article 91 est d'ailleurs un moyen de prévenir la collusion frauduleuse de l'acquéreur et du vendeur, qui, si le contrat suffisait sans la transcription, pourraient se concerter pour faire des dupes en offrant un faux gage.

Le Consul Cambacérès dit que la rédaction de l'article ne rend pas assez clairement le sens que vient de lui donner M. *Treilhard*.

Elle laisse des doutes sur les contrats antérieurs à la loi du 11 brumaire, et peut-être serait-on porté à penser qu'elle en ordonne la transcription.

D'un autre côté, l'article 92, tel qu'il est rédigé, ne décide pas nettement que la transcription ne transfère pas la propriété à celui qui achète d'une personne non propriétaire. Le mot *droits* qu'il emploie s'applique naturellement aux services fonciers, à l'usufruit et aux autres charges réelles dont l'immeuble peut être grevé; mais dans son sens le plus direct il ne comprend pas la propriété.

L'opinion du Consul est que l'acheteur doit être forcé de purger les hypothèques, mais que la transcription ne doit pas avoir l'effet de purger la propriété.

A la vérité il est rare qu'un particulier vende sciemment un héritage qui ne lui appartient pas; cependant ce cas peut se présenter; et d'ailleurs, dans les campagnes, rien n'est plus ordinaire que les empiétemens. Si les terres ainsi ajoutées sont vendues avec le fonds, il est juste que la transcription du contrat n'empêche pas le propriétaire de les revendiquer.

Le Consul demande que la rédaction soit réformée, afin que l'article ne laisse aucun doute sur l'intention de la loi.

Le Conseil adopte en principe,

1°. Que la disposition de l'article n'est pas applicable aux contrats de vente antérieurs à la loi du 11 brumaire;

2°. Que la transcription du contrat ne transfère pas à l'acheteur la propriété, lorsque le vendeur n'était pas propriétaire.

Les deux articles sont renvoyés à la section pour les rédiger dans le sens des amendemens adoptés.

(Procès-verbal de la séance du 12 ventose an XII. — 3 mars 1804.)

On reprend la discussion du titre VI du livre III du projet de Code civil, *des Priviléges et Hypothèques.*

L'article 93, au chapitre VIII, *du Mode de consolider les propriétés et de les purger des priviléges et hypothèques*, est discuté.

Le Consul Cambacérès dit que cet article renouvelle la disposition de la loi du 11 brumaire qui rendait l'acquéreur responsable de la totalité des dettes dont l'immeuble était chargé; que cette disposition a toujours été critiquée comme beaucoup trop sévère, attendu qu'il convient de laisser à l'acheteur l'alternative ou de payer les dettes ou de déguerpir l'héritage.

M. Treilhard dit qu'il n'a pas été dans l'intention de la section de la lui refuser. Elle a seulement voulu lui offrir un moyen de purger les hypothèques, et dans le cas où il n'en userait pas qu'il fût tenu de payer ou de déguerpir.

M. Tronchet fait une observation sur le n° 3 de l'article.

Il dit que la loi du 11 brumaire dispensait ceux qui voulaient purger leurs hypothèques de payer à l'instant les créances non exigibles, et que cette disposition jetait beaucoup d'embarras dans les liquidations. Par exemple, s'il existait sur un immeuble trois créances hypothécaires, l'une de 15,000 francs, l'autre de 5,000 et l'autre de 10,000 fr., et que la deuxième ne fût pas exigible, le premier créancier était payé, le second s'opposait à ce que le troisième le fût, attendu que s'il permettait ce paiement, et que le bien vînt à diminuer de valeur, il courait le hasard de ne plus trouver dans le gage une sûreté suffisante pour le recouvrement de sa créance. On a vu tel ordre qu'il a été impossible de terminer, parce qu'il se composait de beaucoup de créances exigibles et non exigibles qui se trouvaient entremêlées.

Il serait donc utile d'abandonner ce système, et de décider que l'acquéreur qui voudra purger les hypothèques sera tenu de payer toutes les créances exigibles ou non.

M. TREILHARD dit que ce point a été convenu dans la section, et que c'est dans cette vue qu'on s'est servi des expressions *acquitter sur-le-champ*, et qu'on n'a point fait de distinction entre les dettes exigibles et non exigibles.

L'article est adopté sauf rédaction.

L'article 94 est adopté.

L'article 95 est discuté.

M. JOLLIVET demande qu'on ajoute au n° 5 de cet article, *jusqu'à concurrence du prix et des charges*.

Cet amendement est adopté.

M. BÉRENGER observe qu'on donne au créancier un délai trop court; il lui sera difficile de s'instruire, dans un temps moindre de trois mois, du prix et des conditions de la vente.

M. TRONCHET dit que ce délai serait trop long. L'un des plus grands inconvéniens des formes actuelles est qu'un acquéreur ne peut parvenir à se libérer.

L'article est adopté avec l'amendement de M. *Jollivet*.

L'article 96 est discuté.

M. TRONCHET dit que cet article forcerait l'acquéreur

d'attendre la confection de l'ordre, c'est-à-dire une époque souvent fort reculée, avant de pouvoir se libérer. Il convient donc de l'autoriser à consigner le prix.

L'article est adopté avec cet amendement.

L'article 97 est adopté.

L'article 98 est discuté.

M. Dupuy demande que cet article soumette l'acquéreur à payer également les impenses et améliorations.

M. Treilhard répond que cette obligation étant de droit commun, il devient inutile de l'exprimer.

L'article est adopté.

Les articles 99, 100, 101 et 102 sont adoptés.

M. Treilhard fait lecture du chapitre IX, *du Mode de purger les hypothèques légales des femmes et des mineurs, quand il n'existe pas d'inscription sur les biens des maris et des tuteurs.*

L'article 103 est adopté.

L'article 104 est discuté.

M. Tronchet propose d'ajouter que les maris et les tuteurs seront tenus de signifier le contrat au commissaire du gouvernement, et que ce dernier requerra l'inscription.

M. Maleville dit que cet amendement est nécessaire pour mettre la disposition en harmonie avec le système des hypothèques légales. Il serait même utile d'aller plus loin et d'obliger le mari de dénoncer le contrat à la femme, et le tuteur de le dénoncer à ceux qui l'ont nommé. Il faut en un mot prendre toutes les précautions possibles pour ne pas enlever à la femme et aux mineurs, par l'article en discussion, l'hypothèque de droit et sans inscription que l'article 44 leur assure.

Ce qui a fait introduire l'hypothèque légale des femmes mariées et des mineurs, c'est que, ne pouvant agir par eux-mêmes pour la conservation de leurs droits, ils ne devaient pas souffrir de la négligence d'un tiers : mais la femme, depuis et pendant le mariage, les mineurs, tant que dure la tutelle, sont-ils en meilleure position pour veiller à leurs intérêts qu'à l'époque du contrat de mariage ou de la nomination du tuteur?

Le Consul Cambacérès pense aussi que la disposition n'est pas concordante avec le système des hypothèques légales; mais les moyens proposés lui paraissent insuffisans.

On a établi, dit-il, que les hypothèques légales existent de plein droit, et que les inscriptions n'ont d'autre objet que d'en avertir les tiers. Cependant l'article 105 décide que ces hypothèques sont purgées dans le cas de la vente, si dans le délai de deux mois il n'a pas été formé d'inscriptions pour les conserver; et c'est afin de donner l'éveil à ceux par qui elles doivent être prises, que l'article 104 ordonne le dépôt du contrat. Peut-être n'est-ce pas faire assez pour la sûreté des femmes et des mineurs, et, pour compléter le système de précautions, faudrait-il obliger l'acquéreur à veiller à l'emploi du prix, sous peine de répondre de sa négligence.

M. Treilhard répond que lorsque les inscriptions sont formées, et que l'acquéreur est averti des hypothèques dont l'immeuble se trouve grevé, tout rentre dans le droit commun, et doit être réglé par les principes généraux.

M. Tronchet demande si l'acquéreur purgera également les hypothèques qui répondent des droits éventuels.

M. Treilhard répond que les fonds qui en répondent demeurent dans la main de l'acquéreur où ils sont déposés.

M. Tronchet observe que quelquefois des contrats de mariage contiennent des donations éventuelles et sous la condition de survie, lesquelles peuvent ne jamais s'ouvrir, et dont il est impossible d'évaluer à l'avance le montant.

Il conviendrait donc d'établir une réserve pour les droits non ouverts.

M. Treilhard dit que l'immeuble demeure grevé de ces sortes de charges; que néanmoins l'acquéreur est en sûreté s'il prend la précaution de retenir le prix.

M. Maleville observe que si ces charges subsistent, l'immeuble n'est donc pas libéré.

M. Treilhard répond qu'il demeure grevé, mais que l'acquéreur a ses sûretés.

M. Jollivet observe que le donataire, sous condition de survie, ne prend que ce qui reste des biens du donateur.

M. Bigot-Préameneu dit que l'équivoque vient ici du mot *purger*: il n'est pas vrai que la transcription purge les hypothèques des droits non ouverts ; elles ne sont effacées que par un paiement valable.

Dans le système de l'édit de 1771, l'opposition laissait subsister toutes les hypothèques pour dettes qui ne pouvaient pas être liquidées.

M. Treilhard dit que l'acquéreur est averti de la situation de son vendeur, au moyen des formes qui forcent le mari et le tuteur à faire inscrire les droits du mineur et de la femme.

M. Tronchet trouve que cette précaution est insuffisante. Aucune créance de la femme ne peut être payée sur le prix de l'immeuble vendu pendant le mariage, pas même sa dot ; car l'action en restitution n'est ouverte qu'après la mort du mari.

Les articles 104 et 105 sont renvoyés à la section.

M. Treilhard fait lecture du chapitre X, *de la Publicité des registres, et de la responsabilité des conservateurs*.

Les articles 106, 107, 108, 109, 110 et 111, qui composent ce chapitre, sont soumis à la discussion et adoptés. 2196à2199. 2201à2203

(Procès-verbal de la même séance.)

M. Treilhard présente le titre VI, du livre III, du projet de Code civil rédigé conformément aux amendemens adoptés dans les séances des 3, 5 et 10 ventose, et dans celle de ce jour.

Le Conseil l'adopte en ces termes :

TITRE VI.

Des Priviléges et Hypothèques.

CHAPITRE Ier.

Dispositions générales.

2192 à 2194   Art. 1er, 2 et 3 (*tels qu'ils sont au procès-verbal du 3 ventose*).

CHAPITRE II.

Des Priviléges.

2195 à 2197   Art. 4, 5 et 6 (*les mêmes que ceux du procès-verbal ci-dessus énoncé*).

2098   Art. 7. « Le privilége, à raison des droits du trésor pu-
« blic, et l'ordre dans lequel il s'exerce, sont réglés par les
« lois qui les concernent.

« Le trésor public ne peut cependant obtenir de privilége
« au préjudice des droits antérieurement acquis en faveur
« des tiers. »

2099   Art. 8 (*conforme à l'article 7 du procès-verbal déjà cité*).

SECTION Ire. — *Des Priviléges sur les meubles.*

2100   Art. 9 (*le même que l'article 8 dudit procès-verbal.*)

§ Ier. *Des Priviléges généraux sur les meubles.*

2101   Art. 10 (*conforme à l'article 9 du procès-verbal ci-dessus énoncé*).

§ II. *Des Priviléges sur certains meubles.*

2102   Art. 11. « Les créances privilégiées sur certains meubles
« sont :

« 1°. Les loyers et fermages des immeubles, sur les fruits
« de la récolte de l'année, et sur le prix de tout ce qui gar-
« nit la maison louée ou la ferme, et de tout ce qui sert à
« l'exploitation de la ferme ; savoir, pour tout ce qui est échu

« et pour tout ce qui est à échoir, si les baux sont authenti-
« ques, ou si, étant sous signature privée, ils ont une date
« certaine; et, dans ce cas, les autres créanciers ont le droit
« de relouer la maison ou la ferme pour le restant du bail,
« et de faire leur profit des baux ou fermages ;

« Et, à défaut de baux authentiques, ou lorsqu'étant sous
« signature privée ils n'ont pas une date certaine pour une
« année à partir de l'expiration de l'année courante ;

« Le même privilége a lieu pour les réparations locatives
« et pour tout ce qui concerne l'exécution du bail ;

« Néanmoins les sommes dues pour les semences ou pour
« les frais de la récolte de l'année sont payées sur le prix de
« la récolte; et celles dues pour ustensiles sur le prix de ces
« ustensiles, de préférence au propriétaire, dans l'un et
« l'autre cas ;

« Le propriétaire peut saisir les meubles qui garnissent sa
« maison ou sa ferme lorsqu'ils ont été déplacés sans son
« consentement, et il conserve sur eux son privilége, pourvu
« qu'il ait fait la revendication ; savoir, lorsqu'il s'agit du
« mobilier qui garnissait une ferme, dans le délai de qua-
« rante jours ; et dans celui de quinzaine, s'il s'agit des meu-
« bles garnissant une maison ;

« 2°. La créance sur le gage dont le créancier est saisi ;

« 3°. Le prix d'effets mobiliers non payés, s'ils sont encore
« en la possession du débiteur, soit qu'il ait acheté à terme
« ou sans terme ;

« Si la vente a été faite sans terme, le vendeur peut même
« revendiquer ces effets tant qu'ils sont en la possession de
« l'acheteur, et en empêcher la revente, pourvu que la re-
« vendication soit faite dans la huitaine de la livraison, et
« que les effets se trouvent dans le même état dans lequel
« cette livraison a été faite ;

« Le privilége du vendeur ne s'exerce toutefois qu'après
« celui du propriétaire de la maison ou de la ferme, à moins
« qu'il ne soit prouvé que le propriétaire avait connaissance

« que les meubles et autres objets garnissant sa maison ou sa
« ferme n'appartenaient pas au locataire ;

« Il n'est rien innové aux lois et usages du commerce sur
« la revendication ;

« 4°. Les fournitures d'un aubergiste, sur les effets du
« voyageur qui ont été transportés dans son auberge ;

« 5°. Les frais de voiture et les dépenses accessoires, sur la
« chose voiturée ;

« 6°. Les créances résultant d'abus et prévarications
« commis par les fonctionnaires publics dans l'exercice de
« leurs fonctions, sur les fonds de leur cautionnement, et
« sur les intérêts qui en peuvent être dûs. »

SECTION II.—*Des Priviléges sur les immeubles.*

Art. 12. « Les créanciers privilégiés sur les immeubles
« sont,

« 1°. Le vendeur, sur l'immeuble vendu, pour le paie-
« ment du prix ;

« S'il y a plusieurs ventes successives dont le prix soit dû
« en tout ou en partie, le premier vendeur est préféré au se-
« cond, le deuxième au troisième, et ainsi de suite ;

« 2°. Ceux qui ont fourni les deniers pour l'acquisition
« d'un immeuble, pourvu qu'il soit authentiquement con-
« staté, par l'acte d'emprunt, que la somme était destinée à
« cet emploi, et, par la quittance du vendeur, que ce paie-
« ment a été fait des deniers empruntés ;

« 3°. Les cohéritiers, sur les immeubles de la succession,
« pour la garantie des partages faits entre eux, et des soulte
« ou retour de lots ;

« 4°. Les architectes, entrepreneurs, maçons et autres ou-
« vriers employés pour édifier, reconstruire ou réparer des
« bâtimens, canaux ou autres ouvrages quelconques, pourvu
« néanmoins que, par un expert nommé d'office par le tri-
« bunal de première instance dans le ressort duquel les bâ-
« timens sont situés, il ait été dressé préalablement un

« procès-verbal à l'effet de constater l'état des lieux relati-
« vement aux ouvrages que le propriétaire déclarera avoir
« dessein de faire, et que les ouvrages aient été, dans les six
« mois au plus de leur perfection, reçus par un expert éga-
« lement nommé d'office ;

« Mais le montant du privilége ne peut excéder les valeurs
« constatées par le second procès-verbal, et il se réduit à la
« plus-value existante à l'époque de l'aliénation de l'immeu-
« ble et résultant des travaux qui y ont été faits ;

« 5°. Ceux qui ont prêté les deniers pour payer ou rem-
« bourser les ouvriers jouissent du même privilége, pourvu
« que cet emploi soit authentiquement constaté par l'acte
« d'emprunt, et par la quittance des ouvriers, ainsi qu'il a
« été dit ci-dessus pour ceux qui ont prêté les deniers pour
« l'acquisition d'un immeuble. »

SECTION III. — *Des Priviléges qui s'étendent sur les meubles et les immeubles.*

Art. 13. « Les priviléges qui s'étendent sur les meubles et
« les immeubles sont ceux pour les frais de justice, les frais
« funéraires, ceux de dernière maladie, ceux pour la four-
« niture des subsistances et les gages des gens de service. »

Art. 14. « Lorsqu'à défaut de mobilier les privilégiés énon-
« cés en l'article précédent se présentent pour être payés sur
« le prix d'un immeuble en concurrence avec les créanciers
« privilégiés sur l'immeuble, les paiemens se font dans
« l'ordre qui suit :

« 1°. Les frais de scellé, inventaire et vente, et autres dé-
« signés dans l'article 10 ;

« 2°. Les créances désignées en l'article 12. »

SECTION IV. — *Comment se conservent les Priviléges.*

Art. 15 (*le même que celui du procès-verbal énoncé*).

Art. 16. « Sont exceptés de la formalité de l'inscription,

« 1°. Les frais de scellé, inventaire et vente ;

« 2°. Les frais funéraires ;

« 3°. Ceux de dernière maladie ;
« 4°. Les fournitures pour subsistances ;
« 5°. Les gages des domestiques. »

Art. 17. « Le vendeur privilégié conserve son privilége par
« la transcription du titre qui a transféré la propriété à l'ac-
« quéreur, et qui constate que la totalité ou partie du prix
« lui est due ; à l'effet de quoi la transcription du contrat faite
« par l'acquéreur vaudra inscription pour le vendeur et pour
« le prêteur qui lui aura fourni les deniers payés, et qui sera
« subrogé aux droits du vendeur par le même contrat : sera
« néanmoins le conservateur des hypothèques tenu, sous
« peine de tous dommages et intérêts envers les tiers, de faire
« d'office l'inscription sur son registre des créances résultant
« de l'acte translatif de propriété, en faveur du vendeur, qui
« pourra aussi faire faire, si elle ne l'a été, la transcription
« du contrat de vente, à l'effet d'acquérir l'inscription de ce
« qui est dû à lui-même sur le prix. »

Art. 18. « Le cohéritier ou copartageant conserve son pri-
« vilége sur les biens de chaque lot ou sur le bien licité,
« pour les soulte et retour de lots, ou pour le prix de la lici-
« tation, par l'inscription faite à sa diligence, dans soixante
« jours, à dater de l'acte de partage ou de l'adjudication par
« licitation ; durant lequel temps aucune hypothèque ne peut
« avoir lieu sur le bien chargé de soulte ou adjugé par lici-
« tation, au préjudice du créancier de la soulte ou du prix. »

Art. 19, 20 et 21 (*tels qu'ils sont au procès-verbal ci-dessus énoncé*).

Art. 22. « Toutes créances privilégiées soumises à la for-
« malité de l'inscription, à l'égard desquelles les conditions
« ci-dessus prescrites pour conserver le privilége n'ont pas
« été accomplies, ne cessent pas néanmoins d'être hypothé-
« caires ; mais l'hypothèque ne date, à l'égard des tiers,
« que de l'époque des inscriptions qui auront dû être faites
« ainsi qu'il sera ci-après expliqué. »

CHAPITRE III.
Des Hypothèques.

Art. 23, 24, 25, 26, 27, 28 et 29 (*tels qu'ils sont au même procès-verbal*).

SECTION Ire. — *Des Hypothèques légales.*

Art. 30. « Les droits et créances auxquels l'hypothèque
« légale est attribuée sont,
   « Ceux des femmes mariées, sur les biens de leur mari;
   « Ceux des mineurs et interdits, sur les biens de leur
« tuteur;
   « Ceux de la nation, des communes et des établissemens
« publics, sur les biens des receveurs et administrateurs
« comptables. »

Art. 31 (*tel qu'il est audit procès-verbal*).

SECTION II. — *Des Hypothèques judiciaires.*

Art. 32 (*tel qu'il est rapporté au procès-verbal énoncé*).

SECTION III. — *Des Hypothèques conventionnelles.*

Art. 33, 34, 35, 36, 37, 38, 39, 40, 41 et 42 (*tels qu'ils sont au procès-verbal du 3 ventose an XII*).

SECTION IV. — *Du Rang que les hypothèques ont entre elles.*

Art. 43 (*tel qu'il est au même procès-verbal*).

Art. 44. « L'hypothèque existe, *indépendamment de toute*
« *inscription*,
   « 1°. Au profit des mineurs et interdits, sur les immeubles
« appartenant à leur tuteur, à raison de sa gestion, du jour
« de l'acceptation de la tutelle, et sur les immeubles du
« subrogé tuteur, pour les cas où, d'après les lois, il devient
« responsable, et à compter du jour de son acceptation;
   « 2°. Au profit des femmes, pour raison de leurs dot, re-
« prises et conventions matrimoniales, sur les immeubles de
« leur mari, et à compter du jour du mariage. »

2136 Art. 45. « Sont toutefois les maris, les tuteurs et subrogés
« tuteurs, chacun pour sa gestion, tenus de rendre publi-
« ques les hypothèques dont ils sont grevés, et, à cet effet,
« de requérir eux-mêmes sans aucun délai inscription aux
« bureaux à ce établis, sur les immeubles à eux apparte-
« nant et sur ceux qui pourront leur appartenir par la
« suite.

« Les maris et les tuteurs qui, ayant manqué de requérir
« et de faire faire les inscriptions ordonnées par le présent
« article, auraient consenti ou laissé prendre des priviléges
« et hypothèques sur leurs immeubles sans déclarer expres-
« sément que lesdits immeubles étaient affectés à l'hypo-
« thèque légale des femmes et des mineurs, seront réputés
« stellionataires, et comme tels contraignables par corps. »

2137 à 2139 Art. 46, 47 et 48 (*tels qu'ils sont au procès-verbal indiqué*).

2140 Art. 49. « Lorsque, dans le contrat de mariage, les parties
« majeures seront convenues qu'il ne sera pris d'inscription
« que sur un ou certains immeubles du mari, les immeubles
« qui ne seraient pas indiqués pour l'inscription resteront
« libres et affranchis de l'hypothèque pour la dot de la
« femme et pour ses reprises et conventions matrimoniales.
« Il ne pourra pas être convenu qu'il ne sera pris aucune
« inscription. »

2141 Art. 50. « Il en sera de même pour les immeubles du tu-
« teur lorsque les parens, dans l'assemblée de famille, au-
« ront été d'avis qu'il ne soit pris d'inscription que sur cer-
« tains immeubles. »

2142 Art. 51 (*tel qu'il est au susdit procès-verbal*).

2143 Art. 52. « Lorsque l'hypothèque n'aura pas été restreinte
« par l'acte de nomination du tuteur ou subrogé tuteur, ils
« pourront, dans le cas où l'hypothèque générale sur leurs
« immeubles excéderait notoirement les sûretés suffisantes
« pour leur gestion, demander que cette hypothèque soit
« restreinte aux immeubles suffisans pour opérer une pleine
« garantie en faveur du mineur.

DES PRIVILÉGES ET HYPOTHÈQUES. 403

« La demande sera formée contre le subrogé tuteur, et
« elle devra être précédée d'un avis de famille. »

Art. 53. « Pourra pareillement le mari, du consentement
« de sa femme, et après avoir pris l'avis des quatre plus
« proches parens d'icelle réunis en assemblée de famille,
« demander que l'hypothèque générale sur tous ses im-
« meubles, pour raison de la dot, des reprises et conven-
« tions matrimoniales, soit restreinte aux immeubles suffi-
« sans pour la conservation entière des droits de la femme. »

Art. 54. « Les jugemens sur les demandes des maris et
« des tuteurs et subrogés tuteurs ne seront rendus qu'après
« avoir entendu le commissaire du gouvernement, et con-
« tradictoirement avec lui.

« Dans le cas où le tribunal prononcera la réduction de
« l'hypothèque à certains immeubles, les inscriptions prises
« sur tous les autres seront rayées. »

CHAPITRE IV.

Du Mode de l'inscription des priviléges et hypothèques.

Art. 55, 56, 57, 58, 59 et 60 (*tels qu'ils sont au procès-
verbal déjà énoncé*).

Art. 61. « Il est loisible à celui qui a requis une inscription,
« ainsi qu'à ses représentans ou cessionnaires par acte au-
« thentique, de changer sur le registre des hypothèques le
« domicile par lui élu, à la charge d'en choisir et indiquer
« un autre dans le même arrondissement. »

Art. 62. « Les droits d'hypothèque purement légale de la
« nation et des établissemens publics sur les comptables, des
« mineurs ou interdits sur les tuteurs ou subrogés tuteurs,
« des femmes mariées sur leurs époux, seront inscrits sur la
« représentation de deux bordereaux contenant seulement,

« 1°. Les nom, prénoms, profession et domicile réel du
« créancier, et le domicile qui sera par lui ou pour lui élu
« dans l'arrondissement;

« 2°. Les nom, prénoms, profession, domicile ou désigna-
« tion précise du débiteur;

« 3°. La nature des droits à conserver et le montant de
« leur valeur quant aux objets déterminés, sans être tenu
« de le fixer quant à ceux qui sont conditionnels, éventuels
« ou indéterminés. »

2154 Art. 63. « Les inscriptions conservent l'hypothèque et le
« privilége pendant dix années, à compter du jour de leur
« date : leur effet cesse si ces inscriptions n'ont été renou-
« velées avant l'expiration de ce délai. »

2155 Art. 64. « Les frais des inscriptions sont à la charge du
« débiteur, s'il n'y a stipulation contraire; l'avance en est
« faite par l'inscrivant, si ce n'est quant aux hypothèques
« légales, pour l'inscription desquelles le conservateur a son
« recours contre le débiteur. Les frais de la transcription,
« qui peut être requise par le vendeur, sont à la charge de
« l'acquéreur. »

2156 Art. 65 (*tel qu'il est au même procès-verbal*).

CHAPITRE V.

De la Radiation et réduction des inscriptions.

2157 Art. 66. « Les inscriptions sont radiées du consentement
« des parties intéressées, ou en vertu d'un jugement en der-
« nier ressort ou passé en force de chose jugée. »

2158 Art. 67 (*tel qu'il est au procès-verbal ci-dessus énoncé*).

2159 Art. 68. « La radiation non consentie est demandée au
« tribunal dans le ressort duquel l'inscription a été faite, si
« ce n'est lorsqu'elle l'a été pour sûreté d'une condamnation
« éventuelle ou indéterminée, sur l'exécution ou liquidation
« de laquelle le débiteur et le créancier prétendu sont en in-
« stance ou doivent être jugés dans un autre tribunal; au-
« quel cas la demande en radiation doit y être portée ou
« renvoyée.

« Cependant la convention faite par le créancier et le dé-

DES PRIVILÉGES ET HYPOTHÈQUES.

« biteur, de porter, en cas de contestation, la demande à un « tribunal qu'ils auraient désigné, recevra son exécution. »

Art. 69 (*tel qu'il est au même procès-verbal*).

Art. 70. « Toutes les fois que les inscriptions prises par un « créancier qui, d'après la loi, aurait droit d'en prendre sur « les biens présens ou sur les biens à venir d'un débiteur, « sans limitation convenue, seront portées sur plus de do-« maines différens qu'il n'est nécessaire à la sûreté des « créances, l'action en réduction des inscriptions, ou en « radiation d'une partie en ce qui excède la proportion « convenable, est ouverte au débiteur. On y suit les règles « de compétence établies dans l'article 68.

« La disposition du présent article ne s'applique pas aux « hypothèques conventionnelles. »

Art. 71, 72 et 73 (*les mêmes que ceux du procès-verbal énoncé*).

Art. 74. « La valeur des immeubles dont la comparaison « est à faire avec celle des créances et le tiers en sus, est dé-« terminée par quinze fois la valeur du revenu déclaré par la « matrice du rôle de la contribution foncière, ou indiqué « par la cote de contribution sur le rôle, selon la proportion « qui existe dans les communes de la situation entre cette « cote et le revenu, pour les immeubles non sujets à dépé-« rissement, et dix fois cette valeur pour ceux qui y sont « sujets. Pourront néanmoins les juges s'aider en outre des « éclaircissemens qui peuvent résulter des baux non sus-« pects, des procès-verbaux d'estimation qui ont pu être « dressés précédemment à des époques rapprochées, et « autres actes semblables, et évaluer le revenu au taux « moyen entre les résultats de ces divers renseignemens. »

CHAPITRE VI.

De l'Effet des priviléges et hypothèques contre les tiers détenteurs.

2166 à 2174 — Art. 75, 76, 77, 78, 79, 80, 81, 82 et 83 (*tels qu'ils sont au procès-verbal ci-dessus rapporté*).

2175 — Art. 84. « Les détériorations qui procèdent du fait ou de « la négligence du tiers détenteur au préjudice des créanciers « hypothécaires ou privilégiés, donnent lieu contre lui à « une action en indemnité; mais il ne peut répéter ses im- « penses et améliorations que jusqu'à concurrence de la « plus-value résultant de l'amélioration. »

2176 à 2178 — Art. 85, 86 et 87 (*les mêmes que ceux du susdit procès-verbal*).

2179 — Art. 88. « Le tiers détenteur qui veut consolider et purger « sa propriété en payant le prix, observe les formalités qui « seront établies dans le chapitre VII du présent titre. »

CHAPITRE VII.

De l'Extinction des priviléges et hypothèques.

2180 — Art. 89. « Les priviléges et hypothèques s'éteignent,
« 1°. Par l'extinction de l'obligation principale ;
« 2°. Par la renonciation du créancier à l'hypothèque;
« 3°. Par l'accomplissement des formalités et conditions « prescrites aux tiers détenteurs pour purger les biens par « eux acquis ;
« 4°. Par la prescription.
« La prescription est acquise, quant aux biens qui sont « dans les mains du débiteur, par le temps fixé pour la « prescription des actions qui donnent l'hypothèque ou le « privilége.
« Quant aux biens qui sont dans la main d'un tiers dé- « tenteur, elle est acquise par le temps réglé pour la pre-

scription de la propriété à son profit : dans le cas où la
« prescription suppose un titre, elle ne commence à courir
« que du jour où il a été transcrit sur les registres du con-
« servateur.

« Les inscriptions prises par le créancier n'interrompent
« pas le cours de la prescription établie par la loi en faveur
« du débiteur ou du tiers détenteur. »

CHAPITRE VIII.

Du Mode de purger les propriétés des priviléges et hypothèques.

Art. 90. « Les contrats translatifs de la propriété d'im- 2181
« meubles ou droits réels immobiliers, que les tiers déten-
« teurs voudront purger de priviléges et hypothèques, seront
« transcrits en entier par le conservateur des hypothèques
« dans l'arrondissement duquel les biens sont situés.

« Cette transcription se fera sur un registre à ce destiné,
« et le conservateur sera tenu d'en donner reconnaissance
« au requérant. »

Art. 91. « La simple transcription des titres translatifs de 2182
« propriétés sur le registre du conservateur ne purge pas
« les hypothèques et priviléges établis sur l'immeuble.

« Le vendeur ne transmet à l'acquéreur que la propriété
« et les droits qu'il avait lui-même sur la chose vendue : il
« les transmet sous l'affectation des mêmes priviléges et hy-
« pothèques dont il était chargé. »

Art. 92. « Si le nouveau propriétaire veut se garantir de 2183
« l'effet de poursuites autorisées dans le chapitre VI du pré-
« sent titre, il est tenu, soit avant les poursuites, soit dans
« le mois, au plus tard, à compter de la première somma-
« tion qui lui est faite, de notifier aux créanciers, aux do-
« miciles par eux élus dans leurs inscriptions,

« 1°. Extrait de son titre, contenant la date et la qualité
« de l'acte, le nom et la désignation précise du vendeur, la

« nature et la situation de la chose vendue, le prix et les
« charges de la vente;

« 2°. Le certificat de la transcription de l'acte de vente;

« 3°. L'état des charges et hypothèques dont l'immeuble
« est grevé, et la déclaration de l'acquéreur ou donataire
« qu'il est prêt à acquitter sur-le-champ les dettes et charges
« hypothécaires, jusqu'à concurrence seulement du prix,
« sans distinction des dettes exigibles ou non exigibles. »

ap. 2183   Art. 93 (*le même que l'article 94 du procès-verbal ci-devant énoncé*).

Art. 94. « Lorsque le nouveau propriétaire a fait cette
« notification dans le délai fixé, tout créancier dont le titre
« est inscrit peut requérir la mise de l'immeuble aux en-
« chères et adjudications publiques; à la charge,

« 1°. Que cette réquisition sera signifiée au nouveau pro-
« priétaire, dans quarante jours, au plus tard, de la notifi-
« cation faite à la requête de ce dernier, en y ajoutant deux
« jours par cinq myriamètres de distance entre le domicile
« élu et le domicile réel de chaque créancier requérant;

« 2°. Qu'elle contiendra soumission du requérant, de
« porter ou faire porter le prix à un dixième en sus de celui
« qui aura été stipulé dans le contrat ou déclaré par le nou-
« veau propriétaire;

« 3°. Que la même signification sera faite dans le même
« délai au précédent propriétaire, débiteur principal;

« 4°. Que l'original et les copies de ces exploits seront
« signés par le créancier requérant ou par son fondé de pro-
« curation expresse, lequel, en ce cas, est tenu de donner
« copie de sa procuration;

« 5°. Qu'il offrira de donner caution jusqu'à concurrence
« du prix et des charges;

« Le tout à peine de nullité. »

2186   Art. 95. « A défaut par les créanciers d'avoir requis la
« mise aux enchères dans le délai et les formes prescrits, la
« valeur de l'immeuble demeure définitivement fixée au

« prix stipulé dans le contrat ou déclaré par le nouveau pro-
« priétaire, lequel est, en conséquence, libéré de tout privi-
« lége et hypothèque, en payant ledit prix aux créanciers
« qui seront en ordre de recevoir, ou en le consignant. »

Art. 96. « En cas de revente sur enchère, elle aura lieu
« suivant les formes établies pour les expropriations forcées,
« à la diligence soit du créancier qui l'aura requise, soit du
« nouveau propriétaire.

« Le poursuivant énoncera dans les affiches le prix stipulé
« dans le contrat ou déclaré, et la somme en sus à laquelle
« le créancier s'est obligé de la porter ou faire porter. »

Art. 97 (*le même que l'article* 98 *du procès-verbal énoncé*).

Art. 98. « L'acquéreur ou le donataire peut conserver
« l'immeuble mis aux enchères en se rendant dernier enché-
« risseur. Il n'est pas tenu de faire transcrire le jugement
« d'adjudication. »

Art. 99. « Le désistement du créancier requérant la mise
« aux enchères ne peut, même quand le créancier paierait
« le montant de la soumission, empêcher l'adjudication pu-
« blique, si ce n'est du consentement exprès de tous les
« autres créanciers hypothécaires. »

Art. 100 et 101 (*les mêmes que les articles* 101 *et* 102 *du
procès-verbal indiqué plus haut*).

CHAPITRE IX.

*Du Mode de purger les hypothèques quand il n'existe pas
d'inscription sur les biens des maris et des tuteurs.*

Art. 102. « Pourront les acquéreurs d'immeubles appar-
« tenant à des maris ou à des tuteurs, lorsqu'il n'existera pas
« d'inscriptions sur lesdits immeubles à raison de la gestion
« du tuteur, ou des dot, reprises et conventions matrimo-
« niales de la femme, purger les hypothèques qui existe-
« raient sur les biens par eux acquis. »

Art. 103. « A cet effet ils déposeront copie dûment colla-

« tionnée du contrat translatif de propriété au greffe du tri-
« bunal civil du lieu de la situation de biens, et ils certifie-
« ront par acte au commissaire civil près le tribunal, le
« dépôt qu'ils auront fait : extrait de ce contrat contenant sa
« date, les noms, prénoms, professions et domiciles des con-
« tractans, la désignation de la nature et de la situation des
« biens, le prix et les autres charges de la vente, sera et res-
« tera affiché pendant deux mois dans l'auditoire du tri-
« bunal ; pendant lequel temps les maris, tuteurs, subrogés
« tuteurs, parens ou amis, et le commissaire du gouverne-
« ment, seront reçus à requérir s'il y a lieu, et à faire faire
« au bureau du conservateur des hypothèques, des inscrip-
« tions sur l'immeuble aliéné, qui auront le même effet que
« si elles avaient été prises le jour du contrat de mariage ou
« le jour de l'entrée en gestion du tuteur ; sans préjudice des
« poursuites qui pourraient avoir lieu contre les maris et les
« tuteurs, ainsi qu'il a été dit ci-dessus, pour hypothèques
« par eux consenties au profit de tierces personnes, sans
« leur avoir déclaré que les immeubles étaient déjà grevés
« d'hypothèques, en raison du mariage ou de la tutelle. »

2195 Art. 104. « Si, dans le cours des deux mois de l'exposi-
« tion du contrat, il n'a pas été fait d'inscription du chef des
« femmes, mineurs ou interdits, sur les immeubles vendus,
« ils passent à l'acquéreur sans aucune charge, à raison des
« conventions matrimoniales de la femme ou de la gestion
« du tuteur.

« S'il a été pris des inscriptions du chef desdites femmes,
« mineurs ou interdits, et s'il existe des créanciers antérieurs
« qui absorbent le prix en totalité ou en partie, l'acquéreur
« est libéré du prix ou de la portion du prix par lui payée
« aux créanciers placés en ordre utile ; et les inscriptions
« du chef des femmes, mineurs ou interdits, seront rayées
« ou en totalité ou jusqu'à due concurrence.

« Si les inscriptions du chef des femmes, mineurs ou in-
« terdits, sont les plus anciennes, l'acquéreur ne pourra

« faire aucun paiement du prix au préjudice desdites inscrip-
« tions, qui auront toujours, ainsi qu'il a été dit ci-dessus,
« la date du contrat de mariage ou de l'entrée en gestion
« du tuteur; et, dans ce cas, les autres inscriptions seront
« rayées. »

CHAPITRE X.

De la Publicité des registres, et de la Responsabilité des Conservateurs.

Art. 105, 106, 107 et 108 (*les mêmes que les art.* 106, 107, 108 *et* 109 *du procès-verbal énoncé*).

Art. 109. « Tous les registres des conservateurs destinés
« à recevoir les transcriptions d'actes et les inscriptions des
« droits hypothécaires, sont en papier timbré, cotés et pa-
« raphés à chaque page par première et dernière, par l'un
« des juges du tribunal dans le ressort duquel le bureau est
« établi. Les registres seront arrêtés chaque jour comme
« ceux d'enregistrement des actes.

« Les conservateurs sont tenus d'observer ces règles et de
« se conformer, dans l'exercice de leurs fonctions, à toutes
« les dispositions du présent chapitre, à peine d'une amende
« de 200 à 1000 francs pour la première contravention, et
« de destitution pour la seconde ; sans préjudice des dom-
« mages et intérêts des parties, lesquels seront payés avant
« l'amende. »

Art. 110 (*tel qu'est l'article* 111 *du même procès-verbal*).

COMMUNICATION OFFICIEUSE

A LA SECTION DE LÉGISLATION DU TRIBUNAT.

Sur la transmission faite de ce projet au Tribunat le 13

ventose an XII (4 mars 1804), la section procéda à son examen ainsi qu'il suit :

OBSERVATIONS DE LA SECTION.

La séance s'ouvre par un rapport fait au nom d'une commission sur le projet de loi ayant pour titre *des Priviléges et Hypothèques*.

La discussion a donné lieu aux observations suivantes :

2096 Sur l'art. 5, ainsi conçu : « Entre les créanciers privilé-
« giés, la préférence se règle par le plus ou le moins de fa-
« veur de la créance. »

La section propose la rédaction suivante :

« Entre les créanciers privilégiés la préférence se règle
« également par les différentes qualités des priviléges. »

Il est plus à propos de faire dépendre l'ordre des priviléges de leur *qualité* que de la *faveur* de la créance. Ce mot *faveur* présente une idée qui ne se concilie pas en général avec les principes sévères de la justice.

2100 Art. 9. La section propose d'ajouter à cet article ce qui suit :

« Les priviléges généraux n'ont la préférence sur des meu-
« bles affectés à des priviléges particuliers que lorsque les
« autres meubles sont insuffisans pour les acquitter. »

Il semble juste que les meubles affectés aux priviléges dont il est parlé dans la suite puissent d'abord être épuisés par ceux à qui ces priviléges sont accordés, si les autres meubles suffisent pour les priviléges généraux. L'addition proposée paraît donc nécessaire pour mieux assurer les priviléges particuliers sur certains meubles, en évitant des discussions entre les privilégiés particuliers et les privilégiés généraux ; ceux-ci venant à couvrir la masse entière des meubles de leur privilége et voulant les faire vendre.

2108 Art. 17. La section propose de scinder cet article en deux parties dont la seconde commencerait par ces mots : « néan-
« moins le conservateur des hypothèques sera tenu, etc. »

La section propose aussi de dire dans cette seconde partie :
« des créances résultant de l'acte translatif de propriété tant
« en faveur du vendeur que du prêteur qui pourront
« aussi, etc. »

Le prêteur ayant le même droit que le vendeur, il est juste de faire porter la disposition de l'article sur l'un comme sur l'autre, tandis que l'article ne parle seulement que du vendeur.

Art. 22. La section propose d'ajouter après ces mots, *sous seing privé*, ceux-ci, *mais elle ne peut avoir d'effet que du jour de l'échéance de l'obligation*, et de laisser ce qui suit dans le projet, en commençant ainsi : *L'hypothèque peut s'exercer*, etc.

On conçoit que celui qui a prêté à terme peut toujours s'assurer une hypothèque avant l'échéance.

La section propose aussi d'ajouter à la deuxième partie de cet article ce qui suit : « et du jour de cette ordonnance. »

Art. 27. La section propose d'ajouter après ces mots, *sur les biens de France*, ceux-ci, *sauf les exceptions contenues dans les traités*.

La rédaction proposée présente des idées moins vagues, et d'ailleurs elle est conforme à la disposition de l'article 11 du titre premier du Code civil.

Sur l'art. 44, ainsi conçu : « L'hypothèque existe *indé-*
« *pendamment de toute inscription*,

« 1°. Au profit des mineurs et interdits, sur les immeu-
« bles appartenant à leur tuteur, à raison de sa gestion, du
« jour de l'acceptation de la tutelle ; et sur les immeubles du
« subrogé tuteur, pour les cas où, d'après les lois, il devient
« responsable, et à compter du jour de son acceptation.

« 2°. Au profit des femmes, pour raison de leurs dot, re-
« prises et conventions matrimoniales, sur les immeubles
« de leur mari, et à compter du jour de leur mariage. »

La section propose des amendemens importans, et qui semblent devoir contribuer singulièrement à l'amélioration de la loi.

1°. Elle est d'avis qu'on ne doit pas admettre contre les subrogés tuteurs l'hypothèque légale que le projet de loi établit à l'égard des tuteurs et des maris.

Il est de l'intérêt de la société de dégager autant qu'il est possible les immeubles des hypothèques. Or il n'y a pas de nécessité d'imprimer l'hypothèque légale sur les biens du subrogé tuteur. Mais, pour la sûreté de sa responsabilité à cet égard, il est raisonnable de se contenter de l'action que le mineur peut exercer contre lui, lorsqu'il y a lieu à réclamer cette responsabilité. On devrait craindre d'ailleurs que les citoyens ne fissent tous leurs efforts pour éloigner d'eux les fonctions de subrogés tuteurs, s'ils devaient être grevés d'une hypothèque aussi générale.

2°. La section pense qu'il y aurait un grand inconvénient à laisser subsister d'une manière aussi indéfinie que le fait l'article du projet de loi l'hypothèque légale des femmes sur les biens des maris.

Les sommes dotales ne doivent avoir d'hypothèque légale, lorsqu'elles proviennent de successions, que du jour de l'ouverture de ces successions. Car c'est seulement alors qu'il y a de la part du mari une administration qui seule peut faire le fondement de l'hypothèque.

Ce qu'on vient de dire pour les successions s'applique également aux donations.

D'un autre côté, si la femme s'oblige conjointement avec son mari, ou si, de son consentement, elle aliène ses immeubles, elle ne doit avoir hypothèque sur les biens du mari, pour son indemnité dans ces deux cas, qu'à compter de l'obligation ou de la vente. Il n'est pas juste qu'il y ait une hypothèque avant l'existence de l'acte qui forme l'origine de la créance; et il est odieux que la femme, en s'obligeant ou en vendant postérieurement, puisse primer des créanciers ou des acquéreurs qui ont contracté auparavant avec le mari. C'était là une source de fraudes qu'il est enfin temps de faire disparaître.

D'après ces amendemens, la section propose de substituer à l'article 44 du projet la rédaction suivante :

« L'hypothèque existe, indépendamment de toute in-« scription,

« 1°. Au profit des mineurs et interdits sur les immeu-« bles appartenant à leur tuteur, à raison de sa gestion, du « jour de l'acceptation de la tutelle.

« 2°. Au profit des femmes pour raison de leurs dot et « conventions matrimoniales sur les immeubles de leurs « maris, à compter du jour de leur mariage. »

Art. 60. Dire *a droit d'être colloqué*, au lieu de *a droit de venir ;* et dire *pour les arrérages échus autres que ceux conservés par la première inscription,* au lieu de *pour les arrérages échus depuis.*

Art. 66. La section propose de substituer après le mot *intéressées*, ceux-ci *et capables d'aliéner.*

L'objet de cette addition est de faire cesser la difficulté qui s'est élevée sur la question de savoir si une femme en puissance de mari ou un mineur, ayant eux-mêmes fait des inscriptions hypothécaires sur les biens du mari ou du tuteur, pouvaient ensuite s'en désister sans formalités.

Art. 75. Pour plus de régularité, la section propose de rédiger cet article de la manière suivante :

« Les créanciers ayant privilége ou hypothèque légale ou « inscrite, suivent l'immeuble en quelques mains qu'il passe, « pour être colloqués et payés suivant l'ordre de leurs « créances ou inscriptions. »

Art. 76. La section propose la rédaction suivante :

« Si le tiers-détenteur ne remplit pas les formalités qui « seront ci-après établies, pour purger sa propriété, il de-« meure, par le seul effet des inscriptions, obligé à toutes « les dettes hypothécaires, en jouissant des mêmes termes « et délais accordés au débiteur originaire. »

Il est nécessaire de supprimer le mot *consolider* qui n'est plus employé dans le projet de loi, ses principes étant différens, quant à la nécessité de l'inscription, de ceux consignés dans l'article 26 de la loi du 11 brumaire an VII.

Art. 92 et 93. Ce sera apporter une très-grande amélioration dans la législation sur cette matière que de diminuer le plus possible les frais des procédures qui doivent suivre la transcription des contrats, dont l'excès a excité les réclamations de toutes parts.

C'est dans cette vue que la section propose de substituer aux articles 92 et 93 deux articles qui seraient conçus ainsi qu'il suit :

Art. 92. « Si le nouveau propriétaire veut se garantir de l'ef-
« fet des poursuites autorisées dans le chapitre VI, il est tenu,
« soit avant les poursuites, soit dans le mois au plus tard, à
« compter de la sommation qui lui est faite conformément à
« l'article 78, 1° de déposer au greffe du tribunal de pre-
« mière instance de la situation des biens une expédition
« en forme de titre de son acquisition, le certificat de la
« transcription et les extraits délivrés par le conservateur, de
« toutes les inscriptions hypothécaires faites sur les biens
« vendus ;

« 2°. De notifier l'acte de dépôt aux créanciers, aux do-
« miciles par eux élus dans leurs inscriptions ;

« 3°. De notifier en outre à ces créanciers qu'il est prêt à
« acquitter sur-le-champ les dettes et charges hypothécaires
« inscrites, jusqu'à concurrence seulement du prix ; sans
« distinction des dettes exigibles ou non exigibles. »

Art. 93. « L'acte de dépôt énoncera seulement la date de
« l'acte de vente, les noms et la résidence des notaires qui l'ont
« reçu, les nom, prénoms, profession et domicile des ven-
« deurs et des acquéreurs, la nature et la situation des biens
« vendus, le prix principal de la vente, et le nombre des
« inscriptions hypothécaires.

« Les créanciers ou leurs fondés de pouvoir auront, pen-
« dant le délai fixé par l'article suivant, le droit de prendre
« communication au greffe des pièces déposées. »

En comparant les dispositions de ces deux articles proposés à celles des articles du projet, on sera convaincu qu'il résultera une diminution considérable des frais de notification, et les créanciers auront également les renseignemens qu'ils doivent avoir.

Art. 109. La section propose de commencer cet article par la rédaction suivante qui y sera ajoutée.

« Néanmoins les conservateurs seront tenus d'avoir deux « registres particuliers sur l'un desquels ils inscriront jour « par jour, et par ordre numérique, les remises qui leur « seront faites d'actes de mutations pour être transcrits ; et « sur l'autre ils inscriront pareillement jour par jour, et par « ordre numérique, les remises qui leur seront faites de bor-« dereaux pour les inscriptions ; ils en donneront aux requé-« rans une reconnaissance sur papier timbré, qui rappellera « le numéro du registre sur lequel la remise aura été inscrite, « et ils ne pourront transcrire les actes de mutation, ni ins-« crire les bordereaux sur les registres à ce destinés, qu'à la « date et dans l'ordre des remises qui leur en auront été « faites. »

La première partie de l'article 109 doit venir ensuite, mais en supprimant comme inutiles ces mots : *destinés à recevoir les transcriptions d'actes et les inscriptions des droits hypothécaires.*

La section propose encore de faire un nouvel article de la deuxième partie de cet article 109, commençant par ces mots : *Les conservateurs sont tenus*, etc., en supprimant ceux-ci, *d'observer ces règles*, etc.

L'addition proposée sur l'article 109 a pour objet de remédier à l'embarras qu'éprouvent journellement les conservateurs des hypothèques, lorsqu'on leur demande à la fois plusieurs transcriptions de contrats ou inscriptions de bordereaux ; la mesure proposée évitera les suites des méprises, et assurera le droit des parties intéressées dans l'ordre des jours où elles auront fait leurs réquisitions.

OBSERVATIONS GÉNÉRALES.

fin du tit. 18   La section propose de terminer la loi par un nouvel article qui serait ainsi conçu :

« Les hypothèques légales établies par le présent titre ne « nuisent point aux hypothèques inscrites en vertu de lois « antérieures. »

Cette disposition ne serait pas rigoureusement nécessaire d'après le principe déjà consigné dans le Code civil, que les lois n'ont point d'effet rétroactif, et qui se rapporte à toute la législation : néanmoins la section pense que, vu les fréquens changemens survenus dans la législation hypothécaire depuis un assez petit nombre d'années, il est à propos de fixer les idées sur ce point particulier, en annonçant que, malgré le rétablissement des hypothèques légales résultant du projet de loi actuel, ceux qui auraient acquis des hypothèques en vertu d'inscriptions d'après la loi du 11 brumaire an VII, au préjudice des hypothèques des femmes ou des mineurs qui n'auraient pas été inscrites, conservent leur droit acquis.

Il y eut ensuite une conférence pour s'entendre sur les observations de la section du Tribunat.

RÉDACTION DÉFINITIVE DU CONSEIL D'ÉTAT.

(Procès-verbal de la séance du 22 ventose an XII. — 13 mars 1804.)

M. TREILHARD rend compte du résultat de la conférence qui a eu lieu avec le Tribunat sur le titre VI du livre III du projet de Code civil, *des Priviléges et Hypothèques.*

Il en est résulté de légers changemens de rédaction, dont il est inutile de parler.

Les observations qui touchent au fond concernent les articles 44, 92, 93, 103 et 108.

Sur le numéro 1ᵉʳ de l'article 44, le Tribunat a pensé qu'il n'était pas convenable de donner au mineur une hypothèque légale sur les biens du subrogé tuteur, attendu que celui-ci n'administre pas, et n'agit qu'accidentellement.

La section propose d'adopter ce changement.

La partie de l'article relative *au subrogé tuteur* est retranchée.

Sur le numéro 2 du même article, le Tribunat observe qu'il n'est juste de faire remonter l'hypothèque légale de la femme à la date de son mariage que pour la dot seulement ; mais que l'hypothèque, pour remploi et indemnité, ne doit remonter qu'à l'époque de la vente ou de l'obligation qui y donne lieu.

On a dit que la jurisprudence que le parlement de Paris avait adoptée à cet égard, et qui se trouve consignée dans l'article 44, n'était pas universelle. On a ajouté que la rétroactivité qu'il introduit facilite la fraude ; car la femme, à l'aide d'une obligation simulée, peut parvenir à primer les créanciers anciens.

On a proposé en conséquence d'ajouter à l'article ce qui suit :

« La femme n'a hypothèque pour les sommes dotales qui
« proviennent de successions à elle échues, ou de donations
« à elle faites pendant le mariage, qu'à compter de l'ouver-
« ture des successions, ou du jour que les donations ont eu
« leur effet.

« Elle n'a hypothèque pour l'indemnité des dettes qu'elle
« a contractées avec son mari, et pour le remploi de ses pro-
« pres aliénés, qu'à compter du jour de l'obligation ou de la
« vente.

« Dans aucun cas, la disposition du présent article ne
« pourra préjudicier aux droits acquis à des tiers avant la
« publication du présent titre. »

La section propose au Conseil d'adopter cette rédaction.

Le Consul Cambacérès dit que cette rédaction peut n'être pas suffisante, lorsque, dans un contrat de mariage fait dans le système dotal, la femme se sera réservé le privilége de la loi *Assiduis*. On n'a pas vu de ces sortes de stipulations sous le règne de la loi du 11 brumaire, parce qu'elle les rejetait; mais sous le régime hypothécaire qui va être établi on les croira permises.

M. Treilhard répond que la rédaction proposée les exclut.

La rédaction proposée est adoptée.

2183 et ap. cet art. M. Treilhard continue et dit que, sur l'article 92, le Tribunat avait proposé un changement auquel il a ensuite lui-même renoncé, mais qui a conduit à une rédaction nouvelle des articles 92 et 93 : elle tend à diminuer les frais, sans compromettre la sûreté du créancier.

Cette rédaction est adoptée.

2194 M. Treilhard dit que, sur l'article 103, le Tribunat a demandé que, pour que la vente soit mieux connue des parties intéressées, le contrat soit signifié à la femme ou au subrogé tuteur.

La section propose d'adopter cet amendement.

L'amendement est adopté.

2199 Le Tribunat a proposé d'ajouter à l'article 108 une disposition pour empêcher les conservateurs qui ne peuvent inscrire tous les titres au moment où ils sont présentés, d'intervertir l'ordre de la présentation.

2200 La section, qui adopte cette addition, propose en conséquence l'article suivant :

« Néanmoins les conservateurs seront tenus d'avoir un re-
« gistre sur lequel ils inscriront, jour par jour, et par ordre
« numérique, les remises qui leur seront faites d'actes de
« mutation pour être transcrits, ou de bordereaux pour être
« inscrits ; ils donneront aux requérans une reconnaissance
« sur papier timbré, qui rappellera le numéro du registre

« sur lequel la remise aura été inscrite, et ils ne pourront
« transcrire les actes de mutation ni inscrire les bordereaux
« sur les registres à ce destinés, qu'à la date et dans l'ordre
« des remises qui leur en auront été faites. »

Cette rédaction est adoptée.

M. Treilhard fait lecture d'une rédaction nouvelle du titre entier avec les changemens que la section vient de proposer, d'après les observations du Tribunat.

Le Conseil l'adopte en ces termes :

DES PRIVILÉGES ET HYPOTHÈQUES.

CHAPITRE Ier.

Dispositions générales.

Art. 1er. « Quiconque s'est obligé personnellement est 2092
« tenu de remplir son engagement sur tous ses biens mobi-
« liers et immobiliers, présens et à venir. »

Art. 2. « Les biens du débiteur sont le gage commun de 2093
« ses créanciers ; et le prix s'en distribue entre eux par con-
« tribution, à moins qu'il n'y ait entre les créanciers des
« causes légitimes de préférence. »

Art. 3. « Les causes légitimes de préférence sont les privi- 2094
« léges et hypothèques. »

CHAPITRE II.

Des Priviléges.

Art. 4. « Le privilége est un droit que la qualité de la 2095
« créance donne à un créancier d'être préféré aux autres
« créanciers, même hypothécaires. »

Art. 5. « Entre les créanciers privilégiés, la préférence se 2096
« règle par les différentes qualités des priviléges. »

Art. 6. « Les créanciers privilégiés qui sont dans le même 2097
« rang sont payés par concurrence. »

Art. 7. « Le privilége à raison des droits du trésor public, 2098

« et l'ordre dans lequel il s'exerce, sont réglés par les lois qui
« les concernent.

« Le trésor public ne peut cependant obtenir de privilége
« au préjudice des droits antérieurement acquis à des tiers. »

2199 Art. 8. « Les priviléges peuvent être sur les meubles ou
« sur les immeubles. »

SECTION Ire.—*Des Priviléges sur les meubles.*

2100 Art. 9. « Les priviléges sont ou généraux, ou particuliers
« sur certains meubles. »

§ Ier. *Des Priviléges généraux sur les meubles.*

2101 Art. 10. « Les créances privilégiées sur la généralité des
« meubles sont celles ci-après exprimées, et s'exercent dans
« l'ordre suivant :

« 1°. Les frais de justice ;

« 2°. Les frais funéraires ;

« 3°. Les frais quelconques de la dernière maladie, con-
« curremment entre ceux à qui ils sont dus ;

« 4°. Les salaires des gens de service, pour l'année échue
« et ce qui est dû sur l'année courante ;

« 5°. Les fournitures de subsistances faites au débiteur et
« à sa famille ; savoir, pendant les six derniers mois, par les
« marchands en détail, tels que boulangers, bouchers et au-
« tres ; et pendant la dernière année, par les maîtres de pen-
« sion et marchands en gros. »

§ II. *Des Priviléges sur certains meubles.*

2102 Art. 11. « Les créances privilégiées sur certains meubles
« sont :

« 1°. Les loyers et fermages des immeubles sur les fruits
« de la récolte de l'année, et sur le prix de tout ce qui gar-
« nit la maison louée ou la ferme, et de tout ce qui sert à
« l'exploitation de la ferme ; savoir, pour tout ce qui est
« échu, et pour tout ce qui est à échoir, si les baux sont au

« thentiques, ou si, étant sous signature privée, ils ont une
« date certaine ; et, dans ces deux cas, les autres créan-
« ciers ont le droit de relouer la maison ou la ferme pour le
« restant du bail, et de faire leur profit des baux ou fermages,
« à la charge toutefois de payer au propriétaire tout ce qui
« lui serait encore dû ;

« Et, à défaut de baux authentiques, ou lorsqu'étant sous
« signature privée ils n'ont pas une date certaine, pour une
« année à partir de l'expiration de l'année courante ;

« Le même privilége a lieu pour les réparations locatives,
« et pour tout ce qui concerne l'exécution du bail ;

« Néanmoins les sommes dues pour les semences ou pour
« les frais de la récolte de l'année sont payées sur le prix de
« la récolte, et celles dues pour ustensiles, sur le prix de ces
« ustensiles, par préférence au propriétaire, dans l'un et
« l'autre cas ;

« Le propriétaire peut saisir les meubles qui garnissent sa
« maison ou sa ferme, lorsqu'ils ont été déplacés sans son
« consentement, et il conserve sur eux son privilége, pourvu
« qu'il ait fait la revendication ; savoir, lorsqu'il s'agit du
« mobilier qui garnissait une ferme, dans le délai de quarante
« jours ; et dans celui de quinzaine, s'il s'agit des meubles
« garnissant une maison ;

« 2°. La créance sur le gage dont le créancier est saisi ;

« 3°. Les frais faits pour la conservation de la chose

« 4°. Le prix d'effets mobiliers non payés, s'ils sont encore
« en la possession du débiteur, soit qu'il ait acheté à terme
« ou sans terme ;

« Si la vente a été faite sans terme, le vendeur peut même
« revendiquer ces effets tant qu'ils sont en la possession de
« l'acheteur, et en empêcher la revente, pourvu que la re-
« vendication soit faite dans la huitaine de la livraison, et
« que les effets se trouvent dans le même état dans lequel
« cette livraison a été faite ;

« Le privilége du vendeur ne s'exerce toutefois qu'après

« celui du propriétaire de la maison ou de la ferme, à moins
« qu'il ne soit prouvé que le propriétaire avait connaissance
« que les meubles et autres objets garnissant sa maison ou sa
« ferme n'appartenaient pas au locataire ;

« Il n'est rien innové aux lois et usages du commerce sur
« la revendication ;

« 5°. Les fournitures d'un aubergiste, sur les effets du voya-
« geur qui ont été transportés dans son auberge ;

« 6°. Les frais de voitures et les dépenses accessoires, sur
« la chose voiturée ;

« 7°. Les créances résultant d'abus et prévarications com-
« mis par les fonctionnaires publics dans l'exercice de leurs
« fonctions, sur les fonds de leur cautionnement, et sur les
« intérêts qui en peuvent être dus.

SECTION II. — *Des Priviléges sur les immeubles.*

2103   Art. 12. « Les créanciers privilégiés sur les immeubles sont :
« 1°. Le vendeur, sur l'immeuble vendu, pour le paiement
« du prix ;

« S'il y a plusieurs ventes successives dont le prix soit dû
« en tout ou en partie, le premier vendeur est préféré au se-
« cond, le deuxième au troisième, et ainsi de suite ;

« 2°. Ceux qui ont fourni les deniers pour l'acquisition
« d'un immeuble, pourvu qu'il soit authentiquement con-
« staté, par l'acte d'emprunt, que la somme était destinée à
« cet emploi, et, par la quittance du vendeur, que ce paie-
« ment a été fait des deniers empruntés ;

« 3°. Les cohéritiers, sur les immeubles de la succession,
« pour la garantie des partages faits entre eux, et des soulte
« ou retour de lots ;

« 4°. Les architectes, entrepreneurs, maçons et autres ou-
« vriers employés pour édifier, reconstruire ou réparer des
« bâtimens, canaux, ou autres ouvrages quelconques, pourvu
« néanmoins que, par un expert nommé d'office par le tri-
« bunal de première instance dans le ressort duquel les bâ-

« timens sont situés, il ait été dressé préalablement un « procès-verbal, à l'effet de constater l'état des lieux relati- « vement aux ouvrages que le propriétaire déclarera avoir « dessein de faire, et que les ouvrages aient été, dans les six « mois au plus de leur perfection, reçus par un expert éga- « lement nommé d'office ;

« Mais le montant du privilége ne peut excéder les valeurs « constatées par le second procès-verbal, et il se réduit à la « plus-value existante à l'époque de l'aliénation de l'immeu- « ble et résultant des travaux qui y ont été faits.

« 5°. Ceux qui ont prêté les deniers pour payer ou rem- « bourser les ouvriers jouissent du même privilége, pourvu « que cet emploi soit authentiquement constaté par l'acte « d'emprunt, et par la quittance des ouvriers, ainsi qu'il a été « dit ci-dessus pour ceux qui ont prêté les deniers pour l'ac- « quisition d'un immeuble. »

SECTION III.—*Des Priviléges qui s'étendent sur les meubles et les immeubles.*

Art. 13. « Les priviléges qui s'étendent sur les meubles et 2104 « les immeubles sont ceux énoncés en l'article 10. »

Art. 14. « Lorsqu'à défaut de mobilier les privilégiés énoncés 2105 « en l'article précédent se présentent pour être payés sur le « prix d'un immeuble en concurrence avec les créanciers pri- « vilégiés sur l'immeuble, les paiemens se font dans l'ordre « qui suit :

« 1°. Les frais de justice et autres énoncés en l'article 10 ;

« 2°. Les créances désignées en l'article 12. »

SECTION IV. — *Comment se conservent les priviléges.*

Art. 15. « Entre les créanciers, les priviléges ne produisent 2106 « d'effet à l'égard des immeubles qu'autant qu'ils sont rendus « publics par inscription sur les registres du conservateur « des hypothèques, de la manière déterminée par la loi, et « à compter de la date de cette inscription, sous les seules « exceptions qui suivent. »

2107 Art. 16. « Sont exceptées de la formalité de l'inscription « les créances énoncées en l'article 10. »

2108 Art. 17. « Le vendeur privilégié conserve son privilége « par la transcription du titre qui a transféré la propriété à « l'acquéreur, et qui constate que la totalité ou partie du prix « lui est due; à l'effet de quoi la transcription du contrat « faite par l'acquéreur vaudra inscription pour le vendeur et « pour le prêteur qui lui aura fourni les deniers payés, et qui « sera subrogé aux droits du vendeur par le même contrat : « sera néanmoins le conservateur des hypothèques tenu, sous « peine de tous dommages et intérêts envers les tiers, de « faire d'office l'inscription sur son registre, des créances ré- « sultant de l'acte translatif de propriété, tant en faveur du « vendeur qu'en faveur des prêteurs, qui pourront aussi faire « faire, si elle ne l'a été, la transcription du contrat de « vente, à l'effet d'acquérir l'inscription de ce qui leur est « dû sur le prix. »

2109 Art. 18. « Le cohéritier ou copartageant conserve son pri- « vilége sur les biens de chaque lot ou sur le bien licité, pour « les soulte et retour de lots, ou pour le prix de la licitation, « par l'inscription faite à sa diligence, dans soixante jours, « à dater de l'acte de partage ou de l'adjudication par licita- « tion; durant lequel temps aucune hypothèque ne peut avoir « lieu sur le bien chargé de soulte ou adjugé par licitation, « au préjudice du créancier de la soulte ou du prix. »

2110 Art. 19. « Les architectes, entrepreneurs, maçons et autres « ouvriers employés pour édifier, reconstruire ou réparer des « bâtimens, canaux, ou autres ouvrages, et ceux qui ont, « pour les payer et rembourser, prêté les deniers dont l'em- « ploi a été constaté, conservent, par la double inscription « faite, 1° du procès-verbal qui constate l'état des lieux, « 2° du procès-verbal de réception, leur privilège à la date de « l'inscription du premier procès-verbal. »

2111 Art. 20. « Les créanciers et légataires qui demandent la « séparation du patrimoine du défunt, conformément à l'ar-

« ticle 168 au titre *des Successions*, conservent, à l'égard des
« créanciers des héritiers ou représentans du défunt, leur
« privilége sur les immeubles de la succession, par les in-
« scriptions faites sur chacun de ces biens, dans les six mois
« à compter de l'ouverture de la succession.

« Avant l'expiration de ce délai, aucune hypothèque ne
« peut être établie avec effet sur ces biens par les héritiers ou
« représentans au préjudice de ces créanciers ou légataires. »

Art. 21. « Les cessionnaires de ces diverses créances privi- 2112
« légiées exercent tous les mêmes droits que les cédans, en
« leur lieu et place. »

Art. 22. « Toutes créances privilégiées soumises à la for- 2113
« malité de l'inscription, à l'égard desquelles les conditions
« ci-dessus prescrites pour conserver le privilége n'ont pas
« été accomplies, ne cessent pas néanmoins d'être hypothé-
« caires; mais l'hypothèque ne date, à l'égard des tiers, que
« de l'époque des inscriptions qui auront dû être faites ainsi
« qu'il sera ci-après expliqué. »

CHAPITRE III.
Des Hypothèques.

Art. 23. « L'hypothèque est un droit réel sur les immeubles 2114
« affectés à l'acquittement d'une obligation.

« Elle est, de sa nature, indivisible, et subsiste en entier
« sur tous les immeubles affectés, sur chacun et sur chaque
« portion de ces immeubles.

« Elle les suit dans quelques mains qu'ils passent. »

Art. 24. « L'hypothèque n'a lieu que dans les cas et suivant 2115
« les formes autorisés par la loi. »

Art. 25. « Elle est ou légale, ou judiciaire, ou conven- 2116
« tionnelle. »

Art. 26. « L'hypothèque légale est celle qui résulte de 2117
« la loi.

« L'hypothèque judiciaire est celle qui résulte des juge-
« mens ou actes judiciaires.

« L'hypothèque conventionnelle est celle qui dépend des
« conventions, et de la forme extérieure des actes et des con-
« trats. »

2,18   Art. 27. « Sont seuls susceptibles d'hypothèques,
« 1°. Les biens immobiliers qui sont dans le commerce, et
« leurs accessoires réputés immeubles ;
« 2°. L'usufruit des mêmes biens et accessoires pendant le
« temps de sa durée. »

2,19   Art. 28. « Les meubles n'ont pas de suite par hypothèque. »

2,20   Art. 29. « Il n'est rien innové par le présent Code aux dis-
« positions des lois maritimes concernant les navires et bâti-
« mens de mer. »

SECTION Ire. — *Des Hypothèques légales.*

2,21   Art. 30. « Les droits et créances auxquels l'hypothèque
« légale est attribuée, sont,
« Ceux des femmes mariées, sur les biens de leur mari ;
« Ceux des mineurs et interdits, sur les biens de leur tu-
« teur ;
« Ceux de la nation, des communes et des établissemens
« publics, sur les biens des receveurs et administrateurs
« comptables. »

2,22   Art. 31. « Le créancier qui a une hypothèque légale peut
« exercer son droit sur tous les immeubles appartenant à son
« débiteur et sur ceux qui pourront lui appartenir dans la
« suite, sous les modifications qui seront ci-après exprimées. »

SECTION II. — *Des Hypothèques judiciaires.*

2,23   Art. 32. « L'hypothèque judiciaire résulte des jugemens,
« soit contradictoires, soit par défaut, définitifs ou provi-
« soires, en faveur de celui qui les a obtenus. Elle résulte aussi
« des reconnaissances ou vérifications, faites en jugement,
« des signatures apposées à un acte obligatoire sous seing
« privé.
« Elle peut s'exercer sur les immeubles actuels du débi-

« teur et sur ceux qu'il pourra acquérir, sauf aussi les mo-
« difications qui seront ci-après exprimées.

« Les décisions arbitrales n'emportent hypothèque qu'au-
« tant qu'elles sont revêtues de l'ordonnance judiciaire
« d'exécution.

« L'hypothèque ne peut pareillement résulter des juge-
« mens rendus en pays étranger qu'autant qu'ils ont été
« déclarés exécutoires par un tribunal français, sans préju-
« dice des dispositions contraires qui peuvent être dans les
« lois politiques ou dans les traités. »

SECTION III.—*Des Hypothèques conventionnelles.*

Art. 33. « Les hypothèques conventionnelles ne peuvent
« être consenties que par ceux qui ont la capacité d'aliéner
« les immeubles qu'ils y soumettent. »

Art. 34. « Ceux qui n'ont sur l'immeuble qu'un droit sus-
« pendu par une condition, ou résoluble dans certains cas,
« ou sujet à rescision, ne peuvent consentir qu'une hypo-
« thèque soumise aux mêmes conditions ou à la même res-
« cision. »

Art. 35. « Les biens des mineurs, des interdits, et ceux
« des absens, tant que la possession n'en est déférée que
« provisoirement, ne peuvent être hypothéqués que pour les
« causes et dans les formes établies par la loi, ou en vertu
« de jugemens. »

Art. 36. « L'hypothèque conventionnelle ne peut être con-
« sentie que par acte passé en forme authentique devant
« deux notaires, ou devant un notaire et deux témoins. »

Art. 37. « Les contrats passés en pays étranger ne peuvent
« donner d'hypothèque sur les biens de France, s'il n'y a
« des dispositions contraires à ce principe dans les lois poli-
« tiques ou dans les traités. »

Art. 38. « Il n'y a d'hypothèque conventionnelle valable
« que celle qui, soit dans le titre authentique constitutif de
« la créance, soit dans un acte authentique postérieur, dé-

« clare spécialement la nature et la situation de chacun des
« immeubles actuellement appartenant au débiteur, sur les-
« quels il consent l'hypothèque de la créance. Chacun de
« tous ses biens présens peut être nominativement soumis à
« l'hypothèque.

« Les biens à venir ne peuvent pas être hypothéqués. »

2130 Art. 39. « Néanmoins, si les biens présens et libres du
« débiteur sont insuffisans pour la sûreté de la créance, il
« peut, en exprimant cette insuffisance, consentir que cha-
« cun des biens qu'il acquerra par la suite y demeure af-
« fecté à mesure des acquisitions. »

2131 Art. 40. « Pareillement, en cas que l'immeuble ou les
« immeubles présens, assujettis à l'hypothèque, eussent
« péri, ou éprouvé des dégradations, de manière qu'ils fus-
« sent devenus insuffisans pour la sûreté du créancier, celui-
« ci pourra ou poursuivre dès à présent son remboursement,
« ou obtenir un supplément d'hypothèque. »

2132 Art. 41. « L'hypothèque conventionnelle n'est valable
« qu'autant que la somme pour laquelle elle est consentie
« est certaine et déterminée par l'acte : si la créance résul-
« tant de l'obligation est conditionnelle pour son existence,
« ou indéterminée dans sa valeur, le créancier ne pourra
« requérir l'inscription dont il sera parlé ci-après, que jus-
« qu'à concurrence d'une valeur estimative par lui déclarée
« expressément, et que le débiteur aura droit de faire ré-
« duire, s'il y a lieu. »

2133 Art. 42. « L'hypothèque acquise s'étend à toutes les amé-
« liorations survenues à l'immeuble hypothéqué.

SECTION IV.—*Du Rang que les hypothèques ont entre elles.*

2134 Art. 43. « Entre les créanciers, l'hypothèque, soit légale,
« soit judiciaire, soit conventionnelle, n'a de rang que du
« jour de l'inscription prise par le créancier sur les registres
« du conservateur, dans la forme et de la manière prescrites
« par la loi, sauf les exceptions portées en l'article suivant. »

Art. 44. « L'hypothèque existe *indépendamment de toute* 2135
« *inscription* ;

« 1°. Au profit des mineurs et interdits, sur les immeu-
« bles appartenant à leur tuteur, à raison de sa gestion, du
« jour de l'acceptation de la tutelle ;

« 2°. Au profit des femmes, pour raison de leur dot et
« conventions matrimoniales, sur les immeubles de leur
« mari, et à compter du jour du mariage.

« La femme n'a hypothèque pour les sommes dotales qui
« proviennent de successions à elle échues, ou de donations
« à elle faites pendant le mariage, qu'à compter de l'ouver-
« ture des successions, ou du jour que les donations ont eu
« leur effet.

« Elle n'a hypothèque pour l'indemnité des dettes qu'elle
« a contractées avec son mari, et pour le remploi de ses
« propres aliénés, qu'à compter du jour de l'obligation ou
« de la vente.

« Dans aucun cas, la disposition du présent article ne
« pourra préjudicier aux droits acquis à des tiers avant la
« publication du présent titre. »

Art. 45. « Sont toutefois les maris et les tuteurs tenus de 2136
« rendre publiques les hypothèques dont leurs biens sont
« grevés, et, à cet effet, de requérir eux-mêmes, sans aucun
« délai, inscription aux bureaux à ce établis, sur les immeu-
« bles à eux appartenant, et sur ceux qui pourront leur ap-
« partenir par la suite.

« Les maris et les tuteurs qui, ayant manqué de requérir
« et de faire faire les inscriptions ordonnées par le présent
« article, auraient consenti ou laissé prendre des priviléges
« ou des hypothèques sur leurs immeubles, sans déclarer
« expressément que lesdits immeubles étaient affectés à l'hy-
« pothèque légale des femmes et des mineurs, seront réputés
« stellionataires et comme tels contraignables par corps. »

Art. 46. « Les subrogés tuteurs seront tenus, sous leur 2137
« responsabilité personnelle, et sous peine de tous dom-

« mages et intérêts, de veiller à ce que les inscriptions
« soient prises sans délai sur les biens du tuteur, pour
« raison de sa gestion, même de faire faire lesdites inscrip-
« tions. »

2138 Art. 47. « A défaut par les maris, tuteurs, subrogés tu-
« teurs, de faire faire les inscriptions ordonnées par les ar-
« ticles précédens, elles seront requises par le commissaire
« du gouvernement près le tribunal civil du domicile des
« maris et tuteurs, ou du lieu de la situation des biens. »

2139 Art. 48. « Pourront les parens, soit du mari, soit de la
« femme, et les parens du mineur, ou, à défaut de parens,
« ses amis, requérir lesdites inscriptions ; elles pourront
« aussi être requises par la femme et par les mineurs. »

2140 Art. 49. « Lorsque, dans le contrat de mariage, les par-
« ties majeures seront convenues qu'il ne sera pris d'inscrip-
« tion que sur un ou certains immeubles du mari, les im-
« meubles qui ne seraient pas indiqués pour l'inscription
« resteront libres et affranchis de l'hypothèque pour la dot
« de la femme et pour ses reprises et conventions matrimo-
« niales. Il ne pourra pas être convenu qu'il ne sera pris
« aucune inscription. »

2141 Art. 50. « Il en sera de même pour les immeubles du
« tuteur lorsque les parens, en conseil de famille, auront
« été d'avis qu'il ne soit pris d'inscription que sur certains
« immeubles. »

2142 Art. 51. « Dans le cas des deux articles précédens, le mari,
« le tuteur et le subrogé tuteur, ne seront tenus de requérir
« inscription que sur les immeubles indiqués. »

2143 Art. 52. « Lorsque l'hypothèque n'aura pas été restreinte
« par l'acte de nomination du tuteur, celui-ci pourra, dans
« le cas où l'hypothèque générale sur ses immeubles excéde-
« rait notoirement les sûretés suffisantes pour sa gestion,
« demander que cette hypothèque soit restreinte aux im-
« meubles suffisans pour opérer une pleine garantie en faveur
« du mineur.

DES PRIVILÉGES ET HYPOTHÈQUES.   433

« La demande sera formée contre le subrogé tuteur, et elle
« devra être précédée d'un avis de famille. »

Art. 53. « Pourra pareillement le mari, du consentement
« de sa femme, et après avoir pris l'avis des quatre plus
« proches parens d'icelle réunis en assemblée de famille,
« demander que l'hypothèque générale sur tous ses immeu-
« bles, pour raison de la dot, des reprises et conventions
« matrimoniales, soit restreinte aux immeubles suffisans
« pour la conservation entière des droits de la femme. »

Art. 54. « Les jugemens sur les demandes des maris et des
« tuteurs ne seront rendus qu'après avoir entendu le com-
« missaire du gouvernement, et contradictoirement avec lui.

« Dans le cas où le tribunal prononcera la réduction de
« l'hypothèque à certains immeubles, les inscriptions prises
« sur tous les autres seront rayées. »

CHAPITRE IV.

Du Mode de l'inscription des priviléges et hypothèques.

Art. 55. « Les inscriptions se font au bureau de conser-
« vation des hypothèques dans l'arrondissement duquel sont
« situés les biens soumis au privilége ou à l'hypothèque.
« Elles ne produisent aucun effet si elles sont prises dans le
« délai pendant lequel les actes faits avant l'ouverture des
« faillites sont déclarés nuls.

« Il en est de même entre les créanciers d'une succession,
« si l'inscription n'a été faite par l'un d'eux que depuis l'ou-
« verture, et dans le cas où la succession n'est acceptée que
« par bénéfice d'inventaire. »

Art. 56. « Tous les créanciers inscrits le même jour exer-
« cent en concurrence une hypothèque de la même date, sans
« distinction entre l'inscription du matin et celle du soir,
« quand cette différence serait marquée par le conservateur. »

Art. 57. « Pour opérer l'inscription, le créancier repré-
« sente, soit par lui-même, soit par un tiers, au conserva-

« teur des hypothèques, l'original en brevet, ou une expé-
« dition authentique du jugement ou de l'acte qui donne
« naissance au privilége ou à l'hypothèque.

« Il y joint deux bordereaux écrits sur papier timbré, dont
« l'un peut être porté sur l'expédition du titre ; ils contien-
« nent,

« 1°. Les nom, prénom, domicile du créancier, sa pro-
« fession s'il en a une, et l'élection d'un domicile pour lui
« dans un lieu quelconque de l'arrondissement du bureau;

« 2°. Les nom, prénom, domicile du débiteur, sa pro-
« fession s'il en a une connue, ou une désignation indivi-
« duelle et spéciale, telle que le conservateur puisse recon-
« naître et distinguer dans tous les cas l'individu grevé
« d'hypothèque ;

« 3°. La date et la nature du titre ;

« 4°. Le montant du capital des créances exprimées dans
« le titre, ou évaluées par l'inscrivant, pour les rentes et
« prestations, ou pour les droits éventuels, conditionnels ou
« indéterminés, dans les cas où cette évaluation est ordon-
« née ; comme aussi le montant des accessoires de ces capi-
« taux, et l'époque de l'exigibilité ;

« 5°. L'indication de l'espèce et de la situation des biens
« sur lesquels il entend conserver son privilége ou son hy-
« pothèque.

« Cette dernière disposition n'est pas nécessaire dans le
« cas des hypothèques légales ou judiciaires : à défaut de
« convention, une seule inscription, pour ces hypothèques,
« frappe tous les immeubles compris dans l'arrondissement
« du bureau. »

2149 Art. 58. « Les inscriptions à faire sur les biens d'une per-
« sonne décédée pourront être faites sous la simple désigna-
« tion du défunt, ainsi qu'il est dit au numéro 2 de l'article
« précédent. »

2150 Art. 59. « Le conservateur fait mention, sur son registre,
« du contenu aux bordereaux, et remet au requérant, tant

« le titre ou l'expédition du titre, que l'un des bordereaux,
« au pied duquel il certifie avoir fait l'inscription. »

Art. 60. « Le créancier inscrit pour un capital produisant
« intérêt ou arrérages a droit d'être colloqué pour deux
« années seulement, et pour l'année courante, au même
« rang d'hypothèque que pour son capital; sans préjudice
« des inscriptions particulières à prendre, portant hypothè-
« que à compter de leur date, pour les arrérages autres que
« ceux conservés par la première inscription. »

Art. 61. « Il est loisible à celui qui a requis une inscrip-
« tion, ainsi qu'à ses représentans, ou cessionnaires par acte
« authentique, de changer sur le registre des hypothèques
« le domicile par lui élu, à la charge d'en choisir et indi-
« quer un autre dans le même arrondissement. »

Art. 62. Les droits d'hypothèque purement légale de la
« nation, des communes et des établissemens publics sur les
« biens des comptables, ceux des mineurs ou interdits sur
« les tuteurs, des femmes mariées sur leurs époux, seront
« inscrits sur la représentation de deux bordereaux, conte-
« nant seulement,

« 1°. Les nom, prénom, profession et domicile réel du
« créancier, et le domicile qui sera par lui, ou pour lui, élu
« dans l'arrondissement ;

« 2°. Les nom, prénom, profession, domicile, ou désigna-
« tion précise du débiteur ;

« 3°. La nature des droits à conserver, et le montant de
« leur valeur quant aux objets déterminés, sans être tenu de
« le fixer quant à ceux qui sont conditionnels, éventuels ou
« indéterminés. »

Art. 63. « Les inscriptions conservent l'hypothèque et le
« privilége pendant dix années, à compter du jour de leur
« date : leur effet cesse si ces inscriptions n'ont été renou-
« velées avant l'expiration de ce délai. »

Art. 64. « Les frais des inscriptions sont à la charge du
« débiteur, s'il n'y a stipulation contraire ; l'avance en est

« faite par l'inscrivant, si ce n'est quant aux hypothèques léga
« les, pour l'inscription desquelles le conservateur a son re-
« cours contre le débiteur. Les frais de la transcription, qui
« peut être requise par le vendeur, sont à la charge de l'ac-
« quéreur. »

Art. 65. « Les actions auxquelles les inscriptions peuvent
« donner lieu contre les créanciers seront intentées devant
« le tribunal compétent, par exploits faits à leurs personnes
« ou au dernier des domiciles élus sur le registre ; et ce, no-
« nobstant le décès soit des créanciers, soit de ceux chez
« lesquels ils auront fait élection de domicile. »

CHAPITRE V.

De la Radiation et Réduction des inscriptions.

Art. 66. « Les inscriptions sont rayées du consentement
« des parties intéressées et ayant capacité à cet effet, ou en
« vertu d'un jugement en dernier ressort ou passé en force
« de chose jugée. »

Art. 67. « Dans l'un et l'autre cas, ceux qui requièrent la
« radiation déposent au bureau du conservateur l'expédi-
« tion de l'acte authentique portant consentement ou celle
« du jugement. »

Art. 68. « La radiation non consentie est demandée au
« tribunal dans le ressort duquel l'inscription a été faite ; si
« ce n'est lorsque cette inscription a eu lieu pour sûreté
« d'une condamnation éventuelle ou indéterminée, sur l'exé-
« cution ou liquidation de laquelle le débiteur et le créancier
« prétendu sont en instance ou doivent être jugés dans un
« autre tribunal ; auquel cas la demande en radiation doit y
« être portée ou renvoyée.

« Cependant la convention faite par le créancier et le dé-
« biteur de porter, en cas de contestation, la demande à un
« tribunal qu'ils auraient désigné, recevra son exécution
« entre eux. »

Art. 69. « La radiation doit être ordonnée par les tribu-

« naux lorsque l'inscription a été faite sans être fondée ni sur « la loi, ni sur un titre, ou lorsqu'elle l'a été en vertu d'un « titre soit irrégulier, soit éteint ou soldé, ou lorsque les « droits de privilége ou d'hypothèque sont effacés par les « voies légales. »

Art. 70. « Toutes les fois que les inscriptions prises par un « créancier qui, d'après la loi, aurait droit d'en prendre « sur les biens présens ou sur les biens à venir d'un débi- « teur, sans limitation convenue, seront portées sur plus de « domaines différens qu'il n'est nécessaire à la sûreté des « créances, l'action en réduction des inscriptions, ou en ra- « diation d'une partie en ce qui excède la proportion con- « venable, est ouverte au débiteur. On y suit les règles de « compétence établies dans l'article 68.

« La disposition du présent article ne s'applique pas aux « hypothèques conventionnelles. »

Art. 71. « Sont réputées excessives les inscriptions qui « frappent sur plusieurs domaines, lorsque la valeur d'un « seul ou de quelques-uns d'entre eux excède de plus d'un « tiers en fonds libres le montant des créances en capital et « accessoires légaux. »

Art. 72. « Peuvent aussi être réduites comme excessives « les inscriptions prises d'après l'évaluation faite par le créan- « cier des créances qui, en ce qui concerne l'hypothèque à « établir pour leur sûreté, n'ont pas été réglées par la con- « vention, et qui par leur nature sont conditionnelles, « éventuelles ou indéterminées. »

Art. 73. « L'excès, dans ce cas, est arbitré par les juges, « d'après les circonstances, les probabilités des chances et les « présomptions de fait, de manière à concilier les droits « vraisemblables du créancier avec l'intérêt du crédit raison- « nable à conserver au débiteur ; sans préjudice des nouvelles « inscriptions à prendre avec hypothèque du jour de leur date, « lorsque l'événement aura porté les créances indéterminées « à une somme plus forte. »

2165   Art. 74. « La valeur des immeubles dont la comparaison
« est à faire avec celle des créances et le tiers en sus est
« déterminée par quinze fois la valeur du revenu déclaré par
« la matrice du rôle de la contribution foncière, ou indiqué
« par la cote de contribution sur le rôle, selon la proportion
« qui existe dans les communes de la situation entre cette
« matrice ou cette cote et le revenu, pour les immeubles
« non sujets à dépérissement, et dix fois cette valeur pour
« ceux qui y sont sujets. Pourront néanmoins les juges s'ai-
« der, en outre, des éclaircissemens qui peuvent résulter
« des baux non suspects, des procès-verbaux d'estimation
« qui ont pu être dressés précédemment à des époques rap-
« prochées, et autres actes semblables, et évaluer le revenu
« au taux moyen entre les résultats de ces divers renseigne-
« mens. »

CHAPITRE VI.

De l'Effet des priviléges et hypothèques contre les tiers détenteurs.

2166   Art. 75. « Les créanciers ayant privilége ou hypothèque
« inscrite sur un immeuble le suivent en quelques mains
« qu'il passe, pour être colloqués et payés suivant l'ordre de
« leurs créances ou inscriptions. »

2167   Art. 76. « Si le tiers détenteur ne remplit pas les formalités
« qui seront ci-après établies, pour purger sa propriété, il
« demeure, par l'effet seul des inscriptions, obligé comme
« détenteur à toutes les dettes hypothécaires, et jouit des
« termes et délais accordés au débiteur originaire. »

2168   Art. 77. « Le tiers détenteur est tenu, dans le même cas,
« ou de payer tous les intérêts et capitaux exigibles, à quel-
« ques sommes qu'ils puissent monter, ou de délaisser l'im-
« meuble hypothéqué, sans aucune réserve. »

2169   Art. 78. « Faute par le tiers détenteur de satisfaire pleine-
« ment à l'une de ces obligations, chaque créancier hypothé-

« caire a droit de faire vendre sur lui l'immeuble hypothéqué,
« trente jours après commandement fait au débiteur origi-
« naire, et sommation faite au tiers détenteur de payer la
« dette exigible ou de délaisser l'héritage. »

Art. 79. « Néanmoins le tiers détenteur qui n'est pas per-
« sonnellement obligé à la dette, peut s'opposer à la vente
« de l'héritage hypothéqué qui lui a été transmis, s'il est de-
« meuré d'autres immeubles hypothéqués à la même dette
« dans la possession du principal ou des principaux obligés,
« et en requérir la discussion préalable selon la forme réglée
« au titre *du Cautionnement :* pendant cette discussion, il est
« sursis à la vente de l'héritage hypothéqué. »

Art. 80. « L'exception de discussion ne peut être opposée
« au créancier privilégié ou ayant hypothèque spéciale sur
« l'immeuble. »

Art. 81. « Quant au délaissement par hypothèque, il peut
« être fait par tous les tiers détenteurs qui ne sont pas per-
« sonnellement obligés à la dette, et qui ont la capacité d'a-
« liéner. »

Art. 82. « Il peut l'être même après que le tiers détenteur
« a reconnu l'obligation ou subi condamnation en cette qua-
« lité seulement : le délaissement n'empêche pas que, jus-
« qu'à l'adjudication, le tiers détenteur ne puisse reprendre
« l'immeuble en payant toute la dette et les frais. »

Art. 83. « Le délaissement par hypothèque se fait au greffe
« du tribunal de la situation des biens, et il en est donné
« acte par ce tribunal.

« Sur la pétition du plus diligent des intéressés, il est créé
« à l'immeuble délaissé un curateur sur lequel la vente de
« l'immeuble est poursuivie dans les formes prescrites pour
« *les Expropriations*. »

Art. 84. « Les détériorations qui procèdent du fait ou de
« la négligence du tiers détenteur au préjudice des créanciers
« hypothécaires ou privilégiés donnent lieu contre lui à une
« action en indemnité; mais il ne peut répéter ses impenses

« et améliorations que jusqu'à concurrence de la plus-value
« résultant de l'amélioration. »

2176 Art. 85. « Les fruits de l'immeuble hypothéqué ne sont
« dus par le tiers détenteur qu'à compter du jour de la som-
« mation de payer ou de délaisser, et, si les poursuites com-
« mencées ont été abandonnées pendant trois ans, à compter
« de la nouvelle sommation qui sera faite. »

2177 Art. 86. « Les servitudes et droits réels que le tiers dé-
« tenteur avait sur l'immeuble avant sa possession renaissent
« après le délaissement ou après l'adjudication faite sur lui.

« Ses créanciers personnels, après tous ceux qui sont in-
« scrits sur les précédens propriétaires, exercent leur hypo-
« thèque à leur rang, sur le bien délaissé ou adjugé. »

2178 Art. 87. « Le tiers détenteur qui a payé la dette hypothé-
« caire, ou délaissé l'immeuble hypothéqué, ou subi l'ex-
« propriation de cet immeuble, a le recours en garantie, tel
« que de droit, contre le débiteur principal. »

2179 Art. 88. « Le tiers détenteur qui veut purger sa propriété
« en payant le prix, observe les formalités qui sont établies
« dans le chapitre VIII du présent titre. »

CHAPITRE VII.

De l'Extinction des priviléges et hypothèques.

2180 Art. 89. « Les priviléges et hypothèques s'éteignent,

« 1°. Par l'extinction de l'obligation principale,

« 2°. Par la renonciation du créancier à l'hypothèque,

« 3°. Par l'accomplissement des formalités et conditions
« prescrites aux tiers détenteurs pour purger les biens par
« eux acquis,

« 4°. Par la prescription.

« La prescription est acquise au débiteur, quant aux biens
« qui sont dans ses mains, par le temps fixé pour la prescrip-
« tion des actions qui donnent l'hypothèque ou le privilége.

« Quant aux biens qui sont dans la main d'un tiers déten-

« teur, elle lui est acquise par le temps réglé pour la pres-
« cription de la propriété à son profit : dans le cas où la pres-
« cription suppose un titre, elle ne commence à courir que
« du jour où il a été transcrit sur les registres du conser-
« vateur.

« Les inscriptions prises par le créancier n'interrompent
« pas le cours de la prescription établie par la loi en faveur
« du débiteur ou du tiers détenteur. »

CHAPITRE VIII.
*Du Mode de purger les propriétés des priviléges et hypo-
thèques.*

Art. 90. « Les contrats translatifs de la propriété d'im- 2181
« meubles ou droits réels immobiliers, que les tiers déten-
« teurs voudront purger de priviléges et hypothèques, seront
« transcrits en entier par le conservateur des hypothèques
« dans l'arrondissement duquel les biens sont situés.

« Cette transcription se fera sur un registre à ce destiné,
« et le conservateur sera tenu d'en donner reconnaissance au
« requérant. »

Art. 91. « La simple transcription des titres translatifs 2182
« de propriété sur le registre du conservateur ne purge pas
« les hypothèques et priviléges établis sur l'immeuble.

« Le vendeur ne transmet à l'acquéreur que la propriété et
« les droits qu'il avait lui-même sur la chose vendue : il les
« transmet sous l'affectation des mêmes priviléges et hypo-
« thèques dont il était chargé. »

Art. 92. « Si le nouveau propriétaire veut se garantir de 2183
« l'effet des poursuites autorisées dans le chapitre VI du pré-
« sent titre, il est tenu, soit avant les poursuites, soit dans
« le mois, au plus tard, à compter de la première sommation
« qui lui est faite, de notifier aux créanciers, aux domiciles
« par eux élus dans leurs inscriptions,

« 1°. Extrait de son titre, contenant seulement la date et
« la qualité de l'acte, le nom et la désignation précise du

« vendeur ou du donateur, la nature et la situation de la
« chose vendue ou donnée; et, s'il s'agit d'un corps de biens,
« la dénomination générale seulement du domaine et des ar-
« rondissemens dans lesquels il est situé, le prix et les charges
« faisant partie du prix de la vente, ou l'évaluation de la
« chose, si elle a été donnée;

« 2°. Extrait de la transcription de l'acte de vente;

« 3°. Un tableau sur trois colonnes, dont la première con-
« tiendra la date des hypothèques et celle des inscriptions;
« la seconde, le nom des créanciers; la troisième, le montant
« des créances inscrites. »

Art. 93. « L'acquéreur ou le donataire déclarera, par le
« même acte, qu'il est prêt à acquitter, sur-le-champ, les
« dettes et charges hypothécaires, jusqu'à concurrence seu-
« lement du prix, sans distinction des dettes exigibles ou non
« exigibles. »

Art. 94. « Lorsque le nouveau propriétaire a fait cette no-
« tification dans le délai fixé, tout créancier dont le titre est
« inscrit peut requérir la mise de l'immeuble aux enchères
« et adjudications publiques; à la charge,

« 1°. Que cette réquisition sera signifiée au nouveau pro-
« priétaire dans quarante jours, au plus tard, de la notifica-
« tion faite à la requête de ce dernier; en y ajoutant deux
« jours par cinq myriamètres de distance entre le domicile
« élu et le domicile réel de chaque créancier requérant;

« 2°. Qu'elle contiendra soumission du requérant, de
« porter ou faire porter le prix à un dixième en sus de celui
« qui aura été stipulé dans le contrat, ou déclaré par le nou-
« veau propriétaire;

« 3°. Que la même signification sera faite dans le même
« délai au précédent propriétaire, débiteur principal;

« 4°. Que l'original et les copies de ces exploits seront si-
« gnés par le créancier requérant, ou par son fondé de pro-
« curation expresse, lequel, en ce cas, est tenu de donner
« copie de sa procuration;

« 5°. Qu'il offrira de donner caution jusqu'à concurrence
« du prix et des charges.

« Le tout à peine de nullité. »

Art. 95. « A défaut, par les créanciers, d'avoir requis la 2186
« mise aux enchères dans le délai et les formes prescrits, la
« valeur de l'immeuble demeure définitivement fixée au prix
« stipulé dans le contrat, ou déclaré par le nouveau proprié-
« taire, lequel est, en conséquence, libéré de tout privilége
« et hypothèque, en payant ledit prix aux créanciers qui se-
« ront en ordre de recevoir, ou en le consignant. »

Art. 96. « En cas de revente sur enchère, elle aura lieu 2187
« suivant les formes établies pour les expropriations forcées,
« à la diligence soit du créancier qui l'aura requise, soit du
« nouveau propriétaire.

« Le poursuivant énoncera dans les affiches le prix stipulé
« dans le contrat, ou déclaré, et la somme en sus à laquelle
« le créancier s'est obligé de la porter ou faire porter. »

Art. 97. « L'adjudicataire est tenu, au-delà du prix de 2188
« son adjudication, de restituer à l'acquéreur ou au donataire
« dépossédé les frais et loyaux coûts de son contrat, ceux de
« la transcription sur les registres du conservateur, ceux
« de notification, et ceux faits par lui pour parvenir à la
« revente. »

Art. 98. « L'acquéreur ou le donataire qui conserve l'im- 2189
« meuble mis aux enchères, en se rendant dernier enché-
« risseur, n'est pas tenu de faire transcrire le jugement d'ad-
« judication. »

Art. 99. « Le désistement du créancier requérant la mise 2190
« aux enchères ne peut, même quand le créancier paierait
« le montant de la soumission, empêcher l'adjudication pu-
« blique, si ce n'est du consentement exprès de tous les au-
« tres créanciers hypothécaires. »

Art. 100. « L'acquéreur qui se sera rendu adjudicataire 2191
« aura son recours tel que de droit contre le vendeur, pour
« le remboursement de ce qui excède le prix stipulé par son

« titre, et pour l'intérêt de cet excédant, à compter du jour
« de chaque paiement. »

2192 Art. 101. « Dans le cas où le titre du nouveau propriétaire
« comprendrait des immeubles et des meubles, ou plusieurs
« immeubles, les uns hypothéqués, les autres non hypothé-
« qués, situés dans le même ou dans divers arrondissemens de
« bureaux, aliénés pour un seul et même prix, ou pour des
« prix distincts et séparés, soumis ou non à la même exploi-
« tation, le prix de chaque immeuble frappé d'inscriptions par-
« ticulières et séparées sera déclaré dans la notification du
« nouveau propriétaire, par ventilation, s'il y a lieu, du prix
« total exprimé dans le titre.

« Le créancier surenchérisseur ne pourra, en aucun cas,
« être contraint d'étendre sa soumission ni sur le mobilier,
« ni sur d'autres immeubles que ceux qui sont hypothéqués
« à sa créance et situés dans le même arrondissement; sauf
« le recours du nouveau propriétaire contre ses auteurs, pour
« l'indemnité du dommage qu'il éprouverait, soit de la divi-
« sion des objets de son acquisition, soit de celle des exploi-
« tations. »

CHAPITRE IX.

*Du Mode de purger les hypothèques, quand il n'existe pas
d'inscription sur les biens des maris et des tuteurs.*

2193 Art. 102. « Pourront les acquéreurs d'immeubles appar-
« tenant à des maris ou à des tuteurs, lorsqu'il n'existera
« pas d'inscription sur lesdits immeubles à raison de la ges-
« tion du tuteur, ou des dot, reprises et conventions matri-
« moniales de la femme, purger les hypothèques qui exis-
« teraient sur les biens par eux acquis. »

2194 Art. 103. « A cet effet, ils déposeront copie dûment col-
« lationnée du contrat translatif de propriété au greffe du
« tribunal civil du lieu de la situation des biens, et ils certi-
« fieront par acte signifié, tant à la femme ou au subrogé

« tuteur, qu'au commissaire civil près le tribunal, le dépôt
« qu'ils auront fait. Extrait de ce contrat, contenant sa date,
« les noms, prénoms, professions et domiciles des contrac-
« tans, la désignation de la nature et de la situation des
« biens, le prix et les autres charges de la vente, sera et res-
« tera affiché pendant deux mois dans l'auditoire du tribu-
« nal ; pendant lequel temps les femmes, les maris, tuteurs,
« subrogés tuteurs, mineurs, interdits, parens ou amis, et
« le commissaire du gouvernement, seront reçus à requérir
« s'il y a lieu, et à faire faire au bureau du conservateur des
« hypothèques, des inscriptions sur l'immeuble aliéné, qui
« auront le même effet que si elles avaient été prises le jour
« du contrat de mariage, ou le jour de l'entrée en gestion du
« tuteur ; sans préjudice des poursuites qui pourraient avoir
« lieu contre les maris et les tuteurs, ainsi qu'il a été dit ci-
« dessus, pour hypothèques par eux consenties au profit de
« tierces personnes sans leur avoir déclaré que les immeubles
« étaient déjà grevés d'hypothèques, en raison du mariage
« ou de la tutelle. »

Art. 104. « Si, dans le cours des deux mois de l'exposition
« du contrat, il n'a pas été fait d'inscription du chef des
« femmes, mineurs ou interdits, sur les immeubles vendus,
« ils passent à l'acquéreur sans aucune charge, à raison des
« dot, reprises et conventions matrimoniales de la femme,
« ou de la gestion du tuteur, et sauf le recours, s'il y a lieu,
« contre le mari et le tuteur.

« S'il a été pris des inscriptions du chef desdites femmes,
« mineurs ou interdits, et s'il existe des créanciers antérieurs
« qui absorbent le prix en totalité ou en partie, l'acquéreur
« est libéré du prix ou de la portion du prix par lui payée
« aux créanciers placés en ordre utile ; et les inscriptions du
« chef des femmes, mineurs ou interdits, seront rayées, ou
« en totalité ou jusqu'à due concurrence.

« Si les inscriptions du chef des femmes, mineurs ou in-
« terdits, sont les plus anciennes, l'acquéreur ne pourra faire

« aucun paiement du prix au préjudice desdites inscriptions,
« qui auront toujours, ainsi qu'il a été dit ci-dessus, la date
« du contrat de mariage, ou de l'entrée en gestion du tuteur;
« et, dans ce cas, les inscriptions des autres créanciers qui
« ne viennent pas en ordre utile seront rayées. »

CHAPITRE X.

De la Publicité des registres, et de la Responsabilité des conservateurs.

2196 Art. 105. « Les conservateurs des hypothèques sont tenus
« de délivrer à tous ceux qui le requièrent copie des actes
« transcrits sur leurs registres et celle des inscriptions subsis-
« tantes, ou certificat qu'il n'en existe aucune. »

2197 Art. 106. « Ils sont responsables du préjudice résultant,
« 1°. De l'omission sur leurs registres, des transcriptions
« d'actes de mutation, et des inscriptions requises en leurs
« bureaux;
« 2°. Du défaut de mention dans leurs certificats, d'une
« ou de plusieurs des inscriptions existantes, à moins, dans
« ce dernier cas, que l'erreur ne provînt de désignations in-
« suffisantes qui ne pourraient leur être imputées. »

2198 Art. 107. « L'immeuble à l'égard duquel le conservateur
« aurait omis dans ses certificats une ou plusieurs des charges
« inscrites, en demeure, sauf la responsabilité du conserva-
« teur, affranchi dans les mains du nouveau possesseur,
« pourvu qu'il ait requis le certificat depuis la transcription
« de son titre; sans préjudice néanmoins du droit des créan-
« ciers de se faire colloquer suivant l'ordre qui leur appar-
« tient, tant que le prix n'a pas été payé par l'acquéreur, ou
« tant que l'ordre fait entre les créanciers n'a pas été homo-
« logué. »

2199 Art. 108. « Dans aucun cas, les conservateurs ne peuvent
« refuser ni retarder la transcription des actes de mutation,
« l'inscription des droits hypothécaires, ni la délivrance des

« certificats requis, sous peine des dommages et intérêts des
« parties ; à l'effet de quoi, procès-verbaux des refus ou re-
« tardemens seront, à la diligence des requérans, dressés
« sur-le-champ, soit par un juge de paix, soit par un huis-
« sier audiencier du tribunal, soit par un autre huissier ou
« un notaire assisté de deux témoins. »

Art. 109. « Néanmoins les conservateurs seront tenus d'a- 2200
« voir un registre sur lequel ils inscriront jour par jour, et
« par ordre numérique, les remises qui leur seront faites
« d'actes de mutation pour être transcrits, ou de bordereaux
« pour être inscrits ; ils donneront au requérant une recon-
« naissance sur papier timbré, qui rappellera le numéro du
« registre sur lequel la remise aura été inscrite, et ils ne
« pourront transcrire les actes de mutation ni inscrire les
« bordereaux sur les registres à ce destinés, qu'à la date et
« dans l'ordre des remises qui leur en auront été faites. »

Art. 110. « Tous les registres des conservateurs sont en 2201
« papier timbré, cotés et paraphés à chaque page par pre-
« mière et dernière, par l'un des juges du tribunal dans le
« ressort duquel le bureau est établi. Les registres seront ar-
« rêtés chaque jour comme ceux d'enregistrement des actes. »

Art. 111. «Les conservateurs sont tenus de se conformer, 2202
« dans l'exercice de leurs fonctions, à toutes les dispositions du
« présent chapitre, à peine d'une amende de 200 à 1000 francs
« pour la première contravention, et de destitution pour la
« seconde ; sans préjudice des dommages et intérêts des par-
« ties, lesquels seront payés avant l'amende. »

Art. 112. « Les mentions de dépôt, les inscriptions et tran- 2203
« scriptions, sont faites sur les registres, de suite, sans au-
« cun blanc ni interligne, à peine, contre le conservateur, de
« 1000 à 2000 francs d'amende, et des dommages et intérêts
« des parties, payables aussi par préférence à l'amende. »

M. Treilhard fut nommé avec MM. Jollivet et Lacuée, pour présenter au Corps législatif, dans sa séance du 24 ventose an XII (15 mars 1804), le titre VI du livre III du projet de Code civil, intitulé : *des Priviléges et Hypothèques*, et pour en soutenir la discussion dans la séance du 28 du même mois de ventose (19 mars).

PRÉSENTATION AU CORPS LÉGISLATIF,

ET EXPOSÉ DES MOTIFS, PAR M. TREILHARD.

Législateurs, le système hypothécaire a successivement occupé toutes les assemblées représentatives depuis 1789.

La mesure qui doit garantir l'efficacité des transactions, et protéger avec un égal succès et le citoyen qui veut du crédit, et le citoyen qui peut en faire, méritait en effet de fixer les regards de la nation.

Les rapports qui rapprochent les hommes sont tous fondés, ou sur le besoin, ou sur le plaisir, qui est aussi une espèce de besoin. Quel est donc le premier soin de deux personnes qui traitent ensemble? D'assurer l'exécution de leurs engagemens. Le contrat suppose l'intention et contient la promesse de les remplir; mais la promesse n'est pas toujours sincère, et les moyens peuvent ne pas répondre à l'intention.

Concilier le crédit le plus étendu avec la plus grande sûreté, voilà le problème à résoudre.

Si les parties connaissaient leur situation respective, l'un n'obtiendrait que ce qu'il mérite, l'autre n'accorderait que ce qu'il peut accorder sans risque ; il n'y aurait de part et d'autre ni réserve déplacée ni surprise fâcheuse.

Si donc on trouve un moyen d'éclairer chaque citoyen sur l'état véritable de celui avec lequel il traite, il faut s'empresser de le saisir. On aura alors tout ce que désirent, tout ce que peuvent désirer les personnes de bonne foi ; et si la mauvaise foi s'en alarme, ce sera une preuve de plus en faveur de la mesure.

Vous jugerez, législateurs, jusqu'à quel point le gouvernement a approché du but qu'il a dû se proposer ; il n'a pas cherché et vous n'attendez pas un degré de perfection que ne comporte pas la nature humaine : la meilleure loi est celle qui laisse subsister le moins d'abus, puisqu'il n'est pas en notre pouvoir de les détruire tous ; mais tout ce qu'on peut attendre des recherches les plus grandes et d'une profonde méditation, vous le trouverez dans le projet, et je me plais à reconnaître qu'il a beaucoup acquis par les communications officieuses avec les membres du Tribunat.

L'hypothèque affecte un immeuble à l'exécution d'un engagement : si le contractant n'était pas propriétaire, ou, ce qui revient au même, si cet immeuble était déjà absorbé par des affectations précédentes, l'hypothèque serait illusoire, et les conventions resteraient sans garantie.

Il n'est pas de législateur qui, frappé de cet inconvénient, n'ait cherché à y porter un remède. Les Grecs plaçaient sur l'héritage engagé des signes visibles qui garantissaient les créanciers de toute surprise : il paraît que cet usage a été connu et pratiqué à Rome ; mais il y avait aussi de l'excès dans cette précaution ; s'il est bon que les parties qui traitent aient une connaissance respective de leur état, il n'est pas également nécessaire de le proclamer, pour ainsi dire, par une affiche, et de l'annoncer à tous les instans aux personnes même qui n'ont aucun intérêt de le connaître.

Cet usage disparut, et devait disparaître ; il a suffi depuis, pour hypothéquer un immeuble, d'en faire la stipulation ; même l'hypothèque fut attachée de plein droit à toute obligation authentique.

On réparait un mal par un mal plus grand. Les signes apposés sur l'héritage affecté n'étaient fâcheux que pour le propriétaire dont la situation devenait trop publique ; ils avaient du moins l'avantage de commander à tous les citoyens de la prudence et de la réserve lorsqu'ils traiteraient avec lui.

Mais l'hypothèque donnée par des actes occultes ne laissait aucune garantie contre la mauvaise foi.

L'homme qui semble fournir le plus de sûretés est souvent celui qui en donne le moins, et l'hypothèque acquise par un citoyen modeste et probe se trouvait enlevée par une foule d'hypothèques antérieures, dont il n'avait pas même pu soupçonner l'existence.

De là naissaient des discussions multipliées et ruineuses, dont l'effet, le plus souvent, était de dévorer le gage des créanciers, dépouillés comme le débiteur lui-même.

Les lois ne présentaient que de vaines ressources contre tant de maux. Le créancier pouvait faire déclarer par le débiteur que ses biens étaient libres; et si la déclaration était fausse, on avait la contrainte par corps contre le débiteur; mais on n'exigeait pas toujours cette déclaration, et quand on l'avait exigée, elle ne tenait pas lieu au créancier du gage qui avait disparu.

Que de plaintes n'avons-nous pas entendues contre ce régime désastreux!

Henri III en 1581, Henri IV en 1606, Louis XIV en 1673, voulurent donner aux hypothèques le degré de publicité nécessaire pour la sûreté des contractans : comment un dessein aussi louable ne fut-il pas suivi de l'exécution? La cause en est connue : les hommes puissans voyaient s'évanouir leur funeste crédit; ils ne pouvaient plus absorber la fortune des citoyens crédules, qui, jugeant sur les apparences, supposaient de la réalité partout où ils voyaient de l'éclat. Sans doute on colora de beaux prétextes les motifs d'attaque contre les mesures salutaires qui étaient proposées; elles étaient, disait-on, entachées de fiscalité; le crédit des hommes puissans importait à l'éclat du trône; affaiblir cet éclat, c'était diminuer le respect des peuples : d'un autre côté, les efforts d'une classe d'hommes accoutumés à confondre l'habitude avec la raison, et le cri des praticiens qui défendaient leur proie, vinrent fortifier les plaintes des courtisans : les mesures prises contre la mauvaise foi restèrent sans effet.

Ainsi se prolongea l'usage de l'hypothèque occulte. Ce mal ne se faisait pas sentir peut-être dans les lieux où le défaut de communications et de commerce tenait, pour ainsi dire, les fortunes dans un état absolu de stagnation, parce qu'une vente, un emprunt y forment un événement que personne n'ignore ; mais partout ailleurs la bonne foi était presque toujours victime de la fraude et de l'impudence.

L'édit de 1771 donna aux acquéreurs d'immeubles un moyen de connaître les hypothèques dont ils étaient grevés, et de payer le prix de leur acquisition sans courir les risques d'être inquiétés par la suite (a).

Cet édit n'attaquait cependant pas le mal dans sa source. La publicité de l'hypothèque n'était pas établie ; on offrait seulement un moyen d'accélérer la discussion des biens d'un débiteur et de faire connaître un peu plus tôt aux créanciers ceux d'entre eux qui devenaient ses victimes ; les hommes immoraux, accoutumés à en imposer par leur faste et leur assurance, avaient toujours la même facilité de tromper les hommes crédules et de les précipiter dans l'abîme.

Dans les parties de la France assez heureuses pour jouir sur cette matière d'une législation plus saine, les parlemens opposèrent à la publication de l'édit de 1771 cette résistance qui prenait à la vérité sa racine dans un vice du gouvernement, mais qui, dans l'État sous lequel on vivait alors, pouvait être quelquefois utile.

Le parlement de Flandre déclara qu'il regardait *la publicité des hypothèques comme le chef-d'œuvre de la sagesse, comme*

(a) Les lettres de ratification furent substituées, par l'édit de 1771, aux décrets volontaires ; ces deux mesures étaient également insuffisantes, puisqu'elles ne donnaient aux parties contractantes aucun moyen de connaître leur état.

le sceau, l'appui et la sûreté des propriétés, comme un droit fondamental dont l'usage avait produit dans tous les temps les plus heureux effets, et avait établi autant de confiance que de facilité dans les affaires que les peuples belges traitent entre eux. Par cette forme, toutes les charges et hypothèques étaient mises à découvert; rien n'était plus aisé que de s'assurer de l'état de chaque immeuble par la seule inspection des registres.

Les hypothèques, ajoutait le parlement, *se conservent de la même manière dans les Pays-Bas français, autrichiens, hollandais et dans le pays de Liége, et les peuples de ces différentes dominations font entre eux une infinité d'affaires avec une confiance entière.*

Pense-t-on avoir affaibli le poids de cette autorité, fondée sur l'expérience de tant de siècles et de tant de peuples, quand on a dit que les formes pratiquées en Flandre tenaient au système de la féodalité si justement proscrite?

Dans notre ancien droit français, on ne pouvait acquérir sur des immeubles aucun droit de propriété ou d'hypothèque que par la voie du nantissement; l'acquéreur ou le créancier étaient saisis, ou par les officiers du seigneur, ou par les juges royaux dans le ressort desquels était le bien vendu ou hypothéqué.

Ces formalités, jugées depuis inutiles, ne s'étaient conservées que dans quelques coutumes : le nantissement s'y effectuait devant les juges; mais il était si peu un accessoire nécessaire de la féodalité, qu'il avait cessé d'avoir lieu dans la plus grande partie de la France, asservie néanmoins au joug féodal; et Louis XV, qui ne voulait pas certainement relâcher ce joug, prétendit cependant, par son édit de juin 1771, et par sa déclaration du 23 juin de l'année suivante, abroger partout l'usage des nantissemens.

Qu'on cesse donc d'appeler sur un système de publicité d'hypothèques la défaveur acquise au système féodal, totalement étranger à l'objet qui nous occupe.

On gémissait encore sous l'empire de l'hypothèque occulte

lorsque la France se réveilla d'un long assoupissement ; elle voulut, et à l'instant s'écroula une vieille masse d'erreurs qui, depuis long-temps, n'était soutenue que par une habitude de respect dont on ne s'était pas encore rendu compte. Heureux, si des génies malfaisans n'avaient pas quelquefois égaré notre marche, et si chaque jour, témoin de la destruction de quelque institution avilie, avait pu éclairer aussi son remplacement par une institution plus saine !

Toutes les branches de la législation durent être soumises à la discussion. Le régime hypothécaire occupa toutes les assemblées politiques ; les recherches les plus profondes, les discussions les plus vives amenèrent enfin la loi du 11 brumaire de l'an VII.

Je n'en examine pas les détails dans ce moment ; il me suffit d'annoncer qu'elle repose sur deux bases, la publicité et la spécialité ; c'est-à-dire que d'après cette loi un dépôt public renferme toutes les affectations dont un immeuble est grevé, et que les affectations doivent être spéciales pour mettre le créancier en état de s'assurer de la valeur et de la liberté du gage. C'était notre droit ancien, heureusement conservé dans quelques provinces ; ce droit, que plusieurs fois on tenta vainement de rétablir, que Colbert avait sollicité, que les auteurs les plus instruits en cette partie avaient provoqué (a), dont on ne put se dissimuler les avantages, même à l'instant où il succombait sous l'intrigue (b), que quelques provinces enfin avaient conservé malgré l'édit de 1771.

Les bases de la loi que propose le gouvernement sont celles de la loi du 11 brumaire : nous avons pris un juste milieu

---

(a) Voyez d'Héricourt, *Traité de la Vente des immeubles*, chap. 14, vers la fin.

(b) Dans l'édit d'avril 1674, portant suppression des greffes d'enregistrement créés par l'édit de mars 1673, on lit :

« Quoique nos sujets puissent recevoir de très-considérables avantages de son exécution ; néanmoins comme il arrive ordinairement que les règlemens les plus utiles ont leurs difficultés dans leur premier établissement, et qu'il s'en rencontre dans celui-ci qui ne peuvent être surmontées dans un temps où nous sommes obligés de donner notre application principale aux affaires de la guerre, etc. »

entre l'usage de ces marques extérieures apposées sur des héritages affectés, qui plaçaient à tous les instans et sous les yeux de tous la situation affligeante d'un citoyen, et cette obscurité fatale qui livrait sans défense la bonne foi à l'intrigue et à la perversité.

2134 Les actes produisant hypothèque seront inscrits dans un registre, et les personnes intéressées pourront vérifier si le gage qu'on leur propose est libre, ou jusqu'à quel point il peut être affecté.

Mais ce principe ne doit-il pas éprouver quelques modifications? Peu de maximes sont également bonnes et applicables dans tous les cas. En général tous les systèmes sont assis sur quelque vérité; celui qui ne porterait que sur des erreurs ne serait pas à craindre, il n'aurait pas de partisans : c'est le mélange adroit de l'erreur avec la vérité qui est en effet dangereux; c'est l'exagération des conséquences qui corrompt tout. Quelle sagacité ne faut-il pas souvent pour discerner le vrai de ce qui n'en a que l'apparence, et pour renfermer l'application d'un principe dans les bornes qu'elle doit avoir? Examinons si dans tous les cas le défaut d'inscription doit nécessairement empêcher l'effet de l'hypothèque.

2116 L'hypothèque peut s'établir de trois manières.

2117 Deux personnes se donnent respectivement dans un acte authentique des sûretés pour la garantie de leurs conventions. C'est le cas le plus ordinaire : voilà l'hypothèque conventionnelle.

On obtient des condamnations contre un citoyen; les jugemens ont un caractère qui ne permet pas de leur accorder moins d'effet qu'à des contrats authentiques : voilà l'hypothèque judiciaire.

Enfin il est une autre espèce d'hypothèque que la loi donne à des personnes ou à des établissemens qui méritent une protection spéciale; c'est l'hypothèque légale.

2134 L'hypothèque conventionnelle doit être nécessairement rendue publique par l'inscription, afin qu'on ne puisse pas tromper sans cesse les citoyens en leur donnant pour gage des immeubles cent fois absorbés par des dettes antérieures.

Cette hypothèque ne peut frapper que les biens que les contractans y ont soumis spécialement, parce qu'ils sont les seuls juges des sûretés qui leur sont nécessaires ; la formalité de l'inscription ne peut jamais leur nuire, et l'ordre public la réclame pour le bien de la société.

L'hypothèque judiciaire doit aussi acquérir la publicité par l'inscription ; aucun motif raisonnable ne sollicite d'exception pour elle : mais il est juste que celui qui a obtenu une condamnation puisse prendre son inscription sur chacun des immeubles appartenant au condamné, même sur ceux qu'il pourra acquérir, s'il en a besoin pour l'exécution totale de la condamnation qu'il a obtenue.

On ne peut pas dire dans ce cas, comme dans le cas de l'hypothèque conventionnelle, que les parties ont réglé la mesure du gage ; les tribunaux condamnent, et leurs jugemens sont exécutoires sur tous les biens du condamné.

Quant à l'hypothèque légale, elle est donnée à trois sortes de personnes :

Aux femmes, sur les biens des maris pour la conservation de leurs dots, reprises et conventions matrimoniales ;

Aux mineurs et aux interdits, sur les biens des tuteurs à raison de leur gestion ;

A la nation, aux communes et aux établissemens publics, sur les biens de leurs receveurs et administrateurs comptables.

Une première observation s'applique à ces trois espèces d'hypothèques. Elles résultent de la loi ; elles ne doivent donc pas avoir moins d'effet que l'hypothèque judiciaire, qui résulte des jugemens ; l'hypothèque légale pourra donc en général être étendue sur tous les biens des maris, des tuteurs, des administrateurs.

Mais l'inscription sera-t-elle nécessaire pour en assurer l'effet ?

Ici, nous avons cru devoir adopter une distinction tirée de

la différente position de ceux à qui la loi a donné l'hypothèque.

La femme, les mineurs, les interdits sont dans une impuissance d'agir qui souvent ne leur permettrait pas de remplir les formes auxquelles la loi attache le caractère de la publicité : perdront-ils leur hypothèque, parce que ces formes n'auront pas été remplies? Serait-il juste de les punir d'une faute qui ne serait pas la leur?

Le mari, le tuteur, chargés de prendre les inscriptions sur leurs propres biens, ne peuvent-ils pas avoir un intérêt à s'abstenir de cette obligation? En ne leur supposant pas d'intérêt contraire à celui de la femme ou des mineurs, ne peuvent-ils pas se rendre coupables de négligence? Sur qui retombera le poids de sa faute? Sur le mari, dira-t-on, ou sur le tuteur, qui, sans difficulté, sont responsables de toutes les suites de leurs prévarications ou de leur insouciance. Mais le mari et le tuteur peuvent être insolvables, et le recours contre eux fort inutile : quel est celui qui se trouvera réduit à ce triste recours, ou de la femme et du mineur, ou des tiers qui, ne voyant pas d'inscriptions prises sur les biens du mari ou du tuteur, auraient contracté avec eux?

Nous avons pensé que l'hypothèque de la femme ou du mineur ne pouvait pas être perdue, parce que ceux qui devaient prendre des inscriptions ne les auraient pas prises, et nous avons été conduits à ce résultat par une considération qui nous a paru sans réplique.

Les femmes, les mineurs ne peuvent agir : le défaut d'inscription ne peut donc leur attirer aucune espèce de reproche. Celui qui a traité avec le mari ou avec le tuteur en est-il aussi parfaitement exempt? Il a dû s'instruire de l'état de celui avec qui il traitait ; il a pu savoir qu'il était marié ou tuteur : il est donc coupable d'un peu de négligence ; c'est donc à lui qu'il faut réserver le recours contre le mari ou le tuteur, et l'hypothèque de la femme ou du mineur ne doit pas être perdue pour eux, puisque enfin seuls ils sont ici sans reproche : le défaut d'inscription ne leur sera donc pas opposé ; c'est un changement aux dispositions de la loi du 11 brumaire an VII : mais ce changement est une amélioration, puisqu'il est sollicité par les règles d'une exacte justice.

Au reste, à côté de cette disposition qui ne permet pas d'opposer aux femmes et aux mineurs le défaut d'inscription, nous avons placé toutes les mesures coercitives contre les maris et les tuteurs, pour les forcer à prendre les inscriptions que la loi ordonne : s'il a été juste de protéger la faiblesse des mineurs et des femmes, il n'a pas été moins convenable, moins nécessaire de pourvoir à ce que des tiers ne fussent pas trompés.

Les maris et les tuteurs qui n'auront pas fait les inscriptions ordonnées, et qui ne déclareront pas à ceux avec qui ils traitent les charges dont leurs biens sont grevés à raison de la tutelle ou du mariage, seront poursuivis comme stellionataires. Les parens de la femme et des mineurs demeurent chargés de veiller à ce que les inscriptions soient prises : ce devoir est aussi imposé au commissaire du gouvernement. Enfin on n'a rien omis pour s'assurer que les registres du conservateur présenteront au public l'état des charges dont les immeubles des maris et des tuteurs seront grevés. Les inscriptions seront toujours prises, nous avons lieu de l'espérer ; mais si elles ne l'étaient pas, celui qui aurait contracté avec un homme marié ou avec un tuteur ne pourrait pas être présumé avoir ignoré leur état ; il aurait su qu'il pouvait exister sur leurs immeubles des charges, quoiqu'il n'en eût pas trouvé de traces sur les registres du conservateur, et s'il n'avait pas apporté dans sa conduite une sage circonspection, c'est sur lui seul que devraient retomber les suites de son imprudence.

La faveur attachée à l'état de femme mariée, de minorité ou d'interdiction, a-t-on dû l'attacher à la nation, aux communes et aux établissemens publics ? Nous ne le pensons pas. La loi leur donne une hypothèque sur les biens de leurs agens comptables ; mais, pour avoir le droit de l'opposer à des tiers, il faut la rendre publique par l'inscription sur les immeubles qui en sont grevés.

Si l'hypothèque des femmes, des mineurs et des interdits n'est pas perdue par le défaut d'inscription, c'est, comme nous l'avons déjà dit, parce qu'ils sont dans l'impuissance d'agir, et qu'on ne doit pas les punir quand il n'y a pas de faute de leur part : cette exception leur est particulière.

La nation a sur tous les points de la République des préposés qu'on ne peut supposer sans connaissance et sans zèle ; le choix du gouvernement garantit dans leurs personnes une intelligence au-dessus ou du moins égale à l'intelligence commune, et la surveillance des premiers administrateurs ne peut pas laisser craindre l'assoupissement des agens subalternes.

A Dieu ne plaise que je méconnaisse toute la faveur qui est due au trésor public ; que dans un gouvernement où le peuple ne serait compté pour rien, où l'administration couvrirait ses opérations d'un voile impénétrable, où l'emploi des deniers publics serait un profond mystère, le mot seul de fisc dût inspirer la défiance et l'effroi ! cela peut être : mais dans une nation dont le gouvernement n'exerce que l'autorité légitime qui lui fut déléguée par le peuple, lorsque des comptes annuels instruisent des besoins, des ressources et de leur emploi, le trésor public est nécessairement environné d'une grande faveur ; elle ne doit cependant pas être portée au point d'en faire un être privilégié et revêtu de droits exorbitans. Tout privilége est pénible pour ceux qui ne le partagent pas ; il est odieux quand il n'est pas nécessaire : or, nous n'avons vu aucune raison sans réplique qui dût affranchir de l'inscription les hypothèques sur les comptables. Je dirai plus, jamais privilége sur ce point ne fut moins nécessaire que dans le régime hypothécaire actuel ; car enfin, on n'a qu'un registre à consulter pour savoir si le bien présenté pour gage est libre ou non, et les agens du gouvernement ont aussi, par l'inspection du rôle des contributions, un moyen facile de connaître, au moins à peu près, la valeur du gage.

Nous n'avons pas dû par conséquent proposer de soustraire à la nécessité de l'inscription les hypothèques sur les biens des comptables. Le trésor public ne sera pas plus avantagé que les citoyens; le gouvernement s'honore d'avoir placé ce principe libéral dans le code de la nation; elle est soumise par le même motif aux délais ordinaires de la prescription. Quel citoyen pourrait regretter ensuite d'observer une loi dont le gouvernement lui-même n'est pas affranchi?

J'ai cru, législateurs, devoir présenter avec quelques développemens les bases de la loi qui vous est proposée; je vais actuellement m'occuper des attaques qu'on lui a livrées. Lorsque j'aurai répondu aux objections, le projet sera suffisamment motivé; car les principes une fois admis, les conséquences de détail ne sont plus contestées. *tit. 13.*

On a d'abord opposé au projet une prétendue tache de bursalité qui, dit-on, a déjà fait plusieurs fois écarter différentes tentatives pour établir un dépôt des actes produisant hypothèque. La tache de bursalité se tire de quelques droits qu'on paie pour les transcriptions ou inscriptions des actes.

Ici je vous prie de ne pas confondre la mesure proposée avec le mode d'exécution.

La mesure est-elle bonne? Je crois l'avoir démontré, et l'objection ne suppose pas le contraire.

Que prétend-on ensuite quand on dénonce la mesure comme bursale? Veut-on dire que l'inscription devrait être faite gratuitement? Mais, dans ce cas, il faudrait que le gouvernement salariât les employés : il ne pourrait les salarier qu'avec des fonds qui lui seraient fournis; il faudrait donc un impôt particulier pour cet objet.

Prétend-on qu'il serait préférable de prélever cet impôt sur tous les citoyens, et de ne pas le prendre sur les seules parties intéressées? Je doute que cette opinion trouve des partisans.

Veut-on dire que le droit qu'on exigera sera trop fort?

Mais il n'est pas question de le fixer dans le projet qui vous est soumis : ce n'est pas dans un Code civil qu'on doit placer une disposition bursale; ce droit doit être établi par la loi, c'est-à-dire par l'autorité qui sanctionne toutes les contributions, et qui, dans tous les cas, ne doit accorder et n'accorde certainement que ce qui est nécessaire.

Il faut donc écarter cette singulière objection, qui consiste à combattre une chose bonne en elle-même par l'abus possible dans la manière de l'exécuter; comme si cette exécution pouvait être arbitraire de la part du gouvernement.

Mais on attaque le système par le fondement.

« La mesure de l'inscription est, dit-on, insuffisante pour atteindre le but qu'on se propose. Elle est insuffisante par plusieurs motifs.

« Ne pourra-t-on pas, dans l'intervalle de temps qui s'écoulera nécessairement entre le moment de la passation de l'acte, et l'instant où il sera inscrit, prendre des inscriptions qui absorberont la totalité du gage? Le créancier n'aura donc plus de sûretés.

« D'ailleurs il y a des hypothèques dont l'objet est nécessairement indéterminé. Dans un acte de vente, par exemple, le vendeur s'oblige à la garantie ; quelle sera la mesure d'un pareil engagement, et comment pourra-t-on prendre une inscription pour en assurer l'effet?

« Enfin un créancier voudra toujours la sûreté la plus entière : il demandera l'affectation de tous les biens de son débiteur, et la spécialité de l'hypothèque ne sera qu'une chimère. »

Reprenons chaque partie de cette objection. Observons cependant que rien de tout ce que vous venez d'entendre n'attaque le fond du système; on ne prouve pas que la publicité de l'hypothèque ne soit pas bonne en elle-même, que la spécialité ne soit pas désirable : il résulterait seulement de l'objection que ces deux bases ne produiront pas tout le bien qu'on croit devoir en attendre.

Je ne nierai pas qu'il soit possible qu'entre le moment où se passe un contrat, et celui où l'inscription est faite, il puisse arriver que des tiers auront pris, ou de bonne foi, ou frauduleusement, des inscriptions qui auront le mérite de l'antériorité.

Mais doit-on supposer que la personne qui contracte cachera ses engagemens antérieurs par un mensonge qui serait nécessairement mis à découvert au bout de quelques jours?

Rien d'ailleurs n'est plus facile que de se mettre à l'abri des suites de ce mensonge très-improbable : on peut convenir que l'acte n'aura d'effet que dans un délai suffisant pour obtenir l'inscription, et que, dans le cas d'une inscription antérieure, il demeurera nul.

Enfin, en supposant à l'objection toute la force dont elle est dépourvue, il en résulterait que des parties pourraient éprouver quelques jours d'inquiétude, et cela est sans contredit préférable à l'incertitude perpétuelle dans laquelle on est retenu dans le système des hypothèques occultes.

Quant aux hypothèques indéterminées ou conditionnelles, l'objection qu'on tire de leur qualité n'a pas plus de réalité que la précédente.

Rien n'empêcherait de prendre inscription pour des créances indéterminées, et les tiers seraient du moins avertis qu'un héritage est affecté à des engagemens antérieurs : ce serait déjà un avantage ; on prendrait des renseignemens sur la mesure de ces engagemens, ou, si on ne les prenait pas, on ne pourrait imputer qu'à soi, à son insouciance, les préjudices qu'on éprouverait dans la suite.

Mais pourquoi ne forcerait-on pas le créancier qui veut s'inscrire pour une obligation indéterminée à déclarer une valeur estimative d'après laquelle serait faite l'inscription? Voilà l'objection résolue.

On dira peut-être que le créancier fera une évaluation trop forte : cela est possible ; mais pourquoi ne donnerait-on pas dans ce cas au débiteur le droit de la faire réduire?

C'est ce que propose le projet, et il trace aux tribunaux des règles faites pour concilier l'intérêt du créancier qui veut des sûretés, et l'intérêt du débiteur qui ne voudrait donner que celles qui sont nécessaires.

Ainsi disparaissent des objections qui, en leur supposant un peu de réalité, n'attaqueraient pas même le fond du système.

2129 *Mais le créancier voudra toujours la sûreté la plus ample : il fait la loi, il exigera l'affectation de tous les biens du débiteur, et la spécialité ne produira aucun effet.*

Cette objection, si elle était fondée, prouverait seulement tout au plus qu'on ne tirera pas de la spécialité tout l'avantage qu'elle semble présenter au premier coup d'œil.

Est-il bien vrai, au surplus, qu'un créancier voudra toujours qu'on affecte tous les biens que possédera le débiteur qui, dit-on, pour obtenir dix mille francs, sera forcé de donner hypothèque sur cent mille francs?

Il y a ici beaucoup d'exagération : certainement un créancier veut une sûreté ample et entière, et il a raison; mais quand on la lui donne il est satisfait; je parle de ce qui arrive communément, et non pas de ce que peuvent vouloir quelques esprits inquiets outre mesure, et qui sont heureusement fort rares.

Mais quand il serait vrai qu'un créancier voudra une hypothèque sur deux immeubles lorsqu'un seul devrait suffire, il y a toujours de l'avantage dans le système de la loi proposée. Les tiers seront avertis de l'engagement antérieur, et le débiteur ne sera cependant pas pour cela plus grevé, parce que les deux immeubles, ne se trouvant affectés l'un et l'autre qu'à la même dette, présenteront toujours la même portion de biens libres qu'ils présenteraient si l'un des deux seulement en était grevé; le débiteur ne serait donc pas sacrifié, même dans le cas d'une exigence excessive de la part du créancier; et l'avantage de la publicité pour les tiers serait toujours incontestable.

On élève contre nos bases des objections d'une autre nature, et qui seraient alarmantes en effet si elles avaient la moindre réalité.

« *La spécialité des hypothèques est incompatible*, dit-on, avec
« *le droit de propriété.*

« *Quiconque s'est obligé personnellement, est tenu de remplir*
« *son engagement sur tous ses biens mobiliers et immobiliers,*
« *présens et à venir. Le crédit du citoyen se compose non seu-*
« *lement des biens qu'il a déjà, mais encore de ceux qu'il pourra*
« *acquérir. De quel droit proposons-nous de réduire l'action du*
« *créancier et de la restreindre à certains biens ? De quel droit*
« *voulons-nous interdire à un citoyen le crédit qu'il peut obtenir*
« *sur les biens qu'il pourra acquérir dans la suite ? C'est de notre*
« *part une atteinte directe à la propriété.* »

Il serait bien extraordinaire que le gouvernement, qui montre tous les jours un respect si scrupuleux pour les droits de propriété, se fût abusé au point de vous proposer d'y porter quelque atteinte, à vous, législateurs, qui, dans toutes les lois émanées de vous, avez établi cette même propriété sur des fondemens inébranlables.

Rassurez-vous, cette objection n'a pas plus de réalité que les précédentes ; elle ne porte que sur un jeu de mots.

Celui qui est obligé doit remplir ses engagemens sur tous ses biens, rien de plus vrai ; et cela signifie que tant qu'il lui reste quelque bien il est soumis à l'action et aux poursuites de son créancier.

Mais l'obligation et l'hypothèque sont deux choses tout-à-fait différentes. Celui qui est obligé par un acte sous signature privée est tenu de remplir son engagement sur tous ses biens mobiliers, immobiliers, présens et à venir, et cependant aucun de ses biens n'est hypothéqué à son engagement.

L'hypothèque est pour le créancier une sûreté particulière sur un immeuble ; mais l'obligation du débiteur est indépendante de cette sûreté ; elle peut exister avec ou sans hypothèque. On ne porte donc aucune atteinte à la propriété, quand on dit que l'hypothèque ne sera pas donnée par une clause générale, mais qu'elle sera spéciale sur un bien qu'on désignera : cela n'empêche pas le créancier de poursuivre le débiteur sur tous ses biens jusqu'à ce qu'il soit payé ; cela n'empêche même pas le débiteur d'affecter à une créance tous ses immeubles par des affectations spéciales. On ne proscrit que la clause d'affectation générale, sans désignation particulière, parce que cette clause ne présente aucune sûreté réelle, et qu'elle est le plus souvent un piége tendu à la bonne foi.

La défense d'hypothéquer en général les biens à venir est la conséquence de ce que je viens de dire.

2130 Tout ce que peut désirer un citoyen, c'est de pouvoir, quand ses facultés présentes sont trop faibles, donner à son créancier le droit de s'inscrire par la suite sur le premier ou le second immeuble qu'il acquerra : c'est une affectation spéciale qui se réalise par l'inscription, lorsque l'immeuble est acquis.

Le projet contient cette disposition, et vous pouvez juger par là que si le gouvernement a voulu pourvoir à ce que les créanciers ne fussent pas exposés aux suites de la mauvaise foi d'un débiteur, il a pourvu avec le même soin à ce que le débiteur ne fût pas la victime des circonstances malheureuses dans lesquelles il pourrait se trouver, et il lui conserve son crédit entier et sans la moindre altération.

J'ai fait de grands pas dans la carrière, et les objections qui me restent à résoudre méritent à peine d'être réfutées.

2134-2196 *La publicité viole le secret des familles !* Je conçois que si nous voulions rétablir les signes perpétuels et visibles sur les immeubles d'un débiteur, il pourrait en être alarmé ; mais le dépôt des hypothèques n'est pas affiché ou exposé à tous les regards ; il s'ouvre à ceux qui ont besoin et intérêt de le connaître : depuis cinq ans qu'il existe, nous n'avons entendu aucune plainte contre les abus de cette institution : nous n'avons pas appris que la seule curiosité en ait sollicité l'entrée ; et si le débiteur pouvait être affligé de ce que ses engagemens y reposent, cet inconvénient serait, après tout, bien léger en comparaison des maux que nous a faits la clandestinité des hypothèques.

La publicité des hypothèques altère le crédit et nuit à la circulation!

Renfermons ce reproche dans ses justes limites. Il est possible que l'espèce de circulation qui porte la fortune de l'homme de bonne foi dans la main de l'homme astucieux et immoral soit diminuée par cette publicité, et c'est un des grands avantages du projet : car la République ne gagne rien ; elle perd, au contraire, quand le fripon s'enrichit en trompant l'honnête homme.

Mais le crédit de tous les hommes qui ne sont pas dans la classe de ceux dont je viens de parler augmentera nécessairement. Le crédit se compose de l'opinion qu'on se forme sur la moralité d'un homme et sur sa fortune, et l'on traite bien plus facilement avec celui qui laisse moins de doute sur l'une et sur l'autre.

Le résultat de la loi doit être nécessairement une diminution du crédit des hommes sans foi, et cette diminution tournera au profit de la loyauté.

Au reste, vous voyez, législateurs, qu'il ne s'agit ici nullement du crédit des commerçans. Ce n'est pas sur leurs immeubles qu'on leur prête, mais sur leur réputation d'intelligence et de probité ; on ne demande pas d'hypothèque pour les fonds qu'on place dans le commerce ; on s'y détermine par d'autres combinaisons, par la perspective d'un intérêt plus fort, d'une rentrée plus prompte, des voies d'exécution plus rigoureuses. Et quand il serait vrai, ce que je ne crois nullement, que quelque petite portion des fonds qu'on aurait destinés au commerce se trouvât arrêtée par le régime proposé, qui oserait prononcer que ces fonds versés dans l'agriculture ne seraient pas utilement employés pour la République ?

Au moins, dit-on, *on ne peut pas désavouer que l'inscription des hypothèques légales est inutile ; car c'est la loi qui donne cette hypothèque ; elle ne peut donc pas se perdre par un défaut de formalité.*

Vous ne verrez encore ici, législateurs, qu'un abus de l'art de raisonner.

Toutes les actions reposent sur la loi ; elles périssent toutes cependant lorsqu'on ne les exerce pas dans un temps utile, ou lorsqu'on ne les exerce pas dans les formes prescrites.

La loi donne le droit, on tient d'elle le pouvoir d'agir ; mais d'autres lois en règlent le mode, et elles ne sont pas moins respectables, et ne doivent pas être moins respectées que la loi qui a donné le droit.

Une convention aussi est une loi pour les parties ; elle ne les oblige pas moins fortement que la loi publique : cependant l'hypothèque conventionnelle doit être suivie d'inscription pour produire son effet.

La loi qui donne l'hypothèque pourvoit à la sûreté d'une personne, et tient lieu d'une convention ; la loi qui attache l'effet de l'hypothèque à l'inscription pourvoit à l'intérêt général.

2135. Si nous avons proposé une exception pour l'hypothèque des femmes et des mineurs ou interdits, c'est par un motif d'une autre nature, et qui leur est particulier ; la perte de leur hypothèque pour le défaut d'inscription les punirait d'une faute qui leur est étrangère : il a donc fallu en rejeter toutes les suites sur les maris et les tuteurs, ou même sur les tiers qui ont traité avec eux, parce que les premiers ont à se reprocher de la prévarication, ou du moins de la négligence, et les derniers au moins de l'imprudence, pendant que les femmes et les pupilles sont bien évidemment exempts de tout reproche.

Dans une matière aussi importante, je ne dois laisser aucune objection sans réponse : il en est une tirée des oublis, des erreurs ou des prévarications dont les conservateurs peuvent se rendre coupables : *Ils ne feront pas mention, dans leurs registres ou dans leurs certificats, de toutes les inscriptions; et soit qu'il y ait de leur part prévarication ou simplement oubli, le créancier se trouvera déchu; sauf son recours contre ce fonctionnaire, qui peut-être ne sera pas solvable.*

Je réponds que cet inconvénient existe dans tous les systèmes et dans tous les établissemens : un huissier peut oublier de signer un exploit, et entraîner par cet oubli la perte d'une action, perte qui sera souvent irréparable.

Un notaire peut faire une nullité dans un testament qui aurait assuré des millions au légataire, ou dans tout autre acte très-important.

Un avoué peut laisser écouler le délai d'opposition à un jugement par défaut, et opérer ainsi la ruine d'une famille entière.

Faut-il pour cela supprimer les huissiers, les notaires, les avoués ? La loi ne suppose pas ces événemens, qui sont possibles, mais qui n'arrivent pas.

Le conservateur, l'huissier, l'avoué, le notaire ne s'exposent pas ainsi à perdre en un instant leur état, leur honneur, leur fortune, et les citoyens dorment heureusement en paix, sans se tourmenter de ces possibilités qui, ne se réalisant pas une fois dans un siècle, ne doivent pas entrer dans les calculs du législateur. Nous avons établi des règles claires, précises et sévères pour assurer une tenue exacte des registres, et une grande fidélité dans les extraits qui en seront délivrés : c'est tout ce que nous pouvions faire.

Enfin il ne reste aux partisans de l'hypothèque occulte que l'autorité des Romains, *nos maîtres en législation*.

Je sais tout le respect que méritent les lois romaines; mais, sans me jeter ici dans les justes considérations qui pourraient affaiblir notre vénération, au moins pour quelques parties, je dirai que lorsqu'il s'agit d'opinions, je ne donne à l'autorité, quelle qu'elle soit, que l'avantage de commander un examen plus réfléchi et une méditation plus grande. Nous ne connaissons pas de respect servile ; et ces profonds jurisconsultes dont tant de fois nous avons admiré le savoir et la pénétration s'indigneraient eux-mêmes d'un hommage qui ne serait rendu qu'à leur nom.

Ils ont été quelquefois nos guides ; mais ce n'est pas à leur autorité que nous avons cédé, c'est à leur raison.

Vous vous êtes déjà plusieurs fois écartés de leurs décisions, et votre sagesse ne s'est pas moins manifestée dans ces occasions que dans celles où vous avez adopté le texte des lois romaines.

Sans parler des dispositions qui peuvent être convenables dans un temps, et qui cessent de l'être lorsque les circonstances ne sont plus les mêmes, il est des choses qui ne peuvent jamais être bonnes, et que ni le temps ni l'autorité ne peuvent justifier. Je n'hésite pas à mettre dans cette classe les hypothèques occultes, et je crois avoir suffisamment démontré leurs inconvéniens.

Les principes de la loi une fois justifiés, les dispositions de détail dont vous entendrez la lecture ne sont pas susceptibles d'être contestées, parce qu'elles en sont les conséquences nécessaires.

Je ne m'arrêterai pas à vous retracer tout ce qui concerne, soit le mode d'inscription, le lieu où elle doit être faite, la manière d'en obtenir la radiation; soit la forme, la tenue et la publicité des registres, soit les devoirs des conservateurs et leur responsabilité. Si l'on a pu être divisé sur le fond, on ne l'a pas été sur ces détails. Leur nécessité se fait sentir à la simple lecture.

Je ne fixerai votre attention que sur un petit nombre d'articles qu'il convient de signaler pour vous faire connaître la loi dans toutes ses parties.

Les motifs qui ont fait maintenir l'hypothèque des femmes et des mineurs ou des interdits, malgré le défaut d'inscription, vous ont déjà été développés; nous avons été conduits à ce résultat par des considérations d'une justice exacte. Cependant nous n'avons pu nous dissimuler d'un autre côté que s'il avait été convenable de protéger la faiblesse des femmes et des mineurs, il était aussi du devoir rigoureux d'un législateur de garantir les autres citoyens de toute surprise ; nous avons encore pensé qu'il ne fallait pas enchaîner les maris et les tuteurs au-delà d'une juste nécessité : c'est le seul moyen de ne pas leur rendre odieuses leurs obligations. De toutes les manières d'assurer l'exécution d'une loi, la plus efficace sans contredit est celle de ne pas en outrer les conséquences.

C'est dans cet esprit, et même en consultant l'intérêt bien entendu des femmes, que nous avons permis aux contractans majeurs de convenir en se mariant que les inscriptions pour la sûreté des conventions matrimoniales ne seraient prises que sur certains immeubles spécialement désignés, et que les autres immeubles appartenant au mari resteraient libres.

Cette disposition n'est pas nouvelle ; elle remplace la disposition usitée, par laquelle on permettait, dans le contrat de mariage, à un mari d'aliéner librement une partie de ses immeubles.

Au moment où deux familles jurent entre elles une alliance qui doit être éternelle, elles ont sans contredit le droit d'en régler les articles suivant leur volonté et leur intérêt ; c'est là une maxime déjà reconnue et sanctionnée par le Corps législatif. Il est une foule d'occasions où l'usage de cette liberté est infiniment utile à la femme elle-même, par les moyens qu'elle fournit au mari de développer son industrie et son activité.

Nous avons pensé qu'il convenait aussi de permettre aux parens réunis pour la nomination d'un tuteur de ne faire prendre inscription que sur une partie de ses immeubles ; l'interdiction absolue dont on le frappe en couvrant tous ses biens d'inscriptions peut quelquefois lui porter les plus grands préjudices. Conservons le bien des pupilles ; mais ne ruinons pas les tuteurs, s'il est possible. Il ne faut pas qu'une tutelle soit regardée comme un désastre ; elle est mal exercée quand elle est prise sous des augures aussi sinistres.

C'est à la famille assemblée, sous les yeux et par l'autorité du magistrat, à fixer la mesure des précautions qui peuvent être utiles, et à faire entrer pour quelque partie dans la balance la moralité, la bonne conduite et l'intelligence du tuteur.

<small>2143 2144</small> Lorsque le contrat de mariage ou l'acte de tutelle n'auront pas limité le nombre des inscriptions à prendre, faudra-t-il toujours, et sans aucune exception, que tous les biens des maris et des tuteurs demeurent grevés, lors même qu'une partie pourrait suffire, et au-delà, pour donner une ample sûreté?

Un homme peut n'avoir qu'un immeuble quand il se marie ou quand il est nommé tuteur : toute sa fortune est engagée. Depuis ce moment il succède ou il acquiert, par son industrie ou autrement, plusieurs autres immeubles. Le laissera-t-on dans l'impossibilité de disposer de la moindre partie, quelque avantage qui dût résulter pour lui d'une opération qu'il ne pourrait faire sans aliéner?

Nous ne le pensons pas; nous croyons au contraire que lorsque l'hypothèque sur tous les biens excède notoirement les sûretés nécessaires à la femme et au mineur, il est juste qu'il puisse s'opérer une réduction.

<small>Ib. et 2145</small> Mais cette faculté doit être environnée de précautions qui préviennent tous les abus. Ainsi un tuteur ne pourra former sa demande qu'après une autorisation précise de la famille; sa demande sera formée contre le subrogé tuteur, et elle sera jugée contradictoirement avec le commissaire du gouvernement.

Il en sera de même du mari; il ne pourra obtenir la réduction qu'avec le consentement de la femme et l'avis de quatre de ses plus proches parens, fort intéressés sans contredit à veiller à la conservation d'un patrimoine dont ils pourront hériter un jour; et c'est encore avec le commissaire du gouvernement que la demande sera instruite et jugée.

Ces dispositions sont faites pour calmer toute inquiétude sur les intérêts des femmes et des mineurs ou interdits ; elles leur assurent tout ce qui leur est dû, sans accabler les maris et les tuteurs sous le poids d'une chaîne trop pesante.

La date de l'hypothèque accordée aux femmes a aussi attiré toute notre attention.

Sans doute elles doivent avoir hypothèque du jour du mariage pour leurs dot et conventions matrimoniales. Mais l'hypothèque pour le remploi des propres aliénés, ou pour l'indemnité des dettes contractées dans le cours du mariage, doit-elle aussi remonter à cette époque? On le jugeait ainsi dans le ressort du parlement de Paris : d'autres cours supérieures avaient adopté une jurisprudence contraire, et ne donnaient l'hypothèque que du jour de l'événement qui en était le principe.

Cette décision nous a paru préférable. La rétroactivité de l'hypothèque pourrait devenir une source intarissable de fraudes. Un mari serait donc le maître de dépouiller ses créanciers légitimes en s'obligeant envers des prête-noms, et en faisant paraître sa femme dans ses obligations frauduleuses, pour lui donner une hypothèque du jour de son mariage ; il conserverait ainsi, sous le nom de sa femme, des propriétés qui ne devraient plus être les siennes. Nous avons mis un terme à cet abus en fixant l'hypothèque aux époques des obligations.

Je passe à un autre objet.

Les inscriptions, comme vous l'avez déjà vu, conservent les hypothèques ; il en résulte que l'héritage n'est transmis à un tiers qu'avec ses charges, dont le nouveau possesseur a pu facilement s'instruire ; mais il est juste de lui donner un moyen de libérer sa propriété. Un immeuble ne peut fournir de sûreté au-delà de sa valeur réelle ; ainsi, toutes les fois que cette valeur est donnée aux créanciers, l'immeuble doit rester libre.

472   DISCUSSIONS, MOTIFS, etc.

2083-2084   Il faut pourvoir cependant à ce que des créanciers aient réellement l'intégrité de leur gage, et qu'ils ne soient pas les victimes d'actes clandestins et frauduleux entre le vendeur et l'acquéreur.

Le projet y a pourvu. L'acquéreur qui voudra libérer sa propriété fera transcrire en entier son titre par le conservateur de l'arrondissement ; il sera tenu, dans les délais fixés, de notifier par extrait seulement aux créanciers son contrat et le tableau des charges, en leur offrant de payer toutes les dettes jusqu'à concurrence du prix.

J'observe en passant qu'en imposant l'obligation de notifier au créancier ce qu'il lui importe de savoir, nous avons réglé le mode de notification de manière à supprimer tous les frais inutiles (a).

2185   Les créanciers ont de leur côté le droit de surenchérir pendant un temps limité : c'est un moyen ouvert pour faire porter l'immeuble à sa juste valeur.

2086-2087   Si les créanciers provoquent la mise aux enchères, on procède suivant les formes usitées pour les expropriations ; mais s'ils n'usent pas de leurs droits, il est à présumer qu'ils n'ont pas à se plaindre du prix du contrat, et la valeur de l'immeuble demeure irrévocablement fixée : le nouveau propriétaire est libéré de toute charge en payant ou en consignant.

2193   Ce mode de dégager les propriétés est suffisant, sans doute, pour purger toutes les hypothèques inscrites ; mais il peut en exister qui ne le soient pas, celles de la femme et de pupilles dont le vendeur aurait la tutelle ; il faut bien qu'il y ait aussi possibilité de purger ces hypothèques comme les autres. L'é-

---

(a) La loi du 11 brumaire an VII a dû laisser aux créanciers qui avaient des hypothèques générales acquises suivant les lois antérieures, la faculté de les conserver en s'inscrivant, dans le délai fixé, sur tous les immeubles de leur débiteur. Ils ont usé de ce droit, et un grand nombre d'immeubles se trouve aujourd'hui grevé d'hypothèques bien au-delà de leur valeur.

Il n'en sera plus de même dans la suite au moyen de la spécialité des hypothèques, on ne prêtera sur un immeuble que jusqu'à concurrence de la sûreté qu'il pourra offrir ; les ordres seront plus simples et moins dispendieux.

dit de 1771 en donnait le moyen, et le projet qui vous est soumis serait incomplet s'il ne présentait pas à cet égard quelque disposition.

Un double intérêt a dû nous occuper ; l'intérêt de l'acquéreur et celui des hypothécaires. On a pourvu à l'acquéreur par les formalités qui le conduisent à sa libération, et aux hypothécaires en donnant une telle publicité à la vente qu'il sera impossible de supposer l'existence d'une hypothèque sur le bien vendu, s'il n'a pas été pris en effet d'inscription dans le délai que la loi a fixé.

Les nouveaux acquéreurs qui voudront purger les propriétés des hypothèques qu'ils pourraient craindre à raison de mariage ou de tutelle, quoiqu'il n'en existât aucune trace dans les registres du conservateur, seront tenus de déposer copie dûment collationnée de leur contrat au greffe du tribunal civil du lieu de la situation des biens.

Ils notifieront ce dépôt à la femme, s'il s'agit d'immeubles appartenant au mari ; au subrogé tuteur, s'il s'agit d'immeubles du tuteur, et toujours au commissaire du gouvernement.

Indépendamment de ce dépôt, un extrait du contrat sera affiché pendant deux mois dans l'auditoire du tribunal ; pendant ce temps, tous ceux à qui il est enjoint ou permis de prendre les inscriptions seront reçus à les requérir. S'il n'en a pas été pris dans ce délai, les immeubles passeront libres au nouveau propriétaire, parce qu'il sera constant qu'on n'a eu ni la volonté ni le droit d'en prendre.

Si au contraire il a été pris des inscriptions, chaque créancier sera employé à son *rang* dans l'ordre, et les inscriptions de ceux qui ne seraient pas employés en *rang* utile seront rayées.

C'est par ces moyens bien simples, mais très-efficaces, que nous avons su concilier les intérêts opposés de toutes les parties.

Il me reste, pour terminer tout ce qui concerne les hypothèques, à dire un mot de la manière dont elles s'éteignent.

Vous venez de voir par quelles formalités on peut parvenir à en débarrasser les propriétés ; l'hypothèque s'éteint aussi par l'anéantissement de l'obligation principale dont elle n'est que l'accessoire ;

Par le consentement ou la renonciation du créancier, toujours maître de renoncer aux droits qui lui sont acquis, et enfin par la prescription qui met un terme à toutes les actions, de quelque nature qu'elles puissent être.

Le désir d'exposer de suite tout ce qui concerne les hypothèques ne m'a pas permis jusqu'à cet instant de vous parler des priviléges ; ils forment cependant le premier chapitre du titre.

L'hypothèque est un droit qu'on tient d'une convention, d'un jugement, ou de la loi.

Le privilége au contraire est un droit qui dérive de la qualité et de la nature de la créance : ne nous abusons pas sur l'acception du mot *privilége* employé dans ce titre. Cette expression emporte ordinairement avec elle l'idée d'une faveur personnelle : ici elle signifie un droit acquis, fondé sur une justice rigoureuse, parce que la préférence donnée à celui qui l'exerce lui est due, soit parce qu'il a conservé ou amélioré la chose, soit parce qu'il en est encore en quelque manière le propriétaire, le paiement du prix, condition essentielle de la vente, ne lui ayant pas encore été fait, soit par d'autres motifs de la même force.

On peut avoir privilége sur les meubles ou sur les immeubles, et même sur les uns et les autres.

Les priviléges sur les meubles sont ou particuliers, c'est-à-dire sur certains meubles, comme celui des propriétaires sur les effets qui garnissent une maison ou une ferme, celui du voiturier pour ses frais de transport sur la chose voiturée, etc., ou généraux sur tous les meubles, comme les frais de justice, de dernière maladie, les salaires de domestiques, fournitures de subsistances pendant un temps déterminé :

ces créances sont sacrées en quelque manière, puisque c'est par elles que le débiteur a vécu, et c'est par ce motif qu'elles frappent également les meubles et les immeubles.

Quant au privilége sur les immeubles, il est acquis au vendeur pour son prix, ou à celui qui, ayant fourni les deniers de l'acquisition se trouve subrogé au vendeur, aux architectes et ouvriers qui ont reconstruit et réparé les choses, ou à ceux qui ont prêté les deniers pour les payer; enfin à des cohéritiers sur les immeubles d'une succession pour la garantie de leurs partages, parce que ces cohéritiers sont pour ainsi dire vendeurs les uns à l'égard des autres.

Le projet règle les formalités nécessaires pour acquérir le privilége; il ne présente rien de nouveau ni sur ce point, ni sur le nombre, ni sur l'ordre des priviléges.

Mais faudra-t-il aussi une inscription pour la conservation du privilége sur les immeubles?

Nous avons distingué dans les créances privilégiées celles pour frais de justice, de dernière maladie, funéraires, gages de domestiques et fournitures de subsistances, et nous n'avons pas cru qu'il fût ni convenable ni nécessaire de les soumettre à la formalité de l'inscription : ces créances en général ne sont pas considérables, et il n'est pas de vendeur qui ne sache ou ne doive savoir si le bien qu'il achète est grevé de cette espèce de charges.

A l'égard des autres créances privilégiées, elles doivent, sans contredit, être publiques par la voie de l'inscription; les tiers ne peuvent pas les supposer : le projet contient, sur ce point, des dispositions qui n'ont pas besoin d'être justifiées.

Suivaient ici les motifs sur l'expropriation forcée.

Les titres que nous vous présentons forment le complément du Code; l'hypothèque et l'expropriation sont les vrais garans de l'exécution de toute espèce de contrat, de toute transaction, de toute obligation, de quelque nature qu'elle puisse être. C'est, qu'il me soit permis de le dire, la clef de la voûte qui couronne cet immense édifice.

Le gouvernement l'a élevé avec une constance que n'ont pu altérer ni les embarras d'une administration immense, ni les soins d'une guerre qui nous fut si injustement déclarée, ni les complots obscurs et atroces dont un ennemi donne le honteux exemple chez les peuples civilisés.

Le calme du chef de la nation n'a pas été un seul instant troublé, ni son travail interrompu, et rien n'a été négligé de tout ce qui pouvait en assurer le succès.

Des jurisconsultes d'un savoir profond et d'une haute sagesse en avaient posé les premiers fondemens. Le tribunal de la nation, garant auprès d'elle de l'exécution de la loi, les tribunaux chargés de la pénible et éminente fonction de distribuer la justice en dernier ressort, ont transmis sur le projet le résultat de leurs savantes méditations.

Entouré de tant de lumières, dirigé par ce génie qui sait tout embrasser, le Conseil d'État en a discuté toutes les parties, sans préjugés, sans préventions, avec calme et maturité.

Les communications officieuses avec le Tribunat ont encore amené d'utiles et précieuses observations, et le fruit de tant de veilles et de méditations reçoit enfin de vous, par le caractère que vous lui imprimez, de nouveaux droits à la confiance, et de nouveaux titres au respect de tous les citoyens.

Le gouvernement le présente au peuple français et à notre siècle avec une noble assurance et sans inquiétude sur le jugement des nations et de la postérité.

COMMUNICATION OFFICIELLE AU TRIBUNAT.

Sur la communication officielle qui fut faite de ce projet au Tribunat, M. Grenier prononça le rapport suivant, le 26 pluviose an XII (16 février 1804.)

RAPPORT FAIT PAR LE TRIBUN GRENIER.

Tribuns, une loi constitutive d'un régime hypothécaire, conçue dans des vues propres à lui faire atteindre son but, est un des plus grands bienfaits du législateur. Elle met la morale en action en plaçant les hommes dans l'heureuse nécessité d'être justes : celui qui emprunte ne peut éluder le paiement, et celui qui échange ses capitaux contre des immeubles le fait avec sécurité.

De cette garantie des engagemens naissent naturellement et sans efforts tous les moyens d'exciter l'émulation et d'exercer l'industrie.

Chez un peuple où les citoyens ne se devraient rien il ne pourrait y avoir qu'une extrême pauvreté; c'est tout au plus si l'on pourrait y supposer quelque idée de civilisation. Ce peuple rappellerait les temps où toutes les transactions se consommaient par des échanges : il serait certainement dans un état d'infériorité et d'humiliation comparativement aux grandes sociétés, où l'on verrait l'agriculture et le commerce en vigueur.

L'homme est né pour le travail ; il est continuellement agité par le désir de développer ses facultés intellectuelles ; mais aussi il sent qu'il lui est impossible d'y parvenir s'il est réduit à ses propres ressources, s'il ne peut les réunir à celles des autres.

L'état le plus florissant sera donc celui où, sous les auspices d'une loi qui provoquera une réunion de moyens pécuniaires en protégeant le prêt, l'homme industrieux pourra attirer à lui des capitaux qui, en d'autres mains, eussent demeuré oisifs, et faire ainsi fructifier son commerce, ses fabriques, ses ateliers ; où celui qui voudra se livrer à l'agriculture, ou réaliser les fruits de ses économies ou de longs travaux qu'il ne peut plus continuer, pourra acheter avec sécurité des propriétés foncières.

Une loi qui assure tous ces avantages produit la baisse de l'intérêt, écarte l'usure, donne une nouvelle valeur aux propriétés territoriales : elle influe donc puissamment et sur le bonheur des individus ; et sur la prospérité publique.

Mais autant l'établissement d'un régime hypothécaire était désirable, autant il rencontra de difficultés et d'entraves. Les préjugés, les habitudes, les alarmes d'une classe de citoyens qui redoutaient la publicité de leurs dettes pour conserver la funeste facilité d'en contracter toujours de nouvelles, firent échouer les tentatives des hommes qui voulaient le bien et qui avaient le courage de le proposer.

Mais enfin les lumières se sont répandues, les préjugés se sont dissipés, toutes les volontés diverses qui tenaient à des attachemens pour des législations locales qui ont disparu sont fondues en une seule, qui est la volonté nationale ; et depuis long-temps l'établissement d'un régime hypothécaire est généralement regardé comme une de ces institutions bienfaisantes dont la société ne doit plus être privée.

Pour pouvoir apprécier le projet de loi qui est soumis à votre approbation, il est à propos, je dirai même indispensable, de connaître les législations qui ont eu lieu jusqu'à présent sur cette matière, sous les trois principaux rapports sous lesquels le projet de loi est conçu, savoir : la garantie des hypothèques, la facilité donnée au débiteur de pouvoir n'engager qu'une partie de ses biens en proportion des engagemens qu'il contracte, afin de conserver le surplus libre en cas de nécessité de nouveaux engagemens, et enfin la sûreté des acquisitions d'immeubles.

Je vais vous faire une analyse de ces législations aussi succinctement qu'il me sera possible ; la discussion pourra ensuite être abrégée : des faits sortiront naturellement les réflexions : on ne va jamais plus sûrement à son but que quand on connaît toutes les routes qui y conduisent ; on choisit la meilleure, ou l'on s'en fraie une nouvelle.

Il est difficile de parler de la législation française sans rappeler celle des Romains, qui en faisait les principaux élémens, même sur la matière qui nous occupe.

Les Romains furent dans les premiers temps ce que tout peuple est à son enfance. Les prêts y étaient modiques et peu fréquens : les noms des débiteurs et le montant de la somme prêtée étaient écrits sur des papiers domestiques, qui étaient plutôt des documens que des titres. Lorsque le débiteur s'acquittait, le nom était effacé et la créance était éteinte. On employait une forme dont la dénomination rappelait l'inscription sur le titre de ce qui était reçu en paiement, *acceptilatio* (a).

Mais lorsque la population s'accrut, lorsqu'il fallut ouvrir des canaux à l'industrie, ils en vinrent aux gages pour les choses mobilières, et à l'hypothèque pour les immeubles.

De la manière dont les hypothèques furent d'abord constituées, il y eut la plus grande sûreté pour les créanciers : cette sûreté, comme on va le voir, présentait même l'inconvénient d'être trop gênante pour celui qui empruntait.

Il faut d'abord observer que dans les premiers temps les Romains ne concevaient pas que la tradition d'un immeuble pût avoir lieu par le seul effet du pacte. Leur droit civil avait introduit l'usage de certaines formes symboliques pour marquer la transmission de la propriété : ces formes semblaient mettre en action la vente et la délivrance de la part de l'un, et la mise en possession de la part de l'autre. Elles devaient être accomplies en présence de cinq témoins (b).

Or les mêmes idées qu'avaient les Romains relativement

(a) De là vint la désignation des créances chez les Romains, sous l'expression *nomina*. Elle est restée dans leurs lois ; on la retrouve dans les écrits de leurs historiens, de leurs orateurs, et de leurs poètes. On lit dans Cicéron, *nomina sua expedire*, payer ses dettes. Tite-Live a dit *nomina sua transcribere in alios*, faire transport de ses créances. *Cautos nominibus certis expendere nummos.* Horace, première épître du livre II, v. 104. *Fraudator nomen cum locat sponsu improbo.* Phèdre, fable XVI. Et telle est l'origine de l'usage dans lequel les notaires, en France, ont été, jusqu'à nos jours, de dire, en parlant des créances, noms, droits, raisons et actions.

(b) C'est ce qui était connu dans l'ancien droit romain sous le nom de *mancipatio*. Sur ces formes on peut voir Heineccius, *Antiq. rom. ad Institut.*, liv. II, tit. VII, § XV ; Sigonius, *De antiquo jure romano*, chap. II ; et François Hotman, *Comment. verb. jur.* au mot *mancipatio*.

au mode de transmission de la propriété d'un fonds, ils les eurent par rapport à l'établissement d'un droit réel sur ce même fonds, tel que l'hypothèque. Ils ne se doutaient pas qu'elle pût être constituée autrement que par le délaissement du fonds au créancier de la part du débiteur, et qui devait durer jusqu'au remboursement de la dette. C'est ce qu'ils pratiquèrent (a); et dès lors le débiteur ne pouvait plus vendre ni hypothéquer le fonds qui n'était plus en son pouvoir, parce que soit la vente, soit l'hypothèque, ne pouvaient être réalisées que par une tradition actuelle. Il s'introduisit encore, toujours dans ces premiers temps, un autre usage, qui était de faire poser des affiches sur un poteau élevé dans le fonds hypothéqué. Ces affiches indiquaient la créance et le nom du créancier. En tout cela les Romains étaient imitateurs des Grecs ; ils tenaient d'eux et la chose et le nom (b).

Mais sous les empereurs il s'introduisit un nouveau droit. Le pacte seul opéra la tradition des fonds qui étaient vendus. Les anciennes formes de la vente furent abolies (c).

Ce changement, par rapport à la vente, influa nécessairement sur le mode de création de l'hypothèque : elle put être constituée par le simple effet de l'obligation, dont elle fut un accessoire.

Cependant elle ne pouvait d'abord être imprimée que sur les biens présens ; mais ensuite, en donnant au pacte toute l'étendue dont il était susceptible, il fut permis de stipuler l'hypothèque sur tous les biens présens et à venir du débi-

(a) De là est venue l'antichrèse, qui est restée dans le nouveau droit romain.
(b) Voyez Loyseau, du *Déguerpissement*, liv. III, chap. I ; Basnage, *Traité des hypothèques*, chap. I.
En France il y a eu un usage qui imitait celui des affiches ; mais il n'a jamais eu lieu que dans le cas des saisies-réelles pour parvenir à l'expropriation. On posait des *brandons* ou *pannonceaux* dans le fonds dont on poursuivait l'expropriation : on ne manquait jamais d'en faire mention dans la saisie.
(c) Voyez la loi unique au Code *De nudo jure Quiritium tollendo*, qui est de Justinien. Ces formalités tenaient à une ancienne distinction des choses, dont les unes étaient appelées *res mancipi*, et les autres *res nec mancipi* ; distinction qui fut abolie par Justinien, par la loi unique, au Code *De usucap. transform.*, et *de sublatâ differentiâ rerum mancipi et nec mancipi*.

teur. Les lois allèrent même jusqu'à vouloir que cette dernière hypothèque fût de droit, et qu'elle ne cessât que par une clause expresse.

Telle a été la législation hypothécaire dans la majeure partie de la France. Nous avons tous été témoins des effets désastreux d'une hypothèque aussi générale. Celui qui prêtait ne pouvait jamais calculer le degré de sûreté de sa créance, parce que les hypothèques n'étant pas publiques, il ne pouvait savoir si la sienne était ou non primée par d'autres, et dans quel rang il se trouverait, s'il fallait en venir à la discussion des biens du débiteur avec d'autres créanciers.

Si le débiteur vendait une partie de ses immeubles hypothéqués, tout créancier quelconque qui avait une créance avec hypothèque antérieure à cette vente pouvait exercer contre le tiers acquéreur une action en déclaration d'hypothèque, dont le but était de faire vendre l'objet vendu. Un créancier antérieur en hypothèque pouvait intervenir et demander la préférence. Le tiers acquéreur exerçait son recours contre le vendeur ou contre d'autres tiers acquéreurs, qui avaient acquis après lui et qui demandaient encore la garantie contre le vendeur.

Si le fonds se vendait et si on venait à la discussion et à l'ordre, alors tous les créanciers hypothécaires pouvant concourir sur le même objet, le prix en était absorbé par des frais énormes, et on craignait souvent que le résultat ne fût le même pour chacun des immeubles qui auraient été successivement attaqués par des hypothèques ou des saisies (a).

Il était impossible de fermer les yeux sur une législation aussi vicieuse et qui concernait un objet aussi important (b).

(a) Le droit romain avait introduit, en faveur d'un tiers acquéreur la faculté de faire discuter les biens que le débiteur n'avait pas vendus. Mais avec l'hypothèque générale, et quand on était privé des combinaisons d'un régime hypothécaire, cette ressource ne produisait aucun effet. Aussi plusieurs coutumes avaient aboli ce bénéfice de discussion. *Voyez* Domat, dans une note étendue sur l'art. 6, sect. III, titre premier du liv. III des *Lois civiles*.

(b) Le contrôle ou enregistrement des actes établis par un édit de 1581, qui n'eut lieu qu'en Normandie, et qui fut aboli par un édit de 1588, renouvelé par un édit de 1606 pour la Normandie, et rendu commun à toute la France par un édit de 1627, confirmé et modifié à peu

Dans la vue de remédier au moins en partie aux maux qui en résultaient, l'usage des décrets volontaires s'introduisit, à l'exemple de l'*appropriance* établie par la coutume de Bretagne.

Lors même d'une vente volontaire, l'acquéreur obtenait la faculté de faire vendre le fonds sous la forme ordinaire du décret forcé, qui affranchissait les biens adjugés des hypothèques pour lesquelles il n'y aurait pas eu d'oppositions : cet affranchissement s'étendait même à la dot de la femme et aux droits des mineurs. Ce décret volontaire se faisait souvent en vertu d'une obligation simulée. Les créanciers hypothécaires antérieurs à la vente étaient obligés, sous peine de déchéance, de mettre leurs créances à découvert ; et le prix qui était conservé par l'acquéreur était distribué entre eux, selon la date de leurs hypothèques.

C'était avoir fourni un moyen à l'acquéreur d'acheter avec sécurité ; mais il n'en résultait aucun par rapport à ceux qui prêtaient. Il n'y aurait jamais eu de ressource pour eux que dans la publicité des hypothèques. D'après l'incertitude qu'il y avait toujours sur la solvabilité de celui qui empruntait, ils ne pouvaient savoir si, dans le cas où il y aurait un ordre, ils seraient ou non placés dans un rang utile.

D'ailleurs, indépendamment de cette impuissance du décret volontaire, il présentait de graves inconvéniens ; les créanciers ayant le droit d'enchérir sur le prix de la vente pour se mettre à l'abri des fraudes qui auraient pu être pratiquées entre le vendeur et l'acquéreur, le décret, en cas d'enchères, devenait forcé ; les frais du décret volontaire, même quand il n'y avait pas d'enchères, étaient énormes : ils égalaient à peu près ceux du décret forcé ; et les propriétés d'une valeur modique, qui font le plus grand nombre, ne pouvaient les supporter.

---

près comme il l'est actuellement par un édit de 1693, produisit des améliorations. Il prévint les fraudes qui pouvaient se commettre par des antidates. Mais il y avait loin de cet établissement à un régime hypothécaire, dont la nécessité se faisait sentir.

Cependant il y avait en France des coutumes qui, relativement au mode de constitution de l'hypothèque, avaient des dispositions dans lesquelles on pouvait trouver le remède qu'on cherchait en vain depuis long-temps. De ces coutumes, les unes formaient les provinces de Picardie et d'Artois; les autres composaient le ressort du parlement de Flandre : elles étaient désignées sous plusieurs dénominations, entre autres sous celles de coutumes de *saisine* et de *nantissement*. Leurs dispositions à cet égard étaient à peu près conformes aux coutumes des provinces belgiques.

On est fondé à croire que les usages qui avaient lieu dans ces coutumes pour l'établissement d'un droit réel sur un fonds, tel que l'hypothèque, ainsi que pour la transmission de la propriété par la vente et par la donation, étaient un reste des formes établies dans l'ancien droit romain. Il n'est pas permis de douter que cet ancien droit n'ait été suivi pendant bien long-temps en France et en Allemagne, lorsque le recueil de Justinien eut disparu au milieu des troubles de l'Orient, et jusqu'à ce qu'il eût été retrouvé dans le douzième siècle.

Mais si on ne pouvait pas reporter l'origine des dispositions de ces coutumes à l'ancien droit romain, et si on devait ne la puiser que dans le régime féodal, d'après lequel les seigneurs auraient également voulu qu'on ne pût hypothéquer et vendre des fonds relevant de leurs fief, sans leur consentement; toujours est-il vrai que, de ce régime si bizarre et si contraire en général à tout ordre social, il en serait sorti les élémens les plus propres à l'organisation d'un régime hypothécaire.

L'hypothèque ne pouvant être constituée que par la voie du nantissement sur un immeuble ou sur plusieurs, mais toujours pris distinctement et isolément; il en résulta qu'un autre créancier ne pouvait ensuite être nanti hypothécairement sur le même objet, ou qu'au moins il ne pouvait l'être au préjudice de celui qui le premier avait rempli les formalités prescrites (a).

Ainsi, dans ces coutumes, l'hypothèque n'avait pas simplement le caractère de la *publicité* ; elle avait encore une qualité qui ajoutait une grande efficacité à ce premier caractère, qui était celle de la *spécialité* (b).

C'est ici le cas de faire quelques réflexions sur ces deux caractères de *publicité* et de *spécialité* sous le rapport de leur liaison; car il est impossible de les trouver en opposition.

On sent aisément qu'une hypothèque peut être publique en conservant la généralité avec plus ou moins de latitude. Elle peut porter ou sur tous les biens présens seulement, ou sur tous les biens présens et à venir.

C'est déjà un grand avantage que cette publicité, parce qu'elle donne un avertissement salutaire et à ceux qui sont dans le cas de prêter, et à ceux qui se présentent pour acquérir. Ils peuvent juger de la solidité des engagemens qu'un emprunteur ou un vendeur doit contracter avec eux, par la comparaison de sa fortune avec le montant des hypothèques dont les inscriptions offrent le résultat.

Mais lorsque l'hypothèque est spéciale, elle donne le même éveil aux tiers intéressés qui peuvent venir après, puisqu'elle est toujours publique ; et de plus, elle produit un effet que le législateur doit principalement rechercher, parce qu'il tourne également en faveur de celui qui emprunte et de celui qui prête.

(a) Il y avait dans la plupart de ces coutumes des formes véritablement symboliques. Si elles n'étaient pas les mêmes que celles de l'ancien droit romain, on peut dire qu'elles les imitaient. Les formes extérieures étaient désignées sous les noms d'*œuvres de loi*, *devoirs de loi*, *main assise*, *mise de fait*, *rapport d'héritage*, etc.

(b) Dans le nouveau droit romain, on avait imaginé une hypothèque spéciale qui ne ressemblait en rien à l'hypothèque spéciale de la manière dont nous l'entendons aujourd'hui ; cela ne pouvait pas être avec la généralité et la clandestinité de l'hypothèque, ou ce qui revient au même, n'y ayant aucun système hypothécaire. Cette hypothèque spéciale tournait au détriment du créancier ; aussi était-elle tombée en désuétude, et les clauses à ce sujet étaient devenues purement de style. *Voyez* Domat, *Lois civiles*, notes sur l'article 6, section III, titre premier du livre III.

Le premier a le moyen de n'hypothéquer ses biens que jusqu'à concurrence de la dette qu'il contracte.

A l'égard du second, l'objet grevé de son hypothèque spéciale devient ordinairement un gage pour lui seul ; car il est rare qu'un autre particulier vienne prêter sur la foi de ce même gage, et d'ailleurs le tiers détenteur auquel l'immeuble passerait ne pourrait pas demander la discussion des autres biens du débiteur.

Ainsi le grand art en cette matière est de resserrer le plus possible l'assiette des hypothèques ; et la spécialité en offre seule le moyen, puisque c'est par elle seule qu'on peut en obtenir la détermination la plus précise.

L'immortel Sully avait senti cet avantage. « Il voulait qu'au-
« cune personne, de quelque qualité ou condition qu'elle pût
« être, n'eût pu emprunter sans qu'il fût déclaré quelles
« dettes peut avoir déjà l'emprunteur, à quelles personnes,
« sur quels biens (a). » Voilà la spécialité indiquée en peu de mots.

Il était digne de Colbert de réaliser les idées de Sully. Il établit le système de la publicité des hypothèques par l'édit du mois de mars 1673, qu'il présenta et qui fut adopté (b). Mais cet édit fut révoqué par un autre du mois d'avril 1674, c'est-à-dire presque aussitôt qu'il parut. Il faut entendre Colbert lui-même sur ce qui donna lieu à cette révocation.

« Il faudrait, disait-il, faire ce qui fut fait il y a douze
« ans, mais qui n'eut point d'exécution, par les brigues du
« parlement. Il faudrait établir des greffes pour enregistrer
« tous les contrats et toutes les obligations. Ce serait le moyen
« d'empêcher que personne ne fût trompé ; et l'on y verrait,
« quand on s'en voudrait donner la peine, les dettes de
« chaque particulier, tellement qu'on saurait à point nommé
« s'il y aurait sûreté à lui prêter l'argent qu'il demanderait.

(a) Mémoires, liv. XXVI.
(b) Il est intitulé « Édit portant établissement des greffes et enregistrement des oppositions pour conserver la préférence aux hypothèques. »

« Mais le parlement n'eut garde de souffrir un si bel établis-
« sement qui eût coupé la tête à l'hydre des procès dont il
« tire toute sa substance. Il remontra que la fortune des plus
« grands de la cour s'allait anéantir par là ; et qu'ayant pour
« la plupart plus de dettes que de bien, ils ne trouveraient
« plus de ressource d'abord que leurs affaires seraient décou-
« vertes. Ainsi, ayant su sous ce prétexte engager quantité
« de gens considérables dans leurs intérêts, ils cabalèrent si
« bien tous ensemble, qu'il fut sursis à l'édit qui en avait été
« donné.

« Cependant cette raison est trop faible pour arrêter le
« cours d'un si grand bien. Il faut rétablir la bonne foi, qui
« est perdue, et assurer la fortune de ceux qui prêtent leur
« argent.... Du moment qu'on aura du bien, on trouvera ce
« qu'on aura à faire, et il n'y aura que ceux qui n'en ont
« point qui ne pourront plus attraper personne (a). »

Ces raisons entraînent la conviction ; et on n'est point étonné de l'amertume de ces plaintes lorsqu'on se pénètre de la sagesse des vues qui avaient dicté l'édit de 1673, qu'on connaît l'ordre et la clarté qui y règnent, et le soin extrême qui avait été porté jusque dans ses détails. Aussi le chancelier d'Aguesseau, quoiqu'il n'approuvât pas le système de la publicité des hypothèques, ainsi que je l'observerai bientôt, ne laissait pas de dire, en parlant de cet édit : « Toutes les
« dispositions de cette loi furent méditées avec un soin qui se
« fait encore sentir à tous ceux qui la lisent, et qui fait voir
« que ceux qui travaillèrent à la rédiger croyaient travailler
« pour l'éternité. »

On était donc dans l'ancien état déplorable dont j'ai déjà parlé, lorsqu'arriva l'édit de 1771.

Les lettres de ratification que cette loi substitua aux dé-

(a) *Testament politique de Colbert*, chap. XII, page 551, édition de 1693.
Je sais qu'on a révoqué en doute l'authenticité de ce testament. Mais il est au moins impossible de ne pas y avoir égard, comme à un mémoire précieux sur les faits arrivés dans ce temps ; car il est incontestable que l'auteur, qui serait tout autre que Colbert, était contemporain de ce ministre.

crets volontaires en eurent tous les avantages sans les inconvéniens (a).

Mais ce n'était toujours qu'un moyen en faveur des acquéreurs. Les créanciers pouvaient bien être prévenus de l'obtention des lettres de ratification par l'exposition du contrat, mais tant que la *publicité* des hypothèques n'existait pas, et l'édit, bien loin de la favoriser, voulait la détruire, en abolissant le nantissement là où il avait lieu (b), les hypothèques établies précédemment l'étaient toujours avec incertitude ; rien ne rassurait sur leur sort pour le moment de la discussion.

Il faut cependant convenir que, dans les pays où cette loi fut suivie, elle produisit des effets tels, qu'on peut dire que le principal but que le législateur s'était proposé fut atteint. Elle facilita singulièrement la circulation des immeubles, quelque modique qu'en fût la valeur, en donnant, avec bien moins de frais que ne le faisaient les décrets volontaires, la faculté de se débarrasser d'anciennes hypothèques jusque là ignorées, et dont la connaissance devenait indispensable.

Sous la révolution, les idées de *publicité* et de *spécialité* se reproduisirent avec force ; mais la loi du 9 messidor an III répandit des alarmes au lieu de rassurer. On ne fut pas seulement inquiet sur la rapidité de l'expropriation forcée ; on le fut encore sur la facilité avec laquelle chaque citoyen, en prenant hypothèque sur lui-même, pouvait convertir ses immeubles en espèces de lettres de change ; on vit avec effroi une sorte de mobilisation du territoire de la France, qui, pour quelques avantages particuliers qu'elle pouvait produire, offrait les plus funestes moyens à la dissipation, et menaçait les fortunes d'un ébranlement général. De l'engourdissement d'où l'on voulait se tirer, on allait à la convulsion.

(a) Ces lettres de ratification étaient une imitation de celles qui avaient été établies par Colbert par un édit de mars 1673, autre que celui de la même date, relatif à l'enregistrement des hypothèques. L'objet de ces anciennes lettres de ratification était de purger de toute hypothèque les rentes dues sur l'état, et d'en faciliter la circulation.

(b) Art. 35 de l'édit de 1771.

Aussi l'exécution de cette loi fut heureusement suspendue jusqu'à celle du 11 brumaire an VII, qui saisit ce juste milieu où se trouvent le mouvement et la vie, même en consacrant la *publicité* de l'hypothèque dans toute sa plénitude, et en donnant toute l'énergie possible à la *spécialité*.

Nous serions accusés d'injustice si nous ne faisions pas l'aveu que ce sont les idées saines dans lesquelles cette dernière loi a été conçue qui en ont fait naître de nouvelles. Quoique les changemens adoptés par le projet de loi actuel, fruits du temps et de l'expérience, soient autant d'améliorations importantes, la loi du 11 brumaire n'en sera pas moins regardée comme le type et le fondement.

Le récit historique que je viens de faire prépare suffisamment les idées qu'on doit se former sur les principales bases du projet de loi, qui sont la *publicité* et la *spécialité* des hypothèques, sauf des exceptions et des modifications commandées par la nécessité et par la justice.

Ces bases ont cependant été attaquées, comme je vous l'ai déjà annoncé, par le chancelier d'Aguesseau, en s'expliquant sur un projet de loi qui sans doute lui fut communiqué, dont l'objet était l'établissement d'un régime hypothécaire, et qui n'eut pas de suite (a).

Le respect dû à ce qui est sorti de la plume de ce vertueux et savant magistrat impose le devoir de discuter son opinion, même sur un point sur lequel il suffit de recourir aux simples lumières de la raison.

Je n'examinerai pas ce qui aurait pu lui faire illusion sur les motifs qui donnèrent lieu à la révocation de l'édit de 1673, qu'il attribue aux *inconvéniens multipliés que la loi présentait*; motifs qu'on ne trouve pas à beaucoup près dans la loi qui prononce cette révocation, et qui est même conçue de manière à ne pas la faire regarder comme définitive (b). Je viens

---

(a) Voyez le tome XIII de ses *Œuvres*, page 620, édition in-4°.

(b) Tel a été l'avis de quelques jurisconsultes contemporains de d'Aguesseau. « Ainsi, à parler « proprement, l'édit du mois de mars 1673 n'a point été révoqué pour toujours, et l'effet en a

à ses raisonnemens, qui se réduisent à l'expérience d'après laquelle l'édit de 1673 fut révoqué, et aux réclamations qu'il excita *de tous côtés.*

L'expérience! Mais peut-on dire qu'il s'en soit formé une sur cette loi, puisque, suivant les termes mêmes de d'Aguesseau, le législateur *voulut qu'elle mourût dès le premier jour de sa vie?*

Ce n'est pas tout, il y avait une autre expérience en faveur du système de la publicité; c'était celle qui était acquise depuis long-temps dans tous les pays de nantissement, et à laquelle ils ont constamment tenu : aussi, dans la suite, le refus du parlement de Flandre d'enregistrer l'édit de 1771, par lequel on voulait abolir le nantissement, ainsi que je l'ai déjà observé, fut motivé sur de si puissantes raisons, que la loi fut retirée.

Les réclamations! Mais de qui pouvaient-elles venir? et d'où sont-elles sorties en effet? Faut-il éteindre une lumière parce qu'elle importune ceux qui s'enveloppent dans les ténèbres du mensonge et de la fraude?

Si donc on ne se laisse pas éblouir par l'éclat d'un nom qui sera toujours respectable, et si on veut entrer dans le mérite des objections, on ne sera pas touché du prétendu danger qu'on veut faire résulter, pour le crédit et le commerce, de la publicité des hypothèques.

Quant aux propriétaires, s'il en est qui veulent tromper, cette criminelle pensée appellerait seule la loi bienfaisante dont on a été privé si long-temps. A l'égard de ceux qui sont de bonne foi, ils seront aidés par une loi qui leur donne le moyen, que sans elle ils n'auraient pas, d'établir leur solvabilité, et d'affermir la confiance que leur moralité seule aurait déjà pu inspirer.

Par rapport aux commerçans dont les spéculations ont un tel essor qu'il ne serait pas raisonnable de les soumettre à

« été seulement suspendu jusqu'à ce qu'il plût au roi d'en ordonner l'exécution. » D'Héricourt, *Traité de la vente des immeubles*, chap. XIV.

des assurances sur des propriétés qui trop rarement seraient en proportion avec leurs engagemens, la loi ne change rien, et son existence ne peut arrêter les prêts qui leur sont faits sur la foi de leur probité et de leur solvabilité notoire.

« Non, disait très-judicieusement le rapporteur au conseil
« des Cinq-cents sur la loi du 11 brumaire (a), la publicité ne
« nuira pas au commerce ; elle lui sera au contraire très-utile.
« Le crédit d'un commerçant ne ressemble en rien à celui
« d'un simple propriétaire ; celui-ci n'a pour garantie connue
« que ses propriétés foncières ; mais rarement celui-là en a
« de considérables. Comme ses fonds employés en spécula-
« tions commerciales sont beaucoup plus productifs qu'en
« immeubles, ses acquisitions en ce genre sont presque tou-
« jours le signal de sa détresse, et l'indication du besoin
« d'éblouir et de fasciner les yeux (b). »

Après ces réflexions préliminaires sur les avantages de la *publicité* et de la *spécialité* de l'hypothèque, j'entre dans l'explication de la marche du projet de loi. Je m'abstiendrai de vous entretenir sur des définitions, sur certaines exceptions et sur plusieurs détails ; je me bornerai à une analyse motivée des dispositions essentielles.

Du Privilége.

ch. 2. Le privilége est organisé dans le chapitre II.

2095 Nous savons tous qu'il résulte de la qualité, on pourrait même dire de la faveur de la créance, abstraction faite de l'époque où elle s'est formée.

(a) Le citoyen Jacqueminot, sénateur. Rapport du 21 messidor an 6.

(b) La commission du tribunal de cassation a fait aussi à ce sujet de très-bonnes réflexions, en s'expliquant sur un projet de loi relatif à la même matière.

« Les prêts faits aux commerçans sont inspirés par d'autres motifs, attirés par de plus grands
« bénéfices, appuyés par des voies de contrainte plus rigoureuses, garantis par l'intérêt même des
« emprunteurs, pour qui le moindre retard dans l'exécution de leurs engagemens est le dernier
« malheur. Les prêts aux propriétaires sont des placemens ordinairement durables. Les prêts aux
« négocians sont un mouvement rapide et momentané, un moyen de faire valoir son argent qui
« rentre et sort à des époques certaines et rapprochées. Ceux qui se livrent à l'une de ces spécu-
« lations ne sont guère les mêmes qui forment les autres. »

Un esprit d'analyse et de méthode a amené une distinction au moyen de laquelle on peut aisément se former des idées justes sur cette partie du projet de loi.

Il y a d'abord deux espèces de priviléges : les uns sont 2099 sur les meubles, les autres sur les immeubles.

Les priviléges sur les meubles se subdivisent en priviléges 2100 généraux sur tous les meubles, et en priviléges particuliers *sur certains meubles.*

Les créances privilégiées sur la généralité des meubles 2101 sont :

1°. Les frais de justice ;

2°. Les frais funéraires ;

3°. Les frais quelconques de la dernière maladie ;

4°. Les salaires des gens de service pour l'année échue, et ce qui est dû pour l'année courante ;

5°. Les fournitures de subsistances faites au débiteur et à sa famille ; savoir, pendant les six derniers mois, par les marchands en détail, et pendant la dernière année, par les maîtres de pension et les marchands en gros.

De tout temps ces sortes de créances ont obtenu ce privilége ; les frais de justice, qui sont ceux de scellés, inventaire et vente, ont pour objet la conservation et la liquidation de la chose.

A l'égard des autres créances, un principe d'humanité a déterminé ce privilége : il eût répugné, surtout pour des sommes ordinairement modiques, et qui entrent rarement en considération dans les affaires d'intérêt, d'éloigner d'un citoyen les secours offerts à ses infirmités ou à sa misère, en privant ceux qui sont disposés à les donner de l'espoir d'être payés sur les objets qui sont au pouvoir du débiteur et en évidence, et que de bonne foi ils ont regardé comme leur gage. Les mêmes motifs ont fait étendre ce privilége aux im- 2104 meubles, en cas d'insuffisance du mobilier.

Par rapport aux créances privilégiées *sur certains meubles* 2102-2103 seulement, et à celles qui le sont sur les immeubles, il est inutile que je vous en répète la nomenclature qui en est faite dans le projet de loi ; elle sera justifiée quand on aura rappelé les deux principes dont les dispositions du projet ne sont que les conséquences immédiates.

Le premier est que lorsque la créance forme le prix de la vente faite au débiteur d'un objet qui existe en nature, ou que la chose ne doit son existence ou sa conservation qu'aux avances faites par le créancier, la créance sur cet objet est naturellement privilégiée ; elle donne au créancier un droit de suite sur la chose, puisque sans l'existence de la créance elle n'aurait pu devenir le gage de personne, ou elle n'aurait offert qu'un gage de bien moindre valeur.

Le second est que toutes les fois que par la nature des choses un objet a dû nécessairement être regardé comme le gage d'une créance dont le créancier a dû même être considéré comme nanti, à l'exemple du gage réel, alors il serait révoltant qu'il fût dépouillé sans être payé de la chose qu'on doit envisager comme sienne jusqu'à concurrence de la dette. De la présomption de l'intention respective des parties, il naît un gage par le seul ministère de la loi, et ce gage légal doit avoir les mêmes effets que le gage conventionnel.

Il n'y a pas un des priviléges établis par le projet de loi qui ne dérive de l'un ou l'autre de ces deux principes.

Mais il était juste que les architectes et entrepreneurs, qui sont au nombre de ces créanciers privilégiés, ne pussent exercer leur privilége que sur la plus-value existant à l'époque de l'aliénation de l'immeuble, et résultant des travaux qui y auraient été faits. Une dépense qui ne produit point de valeur réelle ne peut faire la matière d'un privilége ; elle n'ajoute rien au gage qui était déjà affecté aux autres créanciers exclusivement.

Quand on se pénétrera du projet de loi, on sera convaincu que l'ordre de préférence entre les créanciers privilégiés sur les meubles et sur les immeubles y est suffisamment marqué, soit que les priviléges portent sur une universalité e meubles, soit qu'ils aient trait à des objets particuliers. Cet ordre est ordinairement le même que celui de l'énonciation des priviléges. Quand il est interverti, on a eu soin de l'exprimer.

Lorsqu'il y a des créanciers qui ont fourni diverses sommes pour le même objet, alors il ne peut y avoir de préférence entre eux sur ce qui fait la matière de leur privilége commun; il est forcé qu'ils concourent. 2097

Ainsi ceux qui auraient également contribué par diverses avances aux semences et aux frais de la récolte de l'année ne peuvent respectivement réclamer une préférence; il y a seulement concurrence, et il en est de même des autres cas semblables.

Mais en ce qui concerne les priviléges sur les immeubles, le projet de loi a dû vouloir, d'après le principe de la publicité des hypothèques, que ces priviléges fussent inscrits, sauf quelques exceptions et quelques modifications relatives au délai dans lequel l'inscription doit être faite, dont la justice est évidente à la seule lecture des articles qui les établissent. 2106 et suivans.

Cependant, si le privilége n'avait pas été inscrit dans le délai fixé par la loi, ce privilége, ayant en lui-même toute la vertu du titre qui consitue les créances simplement hypothécaires, peut être inscrit même après ce délai. Mais alors, rentrant dans le principe général des hypothèques, son effet n'aura lieu à l'égard des tiers qu'à compter de l'inscription. 2113

Des Hypothèques. ch. 3.

C'est ici le cas de développer, et, j'oserai dire, de mettre en jeu le mouvement des hypothèques. Le moyen le plus sûr peut-être de se pénétrer de la sagesse du projet de loi est de bien connaître ses moyens d'exécution : alors on remonte aisément soi-même à des idées abstraites qui seules amèneraient plus lentement des notions précises.

Pour cela je vais agir dans l'ordre inverse de celui de la

loi. Son plan est tel qu'il devait être; mais on peut en choisir un autre quand on veut en saisir le mécanisme et remonter à ses élémens. Je la décomposerai donc, et je m'attacherai à faire remarquer les fils par lesquels se correspondent une foule d'articles épars, et qui, quoique placés à de certaines distances, concourent simultanément pour obtenir un résultat sur chaque partie du projet de loi.

Je commencerai par ce qui est plus simple, en remontant successivement à ce qui est plus compliqué.

Ainsi, quoique le projet de loi, dans le chapitre III, s'explique sur les hypothèques dans cet ordre :

Des hypothèques légales,
Des hypothèques judiciaires,
Des hypothèques conventionnelles;

Je parlerai d'abord de l'hypothèque *conventionnelle*, ensuite de l'hypothèque *judiciaire*, et troisièmement des hypothèques *légales*.

D'ailleurs, sur toutes ces parties, l'orateur du gouvernement ayant exposé avec autant d'énergie que de solidité les principes dans lesquels le plan de la loi avait été conçu, je me vois presque réduit à établir que ces diverses dispositions y répondent fidèlement. En allant par deux chemins différens nous concourrons au même but, qui est de démontrer les avantages de la loi.

De l'Hypothèque conventionnelle.

J'observe d'abord que du créancier au débiteur l'hypothèque n'est pas nécessaire. On ne conçoit même l'idée de l'hypothèque que respectivement à des tiers, tels que des créanciers postérieurs en date, ou des acquéreurs du débiteur.

Ainsi, par rapport à ce dernier, il peut être contraint au paiement de la dette, pourvu qu'elle soit établie sur un titre exécutoire, par toutes les voies judiciaires, même jusqu'à l'expropriation. C'est ce qui résulte de l'article 1er du projet de loi actuel, et de l'article 1er du titre relatif à l'*expropria-*

tion forcée, qui vous est déjà présenté, et dont on peut présumer l'adoption.

La publicité de la créance, qui seule mène à l'hypothèque par la voie de l'inscription, n'est donc nécessaire que respectivement à de nouveaux créanciers qui primeraient par le seul effet de leur bonne foi présumée, n'ayant pu connaître d'hypothèques antérieures, ou à des acquéreurs postérieurs qui seraient affranchis de toutes hypothèques qui auraient été ignorées par le défaut d'inscription.

Mais l'intérêt du prêteur devant le porter à attacher à sa créance l'important accessoire de l'hypothèque, il doit, outre les formes qui constituent l'authenticité du titre, y faire insérer une désignation spéciale de chacun des immeubles sur lesquels l'emprunteur consent l'hypothèque de la créance.

Cette désignation peut porter sur un ou sur quelques-uns des immeubles du débiteur, comme sur tous, mais toujours nominativement; et il faut croire que le nombre des objets hypothéqués sera toujours à la mesure du montant de la créance. Lorsqu'une loi est conçue dans des idées saines et vraiment politiques, les citoyens tôt ou tard répondent à ses inspirations.

Cette désignation spéciale ne peut compatir avec une hypothèque sur les biens à venir; et je ne crois pas qu'on voulût sérieusement reproduire les objections qui ont été faites pour établir la nécessité de pouvoir hypothéquer ce genre de biens. Il a déjà été décrété dans le titre *de la vente*, en dérogeant à notre ancienne législation, qu'on ne pouvait vendre ce qu'on n'avait pas; et par une conséquence on ne peut hypothéquer que ce qu'on a.

Ici se réalisent les avantages de cette spécialité que j'ai déjà eu occasion de vous faire entrevoir, soit par rapport au débiteur, soit relativement au créancier lui-même.

Par rapport au débiteur, en ce que l'hypothèque étant déterminée particulièrement sur un bien d'une valeur analogue au montant de la créance, ses autres biens sont libres, et cette liberté lui procure les moyens d'emprunter de nouveau, selon les spéculations auxquelles il peut se livrer ;

En ce que le créancier avec hypothèque spéciale ne peut poursuivre la vente des immeubles qui ne lui sont pas hypothéqués que dans le cas d'insuffisance des biens qui le sont ; (Art. 6, *Expropriation forcée.*)

En ce que, dans le cas d'indétermination de la créance, la spécialité oblige le créancier à une déclaration estimative lors de l'inscription, et qu'encore en cas d'excès de cette déclaration, le débiteur a droit d'en demander la réduction. Et, d'après les formes que la loi établit dans ce cas, les intérêts du créancier ne peuvent être blessés ;

En ce qui concerne le créancier, la spécialité lui est utile, puisqu'une hypothèque spéciale étant rarement suivie d'une autre sur les mêmes immeubles, à moins qu'il n'y ait évidemment une valeur suffisante qui garantisse le second comme le premier engagement, le créancier avec une première hypothèque spéciale est toujours sûr de suivre utilement l'immeuble hypothéqué, en quelques mains qu'il passe, et que celui qui en serait le détenteur ne peut le renvoyer à la discussion des autres biens du débiteur.

La loi ne s'en tient pas là : toutes les fois que cette spécialité pourrait rencontrer quelques difficultés, elle indique des moyens pour la faciliter.

Si les biens présens et libres du débiteur étaient insuffisans pour la sûreté de la créance, il peut, mais sous la condition que cette insuffisance sera exprimée, consentir que chacun des biens qu'il acquerra par la suite demeure affecté à la créance à mesure des acquisitions.

Quoique alors il n'y ait d'hypothèque en faveur du créancier, relativement aux biens à venir, qu'à compter de chaque inscription, on ne verra pas moins là une facilité en faveur du débiteur, qui pourra réunir la confiance que fait naître sa fortune actuelle à celle qui résulte d'une fortune à venir.

On pourra même encore, pour ne pas grever inutilement

la totalité des biens futurs, convenir qu'il n'y aura qu'une partie de ces biens sur lesquels il pourra être pris des inscriptions. Mais, sans cette stipulation, le débiteur ne pourrait pas demander de réduction, parce que la convention n'ayant point été limitée, elle doit avoir son effet dans toute sa latitude.

Enfin les immeubles assujétis à l'hypothèque viendraient-ils à périr ou à éprouver des dégradations de manière qu'ils fussent devenus insuffisans pour la sûreté du créancier, celui-ci pourra ou poursuivre dès ce moment son remboursement, ou obtenir un supplément d'hypothèque.

La loi balance également l'intérêt du créancier et celui du débiteur.

Il est donc aisé de sentir combien la spécialité tend à débarrasser les fortunes de toutes hypothèques qui n'auraient point un objet nécessaire ; avantage qu'il était impossible d'obtenir sous le joug de la généralité des hypothèques, qui toujours et nécessairement couvrait la totalité de la fortune immobilière d'un débiteur, quelque énorme différence qu'il pût y avoir entre sa valeur et le montant des créances.

De l'Hypothèque judiciaire.

Nous avons supposé jusqu'à présent l'impression d'hypothèques spéciales sur des biens libres qui peuvent successivement être soumis à cette sorte d'hypothèque, à mesure de nouvelles créances, et l'on est imbu des effets salutaires de la législation.

Supposons actuellement qu'il s'agisse de l'établissement d'une hypothèque judiciaire; elle est plus gênante pour le débiteur que l'hypothèque conventionnelle ou spéciale. Mais pourquoi? C'est qu'il a à s'imputer de n'avoir pas satisfait à un engagement qui a pu naître sans convention, ou de l'avoir contracté par un acte sous signature privée, qui, étant devenu authentique par la reconnaissance ou par un jugement de condamnation, a produit une hypothèque de cette nature. Le créancier a dû compter sur l'acquittement de sa créance, et il n'a pu seul, et sans une convention à laquelle le débiteur aurait dû nécessairement concourir, amener une spécialité d'hypothèque. Le débiteur ne peut se plaindre d'une position dans laquelle il s'est lui-même placé.

2167 à 2165   Cependant le législateur, animé toujours du désir politique de détacher autant que possible les hypothèques des immeubles, lorsqu'elles existeraient sans nécessité, offre, même dans cette position, des moyens précieux au débiteur.

Si l'hypothèque judiciaire peut s'exercer non seulement sur les immeubles appartenant au débiteur lors de sa condamnation, mais encore sur ceux qu'il pourra acquérir à l'avenir, ce qui était une suite nécessaire du défaut de spécialité de l'hypothèque, toujours est-il vrai que l'on peut obtenir la renonciation à la faculté de l'inscription sur les biens à venir : il serait déraisonnable de regarder cette convention comme impossible lorsque le créancier avec hypothèque judiciaire verra une suffisante sûreté dans les biens présens qui seront affectés à sa créance.

Mais il y a bien plus ; c'est que le débiteur aura la faculté, non seulement par rapport aux biens à venir en cas d'inscriptions successives, mais encore relativement aux biens présens qui seraient grevés par l'inscription, de demander la réduction de l'effet de cette inscription, si elle portait sur plus de biens qu'il n'en faudrait pour la sûreté de la créance, et que l'effet en soit déterminé sur une partie suffisante.

Les conditions sous lesquelles cette réduction peut être demandée, et les formes qui doivent être observées pour l'obtenir, sont sagement réglées par la loi.

Ainsi une hypothèque spéciale ayant primé une hypothèque judiciaire, il résulte de tout ce qu'on a déjà dit que le gage de l'hypothèque spéciale demeurera presque toujours uniquement affecté à la créance, sans qu'on ait à craindre une participation ou un croisement de la part de l'hypothèque judiciaire par l'effet d'une discussion.

Et l'hypothèque judiciaire étant même préexistante, au

moyen de la réduction dont la faculté est offerte au débiteur, selon l'excès de la valeur des objets sur lesquels l'inscription porterait, comparée au taux de la créance avec hypothèque judiciaire, les biens du débiteur pourraient encore, malgré l'hypothèque judiciaire, devenir le gage d'hypothèques spéciales.

Je passe aux hypothèques légales.

Des Hypothèques légales.

Il y a trois espèces d'hypothèques légales.

1°. Pour les créances des femmes, sur les biens de leurs maris ;

2°. Pour celles des mineurs et interdits, sur les biens de leurs tuteurs ;

3°. Pour celles de la nation, des communes et des établissemens publics, sur les biens des receveurs et administrateurs comptables.

Ici naît un nouvel ordre de choses ; la loi affranchit de la publicité par la voie de l'inscription les hypothèques des femmes sur les biens de leurs maris, pour raison de leurs dot et conventions matrimoniales, et celles des mineurs et des interdits sur les immeubles de leurs tuteurs, à raison de leur gestion.

Cet affranchissement a été déterminé par l'impuissance où sont les femmes, les mineurs et les interdits de veiller à leurs intérêts, quoique cependant cette impuissance soit moins absolue par rapport aux femmes.

Ces hypothèques devant donc exister d'elles-mêmes sans être connues, au moins par la voie de l'inscription, et pouvant être exercées sur tous les biens présens du débiteur et sur ceux qui pourraient lui appartenir dans la suite, en remontant aux mariages par rapport aux maris, et à l'acceptation de la tutelle relativement aux tuteurs, on comprend aisément qu'elles devaient jeter un plus grand embarras dans les fortunes des maris et des tuteurs, et que les résultats pouvaient en être plus dangereux pour des prêteurs ou des acquéreurs inattentifs.

2140. Mais aussi la loi redouble sa prévoyance et ses efforts pour alléger le poids de ces hypothèques.

Pour procéder avec ordre, nous allons distinguer ce qui concerne le mari et le tuteur de ce qui regarde des tiers, tels que leurs prêteurs ou leurs acquéreurs.

Par rapport au mari, la loi permet, lorsque les parties sont majeures, de convenir, dans le contrat de mariage même, qu'il ne sera pris d'inscription que sur un ou sur certains de ses immeubles, et que ceux qui ne seraient pas indiqués pour l'inscription restent libres et affranchis de l'hypothèque pour la dot de la femme, et pour ses reprises et conventions matrimoniales.

Ainsi une simple prévoyance de la part du mari, avant même que l'hypothèque prenne naissance, peut dégager une partie de sa fortune plus ou moins considérable, selon la valeur de ses biens comparée à la dot et aux conventions matrimoniales.

2144. Il y a plus : si lors du mariage sa fortune était telle qu'on n'eût pas cru devoir restreindre l'hypothèque légale sur une partie seulement des biens que le mari possédait, il pourra, même après le mariage, sa fortune ayant augmenté et présentant une garantie plus ample, demander, du consentement de sa femme et après avoir pris l'avis des quatre plus proches parens de celle-ci, réunis en assemblée de famille, que l'hypothèque générale sur tous ses immeubles soit restreinte à ceux qui seraient suffisans pour la conservation entière des droits de la femme.

2141. A l'égard du tuteur, il pourra demander la même restriction, s'il y a lieu, aux parens en conseil de famille, lors même de sa nomination.

2143. Et lorsque l'hypothèque n'aura pas été restreinte par l'acte de sa nomination, il pourra, dans le cas où l'hypothèque générale sur ses immeubles excéderait notoirement les sû-

DES PRIVILÉGES ET HYPOTHÈQUES. 501

retés suffisantes pour sa gestion, demander que cette hypothèque soit restreinte aux immeubles suffisans pour opérer une pleine garantie en faveur du mineur ou de l'interdit.

Il n'est besoin d'aucune explication pour faire apprécier le mérite de toutes ces ressources qui étaient inconnues sous notre ancienne législation.

Mais dans combien de circonstances ne sentira-t-on pas, par rapport au mari, les salutaires effets de la disposition de l'article 2135 ? Nous voyons enfin le terme de deux abus remarqués depuis long-temps. 2135

Lorsqu'une femme se sera constitué en dot ses biens présens et à venir, l'hypothèque pour les sommes qui proviendront de successions ouvertes pendant le mariage n'aura lieu qu'à compter de l'ouverture des successions : ainsi il n'y aura pas d'hypothèque avant qu'il y ait une administration maritale sur laquelle on la fondait.

La femme n'aura hypothèque pour l'indemnité des dettes qu'elle aura contractées avec son mari, ou pour le remploi de ses biens immeubles aliénés pendant le mariage, que du jour de l'obligation ou de la vente ; tandis que par le seul effet d'une jurisprudence du parlement de Paris, qui avait été rejetée dans la Bretagne et dans la Normandie, cette hypothèque remontait au contrat de mariage.

Ainsi on ne verra plus une femme rechercher, par un effet vraiment rétroactif, des acquéreurs du mari, ou primer des créanciers de celui-ci, quoique les uns et les autres eussent un titre antérieur à l'acte qui faisait naître la créance de la femme.

Venons actuellement aux moyens que la loi présente aux tiers tels que les prêteurs, ou les acquéreurs d'un mari ou d'un tuteur, pour qu'ils ne soient pas victimes des hypothèques légales, pour ne les avoir pas connues. 2136

Sans parler ici de la facilité qu'il y a ordinairement de connaître l'état des personnes avec lesquelles on contracte, ils trouveront une garantie :

1°. Dans la nécessité où sont les maris et les tuteurs de rendre publiques les hypothèques dont leurs biens sont grevés; dans celle de requérir des inscriptions sur eux-mêmes, et enfin dans la crainte d'être réputés stellionataires, et contraignables comme tels, s'ils consentent ou s'ils laissent prendre des hypothèques sur leurs immeubles sans déclarer expressément que ces immeubles étaient affectés à l'hypothèque légale des femmes, des mineurs ou des interdits;

2°. Dans l'obligation imposée au subrogé tuteur, sous sa responsabilité personnelle, de veiller à ce que l'inscription soit prise sur les biens du tuteur, et même de la faire faire; et, en cas de négligence, soit du tuteur, soit du subrogé tuteur, de remplir cette obligation, de même que de la part du mari, dans l'appel que fait la loi au commissaire du gouvernement près le tribunal civil du domicile du mari ou du tuteur, ou du lieu de la situation des biens, pour qu'il ait à suppléer, s'il y a lieu, à cette négligence;

3°. Dans le pouvoir donné non seulement à la femme et au mineur de requérir eux-même l'inscription, mais encore aux parens, soit du mari, soit de la femme, soit du mineur, et par rapport à celui-ci, à ses amis, à défaut de parens.

Voilà autant de moyens communs aux prêteurs et aux acquéreurs pour qu'ils ne soient pas trompés par une ignorance dans laquelle ils pourraient être des hypothèques légales, et qu'on ne présumera pas aisément. Mais la loi offre encore une ressource particulière aux tiers acquéreurs qui auraient acquis d'un mari ou d'un tuteur, ou par l'effet de cette ignorance, ou dans la persuasion que le mari ou le tuteur qui auraient vendu avaient, outre l'objet de l'acquisition, suffisamment de biens pour répondre de la dot, des reprises et conventions matrimoniales, ou de la gestion; c'est de pouvoir, lorsqu'il n'existera pas d'inscription, purger les hypothèques sur les immeubles qu'ils auraient acquis.

Vous connaissez les moyens aussi ingénieux que sages que présente la loi pour que l'acquéreur puisse se procurer cet avantage sans qu'il y ait de surprise funeste pour les femmes, les mineurs et les interdits.

Dépôt de l'extrait du contrat au greffe du tribunal civil, notification de ce dépôt à la femme, au subrogé tuteur, au commissaire civil près ce tribunal, et affiche de ce dépôt pendant deux mois dans l'auditoire.

Pouvoir donné aux femmes, aux maris, aux tuteurs, aux subrogés tuteurs, aux mineurs et interdits, parens ou amis, et aux commissaires du gouvernement, de requérir et faire faire pendant ce temps, s'il y a lieu, des inscriptions sur l'immeuble aliéné.

Après tant de précautions on sera forcé de croire ou qu'il y aura des inscriptions, ou que, s'il n'y en a point, ce sera uniquement parce que le besoin ne s'en sera point fait sentir, et qu'on n'aura pas voulu, ainsi que cela devait être, nuire gratuitement et sans objet à un mari ou à un tuteur qui, malgré quelques ventes, ne laisse pas de présenter une solvabilité rassurante.

Le projet de loi actuel a pris un juste milieu entre la disposition de l'édit du mois de mars 1673, qui, en exceptant simplement de ses dispositions les hypothèques légales (a), laissait une vaste lacune dans la formation d'un régime hypothécaire; et l'édit de 1771, qui prononçait trop légèrement la déchéance de ces hypothèques par le seul effet du défaut d'oppositions aux lettres de ratification, puisque souvent on ne pouvait l'imputer à ceux en faveur de qui ces hypothèques étaient établies (b).

Ainsi disparaissent toutes les objections faites anciennement dans l'un et dans l'autre sens de ces deux lois; et leur examen deviendrait inutile. La question n'est plus la même.

A l'égard de la troisième espèce d'hypothèques légales, qui sont celles de la nation, des communes et des établissemens publics, sur les biens des receveurs et administra-

---
(a) Art. 57, 60.
(b) Art. 17, 32.

teurs comptables, veut-on considérer d'abord l'intérêt du comptable?

Ou le gage qu'il donnera consistera dans un cautionnement pécuniaire, et alors il n'y aura qu'un privilége sur ce cautionnement, et ses biens immeubles, s'il en a, seront libres;

Ou le gage qu'il fournira en immeubles pourra être déterminé, si sa fortune immobilière est suffisante, et alors les autres immeubles seront également libres.

Si tous ses immeubles sont hypothéqués, il sera juste qu'il soit dans l'impossibilité d'altérer par de nouvelles hypothèques ou par des ventes le gage qu'il aura donné pour la garantie de sa gestion.

Par rapport aux tiers, soit créanciers, soit acquéreurs, ils pourront agir en toute connaissance de cause, puisque cette espèce d'hypothèque légale, par une innovation relativement à toutes les lois précédentes, est sujette à la publicité par la voie de l'inscription; idée grande et libérale, vraiment digne d'un gouvernement tutélaire, fort de sa propre prévoyance, et sûr du zèle des fonctionnaires qu'il appelle à la conservation des intérêts de la nation.

D'après le développement dans lequel je viens d'entrer à l'occasion du chapitre III du projet de loi, je n'aurai pas à vous entretenir sur le chapitre IX, puisque toutes ses dispositions s'y trouvent fondues : je n'aurai qu'à vous occuper principalement des suites de l'hypothèque par rapport aux tiers acquéreurs. Les règles à ce sujet sont tracées dans les chap. VI et VIII.

Ou l'acquéreur, soit à titre onéreux, soit à titre gratuit, veut laisser les héritages empreints des hypothèques qui y ont été établies, ou il veut purger ces hypothèques, c'est-à-dire les détacher de l'immeuble, et les convertir en actions sur le prix.

Au premier cas, le droit de suite des créanciers sur l'immeuble qui est affecté à leur créance reste dans toute sa force. L'acquéreur peut être contraint au paiement de toutes les créances, en jouissant néanmoins de tous les délais accordés par le créancier au débiteur originaire ; il ne peut se mettre à l'abri de ces poursuites que par le délaissement par hypothèque. Si ce délaissement arrive, la loi établit les formes qui doivent être suivies pour parvenir à la vente.

Au second cas, l'acquéreur doit d'abord commencer par la transcription de l'acte translatif de sa propriété. Mais cette transcription n'est plus nécessaire aujourd'hui pour la transmission des droits du vendeur à l'acquéreur, respectivement à des tiers, ainsi que l'avait voulu l'article 26 de la loi du 11 brumaire an 7. Elle n'ajoute rien à la force du contrat dont la validité et les effets sont subordonnés aux lois générales, relatives aux conventions et à la vente ; en sorte qu'elle n'est plus nécessaire pour arrêter le cours des inscriptions, qui auparavant pouvaient toujours être faites sur l'immeuble vendu, même après la vente (a). 2181-2182

Mais cette transcription seule n'opère pas la liberté de l'immeuble ; il ne devient libre que par l'absence des enchères après la notification faite aux créanciers pour les provoquer, ou, en cas d'enchères, après l'adjudication faite avec les formes de l'expropriation forcée. 2186-2187

Il était impossible de présenter un moyen plus simple de parvenir à l'affranchissement des hypothèques à l'égard des acquéreurs, qui était un des principaux buts auxquels la loi devait viser.

Enfin, il a dû être dans le vœu de la loi, que dans les deux cas dont je viens de parler, savoir, celui où l'acquéreur demeure propriétaire paisible lorsqu'il n'y a pas d'enchères, et 2184

(a) Cette dernière phrase, commençant par ces mots, *en sorte qu'elle*, etc., a été substituée au passage qui suit, et qui se trouve dans le rapport imprimé chez Baudouin.

« La transcription ne peut avoir d'autre effet que d'arrêter le cours des inscriptions qui, sans
« cela, pourraient toujours être faites pour des hypothèques établies sur l'immeuble vendu, et de
« réduire les hypothèques dont il doit être grevé à celles antérieures à l'acte translatif de la pro-
« priété, et qui auront été inscrites jusqu'à la transcription. »

Ce changement est sur un *errata* que le rapporteur a fait imprimer et distribuer à ses collègues, pour faire disparaître un louche échappé dans la rapidité de l'impression. (*Note du rapporteur.*)

celui où les enchères nécessitent l'adjudication, les créanciers dont les hypothèques ont été inscrites reçussent les capitaux non exigibles comme ceux qui le sont.

Leurs hypothèques n'existant plus sur le fonds, ils ne peuvent être réduits à une action personnelle contre l'acquéreur. Et dans ce cas, il serait onéreux pour le vendeur de demeurer personnellement responsable de la dette concurremment avec le nouveau propriétaire. Aussi lorsque la loi permet à l'acquéreur de jouir des termes et délais accordés au débiteur originaire, c'est seulement lorsqu'il n'a pas rempli les formalités prescrites pour que la propriété puisse être purgée (a); et dans le cas contraire cette faculté n'est pas répétée. Le paiement ou la consignation du prix sont indéfiniment ordonnés. Les créanciers doivent donc recevoir ce prix en paiement de leurs créances exigibles ou non exigibles, en cas d'insuffisance, jusqu'à due concurrence.

Je m'abstiendrai toujours d'entrer dans les détails d'exécution. J'observerai seulement que le projet de loi contient quelques amendemens respectivement à la loi du 11 brumaire an VII, par rapport aux notifications qui doivent être faites aux créanciers. Ils produiront une diminution de frais, dont le besoin s'était fait sentir.

ch. 4, 5, 10. Je puis me renfermer dans le même laconisme relativement au mode des inscriptions, aux formes de leur radiation et réduction, à la tenue des registres, et à la responsabilité des conservateurs, dont il est parlé dans les chapitres IV, V, et X.

Toutes les dispositions de la loi du 11 brumaire an VII à ce sujet sont suivies ou à peu près.

2157 Cependant, par rapport aux formes de la radiation, vous aurez sans doute remarqué une amélioration importante contenue dans l'article 2157, où il est dit que les inscriptions sont rayées du consentement des parties intéressées *et ayant capacité à cet effet.*

___
(a) Art. 2167.

On avait douté si lorsqu'une femme en puissance de mari avait pris une inscription sur les biens de son mari, ou un mineur lui-même sur ceux de son tuteur, ils pouvaient ensuite s'en désister sans aucune formalité.

Or, le droit leur ayant été une fois acquis par l'inscription, le désistement de cette inscription, qui serait une véritable aliénation, n'est pas plus libre de leur part que toute autre aliénation, ou au moins ce désistement ne peut avoir lieu que dans les mêmes cas et avec les mêmes formalités indiqués par les lois pour la vente ou l'abandon de tous leurs autres droits. Ces expressions *et ayant capacité à cet effet* s'appliquent à ce cas, comme à celui où il s'agirait de se désister d'une inscription du chef des auteurs de la femme ou du mineur.

En ce qui concerne les formes relatives à la tenue et à la publicité des registres des conservateurs, vous aurez encore remarqué une amélioration dans l'article 2200, qui permet aux conservateurs de tenir un registre sur lequel ils porteront, jour par jour et par ordre numérique, les remises qui leur seront faites d'actes de mutation pour être transcrits, ou des bordereaux de créances dont on demandera l'inscription.

L'objet de ce changement est de remédier aux inconvéniens qui résultaient de la multiplicité de transcriptions et d'inscriptions demandées à la fois, et qui devaient être retardées, puisqu'elles ne peuvent être faites que sur un seul registre. L'usage de ce nouveau registre de dépôt évitera aux parties intéressées des méprises et des retards également nuisibles, en assurant les époques auxquelles elles se seront présentées pour requérir soit les transcriptions des actes, soit les inscriptions des créances.

Enfin le chapitre VII, qui explique les règles relatives à l'extinction des priviléges et des hypothèques, ne peut point donner lieu à des observations particulières.

Vous y avez vu les principes déjà consacrés par le Code civil sur le mode d'extinction et sur la prescription des droits ordinaires, auxquels il était impossible de ne pas assimiler les hypothèques.

Tribuns, nous pouvons attendre avec confiance le jugement qui sera porté sur notre législation hypothécaire. Ce ne serait peut-être pas hasarder que de dire que dans aucun temps, et chez aucune nation, il n'en a été offert aucune plus efficace et plus complète.

On voit le génie législatif des anciens peuples se tourmenter en vain pour atteindre à une législation de ce genre. Chez eux, à des formes également gênantes pour les individus et nuisibles au crédit succèdent la clandestinité et la généralité la plus absolue des hypothèques, c'est-à-dire l'absence de tout système hypothécaire.

Le nantissement, établi dans quelques provinces de France et dans les provinces belgiques, a fourni sans doute de précieux élémens. Mais une foule d'exceptions, des difficultés dans certains cas, une diversité d'usages dans ces pays même, une vaste lacune relativement aux hypothèques judiciaires dont l'inscription n'était pas nécessaire, au moins dans plusieurs de ces coutumes, ne permettaient pas à beaucoup près d'y voir un régime complet.

Dans quelques contrées de l'Allemagne il s'est élevé sur cette matière des législations qui ont laissé bien loin les usages antiques, et qui ont été portées à un degré de perfection qui les avait fait remarquer. Mais, dans ces contrées même, la loi actuelle sera honorablement distinguée, autant par sa sagesse que par la variété de ses combinaisons, avec lesquelles on a vaincu plusieurs difficultés qui jusqu'à présent avaient fait le désespoir des législateurs.

Elle produira tout le bien qu'il était possible d'obtenir. Si quelquefois elle s'arrête ou se ralentit dans sa marche, c'est parce que la justice le commande. Pour vouloir aller vite, ou pour déblayer une route, faut-il écraser sans pitié tout ce qui se rencontre sur nos pas? Les droits des femmes, des mineurs et des interdits, ne devaient être légèrement immolés ni à la commodité du débiteur, ni à l'imprudence de ses nouveaux créanciers, ni enfin aux spéculations d'un acquéreur qui eût désiré une sûreté prompte. Tout devait être sagement balancé.

Tribuns, il y a eu un instant où le peuple français se voyait encore dans la nécessité d'attendre une législation aussi désirée qu'utile. Mais des travaux actifs, soutenus par un zèle ardent pour ce qui intéresse le bonheur et la gloire de la nation, ont triomphé de tous les obstacles. Toutes les dispositions conventionnelles sont organisées, et elles vont recevoir le sceau du régime hypothécaire, qui est à toutes les conventions ce que la fin est aux moyens. Le Code civil s'achève, et l'orateur du Conseil d'État a présenté le projet de loi actuel avec celui relatif à l'*Expropriation*, qui en est une dépendance, comme le complément de ce Code.

Il nous sera sans doute permis de nous féliciter d'avoir coopéré à l'élévation de ce monument. Vous connaissez les heureux effets qu'a produits le recueil fait sous les ordres de Justinien, tout informe qu'il était. C'est dans la connaissance et la propagation des maximes et des règles qui y sont répandues, que l'homme a retrouvé sa dignité. Il est, aux yeux de l'observateur, la source des progrès de la civilisation de l'Europe. C'est avec le secours de la science du droit romain que nos pères ont dissipé les ténèbres de la barbarie, et qu'ils ont comprimé, autant qu'il était possible, l'essor de l'inique et absurde système féodal.

Combien donc d'heureux présages ne peut-on pas former sur un Code qui donne force de lois à ce qui n'était guère parmi nous que principes, où l'ordre et la méthode qui caractérisent particulièrement notre siècle sont en accord avec la profondeur des pensées et la sagesse des décisions?

N'en doutons pas, si jamais, dans les révolutions des siècles, les idées libérales étaient attaquées, le Code civil serait une des plus fortes barrières qu'on pût opposer aux projets honteux et destructeurs.

Indiquer les heureuses influences du Code civil c'est rendre l'hommage le plus pur et le plus digne au génie qui, par son zèle infatigable, a rapproché l'instant où nous devions jouir de ce grand ouvrage, et dont les conceptions, qui embrassent tout ce qui est grand et utile, ont aidé à le compléter.

Votre section de législation vous propose, par mon organe, l'adoption du projet de loi *sur les Priviléges et Hypothèques*.

OBSERVATIONS CONTRE LE SYSTÈME DE LA PUBLICITÉ DES HYPOTHÈQUES, PAR LE TRIBUN HUGUET.

La publicité des hypothèques a été établie par la loi de brumaire an VII : doit-elle être maintenue? ou doit-on en revenir aux bases de la loi de juin 1771, comme les rédacteurs du Code civil le proposent? Telle est la grande question qui va être soumise à la méditation et à la décision du législateur.

C'est dans l'examen impartial des raisons pour et contre, des avantages et des inconvéniens, qu'on peut espérer de trouver la solution de cette question.

Je vais l'entreprendre : je ne puis me flatter de convaincre tous les esprits, j'aperçois tous les obstacles; mais mon but sera rempli si mes efforts, appelant un moment l'attention, nous procurent, dans l'un ou l'autre des systèmes, une bonne loi sur une matière qui est, sans contredit, une des plus importantes du Code civil, puisqu'il s'y agit de déterminer et d'assurer les droits sur les propriétés immobilières.

Je vais donc, sans partialité, mettre en parallèle les avantages et les inconvéniens du système de la publicité des hypothèques.

La publicité des hypothèques, dit-on, *facilite la vente des immeubles.*

Un propriétaire, à la faveur de cette publicité, peut vendre sa propriété et en toucher sur-le-champ le prix, en représentant seulement le certificat de non inscription sur lui : par là il réalise en un instant des capitaux avec lesquels il peut, sans retard, faire des opérations commerciales ou autres, plus utiles et plus lucratives que n'étaient pour lui son champ ou sa maison.

Ce qui était immeuble, il le mobilise sans aucun embarras, ni longueur, ni frais.

Existe-t-il sur lui quelques inscriptions hypothécaires ? En laissant entre les mains de son acquéreur les sommes nécessaires pour les acquitter, dont le montant est déterminé par les inscriptions publiques, il touche aussitôt le surplus de son prix, dont il use à son gré.

Ces avantages ne se trouvaient point dans l'édit de 1771, puisqu'il assujétissait le vendeur à attendre deux mois et demi pour recevoir son prix ; savoir, deux mois pour la formalité de l'exposition publique de son contrat de vente, et quinze jours pour l'obtention et le sceau des lettres de ratification ; retard souvent funeste à ses intérêts, en ce qu'il lui faisait perdre l'occasion d'augmenter sa fortune ou au moins d'améliorer son sort.

Avant de réfuter ce prétendu premier avantage, je dois faire ressortir un premier inconvénient résultant du système en général de la publicité des hypothèques.

Les actes faits entre particuliers doivent-ils être ainsi divulgués? Cette publicité des hypothèques ne produit-elle pas l'effet de mettre au jour le secret des familles? Ne tend-elle pas à faire connaître publiquement et à tous, intéressés ou non, la position de tout citoyen propriétaire qui s'est trouvé dans l'obligation d'emprunter ? Ne livre-t-elle point à la discrétion des oisifs malveillans le crédit et l'honneur même du citoyen le plus respectable? Ne pourrait-on pas dire que cette publicité, en gênant ou en entravant la faculté de faire des contrats, est un attentat à la liberté individuelle d'une classe de citoyens?

La loi relative aux notaires leur défend, sous des peines graves, de donner connaissance à des étrangers des actes qu'ils reçoivent ; et comme de ces actes il résulte toujours des obligations donnant ouverture à hypothèque, le système de la publicité ne vient-il pas anéantir les dispositions si sages et si nécessaires de cette loi ?

Ainsi un père de famille, pour doter sa fille de trente mille francs, s'il est obligé d'emprunter dix mille francs, ne peut le faire qu'en se soumettant à cette publicité.

Un père de famille, pour assoupir une mauvaise affaire d'un des siens, est-il obligé d'emprunter ou cautionner? il faut qu'il se soumette à cette publicité, qu'il dévoile cet acte, qu'il était intéressant pour lui de toujours tenir secret.

Ces inconvéniens ne sont-ils pas d'une extrême gravité?

S'ils sont moins sensibles dans le tourbillon d'une grande ville, combien ne sont-ils pas détestables, dangereux, humilians et funestes au crédit particulier dans une petite ville de département?

On demandait dans un pays de nantissement des renseignemens sur un citoyen. *C'est un honnête homme*, répondait-on ; *mais on se dit ici à l'oreille qu'il a donné hypothèque, nantissement*, et l'affaire ne se fit pas.

Quel est le motif de la publicité des hypothèques ? c'est pour empêcher un citoyen d'abuser d'un crédit imaginaire, et d'emprunter sur une propriété dont la valeur est déjà absorbée par des hypothèques antérieures.

Si on remontait à l'origine de beaucoup de maisons, aujourd'hui très-opulentes et en grand crédit, on y trouverait peut-être que leurs premiers emprunts, qui les ont tant fait prospérer, et qui ont été la source de leur fortune, n'ont été faits que sur un pareil crédit. Pourquoi fermer cette ressource à l'industrie et aux talens? S'ils sont aujourd'hui des hommes considérés, utiles à la patrie, des capitalistes importans, pourquoi le législateur, qui ne doit point considérer les petits détails, qui doit tout voir en grand et en masse, et par les résultats, ôterait-il ces moyens aux hommes dont la capacité, le crédit et la bonne réputation valent mieux que leurs immeubles?

Mais de ce que sur vingt citoyens il en peut exister un qui

soit dans le cas d'abuser (calcul que je suis bien loin d'admettre), pourquoi faut-il que dix-neuf citoyens honnêtes soient vexés, outragés, et perdent leur crédit par le système de la publicité des hypothèques?

Et pourquoi ces hommes si soupçonneux, qui croient voir tant de fripons prêts à abuser, ne s'attachent-ils qu'aux propriétaires, à ceux qui généralement inspirent plus de confiance, moins par la valeur de leur propriété, que parce qu'ils tiennent par là plus particulièrement à leur pays? Pourquoi ne traînent-ils pas aussi leurs soupçons jusque sur les commerçans, et ne les obligent-ils pas à déposer, tous les mois, au greffe des tribunaux de commerce, l'état de leurs affaires, leur bilan? Quelle différence peuvent-ils faire entre eux et ces propriétaires? ne doivent-ils pas croire qu'il est possible de même de trouver, parmi les commerçans, des fripons disposés aussi à abuser d'un crédit imaginaire? Je leur demande si c'est avec toutes ces publicités qu'ils espèrent fonder le crédit particulier, et le crédit général dont il se compose?

Le crédit est comme la sensitive, que le toucher le plus délicat irrite.

J'avoue que je ne trouve, dans aucun des avantages de la publicité des hypothèques, rien qui puisse balancer l'inconvénient grave que je viens de décrire; et je pense que celui-là seul doit suffire pour faire repousser ce système.

Cependant je vais examiner les prétendus avantages que l'on fait valoir.

La publicité des hypothèques, dit-on, *facilite la vente des immeubles.*

Oui, ce fait peut être vrai. J'avoue qu'un propriétaire qui a dans ses mains le certificat de non inscription sur lui peut vendre sa propriété et sur-le-champ en recevoir le prix, lorsque l'acquéreur peut être convaincu que, postérieurement à la délivrance de ce certificat, il n'est pas survenu d'inscriptions : j'avoue que, dans un instant de passion ou par une fantaisie spontanée, il peut réaliser des capitaux ; que par l'appât irréfléchi d'une entreprise commerciale, qui peut lui réussir comme lui être funeste, il peut sans retard, en vingt-quatre heures même, mobiliser la valeur de son immeuble. Mais est-ce bien là l'intérêt de la société entière? Ne veut-elle pas des propriétaires stables, attachés au sol, à la glèbe, et qui d'un moment à l'autre ne puissent pas si facilement permuter cette qualité importante? Ce sont les propriétaires que l'on doit regarder comme les citoyens les plus sûrs, puisqu'ils sont, par intérêt, plus que tous autres, attachés à leur pays.

Peut-on croire qu'avec ces maîtres passagers, les terres seront mieux cultivées, et les bâtimens mieux entretenus? Ceux qui veulent réfléchir peuvent calculer tous les inconvéniens de cette mobilité.

Si c'est par passion ou par irréflexion qu'ils vendent leur propriété, il est utile de les arrêter; si c'est par raison, par convenance, le résultat d'une mûre réflexion, les deux mois et demi voulus par l'édit de juin 1771 ne sont point un délai trop long : il retarde leur jouissance ; mais cet obstacle est pour eux-mêmes utile, il leur donne le loisir de penser à l'acte important qu'ils vont faire, qui les dépouille de la qualité de propriétaires.

Mais les opérations commerciales pressent ; elles répugnent à ces retards. Oui! depuis douze à quinze ans, combien de pères de famille ont délaissé leurs propriétés, pour courir, sans expérience, à ces spéculations, et auxquels il ne reste aujourd'hui que des regrets inutiles!

La France, par sa position, par l'étendue de son territoire, ne peut être une nation toute commerçante ; il lui faut des propriétaires stables, qui veillent et qui travaillent avec attachement à perfectionner la culture des terres, sources essentielles et principales de toutes richesses.

En facilitant la vente des immeubles, on appelle les capitaux des étrangers. Mais ils deviennent propriétaires de notre sol, maîtres de nos denrées de première nécessité ; et c'est encore un des inconvéniens graves de ce système.

Cette faculté de vendre si promptement les propriétés n'est-elle pas le vrai moyen de faciliter les émigrations? Je sais que sous le gouvernement où nous vivons on n'en usera pas ; alors il est inutile, et, dans tous les cas, la loi ne doit point l'autoriser.

Je ne prétends pas dire qu'il faille mettre des entraves éternelles aux ventes des immeubles, des délais de six mois ou d'un an, mais seulement de deux mois et demi, comme le voulait l'édit de 1771.

On dit encore que *si le vendeur a quelques hypothèques, il peut en laisser le montant à l'acquéreur, et recevoir sur-le-champ le surplus de son prix.* Oui, si toutes les inscriptions étaient pour des sommes déterminées ; mais je mets en fait qu'il y a plus d'un tiers des inscriptions qui ne le sont pas, ce qui atténue encore ces prétendus avantages.

En effet, les inscriptions sur les tuteurs, curateurs et administrateurs des biens des mineurs ou des interdits, pour les garanties, pour les dettes subordonnées à un événement quelconque, pour les dommages et intérêts non liquidés, pour les libéralités en cas de survie ; sur les comptables envers la République, sur les comptables envers les particuliers, tels que les chargés de recouvremens, les dépositaires, les héritiers bénéficiaires ; pour les obligations des maris envers leurs femmes, en raison du remploi des sommes et la conservation des droits qui leur sont échus pendant le mariage ; pour les obligations à grosses aventures, en profits ou en pertes : que sais-je! enfin pour toutes ces obligations de toute nature, dont le montant n'est pas liquidé, et dont les sommes sont indéterminées, et qui par là sont autant d'obstacles à cette facilité que l'on fait tant valoir.

La publicité des hypothèques, continue-t-on, *facilite et multiplie les emprunts.*

Un propriétaire tient-il à sa propriété, ne veut-il pas la ven-

dre, et cependant a-t-il un besoin urgent et momentané d'un capital? au moyen de cette publicité, il emprunte, et même il peut le faire jusqu'à concurrence de la valeur présumée de toute sa propriété, par la comparaison facile à faire entre cette valeur et le montant de la somme demandée, ou des inscriptions déjà faites sur lui.

Cette facilité d'emprunter est d'autant plus certaine, qu'il est dans l'impuissance de tromper en dissimulant les hypothèques qu'il a déjà données, puisqu'elles sont publiques et connues, de manière que même la moralité de l'emprunteur n'est pour rien dans le contrat de prêt; c'est la sûreté, c'est l'hypothèque qu'il donne, qui en fait la seule base.

Ainsi, facilité pour l'emprunteur, sûreté et sécurité pour le prêteur, ce qui nécessairement doit amener la diminution dans le taux des intérêts; car on sait que c'est en considération des hasards ou des incertitudes auxquels peut être exposé le prêteur, que le taux des intérêts augmente ou diminue.

Ces avantages ne se trouvaient point encore dans l'édit de 1771, puisque le prêteur ne pouvait connaître la position au vrai de l'emprunteur, les hypothèques qu'il avait déjà données sur sa propriété n'étant pas publiques; le prêteur était obligé de s'en rapporter à la foi, à la bonne réputation de l'emprunteur, sur lesquelles il était très-souvent trompé.

La publicité des hypothèques facilite et multiplie les emprunts! C'est ce qu'on disait lorsqu'il a été question d'établir le système hypothécaire actuel; mais l'expérience a démontré absolument le contraire.

Sous l'empire de l'édit de juin 1771, il suffisait d'avoir du crédit, une bonne réputation, un établissement utile, ou une profession lucrative, ou une fonction publique recommandable, pour trouver à emprunter: la propriété n'était pour le prêteur qu'un surcroît à sa confiance; elle se plaçait entièrement dans le personnel de l'emprunteur, dans la faveur de son établissement et de sa bonne réputation; la propriété n'était considérée que comme un moyen de plus pour confirmer l'opinion qu'on avait sur le compte de l'emprunteur. Alors le prêt était regardé comme un contrat de confiance, caractère qu'il aurait toujours dû conserver; mais la loi de brumaire a changé nos mœurs à cet égard, sans aucun avantage.

Aujourd'hui, que l'emprunteur soit un père de famille actif et industrieux, un manufacturier intéressant, un homme d'une moralité reconnue, s'il n'a pas une hypothèque à donner, une inscription utile à offrir, il ne réussit point : l'homme immoral, le dissipateur est préféré à lui, s'il donne cette inscription. Ce système n'est-il pas contraire aux bonnes mœurs? N'est-il pas fait pour décourager les hommes de bien, ceux qui veulent fonder leur crédit sur la probité et l'honneur?

Il n'y a donc que les propriétaires dont les propriétés sont libres qui puissent emprunter; et, comme cette classe est la moins nombreuse, il en résulte évidemment qu'il y a moins d'emprunts. Ajoutez à cela les désagrémens dont j'ai parlé, résultant de la publicité des hypothèques en elles-mêmes, qui repoussent encore quelques emprunteurs; on sera convaincu que le système de la publicité, loin de faciliter et de multiplier les emprunts, les entrave et les circonscrit dans un cercle très-étroit.

Mais au moins, dit-on, *les propriétaires libres trouvent à emprunter.* Cela est possible; mais doit-on laisser subsister une loi qui favorise seulement une petite classe de la société, qui la favorise au détriment d'une classe plus importante, plus nombreuse et plus intéressante, et qui a plus besoin de la ressource des emprunts, qu'elle a perdue entièrement par ce système? Ce n'est pas là la balance de la justice qui doit peser les droits de tous et leur répartir des avantages égaux.

Mais est-il si utile, si politique de procurer à ces sortes de propriétaires tant de facilité pour emprunter?

J'ai déjà démontré qu'on ne devait point rendre trop facile la vente des immeubles; l'emprunt par hypothèque est une véritable aliénation : les raisons que j'ai données ne peuvent-elles pas s'appliquer ici, et surtout si ces emprunts si faciles, et par là toujours si indiscrets, se font jusqu'à concurrence de la valeur présumée de toute la propriété?

Ce citoyen est propriétaire, et cependant il doit la totalité de la valeur de sa propriété; c'est-à-dire qu'il reste l'intendant de ses prêteurs, auxquels il rend, par les intérêts qu'il paie, à peu près les revenus qu'il retire; alors est-il bien certain qu'il apportera dans l'administration de sa propriété tout l'intérêt qu'elle exige? il aurait sans doute mieux fait de vendre.

Mais, dit-on encore, *les emprunts par hypothèque ne peuvent être faits que par ces propriétaires ; et il ne peut être question ici que d'eux, car les commerçans, les artisans, les manufacturiers trouvent dans le commerce même les ressources et le crédit dont ils peuvent avoir besoin.*

Mais est-ce qu'il n'y a dans la société que ces deux classes d'hommes, les propriétaires et les commerçans? D'ailleurs, il n'est pas exact de dire que les commerçans trouvent dans le commerce les crédits dont ils ont besoin. Les capitalistes ne sont pas dans le commerce ; au contraire, ils sont dehors: ce sont des propriétaires de capitaux amassés par l'économie sur les revenus, ou le résultat d'anciennes opérations commerciales, de bénéfices dans des professions lucratives, etc. C'était à ces capitalistes que les commerçans s'adressaient ; ressource perdue pour eux par ce nouveau système, parce qu'encore une fois on ne prête que sur une inscription hypothécaire.

Ainsi qu'on ne dise pas que cette publicité facilite les emprunts; il est démontré au contraire, par la raison et par l'expérience, que le cercle en est restreint, et qu'elle en exclut une classe nombreuse de citoyens.

On dit encore : *la publicité des hypothèques met l'emprunteur dans l'impuissance de tromper.* Parce qu'il y a quelques fripons qui peuvent abuser, il faut, comme je l'ai déjà dit, torturer la société entière par une loi soupçonneuse, par une institution qui viole le secret des familles, et qui, en gênant les transactions sociales, altère la liberté individuelle! Il y a eu quelques empoisonneurs qui ont recelé chez eux des poisons dont ils ont abusé; elle serait belle la loi qui autoriserait des visites chez tous les citoyens pour prévenir ce crime!

Au surplus, qu'on ne dise pas que cette loi de brumaire ne prête point aussi à la fraude; qu'un homme de mauvaise foi, un fripon, ne peut pas, le même jour, emprunter de plusieurs personnes et par là donner plusieurs hypothèques qui absorbent et bien au-delà la valeur de sa propriété. Je sais bien qu'on me répondra qu'il s'est introduit un usage qui pare à cet inconvénient; qu'on ne délivre l'argent qu'après que l'inscription a été faite. Cette réponse fait le procès à la loi et à l'institution tout entière?

L'acte obligatoire a été consommé, car c'est lui qu'on a fait inscrire; il constate la délivrance des deniers, et cependant ils ne sont pas délivrés; c'est donc un faux commis. Si l'inscription doit se faire à cent lieues de l'endroit où le prêt a été fait, que deviennent les deniers pendant ce temps? Qui est-ce qui en reste dépositaire? est-ce le prêteur ou un tiers? Mais si l'un ou l'autre en abuse, quel est le sort de l'emprunteur? l'inscription n'est pas moins faite; n'est-il pas à son tour dans le cas d'être trompé par le prêteur?

Voilà toujours ce que produisent les faux systèmes, les lois soupçonneuses, qui ne veulent toujours voir que la fraude; elles multiplient les inconvéniens et les entraves auxquels on est obligé de remédier par d'autres plus graves encore.

En prêtant au propriétaire, il y a sûreté pour le prêteur; il ne peut pas être trompé au moyen de la publicité des hypothèques; ce système dès lors amène nécessairement la diminution dans le taux des intérêts, qui, comme on sait, n'augmente ou ne diminue qu'en raison de la sécurité qu'a le prêteur de son remboursement.

Je soutiens au contraire que ce système est une des causes qui ont maintenu l'argent au taux où il est ; qu'abstraction faite même des autres causes qu'on peut trouver dans les circonstances actuelles, il maintiendra toujours à l'avenir à un prix élevé le taux de l'argent : je demande un moment d'attention.

Et d'abord, à l'égard des non propriétaires, comme ils auront à combattre la faveur des inscriptions auxquelles on donnera toujours la préférence, il n'est nul doute que, quand on voudra bien leur prêter, on leur fera payer cher cette faveur : cela est évident.

Mais, pour les propriétaires même, ce taux sera toujours élevé ; il ne faut pas oublier qu'avec le système actuel, ce n'est point à la bonne réputation, au crédit et à la moralité de la personne de l'emprunteur que se fait le prêt; qu'on ne compte pas ordinairement sur sa fidélité à remplir ses engagemens. C'est l'acquisition d'une inscription hypothécaire, c'est un placement sur une propriété ; on ne considère que ce fait : or, il ne suffit pas au prêteur de savoir que son capital est en sûreté, il faut encore qu'il soit sûr d'en être remboursé à l'époque convenue. Or, ici cette sécurité n'existe pas comme elle existe dans un effet de commerce que le débiteur est obligé de payer à l'échéance, à peine d'être réputé en faillite.

En délivrant son argent, ce prêteur sait bien qu'il ne le perdra pas ; mais comme dans ses calculs il met tout au pire, il sait aussi que dans le cas où l'emprunteur ne serait pas exact, il sera obligé de faire les frais d'une expropriation forcée, de faire la vente de son gage, d'être exposé à faire des faux-frais indispensables; et que pendant un temps il n'aura le droit d'exiger ses intérêts qu'à un taux légal : alors n'est-il pas évident qu'il fera toujours ses calculs d'intérêt en conséquence de la chance qu'il aura à courir? Cela me paraît démontré, et on a déjà pu s'en convaincre par l'expérience, pour peu qu'on ait vu ces sortes de prêts.

Un négociant accrédité trouve dans le commerce à emprunter à six pour cent : eh bien ! ce même négociant, sur sa propriété, par une obligation avec une inscription, ne trouve qu'à neuf et à dix, à cause de l'inconvénient dont je viens de parler. C'est encore un fait notoire.

Supprimez la publicité des hypothèques, vous détournerez la confiance exclusive sur les inscriptions hypothécaires, et vous ramenerez le contrat de prêt à sa véritable essence, à la confiance dans la moralité personnelle de l'emprunteur. Quand le prêteur aura cette confiance entière, dégagée des obstacles que présente même l'inscription, il y aura diminution d'intérêt ; et on ne l'obtiendra jamais dans le système actuel. Et, qu'on y prenne garde, il a une influence sur toutes les valeurs, même sur les effets publics. Voilà mon opinion que je soumets.

On est déjà habitué à ce système de la publicité, dit-on, *le changer, c'est apporter encore des troubles nouveaux dans l'exercice des droits de propriété, et même dans la fortune des citoyens.*

J'avoue que cette raison ne me touche point. Je sais qu'on s'habitue a un mauvais système, à une mauvaise loi ; mais est-ce une raison pour ne pas en faire une meilleure ? On s'habitue aussi à la douleur, aux maladies ; faut-il pour cela repousser tout remède et tout moyen de guérison ? Rétablissez le système de l'édit de 1771 pour l'avenir, les citoyens auront bientôt repris leurs anciennes habitudes, et on prêtera comme on prêtait sous l'empire de cette loi.

Le législateur ne doit pas étendre trop sa prévoyance ; il y aura peut-être quelques inconvéniens passagers ; quelquefois les prêteurs seront dupes de leur confiance : mais laissez faire, les prêteurs sauront bien accorder et le besoin impérieux de faire valoir leurs capitaux et celui de les conserver ; que seulement les stellionataires soient punis sévèrement, non seulement par la contrainte par corps, mais qu'ils soient condamnés à une prison et à des peines afflictives infamantes ; voilà tout ce qu'il y a à faire contre ces emprunteurs propriétaires, qui, encore une fois, ne composent pas la classe la plus nombreuse de la société.

La publicité des hypothèques est en usage, dit-on , *en Hollande : depuis long-temps elle l'était également dans quelques parties de la France, notamment dans la Belgique, et on s'en trouvait bien; elle avait été établie sous Henri III, sous Henri IV et sous Louis XIV. Ce sont les cris des fripons accrédités, et l'avidité des praticiens qui ont renversé ces établissemens presqu'à leur naissance.*

Elle est en usage en Hollande ! On ne veut donc point faire de distinction ! Croit-on que les mêmes institutions conviennent à tous les peuples ? La Hollande est une nation tout entière commerçante; le commerce appelle tous les capitaux; l'emprunt sur les immeubles tient même à l'esprit public; on s'en fait un honneur, parce qu'on sait que c'est pour le verser dans le commerce.

Parmi nous, au contraire, lorsqu'un négociant acquiert une propriété, c'est pour retirer des capitaux du commerce, au point que si ensuite il est obligé d'emprunter sur sa propriété, il perd son crédit commercial ; cette reprise de fonds qu'il avait placés fait craindre des embarras dans ses affaires ; et voilà encore un des inconvéniens de la publicité, au point que, depuis ce système, le négociant en général, n'achète plus d'immeubles; il craint d'être obligé de les revendre ou d'emprunter dessus, et par là de faire connaître publiquement sa gêne : ce qui a encore l'inconvénient de déprécier les propriétés, en éloignant cette classe de concurrens.

On parle du système compliqué de l'édit de 1771, des frais auxquels il entraînait, de l'avidité des praticiens, etc.

Mais ce système était plus simple, et à coup sûr moins dispendieux que celui d'aujourd'hui.

On vendait, je suppose, une propriété 50,000 livres, on exposait en public, aux yeux des créanciers hypothécaires du vendeur, le contrat pendant deux mois; ensuite on obtenait les lettres de ratification, et on payait 570 livres pour tout droit: le créancier, pour conserver son hypothèque, formait opposition à ces lettres, ce qui lui coûtait 5 livres. Aujourd'hui la transcription du contrat coûte près de 900 francs pour 50,000 francs; et le créancier qui veut faire inscrire son obligation paie un droit proportionnel de 1 fr. 10 c. par mille du montant de son obligation; de manière que pour 50,000 francs, il faut qu'il paie au moins 60 francs au lieu de 5 livres que tout créancier payait pour le coût de l'opposition, à quelque somme que montât sa créance.

Je dis qu'il faut qu'il paie 60 fr.; car il n'a d'hypothèque que par l'inscription, il faut nécessairement qu'il la fasse; il n'y a point d'obligation qui ne soit inscrite et qui ne donne lieu à ces frais, et aux diverses démarches qu'elle entraîne. Sous l'empire de l'édit de 1771, le créancier ne formait son opposition que lorsque son débiteur vendait, ou lorsqu'il craignait qu'il ne vendît; et certes, le système actuel est plus compliqué et plus dispendieux que celui prescrit par l'édit de 1771.

Ce ne sont pas des fripons accrédités qui, sous Henri III, Henri IV et Louis XIV, ont empêché l'établissement de la publicité des hypothèques; on pourrait dire, au contraire, que ce sont les calculateurs à gros intérêts qui l'avaient proposé, mais que ce sont les inconvéniens graves de ce système qui l'ont fait rejeter:

C'est, 1° parce que la publicité des hypothèques est un attentat au crédit particulier; qu'il viole le secret des familles, des contrats; qu'en quelque sorte il attaque la liberté individuelle;

2°. C'est parce qu'il facilite trop inconsidérément la vente des immeubles, les émigrations;

3°. Enfin, c'est parce que, loin de faciliter les emprunts, il en restreint le cercle; qu'il favorise une seule classe de citoyens, au préjudice et à l'exclusion de la classe la plus industrieuse, à qui les emprunts sont souvent plus nécessaires, et toujours plus utiles et plus lucratifs.

J'aurais encore bien des choses à dire sur ce système ; mais je crois devoir m'en tenir aux principaux inconvéniens que je viens d'indiquer : j'en ai dit assez pour provoquer la méditation des hommes d'état, qui, plus que moi, peuvent apprécier au vrai le système que j'ai combattu; et mon but est rempli.

Le Tribunat vota l'adoption du projet de loi dans sa séance du 26 ventose an XII (17 mars 1804); et MM. Grenier, Lahary et Thouret furent chargés de le présenter au Corps législatif.

M. Grenier a prononcé le discours de présentation le 28 ventose au XII (19 mars 1804).

DISCUSSION DEVANT LE CORPS LÉGISLATIF.

DISCOURS PRONONCÉ PAR LE TRIBUN GRENIER.

M. Grenier a prononcé devant le Corps législatif le rapport qu'il avait fait au Tribunat, et son discours n'a point été imprimé ici, parce qu'il n'eût fait qu'une répétition textuelle de ce rapport.

Le Corps législatif rendit son décret d'adoption dans la même séance, et la promulgation de la loi eut lieu le 8 germinal an XII (29 mars 1804).

TITRE DIX-NEUVIÈME.

De l'Expropriation forcée et des Ordres entre les créanciers.

DISCUSSION DU CONSEIL D'ÉTAT.

(Procès-verbal de la séance du 12 ventose an XII.— 3 mars 1804.)

M. Treilhard présente le titre VII du livre III du projet de Code civil, *de l'Expropriation forcée, et des Ordres entre les créanciers.*

Il est ainsi conçu :

DE L'EXPROPRIATION FORCÉE, ET DES ORDRES ENTRE LES CRÉANCIERS.

CHAPITRE Ier.
De l'Expropriation forcée.

Art. 1er. « Le créancier peut poursuivre l'expropriation des « immeubles et des accessoires réputés immeubles, apparte-« nant à son débiteur en propriété ou en usufruit. » 2204

Art. 2. « Néanmoins la part indivise d'un cohéritier dans « les immeubles d'une succession ne peut être mise en vente « par ses créanciers personnels avant le partage ou la lici-« tation qu'ils peuvent provoquer s'ils le jugent convenable, « ou dans lesquels ils ont le droit d'intervenir, conformé-« ment à l'article 172 du titre *des Successions.* » 2205

Art. 3. « Les immeubles d'un mineur, même émancipé, « ou d'un interdit, ne peuvent être mis en vente avant la « discussion du mobilier. » 2206

Art. 4. « La discussion du mobilier n'est pas requise avant « l'expropriation des immeubles possédés par indivis entre « un majeur et un mineur ou interdit, si la dette est com- 2207

« mune, et aussi dans le cas où les poursuites ont été com-
« mencées contre un majeur, ou avant l'interdiction. »

Art. 5. « L'adjudication de l'immeuble d'un mineur ou
« interdit, sans discussion de son mobilier, ne peut être an-
« nulée, qu'autant qu'il serait prouvé qu'à l'époque des af-
« fiches le mineur ou l'interdit avait des meubles ou deniers
« suffisans pour acquitter la dette.

« L'action en nullité ne peut être par eux exercée après
« l'année révolue du jour où ils ont acquis ou recouvré l'exer-
« cice de leurs droits. »

Art. 6. « L'expropriation des immeubles conquêts de com-
« munauté se poursuit contre le mari débiteur seul, quoi-
« que la femme soit obligée à la dette.

« Celle des immeubles de la femme propres de commu-
« nauté se poursuit contre le mari et la femme, laquelle,
« au refus du mari de procéder avec elle, peut être autorisée
« en justice.

« En cas de minorité du mari et de la femme, ou de mi-
« norité de la femme seule, si son mari majeur refuse de
« procéder avec elle, il est nommé par le tribunal un tuteur
« à la femme, contre lequel la poursuite est exercée. »

Art. 7. « Le créancier ne peut poursuivre la vente des im-
« meubles qui ne lui sont pas hypothéqués, que dans le cas
« d'insuffisance des biens qui lui sont hypothéqués. »

Art. 8. « La vente forcée des biens situés dans différens
« arrondissemens ne peut être provoquée que successivement,
« à moins qu'ils ne fassent partie d'une seule et même ex-
« ploitation.

« Elle est suivie dans le tribunal dans lequel se trouve le
« chef-lieu de l'exploitation, ou à défaut de chef-lieu, la
« partie de biens qui porte le plus grand revenu, d'après la
« matrice du rôle. »

Art. 9. « Si les biens hypothéqués au créancier, et les biens
« non hypothéqués, ou les biens situés dans divers arron-
« dissemens, font partie d'une seule et même exploitation,

« la vente des uns et des autres est poursuivie ensemble, si
« le débiteur le requiert; et ventilation se fait du prix de
« l'adjudication, s'il y a lieu. »

Art. 10. « Si le débiteur justifie, par baux authentiques, 2212
« que le revenu net et libre de ses immeubles pendant une
« année suffit pour le paiement de la dette en capital, inté-
« rêts et frais, et s'il en offre la délégation au créancier, la
« poursuite peut être suspendue par les juges, sauf à être
« reprise s'il survient quelque opposition ou obstacle au paie-
« ment. »

Art. 11. « La vente forcée des immeubles ne peut être 2213
« poursuivie qu'en vertu d'un titre authentique et exécutoire,
« pour une dette certaine et liquide. Si la dette est en espèces
« non liquidées, la poursuite est valable; mais l'adjudication
« ne pourra être faite qu'après la liquidation. »

Art. 12. « Le cessionnaire d'un titre exécutoire peut pour- 2214
« suivre l'expropriation comme le cédant, après que la signi-
« fication du transport a été faite au débiteur. »

Art. 13. « La poursuite peut avoir lieu en vertu d'un ju- 2215
« gement provisoire ou définitif, exécutoire par provision,
« nonobstant appel; mais l'adjudication ne peut se faire qu'a-
« près un jugement définitif en dernier ressort, ou passé en
« force de chose jugée.

« La poursuite ne peut s'exercer en vertu des jugemens par
« défaut durant le délai de l'opposition. »

Art. 14. « La poursuite ne peut être annulée sous prétexte 2216
« que le créancier l'aurait commencée pour une somme plus
« forte que celle qui lui est due. »

Art. 15. « Toute poursuite en expropriation d'immeubles 2217
« doit être précédée d'un commandement de payer, fait, à
« la diligence et requête du créancier, à la personne du dé-
« biteur ou à son domicile, par le ministère d'un huissier.

« Les formes du commandement et celles de la poursuite
« sur l'expropriation sont réglées par les lois sur la procédure. »

CHAPITRE II.

De l'Ordre et de la Distribution du prix entre les créanciers.

Art. 16. « L'ordre et la distribution du prix des immeubles, « et la manière d'y procéder, sont réglés par les lois sur la « procédure. »

M. Treilhard fait lecture du chapitre Ier, *de l'Expropriation forcée.*

Les articles 1, 2, 3, 4, 5, 6, 7, 8, 9, 10, 11, 12, 13, 14 et 15, qui le composent, sont adoptés.

M. Treilhard fait lecture du chapitre II, *de l'Ordre et de la Distribution du prix entre les créanciers.*

L'article 16 qui le compose est adopté.

(Procès-verbal de la séance du 12 ventose an XII. — 3 mars 1804.)

M. Treilhard présente avec le titre VI, le VIIe du livre III du projet de Code civil rédigé conformément aux amendemens adoptés dans les séances des 3, 5 et 10 ventose et dans celle de ce jour.

Le Conseil l'adopte en ces termes :

TITRE VII.

DE L'EXPROPRIATION FORCÉE, ET DES ORDRES ENTRE LES CRÉANCIERS.

CHAPITRE Ier.

De l'Expropriation forcée.

Art. 1, 2, 3, 4, 5, 6, 7, 8, 9, 10, 11, 12, 13, 14 et 15 (*tels que sont les mêmes articles au procès-verbal ci-dessus rapporté*).

CHAPITRE II.

De l'Ordre et de la Distribution du prix entre les créanciers.

Art. 16 (*conforme à l'article 16 du même procès-verbal*).

Le [Consul ordonne que les deux titres ci-dessus seront communiqués officieusement, par le secrétaire général du Conseil d'État, à la section de législation du Tribunat, conformément à l'arrêté du 18 germinal an X.

COMMUNICATION OFFICIEUSE

A LA SECTION DE LÉGISLATION DU TRIBUNAT.

Sur cette communication la section procéda à l'examen du projet ainsi qu'il suit :

OBSERVATIONS DE LA SECTION.

A la suite du projet de loi sur le titre *des Priviléges et Hypothèques*, il est fait, au nom de la même commission, un rapport sur le projet de loi relatif à l'*Expropriation forcée et aux Ordres entre les créanciers*, formant le titre VII du livre III du projet de Code civil.

On demande la suppression de l'article 5, qu'on croit inutile et dangereux.

La disposition est inutile, parce qu'on ne passe aux immeubles qu'après avoir discuté les meubles, et que la présence du tuteur garantit que cet ordre ne sera pas interverti.

Elle est dangereuse, parce que si les acquéreurs se voient exposés à une expropriation, ils acheteront à un prix plus bas.

RÉDACTION DÉFINITIVE DU CONSEIL D'ÉTAT.

(Séance du 22 ventose an XII.—13 mars 1804.)

M. Treilhard rend compte du résultat de la conférence tenue avec le Tribunat sur le titre VII du livre III du projet de Code civil, *de l'Expropriation forcée et des Ordres entre les créanciers.*

ap. 2207 Le Tribunat a demandé la suppression de l'article 5, qu'il croit inutile et dangereux.

La disposition est inutile, parce qu'on ne passe aux immeubles qu'après avoir discuté les meubles, et que la présence du tuteur garantit que cet ordre ne sera pas interverti.

Elle est dangereuse, parce que si les acquéreurs se voient exposés à une expropriation, ils acheteront à un prix plus bas.

La section a adopté cette observation.

L'article est supprimé.

M. Treilhard présente la rédaction définitive du titre.

Elle est adoptée ainsi qu'il suit :

DE L'EXPROPRIATION FORCÉE ET DES ORDRES ENTRE LES CRÉANCIERS.

CHAPITRE Ier.

De l'Expropriation forcée.

2204 Art. 1er. « Le créancier peut poursuivre l'expropriation,
« 1° des biens immobiliers et de leurs accessoires réputés
« immeubles appartenant en propriété à son débiteur ; 2° de
« l'usufruit appartenant au débiteur sur les biens de même
« nature. »

2205 Art. 2. « Néanmoins la part indivise d'un cohéritier dans
« les immeubles d'une succession ne peut être mise en vente
« par ses créanciers personnels, avant le partage ou la licita-
« tion qu'ils peuvent provoquer s'ils le jugent convenable,

« ou dans lesquels ils ont le droit d'intervenir, conformé-
« ment à l'article 172 au titre *des Successions.* »

Art. 3. « Les immeubles d'un mineur, même émancipé, ou
« d'un interdit, ne peuvent être mis en vente avant la dis-
« cussion du mobilier. »

Art. 4. « La discussion du mobilier n'est pas requise avant
« l'expropriation des immeubles possédés par indivis entre
« un majeur et un mineur ou interdit, si la dette leur est
« commune, ni dans le cas où les poursuites ont été com-
« mencées contre un majeur, ou avant l'interdiction. »

Art. 5. « L'expropriation des immeubles qui font partie
« de la communauté se poursuit contre le mari débiteur,
« seul, quoique la femme soit obligée à la dette.

« Celle des immeubles de la femme qui ne sont point en-
« trés en communauté se poursuit contre le mari et la femme,
« laquelle, au refus du mari de procéder avec elle, ou si le
« mari est mineur, peut être autorisée en justice.

« En cas de minorité du mari et de la femme, ou de mi-
« norité de la femme seule, si son mari majeur refuse de
« procéder avec elle, il est nommé par le tribunal un tuteur
« à la femme contre lequel la poursuite est exercée »

Art. 6. Le créancier ne peut poursuivre la vente des im-
« meubles qui ne lui sont pas hypothéqués, que dans le cas
« d'insuffisance des biens qui lui sont hypothéqués. »

Art. 7. « La vente forcée des biens situés dans différens
« arrondissemens ne peut être provoquée que successive-
« ment, à moins qu'ils ne fassent partie d'une seule et
« même exploitation.

« Elle est suivie dans le tribunal dans le ressort duquel se
« trouve le chef-lieu de l'exploitation, ou à défaut de chef-
« lieu, la partie de biens qui présente le plus grand revenu
« d'après la matrice du rôle. »

Art. 8. « Si les biens hypothéqués au créancier, et les
« biens non hypothéqués, ou les biens situés dans divers
« arrondissemens, font partie d'une seule et même exploita-

« tion, la vente des uns et des autres est poursuivie ensem-
« ble, si le débiteur le requiert; et ventilation se fait du
« prix de l'adjudication, s'il y a lieu. »

2212   Art. 9. « Si le débiteur justifie, par baux authentiques,
« que le revenu net et libre de ses immeubles, pendant une
« année, suffit pour le paiement de la dette en capital, inté-
« rêts et frais, et s'il en offre la délégation au créancier, la
« poursuite peut être suspendue par les juges, sauf à être
« reprise s'il survient quelque opposition ou obstacle au paie-
« ment. »

2213   Art. 10. « La vente forcée des immeubles ne peut être
« poursuivie qu'en vertu d'un titre authentique et exécu-
« toire, pour une dette certaine et liquide. Si la dette est en
« espèces non liquidées, la poursuite est valable; mais l'ad-
« judication ne pourra être faite qu'après la liquidation. »

2214   Art. 11. « Le cessionnaire d'un titre exécutoire ne peut
« poursuivre l'expropriation qu'après que la signification du
« transport a été faite au débiteur. »

2215   Art. 12. « La poursuite peut avoir lieu en vertu d'un ju-
« gement provisoire ou définitif, exécutoire par provision,
« nonobstant appel; mais l'adjudication ne peut se faire qu'a-
« près un jugement définitif en dernier ressort, ou passé en
« force de chose jugée.

« La poursuite ne peut s'exercer en vertu de jugemens
« rendus par défaut durant le délai de l'opposition. »

2216   Art. 13. « La poursuite ne peut être annulée sous pré-
« texte que le créancier l'aurait commencée pour une somme
« plus forte que celle qui lui est due. »

2217   Art. 14. « Toute poursuite en expropriation d'immeubles
« doit être précédée d'un commandement de payer, fait, à
« la diligence et requête du créancier, à la personne du dé-
« biteur ou à son domicile par le ministère d'un huissier.

« Les formes du commandement et celles de la poursuite
« sur l'expropriation sont réglées par les lois sur la pro-
« cédure. »

CHAPITRE II.

De l'Ordre et de la Distribution du prix entre les créanciers.

Art. 15. « L'ordre et la distribution du prix des immeu- « bles, et la manière d'y procéder, sont réglés par les lois « sur la procédure. »

M. Treilhard fut nommé avec MM. Jollivet et Lacuée pour présenter au Corps législatif, dans la séance du 24 ventose an XII (15 mars 1804), le VIIe titre du livre III du projet de Code civil, *de l'Expropriation forcée et des Ordres entre les créanciers*, et pour en soutenir la discussion dans la séance du 28 du même mois de ventose (19 mars).

PRÉSENTATION AU CORPS LÉGISLATIF,

ET EXPOSÉ DES MOTIFS, PAR M. TREILHARD.

Après avoir fait l'exposé des motifs du titre *des Priviléges et Hypothèques*, il dit :

Enfin, j'arrive au titre de l'*Expropriation*, c'est-à-dire à la mesure la plus rigoureuse pour forcer un citoyen de remplir ses engagemens.

Nous n'avons pas dû nous occuper des formes de la poursuite en expropriation, de la manière de procéder à l'ordre et à la distribution du prix. Ces objets tombent dans le domaine des lois sur la procédure.

Les articles que nous présentons sont peu nombreux, et ils ont presque tous pour objet de prévenir des excès de rigueur de la part de créanciers aigris peut-être par la mauvaise conduite de leur débiteur ou égarés par des conseils intéressés.

2205 C'est dans cet esprit qu'on défend aux créanciers personnels d'un héritier de mettre en vente les biens indivis d'une succession : la loi leur a donné le droit de provoquer un partage; c'est tout ce qu'elle a dû faire, il ne faut pas leur laisser la faculté de saisir même les portions des cohéritiers qui ne leur doivent rien.

2206 Il est pareillement défendu d'attaquer les immeubles d'un mineur ou d'un interdit, avant d'avoir discuté son mobilier. Ne serait-il pas injuste d'employer contre eux les dernières rigueurs, sans s'assurer auparavant qu'elles sont nécessaires?

2209 Vous reconnaîtrez le même esprit de modération et de sagesse dans les articles qui ne permettent pas la vente d'immeubles non hypothéqués, lorsque l'insuffisance des biens
2210-2211 hypothéqués n'est pas constante ; dans ceux qui défendent de provoquer cumulativement la vente des biens situés dans divers arrondissemens, à moins qu'ils ne fassent partie d'une
2212 seule et même exploitation ; dans ceux enfin qui ne veulent pas qu'on passe à l'expropriation lorsque le revenu net des immeubles, pendant une année, suffit pour désintéresser le créancier, et que le débiteur en offre la délégation.

A côté de ces dispositions bienfaisantes, nous avons placé celles qui étaient nécessaires pour empêcher qu'on n'en abusât contre le créancier, qui mérite aussi toute la protection de la loi.

2213 Je n'ajouterai pas qu'on ne peut agir en expropriation qu'en vertu d'un titre exécutoire et après un commandement. Je me hâte de terminer ; j'ai été long, je le sens ; mais la matière est vaste et très-importante.

Suit la fin de l'exposé des motifs sur le titre des Priviléges et Hypothèques.

COMMUNICATION OFFICIELLE AU TRIBUNAT.

Le Corps législatif transmit le projet et l'exposé des motifs au Tribunat le 24 ventose an XII (15 mars 1804), et M. Lahary en fit le rapport à l'assemblée générale le 26 du même mois de ventose (17 mars).

RAPPORT FAIT PAR LE TRIBUN LAHARY.

Le discours devant le Corps législatif a été fait par le même orateur, et pour éviter une répétition son rapport n'a point été imprimé ; il faut donc, pour voir ce qu'il a dit devant le Tribunat, se reporter au discours ci-après.

Le Tribunat vota dans la même séance du 26 ventose an XII (17 mars 1804) l'adoption du projet de loi, et MM. Lahary, Grenier et Thouret, furent chargés d'apporter ce vœu au Corps législatif.

M. Lahary a prononcé le discours le 28 ventose an XII (19 mars 1804).

DISCUSSION DEVANT LE CORPS LÉGISLATIF.

DISCOURS PRONONCÉ PAR LE TRIBUN LAHARY.

Législateurs, après la liberté civile et la sûreté individuelle, il n'est rien de plus sacré ni de plus inviolable que la propriété. La loi qui y porterait atteinte cesserait d'être une loi, elle dégénérerait en un acte arbitraire qui serait aussi funeste à l'État qu'aux citoyens ; car il renverserait une des bases sur lesquelles repose tout l'édifice social.

La plus précieuse maxime d'un Code civil, la première, comme la plus importante de ses dispositions, est donc celle qui consacre le droit de propriété ; toutes les autres n'en sont que les suites ou les conséquences.

En vertu de ce droit toute personne capable de contracter peut disposer de son bien *de la manière la plus absolue*, *pourvu qu'il n'en fasse pas un usage prohibé par les lois* (a) ; et nul ne peut l'en dépouiller contre son gré sans se rendre coupable envers la société elle-même.

Cependant, quelque absolu que soit ce principe, il est des cas où il se trouve soumis à des exceptions.

Tel est, par exemple, celui où *l'utilité publique* exige le sacrifice ou l'abandon d'un immeuble ; mais alors même *on ne peut être contraint de le céder que moyennant une juste et préalable indemnité* (b).

Tel est encore celui où l'on est lié par une obligation personnelle ou hypothécaire, quelle qu'en soit l'origine ou la cause.

En l'une et l'autre de ces circonstances, il est sensible que le droit de propriété est nécessairement restreint, soit par l'autorité de la loi, soit par le résultat du fait ou de la convention.

Or, quoi de plus juste que cette double restriction, puisque l'intérêt général doit toujours l'emporter sur l'intérêt privé, et que toute obligation, de quelque nature qu'elle soit contractée, avec ou sans affectation générale ou spéciale de ses biens, frappe indistinctement sur tous les meubles et immeubles de celui qui en est tenu.

Ainsi donc lorsqu'un débiteur est en demeure, ou par l'impuissance de se libérer, ou par le seul effet de sa mauvaise foi, la justice, dont la fonction est de rendre à chacun ce qui lui appartient, doit intervenir pour le contraindre à acquitter sa dette par l'aliénation de ses biens.

Et ceci, au reste, est moins une restriction de ce droit si précieux, que la confirmation même du principe qui veut que toute propriété soit respectée, que la bonne foi préside à toutes les transactions sociales, et que chacun remplisse ses obligations.

C'est comme si la loi lui disait : « Si tu veux que ta pro-

(a) Art. 544 du titre II de la *Propriété*.
(b) Art. 545 du même titre.

« priété soit inviolable, respecte celle d'autrui ; sinon l'at-
« teinte que tu voudrais y porter retombera sur toi-même ;
« et tu seras justement dépossédé du bien que tu méditais
« d'envahir. »

De là l'expropriation forcée et les ordres entre les divers créanciers.

Telle est, législateurs, la matière du projet de loi dont le Tribunat a voté l'adoption, et qu'il m'a chargé de vous soumettre.

Ce projet se divise naturellement en deux chapitres.

L'un traite de ce genre d'expropriation.

L'autre a pour objet l'ordre et la distribution du prix entre les créanciers.

Le premier se compose de quatorze articles, qui n'exigeront pas un grand développement.

Le second ne contient qu'un article unique, qui n'est susceptible d'aucune discussion.

En sorte que si je ne peux aspirer, législateurs, à vous intéresser après les profondes et lumineuses discussions qui vous ont été présentées sur le même sujet, j'aurai du moins le mérite de la brièveté, qui me procurera l'avantage de ne pas exiger de votre part une trop longue attention.

De l'Expropriation forcée.

« Le créancier (dit l'art. 1er de ce chapitre) peut pour- 2204
« suivre l'expropriation, 1° des biens immobiliers et de
« leurs accessoires réputés immeubles appartenant en pro-
« priété à son débiteur ; 2° de l'usufruit appartenant au dé-
« biteur sur les biens de même nature. »

Observons d'abord que cet article ne distingue pas et n'a pas dû distinguer ici entre les créanciers personnels, hypothécaires ou privilégiés.

Quels sont les motifs qui les ont fait confondre dans la même disposition ?

C'est que l'art. 1er, au titre *des Hypothèques et Priviléges*, porte que « quiconque s'est obligé personnellement est « tenu de remplir son engagement sur tous ses biens mobi- « liers et immobiliers présens et à venir, » et que, comme tout se lie en législation, il a fallu faire concorder ces deux articles, qui sont en rapport direct et nécessaire.

C'est qu'il ne s'agit point, dans cette partie du projet, de l'ordre des priviléges et hypothèques, ni du rang de collocation entre les divers créanciers, mais uniquement de la simple poursuite en expropriation, abstraction faite de la distribution du prix de la vente.

Enfin, c'est que tout créancier, quel qu'il soit, s'il est fondé en titre, peut recourir, à défaut de paiement de sa créance, sur tous les biens de son débiteur, qui nécessairement répondent de l'inexécution de ses engagemens, n'importe que les biens soient libres ou affectés à d'autres créances.

Sans doute le créancier hypothécaire a des droits que n'ont pas les créanciers personnels. Il peut suivre l'immeuble qui lui est hypothéqué, en quelques mains que cet immeuble passe, et en réclamer le délaissement ou le prix contre le tiers détenteur.

Il doit également être préféré à ces autres créanciers, soit que ceux-ci aient provoqué l'expropriation, soit qu'il l'ait poursuivie lui-même.

Enfin, que l'immeuble dont la vente a été ordonnée fût en la possession du débiteur ou dans les mains d'un tiers, il est toujours colloqué dans la distribution du prix, suivant le rang que lui assigne la priorité de son hypothèque.

Mais il n'en est pas moins certain que la propriété des créanciers étant aussi sacrée que celle de leur débiteur, le droit de poursuivre l'expropriation doit leur être commun à tous, quel que soit leur titre, et qu'ils peuvent en user concurremment, sauf les priviléges ou préférences à régler ultérieurement entre eux.

L'art. 1er a donc dû les comprendre indistinctement dans sa disposition.

Si l'on ne peut recourir que sur les biens dont son débiteur 2205 a la propriété ou l'usufruit, il est évident que la part indivise d'un cohéritier dans les immeubles d'une succession ne peut être mise en vente par ses créanciers *personnels* avant le partage ou la licitation.

Comment en effet pourrait-on connaître cette part indivise dans des immeubles possédés en commun par les divers cohéritiers, puisque leurs droits ne sont définitivement réglés, puisque leurs portions contingentes ne sont connues, évaluées, et assignées à chacun d'eux, que par le résultat de la licitation ou du partage?

Or, s'il est impossible, avant l'une ou l'autre de ces opérations préalables, de connaître et d'apprécier la part indivise du cohéritier débiteur, quel serait le moyen d'en provoquer la vente contre lui?

D'ailleurs, d'une part, le créancier personnel (que le projet distingue ici du créancier hypothécaire ou privilégié) n'a pas, comme ce dernier, l'action réelle sur les immeubles de son débiteur, encore moins sur ceux d'une succession indivise entre ce débiteur et d'autres cohéritiers.

D'autre part, ces immeubles ne sont point, à proprement parler, en la possession du cohéritier débiteur ; ils doivent être considérés à son égard comme s'ils étaient possédés par des tiers : or, le créancier qui n'a que l'action personnelle ne peut suivre les immeubles dans les mains des tiers détenteurs.

Enfin l'on pourrait dire que tant que dure l'indivis, son débiteur n'est vraiment ni propriétaire ni usufruitier; car il ne le peut devenir incommutablement qu'en faisant cesser cet indivis.

Mais, a-t-on dit, si le cohéritier a un droit acquis, ce droit doit nécessairement produire quelque effet. Or, s'il ne peut être exproprié dans cette circonstance, il en résulte qu'il y a une contradiction évidente entre la disposition de l'art. 1ᵉʳ et celle de l'art. 2.

Je réponds que ce cohéritier a bien certainement un droit quelconque sur ces immeubles, jusqu'à concurrence de la part qu'il amende dans la succession; mais que ce droit, n'ayant point d'objet fixe et déterminé sur lequel il puisse s'asseoir, n'a encore rien de réel ni d'effectif.

Je réponds que son droit se borne uniquement à une jouissance momentanée qui n'est ni distincte, ni séparée de celle de ses cohéritiers, ou, pour mieux dire, à une portion indéterminée dans la jouissance commune; portion que souvent il ne perçoit même pas, et qui se confond presque toujours dans la masse héréditaire jusqu'au moment où le partage est consommé.

Je réponds enfin que jusqu'à ce que tous les biens possédés en commun soient licités ou partagés, il est incertain si tel ou tel immeuble, telle ou telle portion d'immeuble écherra dans le lot du cohéritier débiteur; s'il ne recueillera pas pour sa part successive une somme d'argent au lieu d'un corps héréditaire; si même, après le prélèvement des dettes de la succession, il restera quelque excédant sur lequel il puisse exercer son droit.

Il faut donc en pareille occurence que le créancier personnel attende l'événement qui doit consolider la propriété ou l'usufruit sur la tête de son débiteur, pour pouvoir diriger contre lui sa poursuite en expropriation.

Aussi est-ce pour hâter cet événement que le même article lui réserve le droit de provoquer la licitation ou le partage, et même d'y intervenir, conformément à l'art. 172 du titre *des Successions.*

2206. La faveur due, et au mineur qui ne jouit pas de toute sa raison, et à l'interdit qui ne peut en faire usage, sollicitait ici une exception dans leur intérêt; car ils sont sujets à être expropriés comme les majeurs, par l'effet des engagemens dont ils sont tenus.

Or, le législateur pouvait-il la leur refuser? Non sans doute, puisque sa sollicitude s'étend sur tous ceux que leur âge ou leur faiblesse expose à être lésés ou trompés ; puisqu'il doit les couvrir de son égide, protéger leurs droits, qu'ils ne peuvent défendre eux-mêmes, et conséquemment les affranchir d'une poursuite trop rigoureuse de la part de leurs créanciers.

Tel est aussi l'objet qu'il s'est proposé en déclarant dans l'art. 3 « que leurs immeubles ne peuvent être mis en vente avant la discussion du mobilier. »

Par cette utile précaution, les droits des créanciers resteront à couvert ; le mineur et l'interdit ne seront pas expropriés de leurs immeubles quand le produit de leurs meubles pourra faire face à leurs engagemens ; et si ce produit n'y peut suffire, il y contribuera du moins jusqu'à concurrence de sa valeur. La discussion de leur mobilier sera donc ainsi doublement avantageuse, puisqu'elle en préviendra le dépérissement ou la dilapidation, et que le prix en sera employé au paiement de leurs dettes.

Cette discussion ne sera cependant pas requise avant l'expropriation, 1° si les immeubles sont possédés par indivis entre un majeur et un mineur ou un interdit ; 2° si la dette est commune ; 3° si les poursuites ont été commencées contre un majeur ou avant l'interdiction ; et rien n'est plus juste ni plus équitable.

On sent en effet que le mineur ou l'interdit étant dans les cas prévus en communauté avec un majeur, et leurs droits étant confondus, ce dernier n'a pu agir pour lui sans agir aussi pour eux ; que tout ce que cet associé a fait pour ou contre l'intérêt commun doit donc profiter ou nuire également à son coassocié ; qu'il en est de même du majeur qui, ayant eu avant son interdiction la faculté de pourvoir à ses droits, ne peut justifier sa négligence par un événement survenu après coup ; qu'ainsi s'ils n'ont rempli, ni les uns ni les autres, les engagemens qu'ils avaient contractés, ils n'ont aucun droit à une exception, uniquement introduite pour celui qui ne peut agir par lui-même, ni par son cohéritier ou coassocié majeur; que par conséquent l'expropriation des immeubles doit être poursuivie contre eux dans toute la rigueur des formes, et sans que leur mobilier soit préalablement discuté.

2108. Les intérêts de la femme mariée sont tout aussi sacrés que ceux du mineur et de l'interdit; car faible et dépendante comme eux, elle n'en est pas moins, quoique douée de sens et de raison, dans les liens d'une sorte d'interdiction.

Vainement en effet sa raison l'éclaire et trop souvent s'indigne en secret de cette dépendance; vainement lui paraît-elle une sorte de tyrannie lorsqu'elle n'est que le triste apanage de son sexe, et peut-être une de ses premières vertus quand elle s'y résigne sans murmure; vainement enfin la maturité de son âge, la pureté de ses mœurs, la culture de son esprit, l'étendue de ses connaissances, l'éleveraient-elles au-dessus de sa sphère, et seraient-elles autant de garanties de la sagesse de ses démarches.

Ni son âge, ni son instruction, ni ses vertus, ni l'expérience même, ne lui suffisent pour se diriger au milieu des piéges et des écueils qui environnent sa frêle existence. Quelles que soient ses qualités morales, il n'est que trop vrai que sa faiblesse, sa bonté, sa dangereuse sensibilité, lui restent toujours; et elles sont trop inhérentes à sa nature pour qu'elles ne puissent jamais la séduire ou l'abuser. Ce sont là de vrais ennemis qui l'obsèdent sans relâche, et contre lesquels il est indispensable de la défendre à son insu et même contre sa propre volonté.

Aussi le Code civil l'a-t-il sans cesse placée ou sous l'égide de la loi, ou sous la tutelle de son mari. Elle ne peut faire un pas dans la vie civile qu'elle ne s'appuie sur un secours étranger; elle ne peut exercer ses droits, ni poursuivre ses actions, qu'elle n'ait un conseil ou un défenseur spécial : en un mot, elle ne peut s'obliger, vendre, aliéner ou engager ses biens, ni sous le régime dotal, ni sous celui de la communauté, que dans des cas infiniment rares, et jamais sans le consentement de son mari, ou l'autorisation de la justice.

Sans doute cette double et continuelle dépendance a quelque chose d'humiliant pour l'amour-propre ; mais une épouse vertueuse s'y soumet, en bénissant la loi qui sauve ses propriétés de la ruine qui les menace, et la sauve elle-même de tout danger. Eh! combien une telle sauve-garde lui est d'ailleurs utile et indispensable, puisqu'elle y trouve et que ce n'est que là qu'elle peut trouver sa sûreté, son repos, son bonheur et tous les avantages que lui promet le lien sacré du mariage !

Encore n'envisageons-nous ici qu'elle-même. Que sera-ce donc si nous portons nos regards sur sa famille, sur ses enfans !

La famille ! intéressée à la conservation des biens, et qui pourrait être réduite à la dernière indigence par l'inconsidération ou la prodigalité d'une femme livrée à ses penchans ou à ses seules inspirations !

Les enfans ! dont une mère doit toujours être le guide et le modèle, et qui seraient infailliblement entraînés à l'indocilité et à l'irrévérence envers leurs parens, si elle pouvait jamais leur donner le funeste exemple de l'indépendance !

Admirable prévoyance de la loi, qui, pour l'honneur et la dignité du mariage autant que pour la félicité des époux, a réduit la mère à l'heureuse impuissance de nuire à ses enfans et de se nuire à elle-même !

Par une conséquence nécessaire de ces vérités et de ces principes, le législateur a donc dû, ici comme ailleurs, veiller aux intérêts de la femme mariée, la prémunir contre elle-même, lui prêter son appui, et l'affranchir en certains cas, ainsi que le mineur et l'interdit, des rigoureuses poursuites de ses créanciers, contre lesquels elle ne pourrait seule lutter avec succès.

C'est ce qui a été sagement réglé par la disposition qui la dispense d'assister à la procédure en expropriation des immeubles de la communauté ; qui charge le mari seul de ce soin dans cette dernière circonstance, et qui ne l'y assujétit elle-même (quand il s'agit de ses biens propres) qu'en présence de son mari ou d'un tuteur, s'ils sont mineurs l'un et l'autre, ou enfin sous l'autorisation de la justice, si le mari majeur refuse de procéder avec elle.

Nous avons vu que l'article 1er autorise le créancier à recourir sur tous les biens immobiliers de son débiteur pour se procurer le paiement de sa créance. L'article 6, en confirmant ce principe, y apporte néanmoins une modification ; il ne permet au créancier hypothécaire de poursuivre la vente des immeubles qui ne lui sont pas affectés, qu'en cas d'insuffisance des biens qui lui sont hypothéqués.

Ce qui est d'autant plus juste que ce créancier a limité son droit de poursuite par l'hypothèque spéciale qu'il s'est fait consentir, et qu'il doit subir la loi qu'il s'est lui-même imposée. Mais comme cette restriction ne peut lui nuire, vu qu'elle n'a eu pour objet que de lui procurer une plus grande sûreté, il était tout aussi juste de l'autoriser à user de l'intégralité de ce droit, lorsque la valeur du bien hypothéqué ne suffit pas à l'entier remboursement de sa créance.

Les articles 7, 8 et 9 sont purement règlementaires ; ainsi ils n'exigent ni explication ni commentaire. Il me suffira donc d'observer que leur objet se borne, 1° à ne permettre que successivement la vente des biens situés dans divers arrondissemens, à moins qu'ils ne fassent partie d'une même exploitation ;

2°. A fixer le tribunal devant lequel cette vente doit être poursuivie.

3°. A autoriser la suspension de toute poursuite, lorsque le débiteur justifie par baux authentiques que le revenu net et libre de ses immeubles pendant une année suffit pour le paiement de la dette, et qu'il en offre la délégation au créancier.

Après avoir réglé le droit qu'a tout créancier de poursuivre l'expropriation, distingué les immeubles qui doivent être l'objet de cette poursuite, désigné les personnes contre lesquelles elle doit être dirigée, le projet indique, dans les articles suivans, quels sont les titres qui peuvent l'autoriser.

Je n'abuserai pas, législateurs, de vos précieux momens pour développer les motifs de toutes ces dispositions de détail : ce serait fatiguer inutilement votre attention ; car ils sont presque tous renfermés dans ces dispositions mêmes.

Et d'abord ce n'est qu'en vertu d'un titre exécutoire, ce n'est que pour une dette certaine et liquide, que la vente forcée des immeubles peut être provoquée. Si la dette est en espèces non liquidées, comme en blé, en vin, ou autres denrées, la poursuite sera valable ; mais l'expropriation ne pourra avoir lieu qu'après que la liquidation en aura été faite.

Le cessionnaire doit avoir les mêmes droits que le cédant ; car l'effet de la cession est de le subroger à son lieu et place. Donc il pourra, comme lui, poursuivre l'expropriation. Il n'aura d'autre formalité à remplir que celle de faire signifier le transport au débiteur.

Si un titre exécutoire suffit pour fonder la poursuite en expropriation, il faut, pour qu'elle puisse se consommer, que ce titre soit solide et irréfragable

Ainsi la poursuite pourra avoir lieu en vertu d'un jugement provisoire ou définitif, exécutoire par provision, nonobstant appel. Mais l'adjudication ne pourra être faite qu'après un jugement définitif, ou passé en force de chose jugée.

Il n'est pas besoin de dire que cette poursuite ne pourra s'exercer en vertu d'un jugement par défaut durant le délai de l'opposition ; car un tel jugement étant sujet à révocation n'est point un titre certain, et ne peut par conséquent transmettre aucun droit.

Lorsque le créancier aura commencé la poursuite pour une somme plus forte que celle qui lui est due, cette poursuite pourra-t-elle être annulée ?

Non ; car quel que soit le montant de la dette, le créancier n'en a pas moins le droit d'en provoquer le paiement par la vente forcée ; et s'il a erré dans l'appréciation de ce qu'il croyait lui être dû, cette erreur peut aisément se réparer lors de l'adjudication.

2217 Enfin toute poursuite en expropriation doit être précédée d'un commandement de payer fait à la personne du débiteur ou à son domicile.

Ce qui est un préalable d'autant plus essentiel, d'autant plus indispensable, que le débiteur doit légalement être averti de la poursuite que le créancier se propose d'exercer contre lui, pour pouvoir ou la prévenir ou la repousser.

2218 Je passe maintenant au chapitre II, qui, comme je l'ai déjà observé, n'exige aucune discussion.

De l'Ordre et de la Distribution du prix entre les divers créanciers.

Ce chapitre ne contient qu'une seule disposition ainsi conçue:
« L'ordre et la distribution du prix des immeubles et la
« manière d'y procéder sont réglés par les lois sur la procé-
« dure. »

Il suffit d'énoncer cette disposition pour en sentir toute la sagesse. Qui ne voit en effet que les formes à observer dans l'ordre et la distribution du prix de l'adjudication, étant nécessairement variables (par conséquent susceptibles d'être changées, modifiées, ou perfectionnées, d'après les leçons de l'expérience), elles ne pouvaient trouver place dans le Code civil sans y amener la confusion et le désordre, puisque tout doit y porter le caractère de la stabilité, de la permanence et de l'immutabilité.

Le projet a donc dû renvoyer aux lois sur la procédure le règlement de ces formes, ainsi que de celles du commandement et de la poursuite en expropriation. Il serait superflu d'observer que ces lois sont non seulement celles qui existent déjà, mais celles qui pourront y être substituées par le nouveau Code judiciaire.

Vous connaissez maintenant, législateurs, toute l'économie du projet de loi que je viens d'analyser.

Il règle, avec une égale sollicitude, tous les droits des créanciers dans la poursuite en expropriation, ainsi que ceux des divers débiteurs, majeurs, mineurs, interdits ou femmes mariées, et cela suivant la rigueur ou la faveur due à leur situation.

Il prévoit tous les cas, embrasse tous les rapports, concilie tous les intérêts. Il n'est pas une seule de ses dispositions qui ne porte l'empreinte de la sagesse, de la justice et de l'équité.

Il est le digne complément de ce nouveau système hypothécaire, réclamé par tous les tribunaux d'appel de la République de ce système qui, reposant sur *la publicité et la spécialité*, est aussi parfait qu'il peut l'être, et deviendra infailliblement, malgré ses détracteurs, la plus forte garantie des droits des créanciers, la plus solide base du crédit des débiteurs, et la plus sûre sauve-garde de la foi publique.

Enfin ce projet mérite, comme tous les autres, de figurer dans cet immortel ouvrage, si long-temps attendu, si ardemment désiré, si vainement entrepris pendant des siècles, et pourtant si miraculeusement consommé de nos jours par l'infatigable activité du gouvernement consulaire, par le concours de toutes les lumières dont il s'est investi, surtout par les sublimes inspirations de ce génie qui peut tout ce qu'il veut, mais qui ne veut que ce qui est grand, utile, libéral et glorieux pour la nation qui lui a confié ses destinées.

Ainsi donc, législateurs, nous n'avons rien à envier aux autres peuples anciens ou modernes, pas même à ce peuple-roi, qui a rendu en quelque sorte toutes les nations tributaires de sa science profonde, et les a pour ainsi dire asservies *à sa raison écrite*. La France a osé la première s'affranchir de cette espèce de servitude ; la première aussi elle osera, et avec succès, lui disputer ce noble empire.

Que le ciel daigne conserver ce héros dont l'existence est

sans cesse menacée par les noirs complots du plus atroce ennemi! et bientôt cet ennemi, déjà frappé au cœur par une main invisible, expiera tous ses forfaits.

Encore quelques momens, et une paix glorieuse et durable nous procurera tous les biens et réparera tous nos maux ; et la République triomphante régnera sur le monde, non par la force de ses armes, ou par de nouvelles conquêtes (ce qu'elle n'ambitionne point), mais par la rare loyauté de sa politique, et par l'éminente sagesse de ses lois, *Non ratione imperii, sed imperio rationis*.

Le Tribunat, législateurs, vous propose par mon organe de voter l'adoption du projet de loi destiné à former le titre VII, livre III du Code civil, intitulé *de l'Expropriation forcée et des Ordres entre les créanciers*.

Le Corps législatif rendit son décret d'adoption dans la même séance, et la promulgation de la loi eut lieu le 8 germinal an XII (29 mars 1804).

TITRE VINGTIÈME.

De la Prescription.

DISCUSSION DU CONSEIL D'ÉTAT.

(Procès-verbal de la séance du 7 pluviose an XII. — 28 janvier 1804.)

M. PORTALIS présente le titre XX du livre III du projet de Code civil, *de la Prescription.*
Il est ainsi conçu :

CHAPITRE Ier.
Dispositions générales.

Art. 1er. « La prescription est un moyen d'acquérir ou de se libérer par un certain laps de temps, et sous les conditions déterminées par la loi. »   2219

Art. 2. « On ne peut d'avance renoncer au bénéfice de la prescription : on peut renoncer à la prescription acquise. »   2220

Art. 3. « La renonciation à la prescription est expresse ou tacite : la renonciation tacite résulte d'un fait qui suppose l'abandon du droit acquis. »   2221

Art. 4. « Celui qui ne peut aliéner ne peut renoncer à la prescription acquise. »   2222

Art. 5. « Les juges ne peuvent pas suppléer d'office le moyen déduit de la prescription. »   2223

Art. 6. « La prescription peut être opposée en tout état de cause, même devant le tribunal d'appel, à moins que la partie qui n'aurait pas opposé le moyen de la prescription ne doive, par les circonstances, être présumée y avoir renoncé. »   2224

Art. 7. « Les créanciers, ou toute autre personne ayant in-   2225

« térêt à ce que la prescription soit acquise, peuvent l'opposer,
« encore que le débiteur ou le propriétaire y renonce. »

2226 Art. 8. « On ne peut prescrire le domaine des choses qui
« ne sont point dans le commerce. »

2227 Art. 9. « La nation, les établissemens publics et les com-
« munes sont soumis aux mêmes prescriptions que les parti-
« culiers, et peuvent également les opposer. »

CHAPITRE II.

De la Possession.

2228 Art. 10. « La possession est la détention d'une chose ou
« d'un droit que nous tenons en notre puissance, ou par nous-
« mêmes ou par un autre qui la tient en notre nom. »

2229 Art. 11. « Pour pouvoir prescrire, il faut une possession
« continue et non interrompue, paisible, publique, non
« équivoque, et à titre de propriétaire. »

2230 Art. 12. « On est toujours présumé posséder pour soi, et
« à titre de propriétaire, s'il n'est prouvé qu'on a commencé
« à posséder pour un autre. »

2231 Art. 13. « Quand on a commencé à posséder pour autrui,
« on est toujours présumé posséder au même titre, s'il n'y a
« preuve du contraire. »

2232 Art. 14. « Les actes facultatifs et ceux de simple tolérance
« ne peuvent fonder ni possession ni prescription. »

2233 Art. 15. « Les actes de violence ne peuvent fonder non plus
« une possession capable d'opérer la prescription, tant que
« cette violence dure. »

2234 Art. 16. « Le possesseur actuel qui prouve avoir possédé
« anciennement, est présumé avoir possédé dans le temps
« intermédiaire. »

2235 Art. 17. « Pour compléter la prescription, on peut joindre
« à sa possession celle de son auteur, soit qu'on lui ait suc-
« cédé à titre universel ou particulier, lucratif ou onéreux. »

CHAPITRE III.

Des Causes qui empêchent la prescription.

Art. 18. « Ceux qui possèdent pour autrui ne prescrivent 2236
« jamais, par quelque laps de temps que ce soit.
« Ainsi le fermier, le dépositaire, l'usufruitier, et tous autres
« qui détiennent précairement la chose du propriétaire, ne
« peuvent la prescrire. »

Art. 19. « Les héritiers de ceux qui tenaient la chose à 2237
« quelqu'un des titres désignés par l'article précédent ne
« peuvent non plus prescrire. »

Art. 20. « Néanmoins les personnes énoncées dans les ar- 2238
« ticles 18 et 19 peuvent prescrire, si le titre de leur posses-
« sion se trouve interverti, soit par une cause venant d'un
« tiers, soit par la contradiction qu'elles ont opposée aux
« droits du propriétaire. »

Art. 21. « Ceux à qui les fermiers, dépositaires et autres 2239
« détenteurs précaires ont transmis la chose par un titre trans-
« latif de propriété, peuvent la prescrire. »

Art. 22. « On ne peut pas prescrire contre son titre, en ce 2240
« sens que l'on ne peut point se changer à soi-même la cause
« et le principe de sa possession. »

Art. 23. « On peut prescrire contre son titre, en ce sens 2241
« que l'on prescrit la libération de l'obligation que l'on a con-
« tractée. »

CHAPITRE IV.

Des Causes qui interrompent ou qui suspendent le cours de la prescription.

SECTION Ire. — *Des Causes qui interrompent la prescription.*

Art. 24. « La prescription peut être interrompue ou natu- 2242
« rellement ou civilement. »

Art. 25. « Il y a interruption naturelle lorsque le posses- 2243
« seur est privé, pendant plus d'un an, de la jouissance de

« la chose, soit par l'ancien propriétaire, soit même par un
« tiers. »

2244   Art. 26. « Une citation en justice, un commandement ou
« une saisie signifiés à celui qu'on veut empêcher de prescrire,
« forment l'interruption civile. »

2245   Art. 27. « La citation en conciliation devant le bureau de
« paix interrompt la prescription, du jour de sa date, lors-
« qu'elle est suivie d'une assignation en justice donnée dans
« les délais de droit. »

2246   Art. 28. « La citation en justice donnée, même devant un
« juge incompétent, interrompt la prescription. »

2247   Art. 29. « Si l'assignation est nulle par défaut de forme,
« Si le demandeur se désiste de sa demande,
« S'il laisse périmer l'instance,
« Ou si le possesseur est relaxé de sa demande,
« L'interruption est regardée comme non avenue. »

2248   Art. 30. « La prescription est interrompue par la recon-
« naissance que le débiteur ou le possesseur font du droit de
« celui contre lequel ils prescrivaient. »

2249   Art. 31. « L'interpellation judiciaire faite à l'un des débi-
« teurs solidaires, ou sa reconnaissance, interrompent la
« prescription contre tous les autres, même contre leurs hé-
« ritiers.

« L'interpellation ou la reconnaissance de l'un des héritiers
« d'un débiteur solidaire n'interrompent pas la prescription
« à l'égard des autres cohéritiers, quand même la créance
« serait hypothécaire, si l'obligation n'est indivisible.

« Cette interpellation ou cette reconnaissance de l'un des
« héritiers du débiteur solidaire n'interrompent la prescrip-
« tion, à l'égard des autres codébiteurs, que pour la part
« dont cet héritier est tenu.

« Pour interrompre la prescription pour le tout, à l'égard
« des autres codébiteurs, il faut l'interpellation ou la recon-
« naissance de tous les héritiers du débiteur décédé. »

2250   Art. 32. « L'interpellation ou la reconnaissance du débi-

« teur principal interrompent la prescription contre la cau-
« tion. »

SECTION II. — *Des Causes qui suspendent le cours de la prescription.*

Art. 33. « La prescription court contre toutes personnes, « à moins qu'elles ne soient dans quelque exception établie « par une loi. »

Art. 34. « Elle ne court point entre époux. »

Art. 35. « La prescription court contre la femme mariée, « encore qu'elle ne soit point séparée par contrat de mariage « ou en justice, à l'égard des biens dont le mari a l'adminis- « tration, sauf son recours contre le mari. »

Art. 36. « Néanmoins elle ne court point, pendant le ma- « riage, contre l'aliénation d'un fonds constitué selon le ré- « gime dotal et sans communauté. »

Art. 37. « La prescription est pareillement suspendue pen- « dant le mariage,

1°. Dans le cas où l'action de la femme ne pourrait être « exercée qu'après une option à faire sur l'acceptation ou la « renonciation à la communauté ;

« 2°. Dans le cas où le mari, ayant vendu le bien propre « de la femme sans son consentement, est garant de la vente, « et dans tous les autres cas où l'action de la femme réfléchirait « contre le mari. »

Art. 38. « La prescription ne court point,
« A l'égard d'une créance qui dépend d'une condition, « jusqu'à ce que la condition arrive ;
« Contre une action en garantie, jusqu'à ce que l'éviction « ait lieu ;
« Contre une créance à jour fixe, jusqu'à ce que ce jour soit « arrivé. »

Art. 39. « La prescription ne court pas contre l'héritier « bénéficiaire, à l'égard des créances qu'il a contre la suc- « cession. »

« Elle court contre une succession vacante, quoique non
« pourvue de curateur. »

Art. 40. « Elle court encore pendant les trois mois pour
« faire inventaire, et les quarante jours pour délibérer. »

CHAPITRE V.

Du temps requis pour prescrire.

SECTION Ire.—*Dispositions générales.*

Art. 41. « La prescription se compte par jours, et non par
« heures. Elle est acquise lorsque le dernier jour du terme
« est accompli. »

Art. 42. « Dans les prescriptions qui s'accomplissent dans
« un certain nombre de jours, les jours complémentaires
« sont comptés.

« Dans celles qui s'accomplissent par mois, celui de fruc-
« tidor comprend les jours complémentaires. »

SECTION II.—*De la Prescription trentenaire.*

Art. 43. « Toutes les actions, tant réelles que personnel-
« les, sont prescrites par trente ans, sans que celui qui
« allègue cette prescription soit obligé d'en rapporter un
« titre, ou qu'on puisse lui opposer l'exception déduite de
« la mauvaise foi. »

Art. 44. « Les règles de la prescription sur d'autres objets
« que ceux mentionnés dans le présent titre, sont expli-
« quées dans les titres qui leur sont propres. »

SECTION III.—*De la Prescription par dix et vingt ans.*

Art. 45. « Celui qui acquiert de bonne-foi et par juste titre
« un immeuble, en prescrit la propriété par dix ans, si le
« véritable propriétaire habite dans le ressort du tribunal
« d'appel dans l'étendue duquel l'immeuble est situé ; et par
« vingt ans, s'il est domicilié hors dudit ressort. »

Art. 46. « Si le véritable propriétaire a eu son domicile en

« différens temps, dans le ressort et hors du ressort, il faut,
« pour compléter la prescription, ajouter à ce qui manque
« aux dix ans de présence, un nombre d'années d'absence
« double de celui qui manque, pour compléter les dix ans
« de présence. »

Art. 47. « Le titre nul par défaut de forme n'autorise pas 2267
« la prescription de dix et vingt ans. »

Art. 48. « La bonne foi est toujours présumée, et c'est à 2268
« celui qui allègue la mauvaise foi à la prouver. »

Art. 49. « Il suffit que la bonne foi ait existé au moment 2269
« de l'acquisition. »

Art. 50. « Après dix ans, l'architecte est déchargé de la 2270
« garantie des gros ouvrages qu'il a faits ou dirigés.

SECTION IV.—*De quelques Prescriptions particulières.*

Art. 51. « L'action des maîtres et instituteurs des sciences 2271
« et arts, pour les leçons qu'il donnent au mois ;

« Celle des hôteliers et traiteurs, à raison du logement et
« de la nourriture qu'ils fournissent ;

« Celle des ouvriers et gens de travail, pour le paiement
« de leurs journées, fournitures et salaires ;

« Se prescrivent par six mois. »

Art. 52. « L'action des médecins, chirurgiens ou apothi— 2272
« caires, pour leurs visites, opérations et médicamens ;

« Celle des huissiers et sergens, pour le salaire des actes
« qu'ils signifient, et des commissions qu'ils exécutent ;

« Celle des marchands, pour les marchandises qu'ils ven-
« dent aux particuliers non marchands ;

« Celle des maîtres de pension contre leurs élèves pour le
« prix de cette pension ; et des autres maîtres contre leurs ap-
« prentis, pour le prix de leur apprentissage.

« Celle des domestiques qui se louent à l'année, pour le
« paiement de leur salaire ;

« Se prescrivent par un an. »

Art. 53. « L'action des avoués, pour le paiement de leurs 2273

« frais et salaires, se prescrit par deux ans, à compter du
« jugement des procès, ou de la conciliation des parties, ou
« depuis la révocation desdits avoués. A l'égard des affaires
« non terminées, ils ne peuvent former de demandes pour
« leurs frais et salaires qui remonteraient à plus de cinq ans. »

2274. Art. 54. « La prescription, dans les cas ci-dessus, a lieu,
« quoiqu'il y ait eu continuation de fournitures, livraisons,
« services et travaux. »

« Elle ne cesse de courir que lorsqu'il y a eu compte ar-
« rêté, cédule ou obligation, ou citation en justice non pé-
« rimée. »

2275. Art. 55. « Néanmoins ceux auxquels ces prescriptions
« seront opposées, peuvent déférer le serment à ceux qui les
« opposent, sur le fait de savoir si la chose a été réellement
« payée.

« Le serment pourra être déféré aux veuves et héritiers, ou
« aux tuteurs de ces derniers, s'ils sont mineurs, pour qu'ils
« aient à déclarer s'ils ne savent pas que la chose est due. »

2276. Art. 56. « Les juges et avoués sont déchargés des pièces
« cinq ans après le jugement des procès ;

« Les huissiers et sergens, après deux ans, depuis l'exé-
« cution de la commission, ou la signification des actes dont
« ils étaient chargés. »

2277. Art. 57. « Les arrérages de rentes perpétuelles et viagères ;

« Ceux des pensions alimentaires ;

« Les loyers des maisons, et le prix de ferme des biens
« ruraux ;

« Les intérêts des sommes prêtées, et généralement tout
« ce qui est payable par année, ou à des termes périodiques
« plus courts,

« Se prescrivent par cinq ans. »

2278. Art. 58. « Les prescriptions dont il s'agit dans les articles
« de la présente section, courent contre les mineurs et inter-
« dits, sauf leur recours contre leurs tuteurs. »

2279. Art. 59. « En fait de meubles, la possession vaut titre.

« Néanmoins celui qui a perdu ou auquel il a été volé une « chose, peut la revendiquer pendant trois ans, à compter « du jour de la perte ou du vol, contre celui dans les mains « duquel il la trouve ; sauf à celui-ci son recours contre celui « duquel il la tient. »

Art. 60. « Si le possesseur actuel de la chose volée ou per- « due l'a achetée dans une foire ou dans un marché, ou « dans une vente publique, ou d'un marchand vendant des « choses pareilles, le propriétaire originaire ne peut se la « faire rendre qu'en remboursant au possesseur le prix qu'elle « lui a coûté. »

M. PORTALIS fait lecture du chapitre Ier, contenant les *dispositions générales*.

Les articles 1, 2, 3, 4, 5, 6, 7, 8 et 9, qui composent ce chapitre, sont soumis à la discussion et adoptés.

M. PORTALIS fait lecture du chapitre II, *de la Possession*.

Les articles 10, 11, 12, 13, 14, 15, 16 et 17, qui composent ce chapitre, sont soumis à la discussion et adoptés.

M. PORTALIS fait la lecture du chapitre III, *des Causes qui empêchent la prescription*.

Les articles 18, 19, 20, 21, 22 et 23, qui composent ce chapitre, sont soumis à la discussion et adoptés.

M. PORTALIS fait lecture du chapitre IV, *des Causes qui interrompent ou qui suspendent le cours de la prescription*.

La section Ire, *des Causes qui interrompent la prescription*, est soumise à la discussion.

Les articles 24, 25, 26, 27, 28 et 29, sont adoptés.

L'article 30 est discuté.

M. JOLLIVET dit que la jurisprudence variait sur le délai après lequel le titre nouvel d'une rente pouvait être demandé, et qu'il importe de le fixer.

M. Berlier observe que la discussion de cet amendement se lie à l'article 43.

La proposition de M. *Jollivet* est ajournée après la discussion de cet article.

Les articles 31 et 32 sont adoptés.

La section II, *des Causes qui suspendent le cours de la prescription*, est soumise à la discussion.

Les articles 33, 34, 35, 36, 37, 38, 39 et 40, qui la composent, sont adoptés.

M. Portalis fait lecture du chapitre V, *du Temps requis pour prescrire.*

La section Ire, contenant les *Dispositions générales*, est soumise à la discussion.

Les articles 41 et 42, qui la composent, sont adoptés.

La section II, *de la Prescription trentenaire*, est soumise à la discussion.

L'article 43 est discuté.

M. Jollivet rappelle l'observation qu'il a faite sur l'article 30, il propose de fixer le délai à vingt ans.

M. Berlier dit que ce délai est trop court.

M. Jollivet propose de le fixer à vingt-cinq ans.

M. Berlier dit que la loi ne doit, à cet égard, accorder que ce qui est strictement nécessaire; or, puisque la prescription ne s'acquiert, relativement aux rentes, que par trente ans, pourquoi l'action en renouvellement du titre serait-elle accordée avant l'expiration de la vingt-neuvième année? Une année est bien suffisante pour poursuivre le titre nouvel, ou du moins pour en former la demande, qui seule est interruptive de la prescription : il faut donc s'arrêter là; car d'ailleurs la passation du nouveau titre est aux frais du débiteur, et il ne faut pas aggraver sa condition sans nécessité.

M. Jollivet dit que les créanciers qui reçoivent régulièrement leurs arrérages, sont ordinairement insoucians à l'égard du titre nouvel ; que cependant cette négligence les expose à perdre la rente par la prescription. Elle paraît en effet acquise contre eux, lorsqu'ils n'ont pas pris de titre nouvel ; car les quittances étant entre les mains du débiteur, ils ne peuvent justifier que la rente leur a été payée exactement pendant les trente années antérieures.

M. Tronchet dit qu'abréger le délai après lequel le titre nouvel peut être exigé, c'est abréger la prescription elle-même ; car elle ne doit s'accomplir qu'après trente ans.

M. Treilhard dit qu'il suffit d'une année pour que le créancier ne soit pas surpris par l'accomplissement de la prescription ; qu'ainsi le délai pour exiger le titre nouvel paraît devoir être fixé à vingt-neuf ans.

L'article est adopté.

Le Conseil adopte l'article suivant, qui sera le quarante-quatrième.

« Après vingt-neuf ans de la date du dernier titre, le débiteur d'une rente peut être contraint à fournir à ses frais un titre nouvel à son créancier ou à ses ayant-cause. »

L'article 30, ajourné après la discussion de l'article 43, est adopté.

L'article 44 est adopté.

La section III, *de la Prescription par dix et vingt ans*, est soumise à la discussion.

Les articles 45, 46, 47, 48, 49 et 50 qui la composent, sont adoptés.

La section IV, *de quelques Prescriptions particulières*, est soumise à la discussion.

Les articles 51 et 52 sont adoptés.

L'article 53 est discuté.

M. Pelet, afin d'empêcher que les avoués n'abusent de cet article pour prolonger inutilement des procédures dispendieuses, propose de ne faire durer que pendant deux ans au lieu de cinq, leur action, même pour les affaires non encore terminées.

M. Berlier dit que la distinction faite par l'article est juste et doit être maintenue.

Quand une affaire est terminée, l'avoué doit plus spécialement songer à se faire payer ; et la prescription, qui n'est qu'une présomption légale de paiement, peut, en ce cas, s'acquérir par un moindre temps.

Mais tant que l'affaire dure, la loi peut et doit présumer quelques ménagemens de plus envers le client ; et dans ce cas, la présomption légale ne doit s'établir que par un plus grand laps de temps.

Ne serait-ce pas d'ailleurs aggraver la condition des cliens en général, que d'obliger l'avoué, même pendant le litige, à poursuivre son paiement dans le terme de deux ans, sous peine de prescription ? On peut bien croire qu'il n'y manquerait pas ; et la règle qui le forcerait à être dur envers son client ne tournerait certainement pas au profit de celui-ci.

M. Portalis ajoute que, si la proposition de M. *Pelet* était adoptée, le pauvre ne trouverait plus d'avoués qui voulussent faire des avances pour lui ; que d'ailleurs elle n'enchaînerait pas la cupidité, car il est possible de faire, en deux ans, des frais aussi considérables que dans un laps de temps beaucoup plus long.

L'article est adopté.

Les articles 54, 55, 56, 57, 58, 59 et 60 sont adoptés.

Le Consul ordonne que le titre qui vient d'être arrêté par le Conseil sera communiqué officieusement, par le secrétaire général du Conseil d'État, à la section de législation du Tribunat, conformément à l'arrêté du 18 germinal an X.

COMMUNICATION OFFICIEUSE

A LA SECTION DE LÉGISLATION DU TRIBUNAT.

Par suite de cette communication la section procéda à l'examen du projet, et fit les observations suivantes :

OBSERVATIONS DE LA SECTION.

Sur l'article 2, ainsi conçu : « On ne peut d'avance renoncer au bénéfice de la prescription : on peut renoncer à « la prescription acquise. »

La section pense qu'au lieu de *au bénéfice de la prescription*, il serait mieux de dire *à la prescription*. La prescription, d'après la définition même qu'en donne le projet, doit être considérée comme un droit et non comme un bénéfice. Aussi l'article 3, en parlant de la prescription requise, se sert-il de l'expression *droit acquis*.

Art. 16. « Le possesseur actuel, qui prouve avoir possédé « anciennement, est présumé avoir possédé dans le temps « intermédiaire. »

Cette disposition a paru juste ; mais la section pense qu'il faut ajouter *sauf la preuve du contraire*. Toutes les fois que le Code établit une présomption légale, la réserve de la preuve contraire est littéralement exprimée; s'il ne l'exprimait pas ici, l'on pourrait croire que son silence emporte exclusion.

Art. 31, § Ier. Au lieu de *l'interpellation judiciaire*, dire *l'interpellation faite conformément aux articles ci-dessus*. Par ce moyen, on évitera toute espèce d'embarras sur la détermination des limites qui séparent l'interpellation extra-judiciaire de l'interpellation judiciaire.

Même article, § II. Au lieu de *l'interpellation ou la reconnaissance de l'un des héritiers d'un débiteur solidaire n'interrompent pas la prescription*, etc., dire *l'interpellation faite à l'un des héritiers d'un débiteur solidaire, ou la reconnaissance de cet héritier n'interrompent pas la prescription*, etc.

La raison en est sensible. C'est l'héritier qui reconnaît, mais ce n'est pas lui qui interpelle. Au contraire, c'est lui qui est interpellé. Le changement proposé est donc indispensable pour fixer le véritable sens des mots par rapport à l'individu auquel ils s'appliquent.

Ib. Même article, § III. Le même inconvénient aura lieu dans ce paragraphe, à moins qu'on ne supprime les mots *de l'un des héritiers du débiteur solidaire*, et qu'on ne se contente de dire *cette interpellation ou reconnaissance*, etc. La section pense que la suppression doit souffrir d'autant moins de difficulté que les mots *cette interpellation ou reconnaissance*, se réfèrent évidemment au § II, et cela suffit à la clarté du sens.

Ib. Même article, § IV. Par le même motif énoncé au § II, la rédaction suivante doit être substituée à celle du § IV du projet.

« Pour interrompre la prescription, pour le tout, à l'égard
« des autres codébiteurs, il faut l'interpellation faite à tous
« les héritiers du débiteur décédé, ou la reconnaissance de
« tous ces héritiers. »

2250 Art. 32, ainsi conçu : « L'interpellation ou la reconnais-
« sance du débiteur principal interrompent la prescription
« contre la caution. »

Par le même motif énoncé ci-dessus, cet article doit être rédigé en ces termes :

« L'interpellation faite au débiteur principal ou sa recon-
« naissance interrompent la prescription contre sa caution. »

p. 2251 On propose de placer après l'article 33 une disposition conçue en ces termes :

« La prescription ne court pas contre les mineurs et les
« interdits, excepté dans les cas déterminés par la loi. »

Quoique cette disposition résulte implicitement de l'article 59, qui veut que les prescriptions dont il s'agit dans la section IV courent contre les mineurs et interdits, sauf leur recours contre leurs tuteurs, la section pense que le principe général doit être littéralement établi à la place à laquelle il est appelé par l'ordre naturel des idées.

Art. 36, ainsi conçu : « Néanmoins elle ne court point « pendant le mariage contre l'aliénation d'un fonds constitué « selon le régime dotal et *sans communauté*. »

Supprimer les mots *sans communauté*. Il suffit de dire que pendant le mariage la prescription ne court point à l'égard de l'aliénation d'un fonds constitué selon le régime dotal. L'addition des mots *sans communauté* ferait naître la question de savoir si l'article est applicable au cas où il y a société d'acquêts, quoique la société d'acquêts, et non la communauté proprement dite, soit autorisée dans le régime dotal : quelques personnes pourraient prétendre que la société d'acquêts étant une espèce de communauté, les mots *sans communauté* comprennent le tout indistinctement.

Article proposé après l'article 43 : « Après vingt-neuf « ans de la date du dernier titre, le débiteur d'une rente « peut être contraint de fournir à ses frais un titre nouvel à « son créancier ou à ses ayant-cause. »

La section pense qu'il est juste et utile d'accorder deux ans au lieu d'un au créancier de la rente pour qu'il puisse contraindre son débiteur à fournir un titre nouvel. Telle est la jurisprudence de la plupart des tribunaux. Avec un délai plus court, il arriverait souvent que l'intérêt du créancier serait compromis de la manière la plus fâcheuse, et que, faute d'avoir pu prendre la précaution que la loi commande, il éprouverait une perte irréparable.

Art. 51. On observe qu'il y a beaucoup de lieux où le mot *architecte* est à peine connu, et où le mot *entrepreneur* est le seul usité comme équivalent de celui *architecte*. On pense qu'il convient d'employer l'un et l'autre ; ainsi l'on dira *après dix ans, l'architecte et l'entrepreneur seront*, etc.

RÉDACTION DÉFINITIVE DU CONSEIL D'ÉTAT.

(Procès-verbal de la séance du 12 ventose an XII. — 3 mars 1804.)

M. PORTALIS, d'après la conférence tenue avec le Tribunat, présente la rédaction définitive du titre XX du livre III du projet de Code civil : *De la Prescription*.

Le Conseil l'adopte en ces termes :

DE LA PRESCRIPTION.

CHAPITRE Ier.

Dispositions générales.

Art. 1er. « La prescription est un moyen d'acquérir ou de « se libérer par un certain laps de temps, et sous les condi- « tions déterminées par la loi. »

Art. 2. « On ne peut d'avance renoncer à la prescription : « on peut renoncer à la prescription acquise. »

Art. 3. « La renonciation à la prescription est expresse ou « tacite : la renonciation tacite résulte d'un fait qui suppose « l'abandon du droit acquis. »

Art. 4. « Celui qui ne peut aliéner ne peut renoncer à la « prescription acquise. »

Art. 5. « Les juges ne peuvent pas suppléer d'office le « moyen résultant de la prescription. »

Art. 6. « La prescription peut être opposée en tout état de « cause, même devant le tribunal d'appel, à moins que la « partie qui n'aurait pas opposé le moyen de la prescription « ne doive, par les circonstances, être présumée y avoir « renoncé. »

Art. 7. « Les créanciers, ou toute autre personne ayant « intérêt à ce que la prescription soit acquise, peuvent l'op- « poser, encore que le débiteur ou le propriétaire y re- « nonce. »

Art. 8. « On ne peut prescrire le domaine des choses qui 2226
« ne sont point dans le commerce. »

Art. 9. « La nation, les établissemens publics et les com- 2227
« munes sont soumis aux mêmes prescriptions que les parti-
« culiers, et peuvent également les opposer. »

CHAPITRE II.

De la Possession.

Art. 10. « La possession est la détention ou la jouissance 2228
« d'une chose ou d'un droit que nous tenons ou que nous
« exerçons par nous-mêmes, ou par un autre qui la tient ou
« qui l'exerce en notre nom. »

Art. 11. « Pour pouvoir prescrire, il faut une possession 2229
« continue et non interrompue, paisible, publique, non
« équivoque, et à titre de propriétaire. »

Art. 12. « On est toujours présumé posséder pour soi et à 2230
« titre de propriétaire, s'il n'est prouvé qu'on a commencé à
« posséder pour un autre. »

Art. 13. « Quand on a commencé à posséder pour autrui, 2231
« on est toujours présumé posséder au même titre, s'il n'y
« a preuve du contraire. »

Art. 14. « Les actes de pure faculté et ceux de simple to- 2232
« lérance ne peuvent fonder ni possession ni prescription. »

Art. 15. « Les actes de violence ne peuvent fonder non 2233
« plus une possession capable d'opérer la prescription.

« La possession utile ne commence que lorsque la violence
« a cessé. »

Art. 16. « Le possesseur actuel qui prouve avoir possédé 2234
« anciennement est présumé avoir possédé dans le temps in-
« termédiaire; sauf la preuve contraire. »

Art. 17. « Pour compléter la prescription on peut joindre 2235
« à sa possession celle de son auteur, de quelque manière
« qu'on lui ait succédé, soit à titre universel ou particulier,
« soit à titre lucratif ou onéreux. »

CHAPITRE III.

Des Causes qui empêchent la prescription.

2236　Art. 18. « Ceux qui possèdent pour autrui ne prescrivent
« jamais, par quelque laps de temps que ce soit.

« Ainsi le fermier, le dépositaire, l'usufruitier, et tous
« autres qui détiennent précairement la chose du proprié-
« taire, ne peuvent la prescrire. »

2237　Art. 19. « Les héritiers de ceux qui tenaient la chose à
« quelqu'un des titres désignés par l'article précédent ne peu-
« vent non plus prescrire. »

2238　Art. 20. « Néanmoins les personnes énoncées dans les ar-
« ticles 18 et 19 peuvent prescrire, si le titre de leur posses-
« sion se trouve interverti, soit par une cause venant d'un
« tiers, soit par la contradiction qu'elles ont opposée aux
« droits du propriétaire. »

2239　Art. 21. « Ceux à qui les fermiers, dépositaires et autres
« détenteurs précaires, ont transmis la chose par un titre
« translatif de propriété, peuvent la prescrire. »

2240　Art. 22. « On ne peut pas prescrire contre son titre, en ce
« sens que l'on ne peut point se changer à soi-même la cause
« et le principe de sa possession. »

2241　Art. 23. « On peut prescrire contre son titre, en ce sens
« que l'on prescrit la libération de l'obligation que l'on a
« contractée. »

CHAPITRE IV.

Des Causes qui interrompent ou qui suspendent le cours de la prescription.

SECTION 1re.—*Des Causes qui interrompent la prescription.*

2242　Art. 24. « La prescription peut être interrompue ou natu-
« rellement ou civilement. »

2243　Art. 25. « Il y a interruption naturelle lorsque le posses-
« seur est privé pendant plus d'un an de la jouissance de

« la chose, soit par l'ancien propriétaire, soit même par un
« tiers. »

Art. 26. « Une citation en justice, un commandement ou 2244
« une saisie signifiés à celui qu'on veut empêcher de pres-
« crire, forment l'interruption civile. »

Art. 27. « La citation en conciliation devant le bureau de 2245
« paix interrompt la prescription, du jour de sa date, lors-
« qu'elle est suivie d'une assignation en justice donnée dans
« les délais de droit. »

Art. 28. « La citation en justice donnée, même devant un 2246
« juge incompétent, interrompt la prescription. »

Art 29. « Si l'assignation est nulle par défaut de forme, 2247
« Si le demandeur se désiste de sa demande,
« S'il laisse périmer l'instance,
« Ou si sa demande est rejetée,
« L'interruption est regardée comme non avenue. »

Art. 30. « La prescription est interrompue par la recon- 2248
« naissance que le débiteur ou le possesseur fait du droit de
« celui contre lequel il prescrivait. »

Art. 31. « L'interpellation faite, conformément aux arti- 2249
« cles ci-dessus, à l'un des débiteurs solidaires, ou sa re-
« connaissance, interrompt la prescription contre tous les
« autres, même contre leurs héritiers.

« L'interpellation faite à l'un des héritiers d'un débiteur
« solidaire, ou la reconnaissance de cet héritier, n'interrompt
« pas la prescription à l'égard des autres cohéritiers, quand
« même la créance serait hypothécaire, si l'obligation n'est
« indivisible.

« Cette interpellation ou cette reconnaissance n'interrompt
« la prescription, à l'égard des autres codébiteurs, que pour
« la part dont cet héritier est tenu.

« Pour interrompre la prescription pour le tout, à l'égard
« des autres codébiteurs, il faut l'interpellation faite à tous
« les héritiers du débiteur décédé, ou la reconnaissance de
« tous ces héritiers. »

2250 Art. 32. « L'interpellation faite au débiteur principal, ou « sa reconnaissance, interrompt la prescription contre la « caution. »

SECTION II. — *Des Causes qui suspendent le cours de la prescription.*

2251 Art. 33. « La prescription court contre toutes personnes, « à moins qu'elles ne soient dans quelque exception établie « par une loi. »

2252 Art. 34. « La prescription ne court pas contre les mineurs « et les interdits, sauf ce qui est dit à l'article 60 ci-après, et « à l'exception des autres cas déterminés par la loi. »

2253 Art. 35. « Elle ne court point entre époux. »

2254 Art. 36. « La prescription court contre la femme mariée, « encore qu'elle ne soit point séparée par contrat de mariage « ou en justice, à l'égard des biens dont le mari a l'adminis-« tration, sauf son recours contre le mari. »

2255 Art. 37. « Néanmoins elle ne court point, pendant le ma-« riage, à l'égard de l'aliénation d'un fonds constitué selon le « régime dotal, conformément à l'article 174, au titre *du* « *Contrat de mariage et des Droits respectifs des époux.* »

2256 Art. 38. « La prescription est pareillement suspendue pen-« dant le mariage,

« 1°. Dans le cas où l'action de la femme ne pourrait être « exercée qu'après une option à faire sur l'acceptation ou la « renonciation à la communauté ;

« 2°. Dans le cas où le mari, ayant vendu le bien propre « de la femme sans son consentement, est garant de la vente, « et dans tous les autres cas où l'action de la femme réfléchirait « contre le mari. »

2257 Art. 39. « La prescription ne court point,

« A l'égard d'une créance qui dépend d'une condition, « jusqu'à ce que la condition arrive ;

« A l'égard d'une action en garantie, jusqu'à ce que l'évic-« tion ait lieu ;

« A l'égard d'une créance à jour fixe, jusqu'à ce que ce jour
« soit arrivé. »

Art. 40. « La prescription ne court pas contre l'héritier
« bénéficiaire, à l'égard des créances qu'il a contre la suc-
« cession.

« Elle court contre une succession vacante, quoique non
« pourvue de curateur. »

Art. 41. « Elle court encore pendant les trois mois pour
« faire inventaire, et les quarante jours pour délibérer. »

CHAPITRE V.

Du Temps requis pour prescrire.

SECTION Ire. — *Dispositions générales.*

Art. 42. « La prescription se compte par jours, et non par
« heures.

« Elle est acquise lorsque le dernier jour du terme est ac-
« compli. »

Art. 43. « Dans les prescriptions qui s'accomplissent dans
« un certain nombre de jours, les jours complémentaires
« sont exceptés.

« Dans celles qui s'accomplissent par mois, celui de fruc-
« tidor comprend les jours complémentaires. »

SECTION II. — *De la Prescription trentenaire.*

Art. 44. « Toutes les actions, tant réelles que personnelles,
« sont prescrites par trente ans, sans que celui qui allègue
« cette prescription soit obligé d'en rapporter un titre, ou
« qu'on puisse lui opposer l'exception déduite de la mau-
« vaise foi. »

Art. 45. « Après vingt-huit ans de la date du dernier titre,
« le débiteur d'une rente peut être contraint de fournir à ses
« frais un titre nouvel à son créancier ou à ses ayans-cause. »

Art. 46. « Les règles de la prescription sur d'autres objets
« que ceux mentionnés dans le présent titre, sont expliquées
« dans les titres qui leur sont propres. »

SECTION III. — *De la Prescription par dix et vingt ans.*

2265 Art. 47. « Celui qui acquiert de bonne foi, et par juste « titre, un immeuble, en prescrit la propriété par dix ans si « le véritable propriétaire habite dans le ressort du tribunal « d'appel dans l'étendue duquel l'immeuble est situé ; et « par vingt ans s'il est domicilié hors dudit ressort. »

2266 Art. 48. « Si le véritable propriétaire a eu son domicile en « différens temps, dans le ressort et hors du ressort, il faut, « pour compléter la prescription, ajouter à ce qui manque « aux dix ans de présence un nombre d'années d'absence « double de celui qui manque pour compléter les dix années « de présence. »

2267 Art. 49. « Le titre nul par défaut de forme ne peut servir « de base à la prescription de dix et vingt ans. »

2268 Art. 50. « La bonne foi est toujours présumée ; et c'est à « celui qui allègue la mauvaise foi à la prouver. »

2269 Art. 51. « Il suffit que la bonne foi ait existé au moment « de l'acquisition. »

2270 Art. 52. « Après dix ans l'architecte et les entrepreneurs « sont déchargés de la garantie des gros ouvrages qu'ils ont « faits ou dirigés. »

SECTION IV. — *De quelques Prescriptions particulières.*

2271 Art. 53. « L'action des maîtres et instituteurs des sciences « et arts, pour les leçons qu'ils donnent au mois ;

« Celle des hôteliers et traiteurs, à raison du logement et « de la nourriture qu'ils fournissent ;

« Celle des ouvriers et gens de travail, pour le paiement « de leurs journées, fournitures et salaires,

« Se prescrivent par six mois. »

2272 Art. 54. « L'action des médecins, chirurgiens et apothi- « caires, pour leurs visites, opérations et médicamens ;

« Celle des huissiers, pour le salaire des actes qu'ils signi- « fient, et des commissions qu'ils exécutent ;

« Celle des marchands, pour les marchandises qu'ils ven-
« dent aux particuliers non marchands ;

« Celle des maîtres de pension, pour le prix de la pension
« de leurs élèves ; et des autres maîtres, pour le prix de
« l'apprentissage ;

« Celle des domestiques qui se louent à l'année, pour le
« paiement de leur salaire,

« Se prescrivent par un an. »

Art. 55. « L'action des avoués, pour le paiement de leurs 2273
« frais et salaires, se prescrit par deux ans, à compter du
« jugement des procès, ou de la conciliation des parties, ou
« depuis la révocation desdits avoués. A l'égard des affaires
« non terminées, ils ne peuvent former de demandes pour
« leurs frais et salaires qui remonteraient à plus de cinq
« ans. »

Art. 56. « La prescription, dans les cas ci-dessus, a lieu, 2274
« quoiqu'il y ait eu continuation de fournitures, livraisons,
« services et travaux.

« Elle ne cesse de courir que lorsqu'il y a eu un compte
« arrêté, cédule ou obligation, ou citation en justice non
« périmée. »

Art. 57. « Néanmoins ceux auxquels ces prescriptions se- 2275
« ront opposées peuvent déférer le serment à ceux qui les
« opposent, sur la question de savoir si la chose a été réelle-
« ment payée.

« Le serment pourra être déféré aux veuves et héritiers,
« ou aux tuteurs de ces derniers, s'ils sont mineurs, pour
« qu'ils aient à déclarer s'ils ne savent pas que la chose soit
« due. »

Art. 58. « Les juges et avoués sont déchargés des pièces 2276
« cinq ans après le jugement des procès ;

« Les huissiers, après deux ans, depuis l'exécution de la
« commission, ou la signification des actes dont ils étaient
« chargés, en sont pareillement déchargés. »

Art. 59. « Les arrérages de rentes perpétuelles et viagères ; 2277

« Ceux des pensions alimentaires ;

« Les loyers des maisons, et le prix de ferme des biens « ruraux ;

« Les intérêts des sommes prêtées, et généralement tout « ce qui est payable par année, ou à des termes périodiques « plus courts,

« Se prescrivent par cinq ans. »

2278 Art. 60. « Les prescriptions dont il s'agit dans les articles « de la présente section, courent contre les mineurs et les « interdits, sauf leur recours contre leurs tuteurs. »

2279 Art. 61. « En fait de meubles, la possession vaut titre.

« Néanmoins celui qui a perdu ou auquel il a été volé une « chose peut la revendiquer pendant trois ans, à compter du « jour de la perte ou du vol, contre celui dans les mains « duquel il la trouve ; sauf à celui-ci son recours contre celui « duquel il la tient. »

2280 Art. 62. « Si le possesseur actuel de la chose volée, ou « perdue, l'a achetée dans une foire ou dans un marché, ou « dans une vente publique, ou d'un marchand vendant des « choses pareilles, le propriétaire originaire ne peut se la « faire rendre qu'en remboursant au possesseur le prix qu'elle « lui a coûté. »

2281 Art. 63. « Les prescriptions commencées à l'époque de la « publication du présent titre seront réglées conformément « aux lois anciennes.

« Néanmoins les prescriptions alors commencées, et pour « lesquelles il faudrait encore, suivant les anciennes lois, « plus de trente ans à compter de la même époque, seront « accomplies par ce laps de trente ans. »

M. Bigot-Préameneu fut nommé, avec MM. Miot et Najac, pour présenter au Corps législatif, dans sa séance du 17 ventose an XII (8 mars 1804), le titre XX du livre III du projet de Code civil, intitulé : *de la Prescrip-*

tion, et pour en soutenir la discussion dans la séance du 24 ventose (15 mars).

PRÉSENTATION AU CORPS LÉGISLATIF,

ET EXPOSÉ DES MOTIFS, PAR M. BIGOT-PRÉAMENEU.

Législateurs, la prescription est un moyen d'acquérir ou de se libérer.

Par la prescription une chose est acquise lorsqu'on l'a possédée pendant le temps déterminé par la loi.

Les obligations s'éteignent par la prescription, lorsque ceux envers qui elles ont été contractées ont négligé, pendant le temps que la loi a fixé, d'exercer leurs droits.

A la seule idée de prescription il semble que l'équité doive s'alarmer; il semble qu'elle doive repousser celui qui, par le seul fait de la possession, et sans le consentement du propriétaire, prétend se mettre à sa place, ou qu'elle doive condamner celui qui, appelé à remplir son engagement d'une date plus ou moins reculée, ne présente aucune preuve de sa libération. Peut-on opposer la prescription et ne point paraître dans le premier cas un spoliateur, et dans le second un débiteur de mauvaise foi qui s'enrichit de la perte du créancier?

Cependant, de toutes les institutions du droit civil, la prescription est la plus nécessaire à l'ordre social; et loin qu'on doive la regarder comme un écueil où la justice soit forcé d'échouer, il faut, avec les philosophes et avec les jurisconsultes, la maintenir comme une sauve-garde nécessaire du droit de propriété.

Des considérations sans nombre se réunissent pour légitimer la prescription.

La propriété ne consista d'abord que dans la possession, et le plus ancien des axiomes de droit est celui qui veut que dans le doute la préférence soit accordée au possesseur : *Melior est causa possidentis*.

Posséder est le but que se propose le propriétaire : posséder est un fait positif, extérieur et continu, qui indique la propriété. La possession est donc à la fois l'attribut principal et une preuve de la propriété.

Le temps qui, sans cesse et de plus en plus, établit et justifie le droit du possesseur, ne respecte aucun des autres moyens que les hommes ont pu imaginer pour constater ce droit. Il n'est point de dépôt, il n'est point de vigilance qui mette les actes publics ou privés à l'abri des événemens dans lesquels ils peuvent être perdus, détruits, altérés, falsifiés. La faux du temps tranche de mille manières tout ce qui est l'ouvrage des hommes.

Lorsque la loi, protectrice de la propriété, voit d'une part le possesseur qui, paisiblement et publiquement, a joui pendant un long temps de toutes les prérogatives qui sont attachées à ce droit, et que d'une autre part on invoque un titre de propriété resté sans aucun effet pendant le même temps, un doute s'élève à la fois et contre le possesseur qui ne produit pas de titre, et contre celui qui représente un titre dont on ne saurait présumer qu'il n'eût fait aucun usage, s'il n'y eût pas été dérogé, ou s'il n'eût pas consenti que le possesseur actuel lui succédât.

Comment la justice pourra-t-elle lever ce doute? Le fait de la possession n'est pas moins positif que le titre; le titre sans la possession ne présente plus le même degré de certitude; la possession démentie par le titre perd une partie de sa force : ces deux genres de preuves rentrent dans la classe des présomptions. Mais la présomption favorable au possesseur s'accroît par le temps, en raison de ce que la présomption qui naît du titre diminue. Cette considération fournit le seul moyen de décider que la raison et l'équité puissent avouer : ce moyen consiste à n'admettre la présomption qui résulte de la possession, que quand elle a reçu du temps une force suffisante pour que la présomption qui naît du titre ne puisse plus la balancer.

Alors la loi elle-même peut présumer que celui qui a le titre a voulu perdre, remettre ou aliéner ce qu'il a laissé prescrire.

C'est donc dans la fixation du temps nécessaire pour opérer la prescription, qu'il faut, avec tous les calculs, et sous tous les rapports de l'équité, trouver les règles qui puissent le moins compromettre le droit réel de propriété. Ces règles doivent, par ce motif, être différentes suivant la nature et l'objet des biens.

Si ensuite l'équité se trouve blessée, ce ne peut être que dans des cas particuliers. La justice générale est rendue, et dès lors les intérêts privés qui peuvent être lésés doivent céder à la nécessité de maintenir l'ordre social.

Mais ce sacrifice, exigé pour le bien public, ne rend que plus coupable dans le for intérieur celui qui ayant usurpé, ou celui qui étant certain que son engagement n'a pas été rempli, abuse de la présomption légale. Le cri de sa conscience, qui lui rappellera sans cesse son obligation naturelle, est la seule ressource que la loi puisse laisser au propriétaire ou au créancier qui aura laissé courir contre lui la prescription.

S'il en était autrement, il n'y aurait aucun terme après lequel on pût se regarder comme propriétaire ou comme affranchi de ses obligations ; il ne resterait au législateur aucun moyen de prévenir ou de terminer les procès ; tout serait incertitude et confusion.

Ce qui prouve encore plus que les prescriptions sont un des fondemens de l'ordre social, c'est qu'on les trouve établies dans la législation de tous les peuples policés.

Elles furent en usage chez les Romains, dans les temps les plus reculés ; leurs lois n'en parlent que comme d'une garantie nécessaire à la paix publique : *Bono publico usucapio introducta est, ne scilicet quarumdam rerum diu et fere semper incerta dominia essent, cum sufficeret dominis ad inquirendas res suas statuti temporis spatium.* (Leg. 1, ff. *de Usurp. et Usuc.*) La prescription est mise, dans ces lois, au nombre des aliénations de la part de celui qui laisse prescrire. *Alienationis verbum etiam usucapionem continet. Vix est enim ut non videatur alienare qui patitur usucapi.* (Leg. 28, ff. *de Verb. signif.*) On y donne à la prescription la même force, la même irrévocabilité qu'à l'autorité des jugemens, qu'aux transactions. *Ut sunt judicio terminata, transactione compositâ, longlioris temporis silentio finita.* (Leg. 230, ff. *de Verb. signif.*)

La nécessité des prescriptions, leur conformité avec les principes d'une sévère justice, seront encore plus sensibles par le développement des règles qui font la matière du présent titre du Code civil.

On y a d'abord établi celles qui sont relatives à la prescription en général.

On considère ensuite plus spécialement la nature et les effets de la possession.

On y énonce les causes qui empêchent la prescription, celles qui l'interrompent où la suspendent.

On finit par déterminer le temps nécessaire pour prescrire.

Après avoir, dans les dispositions générales, indiqué la nature et l'objet de la prescription, on a réglé dans quels cas on peut renoncer à s'en prévaloir.

2220-2222 Lorsque le temps nécessaire pour prescrire s'est écoulé, on peut renoncer au droit ainsi acquis, pourvu que l'on ait la capacité d'aliéner : il ne peut y avoir à cet égard aucun doute.

2220 Mais cette faculté que chacun a de disposer de ses droits peut-elle être exercée relativement à la prescription, avant qu'elle ait eu son cours? Celui qui contracte un engagement peut-il stipuler que ni lui ni ses représentans n'opposeront cette exception?

Si cette convention était valable, la prescription ne serait plus pour maintenir la paix publique qu'un moyen illusoire : tous ceux au profit desquels seraient les engagemens ne manqueraient pas d'exiger cette renonciation.

S'agit-il d'une obligation ? La prescription est fondée sur la présomption d'une libération effective : non seulement la loi intervient pour celui qui ayant succédé au débiteur peut présumer que ce dernier s'est acquitté ; mais encore elle vient au secours du débiteur lui-même qui, s'étant effectivement acquitté, n'a plus le titre de sa libération. Comment croire que celui qui renoncerait à la prescription eût entendu s'exposer, lui ou ses représentans, à payer plusieurs fois ? Ce serait un engagement irréfléchi et désavoué par la raison.

S'agit-il de la prescription d'un fonds ? S'il a été convenu entre deux voisins que l'un posséderait le fonds de l'autre sans pouvoir le prescrire, ce n'est point de la part de celui au profit duquel est la stipulation une renonciation à la prescription ; c'est une reconnaissance qu'il ne possèdera point à titre de propriétaire, et nul autre que celui qui possède à ce titre ne peut prescrire.

Observez encore que la prescription étant nécessaire pour maintenir l'ordre social, elle fait partie du droit public, auquel il n'est pas libre à chacun de déroger : *Jus publicum pactis privatorum mutari non potest.* Leg. ff. *de Pactis.*

La prescription n'est, dans le langage du barreau, qu'une fin de non recevoir, c'est-à-dire qu'elle n'a point d'effet si celui contre lequel on veut exercer le droit résultant d'une obligation, ou contre lequel on revendique un fonds, n'oppose pas cette exception.

Telle en effet doit être la marche de la justice : le temps seul n'opère pas la prescription ; il faut, qu'avec le temps, concourent ou la longue inaction du créancier, ou une possession telle que la loi l'exige.

Cette inaction ou cette possession sont des circonstances qui ne peuvent être connues et vérifiées par les juges que quand elles sont alléguées par celui qui veut s'en prévaloir.

2224. Mais aussi la prescription peut être opposée en tout état de cause, même devant le tribunal d'appel ; le silence à cet égard pendant une partie du procès peut avoir été déterminé par l'opinion que les autres moyens étaient suffisans, et le droit acquis par la prescription n'en conserve pas moins toute sa force jusqu'à ce que l'autorité de la chose définitivement jugée par le tribunal d'appel ait irrévocablement fixé le sort des parties.

2221. Cette règle doit néanmoins se concilier avec celle qui admet la renonciation même tacite à la prescription acquise, cette renonciation résultant de faits qui supposent l'abandon du droit. Ainsi, quoique le silence de celui qui avant le jugement définitif n'a pas fait valoir le moyen de prescription, ne puisse seul lui être opposé, les juges auront à examiner si les circonstances ne sont point telles que l'on doive en induire la renonciation tacite au droit acquis.

2225. Ce serait une erreur de croire que la prescription n'a d'effet qu'autant qu'elle est opposée par celui qui a prescrit, et que c'est au profit de ce dernier une faculté personnelle. La prescription établit ou la libération, ou la propriété ; or, les créanciers peuvent, ainsi qu'on l'a déclaré au titre *des Obligations*, exercer les droits et les actions de leurs débiteurs, à l'exception de ceux qui sont exclusivement attachés à la personne : la conséquence est que les créanciers ou toute autre personne ayant intérêt à ce que la prescription soit acquise, peuvent l'opposer, quoique le débiteur ou le propriétaire y renonce.

2219-2226. La prescription est un moyen d'acquérir : on ne peut acquérir, et conséquemment on ne peut prescrire que les choses qui sont dans le commerce, c'est-à-dire qui sont susceptibles d'être exclusivement possédées par des individus.

2227. Mais a-t-on dû regarder comme n'étant point dans le commerce les biens et les droits appartenant à la nation, à des établissemens publics ou à des communes?

A l'égard des domaines nationaux, si, dans l'ancien régime,

ils étaient imprescriptibles, c'était une conséquence de la règle suivant laquelle ils ne pouvaient en aucune manière être aliénés. On induisait de cette règle que le domaine ne pouvait être possédé en vertu d'un titre valable et sans mauvaise foi, que cette possession ne pouvait être imputée qu'à la négligence des officiers publics, et que cette négligence ne devait pas entraîner la perte des biens nécessaires à la défense et aux autres charges de l'État.

La règle de l'inaliénabilité a été abrogée pendant la session de l'Assemblée constituante, par des considérations de bien public qui ne sauraient être méconnues.

Les lois multipliées qui autorisent la vente des domaines anciens et nouveaux, les aliénations générales faites en exécution de ces lois, et l'irrévocabilité de ces aliénations prononcée dans les chartes constitutionnelles, ont dû faire consacrer dans le Code civil, comme une règle immuable, celle qui, en mettant ces domaines dans le commerce, les assujétit aux règles du droit commun sur la prescription.

Ces règles étant applicables pour ou contre la nation, doivent à plus forte raison être observées à l'égard des établissemens publics et des communautés.

Pour que la possession puisse établir la prescription, elle doit réunir tous les caractères qui indiquent la propriété; il faut qu'elle soit à titre de propriétaire; il faut qu'il ne puisse y avoir sur le fait même de cette possession aucune équivoque; il faut qu'elle soit publique, qu'elle soit paisible, qu'elle soit continue et non interrompue pendant le temps que la loi a fixé. 1129

La possession en général est la détention d'une chose ou la jouissance d'un droit que nous tenons ou que nous exerçons par nous-mêmes ou par un autre qui tient cette chose ou qui exerce ce droit en notre nom. 2228

Cette possession par soi-même ou par autrui est un fait qui ne peut pas d'abord établir un droit, mais qui indique la qualité de propriétaire. Cette indication serait illusoire si 2230 celui qui a la possession pouvait être évincé autrement que par la preuve qu'il possède au nom d'autrui, ou qu'un autre a la propriété.

2231 Quand on a commencé à posséder pour autrui, doit-on être toujours présumé posséder au même titre?

2240 L'une des plus anciennes maximes de droit est que nul ne peut, ni par sa volonté, ni par le seul laps de temps, se changer à soi-même la cause de sa possession : *Illud a veteribus præceptum est, neminem sibi ipsum causam possessionis mutare posse.* (Leg. 3. § 19, ff. *de Acquir. possess.*) Ainsi le fermier, l'emprunteur, le dépositaire, seront toujours censés posséder au même titre. Le motif est que la détention ne peut être à la fois pour soi et pour autrui. Celui qui tient pour autrui perpétue et renouvelle à chaque instant la possession de celui pour lequel il tient, et le temps pendant lequel on peut tenir pour autrui étant indéfini, on ne saurait fixer l'époque où celui pour lequel on tient serait dépossédé.

2231 La règle suivant laquelle on est toujours présumé posséder au même titre doit être mise au nombre des principales garanties du droit de propriété.

2235 Cette présomption ne doit céder qu'à des preuves positives.

Tel serait le cas où le titre de la possession de celui qui tient pour autrui se trouverait interverti.

Ce titre peut être interverti par une cause provenant d'une tierce personne.

Il peut l'être par le possesseur à titre de propriétaire, s'il transmet cette espèce de possession à la personne qui ne tenait que précairement.

Enfin la personne même qui tient au nom d'autrui peut intervertir le titre de sa possession, soit à son profit par la contradiction qu'elle aurait opposée au droit du possesseur à titre de propriétaire, soit au profit d'un tiers auquel ce détenteur aurait transmis la chose par un titre translatif de propriété.

2237 Le successeur à titre universel de la personne qui tenait la chose pour autrui n'a point un nouveau titre de possession.

Il succède aux droits tels qu'ils se trouvent ; il continue donc de posséder pour autrui, et conséquemment il ne peut pas prescrire.

Mais le successeur à titre universel et le successeur à titre singulier diffèrent en ce que celui-ci ne tient point son droit du titre primitif de son prédécesseur, mais du titre qui lui a été personnellement consenti. Ce dernier titre peut donc établir un genre de possession que la personne qui l'a transmis n'avait pas.

Cette règle n'a rien de contraire à celle suivant laquelle nul ne peut transmettre plus de droit qu'il n'en a. Le titre translatif de propriété, donné par celui qui n'est pas propriétaire, ne transmet pas le droit de propriété; mais la possession prise en conséquence de ce titre est un fait absolument différent de la détention au nom d'autrui, et dès lors cette possession continuée pendant le temps réglé par la loi peut établir le droit résultant de la prescription.

Il faut encore, lorsqu'on dit que nul ne peut prescrire contre son titre, distinguer la prescription comme moyen d'acquisition, de celle qui est un moyen de libération. Celui qui acquiert en prescrivant ne peut se changer à lui-même la cause et le principe de sa possession, et c'est de lui que l'on dit proprement qu'il ne peut pas prescrire contre son titre. 2240

Mais s'il s'agit de la libération par prescription, cette prescription devient la cause de l'extinction du titre, et alors on prescrit contre son titre, en ce sens qu'on se libère quoiqu'il y ait un titre. 2241

Les actes de pure faculté, ceux de simple tolérance ne peuvent même pas être considérés comme des actes de possession, puisque, ni celui qui les fait n'entend agir comme propriétaire, ni celui qui les autorise n'entend se dessaisir. 2232

Celui qui, pour acquérir la possession, en a dépouillé par violence l'ancien possesseur, a-t-il pu se faire ainsi un titre pour prescrire? 2233

La loi romaine excluait toute prescription jusqu'à ce que la personne ainsi dépouillée eût été rétablie en sa possession, et celui-même qui, avant cette restitution, aurait acheté de bonne foi du spoliateur, ne pouvait pas prescrire.

Cette décision ne pourrait se concilier avec le système général des prescriptions.

Sans doute celui qui est dépouillé par violence n'entend pas se dessaisir; et si, lorsqu'il cesse d'éprouver cette violence, il laisse l'usurpateur posséder paisiblement, ce dernier n'a encore qu'une possession de mauvaise foi; mais cette possession peut alors réunir toutes les conditions exigées pour opérer l'espèce de prescription contre laquelle l'exception de mauvaise foi ne peut pas être opposée.

D'ailleurs la règle exclusive de toute prescription serait injuste à l'égard de ceux qui, ne connaissant point l'usurpation avec violence, auraient eu depuis une possession que l'on ne pourrait attribuer à cette violence.

Ces motifs ont empêché de donner aux actes de violence sur lesquels la possession serait fondée, d'autre effet que celui d'être un obstacle à la prescription tant que cette violence dure.

2229 La possession de celui qui veut prescrire doit être continue et non interrompue.

Plusieurs causes interrompent ou suspendent le cours de la prescription.

2242 Lorsqu'il s'agit d'acquérir une chose par prescription, l'interruption est naturelle ou civile.

2243 Il y a interruption naturelle lorsque le fait même de la possession est interrompu.

Si, quand il s'agit d'un fonds, cette interruption ne s'est pas prolongée un certain temps, on présume que c'est une simple erreur de la part de celui qui s'en est emparé.

On présume aussi que celui qui était en possession s'en est ressaisi, ou a réclamé aussitôt qu'il a eu connaissance de l'occupation, et qu'il n'a aucunement entendu la souffrir.

DE LA PRESCRIPTION. 583

On a considéré que si l'occupation momentanée d'un fonds suffisait pour priver des effets de la possession, ce serait une cause de désordre ; que chaque possesseur serait à tout moment exposé à la nécessité d'avoir un procès pour justifier son droit de propriété.

Dans tous les jugemens rendus à Rome en matière possessoire, et qui furent d'abord distingués sous le nom d'*interdits*, il fallait, pour se prévaloir des avantages de la possession nouvelle de toutes choses mobilières ou immobilières contre un précédent possesseur, que cette possession fût d'une année.

La règle de la possession annale a toujours été suivie en France à l'égard des immeubles : elle est la plus propre à maintenir l'ordre public. C'est pendant la révolution d'une année que les produits d'un fonds ont été recueillis; c'est pendant une pareille révolution qu'une possession publique et continue a pris un caractère qui empêche de la confondre avec une simple occupation.

Ainsi nul ne peut être dépouillé du titre de possesseur que par la possession d'une autre personne pendant un an, et, par la même raison, la possession qui n'a point été d'un an n'a point l'effet d'interrompre la prescription.

L'interruption civile est celle que forment une citation en justice, un commandement ou une saisie, signifiés à celui que l'on veut empêcher de prescrire. 2244

Il ne peut y avoir de doute que dans le cas où la citation en justice serait nulle. 2246-2247

On distingue à cet égard la nullité qui résulterait de l'incompétence du juge et celle qui a pour cause un vice de forme.

Dans le premier cas, l'ancien usage de la France, contraire à la loi romaine, était qu'une action libellée interrompait la prescription lors même qu'elle était intentée devant un juge incompétent : cet usage, plus conforme au maintien du droit de propriété, a été conservé.

584   DISCUSSIONS, MOTIFS, etc.

Mais lorsque les formalités exigées pour que le possesseur soit valablement assigné n'ont pas été remplies, il n'y a pas réellement de citation, et il ne peut résulter de l'exploit de signification aucun effet.

Au surplus, la citation n'interrompt pas la prescription d'une manière absolue, mais conditionnellement au cas où la demande est adjugée. Ainsi l'interruption est regardée comme non avenue, si le demandeur se désiste de son action, s'il laisse périmer l'instance, ou si la demande est rejetée.

2249 Les effets de l'interruption de la prescription à l'égard des débiteurs solidaires ou de leurs héritiers, soit dans le cas où l'obligation est divisible, soit dans le cas où elle est indivisible, ne sont que la conséquence des principes déjà exposés au titre des *Obligations en général*.

2250 Quant à la caution, son obligation accessoire dure autant que l'obligation principale, et dès lors la caution ne peut opposer la prescription qui aurait été interrompue contre le débiteur.

ap. 2250 La possession qui a précédé l'interruption ne peut plus être à l'avenir d'aucune considération pour la prescription : c'est en cela que l'interruption de la prescription diffère de la suspension qui empêche seulement la prescription de commencer à courir, ou qui en suspend le cours jusqu'à ce que la cause de cette suspension ait cessé.

2251 La règle générale est que la prescription court contre toutes personnes, à moins qu'elles ne soient dans quelque exception établie par une loi.

Ces exceptions sont fondées sur la faveur due à certaines personnes, et en même temps sur la nature des prescriptions.

2252 Ainsi, lorsque la prescription est considérée comme un moyen d'acquérir, celui qui laisse prescrire est réputé consentir à l'aliénation : *alienare videtur qui patitur usucapi*. Or les mineurs et les interdits sont déclarés par la loi incapables d'aliéner. La règle générale est d'ailleurs qu'ils sont restituables en ce qui leur porte préjudice ; et, par ce motif, ils devraient l'être contre la négligence dont la prescription aurait été la suite. Le cours de la prescription doit donc être suspendu pendant le temps de la minorité et de l'interdiction.

La prescription est-elle considérée comme un moyen de libération, le mineur et l'interdit sont réputés ne pouvoir agir par eux-mêmes pour exercer les droits que l'on voudrait prescrire contre eux ; et souvent ces droits peuvent être ignorés par leurs tuteurs. La prescription de libération doit donc aussi être à leur égard suspendue : *contra non valentem agere non currit prescriptio.*

Ces règles générales, à l'égard des mineurs et des interdits, ne souffrent d'exception que dans les cas déterminés par la loi.

2253. Quant aux époux, il ne peut y avoir de prescription entre eux ; il serait contraire à la nature de la société du mariage que les droits de chacun ne fussent pas l'un à l'égard de l'autre respectés et conservés. L'union intime qui fait leur bonheur est en même temps si nécessaire à l'harmonie de la société, que toute occasion de la troubler est écartée par la loi. Il ne peut y avoir de prescription, quand il ne peut même pas y avoir d'action pour l'interrompre.

2255. A l'égard des tiers, la loi prononce au profit des femmes, avec certaines modifications, la suspension de la prescription, dans le cas où un fonds constitué suivant le régime dotal a été aliéné. Elle ne court point au profit de l'acquéreur pendant le mariage. C'est une conséquence de la règle suivant laquelle, dans ce régime, le fonds dotal est inaliénable ; cette incapacité d'aliéner deviendrait souvent illusoire si le fonds dotal pouvait être prescrit.

2256. La prescription est encore suspendue contre les tiers pendant le mariage au profit de la femme, soit dans le cas où son action ne pourrait être exercée qu'après une option à faire sur l'acceptation ou la renonciation à la communauté, soit dans le cas où le mari ayant vendu le bien propre de la femme sans son consentement, est garant de la vente, et dans tous les cas où l'action de la femme réfléchirait contre le mari.

Si la femme exerçait contre un tiers une action pour laquelle ce tiers serait fondé à mettre en cause le mari comme garant, il en résulterait une contestation judiciaire entre le mari et la femme. Ainsi la femme est alors considérée comme ne pouvant agir même contre cette tierce personne, qu'il serait injuste de traduire en justice, si elle ne pouvait exercer son recours contre le mari; et la prescription de l'action contre la tierce personne se trouve par ce motif suspendue.

2257 La prescription est par la nature même des choses suspendue jusqu'à l'événement de la condition, s'il s'agit d'une créance conditionnelle; jusqu'à l'éviction, s'il s'agit d'une action en garantie; jusqu'à l'échéance, s'il s'agit d'une créance à jour fixe.

2258 L'effet du bénéfice d'inventaire est de conserver à l'héritier ses droits contre la succession. La succession ne peut donc pas prescrire contre lui.

La prescription doit courir contre une succession vacante lors même qu'elle n'est pas pourvue de curateur. Cette circonstance ne peut pas nuire aux tiers, qui ne pourraient même pas, sans interrompre la prescription, faire nommer un curateur à raison de cet intérêt.

2259 Lorsque la loi donne à l'ouverture d'une succession ou d'une communauté de biens un délai pour faire inventaire et pour délibérer, il est indispensable que la prescription de tous biens et droits soit suspendue pendant le temps que la loi elle-même présume nécessaire pour les connaître.

ch. 5. Après avoir exposé les causes qui empêchent la prescription, celles qui l'interrompent, celles qui la suspendent, il reste à vous rendre compte des règles relatives au temps requis pour prescrire.

2260-2261 Et d'abord, il faut examiner comment ce temps doit se calculer, de quel moment, de quel jour il commence, à quel jour il expire.

Le temps de la prescription ne peut pas se compter par

heures : c'est un espace de temps trop court et qui ne saurait même être uniformément déterminé.

Suivant la loi romaine, lorsque la prescription était un moyen d'acquérir, l'expiration du temps n'était pas réglée de la même manière que quand c'était un moyen de se libérer.

Dans le premier cas, lorsqu'il s'agissait d'une prescription de dix ans entre présens, et de vingt ans entre absens, pour laquelle la bonne foi était exigée, on regardait la loi comme venant au secours du possesseur, et il suffisait que le dernier jour du temps requis fût commencé pour que la prescription fût acquise.

Il en était autrement lorsqu'il s'agissait de la prescription de libération. Cette prescription était considérée comme une peine de la négligence, et jusqu'à ce que le dernier jour du temps requis fût expiré, cette peine n'était pas encourue.

C'était une distinction plus subtile que fondée en raison. L'ancien propriétaire contre lequel on prescrit un fonds n'est pas moins favorable que le créancier contre lequel on prescrit la dette.

Il était plus simple et plus juste de décider que la prescription n'est dans aucun cas acquise que quand le dernier jour du terme est accompli.

On a également prévenu toutes difficultés en statuant que, dans les prescriptions qui s'accompliront par un certain nombre de jours, les jours complémentaires seront comptés, et que, dans celles qui s'accompliront par mois, celui de fructidor comprendra les jours complémentaires.

Le point le plus important était ensuite à régler, celui de la durée du temps pour prescrire.

La prescription connue chez les anciens Romains sous le nom d'*usucapio* s'acquérait d'abord par un an pour les meubles et par deux ans pour les immeubles. On exigeait un titre légal, la tradition et la possession. Ce moyen d'acquérir ne s'appliquait qu'aux biens dont le plein domaine pouvait appartenir aux particuliers, et qu'ils distinguaient sous le nom de *res mancipi*. On ne mettait point de ce nombre les biens situés hors d'Italie, sur lesquels le peuple romain conservait des droits.

Les conquêtes hors de l'Italie s'étant étendues, et les propriétés des citoyens romains dans ces contrées s'étant multipliées, les jurisconsultes introduisirent par leurs réponses une jurisprudence suivant laquelle celui qui avait possédé pendant dix ans un bien situé hors de l'Italie, et en général un bien de la classe de ceux appelés *res nec mancipi*, pouvait opposer à la demande de revendication l'exception fondée sur le laps de temps, et nommée *præscriptio*, pour la distinguer du droit nommé *usucapio*.

Cette jurisprudence, confirmée par les empereurs, était encore très-imparfaite. L'intervalle d'une et de deux années n'était point suffisant pour veiller à la conservation de la majeure partie des propriétés. Les droits réservés au peuple romain sur les biens situés hors d'Italie s'étaient abolis. Cette législation fut simplifiée par Justinien, qui supprima des distinctions et des formalités devenues inutiles. Un mode général de prescription fut établi; le terme en fut fixé pour les meubles à trois ans, et pour les immeubles à dix ans entre présens, et vingt ans entre absens, avec titre et bonne foi.

On avait, dans les temps antérieurs à cette dernière loi, senti la nécessité d'admettre un terme après lequel on pût établir en faveur du possesseur une présomption contre laquelle nulle exception, pas même celle résultant de la mauvaise foi, pût être admise. Ce terme avait été fixé au nombre de trente années; et c'est de cette prescription que l'on peut dire: *Humano generi profundâ quiete prospexit*.

Avant que cette prescription de trente ans fût introduite, les actions personnelles dérivant des obligations n'avaient point été considérées comme susceptibles de prescription, par le motif que celui qui s'est obligé ne peut point se prévaloir d'une possession, et que c'est démentir sa promesse ou celle de la personne qu'on représente.

Mais quand il fut reconnu que pour le maintien de la tranquillité publique il était indispensable d'écarter toute exception, les mêmes considérations s'élevèrent contre celui qui avait, pendant trente ans, négligé d'exercer ses droits. *Sicut in rem speciales, ita de universitate ac personales actiones ultra trigenta annorum spatium non protendantur.* L. 3, Cod. de Præsc., 30 et 40 *ann.*

Cependant toute prescription, quelque importans que soient ses motifs, ne devant pas s'étendre au-delà de ce qui est exprimé dans la loi, il se trouvait encore des droits et des actions qui n'y étaient pas compris, ou ne l'étaient pas assez clairement. Une autre loi ordonna, dans les termes les plus généraux, que ce qui n'aurait pas été sujet à la prescription de trente ans le fût à celle de quarante ans, sans distinction des droits ou actions de l'Église, du public et des particuliers. Cette règle ne souffrit d'exceptions que celles qui étaient spécifiées dans une loi.

On est surpris de trouver dans cette législation une règle suivant laquelle, lorsque celui qui s'était obligé personnellement possédait des immeubles hypothéqués à la dette, on regardait l'action hypothécaire, dont la durée était de dix ans, comme distincte de l'action personnelle qui durait trente ans, de manière qu'une dette hypothécaire n'était prescrite que par quarante ans. Il était contraire aux principes que l'obligation principale fût éteinte par trente ans, et que l'hypothèque conventionnelle, qui n'était qu'une obligation accessoire, ne le fût pas.

En France, le temps des longues prescriptions n'était uniforme ni en matière personnelle ni en matière réelle.

Dans plusieurs provinces du pays de droit écrit et du pays coutumier, on n'avait admis que la prescription de trente ans, soit entre présens, soit entre absens, tant contre les propriétaires que contre les créanciers ; et dans la plupart de ces pays la prescription de dix ans entre présens et de vingt ans entre absens n'a lieu qu'à l'égard des hypothèques des créanciers.

Dans d'autres la prescription est acquise par vingt ans en matière personnelle comme en matière réelle, et ces vingt ans sont exigés même entre présens.

Dans d'autres ces vingt années sont aussi le temps fixé même entre présens, mais en matière réelle seulement.

Suivant plusieurs coutumes l'action personnelle jointe à l'action hypothécaire ne se prescrivait que par quarante ans. Ailleurs il y avait eu à cet égard diversité de jurisprudence.

D'autres coutumes ne reconnaissaient pour les immeubles que la prescription de quarante ans.

Dans la majeure partie de la France on avait admis à la fois et la prescription générale de trente ans en matière personnelle et réelle, et la prescription de dix et vingt ans avec titre et bonne foi en matière réelle.

Il a fallu choisir entre ces divers modes de prescription.

La première distinction qui se présentait était celle entre les droits personnels et les droits réels.

Dans la prescription des actions personnelles on présume qu'elles sont acquittées, ou on considère la négligence du créancier, et on peut sans inconvénient lui acccorder contre son débiteur le temps de la plus longue prescription, celui de trente ans.

Dans la prescription pour acquérir on n'a point seulement à considérer l'intérêt du propriétaire; il faut aussi avoir égard au possesseur, qui ne doit pas rester dans une éternelle incertitude. Son intérêt particulier se trouve lié avec l'intérêt général. Quel est celui qui bâtira, qui plantera, qui s'engagera dans les frais de défrichement ou de dessèchement, s'il doit s'écouler un trop long temps avant qu'il soit assuré de n'être pas évincé?

Mais cette considération d'ordre public est nécessairement liée à une seconde distinction entre les possesseurs avec titre et bonne foi et ceux qui n'ont à opposer que le fait même de leur possession.

Le possesseur avec titre et bonne foi se livre avec confiance à tous les frais d'amélioration. Le temps après lequel il doit être dans une entière sécurité doit donc être beaucoup plus court.

Quant aux possesseurs qui n'ont pour eux que le fait même de leur possession, on n'a point la même raison pour traiter à leur égard les propriétaires avec plus de rigueur que ne le sont les créanciers à l'égard des débiteurs. L'importance attachée aux propriétés foncières pourrait même être un motif pour ne les laisser prescrire que par un temps plus long, comme on l'a fait dans quelques pays ; mais d'autres motifs s'y opposent. Si le possesseur sans titre ne veut point s'exposer à des dépenses, il est déjà fort contraire à l'intérêt général que toute amélioration puisse être suspendue pendant trente ans ; et après une aussi longue révolution pendant laquelle le propriétaire doit se reprocher sa négligence, il convient de faire enfin cesser un état précaire qui nuit au bien public.

Pour que cette théorie, conforme à l'économie politique, le fût en même temps à la justice, il fallait encore admettre la distinction faite par les Romains entre les possesseurs avec titre et bonne foi, qui prescrivent contre un propriétaire présent, et les possesseurs qui prescrivent contre un absent.

Dans le cas où le vrai propriétaire est présent, d'une part sa négligence est moins excusable, et d'une autre part sa présence donne au nouveau possesseur une plus grande sécurité. Le propriétaire qui n'est pas à portée de veiller mérite plus de faveur. C'est en balançant ces considérations que l'on a été conduit à fixer, dans le cas de la possession avec titre et bonne foi, le temps de la prescription à dix ans entre présens et à vingt ans entre absens.

Ainsi la règle générale sera que toutes les actions, tant réelles que personnelles, se prescriront par trente ans, sans que celui qui se prévaudra de cette prescription soit obligé de rapporter un titre, ou qu'on puisse lui opposer l'exception déduite de la mauvaise foi ; et que celui qui aura acquis de bonne foi et par juste titre un immeuble, en prescrira la propriété par dix ans, si le véritable propriétaire habite dans le ressort du tribunal d'appel dans l'étendue duquel l'immeuble est situé, et par vingt ans s'il est domicilié hors du ressort.

A Rome la prescription courait entre présens lorsque celui qui prescrivait et celui contre lequel on prescrivait avaient leur domicile dans la même province, sans que l'on eût égard à la situation de l'héritage.

Le plus généralement en France on réputait présens ceux qui demeuraient dans le même bailliage royal ou dans la même sénéchaussée royale, et il n'y avait qu'une coutume où on eût égard à la distance dans laquelle l'héritage se trouvait du domicile des parties.

Un changement important a été fait à cet égard dans l'ancienne législation.

Le but que l'on se propose est de donner à celui qui possède une plus grande faveur en raison de la négligence du propriétaire; et cette faute est regardée comme plus grande s'il est présent. Mais ceux qui ne se sont attachés qu'à la présence du propriétaire et du possesseur dans le même lieu ou dans un lieu voisin, n'ont pas songé que les actes possessoires se font sur l'héritage même. C'est donc par la distance à laquelle le propriétaire se trouve de l'héritage, qu'il est plus ou moins à portée de se maintenir en possession; il ne saurait le plus souvent retirer aucune instruction du voisinage du nouveau possesseur. Ces lois ont été faites dans des temps où l'usage le plus général était que chacun vécût auprès de ses propriétés.

Cette règle a dû changer avec nos mœurs, et le vœu de la loi sera rempli, en ne regardant le véritable propriétaire comme présent que lorsqu'il habitera dans le ressort du tribunal d'appel où l'immeuble est situé.

C'est aussi à raison de la plus grande facilité des communications, que l'on a cru qu'il suffisait, pour être considéré comme présent, que le domicile fût dans le ressort du tribunal d'appel.

La loi exige pour cette prescription de dix ou de vingt ans un juste titre et la bonne foi.

Nul ne peut croire de bonne foi qu'il possède comme propriétaire, s'il n'a pas un juste titre, c'est-à-dire, s'il n'a pas un titre qui soit de sa nature translatif du droit de propriété, et qui soit d'ailleurs valable.

Il ne serait pas valable s'il était contraire aux lois; et lors même qu'il ne serait nul que par un vice de forme, il ne pourrait autoriser la prescription.

Il suffisait, dans le droit romain, que l'on eût acquis de bonne foi et par juste titre. On n'était pas admis à opposer au possesseur qu'il eût depuis et pendant le cours de la prescription appris que la chose n'appartenait pas à celui dont il la tenait. Cette règle est consignée dans plusieurs textes du digeste et du code.

Elle est fondée sur ce que la prescription de dix et vingt ans est, comme celle de trente ans, mise au nombre des longues prescriptions que la paix et la prospérité publiques rendent également nécessaires. Si le temps de la prescription de dix et vingt ans est moins long que le temps de la prescription trentenaire, on n'a eu et on n'a pu avoir en vue que le juste titre et la bonne foi au temps de l'acquisition. Ces deux conditions étant remplies, la loi assimile le possesseur de dix et vingt ans à celui qui prescrirait par trente ans. C'est le laps de temps sans réclamation de la part du propriétaire et la possession à titre de propriété qui sont également le fondement de ces prescriptions. Tels sont les seuls rapports communs à celui qui prescrit et à celui contre lequel on prescrit. Quant à la mauvaise foi qui peut survenir pendant la prescription, c'est un fait personnel à celui qui prescrit : sa conscience le condamne ; aucun motif ne peut, dans le for intérieur, couvrir son usurpation. Les lois religieuses ont dû employer toute leur force pour prévenir l'abus que l'on pourrait faire de la loi civile : et c'est alors, surtout, que le concours des unes, dans le for intérieur, et de l'autre dans le for extérieur, est essentiel. Mais aussi on ne peut pas douter que la nécessité des prescriptions ne l'emporte sur la crainte de l'abus ; et la loi civile deviendrait elle-même purement arbitraire et incohérente, si, après avoir posé des règles fondamentales, on les détruisait par des règles qui seraient en contradiction. Ce sont ces motifs qui ont empêché de conserver celle qu'on avait tirée des lois ecclésiastiques, et suivant laquelle la bonne foi était exigée pendant tout le cours des prescriptions de dix et vingt ans.

2264 Il est un grand nombre de cas relatifs aux obligations, et dans lesquels la loi a limité à dix années ou même à un moindre temps celui des prescriptions. Tels sont ceux où il s'agit de faire annuler ou rescinder des actes. Les motifs en ont été exposés en présentant les titres qui contiennent ces dispositions.

2270 Il restait un cas qu'il convenait de ne pas omettre, c'est celui de la prescription en faveur des architectes ou des entrepreneurs, à raison de la garantie des gros ouvrages qu'ils ont faits ou dirigés. Le droit commun, qui exige dix ans pour cette prescription, a été maintenu.

2271 2272 Il est encore quelques prescriptions qui sont particulières au droit français, et dont l'usage a fait sentir la nécessité.

Il avait été statué par l'article 68 de l'ordonnance de *Louis XII* en 1512, « Que les drapiers, apothicaires, bou-
« langers, pâtissiers, serruriers, chaussetiers, taverniers,
« couturiers, cordonniers, selliers, bouchers ou distribuans
« leurs marchandises en détail, seraient tenus de demander
« leur paiement dans six mois, pour ce qui aurait été livré
« dans les six mois précédens, lors même que les livraisons
« auraient continué. »

Ce genre de prescription fut établi sur les présomptions de paiement qui résultent du besoin que les créanciers de cette classe ont d'être promptement payés, de l'habitude dans laquelle on est d'acquitter ces dettes sans un long retard, et même sans exiger de quittance, et enfin sur les exemples trop souvent répétés de débiteurs, et surtout de leurs héritiers, contraints, en pareil cas, à payer plusieurs fois : *Sunt introductæ* (dit *Dumoulin* en parlant de ces prescriptions, Tract. *de Usuris, quest.* 22) *in favorem debitorum qui sine instrumento et testibus, ut sit, solverunt et præcipuè hæredum eorum.*

Les rédacteurs de la coutume de Paris observèrent, avec raison, qu'en s'appuyant sur ces bases le délai de six mois n'était pas suffisant dans tous les cas, et ils firent la distinction suivante.

Ils ne donnèrent que six mois aux marchands, gens de métiers et autres vendeurs de marchandises et denrées en détail, comme boulangers, pâtissiers, couturiers, selliers, bouchers, bourreliers, passementiers, maréchaux, rôtisseurs, cuisiniers et autres semblables.

Ils donnèrent un an aux médecins, chirurgiens et apothicaires, ainsi qu'aux drapiers, merciers, épiciers, orfévres et autres marchands grossiers, maçons, charpentiers, couvreurs, barbiers, serviteurs, laboureurs et autres mercenaires.

Cette distinction a été confirmée sans presque aucune différence dans l'ordonnance rendue sur le commerce en 1673.

Mais il est à observer que cette ordonnance ayant particulièrement pour objet le commerce, ne porte point, dans sa disposition finale, une dérogation formelle aux coutumes contraires, de manière que dans la plupart de celles où il y avait pour ces divers objets des prescriptions plus ou moins longues, on a continué de s'y conformer.

Une autre observation sur ces dispositions de la coutume de Paris et de l'ordonnance de 1673, est qu'il serait difficile de trouver des motifs satisfaisans pour ne pas mettre dans la même classe tous les marchands, à raison des marchandises qu'ils vendent à des particuliers non marchands. S'il est quelques marchands en détail pour lesquels le délai d'un an soit long, il faut songer qu'il s'agit d'une dérogation au droit commun, et qu'il vaut encore mieux éviter le reproche de distinctions arbitraires, et s'en tenir, dans une matière aussi délicate, à une règle générale sur la nécessité de laquelle il ne puisse y avoir aucun doute.

Ces motifs ont déterminé à soumettre également à la prescription d'une année tous les marchands pour les marchandises qu'ils vendent aux particuliers non marchands.

On a seulement excepté les hôteliers et traiteurs à raison du logement et de la nourriture qu'ils fournissent, parce qu'il est notoire que ce sont des objets dont le paiement est rarement différé.

On a limité leur action à six mois, et par des considérations semblables on a fixé au même temps l'action des maîtres et instituteurs des sciences et arts pour les leçons qu'ils donnent au mois; celle des ouvriers et gens de travail pour le paiement de leurs journées, fournitures et salaires.

On a maintenu le droit commun, suivant lequel la prescription d'un an court contre les médecins, chirurgiens et apothicaires, pour leurs visites, opérations et médicamens.

Les mêmes raisons se sont présentées à l'égard des maîtres de pension pour le prix de la pension, et des autres maîtres pour le prix de l'apprentissage.

On a aussi conservé à l'égard des domestiques l'usage le plus général, suivant lequel l'action pour le paiement de leur salaire est prescrite par un an, s'ils se sont loués à l'année. Les autres sont dans la classe des gens de travail dont l'action se prescrit par six mois.

2273. Quant aux officiers ministériels, le temps pendant lequel l'action, soit à leur profit, soit contre eux, doit durer, dépend de la nature de leurs fonctions.

Il y avait sur la durée de l'action des procureurs contre

leurs cliens, pour le paiement de leurs frais et salaires, une grande variété de jurisprudence.

Un arrêt du parlement de Paris, du 28 mars 1692, avait réglé que les procureurs ne pourraient demander le paiement de leurs frais, salaires et vacations, deux ans après qu'ils auraient été révoqués, ou que les parties seraient décédées, quoiqu'ils eussent continué d'occuper pour les mêmes parties ou pour leurs héritiers en d'autres affaires.

Il portait encore que les procureurs ne pourraient, dans les affaires non jugées, demander leurs frais, salaires et vacations pour les procédures faites au-delà des six années précédentes immédiatement, quoiqu'ils eussent toujours continué d'y occuper, à moins qu'ils ne les eussent fait arrêter ou reconnaître par leurs cliens.

Le parlement de Normandie avait adopté ces dispositions dans un règlement du 15 décembre 1703, en limitant dans le second cas le temps à cinq années au lieu de six.

Dans d'autres pays l'action des procureurs était d'une plus longue durée.

Il a paru que l'intérêt des parties et celui de leurs avoués seraient conciliés en maintenant la prescription de deux ans, à compter du temps, soit du jugement, soit de la conciliation des parties, soit de la révocation des avoués, et la prescription de cinq ans à l'égard des affaires non terminées ; l'événement de la mort du client n'a point paru un motif suffisant pour réduire à deux ans l'action de l'avoué, à raison des affaires non finies.

Le temps de la prescription à l'égard des huissiers ne doit pas être aussi long.

Leur ministère n'est point employé pour des actes multipliés et qui se prolongent autant que ceux des avoués ; il est d'usage de les payer plus promptement. Leur action sera prescrite par une année.

Les prescriptions de six mois, d'un, de deux et de cinq ans dont on vient de parler, étant toutes principalement fondées sur la présomption de paiement, il en résulte plusieurs conséquences déjà reconnues par l'ordonnance de 1673.

La première est que la continuation des fournitures, livraisons, services ou travaux pouvant également avoir lieu, soit que le paiement ait été fait, soit qu'il ne l'ait pas été, n'altère point la présomption de paiement ; ainsi la prescription ne doit cesser de courir que lorsqu'il y a eu compte arrêté, cédule ou obligation, ou citation en justice non périmée.

La seconde, que le serment peut être déféré à ceux qui opposeront ces prescriptions, sur le fait de savoir si la chose a été payée, ou à leurs représentans, pour qu'ils déclarent s'ils ne savent pas que la chose soit due.

2276. La prescription établie contre les avoués et les huissiers étant fondée sur la présomption de leur paiement, cette présomption fait naître celle que les parties ont, après le jugement de leurs affaires, retiré leurs pièces.

Il fallait donc aussi fixer un délai après lequel ni les huissiers, ni les avoués, ni les juges eux-mêmes ne pourraient être à cet égard inquiétés.

Il y avait encore sur ce point une grande variété de jurisprudence.

Quelques parlemens rejetaient l'action en remise de pièces après trois ans depuis que les affaires étaient terminées ; mais dans le plus grand nombre les procureurs ne pouvaient plus être à cet égard recherchés après cinq ans pour les procès jugés, et après dix ans pour les procès indécis ; et cette prescription était, en faveur de leurs héritiers, de cinq ans, soit que les procès fussent jugés, soit qu'ils ne le fussent pas.

Dans la loi proposée on conserve la prescription de cinq ans après le jugement des procès.

2277. Il est une autre prescription établie dans le droit français concernant les arrérages de rentes. Elle n'est pas seulement fondée sur la présomption de paiement, mais plus encore sur une considération d'ordre public énoncée dans l'ordonnance faite par Louis XII en 1510 ; on a voulu empêcher que les débiteurs ne fussent réduits à la pauvreté par des arrérages accumulés : l'action pour demander ces arrérages au-delà de cinq années a été interdite.

Il ne fut question dans cette loi que des rentes constituées, qui étaient alors d'un grand usage.

Une loi du 20 août 1792 étendit cette prescription aux arrérages des cens, redevances et rentes foncières.

La ruine du débiteur serait encore plus rapide si la prescription ne s'étendait pas aux arrérages de rentes viagères ; et les auteurs ni les tribunaux n'ont pas toujours été d'accord sur le point de savoir si ces arrérages étaient prescriptibles par un temps moindre de trente années.

La crainte de la ruine des débiteurs étant admise comme un motif d'abréger le temps ordinaire de la prescription, on ne doit excepter aucun des cas auxquels ce motif s'applique.

On a par ce motif étendu la prescription de cinq ans aux loyers des maisons, au prix de ferme des biens ruraux, et généralement à tout ce qui est payable par année, ou à des termes périodiques plus courts.

La faveur due aux mineurs et aux interdits ne saurait les garantir de ces prescriptions.

Si un mineur remplit quelqu'un des états pour lesquels l'action est limitée, soit à six mois, soit à un an, soit à cinq ans, il est juste qu'il soit assujéti aux règles générales de la profession qu'il exerce ; il ne pourrait même pas l'exercer s'il n'obtenait le paiement de ce qui lui est dû à mesure qu'il le gagne : lorsqu'il a l'industrie pour gagner, il n'est pas moins qu'un majeur présumé avoir l'intelligence et l'activité pour se faire payer.

Quant aux arrérages et à tout ce qui est payable par année, déjà, suivant le droit commun, cette prescription courait contre les mineurs et interdits, à l'égard des arrérages de rentes constituées. On avait pensé à cet égard qu'ils avaient une garantie suffisante dans la responsabilité des tuteurs, dont la fonction spéciale est de recevoir les revenus, et qui seraient tenus de payer personnellement les arrérages qu'ils auraient laissé prescrire. Les mêmes considérations s'appliquent aux autres prestations annuelles.

1179 Le droit romain accordait, sous le nom de *interdictum ut rubi*, une action possessoire à ceux qui étaient troublés dans la possession d'une chose mobilière. Mais dans le droit français on n'a point admis à l'égard des meubles une action possessoire distincte de celle sur la propriété; on y a même regardé le seul fait de la possession comme un titre : on n'en a pas ordinairement d'autres pour les choses mobilières. Il est d'ailleurs le plus souvent impossible d'en constater l'identité, et de les suivre dans leur circulation de main en main. Il faut éviter des procédures qui seraient sans nombre, et qui le plus souvent excéderaient la valeur des objets de la contestation. Ces motifs ont dû faire maintenir la règle générale suivant laquelle, en fait de meubles, la possession vaut titre.

Cependant ce titre n'est pas tel qu'en cas de vol ou de perte d'une chose mobilière, celui auquel on l'aurait volée ou qui l'aurait perdue, n'ait aucune action contre celui qui la possède.

La durée de cette action a été fixée à trois ans : c'est le même temps qui avait été réglé à Rome par Justinien : c'est celui qui était le plus généralement exigé en France.

1180 Si le droit de l'ancien propriétaire est reconnu, la chose perdue ou volée doit lui être rendue; le possesseur a son recours contre celui duquel il la tient : mais si ce possesseur prouvait l'avoir achetée sur la foi publique, soit dans une foire ou dans un marché, soit dans une vente publique, soit d'un marchand vendant des choses pareilles, l'intérêt du commerce exige que celui qui possède à ce titre ne puisse être évincé sans indemnité : ainsi l'ancien propriétaire ne peut dans ces cas se faire rendre la chose volée ou perdue qu'en remboursant au possesseur le prix qu'elle lui a coûté.

S'il s'agissait d'une universalité de meubles, telle qu'elle échoit à un héritier, le titre universel se conserve par les actions qui lui sont propres.

Enfin il a été nécessaire de prévoir qu'au moment où ce titre du Code aurait la force de loi, des prescriptions de tout genre seront commencées.

C'est surtout en matière de propriété que l'on doit éviter tout effet rétroactif : le droit éventuel résultant d'une prescription commencée ne peut pas dépendre à la fois de deux lois, de la loi ancienne et du nouveau Code. Or il suffit qu'un droit éventuel soit attaché à la prescription commencée pour que ce droit doive dépendre de l'ancienne loi, et pour que le nouveau Code ne puisse pas régler ce qui lui est antérieur.

Ce principe général étant admis, il ne se présentera aucun cas difficile à résoudre.

Si la prescription qui serait acquise par le droit nouveau ne l'est pas par l'ancien, soit à raison du temps, soit à raison de la bonne foi, il faudra se conformer à l'ancienne loi, comme si la nouvelle n'existait pas.

Une seule exception a été jugée nécessaire pour qu'il y eût un terme après lequel il fût certain que la loi nouvelle recevra partout son exécution. Le temps le plus long qu'elle exige pour les prescriptions est celui de trente années. S'il ne s'agissait ici que des prescriptions qui, dans certains pays, exigent quarante ans ou un temps plus long, il n'y eût point eu lieu au reproche d'effet rétroactif, en statuant que les trente années prescrites par la loi nouvelle étant ajoutées au temps qui se serait déjà écoulé avant cette loi, suffiraient pour accomplir la prescription. Le droit des propriétaires du pays, contre lesquels la prescription qui ne devait s'accomplir que par quarante ans est déjà commencée, n'est pas plus favorable que le droit des propriétaires de ce même pays, contre lesquels il n'y a pas de prescription commencée, mais contre lesquels la plus longue prescription va, en vertu de la loi nouvelle, s'accomplir par trente ans.

Ces motifs ont déterminé la disposition finale de ce titre, qui porte que les prescriptions commencées à l'époque de la publication du présent titre s'accompliront conformément aux anciennes lois ; et que néanmoins les prescriptions commencées, et pour lesquelles il faudrait encore, suivant les lois anciennes, plus de trente ans, à compter de la même époque, seront accomplies par ce laps de trente ans.

Quoique ce dernier article du titre *des Prescriptions* ne soit que pour le passage d'un régime à l'autre, il était néanmoins nécessaire de l'insérer dans le Code, à cause de la longue durée de temps pendant lequel il recevra son exécution.

COMMUNICATION OFFICIELLE AU TRIBUNAT.

Le Corps législatif transmit le projet et l'exposé des motifs au Tribunat dans la séance du lendemain 18 ventose an XII (9 mars 1804), et M. Savoye-Rollin en a fait le rapport à l'assemblée générale, au nom de la section de législation.

RAPPORT FAIT PAR LE TRIBUN SAVOYE-ROLLIN.

Ce rapport n'ayant point été déposé sur le bureau du Tribunat, n'a pu être imprimé de suite, l'assemblée générale a cependant ordonné qu'il le serait; mais M. Savoye-Rollin ne l'a jamais remis et on ne le trouve nulle part.

Le Tribunat vota l'adoption du projet dans sa séance du 23 ventose an XII (14 mars 1804), et chargea MM. Savoye-Rollin, Goupil-Préfeln et Wanhulfen, de porter son vœu au Corps législatif.

M. Goupil-Préfeln prononça le discours de présentation le 24 ventose (15 mars).

DISCUSSION DEVANT LE CORPS LÉGISLATIF.

DISCOURS PRONONCÉ PAR LE TRIBUN GOUPIL-PRÉFELN.

Législateurs, nous vous apportons le vœu du Tribunat sur le projet de loi relatif *à la prescription*, qui deviendra par votre sanction le vingtième et dernier titre du troisième livre du Code civil.

Trop souvent on attache au moyen déduit de la prescription l'idée de la spoliation et de la mauvaise foi.

La prescription est la suite d'une possession continue, paisible, non interrompue, non équivoque, et à titre de propriétaire, pendant le temps et sous les conditions déterminées par la loi.

Ces caractères respectables d'une longue possession font de la prescription un moyen d'acquérir ou de se libérer.

On ne peut prescrire sans avoir possédé, et on peut avoir possédé sans que la prescription soit acquise et consommée.

La prescription est odieuse, sans doute, si elle est employée par la mauvaise foi pour faire de l'usurpation un titre légal de propriété, ou pour refuser d'acquitter un engagement qui n'est éteint que par elle. L'opinion publique fait justice du spoliateur; mais la loi reste sans moyens et sans force pour le ramener aux principes de la loyauté et de la morale, s'il les méconnaît.

La prescription est la conséquence de la présomption du titre de la propriété ou de la libération; elle ne peut exister sans être précédée d'une possession telle que la loi l'exige. Elle est ainsi le *palladium* de la propriété, comme la possession d'état est le plus beau titre des qualités d'époux, de père et de fils.

Si une possession accompagnée de tous les caractères que nous venons de vous présenter n'était plus un moyen d'acquérir et de se libérer, quand elle a eu lieu pendant le temps et sous les conditions déterminées par la loi, tout deviendrait désordre et confusion; la propriété serait sans sauvegarde, ou plutôt il n'y aurait plus de propriété.

La prescription est donc une de ces institutions bienfaisantes et salutaires sur lesquelles repose la tranquillité de tous et de chacun, celle des familles et de l'ordre social; elle doit être consacrée par la législation de tous les peuples policés et qui reconnaissent le droit de propriété.

Que si la mauvaise foi en abuse pour couvrir une usurpation ou un vol, je répéterai ce qu'à cette tribune, disait il y a peu de jours, un orateur éloquent : *La morale est pour la vertu, la loi est pour la paix.*

Le projet de loi sur la prescription contient 63 articles, et se divise en cinq chapitres; savoir : *dispositions générales, possession, causes qui empêchent la prescription, celles qui en interrompent ou en suspendent le cours,* et *temps requis pour prescrire.*

L'orateur du gouvernement, en vous exposant les motifs du projet de loi, n'a négligé aucun de ses détails; il les a fait précéder de l'histoire de la législation des anciens peuples sur cette matière; il vous a retracé les dispositions diverses des coutumes qui régissaient le territoire français; et déjà vous avez reconnu que le projet concilie les statuts locaux et les divers usages avec ce que demandent l'intérêt public et privé, les principes et la raison.

Je suis donc dispensé de parcourir chacune des dispositions du projet de loi; et pour remplir ma mission il me suffira de fixer votre attention sur quelques points principaux.

Je ne reviendrai pas sur la définition de la prescription, que j'ai liée à celle de la possession, qui en est inséparable; et j'observerai seulement, sur le chapitre premier (des dispositions générales), le changement qu'apporte l'article 9 à la législation établie par les anciennes ordonnances, et spécialement par l'édit du domaine, qui déclaraient imprescriptibles les biens appartenans à la nation, aux établissemens publics et aux communes.

Cette législation était une conséquence de leur inaliénabilité : ces biens devenus aliénables ont dû être déclarés prescriptibles.

Je me bornerai à une seule remarque sur le chapitre II.

« Les actes de pure faculté (porte l'article 14), et ceux de « simple tolérance, ne peuvent fonder ni possession ni titre.»
Disposition morale qui appelle les procédés obligeans.

Combien de bons offices de voisinage seraient refusés, si une simple tolérance pouvait, par le laps du temps, devenir un titre de servitude !

Cette disposition remplacera celle de la sage coutume de Normandie, qui voulait que nulle servitude ne pût s'acquérir sans titre.

Il n'est pas de règle plus utile que celle portée à l'article 18 (chapitre III), qui veut que ceux qui possèdent pour autrui ne prescrivent *jamais, par quelque laps de temps que ce soit :* et le même article fait l'application de ce principe aux fermiers, dépositaires, usufruitiers, et à tous autres qui détiennent précairement la chose du propriétaire.

L'intérêt de l'agriculture sollicite la longue durée des baux des biens ruraux, et que le cultivateur qui a acquis la connaissance de la qualité du sol jouisse, par le renouvellement de ses baux pendant une longue suite d'années, des terres qu'il exploite. Il serait aussi préjudiciable à l'intérêt public qu'à celui du propriétaire d'inspirer à celui-ci des inquiétudes sur la conservation de sa propriété, s'il perpétuait son fermier dans une jouissance assez prolongée pour qu'il pût s'en faire un titre contre le propriétaire, et le dépouiller.

Ce chapitre III est terminé par une disposition qui fixe en quel sens on doit appliquer la maxime connue, qui veut qu'on ne puisse prescrire contre son titre, et le cas où elle ne peut recevoir d'application.

Le chapitre IV est divisé en deux sections : *Des causes qui interrompent la prescription et de celles qui en suspendent le cours.*

L'article 25 (première section) porte que lorsque le possesseur est privé *pendant plus d'un an* de la jouissance de la chose, il y a interruption naturelle du cours de la prescription.

Il faut en conclure que celui qui a joui pendant plus d'un an sans trouble est *possesseur*, et remplace en cette qualité celui qui l'était avant lui ; car l'ancien possesseur ne peut avoir perdu les droits inhérens à cette qualité que parce qu'un autre possesseur a pris sa place pendant plus d'un an, temps fixé par la loi pour qu'il le soit devenu. Cette disposition recevra un plus grand développement au titre *des Complaintes et réintégrandes*, dans le *Code judiciaire*.

Je ne m'arrêterai pas aux autres dispositions relatives aux causes qui interrompent ou suspendent le cours de la prescription.

Je passe au chapitre V. (*Du temps requis pour prescrire.*)

Les actions réelles se prescrivaient ici par trente années, ailleurs par quarante, et dans quelques lieux par vingt et même par dix ans.

Il y avait encore plus de variations relativement à la prescription des actions personnelles, et elles recevaient beaucoup de modifications et d'exceptions.

Si le laps de temps pour opérer la prescription n'eût pas été le même pour les actions réelles et personnelles, cette distinction aurait conduit à définir quelles actions sont réelles et quelles actions sont personnelles ; il eût été nécessaire de statuer sur la durée de la prescription dans les cas où les actions seraient mixtes.

L'uniformité devait être établie dans cette partie de la législation du peuple français comme dans toutes les autres.

La prescription trentenaire était la plus généralement adoptée ; et le Code civil l'établit pour toutes actions tant réelles que personnelles, sauf les exceptions portées dans le titre que nous discutons, et quelques-unes relatives à d'autres objets que ceux qui y sont mentionnés ; ils sont réglés par les titres qui leur sont propres.

La prescription vaut titre : celui qui s'en prévaut ne peut donc être obligé d'en rapporter de *titre*; ce serait exiger de lui qu'il produisît le *titre* de son *titre*.

Si l'usurpateur a, depuis son usurpation, acquis du propriétaire le bien dont il s'est emparé, il aura couvert le vice de son usurpation, et il sera devenu propriétaire légitime en vertu du titre de son acquisition. La même règle s'applique à celui qui depuis son usurpation a eu une jouissance continue, non interrompue, paisible, publique, non équivoque et à titre de propriétaire, pendant le temps déterminé par la loi. La jouissance accompagnée de ces caractères respectables couvre aussi le vice originel et primitif de l'indue possession et on ne pouvait admettre le moyen déduit de la mauvaise foi, sans anéantir le principe exprimé dans l'article 1er du projet de loi, qui porte que la prescription est un moyen d'acquérir et de se libérer.

Celui qui a acquis de bonne foi et par juste titre un immeuble ne devait pas être exposé à rester dans une longue incertitude sur la consolidation définitive de sa qualité de propriétaire. La translation de la propriété des immeubles est toujours accompagnée de tant de moyens de notoriété, que le véritable propriétaire sera averti qu'un acte de cette nature le dépouille. Si ce dernier réside dans le ressort du tribunal d'appel du lieu où l'immeuble est situé, il devra réclamer dans le cours de dix années ; et ce délai sera de vingt ans s'il est domicilié hors de ce ressort. S'il laisse expirer ces délais, il sera non recevable.

Je m'arrête un instant à cette expression, *juste titre*.

Le titre est *juste* à l'égard de l'acquéreur, quoiqu'il puisse ne l'être pas de la part du vendeur, et la bonne ou mauvaise foi de celui-ci ne peut être d'aucune considération relativement à l'acquéreur de bonne foi.

Si donc un immeuble est vendu par celui qui n'en est pas propriétaire, il ne faut pas en conclure que l'acquéreur ne pourra opposer la prescription de dix ou de vingt ans à celui qui prouverait qu'il était, lors de la vente, le véritable propriétaire.

2265-2268 L'acquéreur qui aura possédé paisiblement et à titre de propriétaire pendant le temps requis pour ce genre de prescription, présentera son titre ; le titre sera *juste* si cet acquéreur a été de bonne foi, et il sera présumé de bonne foi si celui qui revendique la propriété ne prouve pas la mauvaise foi.

2267 Le *juste titre*, dont l'effet est de rendre propriétaire inexpugnable celui qui se prévaut de la prescription de dix ou de vingt ans, est donc le titre qui est de sa nature translatif de la propriété, et d'ailleurs valable dans ses formes, s'il n'est pas prouvé que l'acquéreur était de mauvaise foi au moment du contrat.

2271-2272 Quelques objets particuliers ne pouvaient être soumis aux règles ci-dessus établies.

Des fournitures, des livraisons, sont faites journellement, même sans notes ni mémoires, des services sont rendus, des travaux de bras sont exécutés. Le paiement de ces fournitures, de ces livraisons, de ces services et de ces travaux, se fait au comptant ou à courts termes, et on ne prend aucune précaution pour les constater.

2273-2276 Le terme de six mois appliqué à certains cas, celui d'un an pour d'autres objets, sont réglés conformément à des usages anciens et éprouvés. Il en est de même du temps accordé aux avoués pour réclamer leurs frais et salaire, et de celui à l'expiration duquel les juges et avoués sont déchargés des pièces qui leur ont été remises à raison de leurs fonctions, et les huissiers, depuis l'exécution de la commission, ou la signification des actes dont ils étaient chargés.

2277 Les arrérages de rentes et des pensions alimentaires, les loyers, les fermages, les intérêts des sommes prêtées, et généralement tout ce qui est payable par année ou à des termes périodiques plus courts, se prescriront par cinq ans.

Le créancier est averti de ce terme fatal, et il doit se reprocher de laisser accumuler un plus grand nombre d'années ; s'il a assez de bienveillance pour accorder à son débiteur de plus longs délais, sans cependant vouloir le gratifier, il pourra lui faire consentir à son profit une obligation qui sera soumise aux règles générales sur la prescription des actions personnelles.

Les meubles se transmettent par la seule tradition : ainsi en fait de meubles la possession vaut titre. Mais si le meuble a été perdu ou volé, le propriétaire pourra le revendiquer pendant trois ans, à compter du jour de la perte ou du vol, contre celui qui en est saisi, sauf le recours de ce dernier sur celui duquel il le tient. Ce délai est le même que celui que la législation actuelle établit pour prescrire les actions criminelles, correctionnelles ou de police, si pendant ce temps il n'a été fait aucune poursuite.

Si la chose volée ou perdue a été achetée dans une foire ou dans un marché, dans une vente publique ou d'un marchand vendant des choses pareilles, la revendication n'aura lieu qu'à la charge de rembourser à l'acheteur le prix que la chose lui aura coûté. Cette exception est fondée sur l'intérêt du commerce et de l'agriculture, et sur un usage constant.

Le dernier article prévient toute rétroactivité ; et le passage de l'ancienne législation à celle que votre décret va établir ne portera point de préjudice à ceux qui, dans les pays où la prescription était plus que trentenaire, auront des droits à conserver.

Telles sont quelques-unes des dispositions principales de ce titre. J'aurais abusé de vos momens si j'avais tout analysé, et je n'aurais fait que vous répéter ce que déjà vous avez entendu lors de l'exposé des motifs du projet de loi.

Vous avez, législateurs, décrété dans votre dernière session toute la législation civile relative à l'état des personnes.

De toutes parts on avait réclamé la prompte réformation de ces lois nouvelles, repoussées par nos anciennes habitudes, et qui distribuaient les successions jusques aux degrés les plus éloignés de parenté, au préjudice des membres de la famille souvent élevés sous le même toit, et qui avaient reçu une éducation commune. On s'était élevé principalement contre le système qui restreignait presque à un simple usufruit le droit de propriété, en privant celui qui n'avait point d'héritiers directs de la faculté de disposer de ses biens par acte de libéralité, soit entre-vifs, soit de dernière volonté, et en l'assujétissant à conserver à des parens éloignés, dont peut-être il ignorait le nom, une portion de ses biens qui excédait celle qu'aucune législation eût établie en faveur des enfans légitimes.

Ces plaintes, ces réclamations, furent entendues, et le gouvernement s'empressa de vous présenter les projets des lois sur les successions et sur les donations entre-vifs et les testamens, que vous décrétâtes les 29 germinal et 13 floréal de l'an dernier.

Ces bienfaits étaient insuffisans; et le temps qui s'est écoulé entre votre dernière session et celle-ci a été utilement employé à préparer la rédaction des titres du Code civil relatifs à la propriété, à ses modifications, et aux différentes manières de l'acquérir.

La reconnaissance publique accompagnera au-delà même du tombeau chacun de ceux qui, par leurs travaux, leurs méditations et leurs connaissances acquises, ont recherché, rassemblé et mis en œuvre avec autant de méthode que de justesse et de clarté, les principes qui nous ont été transmis par la législation des peuples de l'antiquité, en les rapprochant de nos habitudes et de nos mœurs.

Et pourquoi ne dirai-je pas aussi que l'heureux accord qui a constamment régné entre les sections de législation du Conseil d'État et du Tribunat a contribué au perfectionnement de ce Code, qui aura une si grande influence sur la prospérité publique?

Quoique l'importance de quelques matières ait mis obstacle à ce que les titres aient été présentés à votre sanction dans leur ordre naturel, chacun d'eux prendra la place qu'il doit occuper ; et en sanctionnant le titre *de la Prescription* vous allez décréter celui qui terminera *le Code civil des Français*, qui méritera la qualification de *raison écrite de notre siècle*. Il était réservé à celui auquel tout genre de gloire appartient d'en faire jouir un grand peuple dont le dévouement sans bornes, l'amour et la fidélité, le préserveront de toutes les atteintes et de tous les dangers.

Le Tribunat a voté l'adoption du projet de loi relatif *à la prescription* (titre XX et dernier du livre III du Code civil).

Le décret d'adoption fut rendu au Corps législatif dans la même séance, et la promulgation de la loi eut lieu le 4 germinal an XII (25 mars 1804).

FIN DU QUINZIÈME ET DERNIER VOLUME.
10ᵉ ET DERNIER DES DISCUSSIONS.

www.ingramcontent.com/pod-product-compliance
Lightning Source LLC
Chambersburg PA
CBHW060410230426
43663CB00008B/1442